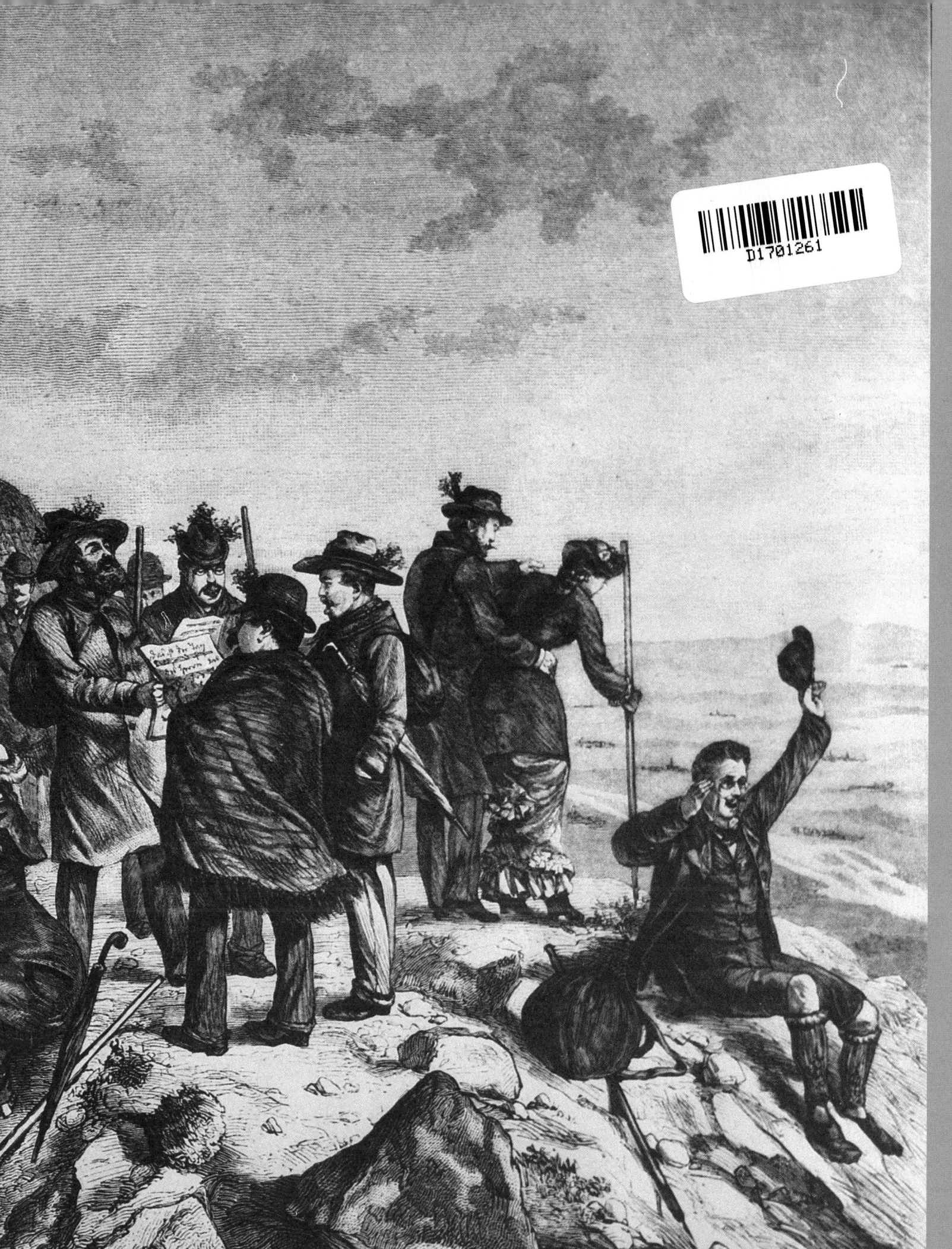

PAUL WERNER
RICHILDE WERNER

VOM MARTERL
BIS ZUM GIPFELKREUZ

Dieses Werk wurde finanziell gefördert durch die

Sparkasse Berchtesgadener Land

und die

Sparkasse Traunstein

CIP-Kurztitelaufnahme der Deutschen Bibliothek.
Vom Marterl bis zum Gipfelkreuz: Flurdenkmale in Oberbayern.
Paul Werner, Richilde Werner
Berchtesgaden: Verlag Plenk, 1991.
ISBN 3-922590-62-4

© 1991; Verlag Anton Plenk KG, Berchtesgaden
Alle Rechte vorbehalten, auch die des auszugsweisen Abdruckes, der photomechanischen Wiedergabe und der Übersetzung.

Seitengestaltung
Text- und Bildteile/
Schutzumschlagentwurf:
Dieter Schneider,
Bayerisch Gmain

Satz, Montage und Druck: Plenk, Berchtesgaden
Lithos: Scan-Litho Gerhard Huber,
Druckerei Plenk KG
Bindung: Göttermann, Aßling
Printed in Germany

Schutzumschlag Vorderseite:
Kreuzigungsbild mit Armen Seelen im Fegefeuer.
Ederlinde in Ed, Gde. Haiming, Lkr. Altötting.

Schutzumschlag Rückseite:
Altes Gipfelkreuz auf der Zugspitze (2963m).
Lkr. Garmisch-Partenkirchen.

Vorsatz:
„Auf der Spitze des Wendelsteins"
Zeichnung von G. Heine, aus Buch: „Das Buch für alle",
um 1885.

Nachsatz:
Der Kalvarienberg in der Ramsau bei Berchtesgaden,
kolorierter Holzstich von 1879 nach einem Gemälde
von H. v. Zwehl „Erntefest in der Ramsau".

Seite 4:
Neueres Wegkreuz auf der Priesbergalm,
vor der Kulisse der Watzmann-Ostwand.
Lkr. Berchtesgadener Land.

Paul Werner
Richilde Werner

Vom Marterl bis zum Gipfelkreuz

Flurdenkmale in Oberbayern

Verlag Plenk

INHALT:

	Dankesworte	6
1	Zum Wesen der Flurdenkmale	7
2	Sühnekreuze	13
3	Bildstöcke	33
4	Martersäulen	61
5	Marterln	81
6	Wegkreuze	127
7	Wetterkreuze	165
8	Das Kreuz mit den Arma Christi	177
9	Denkmale an die Pest	199
10	Totenbrett und Gedenkbrett	221
11	Hof- und Feldkapellen	247
12	Der Brückenheilige Johannes von Nepomuk	291
13	Lourdesgrotten	305
14	Kreuzweg und Kalvarienberg	329
15	Grenzsteine	377
16	Gipfelkreuze	407
17	Der Baum in unserer Sakrallandschaft	447
18	Randgebiete der Flurdenkmalforschung	473
	Literatur	490
	Register	497
	Bildnachweis	504

DANKESWORTE

Herr Generalkonservator Prof. Dr. **Michael Petzet** hat meine Publikationen seit meinem Eintritt in das Bayerische Landesamt für Denkmalpflege stets gefördert und unterstützt, für sein Wohlwollen sei ihm auch an dieser Stelle herzlichst gedankt.

Der hochwürdige Herr Pfarrer **Georg Henschling** aus Wien stellte mir seine theologische Magisterarbeit über Kreuzwege und Kalvarienberge völlig uneigennützig zur freien Verfügung.

Stadtheimatpfleger, Kreisrat und Stadtrat **Fritz Hofmann** aus Bad Reichenhall verdanke ich den Text über die „Schinderkapelle" und die Gipfelkreuzerrichtung auf dem Hochstaufen; Herr Hofmann hat mich bei meiner denkmalpflegerischen Tätigkeit in Bad Reichenhall von Anfang an kollegial begleitet und ist mir in vielen schwierigen Situationen mit Rat und Tat zur Seite gestanden.

Herr Studiendirektor **Dr. Karl Röttel** aus Buxheim, Landkreis Eichstätt, überließ mir zahlreiche Fotos aus seinem Archiv und gestattete die Übernahme besonders interessanter Textstellen aus seinem grundlegenden Werk über die Grenzsteinsetzungen im Hochstift Eichstätt, dieses Werk sei an dieser Stelle für das gründlichere Studium dieser Materie ausdrücklich empfohlen (Das Hochstift Eichstätt. Grenzsteine, Karten, Geschichte. Verlag Donau-Courier Ingolstadt, 1987).

Kreisheimatpfleger **Dr. Herbert Soika** aus Trostberg lieferte die grundlegenden Vorarbeiten zur Thematik des hl. Johannes von Nepomuk und hat mir auch wichtige fotografische Hilfestellung gegeben.

Herr Ortsheimatpfleger **Franz W. Siegl** aus Bergen bei Traunstein gestattete mir die Übernahme seines Textes über die Gipfelkreuzsetzung auf dem Hochfelln.

Herr Oberstudiendirektor **Ferdinand Steffan**, Kreisheimatpfleger von Rosenheim, stellte mir sein umfangreiches fotografisches Material zur Verfügung und gestattete fotografische Aufnahmen im Heimatmuseum Wasserburg, seine Hilfe war außergewöhnlich spontan und liebenswürdig.

Herr Kreisheimatpfleger **Alois Stockner** aus Altötting hat mich vom ersten Tag meines denkmalpflegerischen Wirkens auf allen meinen Wegen in diesem seinem Landkreis kollegial und kameradschaftlich begleitet, er allein hat mir alle meine beruflichen Erfolge im Landkreis Altötting überhaupt erst ermöglicht. Seiner kundigen Führung verdankt dieses Werk nicht nur einen Teil der schönsten Fotos, er stellte auch alle seine Publikationen über Flurdenkmale im Landkreis Altötting, insbesondere über die vielen Hofkapellen und den Kreuzweg von Altötting nach Heiligenstatt zur Verfügung.

Herr Kreisheimatpfleger **Wolfgang Schierl**, Oberschulrat i. R., stellte mir seine Publikationen und Fotos von Flurdenkmalen im Landkreis Erding zur Verfügung und führte mich zu manchem Grenzstein an verborgener Stelle. Herr Schierl hat mich seit vielen Jahren bei den sehr schwierigen Problemen der Denkmalpflege in einer sterbenden Bauernhoflandschaft beraten.

Herr Kreisheimatpfleger **Markus Krammer** aus Ebersberg verdanke ich wertvolle Fotos von Grenzsteinen der ehemaligen Grafschaft Haag.

Herrn Dipl.-Ing. **Georg Remmelberger** aus Marktl ist der wertvolle Beitrag über den „schönsten Wappenstein Bayerns" zu verdanken.

Herrn Kreisheimatpfleger **Max Wieser**, ehem. Bürgermeister der Gemeinde Piding, verdanke ich interessante Einzelheiten aus dem Totenbrettbrauch.

Ohne finanzielle Unterstützung in Form von **Druckkostenzuschüssen** hätte dieses Werk nicht seine prächtige Ausstattung erhalten können — allen genannten Persönlichkeiten und Institutionen sei auch an dieser Stelle mein herzlichster Dank ausgesprochen:

Hans Zehetmair,
Bayerischer Staatsminister für Unterricht und Kultus, Wissenschaft und Kunst

Raimund Eberle und **Hermann Schuster**
Regierungspräsident und Bezirkstagspräsident von Oberbayern

Prälat Prof. Dr. Dr. Robert Bauer,
Administrator der Heiligen Kapelle in Altötting

Dr. Friedrich Fahr,
Erzbischöflicher Finanzdirektor der Erzdiözese München-Freising

Leonhard Schmucker,
Landrat (i. R.) des Landkreises Traunstein

Seban Dönhuber,
Landrat des Landkreises Altötting

Martin Seidl,
Landrat des Landkreises Berchtesgadener Land

Konrad Regler,
Landrat des Landkreises Eichstätt

Wolfgang Heitmaier,
Oberbürgermeister der Stadt Bad Reichenhall

Richard Antwerpen,
1. Bürgermeister der Stadt Altötting

Willi Wurm,
Kreisrat, Bezirksrat und 1. Bürgermeister der Stadt Neuötting

Fritz Harrer, ehem.
Oberbürgermeister der Stadt Burghausen

Hans Dirnberger,
1. Bürgermeister der Stadt Laufen

Rudi Schaupp,
1. Bürgermeister des Marktes Berchtesgaden

Max Wieser,
ehem. Bürgermeister und Heimatpfleger der Gemeinde Piding

Albert Graßl,
1. Bürgermeister der Gemeinde Anger

Stefan Kurz,
1. Bürgermeister der Gemeinde Schönau am Königssee

Hans Flunk,
1. Bürgermeister der Gemeinde Ramsau

Heinrich Hollinger,
1. Bürgermeister des Marktes Tüßling

Robert Obermaier,
1. Bürgermeister der Gemeinde Burgkirchen an der Alz

Dr. Michael Elsen,
Direktor der Schloßbrauerei Stein an der Traun

Bauoberrat Dipl.-Ing. Eike Steinmetz,
Referent der Flurbereinigungsdirektion München und stellvertretender Vorsitzender des Flurbereinigungsverbandes München

Teilnehmergemeinschaft Dorferneuerung Ainring

Teilnehmergemeinschaft Dorferneuerung Rott a. Inn

Flurbereinigungsdirektion München

1
ZUM WESEN DER FLURDENKMALE

*„Die Schrift wusch Wind und Regen fort.
Nur noch ein schiefer Stein steht dort,
wo einer seinen Weg beschloß.
Was ihn bedrückte und verdroß,
womit er seine Zeit erfüllt,
den Namen selbst, der ihn umhüllt,
weiß keiner, der vorübergeht.
Doch wenn er flüchtig stille steht,
dann sagt der Stein, der nichts mehr nennt,
ihm mehr als manches Monument."*

(Erich Limpach)

Zum Begriff

Der Begriff „Flurdenkmal" ist schwer zu umschreiben und kaum einzugrenzen. Aber gerade in ihrer oft verwirrenden Vielfalt und Vieldeutigkeit sind Flurdenkmale echte Zeugnisse des menschlichen Lebens. Unter den Gemeinsamkeiten tritt das Religiöse und Schicksalhafte in den Vordergrund, ferner die Bindung an eine bestimmte Stelle in der freien Natur. Flurdenkmale gelten vor allem als Signaturen alter bäuerlicher Kulturlandschaften und als Zeichen ihrer religiösen Traditionen. Jedenfalls bewahren Flurdenkmale die vergehenden Spuren anonymer menschlicher Schicksale. Sie sind bleibende Erinnerungen an vergangene und vergehende Generationen, sie sind die „Botschaft von den kleinen Dingen", von den Höhepunkten, Tiefpunkten und Endpunkten alltäglicher Lebensläufe. Sie gehören meist zu den Zeugnissen der „Kultur der einfachen Leute". Denn unter Flurdenkmalen versteht man im allgemeinen nicht die Gedenktafeln des großen weltpolitischen Geschehens und nicht die kunstvollen Ehrenmale des kulturellen und geistigen Schaffens. Flurdenkmale ehren nicht die geschichtlichen Taten großer Staatsmänner, Eroberer und Feldherren. Sie ehren auch nicht die bedeutenden Dichter und Denker, Künstler, Forscher, Entdecker und Wissenschaftler. Den großen Ereignissen der Geschichte setzt man weihevolle Epigramme auf ehernen Tafeln und Obelisken, den großen Männern errichtet man marmorne Büsten und Statuen, bronzene Reiterstandbilder und gewaltige Mausoleen, kurzum Denkmale in des Wortes gebräuchlichstem Sinn. Solche Denkmale akzentuieren städtebauliche Fixpunkte, sie zieren städtische Plätze und Grünanlagen; nur gelegentlich finden sich solche Denkmale auch am Ort eines Geschehens, etwa an einem Geburtshaus, einem Lieblingsort, am Ort einer geschichtlichen Großtat.

Die meisten Flurdenkmale sind hingegen schlicht und anspruchslos gestaltet; sie erheben keinen Anspruch auf höhere Bedeutsamkeit. Dafür sind sie oft Zeichen von tiefer Frömmigkeit, von rührendem Gottvertrauen und naivem Volksglauben. Manches gestammelte Wort frommen Dankes, manche innige religiöse Empfindung hat sich in einfachen Malen am Wegesrand erhalten. Flurdenkmale sind mitunter Merk-Male erlittener Angst und Not, aber auch glücklicher Erlösung aus hoffnungsloser Lage. In vielen Flurdenkmalen haben Bitten, Fürbitten und Gebete, Gelübde und fromme Versprechen Gestalt angenommen; sie sind steingewordene Seufzer und Tränen.

Viele Flurdenkmäler haben auch landschaftsgestaltende und situationsprägende Kraft: „Sie setzen in die Fluren und Dörfer geschichtliche Zeichen und geben geschichtliche Farbe… Sie sammeln das Weite der Landschaft in künstlerische Haltepunkte."[1] Mancher Landstrich, mancher Weg bleibt noch von alten Flurdenkmalen beseelt, wenn ihm das Bauen der jüngsten Generationen sein eigenes Gesicht schon genommen hat.

Flurdenkmale als Geschichtsquellen

Flurdenkmale werden allgemein als Zeichen ländlich-frommer Gesittung angesehen, jedenfalls als Zeugnisse ausschließlich bäuerlicher Kultur. Diese Ansicht ist nur zum Teil zutreffend. „Aus den vorhandenen Beständen, vorwiegend des fränkischen Bereiches, lassen sich für das 17. und 18. Jahrhundert alle Bevölkerungsschichten nachweisen, Adel, Klerus, der Bürger- und Bauernstand. Freilich war der Stiftungsanlaß und die Stifterschicht für die Materialwahl ausschlaggebend, weshalb sich weit mehr Belege für die besitzende Klasse erhalten haben als etwa für den Bauern- und Handwerkerstand, der meist nur Holzbildstöcke errichten ließ."[2]

Gelegentlich erweisen sich die Inschriften auf Flurdenkmalen als „wertvolle sprachliche Zeugnisse, sie vermitteln mundartliche Färbungen von Orts- und Eigennamen, von Berufsbezeichnungen und Gegenständen. Aber nicht nur das persönliche Schicksal spricht häufig aus diesen Inschriften, auch geschichtliche Begebenheiten, wie kriegerische Ereignisse und Naturkatastrophen spiegeln sich darin, vermitteln oftmals den einzigen Beleg dafür… Die im Detail oft äußerst exakt gezeichneten Begebenheiten stellen uns Bauernhausformen, Trachten und Gerätschaften aller Art vor und vermitteln somit ein Bild der bäuerlichen Kulturlandschaft."[3] Malereien, Schnitzwerke und Bildhauerarbeiten an Flurdenkmalen sind mitunter Zeugnis beachtlicher künstlerischer Begabung, im Stil von derber Naivität bis hin zu bestürzender Ausdruckskraft und meisterhafter Routine.

Beispiele für Geschichtsdenkmäler mit schicksalhafter Ortsbezogenheit:

1.1T
Die sog. Ottosäule, eine dorische Säule mit der Büste des Prinzen Otto von Bayern (*1815, †1867), des späteren Königs Otto I. von Griechenland (1832-1863). Das Denkmal wurde errichtet am 6. Dezember 1832 an dieser Stelle, gestiftet und gestaltet von Anton Ripfel, enthüllt am 13. 2. 1834.

Ottobrunn, Rosenheimer Landstraße, Lkr. München

1.2T
Das sog. Theresienmonument, eine Madonna mit Kind in neugotischer Architektur. Das Denkmal wurde errichtet zur Erinnerung an den Abschied des Prinzen Otto von Bayern von seiner Mutter Therese von Sachsen-Hildburghausen am 6. Dezember 1832 an dieser Stelle. Entwurf von Friedrich von Ziebland, Enthüllung 1835.

Bad Aibling, Rosenheimer Straße, Lkr. Rosenheim

1.3T
Denkmal für Kaiser Ludwig den Bayer (1282-1347). Im Auftrag des Fürstenfelder Abtes Gerhard Führer richtete der Münchner Hofbildhauer Anton Boos 1796/97 Obelisk und Bildnisrelief zum Gedenken an Kaiser Ludwig, der an dieser Stelle 1347 auf der Bärenjagd an einem Schlag gestorben ist.
Puch, Stadt-Gde. Fürstenfeldbruck.

Bäuerliche Flurdenkmale erzählen niemals das Märchen einer heilen Welt oder guten alten Zeit, sie sind der Spiegel harter Alltagsrealität und somit ein echtes volkskundliches Zeugnis. Vielerorts vermitteln uns die Flurdenkmale eine eindringliche Botschaft des Arbeitslebens; aus den zahlreichen Marterln, die von Arbeitsunfällen erzählen, läßt sich auf den früheren Lebenserwerb vieler Menschen schließen. Flurdenkmale sind jedenfalls Geschichtsquellen besonderer Art: Sie geben Aufschluß über die alltägliche Lebensweise und die guten, zumeist jedoch über die bösen und über die Notsituationen im Leben des einzelnen oder auch der Gemeinschaft. Sie belegen vielfach aber auch Bräuche und Sitten und bringen vor allem das Glaubensleben, die Einstellung des einfachen Menschen zu „seinem" Gott und zu „seinen" Heiligen zum Ausdruck.

Flurdenkmale als Zeugnis bäuerlicher Frömmigkeit

Die spätmittelalterlichen Gnadenwallfahrten bezeugen eine *alle Bereiche des Lebens umfassende Volksfrömmigkeit*. Die meisten Menschen des Spätmittelalters lebten ihr ganzes Leben in religiöser Sicht: „Alle Erscheinungen des Lebens und der Natur hatten einen religiösen Gehalt und wurden aus der Religion erklärt, so auch alles, was die Existenz des Menschen bedrohte: Krankheit und Krieg, Hagelschlag und Hungersnot. Jedes Unglück wurde als Strafe Gottes empfunden. Der strafende Gott wiederum ließ sich nur durch einen frommen Lebenswandel, durch Opfer und Bußleistungen gnädig stimmen. Das heißt, jedes Unheil konnte nur mit religiösen Mitteln abgewendet werden. Die Volksfrömmigkeit wurde deshalb im wesentlichen bestimmt von einer ständigen Suche nach religiösen Sicherungen gegen die Unsicherheiten des Lebens."[4]

Für den Bauern bot die Religion seinerzeit „die einzige plausible Erklärung für die rätselvollen und unberechenbaren Erscheinungen der Natur, die seine Existenz ständig aufs Neue bedrohten."[5] Und nur in der Religion konnte er Schutz gegen die Vielzahl dieser existenziellen Bedrohungen suchen; er brauchte die Tröstungen und Verheißungen der Religion vor allem zur Bewältigung des täglichen Lebens. „Die Religion als die stärkste geistige Kraft, die das Leben unserer Vorfahren weitgehend bestimmte, gab Anlaß zu einer vielseitigen und vielschichtigen Entfaltungsmöglichkeit der Frömmigkeits- und Glaubensbezeugung. Zum Gesamtbild der abendländischen Kulturlandschaft gehörten

Beispiele für Kriegerdenkmale:

1.4T
Kriegerdenkmal für die Gefallenen der napoleonischen Kriege. Bronze-Obelisk mit kriegerischen Emblemen in klassizistischem Stil, errichtet 1837. Im Jahr 1989 von Georg Egginger vorbildlich restauriert. Traunstein, Bahnhofstraße, in der ehem. Friedhofanlage des 16./17. Jahrhunderts.

1.5T
Kriegerdenkmal für die Gefallenen des deutsch-französischen Krieges 1870/71. Gußeisenkomposition in neugotischem Stil.

Marktschellenberg, am Marktplatz neben der Kirche. Lkr. Berchtesgadener Land.

1.6T
Kriegerdenkmal für die Gefallenen des Ersten und Zweiten Weltkrieges. Natursteinpfeiler mit Figur des Hl. Michael, flankiert von wappenhaltenden Löwen. Schwabhausen, Gde. Dachau

daher nicht nur die vielen Kirchenbauten mit dem Reichtum ihrer Stilformen, sondern auch die ungezählten schlichten Kapellen, die einfachen Feldkreuze, Bildstöcke, Sühnekreuze und Totenbretter, die in überaus reicher, heute kaum mehr vorstellbarer Zahl die Wege säumten. Unterschiedlich waren die Anlässe, die zur Errichtung solcher Flurdenkmäler führten, alle waren jedoch in derselben Absicht entstanden, den Vorübergehenden zur Andacht und Fürbitte anzuregen und zu einer besinnlichen Rast aufzufordern. Sie spielten daher im religiösen, aber auch im rechtlichen Leben des Volkes eine nicht unbedeutende Rolle, sie dienten als Weg- und Grenzmarken, als Stationen bei Prozessionen und Flurumgängen, deuteten auf nahegelegene Wallfahrten hin, oder zeigten, wie im Falle der Sühnekreuze und Marterln, den Ort eines Verbrechens oder Unglücksfalles an."6 Die zahlreichen Wegkreuze, Bildstöcke und Kapellen bezeugen die einstige Einbindung des bäuerlichen Menschen in seinen religiösen Daseinsbedacht, sie erzählen von einem Leben, dessen irdische Laufbahn mit dem Taufsakrament begann und nach viel Arbeit, Mühe und Plage mit dem Sterbesakrament endete. Manche Flurdenkmale weisen über das irdische Leben hinaus; sie erflehen die Fürbitte des Gebetes für den Verstorbenen und sind ein rührender Hinweis auf den alles überragenden Gedanken an die Ewigkeit. In manchen Flurdenkmalen spiegelt sich bis auf den heutigen Tag die Suche nach dem Schutz und Segen Gottes in allen Lebenslagen.

Das Schicksal der Flurdenkmale im Laufe der Geschichte

Der Bildersturm der Reformation fegte in vielen Regionen alle diese sichtbaren Zeichen des Volksglaubens hinweg. Der Schweizer Gelehrte Johannes Kessler berichtet in seinen „Sabbata", einer Chronik der Jahre 1523-1539, aus seiner Heimat: „Gleich darauf fieng man an, alle bilder und bildstock, so hin und her uff den strassen, under den bommen, in den huseren uffgericht und angenagelt, zerissen, abbrechen und zerstören."7

„Aber dann, mit der bewußten Manifestation des katholischen Glaubens während der Gegenreformation und im Verlaufe des 17. Jahrhunderts, im Zeitalter des Barocks, kam es zu einem nicht mehr wiederholbaren Höhepunkt, so daß man mit Recht von einer ‚geistlichen Landschaft'... sprechen konnte."8

Mirakelberichte und Votivtafeln erreichten einen besonders bildkräftigen Ausdruck. „Es ist verständlich, daß die Aufklärer daran Anstoß nahmen, Mißbräuche und Aberglauben anprangerten und die Entfernung dieser ‚unnützen' Bildstöcke forderten, wie etwa der Salzburger Fürsterzbischof Hieronymus Graf von Colloredo."⁹

„Die Ideen der Aufklärung, die – aus England und Frankreich kommend – zuerst im protestantischen Teil Deutschlands Eingang gefunden hatten, begannen sich in der 2. Hälfte des 18. Jahrhunderts auch in den katholischen Ländern durchzusetzen. Rationalismus und erwachendes Selbstbewußtsein ließen den Menschen nicht mehr in allen Fällen leiblicher Not nach Gott und seinen himmlischen Helfern rufen, sondern mehr und mehr in Naturwissenschaft, Medizin und Technik Hilfe suchen. Die Zuständigkeit der Kirche und der Religion wurde zunehmend auf die Belange der Seele eingeschränkt. Der Glaube an die Vernunft verdrängte den Glauben an Wunder und Mirakel. Die neuen Ideen erreichten allerdings nur die Oberschicht; vor allem das Bürgertum, aber auch weite Kreise des Adels und der hohen Geistlichkeit. Sie konnten nur dort Fuß fassen, wo ein gewisser Bildungsstand gegeben war. Das größtenteils ungebildete einfache Volk und in besonderem Maße die Landbevölkerung waren dafür nicht aufnahmebereit. Ihnen wurde die Aufklärung erst nach und nach von der Obrigkeit gewissermaßen auf dem Verwaltungswege verordnet und teilweise mit Gewalt aufgezwungen. Die Maßnahmen der aufgeklärten Regierungen richteten sich dabei in erster Linie gegen jene Erscheinungen der Volksfrömmigkeit, die dem Vernunftglauben widersprachen, und dem vom Staat erstrebten wirtschaftlichen Fortschritt im Wege standen. An diesen Aufklärungsmaßnahmen waren der hohe Klerus und die geistlichen Landesherren selbst maßgeblich beteiligt."¹⁰ Die Kirche, die gegenüber den vielfältigen Äußerungen der Volksfrömmigkeit seit je einen eher kritischen Standpunkt eingenommen hatte, bemühte sich, die ausufernde Heiligenverehrung und den unkritischen Wunderglauben des Volkes einzudämmen, sie wandte sich gegen die fetischistische Anbetung der Gnadenbilder, und sie versuchte, das religiöse Brauchtum von abergläubischen Vorstellungen und magischen Praktiken zu befreien.

Im Zuge dieser Staatsreformen des frühen 19. Jahrhunderts erging auch in Bayern der Befehl, daß alle Feldkapellen, Marterln und Bildstöcke abzubrechen seien. Viele Wallfahrtskirchen wurden aufgelöst und nur durch die Anhänglichkeit der Bauern gerettet. Mit diesen „Reformen" sollte auch jenes religiöse Brauchtum ausgelöscht werden, dem viele Flurdenkmale entspringen.

„Durch Zwangsmaßnahmen allein aber hätte sich das religiöse Leben des Volkes nicht wesentlich verändern lassen. Die Bevölkerung hielt mit solcher Zähigkeit an ihren altüberkommenen Bräuchen fest, daß die Verbote in der Zeit der Restauration und nach dem Regierungsantritt von Ludwig I. in Bayern im Jahr 1825 zum großen Teil wieder aufgehoben wurden. Daß sich die bäuerliche Kultur dennoch mehr und mehr aus ihrer religiösen Verankerung löste, dafür waren andere Maßnahmen verantwortlich: Die Einführung der allgemeinen Schulpflicht, die Gründung von landwirtschaftlichen Akademien und Tierarznei-Schulen, die Einführung der Kartoffel und anderer weniger witterungsanfälliger Feldfrüchte, die Verbesserung der Gesundheitspflege und der Bodenkultur, die Aufwertung der sozialen Stellung der Kleinbauern und andere Neuerungen,... die die Existenzgrundlagen und die Lebenschancen der Bevölkerung verbesserten, die ein rationalistischeres Weltverständnis förderten, und die das System der religiösen Sicherungen nach und nach überflüssig machten. Natürlich war das ein langwieriger Prozeß, und gerade auf dem Land hielten sich die alten Formen eigenständiger barocker Volksfrömmigkeit noch bis weit ins 19. Jahrhundert hinein."¹¹

Glaube und Frömmigkeit wurden jedoch zunehmend ihres äußerlichen Beiwerks und ihrer bildhaften Attribute entkleidet. Auch die Flurdenkmale des 19. Jahrhunderts wirken im Vergleich zu den älteren eher stereotyp und unpersönlich. Denn gerade der Hang zur Äußerlichkeit, die Bildhaftigkeit des Glaubens, die Naivität der frommen Gesinnung und die existenzielle Verbundenheit der Bauern mit ihren Nothelfern hatten auch die alten Flurdenkmale und die Geschichten, die sie erzählen, so lebendig gemacht.

Flurdenkmale im Wandel der Zeit

Was die Stifter, Handwerker und Künstler meinen oder erleben, wenn sie ihr Werk in Auftrag geben und schaffen, muß nicht gleichbedeutend sein mit dem Gehalt, den die Betrachter später erleben.

„Was also waren die hier zu behandelnden barocken Bildstöcke, welche Rolle haben diese ‚Heiligenfiguren' gespielt, nicht für diejenigen, *von* denen sie, sondern *für* die sie geschaffen wurden, für die Gläubigen, die Bittenden, die Sühnenden?

Die Funktionen, die ein Bildstock für immer neue Generationen erfüllt, wechseln ganz beträchtlich und müssen sich durchaus nicht mehr decken mit den Intentionen derjenigen, die ihn gesetzt haben. Er kann als Lichtsäule auf einem Friedhof gestiftet werden. Er kann im 16. Jahrhundert zum Türkenkreuz werden, wenn er eine Inschrift erhält, die an die Wiedergewinnung von Raab aus der Hand des Erzfeindes der Christenheit erinnert. Er wird vielleicht im 17. Jahrhundert zum „Schwedenkreuz", das an die Einfälle aus dem Norden gegen Ende des Dreißigjährigen Krieges gemahnt. Das 18. Jahrhundert kann ihn umgestalten zu einem „figuralen Bildstock" etwa mit einer Mariendarstellung. Das 19. Jahrhundert hat in napoleonischer Zeit vielleicht ein Franzosenkreuz aus ihm gemacht. Im 20. Jahrhundert fungiert er möglicherweise als Kriegerdenkmal."¹²

Jedenfalls zeigt sich im späten 19. Jahrhundert, besonders aber im Gefolge der beiden Weltkriege des 20. Jahrhunderts ein zunehmender Funktionswandel der Flurdenkmale: Die Vielfalt der einstigen Zweckbestimmungen geht verloren, die meisten neuen Male gelten dem Gedenken an Verstorbene oder sind Andachtsstätten allgemeiner Art. Das Kriegerdenkmal wird ein weitverbreiteter Denkmaltypus. Auf manchen großen Schlachtfeldern des Ersten Weltkrieges, namentlich längs der ehemaligen Frontlinien in den Dolomiten, entstehen Kriegergedenkstätten von monumentalen Ausmaßen. Heute besitzt fast jedes Dorf ein Denkmal für die Gefallenen der *beiden* Weltkriege. Der wirtschaftliche Aufschwung nach dem Zweiten Weltkrieg spiegelt sich auf *zweierlei* sehr seltsame Weise in der Welt der Flurdenkmale wider: Die Vervielfachung des motorisierten Verkehrs zeigt sich in einer Fülle einfachster Marterln längs der gefährlich gewordenen Landstraßen. Die Vermehrung der Freizeit bescherte eine vordem ungeahnte Fülle von Unfällen in allen gefährlichen Sportarten, die nun auch in die Welt der Marterln Eingang gefunden haben: Die zahllosen Marterln für abgestürzte Bergsteiger wirken neben den neuesten Gedenktafeln für verunglückte Drachenflieger und Gleitschirmflieger fast schon antiquiert.

Neben diesem seltsamen „Zuwachs" erlebt die Welt der Flurdenkmale heute jedoch wiederum einen erschreckenden Schwund und „Ortswechsel": „Die Gefährdung der alten Steinkreuze ist vor allem ein Ergebnis des gewaltigen kulturlandschaftlichen Wandels der letzten Jahrzehnte. Manches Kreuz, das in einsamer Landschaft einen ungestörten Platz hatte, sieht man plötzlich von neuen Häusern umringt; manches andere hat die Ruhe des Feldes mit einem Fabrikhof eintauschen müssen, und viele weitere sind an den Rand moderner Asphaltstraßen zu stehen gekommen. Die Umwandlung der Kulturlandschaft hat viele ihrer einstigen Wahrzeichen in Gefahr gebracht – vor allem aber sind es auch die Mittel, deren sich der Mensch zu dieser Umgestaltung bedient: der Technisierung in allen Arbeitsgebieten sind die unbeweglichen Steinmäler nicht gewachsen, vor einem Schlepper, vor einem Bagger kapitulieren sie. Schließlich ist es auch die innere Wandlung der Zeit, die den Weg frei gibt zur Zerstörung dieser einst viel beachteten Denkmäler der Flur ... Der ehemals bedeutsame alte Stein draußen ist ein unbedeutendes Denkmal geworden, das niemand mehr aufregen kann. Entmachtet, entzaubert, vom Schlepperfahrer verächtlich übersehen, ragt das Steinkreuz aus alter frommer Zeit in die technisierte, motorisierte Welt, ein übles Relikt schon, ohne Nutzen und höchstens im Weg bei der Bestellung der Flur. Der trostlose Zustand vieler hundert steinerner Kreuze und die dauernd steigende Verlustziffer verdeutlichen die Überlebtheit der kleinen Denkmäler ... Nicht nur unbeachtet und überflüssig, sogar unerwünscht ist das Steinkreuz vielfach geworden. Es hindert oft genug die bis in den kleinsten Winkel vorgedrungene maschinelle Bearbeitung des Landes. Abergläubische Haltung, die das Denkmal früher schonen ließ, ist neuem Wirtschaftssinn gewichen: was nichts einbringt und nur stört, das soll verschwinden. Es bliebe der Weg ins Museum, und tatsächlich sind eine ganze Anzahl steinerner Kreuze schon dort angekommen."[13]

Straßenbau und Intensivnutzung dezimieren immer noch den Bestand an Flurdenkmalen oder sorgen für eine wahllose Versetzung an eine neue, „passende" Stelle.

Schließlich nagt der Zahn der Zeit, neuerdings unterstützt vom „sauren Regen" stetig an allen unseren Flurdenkmalen und manche wohlgemeinte, aber laienhafte Restaurierung zerstört den letzten Rest an Originalität. Besonders tragisch erweist sich in Einzelfällen ein Baum oder ein Baumpaar, das vor Jahrhunderten im Zuge des Baues eines Kapellchens als flankierendes Element gepflanzt wurde: Das Wurzelwerk des meterdick angewachsenen Stammes hat schon manches Kapellengemäuer deformiert und ruiniert. In manchen Fällen aber ist der Eigentümer der gefährlichste Feind eines Flurdenkmals, weil es, im Acker oder Kornfeld befindlich, seinen modernen Erntemaschinen im Wege steht: „Wenn ihr den alten Grenzstein nicht abholt, schieb' ich ihn mit meinem Traktor über den Haufen und fahr' ihn zur nächsten Müllhalde" – ein nicht seltener Anruf am Landratsamt! Mancher Kreisheimatpfleger oder Denkmalschutzbeauftragte muß heute die Patenschaft über „herrenlose" oder „verstoßene" Flurdenkmale übernehmen.

In merkwürdigem Gegensatz zu dieser Mißachtung der eigenen Tradition und ihrer Kulturgüter steht ein anderes Gegenwartsphänomen: „Der sentimentalische Blick auf verlorengehende und abgekommene Bräuche und Trachten, Lieder und Sagen, die rückgewandte Haltung der Sammler, Heimatforscher und Heimatschutzbewegungen ist in volkstümliche Gefilde selbst eingedrungen. Altes Brauchtum und Kulturgut wird als Gut und Wert bewußt, wird neu hervorgeholt und vorgeführt, ein wesentlicher Zug moderner Volkskultur. Auch die Steinkreuze und ihre Sagen sind in diesen Prozeß mit einbezogen; sie werden aufgegriffen in Heimatbuch und Heimatzeitung, in Schule und Rundfunk und schließlich in volkstümlichen Kreisen selbst; Zerfall und Verlust folgt Neuaufnahme aus veränderter Sicht, Wiederbelebung und Pflege. Eifrig werden die alten Sagen an den Mann gebracht, als Volkssagen bewundert und gehütet, verehrt und verhätschelt; jeder kennt sie und ist stolz, sie zu berichten; oft sind es Sagenblüten, aus schriftlichen, pseudopoetischen Gebilden aufgenommen."[14]

Der zunehmende Wohlstand in Verbindung mit der sogenannten Nostalgie-Welle zog auch eine neue Form der Kriminalität nach sich: der wahllose Souvenirdiebstahl macht neuerdings selbst vor solchen Objekten nicht halt, die von professionellen Antiquitäten-Dieben verschmäht werden und der Souvenirdieb wird von keinerlei Unrechtsbewußtsein geplagt. So kommt es, daß man allmählich alles „Handliche", vor allem Kapelleninventar, Kruzifixe und Marterln hinter schweren Gittern verschließen oder in Heimatmuseen bergen muß.

Droht eine neuerliche Entleerung der Kulturlandschaft? Ein Zyniker würde sagen, es sei nur ein „Möblierungs-Wechsel": Verkehrs-, Hinweisschilder und Reklameobjekte aller Art säumen nun unsere Straßen und Plätze und als Ersatz für manche verschwundene Wegkapelle bietet sich ein Bus-Wartehäuschen, eine Trafo-Station oder eine Telefonzelle als optischer Ersatz an und es gäbe ohnehin keine Kulturlandschaften mehr, allenfalls noch „Regionen", wie man heute zu sagen pflegt ...

Zum Sinn dieses Buches

Das im Jahr 1973 in Kraft getretene Bayerische Denkmalschutzgesetz stellt auch Flurdenkmale von einer gewissen Bedeutsamkeit aufwärts unter seine Obhut – zahlreiche Flurdenkmale wurden mit finanziellen Mitteln des Bayerischen Landesamtes für Denkmalpflege vor dem Verfall gerettet und fachmännisch restauriert. Die Fachwelt forscht, inventarisiert, katalogisiert und publiziert. Wer sich jedoch heute einen Überblick oder gar einen tieferen Einblick in die Geschichte und Bedeutung unserer Flurdenkmale verschaffen will, ist nach wie vor auf eine weit verstreute und teilweise schwer zugängliche Fachliteratur angewiesen. Mit diesem Buch wurde der Versuch unternommen, die Vielfalt unserer heimischen Flurdenkmale in einer einzigen Publikation zusammenzufassen und an Hand ausgewählter Beispiele vor Augen zu führen. In dem vorliegenden Werk wurde nicht ängstlich nach perfekten Definitionen und unumstrittenen thematischen Eingrenzungen gesucht, auch der gesteckte geographische Rahmen ist gelegentlich gesprengt worden und Vollständigkeit wurde von vornherein nicht angestrebt. Wichtiger schien es, die vielfältigen, heute oft schon schwer verständlichen Botschaften unserer Flurdenkmale einem breiteren Leserkreis zu vermitteln und teilweise an Hand älterer Bilder von längst vergangenen und fast vergessenen Beispielen zu veranschaulichen – viele der alten Fotos sprechen eine eindringlichere Sprache als jeder noch so beschwörende Text.

Das vorliegende Werk soll also in erster Linie zur *Erhaltung* der gefährdeten Flurdenkmale beitragen. Eine wichtige Voraussetzung dafür ist jedoch, daß deren Botschaften auf breiterer Ebene bekannt werden und Interesse finden und daß diese Botschaften den Funken jener Liebe und Achtung entzünden, der allein den weiteren Bestand dieser liebenswürdigen kleinen Dinge gewährleistet.

Anmerkungen

[1] Bernhard Losch: Steinkreuze in Südwestdeutschland. Volksleben 19. Band. Tübingen 1968, S. 29.
Losch überträgt hier ein Zitat Dünningers auf sein Arbeitsthema: „Für das Steinkreuz kann auch gelten, was Josef Dünninger über die ‚Bildstöcke in Franken' sagt: Die Bildstöcke sind eine der großen Signaturen und Wahrzeichen der fränkischen Landschaft." (Josef Dünninger/Karl Treutwein: Bildstöcke in Franken, 1952, S. 49) Diese Aussage läßt sich hinsichtlich der Mehrzahl der Flurdenkmale treffen.

[2] Hans Roth: Marterlspruch. München 1973, S. 15.

[3] Wie Anm. 2., S. 16 und S. 27.

[4] Frank Baer: Votivtafelgeschichten. Rosenheim 1976, S. 159.

[5] Wie Anm. 4., S. 161.   [6] Wie Anm. 2., S. 8f.

[7] Veröffentlicht in: Mitteilungen zur vaterländischen Geschichte. Herausgegeben vom Historischen Verein in St. Gallen, VI. Band 1866. Vermerk für das Jahr 1524.

[8] Wie Anm. 2., S. 13.   [10] Wie Anm. 4., S. 158.

[9] Wie Anm. 2., S. 14.   [11] Wie Anm. 4., S. 164.

[12] Hubert Ch. Ehalt (Herausgeber): Volksfrömmigkeit. Von der Antike bis zum 18. Jahrhundert. Wien 1989, S. 222 (Beitrag von Gerhardt Kapner: Auswirkungen der religiösen und künstlerischen Bemühungen der Barockzeit auf die Volksfrömmigkeit in Wien).

[13] Wie Anm. 1., S. 28 und S. 128.

[14] Wie Anm. 1., S. 127.

1.7T

Eine Kirche als geschichtliches Flurdenkmal: „Im Dezember 1832 entließ Ludwig mit wehmütigem Herzen den geliebten Sohn. Der Abschied des allgemein verehrten Prinzen, der in so früher Jugend vom heimatlichen Boden fortzog, um im fernen Süden, weit von Eltern und Geschwistern, über ein fremdes Volk zu herrschen, die Thränen der Eltern, die Trauer der königlichen Geschwister fanden die rührendste und herzlichste Teilnahme des bayerischen Volkes, und heiße Segenswünsche aus den Herzen vieler Tausende begleiteten den bayerischen Königssohn, als er in düsterer, rauher Winterszeit den ernsten Weg zu dem neugegründeten Throne antrat. Die Stelle, wo der edle Königssohn zwischen Aibling und Rosenheim vom Herzen der Mutter schied, bezeichnet das Theresienmonument, das zum Andenken an diesen Abschied 1835 errichtet wurde. Ermüdet von der Fahrt und den vielen herzbewegenden Eindrücken des Abschiedes war Otto schlafend über die Grenze nach Kufstein gekommen. Als er daselbst erwachte, war er untröstlich, so ohne allen Abschied vom Vaterlande geschieden zu sein; er kehrte nochmals zur Grenze zurück, und über dem Platz, wo er zum letzten Male die teuere vaterländische Erde grüßte, erhebt sich bei Kiefersfelden ein Kirchlein, nach seinem Entstehungsgrunde die Otto-Kapelle genannt." (Hans Reidelbach: König Ludwig I. von Bayern und seine Kunstschöpfungen zu allerhöchst dessen hundertjähriger Geburtstagsfeier 1888, S. 142 f.)

„Daß der erst siebzehnjährige zukünftige König von seiner Familie und seinem Vaterland Abschied nehmen mußte, um sich in die völlig unsicheren Verhältnisse eines fremden Landes zu begeben, berührte die Bevölkerung zutiefst. Ausdruck dieses Mitgefühls sind drei Monumente: Im heutigen Ottobrunn entstand die Ottosäule an jener Stelle, wo der Vater Abschied von seinem Sohn nahm; in Bad Aibling das Theresien-Monument dort, wo die Mutter – Königin Therese – sich von ihrem Sohn trennte und in Kiefersfelden die Ottokapelle an dem Ort, wo sein Bruder – der spätere König Maximilian II. – Abschied nahm." (Oberbayerisches Archiv, herausgegeben vom Historischen Verein von Oberbayern, 104. Band, München 1979, S. 32)

Das dritte Denkmal zur Erinnerung an den Abschied des Prinzen Otto, eine Kapelle in neugotischem Stil, nach Entwurf von Daniel Joseph Ohlmüller.
Kiefersfelden,
König-Otto-Straße 52, Lkr. Rosenheim.

2

SÜHNEKREUZE

„Alte Kreuze stehn am Rain, kündend, was geschehn;
Doch der Wandrer geht vorbei, kann sie nicht verstehn."

Steinkreuzmythos

„Einsam, finster und stumm erheben sich oft am Wegrand verwitterte Steinkreuze... Scheu zieht der Wanderer an ihnen vorüber, denn Sagen von düsteren Geschehen, von Tod und Blutschuld haften häufig an ihnen..."[1]

„An wenig begangenen Feldrainen, gelegentlich tief im Waldesdunkel, kann der aufmerksame Wanderer durch Zufall auf Zeugen ältester Volkskultur stoßen. Einsam und verlassen steht hier ein unscheinbares, primitiv aus einem Steinblock gehauenes Kreuz..."[2]

„An Landstraßen, namentlich an alten, längst verödeten Handelswegen, an Kreuzwegen, an Feldrainen, auf Wiesen und Triften, oft mitten im Kornfeld, ja sogar an abgelegener Stelle im dichten Wald, erblickt man hin und wieder plumpe ... Steine in Kreuzgestalt..."[3]

Mit solch dichterischen Einlassungen und mit der gezielten Häufung der Worte „geheimnisvoll, rätselhaft, undeutbar, finster, düster, stumm, einsam" beginnen die meisten älteren Steinkreuzschriften. Diese Eigenschaften, die den Steinkreuzen anzuhaften scheinen, wurden schon von den Schriftstellern der Romantik zu poetischen Erzählungen verdichtet und auch der Dichter Hermann Löns (1866-1914) hat dem Steinkreuz ein literarisches Denkmal gesetzt:

„Kein Mensch weiß, zu wessen Gedenken der Blutstein gesetzt wurde. Aber er macht den Wald unheimlich. Kein Bauer, kein Holzarbeiter geht gern allein hier vorbei. Es geht da um. Man hört es rascheln und sieht nicht, was da geht. Man hört es schreien und weiß nicht, von wem. In der Dämmerung tanzen grüne Lichter um den Stein. Der alte Waldwart hat sie oft gesehen. Auch heute, an diesem hellen Maienmorgen, sieht er unhold aus, der graue Block. Unheimlich sind die Blumen, die um seinen Sockel blühen: blasser, gedunsener Aronstab, menschenhautfarbige Schuppenwurz, der Vogelnestwurz wachsgelbe Blütengespenster, der Nachtviole leichenfarbene Blumen. Das Reh, das am Rande des Erdloches entlang zieht, verharrt jäh, äugt nach dem Mordsteine, windet, tritt hin und her und flüchtet laut schreckend von dannen. Eine Märzdrossel, die mit einer bunten Schnecke im Schnabel auf einem Felsbrocken einfällt, läßt ihre Beute fallen und stiebt mit Gezeter ab. Der Rotspecht, der vorüberschnurrt, hebt sich höher und schreit entsetzt auf. Der Holzschreier wendet jäh seinen Flug und kreischt voller Angst. Auch das Rotkehlchen flattert mit Furchtgeschrille davon..."[4]

Die alten Steinkreuzüberlieferungen schienen für eine Mystifizierung und Mythologisierung geradezu geschaffen und der wuchernde Volksglaube fand auch in manchen Versen dichterischen Ausdruck:

„Wenn nachts die Totenvögel krächzen,
Geht vor dem ersten Hahnenschrei,
Des Irrlichts halber und der Hexen,
Aus Geisterfurcht und aus Entsetzen,
am alten Kreuzstein keins vorbei."[5]

Heute hat sich der Mythos des Steinkreuzkultes und auch der anhaftende Aberglaube verloren. Das Wissen um die Bedeutung der Steinkreuze ist dem Volk weitgehend verloren gegangen und auch die erklärenden Sagen sind meist zum geistigen Museumsgut herabgesunken. Viele überlieferte Steinkreuzsagen sind zwar noch in Erinnerung, doch hat man sich innerlich längst von ihnen losgesagt und gibt sie nur distanziert, ja mitunter etwas verlegen weiter. Über die Herkunft und den Sinn der alten Steinkreuze, die einst im Volksglauben eine tragende Rolle spielten, hat sich der Schleier des Vergessens gesenkt.

Mord, Blutrache und Sühne im Nibelungenlied

Sühnekreuze sind letzte anschauliche Zeugnisse mittelalterlicher Rechtspraxis bei Totschlag, also steinerne Dokumente einstiger Sühneverfahren auf dem jahrhundertelangen Weg von der alten germanischen Blutrache zur verchristlichten Wiedergutmachung.

Es gibt zwar mehrere Quellen, die uns über den germanischen Brauch der Blutrache unterrichten, doch ist keine so faszinierend wie das Nibelungenlied, dessen Kern schon im 9. Jahrhundert entstanden sein dürfte und der auch das Rechtswesen jener Zeit widerspiegelt.[6]

Das Nibelungenlied ist letztlich ein einziger Sang der Blutrache. Auf den Mord an Siegfried folgen alle Elemente, die wir im späteren Sühneverfahren kennen. Im 17. Abenteuer wird geschildert, wie die Nachricht von Siegfrieds Tod zu seinem Vater Sigmund gelangt und wie dessen Vasallen reagieren:

„... mit hundert seiner Mannen er von dem Bette sprang,
sie hielten in den Händen die Waffen scharf und lang,
und liefen weheklagend zu Krimhilds Saal hinan,
nachfolgend ihnen jammernd Herrn Siegfrieds ganzer Bann...
Da ward von Siegfrieds Freunden das Klagen also groß,
daß von den Weherufen Pallas und Saal erscholl..."

„... da schwuren zu dem Antlitz des Toten hingewandt
die treuen Degen alle aus Nibelungenland:
Wir wollen unsern König nicht ungerächet lan,
in diesem Hause weilet, der diesen Mord getan.
Hoch oben sie die Speere empor und Schwert und Schild..."

Das Sühnekreuz als Stimmungsträger:

2.1T
Das Sühnekreuz als malerisches Motiv für makabre Situationen: Galgen und Krähe als Galgenvogel in der „Krähenszene" aus „Reineke Fuchs" von Wilhelm von Kaulbach (1805-1874).

2.2T
Das Sühnekreuz als zentrales malerisches Motiv für nächtlich-unheimliche Stimmungen: „Käuzchen auf einem Feldkreuz am Wiesenrain" von Caspar David Friedrich (1774-1840).

2.3T
Das Sühnekreuz als Stimmungsträger bei der Szene des nächtlichen Versehgangs.

Wie im späten Mittelalter erschallen Totenklage und Wehegeschrei, die Zeugen der Tat werden herbeigerufen, es wird Anklage erhoben, es folgt der Racheschwur im Angesicht des Erschlagenen. Krimhild, die junge Witwe, klagt vor versammeltem Volk den vermutlichen Mörder an, der nach der Bahrprobe an der Leiche des Ermordeten überführt wird:

… Es tat es niemand anders, als eure schlimme Hand,
dich Gunther und dich Hagen, euch beide klag ich an…"

„… da brachen durch die Menge sich Siegfrieds Degen Bahn,
mit Schwert und Speer zu rächen des teuren Helden Tod…"

„… doch Krimhild rief: Nicht also! ertragt mit mir die Not,
im heiligen Dome stünde uns Rache übel an…"

Durch die Aufbahrung im Dom zu Worms bestand zunächst ein Asyl für den Mörder. Krimhilds Rache wird zunächst vereitelt, aber nach langer Zeit schließlich grausam und gründlich vollstreckt. In den folgenden Abenteuern wird aber auch der erste Sühneversuch dargestellt, es wird Wergeld in Form einer lebenslänglichen standesgemäßen Versorgung angeboten:

„… voll Trauer trat Gernot nun heran, mit Gieselher,
den Brüdern war fast das Auge blind vor übergroßem Leide,
es weinte wie ein Kind Herr Gieselher: ,O Schwester, rief er
Herztraute mein, o tröste dich des Todes, es mußte wohl so sein,
wir wollen dirs ersetzen das ganze Leben lang mit Liebe und mit Treue, drum sei nicht allzubang…"

„… wohl hundert Seelenmessen man für den Toten sang,
und als die gesungen waren, verliefen viele sich."

„… an diesem Tage wurden, so hörte man die Mär,
an dreißigtausend Marken, vielleicht warens auch mehr,
um seiner Seelen willen dem armen Volk geschenkt
auf daß man immer seiner in guter Treu gedenk…"

Neben der Versorgung der Witwe war man also auch schon für das Seelenheil des Erschlagenen besorgt, es werden bereits, nach der nun christlichen Anschauung, Seelenmessen gelesen, daneben wird aber auch noch das alte heidnische Opfer an das arme Volk gebracht. Diese Opfergabe an das Volk verschwindet mit der Zeit völlig; aus dem 14. Jahrhundert ist jedenfalls kein Sühnevertrag mehr bekannt, der neben den Gaben für den Richter und das Opfer an die Kirche sowie die Versorgung der Hinterbliebenen noch weitere Opfer kennt. Scheinbar tritt an die Stelle des Volksopfers später das Sühnekreuz, das ja an den Toten erinnern und seiner Seele helfen soll. Im Nibelungenlied wird das Volksopfer zum gleichen Zweck gegeben, denn es erheischt, daß man seiner immer gedenken möge. Es ist bekannt, daß ein Erschlagener zur Zeit der Blutrache solange nicht der Erde übergeben wurde, bis er von einem seiner Hinterbliebenen gerächt war. Krimhild hat bei dem ungleichen Handel mit ihr, unter dem Druck der Verhältnisse nachgegeben, den Toten beigesetzt, die Sühne angenommen, aber mit dem Vorbehalt:

„Schenkt auch mein Mund ihm Sühne, mein Herz weiß nichts von Huld."

Nach zwanzig Jahren rächt Krimhild im Palast Attilas die Ermordung ihres Gemahls an Hagen von Tronje persönlich. Die letzte Strophe des Nibelungenliedes endet mit Krimhilds Rachesang:

„Auszog sie aus der Scheide die Waffe scharf und schwer,
der Nibelungensöhne unheilblad'ne Wehr,
sie schlug mit einem Streich das Haupt ihm ab vom Leib,
nun hatte volle Rache das grimme Königsweib…"

Das Prinzip der Totschlagsühne

Schon im Alten Testament unterschied man zwischen vorsätzlichem, kaltblütig und heimtückisch geplantem Mord und dem im Affekt verübten Totschlag. Mord konnte auch im Mittelalter nicht privatrechtlich gesühnt werden, er forderte ein öffentliches Urteil, das dem jeweiligen Rechtsempfinden entsprach und das meist auf die Todesstrafe hinauslief. Aber auch ein Totschläger verfiel der öffentlichen Verurteilung, wenn er sich durch die Flucht einer Sühneleistung entziehen wollte. Konnte sich der Täter mit den Hinterbliebenen des Erschlagenen jedoch durch den Abschluß eines Sühnevertrags gütlich einigen, entging er der Blutrache durch die Sippe des Getöteten und war auch von jeder öffentlichen Strafe frei. Das germanisch-privatrechtliche Prinzip der Blutrache lebte im Bewußtsein und in der Alltagspraxis des Volkes jedoch bis weit in das Mittelalter hinein fort. Schon Karl der Große (742-814) wollte mit seinen Capitularien die traditionelle Blutrache eindämmen, seine Bemühungen blieben jedoch offensichtlich erfolglos. Weder die Kirche noch die Landesherren konnten zunächst eine Rechtsform finden, die zur gütlichen Regelung von Totschlag allgemein angenommen worden wäre. Was staatlichen Regelungen und Verordnungen nicht gelang, das setzte, wenn auch anfänglich nur zögernd, das aufkommende Christentum durch. Es lenkte die im Volk verwurzelte Blutrache in die christlichen Bahnen der Kirchenbuße und der materiellen Entschädigung. Wenngleich die privaten Sühneverträge von der Obrigkeit nur geduldet wurden, von der Kirche wurden sie ausdrücklich gefördert. Daß die Kirche trotzdem den Landesherrn als Urteilsfinder vorschob, ist verständlich, denn es lag nicht in ihrem Sinne, sich mit weltlichen Rechtsfindungen zu belasten. Deshalb wurden in den Sühneverträgen zwar die Abgaben an die Kirche verankert, die Bestätigung der Verträge aber erfolgte durch weltliche Richter und durch die Schiedsleute. Der Zeitraum der Sühneverträge für Totschlag ist zeitlich ziemlich genau abgrenzbar und umspannt das 14., 15. und 16. Jahrhundert. Die erhaltenen Dokumente setzen um 1300 ein, betreffen anfänglich jedoch nur Adelige. Erst ab 1400 werden solche Verträge auch unter Angehörigen des Bürgerstandes bekannt. Wahrscheinlich einigten sich Bürgerliche früher nur vor privaten Schiedsleuten, so daß etwaige Urkunden nicht erhalten sind. Die Sühneverträge hatten eine große praktische Bedeutung erreicht, bevor sie durch andere obrigkeitliche Reglementierungen verdrängt wurden.

„Genauso wie heute zeigten sich auch damals Übermut, Leichtsinn, Rechthaberei, Streitsucht, Trunksucht und Prahlerei als Anlaß von Raufhändeln. Dabei mag es oft zu Verletzungen mit Todesfolge gekommen sein. Da beide Parteien, die des Opfers wie die des Täters, genau so wie heute einen bestimmten Anhängerkreis gehabt haben, löste eine ungebremste Abreaktion von Sippe gegen Sippe stets neue Raufereien und Zwistigkeiten aus und es gab womöglich neue Tote. Dadurch war die lebensnotwendige Gemeinschaft besonders auf dem Dorf schwer gefährdet. Die rivalisierenden Gruppen mußte man so schnell wie möglich zu irgendeinem gültigen, verbindlichen Vergleich bewegen. Auch der Kirche und der Obrigkeit waren fortdauernde tiefe Zerwürfnisse ein Greuel, war doch dadurch die Arbeits- und Steuerkraft der Untertanen ebenso geschwächt wie ihre Wehrbereitschaft."[7] Die große kulturgeschichtliche Bedeutung der gütlichen Totschlagsühne läßt sich nur ermessen, wenn man sich die gelegentlich auch heute noch bei manchen Völkern übliche Blutrache vor Augen hält, die im Zuge der Sippenhaft durch ganze Generationen eine blutige Spur zieht.

Szenen aus der Nibelungensage (Zeichnungen von Arthur Kampf, 1938)

2.4T
Siegfrieds Ermordung.

2.5T
Kriemhilds Anklage.

2.6T
Kriemhilds Blutrache.

Prozedur und Inhalt der Sühneverträge

Streitsucht, Jähzorn, vor allem aber der früher ungebrochene Hang zur Selbsthilfe waren bei Totschlag einst Anlaß genug für den Ausbruch tödlicher Feindseligkeiten, die sich im Rahmen der Sippenhaft über Generationen dahinzogen. Da die Obrigkeit, sei es aus Mangel an Hilfskräften oder um ihrer eigenen Sicherheit willen, meistens nicht wagen konnte, für oder gegen eine der streitenden Familien Partei zu nehmen, half man sich bei Verdacht der Wiedervergeltung entweder mit der Verbannung beider Teile oder man schlug — und das war das häufigere — den Vermittlungsweg ein. Obwohl im späteren Mittelalter Totschlag nicht mehr zu den Privatdelikten gerechnet wurde, vielmehr als eine schwere Verletzung der öffentlichen Ordnung mit Todesstrafe bedroht war, eröffnete dennoch das geltende Recht dem Täter die Möglichkeit, durch Vergleich mit der Familie des Getöteten sich dieser strafrechtlichen Folge zu entziehen. Dabei machte es keinen Unterschied, ob der Vergleich unter Umgehung der Anklage oder im Laufe des Strafverfahrens oder aber nach erfolgter Ächtung des Täters zu Stande kam. An die Stelle der Strafe bzw. der Acht, welche im Vergleichsfall wieder aufgehoben wurde, traten die vom Täter im Sühnevertrag übernommenen Leistungen. Unter diesen Leistungen stand in erster Reihe die Geldabfindung des verletzten Teils. Mit dem „Wergeld" allein war die Sache aber nicht abgetan. Seit der Festigung des katholischen Kirchenglaubens trat noch eine Reihe anderer, nicht minder kostspieliger Leistungen hinzu. Diese gehörten überwiegend dem Kreise frommer Werke an und verfolgten unter dem Namen „Seelgeräthe" den Zweck, die Seele des Getöteten den Qualen des Fegefeuers zu entreißen. Sie bestanden vorzugsweise in Schenkungen an Kirchen und Klöster, in Kapitalstiftungen zum Erwerb von Bruderschaften, zur Unterhaltung eines ewigen Lichts, zur Abhaltung von Seelenmessen und Requiems am Todestage des Erschlagenen sowie in Wachsspenden und in der Verrichtung von Pilgerfahrten an heilige Orte. Die Wallfahrten spielten eine so hervorragende Rolle in der Totschlagsühne des späteren Mittelalters, daß sie bis zum Beginn der Reformation in keinem Sühnevertrag fehlten. Zu diesen „Seelgeräthen" kam gewöhnlich noch die Verpflichtung des Täters zur Errichtung eines „Leichzeichen", also eines Erinnerungszeichens an die Untat in Form eines Kreuzes, eines Denksteins oder einer Kapelle. Schließlich war noch ein feierliches Totenamt abzuhalten. Neben den Betroffenen hatte sich schließlich jeder zum Vergleich zugelassene Täter mit dem Gerichtsherrn des Tatorts abzufinden, auch aus dieser Verpflichtung erwuchs ihm nicht selten eine recht empfindliche Last. Nicht genug aber mit den genannten Auflagen: die herrschende Sitte unterwarf den Täter außerdem auch noch einer Reihe persönlicher Demütigungen. Mörder, die zur Sühne zugelassen waren, mußten im Bußgewand mit entblößtem Haupt und nackten Füßen den Angehörigen des Getöteten an dessen Grab öffentlich und in feierlicher Weise Abbitte leisten. Das Zeremoniell hat nach Zeit und Ort mannigfach gewechselt. In mittel- und süddeutschen Sühnen des 13. und 14. Jahrhunderts begegnet man häufig förmlichen Bußprozessionen...

Mit der rituellen Aussöhnung war die privatrechtliche Seite der Sühne beschlossen. Ihr folgte als öffentlich-rechtlicher Akt die Friedensbefestigung. Schon von alters her ließ man nicht allein die unmittelbar Beteiligten, sondern auch die beiderseitigen Verwandten, soweit sie fehdepflichtig waren, den geschlossenen Frieden eidlich bekräftigen. Wie sehr solche Sühneverträge dem alten Rechtsempfinden vom niederen Volk bis in die höchsten Adelskreise entsprachen, zeigen viele Beispiele. Schon sehr früh läßt sich ein gewisses Schema für die Prozedur und Abfolge der Sühneleistungen erkennen. Trotz der damaligen, an Redewendungen reichen Sprache hält man sich fast wie bei einem Formular an einzelne Programmpunkte. So ergibt sich etwa folgender Verlauf für ein Sühneverfahren: In jedem Einzelfall trat unter dem Vorsitz einer unbescholtenen, bedeutenden Persönlichkeit ein Sühnegericht zusammen mit etwa fünf bis acht weiteren Laienrichtern, den „Tädingsleuten", die sich um die Regelung des Falles durch einen gütlichen Vergleich („Teidung", „Teidigung") bemühen sollten — in unserem Ausdruck „Verteidigung" klingt dieses alte Wort noch an. Dieses von beiden Parteien anerkannte Gericht bestimmte in ausführlicher, wortreicher Sprache die einzelnen Punkte der Sühne, die dem Totschläger bindend auferlegt wurden. Dabei stand im Vordergrund die Bemühung, dem Opfer sein Seelenheil zu sichern.

Schema eines Sühnevertrages

Zu einem Sühnevertrag gehörten also regelmäßig materielle Entschädigungsleistungen, Leistungen für das Seelenheil des Toten und Demütigungen für den Übeltäter. Folgende Aufstellung[9] soll das Ausmaß der geforderten Sühneleistungen beispielhaft veranschaulichen:

- Den Hinterbliebenen war eine vereinbarte Summe an Geld zu bezahlen („Wergeld", „Manngeld"). Ersatzweise waren Sachleistungen zu erbringen.
- Die gesamten Gerichtskosten, eventuelle Arztkosten sowie die Kosten der Zeugen waren zu begleichen, ebenso waren das Begräbnis und der übliche Leichenschmaus im Wirtshaus zu bezahlen.
- Für das Seelenheil des Toten war eine vereinbarte Zahl von Seelenmessen (Totenmessen und Andachten, Totenvesper, Placebo) zu stiften, die in einer Kirche von einer vorgeschriebenen Anzahl von Priestern zu lesen waren.
- Der Kirche war eine bestimmte Menge Wachs oder eine bestimmte Anzahl von Kerzen zu stiften.
- Zur eigenen Buße sowie zum Seelenheil des Getöteten waren eine oder mehrere Wallfahrten zu unternehmen und darüber beglaubigte Bestätigungen beizubringen. Wenn nicht besonders bestimmt, konnte der Täter diese Wallfahrten auch durch andere Personen ausführen lassen. Die am häufigsten vorgeschriebenen Wallfahrten gingen nach Rom, Aachen, Maria Einsiedeln in der Schweiz, oder nach Santiago de Compostela in Spanien. Für die Fahrten nach Rom durften oft auch ähnliche Wallfahrten nach deutschen Orten ausgeführt werden, die dann aber gleichfalls den Namen „Romfahrten" erhielten. Vereinzelt wurden sogar Wallfahrten nach Jerusalem verlangt.
- Ein beträchtlicher Teil der Sühne sollte aber auch zur Demütigung und schändlichen Bloßstellung des Täters dienen. Er mußte dem Begräbnis im vorgeschriebenen Bußgewand mit einer Anzahl von Freunden und Angehörigen beiwohnen. Oft mußte der Täter dabei barfuß, gar nackt, mit erloschener Kerze zum Grab des Opfers pilgern, dort öffentlich in feierlicher Form Abbitte leisten und den Namen des Opfers laut rufen, sich quer über das Grab legen, bis der Priester ihn wieder aufstehen ließ; auch die Sippe des Täters mußte solange in der Kirche knien, bis die Gegenpartei die Sühne als erbracht ansah. Der Täter mußte den Hinterbliebenen jahrelang aus dem Weg gehen, er durfte keine

öffentlichen Lustbarkeiten aufsuchen und mußte Wirtshaus und Badstube verlassen, sobald einer der Hinterbliebenen sie betrat. Auch jahrelange Verbannung aus der Heimat wurde öfters gefordert. Der Täter mußte gelegentlich sein Leben lang einen Strick oder einen eisernen Ring um den Hals tragen!
- Der Täter mußte sich auch öfters verpflichten, mit einer Anzahl von ihm geworbener und bezahlter Söldner Kriegsdienst zu leisten.
- Schließlich war am Tatort ein Sühnemal zu errichten, meist ein steinernes Kreuz, gelegentlich aber auch nur ein Holzkreuz – zur eigenen Buße und zur ewigen demütigenden Erinnerung an die Schandtat, aber auch zum Seelenheil des Getöteten.

„Dem Täter werden im Einverständnis beider Parteien Sühneleistungen auferlegt, nach deren Erfüllung die rituelle Aussöhnung und die privatrechtliche Seite der Sühne beschlossen waren. Beide Seiten sind an den schriftlich aufgesetzten Vertrag gleichermaßen gebunden – die Beteiligten sollen ‚nimmer schreyen‘, miteinander ‚gut freund sein‘, ‚die sach nie wieder vor gericht bringen‘; der Übertretende steht in der gleichen ‚pön und buß‘ wie der Täter. Die Richter der Sühnegerichte waren genug Realisten, um dem Täter solche Pflichten aufzuerlegen, die – wenn auch unter Opfern – erfüllbar sein mußten. Es hätte keinen Sinn gehabt, von einem Armen die Errichtung einer Kapelle oder eine Wallfahrt nach Jerusalem zu verlangen, auch wenn ihm seine Sippe bei der Erfüllung der Sühne oft zu helfen hatte. Bei einem vermögenden Täter aber wurden die Sühneleistungen entsprechend seinen Möglichkeiten angepaßt, wobei die ‚Seelgeräte‘ auch nur als Deckmantel für handfeste weltliche Forderungen auf Geld und Gebiet benützt wurden."[10]

Konnte ein Sühnevertrag nicht erfüllt werden oder kam er gar nicht erst zustande, konnte die Blutrache allerdings wieder aufleben. Dabei trat auch die Sippenhaft wieder voll in Kraft, persönliche Auseinandersetzungen konnten so auch später noch in Sippenkriege ausarten.

„Von den vorliegenden Ergebnissen aus gesehen besteht kein Zweifel an der Bedeutung der meisten Steinkreuze als mittelalterliche Sühnemale. Sie müssen im Zusammenhang mit der einflußreichen Stellung, die das Totschlag-Sühnewesen innehatte, gewertet werden. Die nachgewiesene alltägliche Häufigkeit und intensive kulturelle Auswirkung der Totschlagsvergleiche erlauben keine Unterschätzung und geben den alten Steinkreuzen einen mehr als hinreichenden Hintergrund der Entstehung."[11]

Zur Form der Sühnekreuze

Sühnekreuze finden sich meist an alten Feld- und Waldwegen, am Rande kleiner Weiler und Ortschaften. Seltener liegen sie in freier Flur oder in einem Waldstück und hier wohl öfters an einem längst aufgelassenen, überwucherten und unkenntlichen Weg. Das erste Auftreten von steinernen Sühnekreuzen fällt in das frühe 1Spalte Jahrhundert. Als das älteste Sühnekreuz gilt das aus der Zeit um 1260 stammende Kreuz von Varmissen bei Hannover, eines der ältesten Sühnekreuze in Bayern steht in Kelheim und stammt aus dem Jahr 1332. Eine große Zahl überlieferter Sühneverträge forderte als Sühnemal ein steinernes Kreuz, oft mit genauen Größenangaben. Die umfangreichen Sühneleistungen mußten manchen einfachen Mann jedoch bettelarm gemacht haben. Für die Setzung des Sühnekreuzes blieben da sicherlich oft nur geringe Mittel übrig, so daß seine Gestaltung entsprechend einfach ausfallen mußte. Die niedrigen, meist nur 50 cm bis 80 cm hohen und 30 cm bis 40 cm dicken Steinkreuze sind vielleicht aus diesem Grund zumeist nur roh und derb zubehauene Werkstücke aus bodenständigem Gestein, meist aus Tuff oder Nagelfluh, seltener aus Marmor oder Sandstein. Sie sind durchwegs aus einem einzigen Block herausgehauen, also niemals aus mehreren Werkstücken zusammengesetzt. „Für die Abmessungen der Steinkreuze werden vielfach Maßbestimmungen in Sühneverträgen herangezogen. Ein Teil der Verträge, die ein steinernes Kreuz fordern, nennt ausdrücklich den Umfang. Im allgemeinen entsprechen die nachgewiesenen Maße der Steinkreuze den in Verträgen angegebenen ungefähr ... Von fünf Schuh Höhe und drei Schuh Breite im ausgehenden 15. Jahrhundert verringern sich die Maße im 16. Jahrhundert bis zu zwei Schuh Höhe und eineinhalb Schuh Breite."[12] Es ist jedoch in keinem Vertrag festgelegt, wer das Kreuz herzustellen hat, hier hatte man vielleicht die Wahl zwischen einem kostspieligen und einem billigen Steinmetzmeister. Deswegen ist die Ausformung des Kreuzes allein kein sicherer Anhaltspunkt für seine Datierung, wohl aber eine Hilfe dazu.[13] Es gilt aber als erwiesen, daß die einfachsten Formen des lateinischen und griechischen Kreuzes auch die ältesten sind; sie finden sich in fast allen Steinkreuzlandschaften. „Die Grundform des lateinischen Kreuzes entwickelt sich weiter zum Kreuz mit verbreitertem Schaft, mit verbreiterten Balkenenden – dem ‚Eisernen Kreuz‘ –, zu gotisierenden Formen, zum Kreuz mit Winkelstützen, mit abgerundeten oder Kleeblattenden, mit abgeschrägten Kanten bis zur Achteckform, zu Sonderformen wie Scheiben- und Radkreuzen, insgesamt eine verwirrende Vielfalt, die sich kaum in eine überzeugende Entwicklungsreihe einordnen lassen wird, zumal auch Mischformen vorkommen."[14] Erst später treten reicher ausgebildete Formen auf, die auch Symbole und Schriftzeichen aufweisen. Die eingemeißelten Reliefdarstellungen von Zeichen, Zahlen und Monogrammen, Waffen und Symbolen gaben Anlaß zu wildesten Deutungen. „Der Bogen der Meinungen spannte sich von der These der dargestellten Mordwaffe bis zum Wappen oder Berufszeichen des Getöteten oder sogar des Täters."[15]

Heute ist die Forschung der Ansicht, daß Handwerks- oder Berufsembleme sich auf den Getöteten beziehen und ihn anonym vertreten. Die meisten der bekannt gewordenen Verträge, die eine Steinkreuzsetzung fordern, stammen aus dem 15. Jahrhundert. Seit 1450 steigerten sich offenbar in manchen Regionen die Ansprüche an das Sühnemal. In Schlesien beispielsweise begnügte man sich nicht mehr mit einem Kreuz, sondern forderte statt oder neben selbigem häufig eine Kapelle aus Eichenholz oder Stein, die einen Altar mit Decke und Kruzifix, zuweilen auch noch das Bildnis Mariä und einiger Heiligen enthalten mußte.[16] Nicht immer wird in den Sühneverträgen der Standort des geforderten Sühnemals festgelegt, es dürfte auch keineswegs immer am Tatort aufgestellt worden sein – vielfach geschah ein Totschlag ja mitten im Wirtshaus! Soweit ein Aufstellungsort überhaupt erwähnt wird, ist es aber entweder der Tatort oder eine möglichst viel begangene Wegstelle, meist die dem Tatort nächstgelegene Wegkreuzung – die Vorbeigehenden sollten ja hier ein Vaterunser für den Toten sprechen.

Das Ende der Sühneverträge

Der Brauch der Sühneverträge und der Steinkreuzsetzung währte drei Jahrhunderte – etwa von 1300 bis 1600.

Am 27. Juli 1532 wurde auf dem Regensburger Reichstag „Des Kaisers Karl V. und des Heiligen Römischen Reiches Peinliche Gerichtsordnung" – Constitutio Criminalis Carolina – verabschiedet. Mit dieser Änderung des Straf- wie auch des Strafverfahrensrechts wurde die Verbrechensbekämpfung als eine ausschließlich staatliche Aufgabe anerkannt, die auch nach staatlich-sozialen Gesichtspunkten zu erfolgen habe. Trotzdem hielt die privatrechtliche Schlichtung solcher Totschläge noch Jahrzehnte an. „Noch 1556 verpflichtet sich in einem Sühnevertrag der

Laufener Bürger Vital Aschauer, ‚von wegen begangenen todschlags an die Angehörigen aine suma gelts zu bezahlen'. Drei noch erhaltene Sühnekreuze in der näheren Umgebung der Stadt Laufen (Biburg, Leobendorf, Niederheining) lassen die ehemalige Häufung solcher Setzungen und damit die Verbreitung dieses Rechtsbrauchs deutlich erkennen."[17] Auch andernorts sind vereinzelt Sühnevergleiche nach 1532 bekannt geworden; sie zeigen, daß dieser Brauch je nach Landessitte bis zum ausgehenden 16. Jahrhundert geübt wurde. Der Sühnekreuzbrauch findet mit der Constitutio Criminalis Carolina zwar sein Ende, dennoch aber verliert sich nicht gleichzeitig das niedrige steinerne Kreuz, das nun als Unglücks- und Erinnerungskreuz, also als einfaches Totengedenkkreuz weiterhin aufgestellt wird. Das vom Täter errichtete Sühnekreuz wird abgelöst vom Memorienkreuz, das die Angehörigen dem Umgekommenen besorgen. Der Rechtsbrauch lebt als Volksbrauch weiter. Bis in die erste Hälfte des 19. Jahrhunderts werden noch vereinzelt Steinkreuze des einfachen Typs hergestellt, doch löst sich ihre formale Einheitlichkeit zusehends auf und neuzeitlich-gestaltreiche, deutlich stilistisch geprägte Formen treten in den Vordergrund.[18] In der Malerei, in Zeichnungen und Stichen wurde das Sühnekreuz, namentlich in der Romantik, ein beliebtes Vordergrundmotiv; es belebt zahllose Landschaftsszenen und Ortsansichten und gibt ihnen optische Tiefe.

Das Sühnekreuz im Volksglauben

Keine andere Gattung von Flurdenkmalen ist so mit Sagen und abergläubischen Vorstellungen behaftet worden wie das Sühnekreuz. Im Volksglauben gab es seit alters her eine abergläubische Verbindung von Kreuz und Scheideweg; die Wegkreuzung als Tummelplatz der Geister und Gespenster und der ruhelosen Seelen schien in der Volksmythologie aller deutschen Landschaften einen festen Platz eingenommen zu haben. An den Wegkreuzungen würden die Hexen ihr Unwesen treiben, die umgehenden Toten rasten; mancherorts geisterten graue Männlein um das steinerne Kreuz, Katzen und Hunde mit feurigen Augen sowie Schimmel und wilde Jäger spukten an einsamen Malen. Wiedergänger, Menschen, die unschuldig oder durch eigene Schuld ums Leben kamen, gehen hier um.

„Steinkreuze sind zwar den armen Seelen als Ruheplätze gesetzt, aber auch dann können nach dem Volksglauben Ermordete, Selbstmörder, Gehängte, Verunglückte keine Ruhe finden, weil sie vorzeitig ihr Leben ausgehaucht haben. Als Irrlichter, feurige Hunde, Raben, als Menschen ohne Kopf schweifen sie umher, beängstigen den Wanderer auf seinem nächtlichen Gange, verschwinden aber vielfach, sobald man an dem Steinkreuz angelangt ist."[19] In diesen Zusammenhang gehörte auch der Aberglaube, dem Steinkreuz übernatürliche, heilsame Kräfte zuzuschreiben. Hier versuchte man mancherorts zu mitternächtlicher Stunde durch Zauberei Heilung von Krankheiten und Seuchen zu finden. Die Scheu des bäuerlichen Menschen vor dem Steinkreuz ist bezeugt. Er mied es, besonders bei Nacht, und nahm Umwege in Kauf, um nicht daran vorbeigehen zu müssen. Keinesfalls durfte ein Steinkreuz von seinem Bestimmungsort versetzt werden. Geschah es, so rächte sich der Tote: Dem Bauer, der so etwas tat, sterbe das Vieh im Stall, sein Feld gedeihe nicht, bis das Steinkreuz wieder an seinen alten Platz zurückgesetzt war. Alle Steinkreuzsagen beinhalten das Motiv des Unheimlichen, Verrufenen, der umgehenden Geister, Hunde und Lichter; der Platz des Steinkreuzes ist ein Ort der bösen Tat, er könne daher nicht geheuer sein und solle gemieden werden. Spukerscheinungen stehen in der Hierarchie der Steinkreuzmythen an erster Stelle, hier nützte man offensichtlich jede Möglichkeit, heidnisch-mystisches und christliches Gedankengut in irrealer Weise zu verknüpfen.

Auch das gelegentlich nachweisbare Vergraben von Steinkreuzen wurde vielfach abergläubischen Motiven zugeschrieben. Zunächst kommt die Säkularisation als eine Zeit in Betracht, in der man es für nötig gehalten haben könnte, Steinkreuze zu vergraben. Die Verfechter der Aufklärung verfolgten seinerzeit bekanntlich alle Zeugen geschichtlicher Vergangenheit mit gehässigem Eifer. Man darf annehmen, daß damals mancher Bauer, der noch eine traditionelle Scheu und Ehrfurcht vor Steinkreuzen hatte, ein solches lieber vergrub, bevor es der Verschleppung oder Vernichtung anheimfiel. „Eine andere Deutung wäre die, daß Angehörige oder Nachkommen eines Totschlägers, welcher ein Sühnekreuz setzen mußte, dieses eines Tages heimlich vergruben – um so die Erinnerung an die Untat, welche einer aus ihrer Sippe verübt hatte, auszulöschen. Auch die Möglichkeit, daß es der Täter selbst war, welcher zu gegebener Zeit das Zeichen seiner Schuld beseitigte, muß in Betracht gezogen werden. Weiterhin könnten in einer Zeit, die den Sinn der Steinkreuze nicht mehr kannte, Grundeigentümer in abergläubischer Scheu sich der auf ihren Äckern oder Wiesen vorhandenen Steinkreuze durch Vergraben entledigt haben."[20] Die abergläubische Gesinnung der Bevölkerung mochte also in manchem Falle zum Vergraben von Steinkreuzen geführt haben – einerseits, um sie zu retten, andererseits, um sich ihrer zu entledigen.

„Die Steinkreuzüberlieferungen spiegeln die volkstümliche Reaktion auf die Existenz der alten Denkmäler. Gemeinsamer Grundzug dieser Überlieferungen ist die Umbildung des individuellen historischen Rechtsmals in ein an kein bestimmtes historisches Datum gebundenes, zeitloses Denkmal allgemeinsten Charakters. Nichts von einem einmaligen Errichtungsgrund, von einer speziellen, unwiederholbaren ursprünglichen Funktion jedes einzelnen Steinkreuzes spricht aus den Sagen und Geschichten, die diese Denkmäler allesamt in ein allgemeines Schema mit festen Typen und Formeln hineinheben. Gleichgemacht, stereotyp erscheinen die Kreuze im Zeugnis der Überlieferung, durch den Raster des Volkswissens gesehen; ihre hundertfältigen Einzelbestimmungen sind entpersönlicht und verengt zu einem Formenspiel sich immer wiederholender allgemeiner Motive. Das Spezielle, Einmalige erscheint ins Allgemeine, Auswechselbare transformiert. Anlaß und Umstand der Errichtung eines Steinkreuzes können nicht bewahrt werden, und sekundäre Erklärungen treten an ihre Stelle, die das Vorhandensein des Denkmals für jedermann begreiflich machen können – erst durch diesen Prozeß der sekundären Aneignung wird das Denkmal zum volkstümlichen Gemeinschaftsbesitz. Die Überlieferungen sind nicht nur durch einen beschränkten, stets wiederkehrenden Inhalt bestimmt, sondern werden dazuhin noch auf ganz verschiedene Flurdenkmäler bezogen. Nicht nur in Benennungen und Flurnamen kommt eine pauschale, auf das allgemeine beschränkte Sehweise zum Ausdruck, sondern ganz besonders auch in den Sagen und Geschichten mit ihrer generellen und breiten Anwendbarkeit ... Ebenso übergangen wird der vielfältige historische Sinn der einzelnen Denkzeichen, und nur eine allgemeine, zeitlich unbestimmte und jedermann zugängliche Bedeutung wird überliefert."[21]

Anmerkungen

[1] K. Frölich: Das Rätsel der Steinkreuze. O.O., o.J., S. 59.
[2] A. Paul: Steinkreuze und Kreuzsteine in Österreich. O.O., o.J., S. 1.
[3] F. Stremel: Alte Kreuze und ihre Bedeutung. O.O., o.J., S. 1.
[4] Hermann Löns: Mümmelmann – der letzte seines Stammes. O.O., 1909, S. 81.
[5] Gustav Seidenstücker: Am alten Kreuzstein. „Das Steinkreuz" Mitteilungsblätter der Deutschen Steinkreuzforschung. Nürnberg, Heft 8/1940, S. 24. „Gustav Seidenstücker, ein Nürnberger Steinkreuzforscher und langjähriges Mitglied der Deutschen Steinkreuzforschung, dürfte wohl mit Recht zu den prominentesten Steinkreuzdichtern unserer Tage gezählt werden. Er verstand es jedenfalls in seiner Lyrik, das Typische des Volksglaubens, der Steinkreuze vor allem des Nachts als etwas Dämonhaftes erscheinen läßt, in Versen auszudrücken." (Schmeissner, wie Anm. 9, S. 55)
[6] L. Wittmann: Die Blutrache im Nibelungenlied. „Das Steinkreuz" (siehe Anm. 5), Heft 1/2/1968, S. 1 ff. Das nachstehende Kapitel basiert weitgehendst auf der o.g. Quelle.
[7] Eugen Wiedenmann: Sühnekreuze im Kreis Göppingen. „Das Steinkreuz" (siehe Anm. 5), Jg. 37, Heft 2, S. 13.
[8] Paul Frauenstädt: Blutrache und Todtschlagsühne im deutschen Mittelalter. Leipzig, 1881; S. 7, S.13, S. 16, S. 19, S. 23. Ausführlich beschrieb der Rechtshistoriker Paul Frauenstädt schon 1881 die Entwicklung von der privatrechtlichen Institution der Blutrache bis hin zur öffentlich-rechtlichen Strafverfolgung der Tötungsdelikte. Präzis arbeitete er die wichtige Rolle heraus, die dem mittelalterlichen Sühneverfahren als Übergang in diesem langwierigen Prozeß zukommt.
[9] Die folgenden Ausführungen sind weitgehend entnommen von Rainer H. Schmeissner: Steinkreuze in der Oberpfalz. Regensburg 1977, S. 83 f.; ferner von Wiedenmann, wie Anm. 7, S. 13.
[10] Wiedenmann, wie Anm. 7, S. 20.
[11] Bernhard Losch: Steinkreuze in Südwestdeutschland. (Volksleben, 19. Band) Tübingen 1968, S. 88.
[12] Losch, wie Anm. 7, S. 30.
[13] Wiedenmann, wie Anm. 7, S. 14.
[14] Wiedenmann, wie Anm. 7, S. 17.
[15] Schmeissner, wie Anm. 9, S. 26.
[16] Frauenstädt, wie Anm. 8, zitiert bei Schmeissner.
[17] Hans Roth: Zeugnisse des Totengedenkens in der Landschaft. In: Die letzte Reise – Sterben, Tod und Trauersitten in Oberbayern. München 1984, S. 258.
[18] Losch, wie Anm. 7, S. 92.
[19] Eugen Mogk: Der Ursprung der mittelalterlichen Sühnekreuze. In: Berichte über die Verhandlungen der Sächsischen Akademie der Wissenschaften zu Leipzig, 81. Band, 1929, 1. Heft, S. 13.
[20] Schmeissner, wie Anm. 9, S. 46.
[21] Losch, wie Anm. 7, S. 127.

2.7T
Kreuzstein mit eingeritztem „Eisernen Kreuz", bei Reparaturarbeiten durch die „Deutsche Steinkreuzforschung" im Jahre 1972. Preith, Gde. Pollenfeld, Lkr. Eichstätt.

2.8T
„Herrenloses" Sühnekreuz aus dem Lkr. Berchtesgadener Land, seltene Ausformung in Marmor.

2.1 (Seite 21)
Sühnekreuz in Form des „Eisernen Kreuzes", nachmittelalterlich, an der Tassilolinde in Wessobrunn, Lkr. Weilheim-Schongau.

2.2 △

2.4 △

2.6 △

2.3 ▽

2.5 ▽

2.7 ▽

2.2
Sühnekreuz, anthropomorph, mittelalterlich. Baierbach, Gde. Stephanskirchen, Lkr. Rosenheim.

2.3
Sühnekreuz, vereinfachte Form des „Eisernen Kreuzes", wohl noch mittelalterlich. Bei Eismerszell, Gde. Moorenweis, Lkr. Fürstenfeldbruck.

2.4
Sühnekreuz in Form des Tatzenkreuzes, bez. 1525. Günderer, südwestl. hinter dem Gündererhof, Gde. Weyarn, Lkr. Miesbach.

2.5
Steinkreuz in Form des Tatzenkreuzes, bez. 1544. Das Steinkreuz soll an ein Schiffsunglück im Jahr 1544 erinnern, bei dem auf der Überfahrt von Tegernsee nach Egern 18 Personen einer Hochzeitsgesellschaft ertranken (**Bild 2.6:** Das Gegenstück bei der Überfahrt in Egern). Bei der Klosteraufhebung 1803 war es von seinem ursprünglichen Platz beseitigt worden und befand sich dann lange Zeit auf der Wiese eines heimatkundlich interessierten Bauern, bis durch den Altertumsverein die Wiederaufstellung an der heutigen Stelle veranlaßt wurde. Tegernsee, Seestraße 42, Lkr. Miesbach.

2.6
Steinkreuz in Form des Tatzenkreuzes, bez. 1544, Gegenstück zu **Bild 2.5.** Egern, Überfahrtsstraße, Gde. Rottach-Egern, Lkr. Miesbach.

2.7
Steinkreuz, wohl schon Gedenkkreuz, bez. 1711. Neuhausen, Stadt-Gde. Ebersberg.

2.8
Steinkreuz in Form des „Eisernen Kreuzes", wohl schon Gedenkkreuz, bez. 1732. Schlachtham, Gde. Irschenberg, Lkr. Miesbach.

2.9
Steinkreuz in der vereinfachten Form des „Eisernen Kreuzes", bez. 1780. Göggenhofen bei Haus Nr. 4, Gde. Aying, Lkr. Miesbach.

2.10
Sühnekreuz, stark ausgeprägte Form des „Eisernen Kreuzes", 16./17. Jh. Vormals in freier Flur, jetzt an der Klostermauer von Rottenbuch, Lkr. Weilheim-Schongau.

2.11
Sühnekreuz in der einfachsten Form des „Eisernen Kreuzes", nachmittelalterlich. Lkr. Rosenheim.

2.12
Sühnekreuz fragmentiert, mit auffallend ausgeprägtem Schaft, wohl 17. Jh. Buchfeld, an der Straße Irschenberg-Pfaffing, Abzweigung Lanzing, Gde. Irschenberg, Lkr. Miesbach.

2.13
Sühnekreuz in Form des „Eisernen Kreuzes", mit eingetieften Kartuschen für Bildtafeln, vor der Transferierung ins Heimatmuseum auf der Burg Tittmoning, Lkr. Traunstein.

Kap. 2

2.14
Gedenkkreuz in schwungvollen barocken Formen, bez. 1772. Früher im Loferer Holz, seit 1953 in Walchhof in Walch, Stadt-Gde. Miesbach.

2.15
Steinkreuz, seltene Form mit Aufsatz, 2. Hälfte 18. Jh. Das Kreuz mit den Initialen WH erinnert nach örtlicher Überlieferung an den jähen Tod eines Bauern an dieser Stelle und war früher mit einem geschmiedeten Kreuzaufsatz gekrönt. Marksteiner am Weg zwischen Marksteiner und Mösl, Gde. Irschenberg, Lkr. Miesbach.

2.16
Sog. „Steinernes Kreuz", einfache Form des griechischen Kreuzes. Initialen GF, Monogramm IHS, bez. 1701. In der Langenau, Langenaualm, Lkr. Miesbach.

2.17
Sühnekreuz, wohl 17. Jh., mit erneuerter Bildtafel in eingetiefter Rundbogennische. Mitterdarching, Bahnhofstraße 15, Gde. Valley, Lkr. Miesbach.

2.18
Fragmentiertes Steinkreuz mit Inschriften, sog. Judenstein oder Zigeunerkreuz; vermutlich aus einem Grabkreuz gefertigt. Hofstetten, an der Straße durch den Wald nach Gungolding, Gde. Hitzhofen, Lkr. Eichstätt.

2.19
Steinkreuz mit Kleeblattenden und flacher Nische für Bildtafel, wohl 17. Jh., daneben Grenzstein. Das Tuffsteinkreuz wurde nach örtlicher Überlieferung an jener Stelle errichtet, an der ein Reiter tödlich verunglückte. Feldschuster, Gde. Warngau, Lkr. Miesbach.

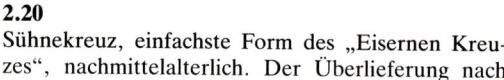

2.20
Sühnekreuz, einfachste Form des „Eisernen Kreuzes", nachmittelalterlich. Der Überlieferung nach wurde nahebei im 12. Jh. (?) ein Mönch ermordet. Pfaffenham, nordwestl. auf dem Weg nach Blankenberg, Gde. Schnaitsee, Lkr. Traunstein.

2.21
Sühnekreuz, einfache Form mit konischem Schaft, wohl nachmittelalterlich. Reitmehring, Stadt-Gde. Wasserburg, Lkr. Rosenheim.

2.22
Kreuzstein mit erhabenem Kreuzrelief, nachmittelalterlich. Landershofen, Stadt-Gde. Eichstätt.

2.24 △

2.25 △

2.27 ▽

2.26 △

2.23 (Seite 27)
Sühnekreuz, einfachere Form des lateinischen Kreuzes mit konischem Schaft 16./17. Jh. An der Straße Ebersberg-Wasserburg, Lkr. Ebersberg.

2.24
Sühnekreuz mit dem vertieftem Umrißrelief eines Kreuzes, um 1500 (Kreuzstein). Erlingshofen, Gde. Kinding, Lkr. Eichstätt.

2.25
Kreuzstein mit erhabenem einfachem Kreuzrelief, nachmittelalterlich. Lüften, neben Kapelle, Stadt-Gde. Eichstätt.

2.26
Kreuzstein mit erhabenem Kreuzrelief in Tatzenkreuzform, bez. 1520. Der kugelige Aufsatz über dem Kreuz soll einen kindlichen Kopf darstellen und in Zusammenhang mit den „Fraisen" stehen, einer Kinderkrankheit mit Krampferscheinungen, ähnlich der Epilepsie. Petersbuch, Gde. Titting, Lkr. Eichstätt.

2.27
Kreuzstein in Sechseckform mit eingeritztem einfachem Kreuzrelief, nachmittelalterlich. Wintershof, Stadt-Gde. Eichstätt.

2.28 △

2.29 △

2.30 △

2.31 ▽

2.28
Kreuzstein mit erhabenem einfachem Kreuzrelief, nachmittelalterlich. Bei Kraiburg, Lkr. Mühldorf.

2.29
Kreisrundes Scheibenkreuz, wohl mittelalterlich. Unterstall, Neuburger Weg, Gde. Bergheim, Lkr. Neuburg-Schrobenhausen.

2.30
Scheibenkreuz mit ausgeprägtem erhabenem Kreuzrelief. Eingemauert in der Friedhofsmauer von Traunwalchen, Stadt-Gde. Traunreut, Lkr. Traunstein.

2.31
Sühnekreuz mit dem erhabenem Relief einer menschlichen Gestalt, wohl mittelalterlich. Feldkirchen, südl. des Ortes, vor Wegabzweig nach Ballersdorf, Stdt-Gde. Neuburg an der Donau.

2.32 (Seite 30)
Steinkreuze aus Rotmarmor, mit vertieftem Umrißrelief einer Axt, wohl im Zusammenhang mit dem plötzlichen Tod eines Holzknechtes aufgestellt. Vor der Friedhofsmauer der Kirche St. Valentin in Zell, Gde. Ruhpolding, Lkr. Traunstein.

2.33
In Unterfranken steht eine rätselhafte Gruppe von Sühnekreuzen, die sog. Musikantensteine. Nach der Sage spielten in Falkenstein sieben Musikanten zum Kirchweihtanz auf. Sie hatten dabei gut verdient und dem Most allzu reichlich zugesprochen. So gerieten sie auf dem Heimweg wegen der Verteilung des Musikantenlohns in arge Raufhändel, wobei fünf von ihnen den Tod fanden. Man verscharrte ihre Leichen an Ort und Stelle und stellte Sühnesteine auf. Als um 1840 hier ein Hopfengarten angelegt wurde, fand man zwei Totenschädel und andere Gebeine. Die Form der Kreuze läßt allerdings darauf schließen, daß sie zu verschiedenen Zeiten entstanden. Am ältesten sind die Kreuzsteine, besonders der Radstein. Vielleicht wurden die Steine bei einer Feldverlegung hier – an einer alten Richtstätte – vereint. 16. Jh.
Zwischen Donnersdorf und Frankenstein, Unterfranken.

2.34 (Seite 32)
Sühnekreuz aus Nagelfluh, wohl mittelalterlich. Marienberg, Stadt-Gde. Burghausen, Lkr. Altötting.

3

BILDSTÖCKE

Zerfallner Stock, blasses Bild.
Christ und unsre Jungfrau mild.
Verwittert die Jahreszahl:
Siebzehnhundert dazumal.

Die Betbank auch arg zerkracht.
Jeder trägt an seiner Tracht.

Feldan und -um Einsamkeit.
Sonne scheint und Grille schreit.
Der Bauer braucht – Plag und Pein –
jeden Tag den Herrgott sein.

Geh nicht vorbei! Rück den Hut!
Bet ein wenig! Das ist gut.

(Josef Weinheber)

Der Bildstock als Spiegel der Volksfrömmigkeit

Eucharius Sang, Weihbischof von Würzburg, schrieb 1607: „Es ist in unsrem Teutschlandt ein sehr altes und löbliches Herkommen gewesen / an den offenen Landtstrassen Gottseelige Bilder uffzurichten / damit die vorüberreisenden / dadurch einen antrieb zu der Gottseeligkeit / unnd jhrer im reisen übernommener Arbeit / etzlicher massen eine Leichterung oder Enthebung empfinden mögen. Welcher Gebrauch denn auch / an denjenigen Orthen nicht ohne sonderbaren Nutzen und Frucht bestehet / an welchen der alte Glaub und Religion / unverendert erhalten würd."[1]

Der Schriftsteller und Pfarrer Heinrich Hansjakob (1837-1916) bemerkte einmal: „Es gibt nichts Sinnigeres an Landstraßen und Wegen hin als einen richtigen Wegweiser oder ein Bildstöcklein. Der erstere zeigt die Richtung in der Zeit, und das letztere mahnt an den Weg in die Ewigkeit."

Noch heute sind unsere Bildstöcke beredte Zeugen einstigen naiven Gottvertrauens und traditioneller Volksfrömmigkeit – aus Holz geschnitzte oder in Stein gehauene Bitt- und Dankgebete. Für manche Menschen sind sie Orte der Andacht und stillen Einkehr geblieben und bei manchen Prozessionen und Flurumgängen dienen sie immer noch als feste Haltepunkte. Auch Wallfahrer orientierten sich früher an Bildstöcken; sie waren die althergebrachten Wegmale, Rastpunkte und Andachtsstationen auf dem oft langen und beschwerlichen Pilgerweg.

Bildstöcke aller Art kennzeichnen aber nicht nur Wallfahrerwege. Sie „markieren" auch viele alltägliche Wege – die Wege zur Arbeit, den Weg nach Hause, den Weg zur Kirche, den Weg in die Ferne. Wie Meilensteine der Frömmigkeit durchziehen sie altes bäuerliches Kulturland, wie ein religiöses Bekenntnis charakterisieren sie den Daseinsbedacht der Menschen auf allen ihren alltäglichen und sonntäglichen Wegen. Bildstöcke haben eine sehr vielschichtige und regional unterschiedliche Herkunft. Um die noch im 11. Jahrhundert mit Kirchenbuße bestraften heidnischen Opfer an Quellen, Steinmalen, Bäumen oder Wegkreuzungen umzuwidmen, regte die Kirche die Aufrichtung von Bildstöcken an – sie goß alte Inhalte in neue Formen. Vielfältig und verwirrend wie die Formen der Bildstöcke sind auch die Anlässe und Anstöße zu ihrer Errichtung. Allem voran stehen persönliche und familiäre, mitunter auch kollektive Akte der Frömmigkeit. Viele Bildstöcke sind ihrem Sinne nach Weihe- und Opfergaben, Dank und Bitte an Gott und Fürbittgebete an die Schar der Heiligen. Viele Inschriften sprechen dies deutlich aus: „Gott zu Ehren", „Zu Ehren der heiligsten Dreifaltigkeit", „Zu Ehren der Kreuztragung Jesu", „Zu Ehren der Heiligen Jungfrau Maria", „Zu Ehren des Heiligen Leonhard", „Zum Gedächtnis der armen Seelen im Fegfeuer"... Jede der großen Katastrophen, sei es Krieg, Krankheit oder Hungersnot, hat früher in den betroffenen Landstrichen ihre Signaturen auch in Form von Bildstöcken hinterlassen. Gemeinsam war den Menschen zunächst die Angst vor der kommenden Bedrohung, gemeinsam durchlitten sie Leid und Qual, Schrecken und Tod der wütenden Katastrophe und gemeinsam erlebten sie die Erleichterung nach dem Ende des Unglücks. Gemeinsam war auch der Impuls religiöser Dankbarkeit. Gemeinsam errichteten die Überlebenden mancher Katastrophen Bildstöcke oder sonstige religiöse Zeichen des Dankes, und sie errichteten auch Zeichen der Bitte, daß sich gehabtes Unglück nie mehr wiederholen möge. Neben solchen gemeinsamen Nöten erlitten die Menschen aber auch seit jeher ganz persönliche oder familiäre Schicksalsschläge und sie gelobten ganz allein oder auch im engsten Familienkreise die Errichtung frommer Male, wenn nur der Kelch des Leidens an ihnen vorübergehen würde. Persönliche Gelöbnisse wurden natürlich auch in gemeinschaftlichen Ängsten an Gott herangetragen: In jedem Krieg gelobten Soldaten oder aber auch ihre Angehörigen die Errichtung eines Dankeszeichens für glückliche Heimkehr. Ganz persönliche Gelöbnisse tat man wohl in fast allen kritischen und gefährlichen Situationen und Lebenslagen, nicht zuletzt in der Sterbestunde: „Bildstöcke können letzte Wünsche eines Sterbenden sein."[2] So mancher Bildstock wurde in der Sterbestunde versprochen oder erbeten und später von den Angehörigen errichtet. Man entsprach damit einer frommen Gewohnheit: Der Tote wollte einen eigenen Ort haben, wo man seiner im Gebet gedachte und für die Erlösung seiner Seele aus dem Fegefeuer betete. Westlich von Weiglham nahe Wasserburg stand einst ein hölzerner Bildstock mit vier Blechtafeln im Aufsatz. Eine Abbildung zeigte die armen Seelen im Fegefeuer, ein Spruch erinnerte an das Gebet: „Wer geht heraus oder hinein, der gedenk an unsere große Pein, mit einem Vater unser und Ave Maria."

Es gibt unzählige naive, primitive, rührend einfache, aber auch kunstvolle Bilder und Bildtafeln, die den Dank für glücklich überstandene Krankheiten, Gefahren, Leiden, Ängste und Nöte zum Ausdruck bringen: Als Votivbilder („ex voto") schmücken sie zu Tausenden die Wände unserer Wallfahrtskirchen und mancher privaten Kapellen, aber nur vereinzelt haben sie sich auch an Bildstökken erhalten. Gelegentlich bezeugt nur eine kurze Inschrift den Anlaß der Errichtung. Oft aber blieben die Bildstöcke, die aus persönlicher Dankbarkeit errichtet wurden, ohne erklärendes Bild oder Wort, sie bleiben für den späteren Betrachter stumm, und wenn alle Angehörigen gestorben sind und sich die Widmung des Bildstocks der Erinnerung der Nachkommen allmählich entzieht, wird seine Botschaft unerklärlich, sie ist nicht mehr zu enträtseln. Gelegentlich aber kann man aus religiösen Monogrammen, oft auch aus dem Standort auf die Sinngebung eines Bildstocks Schlüsse ziehen: Der Gedanke des Schutzes der Fluren vor Unwetter aller Art liegt nahe, wenn Bildstöcke an besonders exponierter Stelle errichtet sind; sie heißen dann gelegentlich auch „Hagelstein" oder „Wetterstein".

Über die Vielzahl der Flurdenkmäler in katholischen Gebieten berichtet der markgräfliche Hofmeister Johann Michael Füssel in seinem 1787 in Erlangen erschienen Reisetagebuch: „Bisher zählte ich, von Eger an gerechnet, 24 Cruzifixsäulen, Marien- und Heiligenbilder und andere solche katholische Denksäulen. Wenn man eine Meile in die andere rechnet, und mit einer Meile 12 Säulen zählt, so sind ihrer in einer Quadratmeile 48. Da nun Böhmen 909 Quadratmeilen im Umfang hat, so sind in diesem Land wenigstens 43.632 solche Säulen. Welch erstaunliche Menge! Vielleicht käme eine doppelte Anzahl heraus, wenn man diejenigen, welche in Marktflecken und Städten in Menge angetroffen werden, noch dazurechnete. Man muß sich wundern, wenn man Katholiken vor einer

3.1T + 3.2T
Einfacher Holzbildstock und steinerner Tabernakelbildstock als Vordergrundmotiv der berühmten Ansicht von Berchtesgaden mit Watzmann. Druckgraphiken des 19. Jh.

leblosen Säule, vor einem Stück Holz oder Stein, mit der größten Ehrfurcht niederfallen sieht. Man kann diesen Gottesdienst des Pöbels, von der Seite betrachtet, beinahe mit dem Heidenthum vergleichen. Wir begegneten Reisenden, die vor solchen Bildern, wenn sie gleich noch fern von ihnen waren, ihre Köpfe entblößten, vor ihnen wohl auch niederfielen und vor lauter Eifer, ihren Rosenkranz abzubeten, uns gar nicht bemerkten."[3] Mag dieses Urteil aus der Sicht des nüchternen Protestanten, der wenig oder kein Verständnis zur katholischen Religion hatte, verständlich sein, so steht dieser Kritik eine polemische Bemerkung im „Münchner Tagsblatt" des Jahres 1803 kaum nach: „Es muß einem durch Baierns reitzende Gegenden Reisenden ungemein betrüben, wenn er fast keine 500 Schritte wandern kann, ohne auf sogenannte Martyr-Säulen oder Schauerkreutze zu stossen. Sollten vielleicht erstere den Zweck haben, bey dem Wanderer religiöse Gedanken zu erwecken, oder die zweyten, den Schauer abwenden? Ja, wenn sie nicht mit so verhunzten Gemälden und Statuen bemalen, begleckset und behangen wären, und letztere eine andere Einrichtung erhielten. Könnten aber diese Säulen und Kreutze nicht dazu benützt werden, daß sie am gehörigen Orte den zu Fuß wandernden vermittelst eines Täfelchen den Weg zeigten, und ihm besonders an Scheidewegen die rechte Bahn wiesen? Könnten sie nicht auch an Dörfern benützt werden, wo sie mit dem Namen des Orts beschrieben, den müden Wanderer und andere des so lästigen Fragens überheben würden?"[4]

Der Bildstock als Rechtsmal[5]

Für *Devotionsmale* hat die mannigfaltige Form des steinernen Bildstocks zwar am häufigsten gedient, doch sind auch gänzlich kontroverse Inhalte in Bildstockform in die Landschaft gesetzt worden. Bildstöcke mit rechtlichem Charakter bezeichnen entweder Vorrechte, Grenzen oder Gerichtsbarkeiten. Unter *Vorrechtszeichen* verstand man beispielsweise Marktkreuze oder Marktsäulen, wie sie heute allerdings wohl nur noch in Österreich anzutreffen sind. Sie bekundeten das verliehene Marktrecht und waren je nach Wohlstand des beliehenen Marktes verschieden reich ausgestaltet.

Häufiger sind bildstockartige *Grenzzeichen,* die je nach Größe des umgrenzten Gebietes – vom kleinen Bezirk der Hofmark bis hin zu den Territorialgrenzen der Fürsten – ebenfalls sehr verschieden ausgebildet sein können.

Bildstöcke bezeichnen gelegentlich auch die Grenzen verschiedener Sonderrechte („Jagdstein"). Als *Gerichtszeichen* erlangten Bildstöcke eine besonders traurige Funktion. Die öffentlichen Hinrichtungsstätten waren gelegentlich mitten auf dem Marktplatz des Gerichtsortes, häufiger jedoch bestand auf einer weithin sichtbaren Anhöhe vor den Toren der Stadt ein eigener Richtplatz. Noch heute deuten Flurnamen wie „Blutacker", „Galgenberg", „Galgenbichl", „Auf der Kopfstätt" und Hofnamen wie „Freimann" auf das ehemals hier vollstreckte Blutgericht hin. An diesen Richtstätten stand vielfach die „Beichtmarter" oder „Galgenfuhrmarter", ein Bildstock, an dem der Delinquent seine letzte Beichte ablegen konnte. Der Stein auf dem Galgenberg in Lichtenau (Landkreis Ansbach) trägt die Inschrift: „Das letzte Stündlein, Herr, erbarme dich."

Der Bildstock im Spiegel der Kunst und der Geschichte

Bildstöcke scheinen in allen europäischen Kulturlandschaften in verschiedensten Ausprägungen verbreitet gewesen zu sein. Sie stehen im deutschsprachigen Raum nicht nur an den Wegen in Feld und Flur, sondern auch mitten im Ort.

Über die einstige Verbreitung machen wir uns heute schwerlich eine Vorstellung, denn die Mehrzahl aller alten Bildstöcke ist längst untergegangen, und nur urkundliche und bildliche Überlieferungen zeugen von ihrer einstigen Bedeutung. Die ersten bildlichen Zeugnisse von Bildstöcken stammen aus dem 14. Jahrhundert.

„Die Kunst des späten Mittelalters, insbesondere die illustrative Graphik, enthält zahlreiche Zeugnisse für die spätmittelalterliche Verbreitung des Bildstockes in allen Landschaften des deutschen Sprachgebietes und weist schon verschiedene formale Typen auf, wenn auch der einfache Holzpfahl mit Nische überwiegt."[6]

Bildstöcke waren im mittelalterlichen Landschaftsbild sicherlich ein wesentliches Element; den vor dem Bildstock knienden Beter finden wir übrigens schon in spätmittelalterlichen Bildzeugnissen.

Der älteste bekannte urkundliche Beleg für die Verwendung des Wortes „Bildstock" wird wie folgt vermerkt: Bildstock 1490, Fürstenberger Urkundenbuch: „Bi ainem Felsen an ainem Bildstock."[7]

Auf dem Titelblatt von „Kaisersbergs bilger", Basel 1512, steht unten der Reim:

„O Christ din stim hör ich gar wol
Jherusalem ich suchen soll,
Zur port des heils den weg mir melt
Der Bildstock clein in witem feld."[8]

Aus den bildlichen Quellen geht jedenfalls hervor, daß der Bildstock am Ausgang der Gotik ein allseits bekannter und markanter Bestandteil der Landschaft, zumindest des „Donaukreises", gewesen sein muß. „Bei dem unerhörten Konservativismus des mittelalterlichen Menschen, vermehrt um das bis heute bekannte Beharrungsvermögen der bäuerlichen Bevölkerung, ist ein plötzliches und daneben ausgedehntes Auftauchen der Stöcke zu Beginn der Renaissance höchst unwahrscheinlich; vielmehr ist mit Recht zu schließen, daß der Bildstock damals schon sehr alt war."[9] Mit der Renaissance aber beginnt die eigentliche Kunst der Naturdarstellung: „... es erfolgte die Ablösung des Freskenbildes von seiner rein kirchlichen Funktion, die Schaffung des tragbaren Tafelbildes weltlichen Inhaltes, es beginnt die diesseitige Schau und damit die Darstellung unserer Landschaft. Und tatsächlich, mit diesem Zeitpunkt finden wir bei fast allen zeitgenössischen Meistern auf mindestens einem ihrer Werke den Bildstock, und zwar den Stock aus Holz."[10]

In der Malerei und Graphik des 16. Jahrhunderts dient das Bildstockmotiv vielen der bedeutendsten Künstler als Teil der Bildkomposition, so Albrecht Dürer, Lukas Cranach, Albrecht Altdorfer, Hans Baldung Grien, Wolf Huber, Martin Beham, Hans Holbein d. J. und anderen. Mit dem Ende des 16. Jahrhunderts werden Bildstöcke auch im späteren Bayern häufiger, ihre Zahl nimmt zu Beginn des 17. Jahrhunderts unter dem Einfluß der Gegenreformation zu und in der ersten Hälfte des 17. Jahrhunderts dürfte eine hohe Blütezeit liegen. Unter den Auswirkungen des Dreißigjährigen Krieges (1618-1648) wird der tiefste Stand im dritten Viertel des 17. Jahrhunderts erreicht; in diesen wie auch in allen anderen Kriegszeiten war die Gläubigkeit und Opferwilligkeit der Menschen zwar besonders groß, dennoch zeigten sich die Folgen der Verarmung nach diesem längsten aller Kriege auch im zahlenmäßigen Bildstockschwund.

Erst gegen Ende des 17. Jahrhunderts setzt eine Wiederbelebung des Bildstockbrauchtums ein und im ersten Viertel des 18. Jahrhunderts erreichte die Bildstockverbreitung schließlich ihre höchste Blüte. „Gerade in dieser Zeit entfaltete sich ein reges kirchliches Leben, begünstigt durch das Aufblühen der verschiedenen religiösen Bruderschaften, wie der Corpus-Christi-Bruderschaft, der Rosenkranz-, Schützen- und Allerseelen-Bruderschaften."[11]

Die einstige Verbreitung der Bildstöcke bezeugt beispielhaft ein Besuch im Fürstengang des Freisinger Domes. Hier hängen Bilder der Schlösser aus der Umgebung Freisings. Sie sind zum großen Teil gegen Ende des 19. Jahrhunderts von A. Kromer nach den Originalen des Valentin Gappnig vom beginnenden 18. Jahrhundert neu gemalt. Auf den Bildern der Schlösser Ulmerfelden, Göstling, Eisenhausen, Freising, stehen an Wegen, Weggabelungen und Wegkreuzen heute viele nicht mehr feststellbare Bildstöcke vom gleichen Typus wie einige der heute noch erhaltenen.

Ähnlich verhält es sich mit der „Diözesanbeschreibung des Erzbistums München-Freising" von Mayer-Westermayer, München, 1880. Auch die Aufzählungen und Beschreibungen dieses großen Geschichtswerkes besagen, daß Bildstöcke früher weitaus häufiger auch im südlichen Bayern anzutreffen waren. Wichtige Hinweise für Standort und Aussehen der Bildstöcke erhalten wir auch durch Schedels Weltchronik. Denselben urkundlichen Wert besitzen Merians Topographien und Wenings Topographia Bavariae. Als Folge der Aufklärung läßt der Bildstockbrauch im endenden 18. Jahrhundert deutlich nach und kommt im 19. Jahrhundert zunächst fast zum Erliegen. Dennoch finden sich heute auch neugotische Bildstockformen aus der zweiten Hälfte des 19. Jahrhunderts in großer Zahl. Bis hinein in die Gegenwart werden einfache, meist nur noch gemauerte Bildstöcke errichtet − aus den verschiedensten, gelegentlich auch aus sehr profanen Motiven.

Interessant ist die „malerische" Rolle des Bildstocks in der Kunst des 19. und 20. Jahrhunderts. „Die älteren graphischen oder schriftlichen Aufzeichnungen besitzen so gut wie immer urkundlichen Wert, nicht unbedingt dagegen die Malereien aus der Zeit der Romantik, in der das Bildstockmotiv, ähnlich wie in der altdeutschen Malerei, besonders häufig auftritt. Es war dies eine Zeit, da der Brauch des Bildstocksetzens eigentlich schon vorbei war. Es entsprach dem Sinn der Romantik, mit ihrer Hinwendung zur Vergangenheit, zu den Werken der Volkskunst, zum Katholizismus, dieses Motiv in ihre Bilder aufzunehmen. Aber es war eine akademische Bewegung, die nicht vermochte, die Kräfte im Volke, die allein zu einem Wiederaufleben des Brauches hätten führen können, neu zu wecken.

In den Malereien der Romantiker finden wir fast ausschließlich süddeutsche, österreichische und italienische Bildstöcke, da vor allem die Gebirgslandschaften und Italien diese Malergeneration anzog, und so können uns die Malereien über den Bildstocktypus dieser Landschaften dennoch vieles sagen."[12]

3.3T Urform des aus einem Baumstamm gehackten Bildstockes. Zeichnung von Urs Graf, bez. 1516.

3.4T Aus einem Baumstamm gehackter Bildstock auf einem Augsburger Druck von 1512.

3.5T Hölzerne Bildstocktypen aus Werken bedeutender Künstler:
1 = Pieter Brueghel, 2 = Hans Holbein, 3 = Albrecht Dürer, 4 = Wolf Huber, 5 = Jörg Breu.

Zur Vielfalt der Formen

„Im Jahre 1516 schuf der Basler Goldschmied und rauflustige Söldner Urs Graf eine Federzeichnung, die unter dem Namen ‚Fahnenträger mit Bildstock' bekannt ist. Bei Betrachtung der Federzeichnung ergibt sich deutlich die Tatsache, daß dieser Stock nicht gesetzt, sondern aus einem lebenden Baum, dessen Wurzeln noch in der Erde liegen, durch Behauen mit einem Beil geformt wurde. Die windgedrückte Form unterstreicht noch diese Annahme."[13] Diese gewachsene Urform scheint noch in einigen rührend einfachen hölzernen Bildstöcken nachzuklingen, die vor allem in waldreichen Gegenden aus der wetterbeständigen Eiche, seltener aus Lindenholz geschnitzt wurden. Gelegentlich trifft man auf einem Waldpfad in den Bergen einen vermodernden Holzbildstock, dessen Profilierungen mehr schlecht als recht dem Eichenstamm abgerungen sind. Das Material bestimmt hier weitgehend die Form: Kopfteil wie auch Sockel können nicht weit ausladen und die Gliederung besteht aus einfachen Einkerbungen, ringförmigen Kehlen und Wülsten, leichten Kurvaturen. Neben den aus einem einzigen Stamm herausgehauenen Stöcken trifft man vereinzelt noch ärmlichere, die nur aus dicken Brettern zusammengefügt sind. Das Bildhäuschen ist dann meist nur eine sehr flache Nische, mit Drahtgitter oder noch billigerem Holzgitter versehen. Die ältesten datierten Bildstöcke aus Stein stammen aus dem 14. Jahrhundert.[14] Aus früherer Zeit hat sich nichts erhalten, es kann zum mindesten nicht mit Sicherheit behauptet werden, daß ein Bildstock aus vorgotischer Zeit stamme. In Oberbayern sind die Bildstöcke selten datiert und gestatten wegen ihrer einfachen Formen noch weniger Rückschlüsse auf ihr Alter.

In den vielfältigen steinernen Formen entwickelt sich der Bildstock zu einem freistehenden, säulen- oder pfeilerförmigen Mal mit Basis und mit betontem Kopfteil, der zumeist figürlichen Schmuck, zumindest jedoch Inschriften trägt. Die Dreiteilung in Sockel, Schaft und Aufsatz bleibt in den folgenden Zeiten erhalten; die stilistische Entwicklung wird allerdings meist im krönenden Bildgehäuse ablesbar, das Anleihen aus den alten Sakramentshäuschen in den Kirchen erkennen läßt. Die formale Ableitung der steinernen Bildstöcke von Totenleuchten, Tabernakeln, Epitaphien und zuletzt von Altären des Spätbarocks ist unverkennbar. Die erstaunlich vielfältigen Formen der Bildstöcke haben manche Landschaftsbilder geprägt und akzentuiert, sie haben in einigen Kulturlandschaften unverwechselbare Gestalt angenommen. Kärnten ist geradezu charakterisiert durch seine besondere Bildstockform, deren bekannter Aufbau zumeist dem Prinzip des Goldenen Schnitts folgt. Neben dem einfachen Vierkanter auf quadratischer Basis gibt es drei- und achteckige Bildstöcke; Pfeiler, Tabernakel und Helm können wiederum verschiedene Grundrisse haben, Bildnischen, Helm und Knauf sind vielgestaltig und manchmal gebietsweise ausgeprägt. Die Höhe der Bildstöcke beträgt zwischen einem und vier Metern. Im ehemaligen Bistum Metz sind die Bildstöcke sogar den Grabdenkmälern verwandt. In Deutschland sind Bildstöcke in Franken am häufigsten und auch am prächtigsten, an zweiter Stelle steht wohl das Rheinland. In Österreich gibt es etwa 6000 Bildstöcke, ein Viertel davon steht in Kärnten. Auch unser oberbayerischer Raum hat eine große Vielfalt von Bildstöcken aufzuweisen, in denen sich oft – wenn auch mit entsprechender Verzögerung – die große Stilentwicklung widerspiegelt. Am deutlichsten läßt sich dies bei den anfänglich monolithischen, später aus mehreren Werksteinen zusammengesetzten Bildsäulen verfolgen. Die oberbayerischen Bildstöcke zeigen, von Ausnahmen abgesehen, jedoch sehr schlichte Formen. Dies liegt zum Teil wiederum im Material begründet – es wurde hauptsächlich Tuffstein, Nagelfluh und Kalkstein verwendet, seltener Granit. „Aber auch da, wo man sich Marmor leisten konnte, wird über die einfache Form, die kaum Reliefs, sondern meist Malerei in Flachnischen oder Rundplastik in tiefen Nischen zeigt, nicht hinausgegangen. Die Säulen sind schmucklos, haben meist nur wulstförmige Kapitelle, die Pfeiler sind zumeist vierseitig und gefast, die Tabernakel laden wenig aus und in den spitz-, kiel- oder rundbogig geschlossenen Nischen sind kaum noch die ursprünglichen Einsätze erhalten. Interessant ist, daß steinerne Bildstöcke und vor allem die aus seltenerem *Marmor* dort auftreten, wo Wasserstraßen die Verschiffung der Steine oder der fertigen Male leicht ermöglichten. So brachten zum Beispiel der Inn und die Salzach den *Untersberger Marmor* nach Bayern. Ebenso lieferten die Marmorbrüche in Hallein und Adnet das Material für diese kostbareren Bildstöcke, Marmor wurde außerdem in Bischofswiesen, bei Berchtesgaden, Ruhpolding, Schlehdorf und Tegernsee gebrochen."[15] Die bekanntesten Werkstätten waren in Hallein, Adnet, Salzburg, Berchtesgaden, im Ruhpoldinger Tal und auf dem Ulrichshögl angesiedelt, sie entfalteten auch auf dem Gebiet der Grabmalplastik eine rege Tätigkeit. Während sich in den Kirchen viele großartige Epitaphien mit reichstem Reliefschmuck unversehrt erhalten haben, sind moderne Relief-Bildstöcke eher selten geblieben. Marmor wittert infolge seiner besonderen Struktur in den einzelnen Gesteinsschichten verschieden rasch aus, Marmorreliefs gehen daher bei Wind und Wetter, vor allem aber bei Frost, vergleichsweise rasch zugrunde. „Marmorbildstöcke sind hauptsächlich im Voralpenraum, in den Landkreisen Traunstein, Berchtesgadener Land, Rosenheim und Altötting vertreten, sie zeigen am häufigsten Reliefschmuck, da für das schöne Material auch geschulterte Steinmetzen herangezogen wurden. Das hervorragendste Beispiel ist der Bildstock Herzog Albrechts, jetzt im Nationalmuseum zu München. Tuff schließt von vornherein eine feinere Oberflächenbehandlung aus und so sind die Bildstöcke aus diesem Sintergestein meist einfach gehalten. Häufig ist der Stein verputzt oder weist wenigstens noch Spuren von Putz auf und in mehr oder weniger tiefen Nischen sind kleine Malereien auf Blech oder auch Reliefs in Kalkstein angebracht. Zuweilen ist auch eine tiefe Nische vergittert und mit einer Rundplastik ausgestattet.

Das gleiche gilt für *Nagelfluh*. Nagelfluh- und Tuffsteinbrüche finden sich in allen Gegenden Altbayerns, so z.B. sind die Brüche in Maisenberg und Ensdorf seit spätgotischer Zeit bezeugt.

Kalkstein nimmt eine Zwischenstellung ein, Bildstöcke aus Kalk kommen mit und ohne Reliefs vor. Kalksteinbrüche gibt es allein im Berchtesgadener Raum drei: Bayerisch Gmain, Karlstein und Scheffau. Bezeichnend für die Landschaft und für die Zeit der Spätgotik sind die schweren vierseitigen, oftmals auch aus Bruchsteinen gemauerten Pfeiler mit gefasten Kanten und die kaum ausladenden Gehäuse, die meist nur durch ein mehr oder weniger gegliedertes Horizontalgesims abgesetzt sind. Auch der marmorne Stein im Klosterhof von Ettal gehört formal in diese Gruppe. Ein einziger Bildstock von Bedeutung ist aus dem 15. Jahrhundert heute noch erhalten. Er stammt vom ehemaligen *Frauenfriedhof bei St. Salvator in München* und befindet sich im Nationalmuseum in München. Auf einem starken Pfeiler ruht ein sechsseitiges, weit ausladendes Gehäuse mit Helmdach. Die sechs Seiten sind mit Reliefs reich geschmückt. Er stammt laut Inschrift aus dem Jahre 1480 und wird Hans Leinberger zugeschrieben."[16] Er ist zugleich der einzige Bildstock in Oberbayern, der mit einem berühmten Künstlernamen in Verbindung zu bringen ist. Er ist der schönste Bildstock Oberbayerns und laut Inschrift eine Stiftung des „durchleichtig hochgeborn fürst un hr. hr. Albrecht pfaltzgraf bey Rein hertzog in obern und nidern pairn" – das einzige Beispiel einer derartigen fürstlichen Stiftung in Oberbayern. In Unterfranken tragen sehr viele solcher Bildstöcke die Wappen der Fürstbischöfe.

An dem schweren vierseitigen Pfeiler wird übrigens bis in das 18. Jahrhundert festgehalten. Nur die Formen der Figurennischen unterscheiden die späteren Bildstöcke von denen der Spätgotik. Später entwickelte man immer elegantere Ausformungen, im Spätbarock kam üppig wuchernde Ornamentik hinzu. Im Historismus verflachen die Formen, die Schäfte wurden zu dünnen Stielen, die Aufsätze zeigen mehr oder minder geglückte Anleihen an gotische oder auch romanisch empfundene Formen.

Der Bildstock als Formenrepertoire

Im Volksmund galten schon immer vielerlei religiöse Werke der Bildhauerkunst in der Flur als „Bildstöcke", ganz gleich, ob es sich um einfachste Steinmale, reich gestaltete Bildmale oder auch Freifiguren handelte. Bildstockartigen Aufbau haben die einfacheren Formen der *Kreuzwegstationen*, von der einfachsten Bildsäule bis hin zum Heiligenhäuschen, ebenso die Prozessionsaltäre, die mit einem Tisch oder tischartigen Sockel verbunden sind. *Pestsäulen* und *Cholerasteine*, Hochkreuze, Dreifaltigkeitssäulen, Mariensäulen sind in ihrer Ausformung vielfach dem weitläufigen Formenschatz der Bildstöcke entliehen; ja vielfach wurde für Flurdenkmale, die aus einem ganz bestimmten Anlaß gesetzt wurden, niemals eine eigene Form gefunden (z. B. Pestmale). Vielerlei Unklarheiten haben in dieser Formengleichheit der funktionell verschiedenartigsten Flurdenkmale ihre Ursachen. Nicht einmal zwischen „Bildstock" und „Bildsäule" macht die Fachliteratur einen brauchbaren, geschweige denn klaren Unterschied. Der aus einfachen Feldsteinen, später aus Ziegeln gemauerte, schlicht verputzte und weiß getünchte *Bildstock* scheint sich von der monolithischen oder aus Werkstücken kostbaren Gesteines zusammengesetzten *Bildsäule* eigentlich nur durch die Form zu unterscheiden. Der derb hingemauerte Bildstock ist formal und technisch anspruchslos und kann von jedermann errichtet werden; tatsächlich finden wir im Hochgebirge ausnahmslos Bildstöcke, während Bildsäulen im Ortsbereich sowie am flachen Land mit seinen problemlosen Transportmöglichkeiten häufig sind. Die formale Entwicklung der Bildsäule verliert sich im späten 19. Jahrhundert in filigranen und transparenten Gebilden; unter Anleihen aus dem Formengut des Eklektizismus klingt die Grundform der Bildsäule in Grabmonumenten aller Stilgattungen wieder an. Der gemauerte Bildstock kann hingegen als formaler Ausgangspunkt größerer „Kleindenkmale" gesehen werden: Der Schaft verkümmerte zum Sockel, die aufgesetzte Bildnische wuchs sich allmählich zum Bethäuschen und zur offenen Feldkapelle aus – die Bildnische wurde ein betretbarer Raum. Die Abgrenzung dieses „Sekundärraumes" zu originären Kapellenbauten ist naturgemäß schwierig, doch lassen die mannigfaltigen gestalterischen Ausformungen der Kreuzwegstationen an den „Kalvarienbergen" wohl keinen Zweifel offen, daß zwischen Kapellenbildstock und offener Feldkapelle formal ein fließender Übergang besteht. Viel seltener nahm man hingegen formale Anleihen aus einer fremden Formenwelt, um einem Gelöbnis Ausdruck zu geben. „Im Forstenriederpark bei München steht ein hoher *Votivstein* in der Form eines Obelisken auf einem mehrfach gegliederten Unterbau. Er ist errichtet zum Dank für die Errettung aus Lebensgefahr und ist geweiht der Muttergottes von Altötting. Ihm kommt der gleiche Sinn zu, wie den in Wallfahrtskirchen aufgehängten Votivtafeln."[17]

Der Bildstock als Ort der Legendenbildung

Seit jeher ist viel Aberglaube um Bildstockorte bezeugt. Schon Hans Holbein hat in seinem berühmten „Totentanz" das Bild des Krämers, der auf seinem Weg über Land vom Tod angefallen wird, mit einem Bildstock am Wegrand versehen. „Jäher Tod, ein tödlicher Unfall auf dem Felde, Mord und Totschlag haben immer wieder Bildstocksetzungen gefordert, dabei führten auch undeutliche, knappe Inschriften zu Sagenbildungen und zu schauerlichen, obskuren Geschichten. Überall dort, wo der Mensch vergeblich nach Erklärungen forscht, tritt hin und wieder die Sage als Beleg, als flüchtiger Beweis an die Stelle von Fakten."[18] Dort, wo die Setzungsgründe im dunkeln verlaufen, tauchen in den Legenden immer wieder auch merkwürdige Gestalten und seltsame, oft bösartige Tiere auf; häufig müssen grimmige Wölfe und ein erloschenes Menschenleben als Begründung herhalten. „Dann gibt es Legenden, die erzählen, daß Menschen in Bildstöcke eingemauert wurden. In zwei Fällen hat sich die Legende als Wahrheit erwiesen. Als der Bildstock ‚Zu den Eingemauerten' in Hainburg versetzt wurde, fand man in ihm tatsächlich die Skelette zweier Menschen. Wahrscheinlich handelt es sich um die Leichen von an der Pest Gestorbenen. Auch im Bildstock zu Pyhra in Niederösterreich wurden gelegentlich einer Restaurierung Kopf und Gebeine einer jungen Frauensperson entdeckt. Vom Schieferkreuz in Meidling (Wien) erzählt man sich, daß im Mittelalter dort ein Ritter lebendig begraben wurde... Ein Bildstock bei Lunz am See enthält ein auf Blech gemaltes Bild mit der Darstellung eines Mannes, und zwar des berüchtigten Wildschützen Seeauer Paul, der in kniender Stellung sein Gewehr auf ein Muttergottesbild abfeuert, während aus der Brust Mariens Blut fließt. Diesem Bild liegt folgende Legende zu Grunde:

„Ein berüchtigter Wildschütz des Gebirges, der Seeauer Paul genannt, weil er von dem Hause ‚Klein-Seeau' in der Pfarre Lunz abstammte, stand mit dem Bösen im Bunde, der ihm Kugeln lieferte, die ihm unfehlbar trafen. Dafür mußte aber Paul jeden Tag auf etwas Lebendes schießen und wenigstens dafür sorgen, daß zwischen Morgen und Abend etliche Blutstropfen vergossen würden, sonst war er des Teufels Opfer mit Haut und Haar. Nun fügte es sich, daß ihm eines Tages gar kein Wild, nicht einmal ein Vögelchen zum Schießen unterkam. Der Abend brach herein, Paul hatte noch nichts erlegt, seinem Meister noch keinen fremden Blutstropfen zum Opfer gebracht. In Todesangst späht er nach einem lebenden Wesen; er weiß, was ihm bevorsteht. Da kommt er zu dem Kreuze, welches mit dem Bild der Muttergottes geziert ist und ein toller Gedanke fährt ihm durch das Hirn: ‚Lebt die Muttergottes wirklich, so muß sie auch Blut geben, und gibt sie Blut, so rettet mich das vom ewigen Verderben.'

Kniend schlägt er auf das Bild an und schießt. Aus dem Bilde quellen Blutstropfen hervor."[19] „So umgibt jeden einzelnen Stock, ob er nun in stiller Größe ehrfurchtgebietend über das Land schaut oder ob er, von Wind und Wetter zerzaust, unter schiefem Dach ein trübsinniges Dasein fristet, eine unnennbare Scheu, und so mancher Stock steht im Volksglauben inmitten abergläubischer Erzählungen. Es spukt dort und lichtelt, die ‚Wilde Jagd' saust an ihm vorbei, die armen Seelen wimmern, und ganz bestimmte Kräuter, die nur in Neumondnächten beim Stock wachsen, helfen gegen ganz bestimmte Krankheiten, nicht selten auch gegen die Krankheit banger Herzen! Und wohl denen, die sich zum Finden jenes Kräutleins zur rechten Zeit beim Bildstock treffen, sie werden neben Gesundung ihrer kranken Herzen auch noch einen Schatz finden, wie deren angeblich viele dort vergraben sein sollen..."[20]

Sicherlich erreichte die Legendenbildung um die ehemalige gotische Winthirsäule aus dem 15. Jahrhundert im Münchner Stadtteil Neuhausen einen einsamen Höhepunkt: Hier sollte einst der heilige Winthir (8. Jhdt.) das Evangelium gepredigt haben!

Anmerkungen

[1] Mit diesen Worten beginnt der Würzburger Weihbischof Eucharius Sang in seinem Buch über die „Beneficia vetera et nova Divae Virginis Dettelbacensis", in Würzburg 1607 erschienen, die Schilderung der Entstehung der Wallfahrt „Maria in arena" zu Dettelbach am Main.
Ein Jahr später, 1608, hat der „Fürstlich-Würzburgische Ratsschreiber" Johann Vietor eine deutsche Übersetzung dieser Schrift unter dem Titel „Der Allerseligsten Jungfrawen Mariae Alte vnd Newe zu Dettelbach geschehene Wunderzeichen" herausgegeben, „dem gemeinen Mann zur Nachrichtigung in Teutsche Sprach transferirt". Die zitierte Stelle ist die Vietorsche Übersetzung. Zitiert aus: Josef Dünninger/Karl Treutwein: Bildstöcke in Franken. Konstanz 1960, S. 7.

[2] Reinhard Worschech: Bildstöcke – Wahrzeichen der Landschaft. Rosenheim 1981, S. 15.

[3] Zitiert aus Hans Roth: Marterlsprüch. München 1973, S. 14.; angeführt auch bei Dünninger, wie Anm. 6, S. 18.

[4] Zitiert wie in Anm. 3, S. 15 (Münchner Tagsblatt 1803, Seite 661).

[5] Dieses Kapitel basiert weitgehendst auf: Margarethe Baur-Heinhold: Bildstöcke in Bayern (Habilitationsschrift). Rheinisches Jahrbuch für Volkskunde, Band 5, 1959.

[6] Josef Dünninger: Bildstöcke und Martern. Würzburg 1970, S. 16.

[7] Hermann Fischer: Schwäbisches Wörterbuch. Tübingen 1904, Band I, Spalte 1112 ff. (Fürstenberg liegt an der Donauquelle.)

[8] Gebrüder Grimm: Deutsches Wörterbuch. Leipzig 1860, Band II, S. 21.

[9] Eduard Skudnigg: Bildstöcke und Totenleuchten in Kärnten. Klagenfurt 1972, S. 28.

[10] Skudnigg, wie Anm. 9, S.30.

[11] Baur-Heinhold, wie Anm. 5, S. 35.

[12] Baur-Heinhold, wie Anm. 5, S. 23.

[13] Skudnigg, wie Anm. 9, S. 32.

[14] „Der früheste datierte Bildstock stammt aus dem Jahr 1378 und steht in Heidingsfeld, Landkreis Würzburg, vor dem ehemaligen Obertor an der Randersackerstraße. Er zeigt die Grundform, die bis heute erhalten ist: auf einem stufenförmigen Sockel ein vierseitiger Pfeiler und darauf ein seitlich ausladendes Gehäuse mit einem Relief, in diesem Falle, wie meist in der frühen Zeit, eine Darstellung der Kreuzigung.
Das Kreuzigungsrelief zeigt die drei Marien auf der einen und Johannes auf der anderen Seite, ferner vier blutauffangende Engel. Der Tabernakel schließt mit einer spitzgiebeligen Verdachung, auf deren Schrägen je drei Krabben sitzen." (Baur-Heinhold, wie Anm. 5, S. 34.).

[15] Baur-Heinhold, wie Anm. 5, S. 52 f.

[16] Baur-Heinhold, wie Anm. 5, S. 54 f.

[17] Baur-Heinhold, wie Anm. 5, S. 56.

[18] Worschech, wie Anm. 2, S. 109.

[19] Franz Hula: Die Totenleuchten und Bildstöcke Österreichs. Wien, o. J., S. 33.

[20] Skudnigg, wie Anm. 9, S. 69.

3.6T
Szene mit Heiligenhäuschen: „Bei den Holzarbeitern und Schachtelmachern in Berchtesgaden". Aus: Illustrierte Welt 1872.

3.1
Holzbildstock in kunstvoller Ausführung; kannelierter Schaft, Aufsatz mit 4 vertieften Reliefnischen, phantasievolle Bekrönung. Foto 1920. Evenhausen, Gde. Amerang, Lkr. Rosenheim.

3.2
Holzbildstock von Bild 3.1 im Jahr 1955 in starkem Verfall.

3.3
Einfachste Form eines flachen hölzernen Bildstocks mit Bildtafelvertiefungen. Foto 1988. An der Straße bei St. Georgen, Stadt-Gde. Traunreut, Lkr. Traunstein.

3.4
Hölzerne Marienfigur, verblaßte farbliche Fassung, mit Gloriole und Schutzdach, auf Steinsockel mit Inschrift. Foto 1978. Obermässing, Greding, Lkr. Roth in Mittelfranken.

3.5
Einfacher Holzbildstock mit Marterlbild, nach Inschrift zur Erinnerung für einen vom Viehmarkt heimkehrenden Bauern, der hier erschlagen und beraubt wurde. Palling, Lkr. Traunstein.

3.6
Kunstvoller Holzbildstock mit Marienbild. Jetzt im Rathaus von Fischbachau, Lkr. Miesbach.

3.7
Außerordentlich kunstvoller Holzbildstock mit vier Bildnischen. Foto um 1920. An der Straße von Elendskirchen nach Unterlaus, Gde. Höhenrain, Lkr. Rosenheim.

3.8 + 3.9
Einzigartig ausgeformter Holzbildstock: Foto um 1920 mit farbiger Fassung des Schaftes, „Kariatyde" mit Inkarnat, im Bildhäuschen hölzerne Madonna mit Kind, dahinter junger Baum. Wohl 2. Hälfte 18. Jh.

Foto um 1980: Verwitterte Farbreste, im Bildhäuschen einfaches Blechbild. Der Baum ist erstaunlich gewachsen. Großhöhenrain, Gde. Feldkirchen-Westerham, Lkr. Rosenheim.

3.10
Urtümlicher, nur derb zubehauener, „megalithischer" Granitbildstock mit erneuertem Kruzifixus, sog. „Heidenstein". Prien, bei Rathausstraße 28, Lkr. Rosenheim.

3.11
Bildstock mit erhabenem Kreuzrelief am Schaft, mit tabernakelförmigem Aufsatz. 16./17. Jh. Thalham, Gde. Warngau, Lkr. Miesbach.

3.12
Monolithischer Marmorbildstock, sog. Pestsäule, wohl 16. Jh. Bischofswiesen, Aschauerweiherstraße 17, Lkr. Berchtesgadener Land.

3.13
Wappengeschmückter Marmor-Bildstock als Brunnensäule, 16./17. Jh. Marktschellenberg, an der salzburg. Grenze, Lkr. Berchtesgadener Land.

3.14
Marmorne monolithische Bildsäule, bez. 1668. Fehling, Gde. Chieming, Lkr. Traunstein.

3.15
Gedrungene monolithische Marmor-Bildsäule, bez. 1740, im Gehäuse barocker „Ecce homo". Inzell, Ortsmitte, Lkr. Traunstein.

3.16
Bildstock aus Rotmarmor, großer tabernakelförmiger Aufsatz mit angeformtem Kreuz, bez. 1527. Maisenberg, etwa 300 m südwestl. des Weißmaier-Hofes, Gde. Engelsberg, Lkr. Traunstein.

3.17 ▷
Schlanke, hohe monolithische Marmor-Bildsäule, sog. Pestsäule. 16./17. Jh. Öd, Gde. Bergen, Lkr. Traunstein.

3.18
Schlanke Granitbildsäule, bez. 1781. Lkr. Mühldorf.

3.19
Zusammengesetzter Tuffbildstock, wohl 16. Jh. Stanggaß, Im Rostwald, Gde. Bischofswiesen, Lkr. Berchtesgadener Land.

3.20
Zusammengesetzter Bildstock, Schaft aus Nagelfluh, Tabernakel aus Marmor. Bischofswiesen, Lkr. Berchtesgadener Land.

3.21
Reich gestalteter Bildstock, Tuffstein, mit Kreuzaufsatz, 16. Jh. Antenbichl, an der Lattenbachbrücke, Gde. Ramsau, Lkr. Berchtesgadener Land.

3.22
Einfacher Bildstock, Aufsatz mit 4 Bildnischen. Hohenschäftlarn, Stadtweg, Gde. Schäftlarn, Lkr. München.

3.23
Einfacher Bildstock, Aufsatz mit tiefer Bildnische, polsterförmiger Aufsatz. Grafing bei München, Wasserburgerstraße, Lkr. Ebersberg.

3.24
Reicher gestalteter Bildstock, Aufsatz mit 4 gleichartigen flachen Bildnischen, Kugelaufsatz, bez. 1739. Bruck, westl. des Ortes, Lkr. Ebersberg.

3.25
Gedrungener Bildstock mit 4 Figurennischen und angeformtem Kreuzaufsatz, 17. Jh. Sonderdilching, östl. der Filialkirche St. Michael, Gde. Weyarn, Lkr. Miesbach.

3.26
Hohe, sechseckige Bildsäule, Marmormonolith, 4 gleichartige Bildnischen, bez. 1753. Steinkirchen, Gde. Aßling, Lkr. Ebersberg.

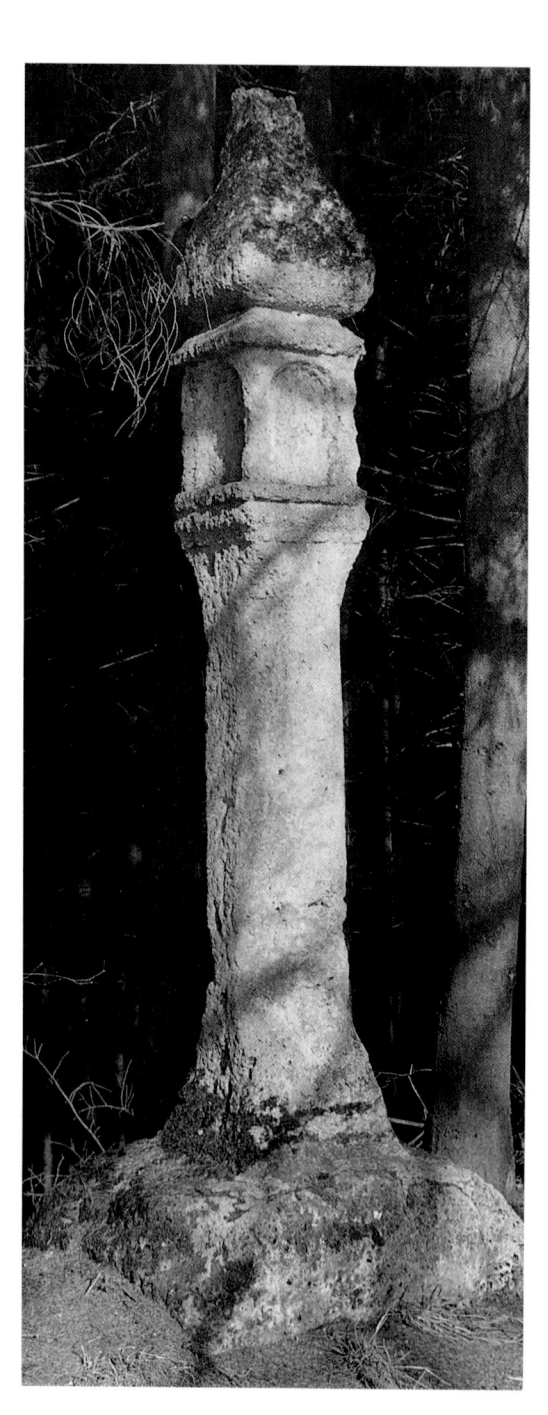

3.27
Hoher Bildstock, Aufsatz mit 4 gleichartigen Bildnischen und feigenförmiger Bekrönung, 2. Hälfte 16. Jh. Grafing bei München, Schloßstraße, Lkr. Ebersberg.

3.28
Einfacher monolithischer Bildstock aus Tuffstein, mit Kreuzaufsatz, 2. Hälfte 16. Jh. Hirschstätt, neben dem Freikirchl, Gde. Waakirchen, Lkr. Miesbach.

3.29
Bildstock mit tiefer Bildnische, mit Zinnenkranz vor spitzem Helm. Lkr. Traunstein.

3.30
Bildstock mit sehr gedrungenem Pfeiler und kaum abgesetztem Aufsatz, tiefe Bildnische, Eckzinnen, Kreuz auf gedrungenem Helm. Lkr. Traunstein.

3.31
Bildstock mit 4 Kreuzreliefs am Schaft, in Form des „Eisernen Kreuzes", Aufsatz in Form eines Bildhäuschens mit traufseitig angeformtem Dachüberstand und 2 kleinen Kreuzaufsätzen. 17./18. Jh.
Hohendilching bei Haus Nr. 18, Gde. Valley, Lkr. Miesbach.

3.32
Gedrungene Bildstockform mit 4 flachen Bildnischen, erneuerte Bildtafeln. 16. Jh. Thalham, Gde. Warngau, Lkr. Miesbach.

3.33
Bildstock mit 4 gleichartigen Bildnischen, sog. Sebastianssäule. Anzing, im Ebersberger Forst an der Straße von Ebersberg nach Hohenlinden, Lkr. Ebersberg.

3.34
Gedrungener Bildstock mit schwach abgesetztem Aufsatz, tiefe Bildnische, am Schaft angeformtes Kreuz, 17. Jh. Ostin, bei Neureutstraße 16, Gde. Gmund am Tegernsee, Lkr. Miesbach.

3.35
Bildstock, Monolith aus Rotmarmor, Aufsatz mit tiefer Bildnische, am Schaft angeformtes Kreuz, 16./17. Jh. Ruhpolding, am Kirchberg, Lkr. Traunstein.

3.36
Bildstock, Monolith aus Rotmarmor, reich gestaltet. Aufsatz und Schaft gerahmt von Tauornamenten, am Schaft und an der Bekrönung angeformtes Kreuz, spätmittelalterlich. Weißbach an der Alpenstraße, gegenüber Inzeller Straße 16 und 18, Gde. Schneizlreuth, Lkr. Berchtesgadener Land.

Hier ließ
sein Leben
Johann Gall
* 13.7.1961
† 3.8.1984

3.37 (Seite 52)
Bildstock mit flacher Bildnische, restauriert und ergänzt. Wohl 17./18. Jh., davor neueres Marterlkreuz. Oed, Gde. Dietramszell, Lkr. Bad Tölz-Wolfratshausen.

3.39 (Seite 54)
Bildstock in betont barocken Formen. Tuffsteinmonolith, angeformter Kruzifixus in kartuschenförmiger Rahmung, unter angeformtem korbbogigem Vordach, bez. 1822. Stürzlham, 1 km westl. des Ortes, Gde. Weyarn, Lkr. Miesbach.

3.40 (Seite 54)
Außerordentlich reich geschmückter Tuffstein-Bildstock, mit zugehörigem schmiedeeisernem Kreuzaufsatz, bez. 1830. Nach örtlicher Überlieferung als Sühnesäule für einen begangenen Ehebruch des Bauern gesetzt; auf der Rückseite steht: „Gott sieht alles." Wertin, „beim Wertiner", Gde. Weyarn, Lkr. Miesbach.

3.38 ▷
Bildstock, Granitmonolith, 16. Jh. Köttingwörth, Stadt-Gde. Beilngries, Lkr. Eichstätt.

Kap. 3

3.39

3.40

Kap. 3

3.41 △   3.42 ▽   3.43 △   3.44 ▽   3.45 △   3.46 ▽

3.41
In reichen Architekturformen ausgeführter, sehr großer Bildstock, 17. Jh. Sindlhausen, nordwestl. des Ortes, Gde. Tuntenhausen, Lkr. Rosenheim.

3.42
Bildstock, Marmormonolith, im Aufsatz Relief des hl. Willibald. Zunächst an der Kreuzung der nachmaligen „Jurahochstraße" mit der Verbindungsstraße Sornhüll-Rapperszell, 1979 gestohlen!
Gde. Pollenfeld, Lkr. Eichstätt.

3.43 + 3.44
Reliefs auf dem 1662 von Martin Appel, Bürger und Seiler zu Eichstätt, errichteten Bildstock. Auf der Westseite ist die hl. Walburga mit Szepter, Krone, Buch und Ölfläschchen abgebildet, auf der Oberseite ein betender Mönch. Nördlich von Wintershof, an der neuen Straße vom Anwesen „Lüften" zur Bundesstraße 13, Stadt-Gde. Eichstätt.

3.45
Relief der hl. Christina mit dem Palmzweig ihres Martyriums. Bildstock in Mühltal, Gde. Hitzhofen, Lkr. Eichstätt.

3.46
Relief des hl. Sebastian. Bildstock in Beilngries, Lkr. Eichstätt.

Kap. 3

3.47
Bildstock mit dem hl. Wolfgang als Viehpatron, 19. Jh.
Postalmgebiet, Oberösterreich.

3.48
Bildstock mit dem hl. Leonhard als Viehpatron, 19. Jh.
Gde. Neustift im Stubai, Tirol.

3.51 (Seite 57)
Großer, prächtiger Kapellenbildstock, offene Bogennische über hohem Sockel, geschweiftes spitzes Zeltdach. Votiv in Oberndorf gegenüber Laufen, Land Salzburg.

3.49
„Urform" eines gemauerten Kapellenbildstocks, mit Pultdach, hier als Kerzen- oder Devotionalienbehältnis neben Feldkreuz. Kottgeisering, nordwestl. des Ortes, Lkr. Fürstenfeldbruck.

3.50
Kleiner gemauerter Kapellenbildstock, einfachste Gesimse, flaches Satteldach. Lkr. Traunstein.

3.52
Kapellenbildstock, sog. Ochsenkreuz, als markantes Zeichen in der Landschaft. Wolfgangsee, im Hintergrund St. Gilgen, Foto 1931. Land Salzburg.

3.53
Kapellenbildstock als Markierung einer Paßhöhe. Foto um 1930. Tirol.

3.54 (Seite 59)
Beispiel eines neuen „Bildstöckls" in Tirol.

3.55 (Seite 60)
Bildstock mit Darstellung der Heiligen Dreifaltigkeit. Errichtet an Stelle einer abgerissenen Kapelle aus dem Jahr 1880. Hohenbergham, Gde. Fridolfing, Lkr. Traunstein.

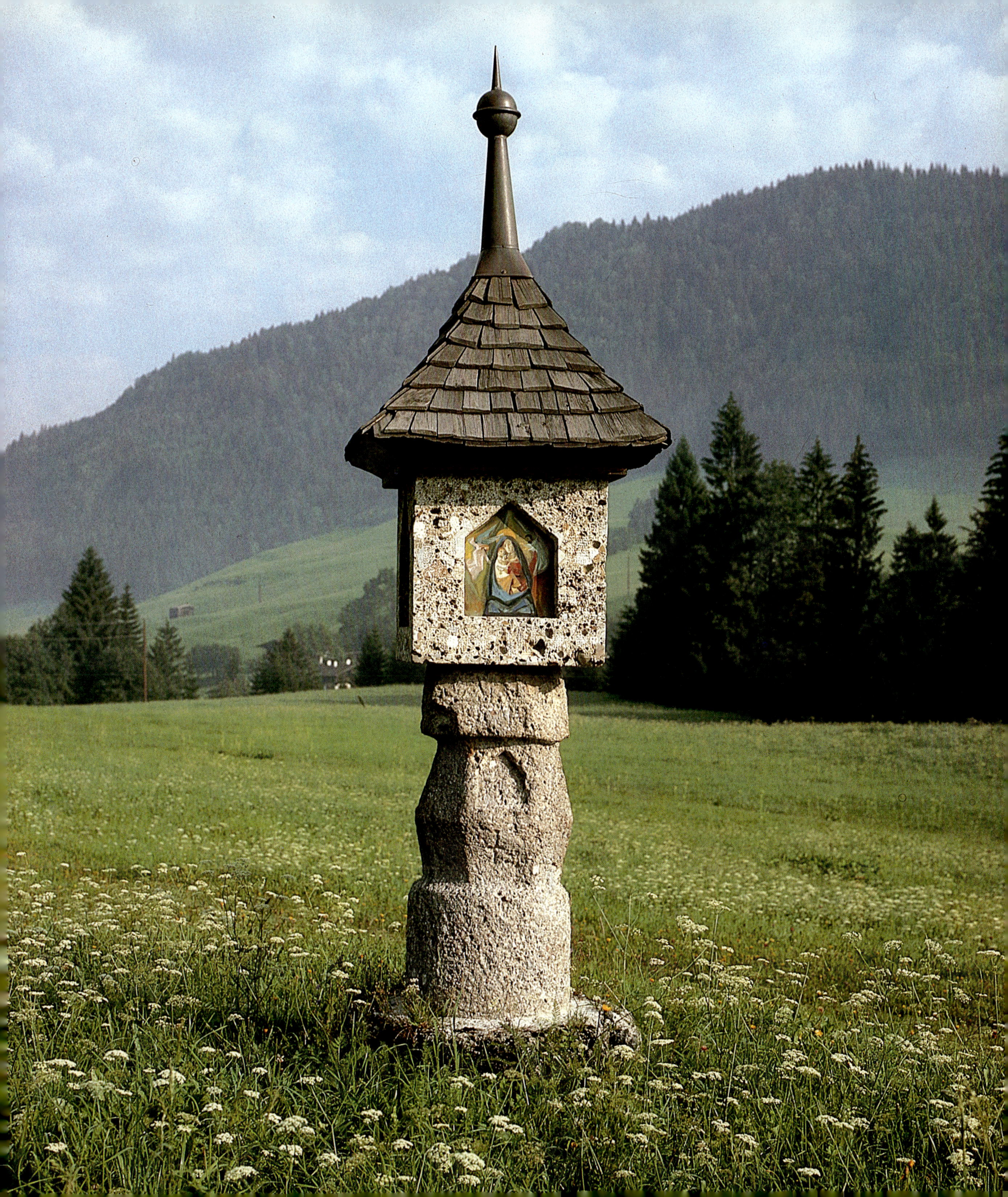

3.55

4
MARTERSÄULEN

Die Altmühl
In welchem laider
Ertruckhen vill
Ist Auch Mein gelibter
Sohn Michael
Im 22 jahr so schnell
vom Todt in daß wasser
gestürtzt worden

… Die seel ietzundt aber
Dich O Gott
Ruefet ereth
mich aus aller noth
Gib uns vnd allen
abgestorbene die rhue
so wir abgebuesset
unser sünden genueg   1646

„Marter" im Sprachgebrauch der Jahrhunderte

Im Mirakelbuch von Tuntenhausen heißt es unterm Jahr 1547: „Caspar Falckner von Schlacht auß Echmattinger Pfarr / ist in schwere krankheit gefallen / und fünf tag und nacht geschryen wie ein Weib das zu der gepurt geht." Der Kranke verlobte: „Ein Kirchfahrt / ein wöxerne Kürzn / ein Hennen ein Hemmet / und von der Marterseul auf den Knien in die Kirchen zu gehen." Dieses Gelöbnis enthält eine der ältesten Erwähnungen des Begriffes „Martersäule" in Oberbayern und erweist zugleich, daß dieser reich gestalteten Form der Bildsäule wohl auch besondere Bedeutung zukam. In einem anderen alten Dokument heißt es: „Am Karfreitag so man die marter nieder leget und küsset." Über die hl. Elisabeth steht geschrieben: „… wan sie kniete vor unseres herrn martel." Solche Textstellen belegen den mittelhochdeutschen Sprachgebrauch von „marter" oder „martel" im Sinne von Kreuz und Kruzifix.[1] Diese Benennung des Gekreuzigten übertrug sich in der Folge auch auf die steinernen und hölzernen Male, die mit einem Kreuz oder einer Darstellung aus der Leidensgeschichte Jesu ausgestattet waren. Ein gutes Beispiel ist ein im Jahr 1591 zu Buchenhüll, nördlich von Eichstätt errichteter Kreuzweg, dessen Säulen auf Kupfertafeln gemalte Leidensstationen zeigten. Diese Säulen der einzelnen Kreuzwegstationen sind in der Rechnung von 1591 ebenfalls „Martersäulen" genannt, das Ganze aber die „Auufführung Christi".[2] Dieser frühere Sprachgebrauch erklärt auch die in der älteren Literatur übliche Gleichsetzung von Martersäule mit Kruzifix und anderen Darstellungen aus der Passion Christi. Heute werden hingegen die Begriffe „Martersäule" und „Bildstock" vielfach synonym gebraucht. Es gibt selbst in der Fachliteratur ein verwirrendes Durcheinander von Benennungen, besonders dann, wenn diese Literatur sich nur auf einen eng begrenzten Raum bezieht und der Blick über den heimatlichen Raum hinaus verstellt bleibt: Bezeichnungen wie Marterla, Martersäule, Bild, Bildnis, Marterbild, Bildsäule, Betsäule, Gebetsäule, Hellchen, Stock, Heiligenstock, Denkmal, Mal, auch ältere Namen wie Kruzifixsäulen, Kreuzsäulen, Heiligenbilder, Denksäulen tauchen nebeneinander auf. Nur der Begriff Bildstock ist nahezu überall bekannt, auch dort, wo andere Namen gehäuft erscheinen.[3]

Unter dem heutigen Begriff Martersäule versteht man in Bayern reich ausgestaltete Bildsäulen, meist aus einem einzigen Stück kostbaren Marmors gehauen, oder Bildstöcke, aus sorgfältig zubehauenen Werksteinstücken zusammengesetzt, mit einem besonders reich verzierten Aufsatz, der meist Darstellungen der Passion Christi zeigt.

Form und Thema der Martersäulen

Die ältesten „martyrseulen" tauchen wie die Sühnekreuze schon im Mittelalter auf. Ihre äußere Form war zunächst sehr schlicht und zeigte nur eine einzige Schauseite. Das Wesentliche ist ein Relief oder eine andere Darstellung im Kopfteil: Voran steht hier, von Anfang an und in aller Folgezeit, das Passionsmotiv, also die Marter Christi, meist die Kreuzigung.

Seit dem 15. Jahrhundert haben die Martersäulen oft vier Schauseiten. Über gefastem Schaft mit quadratischem Querschnitt sitzt ein Gehäuse mit vier Bildnischen, die vielfach von Architekturgliedern gerahmt und einem Sakramentshäuschen ähnlich sind (Tabernakel, Laterne, Aufsatz, Aedicula). In den vier Bildnischen finden wir meist die Szenen der Geißelung, Kreuztragung, Kreuzigung und Kreuzabnahme.

Mag die spätere Zeit in ihren Reliefs sich auch keinem religiösen Thema mehr verschließen, in der Bezeichnung Marter lebt fort, was am Anfang stand: Das Thema der Passion. Manch szenische Darstellungen zeigen auch das Weihnachtsgeschehen; die Anbetung der Hirten und die Heiligen Drei Könige, gelegentlich wird auch die schmerzhafte Muttergottes dargestellt. „Immer weiter entfernen sich später diese Male vom ursprünglichen Sinne der ‚Martersäulen', vom Gedanken an Sünde und Vergebung, denn ganz selten tritt nur noch die Kreuzigung auf. Mariendarstellungen (Madonna mit Kind, Immaculata, Krönung Mariä) und Heiligenbilder stehen im Vordergrund. Der Blick ist mehr nach dem Hier und Jetzt gerichtet. Die Bitten um Beistand für ein glückliches Leben im Diesseits erscheinen vordringlicher als solche für die Seligkeit im Jenseits. Bei aller Frömmigkeit, die im Volke erhalten blieb, wirken sich doch der lebensbejahende Geist des Barock und Rokoko und die Aufklärung aus."[4]

Dieser thematische Entwicklungsgang kennzeichnet auch einen formalen Weg: Bildsäule und Martersäule sind in vielen Fällen weder durch einen deutlichen formalen oder thematischen Unterschied voneinander zu unterscheiden: Selbst der Übergang von der spitzbogigen oder kielbogigen „Frontnische" zum Gehäuse mit Satteldach ist bei beiden Formen festzustellen. Erst beim Übergang vom Steinrelief zu dem auf Holz oder Blech gemalten Bild können wir „eindeutig" von einem Bildstock sprechen – sofern wir hier nicht einen „Marterlbildstock" vor uns haben. Auch der Grund für die Errichtung war – wie beim Bildstock – meistens ein Gelübde in Notfällen oder Notzeiten, so für die glückliche Heimkehr aus Kriegen oder für die Genesung von schwerer Krankheit oder Unfall. Viehseuchen und vieles andere mehr sind weitere belegte Anlässe.

Die Namensgebung verrät eine Reihe weiterer Anlässe: Gerichtsmarter, Halsmarter, Mordmarter, Blitzmarter, Wettermarter, Blutmarter, Schwedenmarter, Kellnermarter, Türmermarter ... Auffallend häufig sind Bezeichnungen wie Weiße Marter, Rote Marter, Graue Marter, die vielleicht nur auf eine ursprüngliche oder spätere Bemalung schließen lassen. Solche Bezeichnungen sind im örtlichen Sprachgebrauch noch lebendig, selbst wenn der Bildstock schon längst verschwunden ist oder durch ein neueres Denkmal ersetzt wurde. Mitunter erinnern noch Flurnamen an ehemalige Martersäulen, wie z. B. Marterfeld oder Marterrain, manchmal heften sich auch an Martersäulen verschiedene Sagen und Erzählungen.

Auch Martersäulen wurden an vielbegangenen Wegen oder Wegkreuzungen aufgestellt, also dort, wo möglichst viele Menschen vorbeikamen, um ein Gebet zu sprechen, das dem Stifter zugute kam. Naive Spekulation und Frömmigkeit waren also auch bei der „marterseul" eng miteinander verbunden.

4.1T
Ex voto von 1741 mit einer Martersäule, die vielleicht auf Grund dieses Gelöbnisses gestiftet wurde. Maria Taferl, Österreich.

Beispiele ältester Martersäulen

Als die älteste Marter gilt in der älteren Literatur die Mordsäule des Bischofs Konrad zu Ravensburg. Sie ist in Form einer Lichtsäule oder Totenleuchte gestaltet. „Bischof Konrad wurde am 3. Dezember 1202 frühmorgens, als er von seiner Wohnung im Bruderhof allein in den Dom zur Messe ging, aus Rache, weil er einen aus seinem Geschlecht wegen Landesfriedensbruch hatte hinrichten lassen, von einem anderen Ravensburger – Botho – und dessen Komplizen überfallen und erschlagen. Zum Gedächtnis der Bluttat wurde auf der Stätte, wo sie verübt worden war, eine steinerne Säule mit einer Inschrift errichtet. Auf der Spitze befand sich eine mit einem Türchen versehene Laterne und als Abschluß ein steinernes Kreuz."[5]

Die kultische Bestimmung der mittelalterlichen Totenleuchte scheint bei dieser Formgebung Pate gestanden zu haben. „Auf dem Blatt Nürnberg in der Weltchronik des Hartmann Schedel steht im Vordergrund, vor der Stadt, ein Bildstock mit vierkantigem Schaft, kräftigem Bildaufsatz und pyramidenförmigem Abschluß; das Relief des Bildstockes zeigt eine Kreuzigung. Auf dem Weihnachtsbild des Meisters der Pollinger Tafel von 1444 findet man in der reich belebten Landschaft der Hirten ein solches Bildhäuschen am Wege. Auf einem Bild des Petrarca-Meisters, um 1532, steht in der Mitte ein Bildstock mit vierkantiger Säule und vierseitiger Bekrönung, die eine Kreuzigung zeigt, davor rastet ein Pilger, rechts aber am Weg zur Stadt sieht man nochmals ein Bildhäuschen."[6]

Martersäulen des 17. Jahrhunderts aus der Umgebung von Eichstätt zeigen in besonders ausführlichen Inschriften beispielhaft die Vielfalt der Aufstellungsanlässe, sie zeigen unter anderem auch, daß manche Martersäule für mehrere aufeinanderfolgende Anlässe hergenommen wurde.[7]

Eine Martersäule am Schießhüttenberg trägt die Inschrift:

Im Jahre nach Christi geburth 1645 den 29 May
hat eine löbliche ertzbruderschafft des Aller
heiligsten Roßenkranz, zu seiner andächtigen
anmahnung, zu dero selbigen andacht, diese
Martyrsaulen gemein zu ehrn Jesu u. Maria
lassen aufrichten.

Eine Martersäule am Weg von Lüften nach
Wintershof, datiert 1665, läßt uns wissen:
Gott zu lob und
ehr hat Martin
Appel Burger
und Sailler zue
Eystett dise Mar
tersaul setzen lassen.

Ähnlich allgemein, wenn auch ausführlicher ist der Anlaß „Gott zu Lob" auf zwei Martersäulen bei Kipfenberg formuliert, von denen einer der Texte verkündet:
Diese Marttersaul oder
bildseil hat melchor Jobst
von grestorf gott zu lob vnd
Ern Ime vnd seinen drei weib
ern die Erst vrsula die ander
barbara die drite barbara
vnd kinder auch seinen
vatter leonhart Jobst von
haunstött vnd seiner Mutter
bridern vnd schwöstern zu
Ern zu Ewigen gedechniß
machen lasen vnd ist vmb
1613 aufgericht worden.

Besonders interessant sind die Zeilen einer Martersäule unterhalb der ehemaligen Aumühle, die den ganzen Schaft der Rückseite füllen:
Im 1646igste Jahr
Den 2 tag deß Hero
monaths ongefähr
Am Fest Maria hei
msuechung
Begläuffig an dißen
Orth herumb
In dem wasser genant
Die Altmühl
In welchem laider
Ertruckhen vill
Ist Auch Mein gelib
ter Sohn Michael
Im 22 jahr so schnell
vom Todt in daß was
ser gestürzt worden
… Die seel ietzundt aber
Dich O Gott
Ruefet ereth
mich aus aller noth
Gib uns vnd allen
abgestorbene die rhue
so wir abgebuesset
unser sünden genueg
Amen

Das westliche Reliefbild dieser Martersäule zeigt den Gekreuzigten, die nördliche den Erzengel Michael mit Schwert und Waage – vielleicht als Namenspatron –, die südliche die Muttergottes mit Krone und Szepter. Die östliche Rückseite aber zeigt eine Schar von nicht weniger als 28 Personen, Erwachsene und Kinder, dicht gedrängt und mit zum Gebet gefalteten Händen. Nach der o.g. Inschrift wäre diese Martersäule ein Marterl im Sinne unseres heutigen Sprachgebrauchs. Es war aber auf der Vorderseite (Wetterseite) einstmals noch eine andere, sicherlich ältere, heute nicht mehr erschließbare Inschrift vorhanden. Aus diesem Umstand einerseits und aus der Fassung der rückseitigen Inschrift „... ist auch mein ... Sohn Michael ..." – ohne Nennung des Familiennamens! – darf man schließen, daß diese Martersäule von dem Vater des später Verunglückten ursprünglich Gott zu Lob und Ehr und sich und den Seinigen – die so liebevoll und komplett auf dem Familienrelief versammelt sind – zum Gedächtnis errichtet worden war. Als dann aber die Altmühl aus der Schar dieser seiner Kinder ein Opfer verschlang, vesah er die Martersäule später mit der zusätzlichen traurigen Widmung. Aber auch noch ein drittes mal wurde dieses Mal als Träger einer Unglücksbotschaft benutzt. An der südlichen Seite des Schaftes haften nämlich vier Eisenstifte, die vermutlich ein späteres, eisernes Marterbild festhielten, bis es der Rost zerfraß.

Daß eine Martersäule auch ursprünglich ein Marterl in unserem heutigen Sinne sein konnte, beweist hingegen ein Mal vor der ehemaligen Försterei Parkhaus mit folgender Inschrift:

Anno 1689, den 7.
Juli an dem Fest S.
wilibald, ist von eine
Donnerstraich sambt
dem Pferdt Erschlagen
worden der Erbare
Jung gesell Johann
Pfestll, deß Erbarn
Sebastian Pfestls gew
esten bauren Zue wol
ntershoven seel: Ehe
licher sohn seins al
ters 36. Jahr dißer
Seel Gott gnedig
sein Wolle
Amen

Dieses Mal zeigt neben einer Pieta tatsächlich auch das Reliefbild des Unglücks: Aus den Wolken zuckt ein Blitzstrahl, der den Mann und das vor den Wagen gespannte Pferd zu Boden schmettert. Eine zweite, sehr ähnlich gestaltete Martersäule, außerhalb Pietenfeld, berichtet inschriftlich, daß an dieser Stelle am 22. August 1688 verunglückte
„der Ehrbare vnd Man
haft Georg Plenagl
hochfürstl: Eystett: eins
penniger auch bürger
vnd bierprey alda
deßen Seel Gott
genedig sein
wolle Amen.

Ein Relief zeigt ein auf dem Rücken liegendes Pferd, das einen Reiter unter sich begräbt.

Der Bestand an Martersäulen mag uns mit erstaunlichen Ausformungen und kunstvollen Reliefs überraschen – das „ex voto" läßt es als reiche Sonderform des Bildstocks erkennen.

Anmerkungen

[1] Hans Schnetzer: Alte Martersäulen aus der Umgebung von Eichstätt. – Volkskunst und Volkskunde. Monatsschrift des Bayerischen Vereins für Volkskunst und Volkskunde e.V. in München 5. Jg. 1907, S. 139; unter Hinweis auf Gebrüder Grimm und Schmeller.
[2] Eichstätter Pastoralblatt 1862, S. 91.
[3] Reinhard Worschech: Bildstöcke – Wahrzeichen der Landschaft, Rosenheim, o. J., S. 8.
[4] Margarethe Baur-Heinhold: Bildstöcke in Bayern (Habilitationsschrift). Rheinisches Jahrbuch für Volkskunde, Band 5, 1959.
[5] Ignaz Gropp O.S.B.: Collectio Novissima Scriptorum et Rerum Wirceburgensium, tom. 4, S.241. Zitiert in „Bayerische Hefte für Volkskunde", Jg. 1/1914, S. 126 f. Die frühere Mordsäule des Bischofs Konrad von Ravensburg, ehemals auf dem Bruderhof in Würzburg, eine Marter in Gestalt einer Totenleuchte, ist die älteste, von der wir in Bayern Kunde haben.
[6] Josef Dünninger und Karl Treutwein: Bildstöcke in Franken. Konstanz 1960, S. 20 f.
[7] Schnetzer, wie Anm. 1, S. 139 ff. Sämtliche Inschrifttexte sowie auch die weiteren Angaben sind dem genannten Aufsatz entnommen.

4.2T
4m hohe Martersäule, sog. Pestsäule, datiert 1613. Vor dem Friedhof von Lochen, Gde. Dietramszell, Lkr. Miesbach.

4.1
Die hölzerne „Balthasar-Marter" als mögliche „Urform" einer Martersäule. Böhmfeld, Lkr. Eichstätt.

4.2
Sog. Grüne Marter, Tuffsäule, Bildstockform, nach örtlicher Überlieferung zur Erinnerung an das Aufgebot der Bauern im Jahr 1705 errichtet. Osterwarngau, zwischen Nüchternbrunn und Neustadel, Gde. Warngau, Lkr. Miesbach.

4.3
Martersäule, Monolith aus Tuffstein, mit Bildhäuschen im Aufsatz und angeformtem Kreuz am Schaft. 2. Hälfte 16. Jh. Hafelsberg, Gde. Glonn, Lkr. Ebersberg.

4.4
4.4 △ 4.5 ▽

4.6 △ 4.7 ▽

4.4
Martersäule mit gegliedertem Schaft und kielbogiger Bildnische im fragmentierten Aufsatz, 16. Jh. Ursprung, ca. 400 m nordwestl. des Ortes im Wald, Gde. Glonn, Lkr. Ebersberg.

4.5
Martersäule mit 4 Bildnischen im Aufsatz, ungewöhnliche Bekrönung, wohl 17. Jh. Unterhaching, nahe Truderinger- und Stauffenbergstraße, Lkr. München.

4.6
Martersäule, Bildstockform mit Kreuzbekrönung, Tuffsteinmonolith, 18. Jh. Reisenthal, nördlich am Feldweg, Gde. Glonn, Lkr. Ebersberg.

4.7
„Die weiße Marter", hohe Tuffsäule mit 2 Paar verschieden gestalteten und verschieden hoch gesetzten Bildnischen, Kreuzrelief am Schaft. Im Ebersberger Forst an der Schwabener Straße, Lkr. Ebersberg.

4.8
Martersäule, schlanke hohe Bildsäule mit Kreuzigungsrelief im Aufsatz, 17. Jh. Wolkertshofen, an der Straße nach Buxheim, Gde. Nassenfels, Lkr. Eichstätt.

Kap. 4

4.9
Martersäule, gedrungener Pfeiler mit 4 Passionsreliefs im großen Aufsatz. Daneben ein Kreuzstein, wohl Sühnekreuz. Isenbrunn, an der Straße nach Rieshofen, Gde. Walting, Lkr. Eichstätt.

4.10
Martersäule mit sehr reich gestalteten Passionsreliefs. Kipfenberg, beim Friedhof, Lkr. Eichstätt.

4.11
Martersäule mit einfacheren Passionsreliefs. Eitensheim, Buxheimer Straße, Lkr. Eichstätt.

4.12
Kreuzigungsrelief aus Marmor, bez. 1606, an einem sehr einfachen Bildstock. Das Werkstück ist in der selben Form und Größe auch im Kreuzgang des Klosters Seeon und über einem Hauseingang in Pavolding anzutreffen. Straß am Seeoner See, Gde. Seeon-Seebruck, Lkr. Traunstein.

4.13
Martersäule mit sehr fein gearbeiteten Passionsreliefs in Bildnischen. Kaldorf, an der Straße nach Titting, Gde. Titting, Lkr. Eichstätt.

4.14
Martersäule mit kartuschenförmigem Aufsatz auf reich geschmücktem Kapitell, bez. 1741. Altmannstein, Marktplatz 1, an der Nordseite der Kirche, Lkr. Eichstätt.

4.15
Martersäule mit Geißelungsrelief, bez. 1622. Unterstall, Gde. Bergheim, Lkr. Neuburg-Schrobenhausen.

4.16 △ 　　　　4.17 ▽ 　　　　4.18 △ 　　　　4.19 ▽ 　　　　4.20 △ 　　　　4.21 ▽

4.16 + 4.17
Martersäule aus Rotmarmor mit sehr fein gestaltetem Kreuzigungsrelief, bez. 1523, restauriert 1980. Bild 4.17: Das stark verwitterte Relief der Anna Selbdritt an der Traufseite. „Tadinger Säule" an der Straße von Reithofen zur Wallfahrtskirche Tading.
Gde. Forstern, Lkr. Erding.

4.18 + 4.19
Martersäule mit sehr fein gearbeitetem Relief des hl. Georg, bez. 1524. Tading, heute im Hof des Brummer-Anwesens, früher auf dem Weg zur Wallfahrtskirche, Gde. Forstern, Lkr. Erding.

4.20
Martersäule aus Rotmarmor, Kreuzigungsrelief in großem rundbogigem Aufsatz, bez. 1547. Prien, Rathausstraße nahe dem Maierhof, Lkr. Rosenheim.

4.21
Martersäule mit Relief der Himmelfahrtsszene und knienden Stiftern, wohl 17. Jh. Gungolding, Gde. Walting, Lkr. Eichstätt.

4.22

4.23

4.24

4.22 + 4.23
Martersäule aus Rotmarmor, in den beiden „giebelseitigen" Bildnischen Kreuzigung und Kreuztragung, in den „traufseitigen" Bildnischen mit Heiligenreliefs.

Mitte 16. Jh. Steinhöring, an der Straße nach Berg, Stadt-Gde. Ebersberg.

4.24
Martersäule aus Rotmarmor, Bildstockform, Schaft mit Kreuzrelief, tiefe Bildnische in geohrtem Aufsatz, Anfang 16. Jh. Vachendorf,
an der Siegsdorfer Straße, Lkr. Traunstein.

70

Kap. 4

4.27 + 4.28
Eingemauertes Fragment einer marmornen Martersäule, hier die Reliefs der Kreuzigung und des hl. Christophorus, bez. 1656. Scharlachhaus, Rosenheimer Straße, Stadt-Gde. Wasserburg, Lkr. Rosenheim.

◁ **4.25 + 4.26 (Seite 70)**
Martersäule, hoher Rotmarmormonolith mit kreuzgekrönter Laterne am Schaft, außergewöhnlich archaisches Kruzifixus-Relief. Anfang 16. Jh. Sog. Pestsäule in Vachendorf, Ortsmitte, Lkr. Traunstein.

4.29
Passionsrelief einer Martersäule: Kruzifixus (im Hintergrund Jerusalem), Vesperbild, Maria mit den 7 Schwertern, bez. 1626, restaurierter Zustand. Untersalzberg, an der Gollenbachbrücke, Markt-Gde. Berchtesgaden.

4.30
Passionsrelief einer Martersäule: Kruzifixus (im Hintergrund Jerusalem), Vesperbild, Maria mit den 7 Schwertern, bez. 1626, restaurierter Zustand. Untersalzberg, an der Gollenbachbrücke, Markt-Gde. Berchtesgaden.

Kap. 4

4.31
Passionsrelief einer Martersäule: Kruzifixus (im Hintergrund Jerusalem), Vesperbild, Maria mit den 7 Schwertern, bez. 1626, restaurierter Zustand. Untersalzberg, an der Gollenbachbrücke, Markt-Gde. Berchtesgaden.

4.32

4.33

4.32 + 4.33
Martersäule, im Aufsatz Kreuzigungs- und Heiligenreliefs, mit Angabe des Stifters Hanns Glötter, bez. 1675.

Inschriftfeld:
MENSCH GEDENCKH AN DEIN LESTES ENT SELIG SEIND DIE ARMEN IM GEIST DAN IHR IST DAS HIMMELREICH SELIG SEIND DIE SANFTMIETIGEN DAN SIE WERDEN BESITZEN DAS ERDTREICH!

Glött, am Weg nach Mögling, Gde. Altenmarkt, Lkr. Traunstein.

4.34 (Seite 76)
Großartige Martersäule mit bauchigem Säulenschaft und 3 Passionsreliefs auf dreieckigem Säulenkopf, bez. 1523. Nach Urkunden von den Eheleuten Pellauf (pellawff) gestiftet, heute vielfach als Pestsäule bezeichnet. Rechtmehring, am Sandberg oberhalb des Kalkofenfelds, Lkr. Mühldorf.

4.35 (Seite 77)
Martersäule aus Rotmarmor, gestiftet von Jacob Ernst, Bürger zu Trostberg, gest. 1532, und seiner Gemahlin Apollonia, geborene Schrötlin, gest. 1541, im Jahr 1520. Mit 4 Reliefs: Geißelung, Kreuztragung, Kreuzigung und St. Christophorus. Trostberg, Traunsteiner Straße 16, Lkr. Traunstein.

4.36–4.38 (Seiten 78 + 79)
Details zu Bild 4.34: Kreuztragung, Kreuzigung und Kreuzabnahme.

4.39 (Seite 80)
Große Martersäule, Rotmarmor, Säule bez. 1518, Kreuzigungsrelief bez. 1765. Bernau, am südl. Aufgang zur Kirche, Lkr. Rosenheim.

4.40 (Seite 80)
Martersäule aus Rotmarmor, in neugotischen Formen, Mitte 19. Jh. Berchtesgaden.

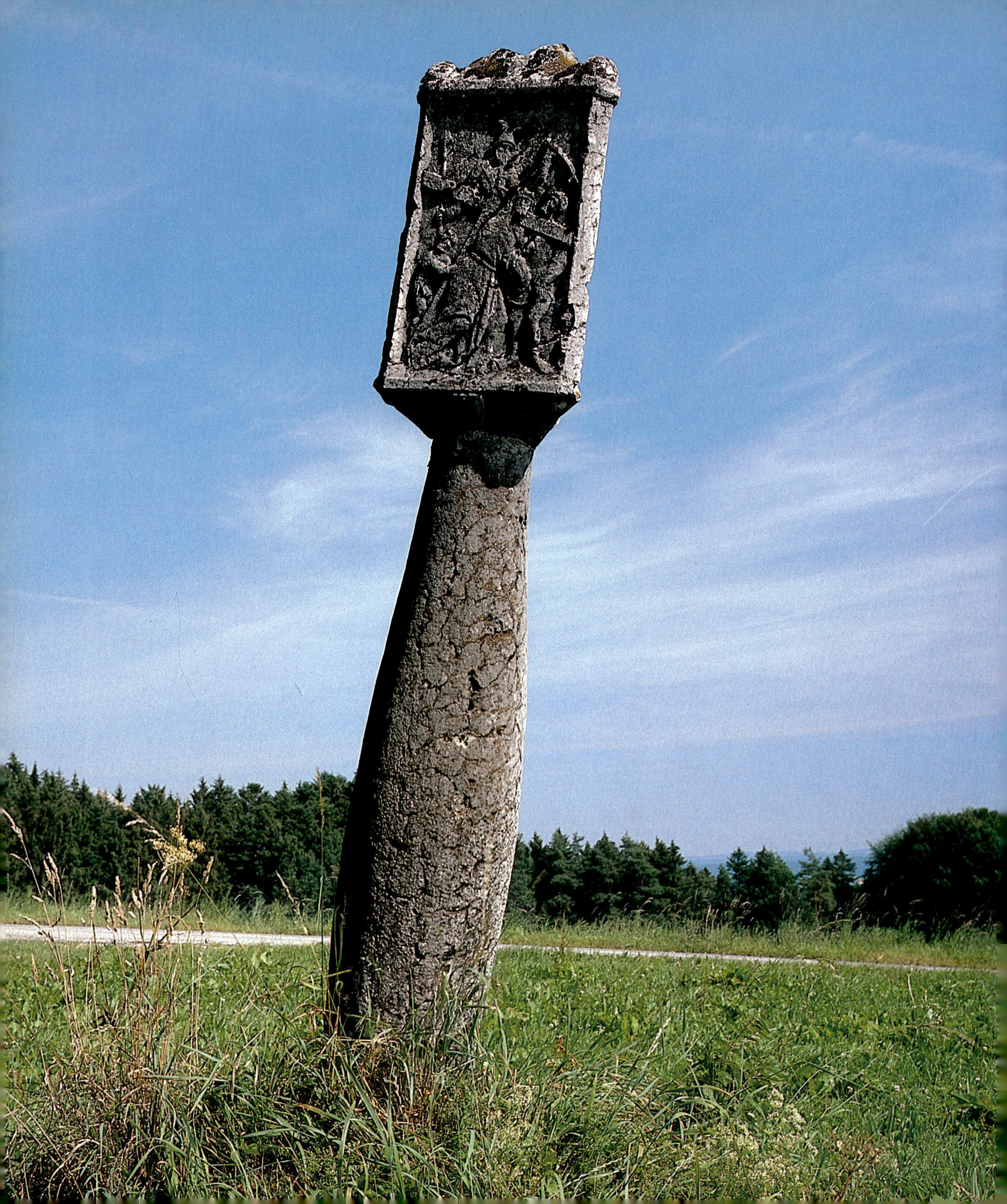

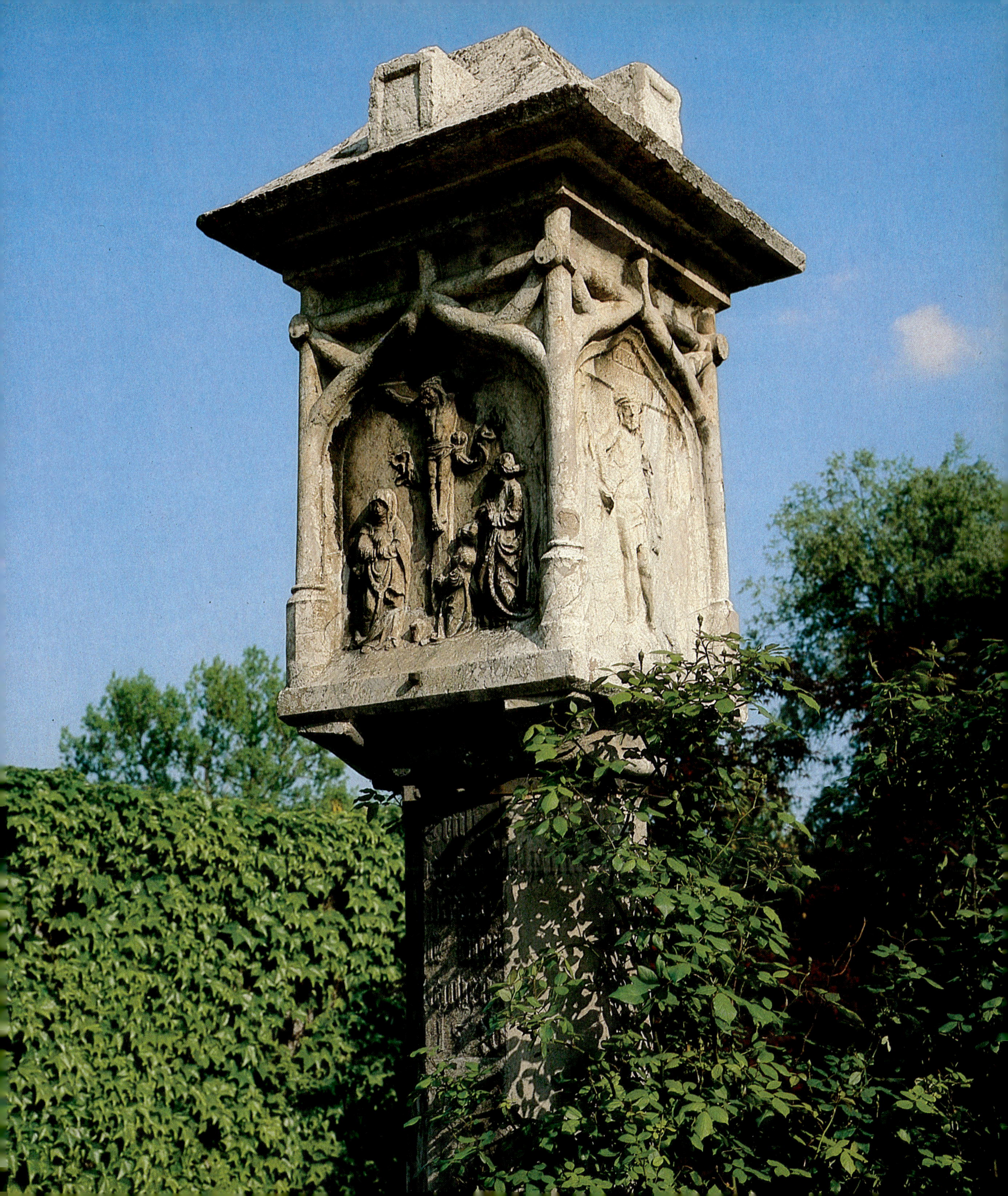

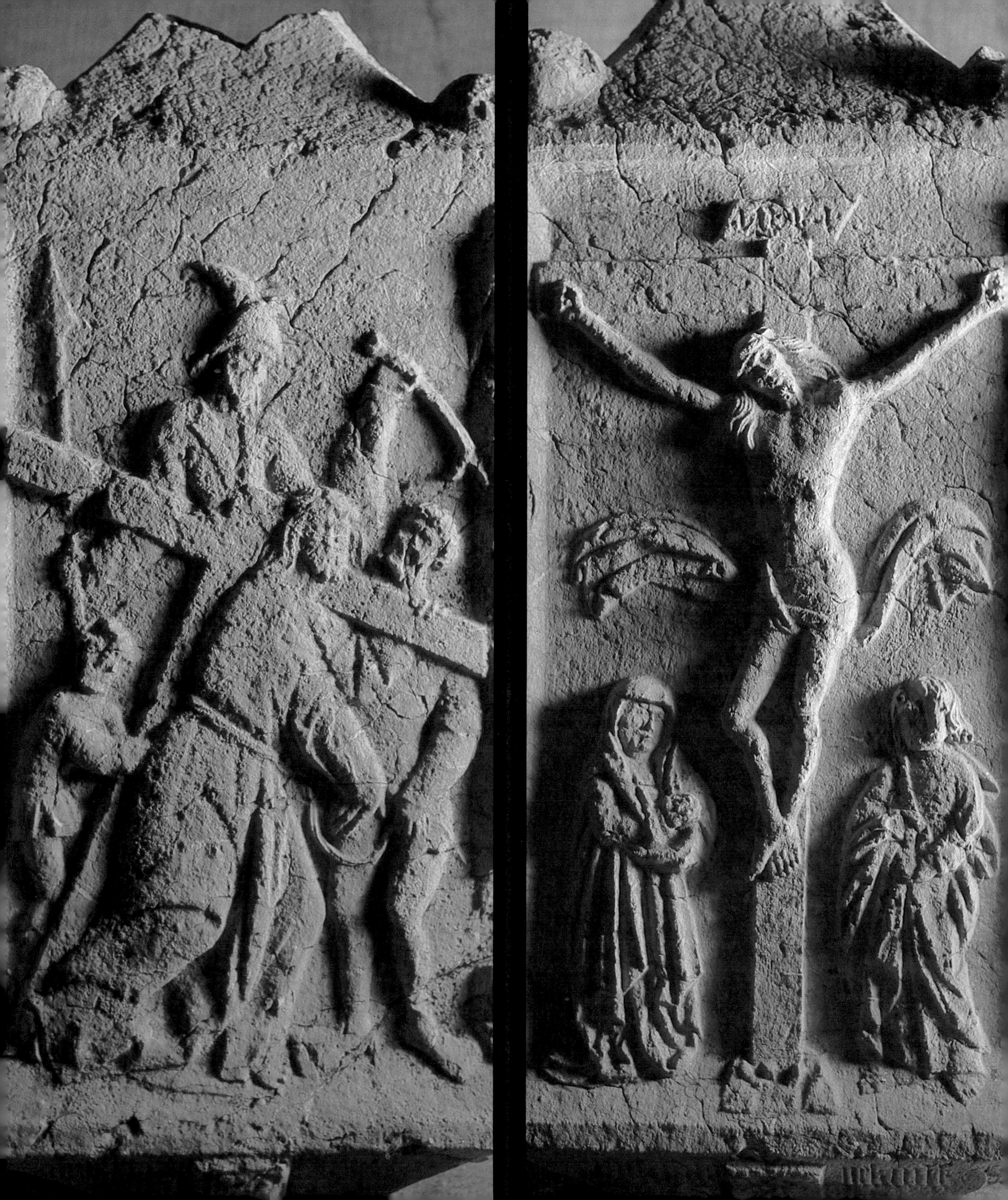

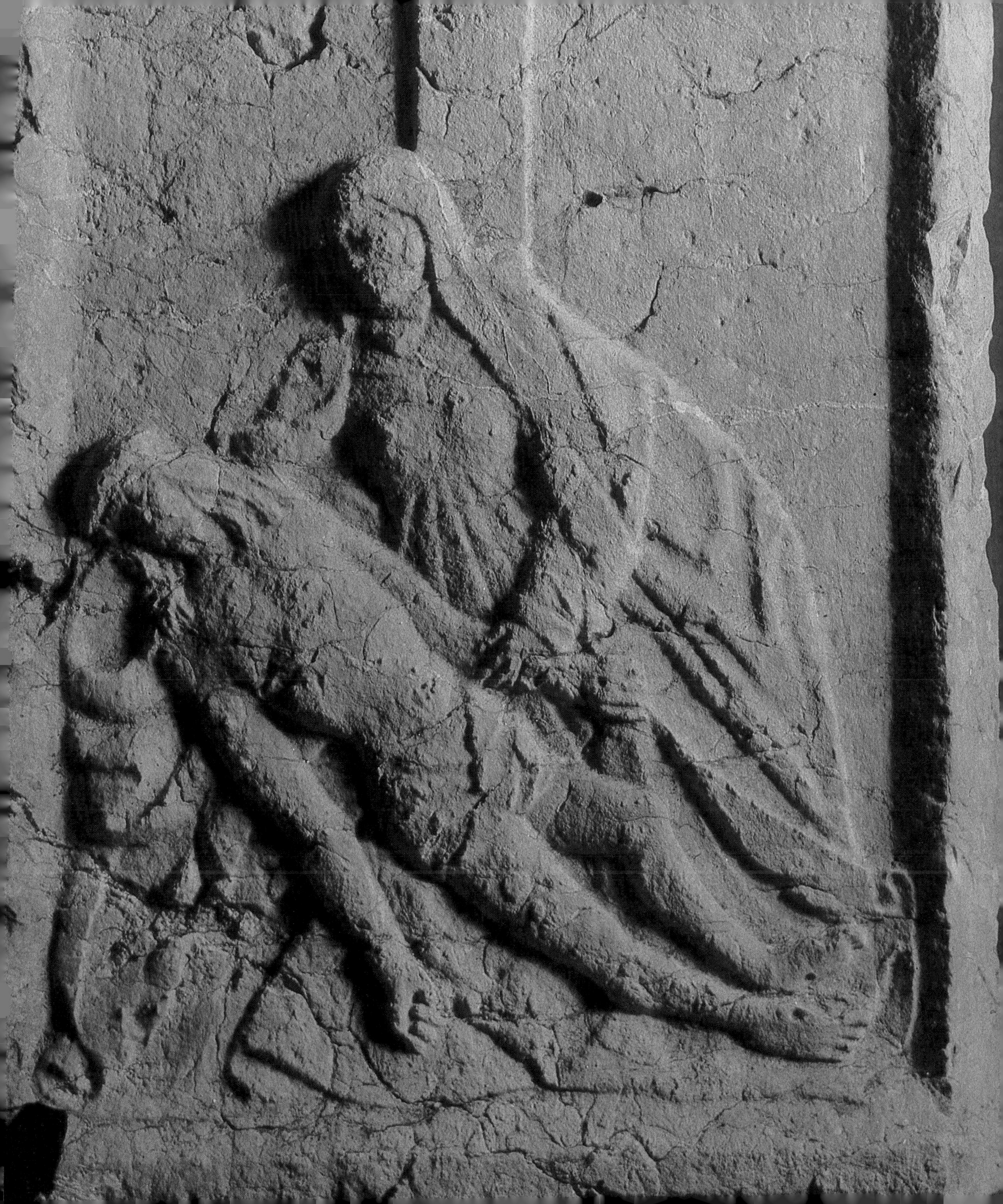

80 Kap. 4

5

MARTERLN

*Ein Marterl steht am Waldpfad,
verwittert und vermoost.
Das Bild, die Schrift am Blechschild
zerfraß schon längst der Rost.*

*Was hier gescheh'n vor Zeiten,
kein Mensch hat Kunde mehr;
Im Volk geht nur die Märe
von einer Bluttat schwer.*

*Die alten Föhren raunen,
was sie dereinst gesehn.
Der Wanderer hemmt die Schritte
und lauscht dem leisen Weh'n.*

*Und vor dem größten Grabmal
fließt tiefer kein Gebet
als vor dem morschen Marterl,
das weltentlegen steht.*

(J. Breibeck, 1920)

Marterl und Arme-Seelen-Glaube

Marterln sind Gedenkmale an einen Toten, der außer Haus jäh und unvorhersehbar sein Leben verlor. Sie werden an jener Stelle gesetzt, wo sich der Tod des Unglücklichen ereignete. Bilder und Inschriften geben Angaben zur Person, schildern den Ablauf des Unglücks und bitten um ein Gebet für die Arme Seele des unvorbereitet Gestorbenen. So einfach diese kurze lexikalische Erklärung auch scheinen mag und so bekannt, beliebt und volkstümlich unsere Marterln auch sind, die Theorien um ihre Herkunft, ja sogar um die Ableitung des Wortes füllen viele gelehrsame Abhandlungen mit gelegentlich widersprüchlichen Ergebnissen.

Soweit wir es heute überblicken können, waren die Gründe für die Errichtung von Marterln seit jeher religiöser Natur. Ein wesentliches Element aller volkstümlichen Vorstellungen von Tod und Jenseits ist der Arme-Seelen-Glaube und die daraus erwachsende, beständige Sorge um eine gute Sterbestunde. „Nichts ist gefährlicher als ein unvorhergesehener Tod, der jegliche Hoffnung auf das ewige Heil vernichten kann, zumindest aber als Beginn einer heftigen Fegfeuerstrafe erachtet wird."[1]

Nach der volkstümlichen Auffassung der katholischen Heilslehre konnte nur jener ohne Fegfeuerstrafe in das Himmelreich eintreten, der keine Todsünden auf dem Gewissen hatte und vor seinem Tode noch die heiligen Sakramente empfangen konnte, also auch des Nachlasses der leichten, „läßlichen" Sünden teilhaftig wurde.

Eine reuige Beichte, der priesterliche Nachlaß der Sünden, der Empfang der heiligen Kommunion und die Letzte Ölung waren jedenfalls viele Jahrhunderte das wichtigste Anliegen in der Sterbestunde. Vor allem bei der älteren katholischen Landbevölkerung ist der fromme Wunsch nach einer „guten Sterbestunde" großenteils bis heute – an der Schwelle zum 21. Jahrhundert – erhalten geblieben.

Wer unvorbereitet ins Jenseits „abtreten" mußte, wurde stets beklagt:
„Gesund und fröhlich ging ich hinaus,
Sie brachten mich aber Tod zu haus,
O Mensch gedenk an das letzte End,
Ich bin gestorben ohne hl. Sakrament
am 23. Juni 1891."
(Partnachklamm,
Lkr. Garmisch-Partenkirchen)

„Anno 1754 wurde vom Tode überrascht der ehrengeachtete Langergütler zu Riedleiten
bei Niederaudorf, als er zum Empfang der Hl. Sakramente nach Reisach fahren wollte.
O Herr gieb ihm die ewige Ruhe."
(München, Bayer. Nationalmuseum)

Eine Fegfeuerstrafe drohte aber nicht nur, wenn man jäh und daher unvorbereitet sterben mußte – der plötzliche, unvorhergesehene Tod hinderte auch daran, das erforderliche Maß an guten Werken zu schaffen: „Der volkstümliche Armenseelenglaube ist eigentlich nur die Konsequenz der theologischen Vernunft, wenn er meint: Unreines darf nicht in den Himmel kommen; es wäre aber zu hart geurteilt, für leichtere Vergehen gleich die Hölle zu verschreiben; es bleibt also nur ein Zwischenzustand übrig, in welchem die Seele geläutert, das heißt für die ewigen Freuden reif gemacht wird. Dieser Raum heißt Fegfeuer. Es brennt unter der Erde, ist echt und tut weh. Wer dort leidet, muß erlöst werden!"[2]

Manche Theologen stellten sich mit Nachdruck dem Irrtum entgegen, daß man nur auf

5.1T
Einfache Form einer monolithischen Granitbildsäule, mit pyramidenförmigem Abschluß, fragmentierte Datierung 1658, in der rundbogigen Bildnische Blechtafel: Kruzifixus mit zwei betenden Armen Seelen zwischen den züngelnden Flammen des Fegefeuers. Bei Glött, Gde. Altenmarkt, Lkr. Traunstein.

5.2T
Einfacher, urtümlicher Granitbildstock, satteldachförmiger Abschluß mit Tropfnasen, in der großen Bildnische erneuerte Darstellung der Hl. Dreifaltigkeit, darunter die Armen Seelen im Fegefeuer.

Lkr. Traunstein.

5.3T
Drei Arme Seelen im Fegefeuer. Blechbild im Kalvarienberg – Tumulus von Neulend, Gde. Teisendorf, Lkr. Berchtesgadener Land.

einen guten Tod zu hoffen brauche, um ein elendes Leben zu sühnen: „Ihr seid ohne Zweifel überzeugt, daß es für ein christliches Sterben genügt, vor dem Tode die Sterbesakramente erhalten, das Kruzifix geküßt und den Beistand eines Priesters bekommen und ihm die religiösen Formeln nachgesprochen zu haben, die man die Kranken gewöhnlich sprechen läßt. Wenn das ausreichte, wäre eure Sorglosigkeit sicher weniger strafbar; aber es ist bei weitem noch nicht genug. Auf diese Weise sterben heißt einen Tod sterben, der zwar für die Heiden tröstlich, für den Sterbenden gewöhnlich aber unheilvoll ist, wenn er keine anderen Vorbereitungen getroffen hat. (...) Die Sünder rufen im Tode: Herr, Herr, daß sie zwar die Sakramente empfangen, deshalb aber noch nicht in den Himmel kommen. Denn wenn es nur einiger christlicher Handlungen vor dem Tode bedürfte, um sich das Himmelreich zu verdienen, so folgte daraus doch, daß Jesus Christus die Unwahrheit gesprochen hätte. Man muß sich lange vorher darauf einstellen, d.h. es ist nicht weniger als das ganze Leben erforderlich, um sich auf den Zustand vorzubereiten, der einem guten Tode dienlich ist und den die Vermessenen mit einem Schlage zu erreichen hoffen, in dem Augenblick, da er sich ankündigt."[3] Die Angst vor dem Fegefeuer war zu einer katholischen Urangst geworden, die Vorkehrungen und Vorsorgemaßnahmen gegen diese Angst – die Pein des schlechten Gewissens! – waren früher ein wesentlicher Teil des Volksglaubens. Ähnliche Anschauungen scheinen schon älteren Religionen eigen zu sein. Das Alte Testament überliefert den Glauben des Spätjudentums, „es könnten solche Verstorbene, die in Frömmigkeit, aber noch in Sünde abgeschieden seien, durch Opfer und Fürbitten befreit und so der seligen Auferstehung teilhaftig werden. Diese Gerichts-, Vergeltungs- und Erlösungstherapie, im Alten Testament mehrmals bezeugt, wird vom Christentum übernommen und erfährt hier eine besondere Schärfung... Schon im 3. Jahrhundert findet sich die Überzeugung, daß Gebete und Meßopfer den unvollendet Verstorbenen helfen können. Gebet und Meßfeier sind nur zwei der sog. „Seelgeräte' oder Erlösungsmittel. Es gehören dazu auch die Ablässe, die guten Werke, die Wallfahrten und bestimmte heilige Handlungen, sog. Sakramentalien."[4] Nach mittelalterlicher Kirchenlehre sollte sich jeder Mensch, so lange er lebte, gewissermaßen einen Fonds von guten Werken schaffen, der einst seiner Seele in der Not und Pein des Fegfeuers „zu hilff und trost" gereichen werde. Man nannte diese guten Werke „Seelgeräte". Als besonders nützlich galten die Stiftung von Messen, die Stiftung eines ewigen Lichts, Spenden für kirchliche Bedürfnisse, etwa für Kerzenwachs, für Kelche, Glocken und Altäre. Wichtig waren aber auch Wallfahrten und Almosen für die Armen.

Wurde es jemandem durch plötzlichen Unglückstod unmöglich, in dieser Weise für sein Seelenheil vorzusorgen, so „erwuchs den Angehörigen die Pflicht, der mit all ihren Sünden unvorbereitet abgeschiedenen armen Seele durch nachträgliche Stiftung ähnlicher

5.4T
Die dramatisch gestaltete „Arme-Seelen-Gruft", Grottenbildung aus Tuff, geschnitzte und farbig gefaßte Halbfiguren und Flammen. Errichtet 1694, Foto nach der Restaurierung von 1989. Aus dem Kalvarienberg von Hohenburg bei Lenggries, Lkr. Miesbach.

frommer Werke beizuspringen. Je mehr Gebete aber, desto stärker die Hilfe. Und so wandten sich denn die Hinterbliebenen außer an die Kirche auch an die weiteste öffentlichkeit, indem sie an der Stelle, wo das Unheil geschah, ein Denkmal errichten, das um Gebetsfürbitte werben sollte:"[5] „Am 26. Oktober 1897 ist hier Jüngling Lorenz Gerstner Gütlerssohn v. Irgertsheim 18 Jahre alt überfahren und tod gefunden worden. Die trauernden Eltern bitten um ein Gebet." (Irgertsheim bei Ingolstadt). Der Aufforderung des stummen Mahnzeichens nachzukommen, war für jeden Vorübergehenden ein verdienstliches Werk und allgemeine Christenpflicht.

Die Marterln halten also jeden Vorübergehenden zu einem persönlichen Seelendienst an. „Was also dem tödlich Verunglückten versagt blieb, nämlich noch weiter durch gute Werke bleibende Verdienste für die Ewigkeit zu sammeln, sollte ihm durch die Gnade des Gebets anderer zuteil werden. ‚Bete für meine arme Seele', so lautet immer wieder die Aufforderung auf den Bildstöcken und auf den Marterln, eine Mahnung, die fest im Volksleben verhaftet ist."[6]

„Der Armenseelenkult hat in den verschiedenen Epochen der Kirchengeschichte jeweils seine besondere Gewichtigkeit und Aufgabe. Einen ungeheueren Aufschwung erhält die Fegfeuerpropaganda zur Zeit der Gegenreformation. Sie diente dort vor allem dem Kampf gegen eine übertriebene Weltbezogenheit. Einen unbestrittenen Höhepunkt erreicht der Armenseelenglaube im Barock... Armenseelenvereine beginnen sich in der zweiten Hälfte des 19. Jahrhunderts zu regen und gipfeln in einer wahren Begeisterung. Die Impulse zu den Neugründungen kommen von den Missionsorden und noch weit mehr von der Zeitschrift ‚Notburga', die sich an die Dienstboten richtet und die Erneuerung der Armenseelensorge zum Hauptziel erklärt."[7]

Die frommen Hilfeleistungen begannen übrigens mit einfachsten und alltäglichsten

5.5T
Wiesheiland, Stifterportraits und Arme Seelen im Fegefeuer. Nachbildung der Bildtafel aus der 1968 abgebrochenen, neu erbauten Langschwert-Kapelle. Langschwert, Gde. Garching an der Alz, Lkr. Altötting.

Verrichtungen; Erinnerungen daran haben sich bis heute erhalten und zeigen die unvorstellbare Durchdrungenheit des Alltagslebens von dem Gedenken an die Armen Seelen: „Helf dir Gott" sagte man zu einem Niesenden, und der erwiderte mit einem „Vergelt's Gott für die Armen Seelen". Noch lange war es in einzelnen Bauernhäusern Brauch, dem Morgen-, Tisch- und Abendgebet ein Vaterunser für die Armen Seelen anzuhängen. Dieses Seelengedenken war auch Bestandteil des sog. Gesundbetens oder Ansprechens, einer Heilpraktik, die für das Berchtesgadener Land verbürgt ist... Hier mußten die Patienten „am Abend nach dem Vollzug des Heilaktes und an den vier folgenden Morgen je vier Vaterunser beten und zwar für die ärmste, die verlassenste, die der Erlösung nächste Arme Seele und zum Heiligen Vater Benedikt."[8]

„Auf Marterln ... kann anstelle der schriftlichen Gebetsaufforderung ein schlichtes Zählgerät angebracht sein. Unter dem Bildteil, auf dem ein Mann unter einem vollbeladenen, von Pferden gezogenen Wagen tot dargestellt ist, befindet sich ein Draht mit sechs Holzperlen. Mit diesen Perlen, die auf dem Draht verschoben werden können, werden die gebeteten Ave-Maria oder Paternoster abgezählt."[9]

Allerdings ist der Zusammenhang zwischen einer Marterlsetzung und einem Todesfall nicht immer nachweisbar, auch wenn er in der „Erinnerung" des Volkes meist gegenwärtig ist.

Manche Marterln scheinen errichtet worden zu sein, „um überhaupt an die Seelen der Toten zu mahnen und zu einem helfenden Gebet aufzurufen":[10]

„Geh', Wanderer, an diesem Ort
Nicht kalt und träg vorüber,
Bitt' Gott um Gnad für hier und dort,
Für dich und deine Brüder,
Daß ab er wend' Schauer und Brand
Von allen unsern Feldern,
Und segne Brot und Vaterhaus,
Die Asche unserer Eltern."
(Siezenheim, Salzburg)

Es ging beim Gebet für die Armen Seelen aber nicht nur um das weitere Schicksal der Verstorbenen, sondern auch um das eigene Seelenheil. „Das Gebet, das man anderen widmet, wird einem tausendfach vergolten werden", heißt es in einem Gebetbuch aus der Barockzeit, und aus dieser Einstellung heraus wird so mancher fromme Spruch, so manche Gebetsaufforderung auf Marterln, Grabsteinen und in Beinhäusern erst verständlich:[11]

„Gehest hier vorbey, wolst nicht vergessen,
Ein Ave Maria mit Lieb zu sprechen,
Grüsse sie mit Hertz und Mund,
Deinen Lohn dafür wirst haben,
Das sie dich mit Trost wird laben
In der Betrübten Todtesstund."
(Großeibstadt, 1762)

„All die Ihr da vorübergeht,
Wollt unser doch gedenken,
Und zu Trost ein klains Gebet
Und ein Gedenken schenkhen.
Dergleichen bitt wan Euch der Tod
Wird in sein Nötz verstricken,
Mit gleicher Maß, denn grecht ist Gott,
Auch Euch man wird zuschicken."
(Laufen)

„O Christenherz geh nicht von hier,
bitt' für mich, es nützt auch dir."
(Gunzenheim bei Donauwörth.)

Die Bedeutung des Armen-Seelen-Gebetes war zeitweilig so groß, daß vielerorts wohl jedem Verunglückten in diesem Sinne ein Marterl an der Unglücksstätte gesetzt worden ist. Allerdings ist dieser „Todesort" zumeist nur ein Ort der Todesnähe: Marterln wurden – gleich anderen Todesmalen – stets an Wegen oder sonstwie begangenen Stellen aufgestellt, denn nur hier konnte man das Gebet der Vorübergehenden erhoffen. Mitten im einsamen Wald oder an sonst unwegsamer oder nie begangener Stelle hätte ein Marterl seinen Sinn verfehlt.

5.6T
Geschnitzte Kartusche mit 3 Armen Seelen zwischen lodernden Flammen: „O Jesu wegen meinen Sünden / Giebst du am Kreuz dein Leben hin / Ich hoffe also Gnad zu finden / Weil ich so theuer erlöset bin." Großes Feldkreuz in Mathon, Paznauntal, Tirol.

Messe, ein einziges Wort vielleicht nur, ein „Gelobt sei Jesus Christus", ein „Vergelt's Gott tausendmal" und ein „In Ewigkeit Amen".

„Aber die Armen Seelen sind nicht nur hilfebedürftig, sie können und wollen auch selber helfen. Weitverbreitet ist der Glaube, daß sie einen guten Schlaf stiften, sofern man sie vor dem Einschlafen darum ersucht. Gegen ein kurzes Gebet wecken sie einen zur rechten Zeit. Und sie stehen in besonderen Nöten bei! Am Rande der europäischen Geschichte wird überliefert, daß der Tiroler Freiheitskämpfer Andreas Hofer die Toten in sein Gebet eingeschlossen und seine kühnen Unternehmungen nie ohne ein ‚In Gott's Nam' und im Namen der Armen Seelen' angefangen habe. Das Vertrauen auf die Armen Seelen und ihre behütende Kraft bewies auch ein Blechschild in der Kapelle von Kolmstein bei Neukirchen bei Hl. Blut. Darauf stand zu lesen: ‚Vergelts Gott! Die Armen Seelen haben geholfen!'

Was die Armen Seelen in den Sagen verlangen, wird ihnen in den häuslichen und gemeinschaftlichen Bräuchen gegeben. Wieder stoßen wir auf jene merkwürdige Mischung aus Furcht und Verehrung, Schauder und Pietät... Wenn dieses Wiederkommen nicht abzuwenden ist, so sollen die Armen Seelen wenigstens durch bestimmte Vorkehrungen schadlos gehalten und, wenn es sich schickt, auch gleich erlöst werden. ‚Der Teufel jagt die Armen Seelen',... und damit sie bei diesem ‚Wilden Gejaid', der ‚Wilden Jagd' auch einmal ausruhen konnten, säuberten die Holzhauer im Bayerischen Wald noch um 1900 die Baumstümpfe von den spitzigen Resten und schlugen drei Kreuzel in den Stock..."[14]

Seine Verdichtung erfährt das Armenseelenbrauchtum in den Nächten um Allerheiligen und Allerseelen, an den sog. „Seelenfeiertagen". In diesen Zeiten würden die Toten „Urlaub nehmen", am Allerseelentage stehe den Abgeschiedenen „die Erde offen". Immer wieder komme es in der Allerseelenwoche oder am jährlichen Todestag zu schauerlichen Begegnungen mit den sog. „Wiedergängern", die im Volksmund auch „Weizen" oder „Weihazn", bei den Waldlern Niederbayerns auch „Weigezzen" hießen. Diese wiederkehrenden Armen Seelen halten sich an den nächtlichen Wanderer und gehen an unheimlichen Orten um; der Ort des einge-

Marterlmythos

„Während der Ära Montgelas, im Zuge der Aufklärung und Säkularisation, wurde auch die Beseitigung der abschreckend häßlichen Marterl angeordnet und mancher übereifrige Landrichter kam diesem Befehl nur allzuschnell und allzugerne nach. Viele Marterl wurden von obrigkeitswegen zerhackt und ins Feuer geworfen. Bald danach erzählte man sich im Gebiet von Miesbach, daß dort, wo solche Heiligenbilder und Marterl vernichtet wurden, nachts greuliche rotleuchtende Schlangen und Würmer in großer Anzahl zu sehen sind. Dies seien die Armen Seelen, welche irrend herumkriechen, weil ihnen die Gebete fehlen, die früher vor den Holzbildern für sie zu ihrer Erlösung aus dem Fegfeuer gesprochen wurden."[12]

Diese eigenartige Sage zeigt beispielhaft den unermüdlichen Trieb der Mythenbildung im Volk, aber auch die einstige Bedeutung der Marterln als Stätten des Gebetes. Dem Volksglauben zufolge nehmen die Armen Seelen auch Einfluß auf das Geschehen in der Familie und auf dem Hof. „Sie entscheiden über Glück und Unheil. Kein Wunder also, daß der einfache Mensch nicht nur ihrer gedacht, sondern sich gleichzeitig vor ihnen gefürchtet hat. Diese Furcht geht durch alle Mythen. Sicher sind derartige Vorstellungen älter als das Christentum, obwohl sich eine geschichtliche Kontinuität nicht mehr beweisen läßt."[13]

„Weiz"-Geschichten – in der heutigen Sprache Gespenstergeschichten – hingen meist mit dem Armen-Seelen-Glauben zusammen und waren einst überall verbreitet: Sie erweisen sich als weitgestreuter geistiger Besitz. Das Jenseits scheint die unterschiedlichsten Kulturen innerlich zu verbinden.

Da sind Geschichten von Verstorbenen, denen noch etwas abgeht: ein Stoßgebet, eine

tretenen Todes, des Todesmals ist nach allgemeinem Volksglauben einige Zeit bis zu ihrer Erlösung Sitz der Seele. „Diese umgehenden Körper entspringen einer grobsinnlichen Vorstellung, die vom Glauben lebt, daß der Tod nicht das Ende bedeuten kann, wenn die Toten leibhaftig auf die Welt zurückkommen."[15]

Der schicksalhafte Ort des Marterls ist nicht nur Topographie des Todes, er erhält durch den Volksglauben als Ort des Gebetes auch eine spirituelle Weihe.

Zur Herkunft und Verbreitung des Marterlbrauchs

Für einige Forscher liegt die Geschichte der Marterln „völlig im Dunkeln", ihr erstes Erscheinen wird schon für das 13. Jahrhundert angesetzt.

Es gibt aber auch eine Reihe von Autoren, die bereits in den Titeln ihrer Schriften sinngemäß eine Fortentwicklung „vom Steinkreuz zum Marterl" feststellen.[16] Tatsächlich scheint der Marterlbrauch an den verlöschenden Sühnekreuzbrauch anzuknüpfen: als dieser um 1600 allgemein erlischt, „verliert sich nicht gleichzeitig das niedrige steinerne Kreuz, das als Unglückskreuz, Erinnerungskreuz, als einfaches Totengedenkkreuz aufgestellt wird. Das vom Täter errichtete Sühnekreuz wird abgelöst vom Memorienkreuz, das die Angehörigen dem Umgekommenen besorgen".[17]

Der einstige Rechts- und Sühnebrauch scheint unter gewissem Sinneswandel als volkstümlicher Erinnerungsbrauch weiterzuleben. „Wie eng die Verbindung (der Marterln) zu den Steinkreuzen ist, sehen wir am Beispiel des Münzmeisters Martin Lerch aus Regensburg, der 1511 im Zorn seinen besten Münz-Gesellen erschlug. Um seine Reue zu zeigen und um etwas für das Seelenheil des Toten zu tun, ließ er auf den Landstraßen und Friedhöfen in und um Regensburg eine Reihe von Kreuzen und Martersäulen errichten."[18]

Wie eng Marterln und Seelenheil miteinander verknüpft waren, zeigt ein Literaturhinweis aus dem hohen Norden: „So ist um 1300 dem Gesetzmann Sigurd Brynjolfsson auf Hesthammer im südlichen Berghusamt in Norwegen ein Steinkreuz dort angesetzt worden, wo er ertrunken war. Das soll um 1300 (nach dem 3. März 1293) geschehen sein und an dem Kreuze sollen Seelenmessen stattgefunden haben."[19]

Es ist auch durchaus denkbar, daß der ursprüngliche Sinn der Sühnekreuze allmählich vergessen wurde und daß man in den bemoosten alten Steinkreuzen nur noch Erinnerungskreuze, Gedenkkreuze sah; anknüpfend an diese Vorstellung mögen die ältesten Marterln auch durchaus in Form der steinernen Sühnekreuze ausgeführt worden sein. Für diese Annahme sprechen mehrere Gründe. Die ältesten Marterln im bayerisch-tirolischen Raum stammen noch aus dem 16. Jahrhundert und zumindest in Ostbayern schien in der Zeit nach 1600 der Marterlbrauch aufzuleben.

Im Volksglauben lebt das Steinkreuz in der freien Flur auch heute noch vereinzelt als Zeichen der frommen Erinnerung an jemanden, der eines unnatürlichen Todes gestorben ist und das den Vorübergehenden bewegen sollte, dem Unglücklichen ein Gebet zu widmen.

Der allmähliche Übergang vom steinernen Sühnekreuz zum Marterl scheint unverkennbar, die Forschung hat sich auch um historische Belege bemüht: „Etwa 30 Inschriften weisen das Kreuz aus als Gedenkkreuz für einen Verunglückten, plötzlich Verstorbenen, gewaltsam ums Leben Gekommenen oder tot Aufgefundenen. Entsprechende Nachweise sichern solche Steinkreuzinschriften, vor allem Kirchenbucheinträge... Auch andere Schriftstücke bewahren bisweilen Vorfälle, die auf Steinkreuzen überliefert sind... Die Bedeutung dieser Kreuze als Totengedenkzeichen steht außer Zweifel... Auf den Marterlcharakter dieser Erinnerungskreuze ist vielfach hingewiesen worden..."[20]

Der größte Teil der Steinkreuze verweigert allerdings jegliche Auskunft über das Alter und den Grund der Errichtung – ihr innerster Grundzug ist tiefe Schweigsamkeit, wortlose Malhaftigkeit. Die auskunftfreudige „Beschriftung des Marterls" scheint sich erst durchgesetzt zu haben, als das Holzkreuz und das Eisenkreuz die übliche Marterlform wurden und die formale Anleihe aus dem Grabkreuz üblich wird. „Das Verbreitungsgebiet der Marterln, das noch nicht genau bekannt ist, beschränkt sich nicht etwa auf das Alpengebiet. In Bayern finden wir sie auch im Osten und Westen des Landes und in der Mitte bis hinauf in die fränkischen Gegenden."[21] In den nichtkatholischen Landesteilen scheint der Brauch hingegen unbekannt zu sein.

Marterln greifen auch über das deutsche Sprachgebiet hinaus auf italienischen und slowenischen Boden. „Die enge Verbindung von Votivtafel, Gedenktafel (Marterl) und Totentafel ist nicht nur in Süddeutschland, Österreich, Südtirol und im Elsaß festzustellen, sondern auch in vielen Gebieten der romanischen Länder. Als Beispiel seien nur die Alminhas in Portugal erwähnt. Mit diesem Wort wird eine Gruppe von Bildern – meist aus Holz oder Blech – bezeichnet, Motive ..., die bei uns als Armenseelentafeln, Marterln oder Totenbilder, Totenwappen benannt werden."[22]

Besonders dicht treten die Marterln allerdings in den tirolischen Alpen auf, in deren engen Tälern und Schluchten und auf deren Steilhängen Gefahren aller Art den Menschen konzentriert bedrohten. Im Halltal, unter den Felsabstürzen des Bettelwurfs, pflegt man noch heute eine Marmorgedenktafel von 1529, die an den Tod von drei Arbeitern des Salzbergwerks erinnert.

Zur Herkunft des Wortes Marterl

Die Durchforschung der einschlägigen, scheinbar sehr naheliegenden sprachlichen Anhaltspunkte schien viele Autoren in die Irre geleitet zu haben. So dürfte das bayerische „Marter"-Kreuz, bei uns als Martersäule geläufig, von dem tirolischen „Marterle" (= Bildstock) gänzlich zu trennen sein. Dieses tirolische Idiom geht möglicherweise über „martoretum" tatsächlich auf „martyrium" zurück. Das auf einen Unglücksfall bezogene oberbayerische „Marterl" dürfte „hingegen nur eine an die äußere Ähnlichkeit anknüpfende weitere Verwendung des Wortes" sein.[23]

Die ältere Annahme, unser neu angewandtes Wort „Marterl" knüpfe an das alte Wort „Marter" oder gar „Martyrium" direkt an, ist wohl nicht zu halten. Bei unserem oberbayerischen „Marterl" handelt es sich offenkundig nicht um ein bodenständiges Wort, wie man anzunehmen verleitet ist. „Marterl" scheint vielmehr eine „vom Städter eingeführte, also künstlich in die Volkssprache hineinprojizierte Bezeichnung zu sein, die der Beschreibung der ländlichen Welt durch ... literarische Abhandlungen über die Alpenländer, speziell Tirol und die Steiermark, entnommen ist."[24]

Das Wort „Marterl" scheint also ohne Rücksicht auf Sinnfälligkeit in den auf „das Land" – im Gegensatz zur Stadt – bezogenen Wortschatz eingefügt worden zu sein. Der Ausdruck „Marterl" scheint mancherorts sogar ein „Sammelbegriff für ziemlich alle einschlägigen Varianten von Flurdenkmälern"[25] geworden zu sein.

Das traditionelle Marterlbild

Das Marterl hat niemals zu einer eigenen Gesamtgestaltung gefunden – es hat seine Formen dem Bildstock, der Martersäule, später auch dem Grabkreuz entliehen. Was das Marterl ausmacht, ist eigentlich nur das Marterlbild, also ein bemaltes Täfelchen aus Holz oder Blech, in eine vertiefte Blende des steinernen Bildstockaufsatzes eingesetzt. Dieses gemalte Marterl findet sich auch ohne jeden Bildträger – es ist gelegentlich in einer Kapelle oder Wallfahrtskirche aufgehängt oder an einem Baum angenagelt.

Die älteren *Votivtafeln* wurden gewöhnlich nach erlangtem Gnadenerweis gestiftet und aus Dankbarkeit für erlangte Hilfe in Kapellen und Wallfahrtskirchen angebracht. Mitunter wurden sie aber auch gestiftet, wenn der Kranke nicht genas, sondern verstarb. In diesem Falle wurde das Votivbild zum Totenschild, das zugleich „Armen-Seelenopfer" und Aufforderung zum Gebet für die Toten war. Die enge Verbindung und „formale Verwandtschaft von Votivbild, Marterl und entsprechenden Malereien auf Totenbrettern ist ersichtlich… Die Beständigkeit dieser Bezeichnungen gründet in der Überzeugung des religiösen Menschen, daß die Fürbitte der Heiligen und Seligen gleichermaßen für die physischen und materiellen wie für die Belange der Seele zu erflehen ist."[26]

„Seit dem 17. Jahrhundert werden die Marterlbilder nach Art der Votivbilder gemalt. Am Firmament ist ein Heiliger, ein Andachtsbild oder ein Gnadenbild dargestellt, dem der Verschiedene anheimgestellt wird. Unten wird möglichst überzeugend der Hergang des Todesfalls bildlich vor Augen geführt. Daneben ist meist noch Platz, die traditionellen drei Armen Seelen darzustellen. Zum Bild kommt dann noch die Beschreibung des traurigen Geschehens."[27]

Schon die ältesten aufgefundenen Marterln folgen diesem Bildaufbau: „Beim Weiler Tettlham, in der Nähe des Waginger Sees, hat sich eine solche Tafel aus dem 16. Jahrhundert erhalten… Neben einem Kreuzigungsbild mit drei Assistenzpersonen liegt ein Mann vor einem Pferdegespann tot am Boden ausgestreckt, dabei steht ein anderer und ein dritter hält die Rosse am Zügel fest. Unten ist zu lesen: Seit dem Jahre 1515 erhält man das Andenken des hier plötzlich verschiedenen Martin Haberl, gewesenen Haberlbauer von Dettelham."[28]

„Anno 1647 ist geschehen, wie hier abgebildet zu sehen", steht unter dem Bild eines Martersäulchens, das am Fußweg zwischen Ort und Bahnhof Oberaudorf stand. „Die Malerei schildert eine Bluttat: Ein auf dem Felde arbeitender Bauer wird von einem hinzugekommenen Mann, dem der Unglückliche einen entrollten Zettel entgegenhält, mit seiner eigenen Dunggabel niedergestochen. Der Mörder in hellblauem Waffenrock, gelber Kniehose, weißen Strümpfen und Schnallenschuhen gehört einem anderen Stande an. Unter dem Rokokohut baumelt der Haarzopf hervor. An der Linken trägt er eine Wehr. Über dem schrecklichen Vorgang erscheint die Mutter Gottes von Audorf. Wer waren die beiden? Niemand weiß es bestimmt. Aber der Volksmund erzählt: Ein Bauer des Dorfes verweigerte auf Grund verbrieften Rechtes dem kurfürstlichen Kastner auf Auerburg die Entrichtung des angeforderten Zehnten. Bei einer Begegnung auf dem Felde kam es hierüber zwischen beiden zum Streit. Im Zorn entriß der Beamte dem Widerspenstigen die Dunggabel und stieß ihn, wie es auf dem Täfelchen zu sehen ist, jählings nieder…"[29]

Die „Husarentafel" bei Ach, Gde. Oberaudorf, bot ein gutes Beispiel des 18. Jahrhunderts: Sie gilt dem Andenken eines unbekannten Soldaten des bayerischen Infanterie-Leib-Regiments, der von Panduren überfallen und niedergehauen wurde: „Anno 1743, sind die Österreicher / als Feind in Oberaudorf eingefallen und / haben durch Brand und Raub viel Schaden angerichtet./ Zwei bayerische Soldaten wurden von Bayerischzell als / Patroulle abgeschickt, wo sie hier zusammenkamen und einer / von ihnen durch einen Schuß plessirt, er bat um Pardon, / wurde aber unbarmherzig niedergehauen. O Herr, gib ihm die ewige Ruhe."[30]

In allen Fällen bildet die Darstellung des Unglücksfalles die Hauptsache für den Maler wie sein Publikum.

„Die Malerei vermittelt dem Betrachter in zumeist ungelenker Zeichnung und grellen Farben das Unglück in anschaulich-ergreifender Form. Trotz formaler Verstöße, fehlerhafter Perspektiven und sonstiger Ungereimtheiten wird der inhaltsschwere Augenblick des Geschehens überaus realistisch dargestellt. Als Gegenstück zum menschlichen Unvermögen, dem Tod zu entrinnen, ist oftmals als Trost und Zuversicht die Mutter Gottes, der Namenspatron oder der Kirchenheilige im Gewölk über dem traurigen Ereignis sichtbar. Es soll damit verdeutlicht werden, daß der Sterbende nicht verlassen ins Jenseits hinüberwandern muß, sondern des Beistands der himmlischen Retter gewiß sein darf."[31]

Gegen arrogante Bemerkungen „vom künstlerischen Standpunkt" oder zum Standpunkt der kunsthistorischen Wertung läßt sich eine gute Antwort geben: „Was verlangt der Auftraggeber vom Maler? Auf diese Frage kommt es an. Vor allem einen Inhalt und eine leicht verständliche Sprache. Das will das Volk vom religiösen Kunstwerk, auch von den Marterln. Über formale Verstöße, fehlerhafte oder gar keine Perspektive, Ungereimtheiten in der Komposition, über Dinge, die seinem unbewußten Kunstempfinden, das von anderer Seite überhaupt bestritten wird, zuwiderlaufen, geht es hinweg. Niemand nimmt es dem simplen Dorfschreiner, simpel im guten Sinne des Wortes gemeint, übel, wenn bei seiner Kunstübung in dieser Beziehung das Können hinter dem Wollen zurückbleibt. Aber nicht verziehen würde es, wenn man aus seinem Werk nicht bis in jede Einzelheit und ohne jegliches Studium ersehen würde, *wie* der arme Mensch zu Grunde ging, was während des inhaltsschweren Augenblicks um ihn vorging. Aber auch, daß er nicht verlassen und rettungslos hinüberwanderte in das Jenseits, das muß klar ersichtlich sein und soll den Beschauer erbauen. Die Mutter Gottes von der immerwährenden Hilfe oder nach dem Bilde, wie es auf dem Altarblatt seiner Heimatkirche zu sehen ist, will der Auftraggeber auf dem Taferl wieder finden und den Namenspatron, der hinweisend auf den hinterlistigen, symbolisch angedeuteten Tod und auf die arme, bereits in den Qualen des Fegfeuers schmachtende Seele seinen Schützling der Gnade der mächtigen Himmelskönigin und Fürbitterin am Throne des Höchsten empfiehlt. Engel will er sehen, die des verunglückten Kindes Seele in den Himmel hinauftragen. Auch andere erbauliche Dinge. Sind das keine Gedanken, etwa nur sinnlose, blutrünstige Klexereien, die, je eher, desto besser vom Schauplatz verschwinden? Hast du nicht bemerkt, wie der auf keiner Akademie vorgebildete Künstler die Angst des Ertrinkenden, das Entsetzen seiner Kameraden nicht durch das Mienenspiel seiner Miniaturfiguren, sondern durch gut beobachtete Gebärden zum Ausdruck zu bringen weiß? Wer in den Marterlbildern und Sprüchen nichts anderes sieht als etwas furchtbar Komisches,… der spottet seiner selbst."[32]

Der Inhalt der alten Marterlbilder offenbart uns das Unfallgeschehen in allen Lebens- und Arbeitsbereichen vergangener Zeiten: Bei der Arbeit in der Landwirtschaft, beim Hausbau, bei der gefährlichen Holzfällerei, Trift und Flößerei, bei Jagd und Fischfang, im Steinbruch und im Bergwerk. Krieg, Raubüberfall, Mord und Totschlag sind ebenso bleibende Themen wie Verkehrsunfälle aller Art.

Marterlsprüche

Bild und erklärender Text gehören beim Marterl so eng zusammen wie Melodie und Wort beim Lied. Auf den älteren Marterlbildern stehen meist nur knappe Angaben zur Person und eine sehr kurze Erläuterung des Unfallhergangs: „Durch eine / Baum Wurzel ist / verunglückt worden / der Jüngling Mathias / Winkler Brem / Sohn von hier er / starb im Jahre 1833 / R.I.P." (Oberwössen)

Später wird der Text ein eigenes literarisches Metier. Zunächst werden Unfallhergang und Gebetsbitte in einen einfachen Vers gekleidet:

„Denket meiner im Gebet
Hier an meiner Unglücksstätt,
Gehet dann den Weg ruhig zu
Und wünschet mir die ewige Ruh."
(Brannenburg)

Damit war der inschriftliche Teil früher zumeist erschöpft. Später wird das Verseschmieden immer beliebter, es entwickelt sich förmlich zu einer eigenen Literaturgattung, die, ebenso wie der Bildaufbau, eigenen Gesetzmäßigkeiten folgte. „Die Themen dieser Verse sind im allgemeinen die nämlichen, die in den Grabsprüchen ländlicher Friedhöfe variiert werden: Lob auf den Verstorbenen, Trauer und Klage über sein Ende, Hoffnung auf ein Wiedersehen im Jenseits, kurze Betrachtungen über Leben und Sterben. Häufig genug werden die landläufigen Grabverse einfach auch auf die Marterln übernommen. Fühlt sich aber der Marterlmaler, der im Hauptberuf gewöhnlich Dorfschreiner ist, als Poet, dann dichtet er die Verse ad hoc um, versucht sich im dichtermäßigen Ausdruck eigener Gedanken oder beschreibt den unglücklichen Vorfall schlecht und recht nach seiner Art in gebundener Rede. Die naive Unbeholfenheit, die Drastik und Plastik der Ausdrucksweise, aber mehr noch die überraschenden Gedankengänge und die nicht selten offenbar werdende tiefe Innerlichkeit solcher Verse, besonders auf Tiroler Marterln haben die Aufmerksamkeit ernster Forscher ... erregt."[33]

„Der vielfach gereimte Text, der oft knapp, dann wieder recht erzählfreudig das Unglück schildert, dürfte wohl größtenteils von sprachgewandten Angehörigen stammen. Aber auch mancher Schreiber, Schulmeister und Pfarrer hat sicher zum Entstehen beigetragen. Vereinzelt wissen wir von ‚Marterl-Spruch-Dichtern', wie etwa von dem 1907 verstorbenen Schneidermeister Eduard Beer aus Unterach am Attersee, von dem zahlreiche Marterlsprüche und Grabsteininschriften überliefert sind."[34] Der überlieferte Schatz an Texten und Versen erinnert trotz der unbeholfenen Sprache an manches tiefsinnige klassische Epigramm in bestem Latein; immer wieder tritt uns das „Memento mori" (Gedenke, daß du sterben mußt) und das „Hodie mihi, cras tibi" (Heute mir, morgen dir) entgegen:

„Allhier an diesem Ort
Da kamm ich nicht mehr fort,
Ich wollte fahren nach Haus
Da ist mein Leben aus.
O Mensch sei fromm und wolbereit
Leb nicht in falscher Sicherheit
Die Todesstund kömmt ungewiß herein
Es könnt' noch heint die letzte sein."

„Hier siehst du deutlich edler Christ!
Daß auf der Welt kein Bleiben ist;
Der Tod kommt schnell und sagt: Marschier',
Du hast nichts mehr zu schaffen hier!
Darum sei immer vorbereit'
Zur Reise in die Ewigkeit."
(An der Loisach für einen beim Holztriften Verunglückten)

„Des Menschen Tod ist unbestimmt
Wie alles hier auf Erden;
Wann Gott der Herr die Seele nimmt,
Kann nicht ermittelt werden.
Drum zittre, Mensch, und sei bereit,
Denn nachher kommt die Ewigkeit."
(Kufstein)

„Auch ich ging fort und zwar zur Stadt,
Ein Blutschlag mich getroffen hat,
Man führt mich todt nach Hause ein,
Dies könnt' der Fall bei dir auch sein."
(Unterhausen bei Weilheim)

„Ein Baum hat mir den Tod gebracht,
Wo ich es nicht vermuthet hab',
Drum sei stets darauf bedacht:
O Christ! auch du stehst vor dem Grab."
(Bei Mittenwald)

„Glück und Unglück
Beides trag in Ruh –
Alles geht vorüber –
Und auch Du."
(Marienklause, Isartal.)

Aber es ging auch derb und mit (sicherlich) ungewollter Komik:
„Der Weg in die Ewigkeit
ist gar nicht weit.
Um acht Uhr ging er fort
um neun war er dort."
(öftere Anwendung)

Von den unberechenbaren Gewalten der Natur, aber auch von den vielen unerklärlichen, unvorhersehbaren Todesfällen, die den Menschen auf allen seinen Wegen überraschend ins Jenseits befördern können, handelt ebenso ein großer Teil der Verse, wie von den tödlichen Gefahren mancher Arbeit. Die unterschiedliche Sprache läßt manchmal durchaus den Schluß auf den sozialen Status und den Bildungsstand des Verfassers schließen.

„Anno 1689, den 7. Juli
an dem Fest S. Willibald,
ist von einem Donnerstraich sambt
dem Pferdt Erschlagen
worden der Erbare Jung gesell
Johann Pfestl, deß Erbarn
Sebastian Pfestls gewesten bauren Zue
wolntershoven seel: Ehelicher sohn
seins alters 36. Jahr dißer Seel Gott gnedig
sein Wolle Amen."
(Bei Eichstätt)

„Hier verunglückte durch einen schrecklichen Fall
die tugendsame Theres Fischer
ledige Ziegenhüterin von Oberaudorf
im 68. Jahre ihres Lebens den 25. Mai 1844.
O Herr gieb ihr die ewige Ruh."
(München, Bayer. Nationalmuseum)

„Dies sind die zwei verunglückten Brieder
Andre und Georg Pfister zu Föchler in Maathseiten,
welche der Tod durch ein Wild in eine Schnee-Lahne
hinein gelocket hat und so von der Welt
hinweg gerafft 1851."
(Hintertux)

„Immerwehrendes Andenken an die Ehr- und Tugendsame Jungfrau N. N. welche hier an gemeiner Arbeit ertrunken ist."
(Lechtal.)

„Hier ruht der ehrsame Junggesell Festini
von Cahamahango, welcher in der Fremde
unter einer kleinen Schneelawine seine wahre
Heimath gefunden hat am 18. Dez. 1891."
(Dornauberg, Zillertal)

„Mich, eine Fuhrmännin von Geschlecht,
Hat der Tod umbg'worffen
– nimm dich nit Wunder – mein Fuhrknecht
War blind, das Grab war offen,
Darein bin ich gefallen
Darin lig ich noch.
Thu doch den Himmel hoffen! 1671"
(Aibling)

„Er kehrte nicht zur Heimath wieder,
Der Floss am Ziel, – im Jenseits er,
Wie diess gegangen, liebe Brüder,
Diesseits erfährt es Niemand mehr."
(An der Loisach)

„Zwey engverschmolzene Herzen
Zerreißet so früh der Tod,
Und dort nach kurzen Schmerzen
Vereint sie wieder Gott."
(Für zwei Flößer, die an einem Brückenpfeiler verunglückten. Inntal)

Allenthalben schleicht sich aber eine gewisse Komik in die Verse – es ist schwer zu beurteilen, ob gewollt oder nicht:

„Hier fiel Jakob Hosenknopf
Vom Hausdach in die Ewigkeit."
(Zirl, Inntal.)

N. N. liegt hier. Sie stürzte in eine Heugabel und fand darin ihr Grab."
(Sand in Taufers)

„Im Leben rot wie Zinnober, im Tode kreidebleich – / gestorben am 17. Oktober, und am 19. war die Leich!"
(Brixen, Südtirol)

„Hier ruht der ehrsame Johann Mussegger, auf der Hirschjagd durch einen unvorsichtigen Schuß erschossen, aus aufrichtiger Freundschaft von seinem Schwager Anton Steger."
(Lavanttal)

„Hier liegt Elias Gfahr.
Gestorben im sechzigsten Jahr.
Kaum hat er das Licht der Welt erblickt,
hat ihn ein Wagenrad erdrückt."
(Berg Isel bei Innsbruck)

„Hab' ausg'holt,
bin ausg'rutscht,
Hat mich das Fuder zertuscht."
(Bei Kufstein)

„Aufi gstiegen,
Kerschen brockt,
Abi gfallen,
Hin gwesen."
(Amras bei Innsbruck)

Viele der meist unfreiwillig „komischen" Marterlsprüche wurden später falsch verstanden und als makabre Zeugnisse derben „schwarzen Humors" aufgefaßt: „Man sah darin nur ein bäuerlich-urwüchsiges Denkmal, eine Äußerung unfreiwilligen Humors, ja durch die oft derb-rustikale Reimfindung, die so manchen Spruch auszeichnet, wurden das fromme Gefühl, der nötige Ernst und die gebotene Ehrfurcht überdeckt... Es erschienen ernsthafte Sammlungen, wie die von Ludwig von Hörmann oder von Anton Dressely, die aus volkskundlichem Interesse heraus diese sprachlichen Zeugnisse zusammentrugen. Aber auch solche Sammlungen folgten, die reinen Witzbüchern gleichkamen, zahlreiche fingierte und selbstfabrizierte Sprüche enthielten, was natürlich dieser ernsten Volkssitte abträglich war."[35]

Selbst bekannte und begabte Schriftsteller haben seit mehr als einem Jahrhundert die „Marktlücke" für humorige Marterlspruch-Büchlein entdeckt und ausgenützt, Wahres mit selbst Erdichtetem vermengt und dieses ernste volkskundliche Forschungsgebiet auf das Niveau eines touristisch organisierten „Tiroler Heimatabends" gebracht: „Erst mit der zunehmenden, jedoch falsch verstandenen ‚Entdeckung der bodenständigen und wurzelechten Volkskultur' hat man sich dieser ‚Knittelverse und Knittelmalerei' – wie es einmal heißt – erinnert oder vielmehr bemächtigt und hauptsächlich auf den einsetzenden Tourismus gemünzte Spottverse in die Form des Grab- oder Gedenkspruches gezwängt."[35] Aber auch diese Betrachtung wäre unvollständig, gedächte sie nicht auch der tatsächlich humoristisch gemeinten und auch der vielleicht nur „gut erfundenen" Verse. Aus dieser teilweise vielleicht nicht mehr aufklärbaren Grauzone zwischen Dichtung und Wahrheit hier nur einige Kostproben:

„Hier starb ein junger Mann,
mit Namen Johann,
Er trug die kurze Hose gern,
Blieb auch von keinem Feste fern;
Und war wo eine Fahnenweih',
Da kam er mit sein' Dirndl glei'.
Nun ist er beim hl. Petrus drob'n,
Hoffentlich gut aufgehob'n.
Schad' is's
um Di', mei' Bua,
Gott gib Dir die ewige Ruah'!"
(Waakirchen, von Franz Gschwandtner für einen Trachtenkameraden.)

„Hier ruht der Brauer Sepp.
Gott Gnad für Recht im geb!
Denn viele hat, was er gemacht
frühzeitig in das Grab gebracht.
Da liegt er nun der Bierverhunzer,
drum bet, oh Christ, fünf Vaterunser!"

„Scherzweis hüpfte dieser Greis
auf dem viel zu dünnen Eis.
Als der See einbrach, da war
es mit seinem Leben gar."
(Am Chiemsee.)

„Hier liegt der Bote Michel,
Er fiel mit seiner Kraxen,
Brach sich die beiden Haxen,
Die wurden amputiert,
Das hat ihn sehr scheniert,
Dann kam der Brand hinzu!
Gott schenk ihm die ewige Ruh!"
(In den Tauern)

„Durch einen Ochsenstoß
kam ich in des Himmels Schooß,
Mußt ich auch gleich erblassen
Und Weib und Kind verlassen,
Kam ich doch zur ewigen Ruh,
Durch Dich, Du Rindvieh Du."
(Am Weg nach Salthaus, Passeier)

„Hier liegen begraben
Vom Dunder erschlagen,
Drei Schaf, a Kalb und a Bua,
Herr, gib ihnen die ewige Ruah."
(Scheibbrand, Pitztal)

„Verunglückt ist auf solche Art
Der Holzer Sepp hier ohne Bart,
A Stoanschlag bracht ihn um sein Leben,
Jetzt tuts koan Holzer Sepp mehr geben."
(Tölz)

„Es lebte fromm und recht,
der hier derdruckte Bauernknecht –
Gott sei seiner Seele gnädig,
zum Glücke war er ledig!"

„Hier an diesem Waldesrand,
da ruht begraben der böse Xaver Brand.
O Wanderer, sprich ja nicht hier,
sonst wacht er auf und rauft mit dir!"

Des Jägers Abschied:
„In meinem ganzen Leben,
da ging ich oft zum Wald,
das Rotwild dort zu jagen,
wie hab' ich dann geknallt!
Die Jagd ist nun für mich geschlossen,
verrostet ist's Gewehr –
das Pulver ist verschossen,
mein Herz, das schlägt nicht mehr!
Nun lieg ich hier in Frieden,
nur der Herrgott schaut mir zu –
er ist mein einz'ger Zeuge,
das Rotwild hat nun seine Ruh!"

„Im Jahre neunzehnhundertvier,
da stürzte mit vier Kisten Bier,
dem Reiterer sein Muli ab.
Jetzt liegt er unten in seim Grab,
weil es ihm der Herr so gab.
Und mit ihm stürzte ab der Sepp,
weil er net aufpaßt hat, der Tepp!"

„Hier liegt mein Weib, Gott sei's gedankt,
bis in das Grab hat sie gezankt.
Lauf, lieber Leser, schnell von hier,
sonst steht sie auf und zankt mit dir!"
(„Lustiger Friedhof", Kramsach)

„Hier ist ein Platz der Trauer!
Josef Linner, Hilzenbauer,
Erlitt hier böses Weh,
Er stürzte in den See,
Er hat mit allzu vieler Gier
So lange übern Durst getrunken
Das helle und das dunkle Bier,
Bis unters Wasser er gesunken."

„Der Schustersepp von Lauterbach
ist hier ersoffen in der Ach.
Er trank zu viel vom Branntewein,
drum fiel er in die Ach hinein.
Gott schenke ihm die ew'ge Ruh
und noch ein Viertel Schnaps dazu!"
(Lustiger Friedhof", Kramsach)

Bei aller Fragwürdigkeit dieser humoristischen Marterlsprüche: „Immer spricht aus diesen oder andern Grabschriften und Marterln das Bemühen, dem Tod ein Schnippchen zu schlagen. Sie wollen zum Lachen oder Lächeln über ihn herausfordern und überwinden damit seinen Schrecken. Denn wie hat Friedrich Rückert geschrieben: ‚Wer ist mächtiger als der Tod? Wer lachen kann, wenn er droht.'"[36]

Das Marterl auf dem Weg vom 19. ins 21. Jahrhundert

Wer den Marterlbrauch für einen absterbenden Zweig des Volksbrauchs hält, irrt – unsere Landstraßen sind ebenso von Marterln gesäumt wie die Kletterregionen unserer Alpen. Freilich ist einzuschränken, daß sich der Sinn des Brauches allgemein zum einfachen Totengedenken gewandelt hat. Sicherlich betet so manche Mutter noch heute und auch in Zukunft vor dem Marterl ihres Sohnes, der mit dem Motorrad auf der Landstraße verunglückte, und an manchen alpinen Marterln findet sogar eine jährliche Gedenkmesse statt – aber über die familiäre oder kameradschaftliche Anteilnahme am Schicksal des Toten geht das Gedenken wohl selten hinaus. Freilich haben sich auch die Schwerpunkte des Unfallgeschehens heute deutlich auf den Straßenverkehr und den Alpinismus konzentriert und die Form der Marterln hat sich einerseits der einfachen Grabkreuzform angenähert, andererseits auf die schlichteste Inschrifttafel reduziert. Die zahllosen Marterln – jetzt richtiger: Totengedenkkreuze – längs unserer Straßen lassen den scheinbar logischen Schluß zu, unser Straßenverkehr sei besonders mörderisch und die vielen nagelneuen Straßenmarterln seien ein besonders tragisches Sittengemälde unserer Zeit.

Dem ist folgendes entgegenzuhalten: „Die Straßenverhältnisse hatten sich vom Mittelalter bis zum Ende des 18. Jahrhunderts kaum gebessert. Dabei wurden die Zustände immer unerträglicher, weil sich das Verkehrsaufkommen ständig vergrößerte, und zwar nicht nur wegen des zunehmenden Handels, sondern vor allem auch wegen des privaten Reiseverkehrs in Wagen und Kutschen, der durch die Fortschritte im Wagenbau und vor allem durch die Einrichtung der Post ermöglicht wurde. Das Pferd war alles andere als ein sicheres Verkehrsmittel. Wer die Bilder ... betrachtet, wird ohne weiteres verstehen, warum sich einige fortschrittsgläubige Kommentatoren um die Jahrhundertwende von der Einführung des Automobils einen starken Rückgang der Unfallzahlen versprachen und überzeugt waren, daß der Motor-Kraftwagen als Verkehrsmittel wesentlich weniger Opfer fordern würde als das unberechenbare Pferd. Ihre falsche Prognose erklärt sich eben aus der relativ hohen Zahl von Unfällen, die es im Verkehr mit Reitpferden und pferdegezogenen Wagen gegeben hatte. Eigentlich ist es schon übertrieben, in jener Zeit überhaupt von Straßen zu sprechen, denn in den allermeisten Fällen handelte es sich nur um Erdwege mit Fahrspuren auf gleichem Niveau mit der Umgebung, ohne Unterbau und nur in ganz seltenen Fällen mit einem Holzbohlenbelag dort, wo der Weg über morastiges Gelände führte. Meistens waren sie nur zweieinhalb bis drei, selten über vier Meter breit. In Abständen gab es Ausweichstellen. Für einige Reisende und Fuhrleute waren sie denkbar ungeeignet: Auch die großen Fernstraßen berührten jedes kleine Dorf und schlängelten sich in zeitraubenden Windungen durch die Landschaft. Der ebene Talgrund mußte wegen der Hochwassergefahren gemieden werden, die Fahrbahnen zogen sich am Hang und auf den Höhenrücken hin und wiesen oft haarsträubende Steigungen und Gefälle bis zu 25 Prozent auf, die die Fuhrleute aus eigener Kraft nicht überwinden konnten. Die Bergstrecken boten noch andere Gefahren: Da es keine Wasserleitung gab, verwandelten sich die ausgefahrenen Fuhrwege bei starken Regenfällen in reißende Wildbäche. In einem Bericht über die Reise des päpstlichen Legaten Vorsitius im Januar 1536 von Heilbronn nach Bamberg heißt es: In der Ebene hatten Regenfälle ähnlich unangenehme Folgen: Wagen und Pferde versanken in grundlosem Morast, in dem sich der Schlamm der Straße mit dem Kot der Reit- und Zugtiere vermischte. Es kam nicht selten vor, daß Reisende buchstäblich auf der Straße ertranken, wenn sie vom Pferd stürzten und bewußtlos im Schlamm stecken blieben..."[37]

An diesen Bericht aus der angeblich „guten alten Zeit" sollte man denken, wenn man das heutige „moderne" Verkehrsunfallgeschehen beklagt!

Es bleibt aber traurig genug, immer wieder dieses einfache „moderne" Holzkreuz zu sehen mit Plastikblumen unter durchsichtiger Plastik-Schutzhülle, mit dem Sterbebild des jungen Motarradfahrers und der kräftigen Schramme am Alleebaum hinter der Kurve...

Das Wachstum des Baums wird diese Signatur des Todes löschen – oder die Motorsäge eines Straßenbauarbeiters.

Im 19. Jahrhundert eröffnet der Alpinismus dem Marterlbrauch den Weg ins Hochgebirge. Hier verunglücken nun nicht mehr die Bergbauern, die Sennen und Hirten und die Arbeiter im Salzbergwerk bei ihrem Broterwerb – hier stürzen sich vor allem die Städter bei ihrer liebsten „Selbstverwirklichung", „Selbstfindung" zu Tode.

Zu Füßen der berühmten alpinen Kletterführen beginnen sich die Marterln zu häufen, allerdings meist nur in einfacher Schriftform. Die Wände der Bergkapellen neben unseren Berghütten und neben den „Refugi" in den Dolomiten und in der Brenta sind teilweise bepflastert mit Totengedenktafeln. Bergsteiger zwischen 17 und 70 Jahren werden auch in Zukunft ihr Leben in den Bergen lassen und von ihren Freunden eine Gedenktafel gesetzt bekommen. Die „Gestaltung" alpiner Marterln zeigt gelegentlich die „Attribute des alpinen Todes" in symbolischer Form: Edelweiß und Enzian, Seil und Pickel, Kletterhaken und Karabiner. Besonders drastisch tritt uns der alpine Tod vor Augen, wenn nicht das symbolische Seil aus Bronze, sondern das echte, beim Absturz gegenwärtige Hanf- oder Plastikseil mit der gerissenen Stelle ein Marterl ziert! Am Fuße des Pilgerschrofens bei Füssen ist der alte genagelte Bergschuh eines Abgestürzten, mit Humus gefüllt und mit Enzian bepflanzt, ein besonders erschütterndes Denkmal eines persönlichen Schicksals...

Ältere alpine Marterlverse sind selten:
„Drei saßen hier vor dem Ungewitter in der Sicherheit
Einer lebt, die Andern zwei sind in der Ewigkeit."
(Zwischen Walchen- und Kochelsee)

Die alpinen Martelsprüche der Jahrhundertwende atmen vereinzelt heroisches Pathos:

„Nicht zaudern, nicht zagen,
Nicht Ängstliche fragen.
Im Zweifel immer das Äußerste wagen.
Und bricht das Geschick
Dir einst das Genick –
Blick nicht zurück.
Kurz war dein Leben –
Groß war dein Glück."
(Aggenstein-Nordwand)

Diesen Vers, der von ihm selbst stammt, schrieben seine Gefährten auf das Marterl des mit 28 Jahren Abgestürzten, und sie fügten hinzu:
„Sein Geist beflügelt uns auf jeder Fahrt
Begleitet uns auf jeder ziehenden Wolke."

Dagegen hat sich der „schwarze Humor" und das Niveau des „Tiroler Heimatabends" längst auch in die alpinen Marterlsprüche eingeschlichen:[38]
„Im Nebel verirrt,
Der Berggeist ihn verwirrt.
Weil im Gebirge führerlos.
Fiel heute schon das Todeslos.
Der Führer will leben,
Soll Verdienst man ihm geben.
Wanderer, merk das Sprüchlein fein:
Ins Hochgebirge nie allein."

„Hier ging es nicht mehr weiter,
der Abgrund der war breiter.
Er starb mit lautem Schreien,
Gott mög es ihm verzeihen!"
(Brandenberger Ache)

„Steh still Wandrer und weine
Hier brach eins seiner Beine
Als er kam von der Dresdnerhütt
Rechtsanwalt Dr. Schmidt."
(Stubaital)

„Ich bitt' euch Touristen, verzeiht mir die Schand,
die ich euch g'macht hab' bei der Roten Wand.
Ich hab' mich halt nimmer derhebt mit die Händ –
drum bin ich auch rauskugelt über die Wänd!
Glaubt mir, es ist gleich g'schehen –
es werds es scho selber sehen!"

Das beliebte „Preißn-Derblecken" hat schließlich folgenden vielzitierten und oft abgewandelten „Marterlspruch" hervorgebracht:

„Auf dieses Gletschers kaltem Eis
starben zwei Bayern und ein Preuß.
Gedenk der Bayern, Wandersmann,
der Preuße geht Dich gar nichts an!"

Die jüngsten Versionen des Alpinismus – Drachenfliegen und Gleitschirmfliegen – warfen ihre Marterl-Schatten übrigens schon voraus: Am Laber bei Oberammergau findet sich bereits eine Gedenktafel für einen tödlich abgestürzten Drachenflieger...

In besonderer Weise beispielhaft und typisch für unsere Gegenwart ist folgender Marterlanlaß:

„München, 26. September 1980. Am späten Freitagabend, während des Oktoberfestes, explodierte am nördlichen Eingang zur Theresienwiese eine Bombe und forderte 13 Todesopfer und mehr als 200 Verletzte. Dieser schreckliche Terroranschlag führte bereits in den folgenden Tagen dazu, den Ort des grausamen Geschehens zu kennzeichnen: Bei dem Verkehrsschild mit dem daran befestigten Papierkorb, in welchem die Bombe gezündet worden war, wurden Blumen niedergelegt, echte und solche aus den Schießbuden, aber auch Zettel mit mahnenden Texten hatte man an einem Baum nahe der Unglücksstelle angebracht – private Mitleidsbekundungen, in einer Klarsichthülle der Wortlaut eines Telegramms an den Oberbürgermeister, womit gegen den nicht unterbrochenen Festzeltbetrieb protestiert wurde, auf einem Plakat die an die Behörden gerichtete Aufforderung, rechtsextremistische Organisationen zu verbieten und für die ‚Errichtung einer würdigen Gedenktafel' Sorge zu tragen. An den Abenden der Herbst- und Wintermonate brannten fast täglich mehrere kleine Grablichter an der bezeichneten Stelle.

Am 17. September 1981, vor Oktoberfestbeginn, wurde am Unglücksort eine 2,70m hohe Bronze-Gedenksäule enthüllt. Der rauhe ‚Pfahl auf einer Kreuzbasis' weist in Augenhöhe eine Art Wunde mit der Inschrift auf: Zum Gedächtnis an die Opfer des Bombenanschlags vom 26.9.1980."[39]

Anmerkungen

[1] Lenz Kriss-Rettenbeck: Ex voto. Zeichen, Bild und Abbild im christlichen Votivbrauchtum. Zürich – Freiburg im Breisgau 1972, S. 208.
[2] Reinhard Haller: Armenseelentaferl. Hinterglasbilder aus Bayern, Österreich und Böhmen. Grafenau 1980, S. 13.
[3] Philippe Ariès: Geschichte des Todes. Paris 1978, München 1980, S. 390. Dort zitiert unter Hinweis auf Taylor (The rule and Exercises of Holy Dying) und Kardinal Robert Bellarmin.
[4] Haller, wie Anm. 2, S. 10, unter Hinweis auf das Alte Testament, 2 Makk. 12, 43-46.
[5] Hans Schnetzer: Vom Steinkreuz zum Marterln: Bayerische Hefte für Volkskunde, Heft 1/1914, S. 29.
[6] Hans Roth: Marterlsprüch. München 1973, S. 11.
[7] Haller, wie Anm. 2, S. 10 f.
[8] Haller, wie Anm. 2, S. 13, ergänzt durch Angaben von Kriss-Rettenbeck, wie Anm. 1.
[9] Kriss-Rettenbeck, wie Anm. 1, S. 210.
[10] Walter Hartinger:... denen Gott genad! Regensburg 1979, S. 109.
[11] Roth, wie Anm. 6, S.11 f.
[12] Roth, wie Anm. 6, S. 26 f.
[13] Haller, wie Anm. 2, S. 14.
[14] Haller, wie Anm. 2, S. 14, 16.
[15] Haller, wie Anm. 2, S. 14
[16] Rainer H. Schmeissner: Steinkreuze in der Oberpfalz. Regensburg 1977, Fußnote 21.
[17] Bernhard Losch: Steinkreuze in Südwestdeutschland. In: Volksleben, 19. Band. Tübinger Vereinigung für Volkskunde 1968, S. 92.
[18] Hartinger, wie Anm. 10, S. 169.
[19] Eugen Mogk: Der Ursprung der mittelalterlichen Sühnekreuze. Leipzig 1929, S. 9.
[20] Losch, wie Anm. 17, S. 57.
[21] Schnetzer, wie Anm. 5, S. 133.
[22] Kriss-Rettenbeck, wie Anm. 1, S. 209.
[23] Josef A. Jungmann: Zum Wort „Marterle". In: Volkskundliches aus Österreich und Südtirol. Festschrift für Hermann Wopfner zum 70. Geburtstag. Wien 1947, S. 19.
[24] Pia Maria Plechl: „Gott zu Ehren ein Vaterunser pett". Wien – München 1971, S. 10.
[25] Emil Schneeweiß: Bildstöcke in Niederösterreich. Wien 1981, S. 13.
[26] Edgar Harvolk: Votivtafeln. München 1979, S. 58.
[27] Kriss-Rettenbeck, wie Anm. 1, S. 208.
[28] Schnetzer, wie Anm. 5, S. 130.
[29] Schnetzer, wie Anm. 5, S. 132.
[30] Schnetzer, wie Anm. 5, S. 8.
[31] Roth, wie Anm. 6, S. 136 f.
[32] Schnetzer, wie Anm. 5, S. 136 f.
[33] Schnetzer, wie Anm. 5, S. 135.
[34] Roth, wie Anm. 6, S. 20.
[35] Roth, wie Anm. 6, S. 22.
[36] Willi Frehse: Heiteres Memento mori.
[37] Frank Baer: Votivtafel-Geschichten. Rosenheim 1976, S. 141 f.
[38] Viele Nummern der Alpenvereins- und Trachtenzeitschriften geben davon beredtes Zeugnis ab. Selbst bekannte und zweifellos auch begabte Schriftsteller des eigenen Landes haben die „Marktlage" für derlei originelle Sprüche ausgenützt und eigenständige Dichtungen herausgegeben. Karl Schönherr, 1867 in Axams in Tirol geboren, der im Stil Anzengrubers den Menschen seiner Heimat in Erzählungen wie auch im Drama überzeugend darstellte, hat 1895 in Leipzig ein Bändchen mit dem Titel „Tiroler Marterl für abg'stürzte Bergkraxler" herausgegeben. Rudolf Greinz, ebenfalls ein Tiroler, 1866 in Pradl bei Innsbruck geboren, betitelte sein 1912 in Leipzig erschienenes Bändchen, das mehrere Auflagen erlebte, mit „Hin ist hin! Lustige Marterl". (Hans Roth, wie Anm. 6, S. 23)
[39] Hans Roth: Zeugnisse des Totengedenkens in der Landschaft. Sühnekreuz – Bildstock und Marterl – Totenbrett. In: Die Letzte Reise – Sterben, Tod und Trauersitten in Oberbayern. Herausgegeben von Sigrid Metken. Ausstellungskatalog des Münchner Stadtmuseums 1984, S. 257.

5.1

„Totes Weib" ist eine Einsattelung am Steinernen Meer zwischen Schottmalhorn und Niederbrunnsulzenkopf benannt. Die Einschartung ist zweifellos nach einer dort in den Felsen eingemeißelten Totentafel bezeichnet. Dieser Leichenstein liegt genau auf der Grenze zwischen Bayern und Österreich in einer Höhe von beinahe 2000 Meter. Die Inschrift lautet: „1631 – Allhir Ist – Maria – Gründtner – Selligr – ruh – Enth – schlaffen". Ein Nachforschen in den Sterbematrikeln des Pfarramtes Berchtesgaden war erfolglos, da die Totenregister aus jener Zeit nicht mehr erhalten sind. Auch in den Sterbematrikeln des Pfarramtes Saalfelden ist im Jahre 1631 keine Maria Gründtner vorgetragen; der Name Grundtner ist jedoch in Saalfelden häufig. Die Annahme scheint demnach nicht allzu gewagt, daß die Tote eine Sennerin aus Saalfelden war, welche an jener Einsattelung ums Leben kam. Diese Inschrift ist eines der ältesten Marterln im Berchtesgadener Land.

5.2

DEN 18 DECENVER ANO 1656 IST HANS HINDENREITER AUF DER TRIFT UNDERGANGEN ZUR GEDECHTNUS DER ... STAIN AUFGERICHT GOT WOLE SEINER UND ALLEN ANDERN GLÄUWIGEN SELEN GNEDIG UND BARMHERZIG SEIN AMEN 1668 (... Initialen ...) Holzknechtmuseum Laubau, Gde. Ruhpolding, Lkr. Traunstein.

5.3

5.4

5.3 + 5.4
Marterln an der Falkensteiner Wand am Königssee, Lkr. Berchtesgadener Land. Getreu einem alten Gelübde pilgern alljährlich etwa 200 Pinzgauer Bauern, teilweise in Tracht, von Saalfelden über das Steinerne Meer zum Patroziniumsfest nach St. Bartholomä am Königssee. Am Riemannhaus wird eine Messe gelesen, unterhalb des Schrainbachfalls kühlen die Pilger ihre müden Füße; hier warfen sie früher nach altem Brauch ihre abgetragenen Schuhe ins Wasser. Noch immer gedenken die Pilger bei der Überfahrt von der Kirchweih zur Königseer Lände vor der Falkensteinerwand mit einem Kranz und einem Blumengebinde ihrer dort ums Leben gekommenen Ahnen, den Wallfahrern des Jahres 1688. In die Chroniken von Alm und Saalfelden ging diese Wallfahrt als „schwarzer Bartholomäustag" ein. „Anno 1688, den 23. August, da viele übers Gebirg nach St. Bartholomä wallfahrten gegangen sind, ist das Schiff gesunken und siebzig Personen ertrunken", heißt es im alten Sterbebuch des Almer Vikariats. Unter großem Mitleiden der Berchtesgadener seien sie in deren Friedhof „ehrlich begraben worden". Die angegebene Zahl der Toten ist zwar nicht verbürgt, ebensowenig wie der Ursprung der Wallfahrt. Einige Quellen besagen, die Bauern seien zum heiligen Bartholomäus gegangen, um ihm für die Verschonung vor der Pest zu danken; andererseits wird erzählt, sie hätten den Märtyrer um Schutz vor wilden Tieren – Bären, Luchsen und Wölfen – bitten wollen, die zu jener Zeit ihr Vieh rissen. Fest steht nur, daß die wahrscheinlich 64 Wallfahrer Opfer eines Gewittersturms wurden. Nach einer Bö schlug ihre überfüllte Plätte vor der Falkensteinerwand voll Wasser, Panik brach aus, und das Boot kenterte.

Nur ein Bauer überlebte. Er konnte sich an einen Felsvorsprung klammern. Als seine Tochter nach seinen Füßen griff, strampelte er sich frei, so daß das Kind ertrank. Darüber wurde der Mann „wirr im Kopf" und starb im November noch desselben Jahres.

5.5
Marterl als schmiedeeisernes „Wildererkreuz" an der Oberen Klareralm bei Bayerischzell, um 1900. Lkr. Miesbach. Die alte Auffassung des bäuerlichen Menschen, daß Wald und Wild frei seien, ist die natürliche „Rechtsgrundlage" für das Wildern. Das Volk unterschied früher sehr rein zwischen Wilddiebstahl aus reiner Gewinnsucht oder aus nackter Not oder aus der früher traditionellen Jagdleidenschaft. Der Wilderer wurde daher früher nicht als Dieb betrachtet, nahm er doch nur ein altes Gewohnheitsrecht in Anspruch. Das Wilderertum, das vor allem in den Alpen heute noch gelegentlich aufblüht, ragt wie manche Bräuche der Volksjustiz, etwa das Haberfeldtreiben oder andere Femegerichte, „aus grauer Vorzeit" bis in unsere Gegenwart. Daß das Volk im Wilderer mehr den Jäger sah als den Dieb, fand in vielen Dingen seinen Ausdruck: Man brachte ihm scheue Achtung und Bewunderung entgegen, verherrlichte seine Erlebnisse, vor allem seinen jähen Tod, in zahlreichen Volksliedern; gelegentlich wurden Wilderer sogar als Jagdaufseher angestellt. Reicher Aberglauben rankte sich allenthalben um die dramatische Figur des Wilderers: Er könne – zum Nachteil der Jäger – das Wild bannen; ergebnislose Jagd schrieben Jäger gerne dem Zauberbann des Wilderers zu. Er könne sich auch seinen Verfolgern entziehen, indem er sich in einen Baumstumpf oder Strauch verwandle; schneidet der Verfolger auf diesem Baumstumpf seinen Tabak oder reißt er von diesem Strauch einen Zweig ab, erhält er eine tiefe Narbe oder verliert gar einen Finger. Während des Schlafes stelle der Wilderer seinen Stiefel auf und lehne daran seinen Stock – dieser wecke ihn bei drohender Gefahr auf und zeige auch noch die Richtung an, aus der diese komme. Der Wilderer habe auch eine besondere Gabe, angeschossenes Wild alleine aufzuspüren... Viele Wilderer, die im Kampfe mit dem Jäger fielen, aus steiler Felswand abstürzten oder gar von feigen Schergen hinterrücks ermordet wurden, erhielten am Dorffriedhof oder an der Stätte ihres Todes als ehrendes Andenken und als Gebetsaufforderung ein schmuckes Eisenkreuz. Solche Wildererkreuze findet man auch heute noch oft mit frischem Blumenschmuck. Am Grabe manches volkstümlichen Wilderers findet sich an seinem Todestag gelegentlich sogar eine frisch gewilderte Gams.

5.6
Schmiedeeisernes Grabkreuz zur Erinnerung an „Johann Burger, bekannt als der Wildschütz Lampi von Reichersbeuern", 2. Hälfte 19. Jh. Friedhof in Gmund am Tegernsee, Lkr. Miesbach.

5.7
„Neunerkreuz" bei Neumarkt-St. Veit, Lkr. Mühldorf. Der amtliche österreichische Verlustbericht über die Schlacht bei Neumarkt vom 24. April 1809 spricht von 4 toten und 21 verwundeten Offizieren und 148 toten und 603 verwundeten Unteroffizieren und Mannschaften; die Bayern dagegen gaben einen Gesamtverlust von 37 Offizieren und 648 Unteroffizieren und Mannschaften zu. Zweifellos hat aber hier jede Partei die eigenen Verluste zu nieder angeschlagen, denn allein in den stillen Gräbern um Neumarkt liegen gut 1000 Mann begraben. Eine Aufzeichnung nennt 25 überlieferte Kriegergräber. Sie sind meist mit schmiedeeisernen Grabkreuzen geschmückt, gelegentlich mit gekreuzten Säbeln. Wie Fähnchen auf der Generalstabskarte lassen uns diese „Neunerkreuze" – wie die alten Neumarkter sie einfach nennen! – die Gefechtsberichte noch einmal lebendig werden. Da haben wir etwa die vielen verstreuten Gräber ums Schermer Holz, wo der General Minuzzi mit seinen Dreiern und Dreizehnern nur Schritt für Schritt und Baum für Baum das Gelände preisgab; da haben wir die Gräber auf den Hügelkuppen um St. Veit und Neumarkt, wo die Hauptkampflinie im Halbkreis herumlief; da haben wir die Massengräber im Bereich des Staudachbergs, wo sich bayerische Infanteristen und französische Reiter bis zuletzt mühten, um die Rückzugslinie offenzuhalten. Hier am Fuß des Staudacherbergs etwa hat das 2. Chasseur-Regiment noch in letzter Minute das Attackieren versucht, ist aber mitten in das Salvenfeuer der ungarischen Infanterie geraten. Die Gräber am Fruhmannholz, an der Grandauerwiese und an der Egglkofener Straße dagegen zeigen, wo die neu herangeholte Division Molitor mit ihren frischen Kräften den Kampf aufgenommen hat...

5.8 (Seite 96)
Schmiedeeisernes Marterl am Südrücken der Bodenschneid, Spitzinggebiet, Lkr. Miesbach.

5.9 (Seite 97)
Schmiedeeisernes Marterlkreuz bei Percha, Stadt-Gde. Starnberg.

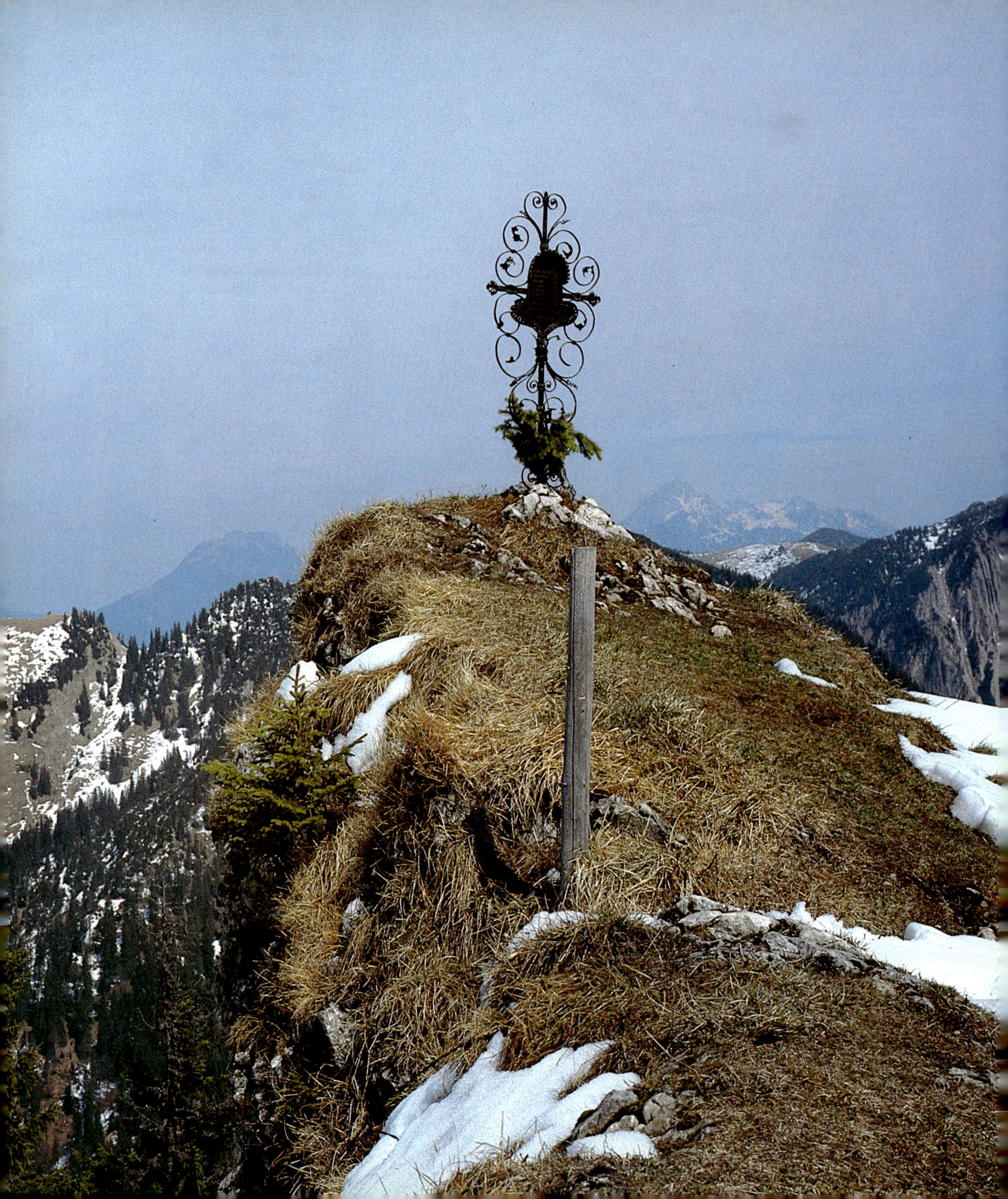

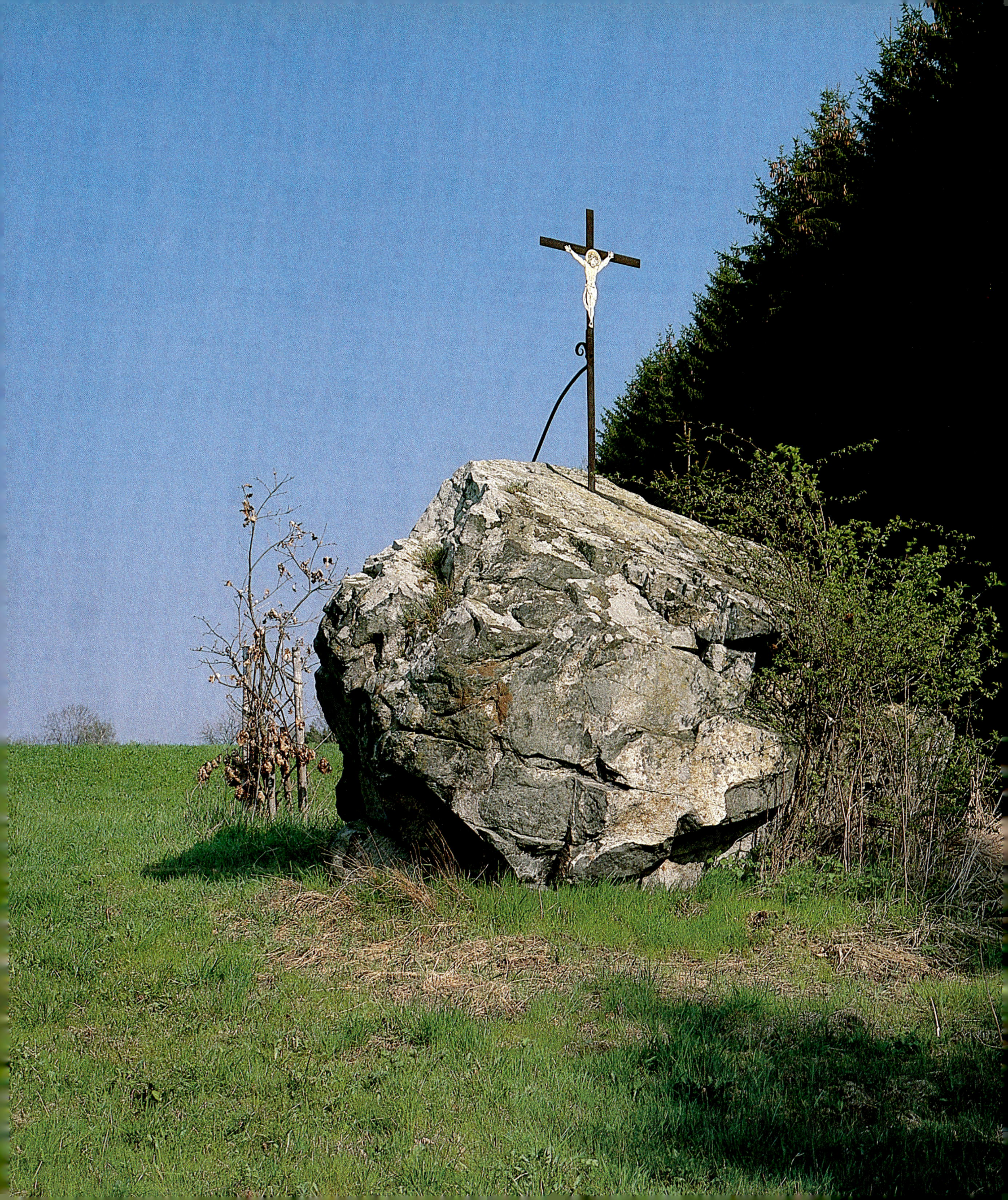

5.10
Schmiedeeisernes Marterlkreuz auf Marmorsockel am Staffelsee, Lkr. Weilheim-Schongau.

5.11
Hölzernes Gedenkkreuz für König Ludwig II. im Starnberger See bei Berg, errichtet nach 1886, seither mehrfach zerstört und erneuert (Foto um 1980). Hier ist König Ludwig II. zusammen mit seinem Hofarzt Dr. Gudden auf nie geklärte Weise in den Tod gegangen; das stets mit Blumen geschmückte Holzkreuz im See bezeichnet die Stelle des Leichenfundes. „Man hatte den entmündigten König, dessen Gemüt sich immer tiefer verdüstert hatte, in 18-stündiger Kutschfahrt von Linderhof nach Schloß Berg gebracht, weil er hier für den Irrenarzt Gudden, der in München eine Anstalt hatte, leichter zu erreichen war. Einen Tag später, am 13. Juni 1886, machte Ludwig einen vereinbarten Spaziergang am See. Um 6 Uhr brach er mit Gudden auf. Als die beiden um 8 Uhr zum Souper nicht erschienen, begann man mit Lampen und Fackeln nach ihnen zu suchen. Um 10 Uhr fand ein Hofoffiziant den Überrock des Königs, und eine halbe Stunde später fand man Ludwig und Gudden 25 Schritt vom Ufer entfernt im seichten Wasser. Sie waren schon seit einigen Stunden tot, denn Ludwigs Uhr war schon um 6.54 Uhr stehengeblieben. Guddens Uhr stand auf 8, aber man wußte, daß er ständig vergaß, sie aufzuziehen." Vieles ist versucht worden, um die dramatischen Geschehnisse an jenem regnerischen Pfingstsonntagabend am Starnberger See zu ergründen. Hatte Ludwig den Vorsatz gefaßt, zu fliehen oder Selbstmord zu begehen, und wollte Gudden ihn pflichtgemäß daran hindern? Ist Gudden, den der König sicherlich haßte und verachtete, ermordet worden? Beging Ludwig daraufhin Selbstmord, oder erlag er einem Herzschlag? Das Rätsel um den Tod des verbitterten, unglücklichen Königs bleibt.

5.12 (Seite 99)
Schmiedeeisernes Gedenkkreuz auf dem „Kreuzfelsen" in der Salzach nördlich Burghausen, Lkr. Altötting. Die „Sage vom Kreuzstein" berichtet: „Als der Felsen noch hoch oben hing auf schwindelnder Höhe, stürzte sich ein Mädchen, von ihrem Geliebten im Unglücke verlassen, hinab in die kalte Flut und fand in ihr den Tod. Das ging dem Treulosen zu Herzen und oft sah man ihn, von wildem Schmerz ergriffen, von der Höhe herab manch blühenden Strauß in der Liebsten nasses Grab werfen. Als er aber einmal zu diesem Zwecke ein liebes Blümlein, das am äußersten Rande des Felsens blühte, pflücken wollte, bewegte sich der Fels unter seinen Füßen und stürzte mit ihm hinab in die grausige Tiefe. So fand er nun das Grab bei seiner verratenen Liebe, aber keine Seelenruhe; Seufzen und Klagen tönte um Mitternacht vom Felsen herauf, bis man ihn mit einem Kreuze krönte, worauf es stille ward."

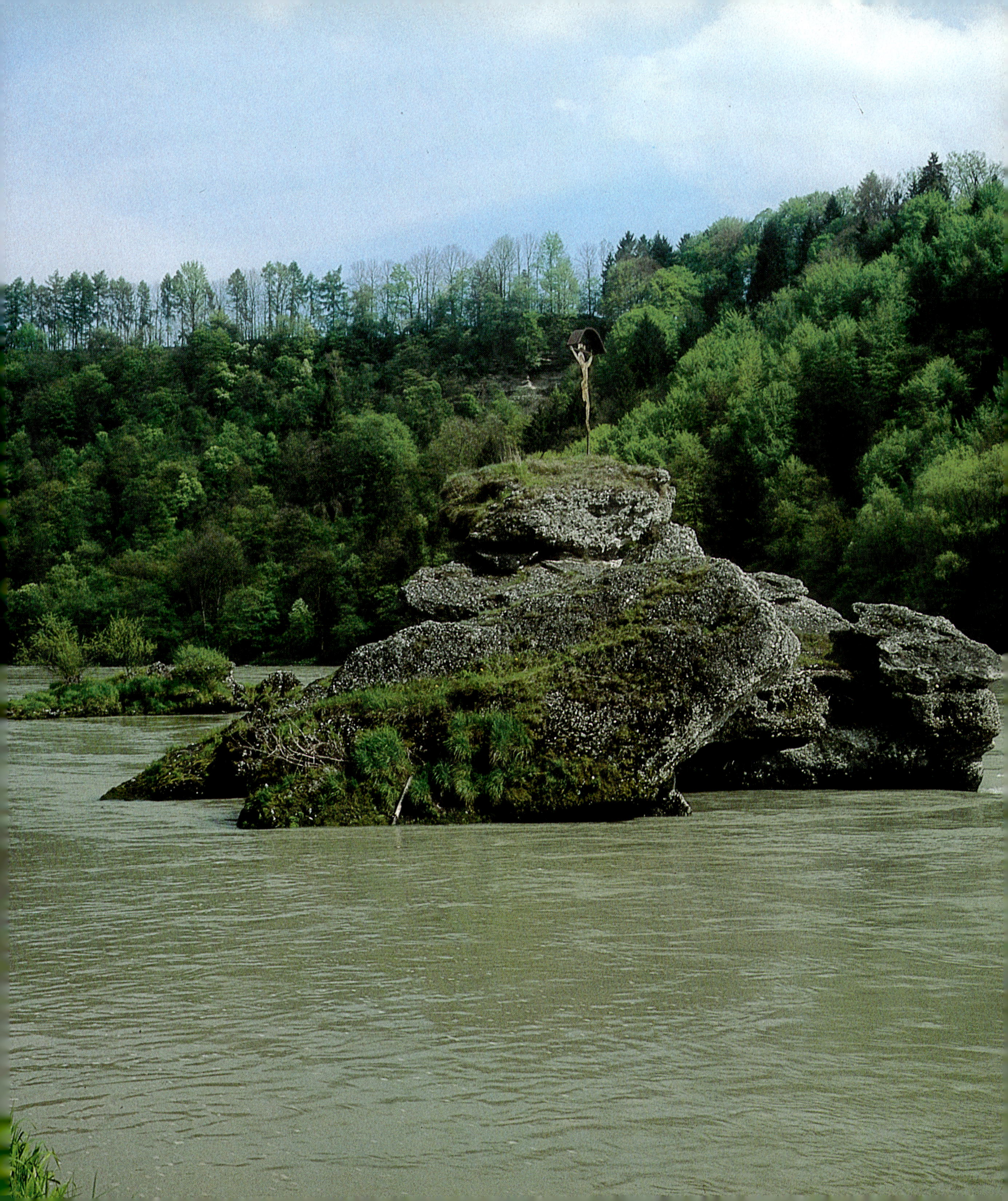

5.13–5.15 (siehe auch Seite 101)
Der Georgifelsen in der Isar bei Grünwald südlich München. Neben der gefürchteten Enge bei Fall und den Überfällen bei Thalkirchen stellte der Georgenstein bei Grünwald die dritte gefährliche Passage für die Flößer dar. Bis 1803 hieß der Georgenstein „großer Heiner" — eingedenk der glücklichen Errettung des Floßmeisters Georg Müller aus großer Wassergefahr. Er ließ ein Bildnis seines Namenspatrons auf dem Felsen anbringen. „Schon in der ersten Hälfte des 15. Jahrhunderts hatte man den Georgenstein beseitigen wollen. Einer der Blöcke wurde 1726 gesprengt. Die Stelle am Georgenstein war so gefährlich, daß sogar die Römer dort auf geradlinige Verbindung verzichteten und ihre Brücke ein Stück unterhalb, bei der Schleuse des heutigen Kraftwerks Höllriegelskreuth errichteten. Außerdem ist es möglich, daß die Besatzungsmacht den Verkehr zu Wasser durch die Isarschlucht wegen Gefährdung dieser Brücke oberhalb Grünwald, eines wichtigen militärischen Objekts, einschränkte oder ganz unterband." (…) Oberhalb gegen Mühltal lag ein weiterer Felsen und flußabwärts bis über Pullach hinaus fanden sich nacheinander mindestens sechs solche Hindernisse im Flußbett oder ragten vom Steilufer in die enge Fahrrinne hinein. Drei davon wurden 1755 und 1792 gesprengt. Unterhalb des Grünwalder Schlosses befand sich ein anscheinend gewachsener Felsriegel, 10 m dick, bis zu 6 m hoch, der fast die ganze normale Breite des Flusses füllte und wohl nur bei hohem Wasserstand um- oder an seinen niedrigen Flanken überfahren werden konnte. Das gleiche galt für ein breites, niedriges Riff oberhalb Geiselgasteig. Der erwünschte Wasserstand aber brachte schärfere Strömung mit sich und damit wiederum andernorts, z.B. am Georgenstein, erhöhte Gefahr. An der seit dem 15. Jahrhundert bestehenden Zollstätte Grünwald konnten die Flöße über längere Zeiträume hinweg nicht anlegen, sondern mußten den Naturalienzoll an Land werfen. Wir dürfen kaum annehmen, daß die Hindernisse erst in jüngerer Zeit durch Absturz aus den Nagelfluhwänden ins Wasser geraten sind — und wenn ja, so gab es früher sicher andere Felsen, die der Fluß später unterwusch oder wieder zuschüttete. Auch der Einwand, die Isar habe sich in geschichtlicher Zeit noch nicht so tief eingesägt und die Hindernisse seien damit weniger oder ungefährlich gewesen, scheint kaum stichhaltig; denn sonst wäre weder die Gründung des ohnehin zu allen Zeiten hochwassergefährdeten Klosters Schäftlarn noch die von Siedlung und Kirche Mühltal erfolgt.

5.13 △

5.14 ▽

◁ **Bild 5.13 + 5.14**
Neuaufstellung der Georgsfigur durch St. Georgs-Pfadfinder.

Kap. 5

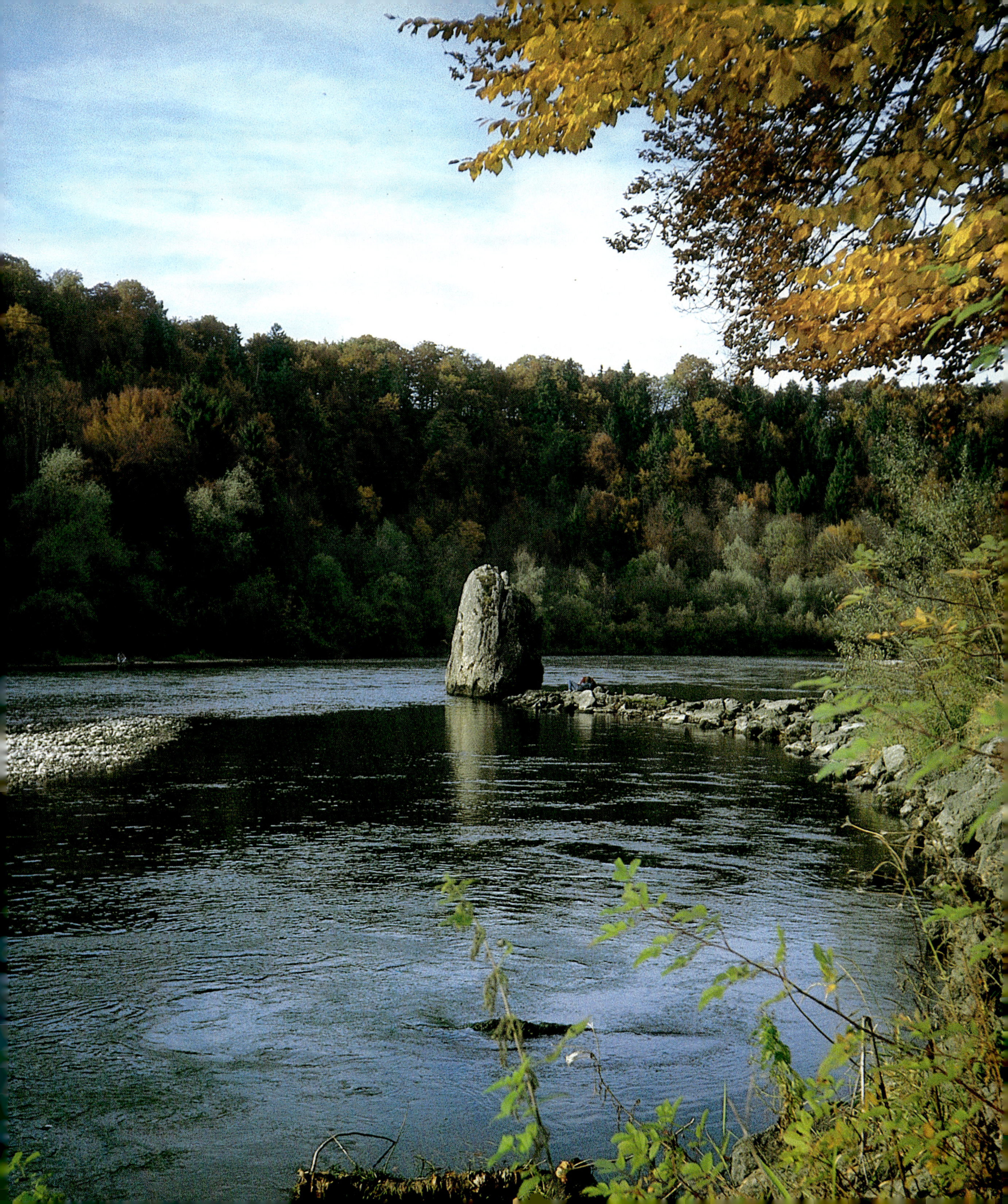

5.16 △   5.17 ▽   5.18 △   5.19 ▽

5.16 + 5.17

Bildstockmarterl aus Rotmarmor, erneuertes Marterlbild, nachdatiert 1791. Dem Volksmund nach wurde der Bildstock für Georgius Göschl errichtet. Aus dem Sterbebuch von 1671-1803 aus der Pfarrei Unterwössen ist zu entnehmen, daß „Am 15. Tag dieses Monats morgens etwa um die neunte Stunde ein Holzeinwurf in der Klaus zu Redlau durch jähen Abgang des Schnees das Holz theils erschlagen, theils erdruckt worden. Aus diesem Grunde ohne heiligste Sakramente gestorben, sein Alter 45 Jahre, Georgius Göschl auf dem Battenberg in Diensten beim Schafferer dieses Ortes, und ist hier gestorben".
Unterwössen, Hauptstraße, Lkr. Traunstein.

5.18 + 5.19

Bildstockmarterl aus Rotmarmor, erneuertes Marterlbild nachdatiert 1810. Das Marterl dürfte nach dem Sterbebuch der Pfarrei Unterwössen „für die Bauerntochter Maria Beilhackerin, die am 4.9.1810 im Alter von 26 Jahren auf der Alm abgefallen", errichtet worden sein.
Unterwössen, Hauptstraße, Lkr. Traunstein.

5.20 (Seite 103)

Bildstockmarterl, sog. Balghuber-Marterl oder „Brüderstein". Das Marterl erinnert an ein überliefertes Geschehen: Im Jahr 1633 lieferten sich zwei Brüder im Streit um den väterlichen Hof ein Pistolenduell, wobei beide zu Tode kamen. Das Marterl steht an der Straße, ein Taferl im Sockel bittet um ein Gebet für die Armen Seelen. An der Unglücksstelle selbst steht ein Sühnekreuz, bez. 1633 (1986 restauriert).
Balghub, Gde. Unterneukirchen, Lkr. Altötting.

Kap. 5

Im Jahre 1633 erschoffen sich hier 2 Brüder wegen ihrem väterlichen Anwesen

5.21
Marterlbild, an Kapellenwand eingemauert:
„Erinnerts enk no
an Wastl Donauer Lippensohn von hia
brach sich mit 37 Jahr Gnack, Rippen und Knia.
Zum Holzziang braucht ma Pratzen
zum Bremsen keant die Tatzen,
in der Hütt'n waren's vergessen
sonst hätt's net dasteßen.
Am Bam dro lag die Prügelfuha
für'n Wastl begann die ewige Ruha.
bet's … ein Ave Maria dazua.
Paßiert am 22.2.1864."
Rottau, Gde. Grassau, Lkr. Traunstein.

5.22
Marterlbild neben **Bild 5.21**:
„Denkt's dro
an den Jüngling Sepp Weißenbacher, Erschelbauerssohn von da
verunglückte am Kirchweihsunnda schon mit 18 Jahr,
drum richt's eng fürs Jenseits, des is nia z'fruha!
Er fiel durch das Heuloch und starb bei de Küha,
bet' ihm an Vaterunser, er kann nig's mehr dafür
des is eam jetzt lieba als wia a Maß Bier
Paßiert am 29. Sept. 1866."

5.23
Marterlbild auf Blech am Georgenberg oberhalb Fiecht bei Schwaz, Tirol.

5.24
Schmiedeeisernes Marterl zur Erinnerung an den Unfalltod des Hüttenwirts des Herzogstandhauses, am sog. Winterweg (Aufstieg vom Kesselberg). Lkr. Bad Tölz-Wolfratshausen.

5.25
Marterlbildstock, Tuffsteinmonolith, mit erneuertem Marterlbild: „Hier hat bei stockfinsterer Nacht / ein Mörder den Wirtssohn umgebracht / hat ihn ganz ohne Grund / erschlagen wie 'nen Hund / Franz Scheitzeneder 21. Mai 1849." Markt Kraiburg, Lkr. Mühldorf.

5.26
Bildstockmarterl mit erneuertem Marterlbild bei Unfalltod im Steinbruch. Umseitig: „O Wanderer, o denk daran / Hier hat den guten braven Mann / Ein Stein gebracht in Todesnacht / Wer hätte wohl daran gedacht." Gde. Tacherting, Lkr. Traunstein.

5.27
Bildstockmarterl mit Marterlbild und Inschrift: „An dieser Stelle erfror am 15. Dez. 1873 / Pointner Josef / Schmiedsohn v. Brand / Gott sei seiner Seele gnädig!/ Priester und Volk sind Pilger auf Erden / Gott ist das Ziel nach all den Beschwerden." Südl. Laubau, Gde. Ruhpolding, Lkr. Traunstein.

5.28
Bildstockmarterl zum Gedenken an den hier tödlich verunglückten Bierbrauer Georg Plenagl. Im Bild sieht man den Anlaß: Die Pferde des Fuhrwerks wurden scheu und der Wagen stürzte um.
Pietenfeld, Stadt-Gde. Eichstätt.

5.29
Marterlbild: „Anno 1754 wurde vom Tode überrascht der ehrengeachtete Langergütler zu Riedleiten bei Niederaudorf, als er zum Empfang der hl. Sakramente nach Reisach fahren wollte. O Herr gieb ihm die ewige Ruhe."
Bayer. Nationalmuseum München.

5.30
Totengedächtnistafel: „Simon Wimmer Friesersohn von Oberwalchen, welcher den rußischen Feldzug mit focht wurde von seinem Bruder Jakob auf dem Rückzuge in Polozk an der Düna schwer erkrankter zufällig getroffen, wo er nach seinem Abschied den 18ten Septbr starb 1812." Frauenbrünndlkapelle in Traunwalchen, Gde. Traunreut, Lkr. Traunstein.

5.31 (Seite 109)
Marterlbild mit 3 Totenkreuzen, sog. Totenschild: „Sebastian Matthias und Johannes Bfafenhueber welliche gestorben in Rußland anno 1816 Vatter unser afe Maria." Bayer. Nationalmuseum München.

Sebastian Mathias und Johannes Pfaffenhueber welche
gestorben in Rußland anno 1816. Vatter unser a[ve] Maria

Leonhart Geiger gestorben: den: 17:
November: 1817:

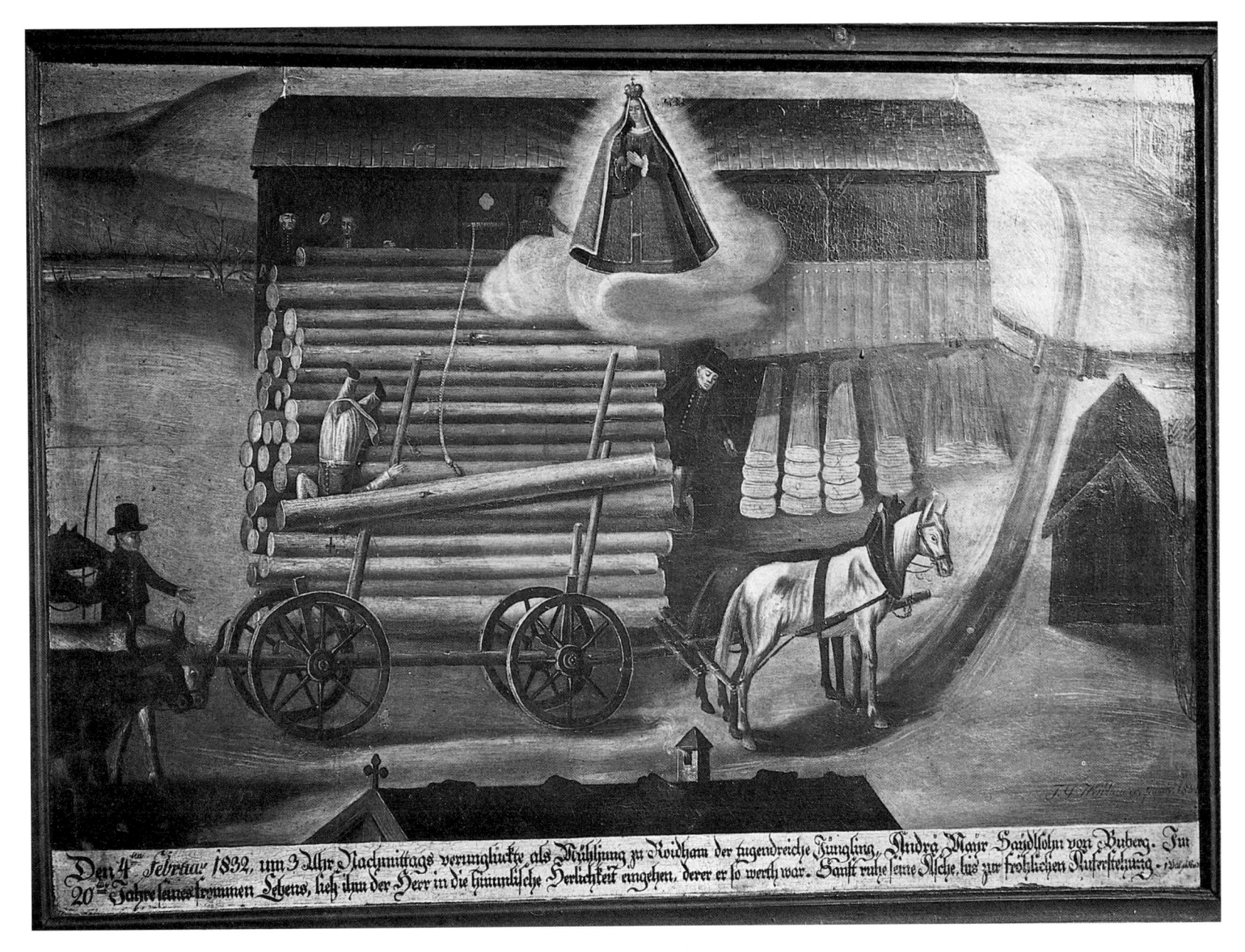

5.33
Marterlbild mit Totenkreuz: „Den 4ten Februar 1832, um 3 Uhr Nachmittags verunglückte als Mühljung zu Roidham der tugendreiche Jüngling Andrä Mayr Haydlsohn von Buberg. Im 20ten Jahre seines frommen Lebens, ließ ihm der Herr in die himmlische Herrlichkeit eingehen, derer er so werth war. Sanft ruhe seine Asche bis zur fröhlichen Auferstehung." Frauenbründlkapelle in Traunwalchen, Gde. Traunreut, Lkr. Traunstein.

◁ **5.32 (Seite 110)**
Marterlbild bei Unfalltod bei Holzarbeit: „Leonhart Geiger gestorben den 17. November 1817." Bayer. Nationalmuseum München.

Kap. 5

5.34
Marterlbild bei Unfalltod bei der Holzknechtarbeit, fragmentierter Text. Holzknechtmuseum Laubau, Gde. Ruhpolding, Lkr. Traunstein.

5.35
Marterlbild bei Unfalltod bei der Holzknechtarbeit: „Hier verunglückte am 20. Oktober 1904 der ehrengeachtete Georg Landbichler, Holzmeister beim Kgl. Forstamt Oberaudorf. Er verstarb nach Empfang der hl. Sterbesakramente." Holzknechtmuseum Laubau, Gde. Ruhpolding, Lkr. Traunstein.

5.36
Marterlbild bei Tod bei der Holztrift: „Christliche Erinnerung an den geehrten Alois Beirburger geboren zu Flach bei Reitte Ausern welcher am 17ten Mai 1874 bei der Holztrift verunglückte. Vaterunser." Zeughaus in Innsbruck.

5.37
Marterlbild bei Tod im Steinbruch: „Allhier im Steinbruch verunglückte in Folge eines Felssturzes der wohlgeachtete Josef Hörtnagl Gastwirt in Wolf am 18. Mai 1805. Man bittet seiner eingedenk zu sein im Gebete. RIP." Zeughaus in Innsbruck.

5.38
Marterlbild bei Tod durch Hufschlag auf einer Alm nahe Scharnitz, Tirol.

5.39
Marterlbild bei Lawinentod: „Im Jahre 1817 am 9. März um 2 Uhr Früh wurden hier in Gleirsch die zwei Behausungen (Kapferer u. Reinstadler) durch eine große Lawine zerstört, (eine Behausung Falkner beschädigt) zehn Personen, 7 männliche und 3 weibliche fanden dabei den Tod, eine Person wurde nach 83 Stunden noch lebend ausgegraben." Zeughaus in Innsbruck.

Am 1. September 1704 wurde in Kammer Adam Schützinger begraben, eines der vielen Opfer der kaiserlich-österreichischen Truppen, die im Sommer 1704 verwüstend in den Chiemgau eingefallen waren.

Erpressung, Quälereien und „Exzesse" waren der Alltag; daß besonders Frauen viel zu leiden hatten, versteht sich von selbst.

Im Juli hatten die Kaiserlichen das Bergwerk Inzell geplündert, dann ihr Hauptquartier in Traunstein aufgeschlagen und von dort aus die Umgebung terrorisiert.

Traurigen Höhepunkt bildete der 23. August, an dem die Stadt Traunstein trotz Zahlung hoher Brandschatzungsgelder an allen vier Ecken angezündet und niedergebrannt wurde.

5.40
Das „Husarenkreuz"
bei Kammer, Stadt.-Gde. Traunstein.

5.41
Marterl bei Glatzenberg,
Gde. Fridolfing, Lkr. Traunstein.

Die früheste direkte Kunde von der Salzgewinnung in der Umgebung von Hall in Tirol ist die Nennung einer „Saline in Thaur" in einer Schenkungsurkunde des Jahres 1232.

Der eigentliche unterirdische Salzbergbau begann um 1272, als Herzog Meinhard II. den ersten Stollen, den Oberberg-Stollen in 1608 m Seehöhe anschlagen ließ.

Das Salz wurde von Anbeginn des Bergbaues nicht in fester Form, sondern auf Grund der Salzarmut des „Haselgebirges" (durchschnittlicher Salzgehalt 30%) auf nassem Wege als Sole gewonnen. Erst zu Beginn des 17. Jahrhunderts ging man zur wesentlich rationelleren Methode des sogenannten Sinkwerkes über.

Das Wasser war somit für den Salzbergbau eine wichtige Grundlage; allerdings birgt es große Gefahren, sobald es außer Kontrolle gerät. Gewaltige wilde Auslaugungen und Zerstörungen der Grubengebäude, wie sie in der langen Geschichte des Salzbergbaues zu Hall wiederholt geschahen, sind die Folge.

5.42 + 5.43
Marterlbilder bei Tod im Salzbergwerk. Salzbergwerkmuseum in den Herrenhäusern im Halltal nördl. Hall in Tirol.

5.44 (Seite 115)
Marterlbild von 1760: Unfalltod beim Entasten. Salzbergwerkmuseum in den Herrenhäusern im Halltal nördl. Hall in Tirol.

5.44

Kap. 5

115

5.45  △   5.46 ▽

5.47 △   5.48 ▽

5.49 △   5.50 ▽

5.45
Marterlbild für einen Bären: „Durch den Curfürstlichen Forstmeister Johannes Leuttner allhier ist den 16. September Anno 1627 ein Beer in dieser Größe in dem Schwarzen Graben erschossen worden. Ich bin gezogen durch wilde Reißen und Wald / Hab auch erlitten manchen Winter kald./ Bin auch entwichen Manicher Puersch / Nun erschüsst mich der Jaeger ober einem Hirsch." Holzknechtmuseum Laubau, Gde. Ruhpolding, Lkr. Traunstein.

5.46
Zwei Marterln für einen verunglückten Motorradfahrer beim Zirlerberg-Rennen 1953. Westl. von Zirl, Tirol.

5.47–5.50
Neuere „Kollektivmarterln" für Unglücksfälle im Gebirge: „von einem Baum erschlagen", „in der Wasserfalle vermurt", „erfroren", „erfroren aufgefunden", „von Schneegestöber und Kälte getötet", „durch eine Schneelawine getötet", „von einer Schneelawine verschüttet", „in Lawine erstickt", „beim Holzfällen abgestürzt", „mit dem Auto verunglückt..." An der Kirche von Boden im Lechtal, Tirol, wohl an Stelle verrotteter älterer Marterl ausgeführt.

5.51
Gedenkkreuz für die 14 Heilbronner Schüler, die am Karfreitag 1954 im Schneesturm am Dachsteinplateau den Tod fanden. Links der Hohe Dachstein (Oberösterreich).

5.52 + 5.53 (Seite 118)
Modernes Marterlbild mit Fotos: Lawinentod auf einer Schitour. An dieser Stelle geht wohl alljährlich eine riesige Lawine über den Fahrweg nieder, die Durchfahrt wird anschließend wie ein Tunnel durch den Schnee gefräst. Bei Namlos in Tirol.

5.54 (Seite 119)
„Hier wollt überqueren die Straß ich zu Pferd
Durch einen Unfall aber stürzt ich zur Erd'
Ich war noch so jung als der Tod mich sah
Betet für mich eure Barbara. 2.9.1968–8.1.1982."
Marterl an der B 12, direkt an der Landkreisgrenze Altötting-Mühldorf.

5.55 (Seite 120)
„Zigeunermarterl"
Am Weg von der Winklmoosalm zur Schwarzloferalm. Gde. Reit im Winkl, Lkr. Traunstein.

5.56 (Seite 121)
Marterl bei Einsiedl mit Darstellung eines Dreiseithofes. Gde. Palling, Lkr. Traunstein.

5.52 △

5.53 ▽

Evi Socher 21 J. u. Markus Niggl 20 J.
aus Peiting in Oberbayern
die am 9. Feb. 1985 an der Engelspitze
durch eine Lawine verunglückten

Hier wollt'...
überqueren die Straß ich zu Pferd
Doch ein Unfall aber stürzt ich zur Erd'
Ich war noch so jung als der Tod mich sah
Betet für die Barbara

Dahier wurden von Zigeunern ermordt die beiden Revierjäger Mathias Weber u. Michael Mühlbauer im Jahre 1768 ✝

Anno 1800 am 12. Dezember gegen 1 Uhr Mittag ist Emerenzia Kasperlschuster Bäuerin zum Einsiedlgut beim Rauben der Franzosen durch Auslaufen bei der Haustüre rücklings erschossen worden.

5.56

5.57
Holzknechte im Berchtesgadener Land im Aufstieg mit den schweren Hörnerschlitten auf dem Rücken. Foto um 1930/40.

5.58
Holzknechtmarterl zwischen Reit im Winkl und Seegatterl. Gde. Reit im Winkl, Lkr. Traunstein.

5.59–5.75
Die Bilder aus dem Lkr. Traunstein zeigen eine beispielhafte Auswahl alter Fotos, bei denen die Gefahren der Holzknechtarbeit, der Holztrift und des Entastens und Entwipfelns besonders augenfällig werden.

5.58 ▷

Unweit von hier verunglückte am 22. Juni 1877 Herr Georg Höflinger, Bachweber im 47 Lebensjahr bei der Holzarbeit Herr gib ihm die Ewige Ruhe

5.59 △

5.60 △

5.61 ▽

5.62 ▽

Kap. 5

123

5.63

5.64

5.65

5.66

5.67

5.68

124

Kap. 5

5.69

5.70

5.71

5.72

Kap. 5

125

5.73

5.74 △　　　　　　5.76 ▽

5.75 △　　　　　　5.77 ▽

5.59–5.61, 5.63, 5.64 (Seite 123, 124)
Die gefährliche Arbeit des Holzziehens.
Fotos 1920/40.

5.62 (Seite 123)
Gefährliche Arbeit bei der Holztrift: Ein Stamm hat sich in einer Felsenklamm verkeilt.

5.65–5.72 (Seite 124, 125)
Die gefährliche Arbeit der Holztrift von der engen Klamm bis zur Triftlände. Fotos um 1920/40.

5.73–5.75
Beim Entasten und Entwipfeln.
Fotos um 1920/30.

5.76
Holzknechtmarterl von 1948 bei Seegatterl, Gde. Reit im Winkl, Lkr. Traunstein.

5.77
Holzknechtmarterl vom Jahre 1883 aus der Laubau, Gde. Reit im Winkl, Lkr. Traunstein.

6

WEGKREUZE

Man sieht auf off'nen Wegen
Oft Straßenzeiger stehn;
Sie mahnen ernst den Wand'rer,
Den rechten Weg zu gehn.

Jüngst sah ich einen eignen,
Wahrhaftig gut gewählt:
Es war der Herr am Kreuze,
Am Wege aufgestellt.

Wie sind doch seine Arme
So liebend ausgespannt!
Die sind die rechten Zeiger
Ins wahre Heimatland.

Wohin auf Erd' auch immer
Der Menschen Wege gehn,
Glückselig alle jene
Die auf den Heiland sehn!

(Théodore Zenner)[1]

Das hölzerne Wegkreuz

„O, wohl ein heiliges Land ist unser liebes Bairland! Man schau wohin man will, wird man allenthalben schöne Fußstapfen finden der ultracatholischen Andacht. Man wird auch nicht bald mehr Creutz-Säulen und wundersame Mirakel finden als im Bairland."[2]

Mit diesen Worten beginnt die 1701 gedruckte Predigt eines Weilheimer Pfarrers und noch heute finden wir diese seine Worte allenthalben bestätigt:

Wir treffen Wegkreuze allenthalben, wo Menschen ihres Weges gehen oder einst gegangen sind. Als *Dorfkreuz* stehen sie mitten im Ort, nahe der Kirche und dem Friedhof oder auch am Ortsrand, als *Hauskreuz* stehen sie vor dem Hof oder an der Hauswand. Sie stehen aber auch in freier Flur, am Wegrand und an Wegkreuzungen, am Ackerrain, auf freien Anhöhen wie auch in verstrauchten Niederungen, an Bachläufen und an verschwiegenen Waldpfaden. Sie geleiten den Wanderer im Gebirge bis hinauf auf die höchsten Jöcher. In der Almregion gehört das Kreuz seit jeher zu jeder noch so kleinen Almsiedlung – gleichsam als Zeichen Gottes an der Obergrenze bergbäuerlicher Existenz. *Wegkreuze* prägen jedenfalls in großer Zahl und Vielfalt das Bild unserer alten bäuerlichen Kulturlandschaften. „Sie sind in einem umfassenden allgemeinen Sinn Ausdruck religiöser Gesinnung, dienen der Erinnerung an überstandene Not und Gefahr oder der Bitte um göttlichen Segen, sei es für das Gedeihen der Feldfrüchte oder das Wohlergehen von Menschen und Tieren. Sie sind hervorgewachsen aus der christlichen Überzeugung, daß alles Geschehen dieser Welt letztlich aus dem Willen Gottes entspringt."[3]

Das hölzerne Wegkreuz gehört in Oberbayern seit jeher zu den häufigsten Kleinheiligtümern in freier Natur. Wie beliebt seit altersher Wegkreuze waren, erkennt man unter anderem auch daran, daß man früher mancherorts auch Kapellen als „Kreuze" bezeichnete, was mitunter bedeutet, daß der Ursprung so mancher schönen barocken Kapelle nur ein einfaches Holzkreuz war. Dem Wegkreuz kommt doppelte Bedeutung zu. Zum einen erinnerte es an das Leiden und den Kreuzestod Christi und damit indirekt auch daran, daß jeder „sein eigenes Kreuz zu tragen" hat, zum andern standen solche Holzkreuze vornehmlich an Wegkreuzungen. „Es kam ihnen also auch ganz profan die Funktion eines altertümlichen ‚Verkehrszeichens' zu. In Zeiten, in denen die Wege und Straßen alles andere denn gut ausgebaut waren, erkannte man solche Wegkreuzungen auf Wiesen, Waldböden oder verschneiten Landstraßen oft genug nur schwer. Das Kreuz am Wegesrand war für den Reisenden – vor allem aber für den Pilger – dann ein umso sichereres Orientierungsmittel."[4]

„Seit wann stehen Kreuze am Wege? Es kann nicht ganz verkehrt sein, in unseren Wegheiligtümern die Nachfolger vorchristlicher Wegmale zu sehen, etwa der Säulen, die zu Ehren der Laren am Weg aufgestellt wurden, bis Kaiser Theodosius im Jahre 392 dies verbot. Auch der Rat Papst Gregors d. Gr. an seine Missionare, das Kreuz Christi an die Stelle heidnischer Zeichen und Opferstätten zu setzen, mag der Ursprung so manchen Wegheiligtums sein."[5]

Warum man Kreuze aller Art seit jeher besonders gerne an Wegkreuzungen aufstellte, steht für einige Autoren allerdings im Zusammenhang mit der vielzitierten Anordnung des Papstes Leo III., an Wegstellen, wo man sich zu begegnen pflegt, Kreuze zu errichten. „Sollte einerseits durch die Kreuzerrichtung dem heidnischen Totenkult entgegengewirkt werden, so war noch ein weiterer Punkt maßgebend, Wegkreuzungen und Weggabelungen für die Errichtung von Kreuzen zu wählen. Die Römer glaubten an Dämonen, die besonders an Wegkreuzungen ihr Unwesen trieben und Wanderer und Reisende auf den falschen Weg führten oder sie belästigten und erschreckten. Die römischen Zwei-, Drei- und Vierweggottheiten hatten die Aufgabe, die Menschen vor den Nachstellungen dieser Dämonen zu schützen, und so sicherten sich die Wanderer die Gunst der Götter, indem sie vor Beginn der Reise in den Tempelchen

6.1T △   6.4T ▽   6.2T △   6.5T ▽   6.3T △   6.6T ▽

6.1T–6.7T
Das Wegkreuz in alten Postkartenmotiven nach zeitgenössischen Gemälden: Stimmungsträger in verschiedenen Lebenslagen: erste kindliche Andacht, Schmücken des Kreuzes, Andacht beim festlichen Kirchgang, stille Andacht auf einsamem Bergpfad, schüchternes Stelldichein am Bankerl unterm Feldkreuz, inbrünstiges Gebet am Feldkreuz, der Aufschrei der tiefen Verzweiflung in Kriegsgefahr…

opferten. Nach Annahme des christlichen Glaubens blieben die Wegkreuzungen immer noch ein Ort der Geister und des Spuks. So errichtete man an diesen Stellen Kreuze, um den Spuk zu vertreiben und die Geister zu bannen."[6] Es sei dahingestellt, in welchem Zusammenhang der bis heute lebendige Wegkreuzbrauch mit dieser mystifizierenden Auffassung stehen mag. Sicher ist, daß die Aufstellung von Wegkreuzen ein seit alters her geübter Volksbrauch ist, der auch kirchlichen Segen genoß.

Die Münchner Staatsbibliothek verwahrt beispielsweise ein Rituale des 12. Jahrhunderts mit einer „Benedictio crucis in via ponenda" (Segen für ein Kreuz, das am Wege aufzustellen ist).

Allerdings ist nur bei wenigen Flur- und Wegkreuzen aus ihrem Standort oder aus ihrer Ausformung erkennbar, welchem Ereignis oder welchem ganz persönlichen Anlaß sie ihre Aufstellung verdanken. Manche sind auf Grund eines privaten Gelöbnisses errichtet worden, andere um die Erinnerung an bestimmte Personen oder Ereignisse wachzuhalten. Dank für glückliche Heimkehr aus dem Krieg oder schmerzliche Erinnerungen an einen Gefallenen oder Verunglückten – zahllose freudige wie traurige Anlässe reihen sich wortlos in die lange, namenlose Kette menschlicher Schicksalszeichen. Nur einige wenige Kreuze sind, wie es früher häufiger der Fall war, mit Inschriften versehen, manchmal auch zusätzlich mit Gedichten, die zur Ermahnung, Erbauung und zum Trost der Vorübergehenden gedacht waren, wie auch bei folgendem Beispiel: „Hier Wanderer stehe still und bete für unsere lieben Kinder ... welche der Herrgott in den Kriegsjahren 1943-1945 zu sich genommen hat:

Es wandelt was wir schauen / Tag sinkt ins Abendrot./ Die Lust hat eignes Grauen / und alles hat den Tod./ Ins Leben schleicht das Leiden / sich heimlich wie ein Dieb / wir alle müssen scheiden / von allem was uns lieb!/ Was gibt es doch auf Erden / wer hielt den Jammer aus / wer möcht geboren werden / Hielst Du nicht droben Haus / Du bists, der, was wir bauen / mild über uns zerbricht / daß wir den Himmel schauen / darum so klag ich nicht."[7]

Die Formen unserer hölzernen Wegkreuze sind trotz des gleichbleibenden Grundmotivs außerordentlich vielfältig: Neben dem anspruchslosen, billigen Holzkreuz ohne Corpus und ohne jeden Schmuck sowie neben einfachen Darstellungen des Gekreuzigten überraschen uns immer wieder Schnitzwerke von hoher künstlerischer Qualität, aber auch naive Arbeiten von ergreifender Ausdruckskraft. So manches Corpus verrät die geübte

6.7T
Der Aufschrei tiefer Verzweiflung vor dem Wegkreuz in einer ergreifenden Darstellung.

Hand einer ganz bestimmten Herrgottschnitzerschule, wie sie mancherorts – so in Oberammergau – weithin berühmt geworden sind.

Neben dem Holzkruzifix finden sich oft auch noch ältere, aus Blech ausgeschnittene und bemalte Kreuzigungsbilder, nicht selten mit dem Blechbild der trauernden Muttergottes am Fuß des hölzernen Kreuzes. Sehr häufig sind veschieden ausgeformte Wetterschutzverkleidungen, vom flachen, trapezförmigen Wetterschirm aus alten Brettern, welches nur das Schnitzwerk vor Wind und Regen schützen soll bis hin zur vollständigen Verkleidung des Kreuzes mit einem Scharschindelkasten. Manche solcher „Kastenkreuze" wirken bereits wie ein hölzernes Kapellchen. Die Wettermäntel und Schutzverkleidungen boten sich dafür an, weitere Heiligenbilder, aber auch Weihegaben, Sterbebildchen und vielerlei andere religiöse Zeichen neben dem Kruzifix aufzunehmen. So manches verkleidete Wegkreuz erhielt im Laufe der Jahre eine ähnliche „Ausstattung" wie eine Kapelle. Nicht selten ist unter einem Kruzifix mit Wetterschirm auch eine Muttergottes mit einem ähnlichen Gehäuse ausgestattet. Gerade in Oberbayern sind auch Wetterschirm und Kreuzbalken zu kleinen Kunstwerken „veredelt" worden: Das Schutzgehäuse ist mitunter reich verziert oder nach Art einer gerafften Draperie gestaltet – als ob sich der Gekreuzigte wie auf einer kleinen Bühne zum Sterben verhüllen können sollte. Noch häufiger ist der Kreuzstamm mit Schnitzwerk verziert oder mit Anrufungen Gottes, mit Initialen, Datierungen, religiösen Monogrammen und Widmungsinschriften versehen.

Das Wegkreuz in Brauchtum und Aberglaube

Früher war es auch in Oberbayern eine Selbstverständlichkeit, sich zu bekreuzigen, wenn man an einem Wegkreuz vorbeizog.

„Kreuz und Segensgebärde geben dem Menschen das Gefühl, auf einem von Gott behüteten Weg zu sein. Die Bildlichkeit des Weges als Heilsweg drängt sich geradezu auf, und an diesem Wege steht das Kreuz als schützende, helfende, erlösende Macht."

Nur noch wenige vollführen diese Segensgebärde, wenn sie an einem Wegkreuz vorübergehen. Wegheiligtümer stehen nicht von ungefähr bevorzugt an Wegkreuzungen oder Wegscheiden, denn da ging es nach alten und abergläubischen Überlieferungen unheimlich zu. Da gab es angeblich Geisterbeschwörung, Zauberei und Schwarzschulen, und dieses

6.8T
Das Wegkreuz als Postkartenmotiv „aus der Sommerfrische". Der letzte Abschiedsblick auf die Berge und das Wegkreuz auf dem Weg zum Bahnhof („September", ein Kalenderbild von Zeno Diemer).

unheimliche Grauen konnte nur durch die bannende Macht des christlichen Heilzeichens gemildert werden. Nur gemildert, nicht gänzlich verhindert wurden Geisterspuk und Frevlersinn. So haben Schützen aus Zorn auf den Gekreuzigten gezielt, oder um sich vom Teufel größte Zielsicherheit zu erkaufen (z.B. Heiliggeist, Ahrntal). Solche Geschichten waren dazu angetan, daß gute Gemüter in scheuer Ehrfurcht am Kreuz vorbeigingen.

Gerade aber an Wegscheiden wird sich der Mensch bewußt, ein „viator in bivio", ein Wanderer am Scheideweg zu sein und zwischen zwei Möglichkeiten, dem guten und dem schlechten Weg, wählen zu können. Dieser Wanderer, für den Weg mehr ist als nur Ort einer Fortbewegung, weiß sich von guten und bösen Mächten gelenkt und umgeben. Das Kreuz am Weg und der Brauch, sich davor zu bekreuzigen, machen das Wegstück zum heiligen Ort.

Das Wegkreuz, vor allem an der Wegscheide, war auch Totenrast. In Zeiten, wo die Menschen, die ein Zuhause hatten, auch zu Hause starben und aufgebahrt wurden, mußten die Verstorbenen oft auf weiten Wegen zum Friedhof gebracht werden. Bei Wegkreuzen und -kreuzungen wurde die Bahre niedergestellt und der Ablaß gebetet. Ein sonderbar zwiespältiges Verhältnis zu den lieben Abgeschiedenen spricht aus dem Brauch, die Totenbahre dreimal zu heben und zu senken oder die Pferde dreimal anziehen zu lassen, um den Geist des Toten zu verwirren und an der Rückkehr ins Heimathaus zu hindern.

Diese Totenrasten sind begreiflicherweise nur ein geistiger Bezugspunkt für Dorf und Nachbarschaft, aber die ernsten Mahnungen an den Tafeln richten sich an jedermann:

O Mensch, denk an die Totenbahr,
vielleicht trifft's dich noch dieses Jahr."[8]

Wie sehr das Landvolk seit jeher an seinen Wegkreuzen hing, davon gibt uns der bekannte Reiseschriftsteller Heinrich Noé unterm Jahr 1865 ein rührendes Zeugnis: „Man erinnert sich, wie unter dem bayrischen Ministerium Montgelas nicht nur die Klöster aufgehoben wurden, sondern auch die Landgerichte den Auftrag erhielten, die vielen christlichen Plastiken, welche Landstraßen und Fußsteige zierten, nach Möglichkeit beseitigen zu lassen. Manche davon, zum Beispiel ein Christus in natürlicher Größe, der jetzt im neuen Wirtshaus zu Schliersee in einer Kapelle steht, waren allerdings Figuren, von denen man glauben könnte, sie seien nach Originalen aus einem Museum mexikanischer Idole geschnitzt worden. Es gibt kein Wort,

6.9T
Der Herrgottsschnitzer Tobias Zwink aus Oberammergau.

das den Eindruck dieser Gesichter wiederzugeben vermag. Genug – man warf diese Schnitzwerke in die Straßengräben, zerhackte sie und steckte sie in den Ofen. Das tat der Napoleon, wie das Volk meinte. Aber an einigen Stellen rächte sich der Übermut. Rote Schlangen und große rote Würmer traten auf, beschädigten die Weiden und jagten den Menschen Ekel ein. An Stellen, wo solche Bilder gestanden hatten, zeigten sie sich in wimmelnden Mengen. Es waren dies nichts anders als arme Seelen, die sich in solch kläglicher Gestalt deshalb zeigten, weil sie der vielen Gebete und Fürbitten, die sonst vor den zertrümmerten Hölzern hergesagt worden waren, nunmehr entbehren mußten. Das Übel wurde zuletzt so arg, daß man sich an den Papst um Hilfe wandte. Dieser befahl, es sollten die noch übrigen Schnitzereien eilig wieder an Ort und Stelle gebracht werden. Dies geschah, und die armen Seelen verschwanden wieder in die Unterwelt.

Ich wiederhole hier ein für allemal, daß ich solche Erzählungen genauso wiedergebe, wie ich sie aus dem Mund des Volkes vernommen habe."[9]

Das Schicksal vieler Wegkreuze im Wandel der Zeit hat ein Dichter in treffende Verse gebracht:

„Ans Kreuz genagelt mitten im Feld,
damit er seine durchbohrten blutigen Hände
darüber segnend ausbreite
gegen Hagel und Sturm.
Daß die Ernte gut werde
und der Bauer sein Auskommen findet.

Ans Kreuz genagelt mitten im Feld,
damit das Wasser aus seiner Seite
den Acker netze und das Vieh tränke.
Daß die Ernte gut werde, das Vieh gedeihe
und der Bauer sein Auskommen findet.

Ans Kreuz genagelt mitten im Feld,
damit er das dornengekrönte blutige Haupt
abwende von Unfrieden und Streit
am Hof, wenn's ums Erbe geht,
und mit den Nachbarn ums Wegrecht
oder um den versetzten Grenzstein.

Ans Kreuz genagelt mit Händen und Füßen,
dornengekrönt und die Seite durchbohrt,
sieht ihn nun keiner mehr vom Traktor
oder vom Mähdrescher aus.

Seit vier Generationen
ans Kreuz genagelt mitten im Feld.
Da kommt endlich einer und nimmt ihn herab,
wäscht aus den Wunden den hundertjährigen Staub,
hängt ihn über den wärmenden Kamin
der stattlichen Wohnung zum Schmucke."[10]

Zur Geschichte der gußeisernen Kruzifixe

Auf der Grundlage der Arbeit von Rainer Laun[11]

Erst gegen Ende des 19. Jahrhunderts hat sich die Kirche intensiv um die Neuorganisation der Massenreligiosität bemüht und sich dabei auch der industriell gefertigten Massenartikel religiöser Reproduktionskunst bedient.

In diesem Zusammenhang stehen wohl auch die vielen Gußeisenkreuze, gußeisernen Kruzifixus-Figuren und Marienstatuetten, sie gehören zu den typischen Erzeugnissen aus der Spätphase des Eisenkunstgusses, der sich seit Beginn des 19. Jahrhunderts ausbreitete.

Gebietsweise sind gut 4/5 der Flurdenkmale hölzerne Weg- und Feldkreuze, an denen gußeiserne – seltener aus Zinkguß gefertigte oder galvanisierte – Kruzifixe und oft auch Madonnen angebracht sind. Allerdings standen viele dieser gußeisernen Kreuze vorher auf einem Friedhof. Aufwendige Grabdenkmale aus geschliffenem schwarzem Granit und aus verschiedenen Marmorsorten verdrängten den einstigen Massenartikel Gußeisenkreuz vom Friedhof – so wie dieser die schmiedeeisernen Kreuze verdrängt hatte. Aus frommer Scheu vermied man es jedoch, die ausgedienten Grabkreuze wegzuwerfen und stellte sie in der Flur als Andachts- und Gedenkkreuze wieder auf. Hier wiederum mögen sie so manches ältere beschädigte und unansehnlich gewordene Holzkreuz verdrängt haben. Überhaupt scheint mit der Möglichkeit des preiswerten Kaufs von Eisengußkruzifixen die Herstellung von holzgeschnitzten, individuell gearbeiteten Figuren weitgehend eingestellt worden zu sein.

Angesichts der Vielzahl der von mehreren Firmen angebotenen Figuren kann man sich lebhaft vorstellen, daß durch einen derartigen Konkurrenzdruck die sehr viel teurere handwerkliche Herstellung von Holzfiguren dieser sicherlich als modern empfundenen Massenware unterlegen ist. Die Vielzahl der in einem relativ kurzen Zeitraum von 40-60 Jahren aufgestellten Kreuze mit Eisenkruzifixen spricht überdies für sich. Die Herstellung der Figuren erfolgte in Eisengießereien, die teilweise vom Aschenbecher bis zum Grabmonument so ziemlich alle gießbaren Objekte herstellte. Erst seit 1813, nach der Erfindung zerlegbarer Gußmodelle waren Hohlgüsse möglich, die auch die Massenproduktion von größeren Objekten ermöglicht haben.

Die Waren wurden auf Messen, Gewerbeausstellungen u.ä. Verkaufsveranstaltungen angeboten und durch Listen bzw. bebilderte Kataloge dem Fachhandel und den privaten Kunden zur Kenntnis gebracht. Der früheste bebilderte Sortimentskatalog stammt von der Fürstlich Salmschen Blansker Eisenfabrik in Wien und dürfte wohl um 1850 zu datieren sein. Er umfaßt 54 Tafeln mit tausenden von Kunstgußgegenständen. Einen umfassenden Überblick über sämtliche Bereiche des zeitgenössischen Angebotes an Eisengußartikeln enthält der 1860 in 2. Auflage in Graz erschienene „Praktische Eisen- und Eisenwaarenkenner ..." von Joseph Wathner. Hier ist vom Nagel bis zur Parkbank alles nach Stichworten und in Abbildungen festgehalten.

Im Register sind u.a. „Feldkreuze", „Christusfiguren", und „Kreuze zum Aufstellen und an die Wand hängen" verzeichnet. Besonders bedeutsam für Oberbayern wurde die Gießerei der Firma F.S. Kustermann in München. Im Verkaufskatalog Nr. 25 wurden auf ca. 80 Seiten ausschließlich „Kirchliche Gegenstände" aus Eisen- und Zinkguß angeboten, wie beispielsweise Christusfiguren, Madonnen, Heilige, INRI-Täfelchen, Kreuzigungsgruppen, Grabkreuze, Urnen und dgl. Die Anfänge der firmeneigenen modernen industriellen Fertigung von Gußeisenartikeln geht auf das Jahr 1872 zurück, als in der Rosenheimerstraße Nr. 120 Lagerräume und eine kleine Gießerei eingerichtet wurden. Im Jahr 1889 hatte Kustermann bereits 800 Beschäftigte und zählte zu den Großbetrieben in München. Aus demselben Jahr hören wir davon, daß das Etablissement „auch der Kunst Rechnung trägt, wie die zahlreichen, in Eisen und Zink gegossenen Figuren und auch andere Gegenstände religiösen und profanen Charakters zeigen." Sicherlich gehörten diese Gegenstände von Anfang an – spätestens wohl seit 1880 – zum Warenangebot, so daß wir damit einen terminus post für die bei Kustermann gekauften Kruzifixe und Madonnen haben, die ja sonst keine Datierungsmerkmale aufweisen.

Die Produktion endet mit der Zerstörung der meisten Gußformen im Zweiten Weltkrieg, spätestens jedoch mit der Auflösung der Gießerei im Jahr 1972. Der Verbreitungshöhepunkt wird wohl zwischen den Jahren 1870/80 und 1920/30 gelegen haben, als auch andere Eisengußartikel sich großer Beliebtheit erfreut haben und noch nicht von anderen Materialien verdrängt worden sind. Auch die Tatsache, daß der Katalog von 1910 immerhin noch 25 verschiedene Kruzifixe aus Eisenguß und noch einmal 18 weitere aus Zinkguß enthält, ferner 26 Marienfiguren, spricht für eine große Zahl von Interessenten. Zu jeder Christusfigur, deren Größe von 12 cm bis Lebensgröße reicht, ist angemerkt, welches INRI-Täfelchen dazu paßt; entsprechende Kombinationsempfehlungen verweisen bei den Kreuzen auf die passenden Kruzifixe. Auf diese Weise konnte ohne weiteres nur nach dem Bildkatalog bestellt werden.

Für den ostoberbayerischen Raum gelangten die Produkte der Eisengießerei im Achthal in der Gemeinde Teisendorf zu ähnlicher Bedeutung.

Das Material der sog. „Kulturgüsse" bestand im wesentlichen aus Grauguß, einer Mischung von Roheisen, Kohlenstoff und Siliciummangan, das erhitzt in entsprechende Formen eingefüllt wurde, je nachdem ob man vollplastische, halbierte oder relieferte Figuren herzustellen beabsichtigte. Die Figuren wurden entweder ungefaßt verkauft; für diesen Fall ist einem der Kataloge ein Merkblatt beigefügt gewesen, das genaue Anweisungen für die sorgfältige und haltbare Fassung enthält und zwar sowohl für die „Vergoldung mit Blattgold" als auch für „das fleischfarbige Fassen"; oder man konnte sich die Figuren bei der Fa. Kustermann fassen lassen, wie ausdrücklich vermerkt ist. Feldkreuze bedurften keiner „kirchlich dogmatischen Begründung", weshalb sie auch keinen speziellen Ausgestaltungsvorschriften unterworfen waren. Es wurden lediglich Empfehlungen ausgesprochen, welche Wetterschutzmaßnahmen etwa als geeignet erachtet wurden oder welche Materialien zu bevorzugen seien. Dennoch hat man sich – nicht anders als in anderen Kunstgattungen – vor allem von kirchlicher Seite Gedanken darüber gemacht, „welches die Muster und Vorbilder sein sollten, die da nachgeahmt werden können" bzw. an die angeknüpft werden sollte, um geschmacksbildend zu wirken und eine „Neuentwicklung und Fortbildung" zu erreichen oder anzuregen. Denn als Folge der Ausschaltung des Kunsthandwerks durch die Industrie ließ sich eine gewisse Uniformität in der Erscheinung der Gußfiguren nicht vermeiden. Man riet zur Nachahmung von Werken jener Zeit, in der „die Anschauungen und Vorschriften der Kirche am entschiedensten zum Ausdruck" gelangt seien; man empfahl also den Anschluß „an die Periode des strengeren Styls", da dadurch für eine „wirkliche Entfaltung ungleich mehr Sicherheit" geboten werde.

Aus dem Kustermannschen Katalog ergibt sich hingegen folgendes Bild: wenige Figuren scheinen Abgüsse nach Originalen zu sein, „nach einem altdeutschen Originale", „nach einem byzantinischen Originale", die in der Art romanischer Vorbilder gestaltet sind. Die meisten Figuren, denen wohl Entwürfe von zeitgenössischen Künstlern, teilweise in Anlehnung an historische Vorbilder oder zumindest mit historischen Zitaten zugrundeliegen, variieren den mit gestreckten oder mit leicht angewinkelten Beinen im 3- bzw. 4-Nageltypus dargestellten toten Christus mit bärtigem, meist nach links vorne geneigtem Haupt, geschlossenen Augen und langem wallendem Haar mit Dornenkrone. Die untereinander relativ ähnlichen, anatomisch detailgetreu charakterisierten Körper lassen sich am besten an den verschiedenen Lendentuchmotiven identifizieren, die wohl z.T., ebenso wie einige Christusdarstellungen, barocken Vorbildern nachempfunden sind. Bei der Mehrzahl handelt es sich jedoch um typische Erscheinungen des 19. Jahrhunderts, die durch ihre Orientierung an der Pathetik spätnazarenischer Darstellungen an die Grenze zum Devotionalienkitsch geraten. Bei der Beurteilung ihrer künstlerischen Ausführung sind der Entwicklungsstand der maschinellen Multiplikationstechniken und die Bildsamkeit der verwendeten Materialien zu berücksichtigen. Ihre kunstgeschichtliche Einordnung und Bewertung ist vor dem Hintergrund der allgemeinen Bestrebungen um eine Popularisierung der Kunst und religiöser Inhalte vorzunehmen, wie sie etwa an den zeitgenössischen Öldrucken oder auch den Bilderbibeln ablesbar ist. Von manchen Zeitgenossen wurde insbesondere die Verwendung billiger Ersatzmaterialien kritisiert und die vollständige Mechanisierung des Fertigungsprozesses bedauert. Vor allem von kirchlicher Seite sah man in der Ausbreitung des „Surrogatwesens", das als eine Folge des „modernen Industrialismus" angesehen wurde, eine große Gefahr für den guten Geschmack, ja sogar den „Ruin aller Kunst, insbesondere der kirchlichen". Mit dem „Sicheindrängen weltlicher Kunstübung" und dem Bestreben, „alles möglichst billig zu schaffen, alles Neue sogleich zur Probe zu nehmen, auch mit dem Schein des Wahren sich begnügen", werde „jede umfassende Kunstbildung, Handfertigkeit und Originalität" ertötet. Doch auch in diesen Kreisen setzte sich anscheinend die Erkenntnis durch, daß die billigen Christusfiguren nicht nur durch ihre „Wetterbeständigkeit", sondern auch durch ihre Wohlfeilheit und ihre leichte Beschaffung Vorteile hatten und den Interessen der Kirche entgegen kamen. Aus unseren Fluren sind die alten Gußeisenkreuze heute allerdings nicht mehr wegzudenken.

Anmerkungen

[1] Zitiert aus den Mitteilungsblättern des Arbeitskreises „Internationale Steinkreuzforschung", Regensburg, Heft 1/1985, S. 20.
[2] Helmut Rührl: Begleitheft zur Ausstellung „Herrgottszeichen" in der Gemeinde Breitenberg vom 18. März – 4. April 1988. Flurbereinigungsdirektion Landau an der Isar 1988, S. 4.
[3] Walter Hartinger: Flurdenkmäler im Wandel der Zeit. In: Forschungen zur historischen Volkskultur. Festschrift für Torsten Gebhard zum 80. Geburtstag. München 1989, S. 225.
[4] Christian Brandstätter und Hans Schaumberger: Bildstöcke – Wegkreuze – Kapellen. Wien 1988, S. 10.
[5] Oswald Kofler: Wegkreuze. Bozen 1989, S. 6.
[6] Georg Jakob Meyer: Wegkreuze und Bildstöcke im Trierer Land. In: Rheinisches Jahrbuch für Volkskunde, 8. Jahrgang, Bonn, S. 229.
[7] Tafel an einem Gedenkkreuz bei Schernberg, Gde. Jetzendorf.
[8] Kofler, wie Anm. 5, S. 7 f.
[9] Heinrich Noé: Bairisches Seebuch. München 1865.
[10] Walter Zettl, in: Schlern 1976, S. 613.
[11] Rainer Laun: Bemerkungen zu gußeisernen Kruzifixen an Wegkreuzungen der Jahrhundertwende. Jahrbuch der Bayerischen Denkmalpflege, Band 35/1981, München-Berlin 1983, S. 17 ff. Herrn Dr. Rainer Laun sei an dieser Stelle herzlichst gedankt.

6.10T
Da Gebet vor dem Wegkreuz auf einer geschnitzten Haustür von 1914.
Übersee, Ringstraße 16, Lkr. Traunstein.

6.1
Wegkreuze vor Bergkulisse: Kastenkreuz in der Schönau, im Hintergrund Hoher Göll. Lkr. Berchtesgadener Land.

6.2
Wegkreuz vor einem Bergdorf: Kreuz mit Wetterschirm vor Partschin bei Meran, Südtirol.

6.1 △

6.2 ▽

6.3 (Seite 135)
Wegkreuz an einer Weggabelung im Flachland: Alxing, Gde. Bruck, Lkr. Ebersberg.

6.4 (Seite 135)
Wegkreuz im ehem. Bergdorf Gerstruben, Allgäu (Foto um 1920/30).

6.5 + 6.6 (Seite 135)
Wegkreuz im Wandel der Jahreszeiten: bei Garmisch; im Hintergrund der Kramer.

6.3 △

6.4 ▽

6.5 △

6.6 ▽

Kap. 6

135

6.7
Zweibalkiges Feldkreuz mit religiösen Monogrammen, dat. 1797. Westerndorf bei Pang im Stadtgebiet von Rosenheim.

6.8
Feldkreuz mit symbolischem Schnitzwerk an hohem Schaft, einfacher Wettermantel. Großdingharting, Gleißenbachstraße, Lkr. München.

6.9
Ehem. Feldkreuz mit reichem Schnitzwerk und Widmungsinschrift an hohem Schaft, Wettermantel mit geschnitzter Draperie.
Kleindingharting, Hauptstraße 5, Lkr. München.

6.10 (Seite 137)
Feldkreuz mit großer Figurennische auf sehr hohem, reich gestaltetem Schaft, seltene Form eines Wetterdaches.
Am Jettenbacher Wehr,
Gde. Jettenbach, Lkr. Mühldorf.

6.11 (Seite 137)
Feldkreuz mit sehr reichem symbolischem Schnitzwerk und kleiner Figurennische an hohem Schaft, unter dem Dach des Wettermantels raffiniert geschnitzte Draperie, dat. 1855.
Nördlich Bad Tölz.

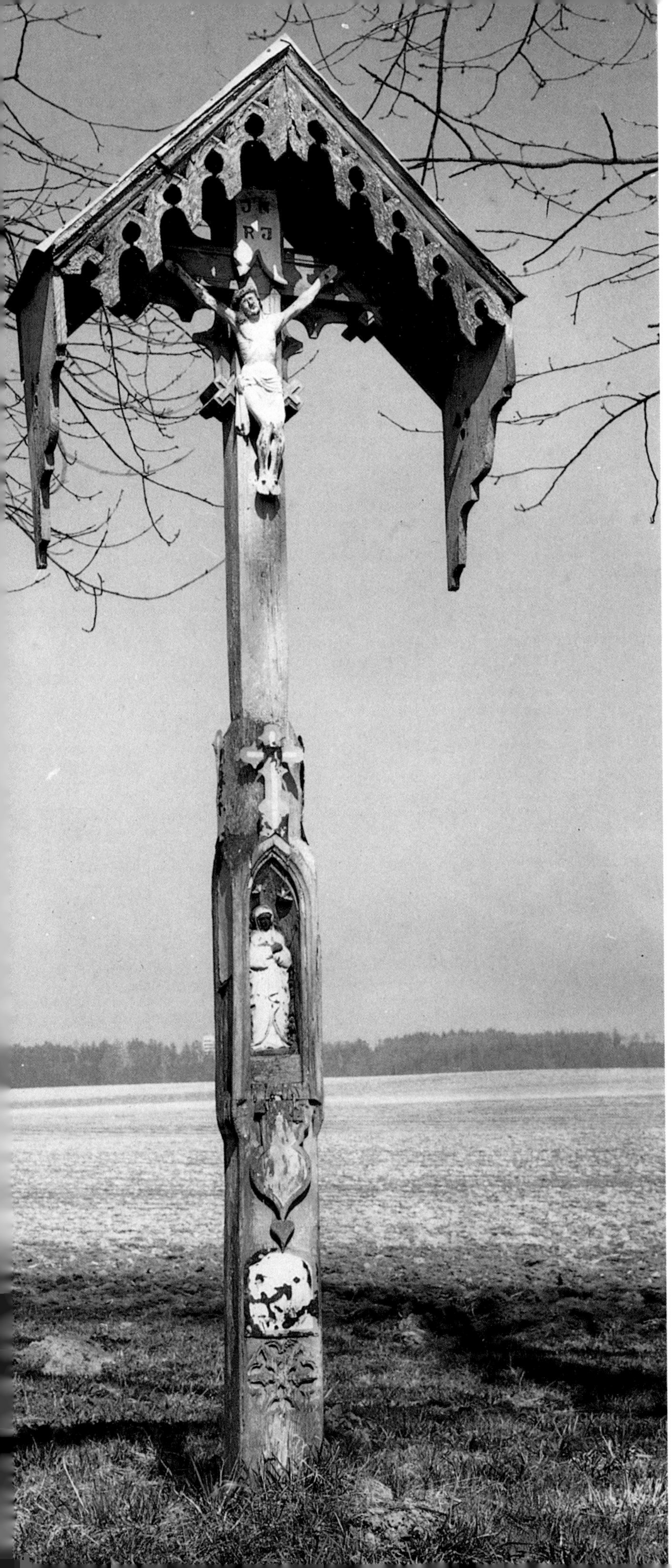

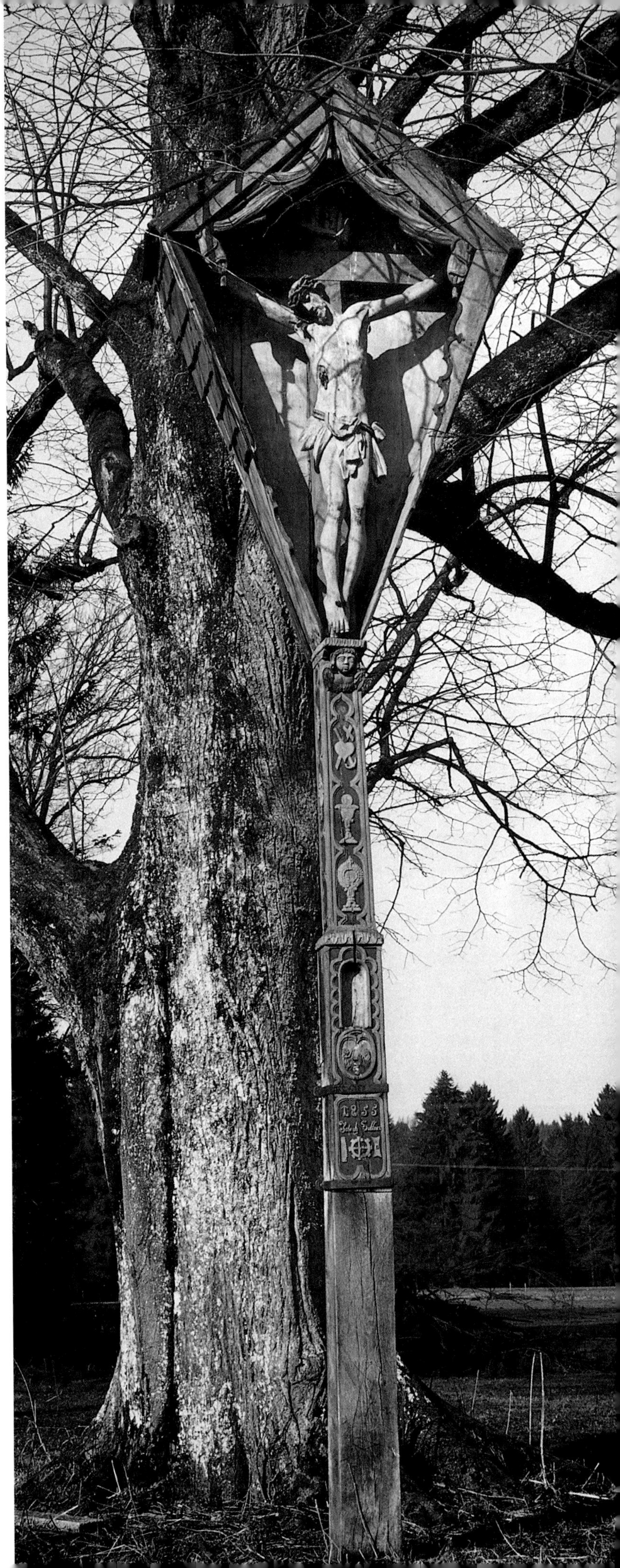

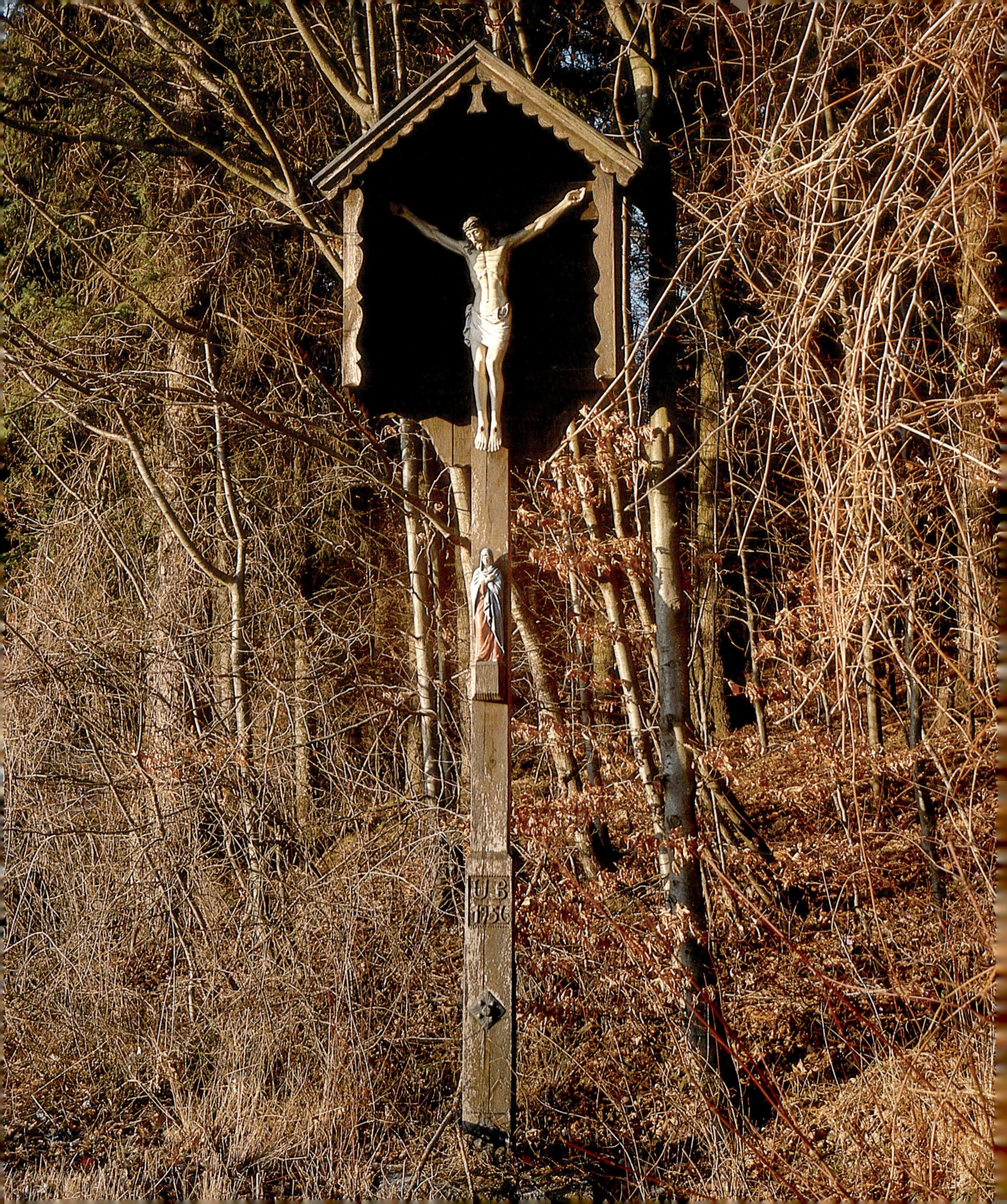
U B

6.13
Wegkreuz im Talkessel: nördlich Lermoos, im Hintergrund die Mieminger Berge, Tirol.

6.14
Wegkreuz in Wettermantel, Mitte 20. Jh. Oberleutasch, Tirol.

6.12 (Seite 138)
Wegkreuz an Weggabelung mit Mater dolorosa, einfacherer Wettermantel. Nördlich von Bad Tölz.

Kap. 6

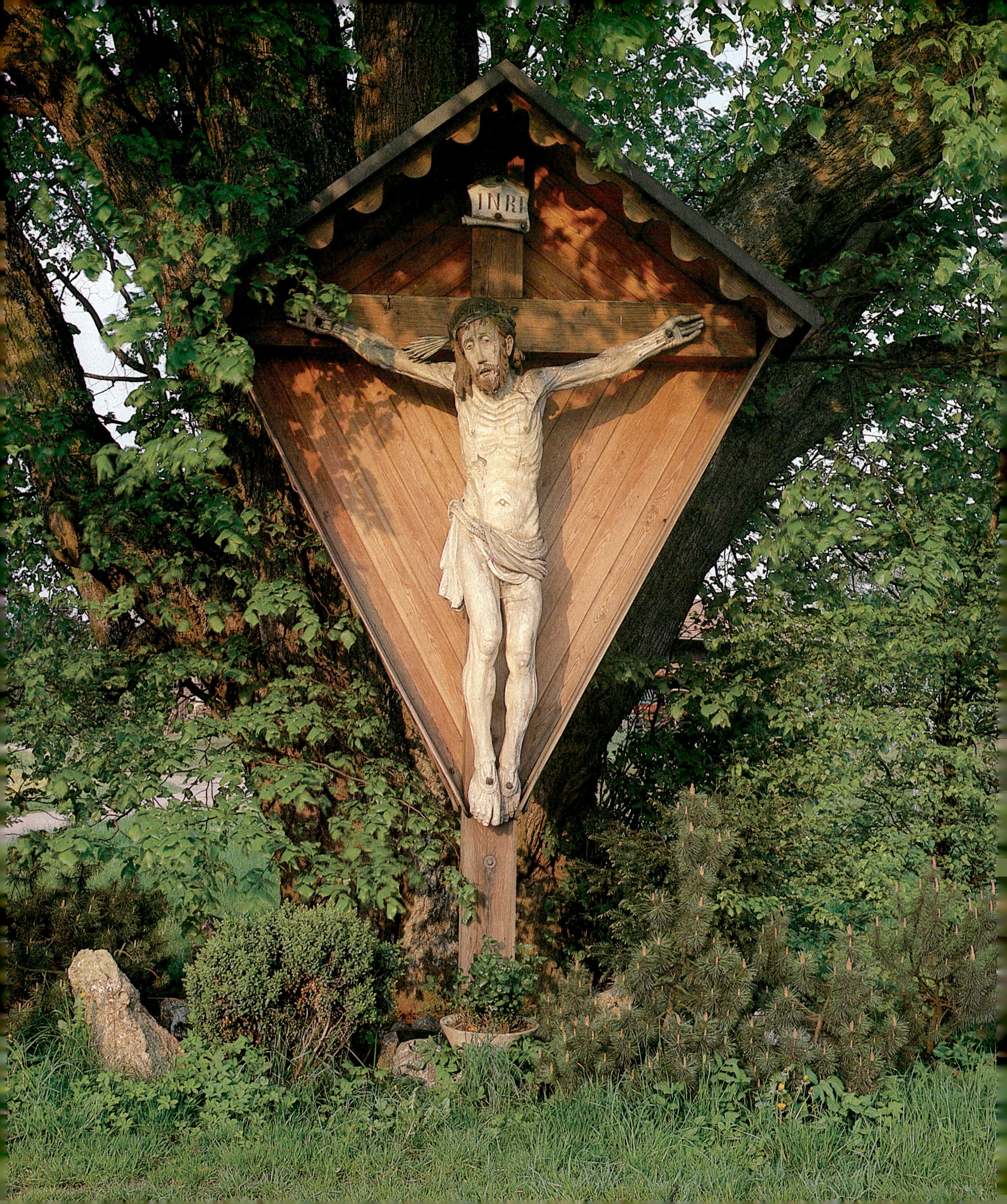
INRI

6.16
Wegkreuz im Wald, in geschnitztem Kasten. Westlich Obsteig, Tirol.

6.17
Wegkreuz in sargförmigem Kasten. Ruhpolding, Lkr. Traunstein.

6.15 (Seite 140)
Wegkreuz mit fast lebensgroßem, außergewöhnlich ausdrucksvollem Corpus, neuerer Wettermantel. Tandlmair, Gde. Surberg, Lkr. Traunstein.

6.18
Feldkreuz mit sehr ausdrucksvollem Corpus, wohl noch 18. Jh. Bei Egmating, Lkr. Ebersberg.

6.19
Wegkreuz mit naiv-altarartigem Corpus in sehr einfachem Kasten. Ehemals nördlich Marktschellenberg, Lkr. Berchtesgadener Land.

6.20
Feldkreuz mit Mater dolorosa, am Wettermantel eine kleinere Auswahl der Arma Christi.
Westlich Schlipfhaus, Stadtgebiet Rosenheim.

6.21
Wegkreuz mit Mater dolorosa, am Wettermantel Abbildung der Stadt Jerusalem mit betenden Engeln. (2. Hälfte) 19. Jh. Gelting, an der Straße nach Markt Schwaben, Gde. Pliening, Lkr. Ebersberg.

6.22
Wegkreuz mit Mater dolorosa, am Wettermantel wehende Schleife mit den letzten Worten des sterbenden Erlösers. 2. Hälfte 19. Jh. Straußdorf, Straßenmündung Attel-Grafinger Straße, Gde. Grafing, Lkr. Ebersberg.

6.23
Wegkreuz mit Mater dolorosa auf reich gestaltetem Wettermantel, um 1900. Schernberg, Gde. Jetzendorf, Lkr. Pfaffenhofen an der Ilm.

6.24
Wegkreuz mit Mater dolorosa, am Wettermantel Anrufungen Jesu und Mariä. 2. Hälfte 19. Jh. Bei Ast 44, Gde. Aßling, Lkr. Ebersberg.

6.25
Wegkreuz, Corpus und Mater dolorosa in eigenen Wetterkästen. Ehemals bei Lenggries, Lkr. Bad Tölz-Wolfratshausen.

6.26
Wegkreuz auf halbem Wege zur Alm, ebenbürtig große Assistenzfiguren in sehr einfachem Wetterkasten. Nahe der Pletzachalm bei Pertisau, Tirol.

6.27
Feldkreuz mit Mater dolorosa in ebenbürtiger Größe.
Bei Bischofswiesen, Lkr. Berchtesgadener Land.

6.28–6.30
Wegkreuz mit Mater dolorosa. Kreuzesstamm mit geschnitzten Traubengirlanden, nach dem 1. Weltkrieg errichtet. Enkering, bei Rumburgerstraße 33, Gde. Kinding, Lkr. Eichstätt.

6.29

6.30

6.28–6.30
Wegkreuz mit Mater dolorosa. Kreuzesstamm mit geschnitzten Traubengirlanden, nach dem 1. Weltkrieg errichtet. Enkering, bei Rumburgerstraße 33, Gde. Kinding, Lkr. Eichstätt.

▽ 6.32 ▽ 6.33 6.31 △

6.31 (Seite 146)
Freistehendes Hauskreuz, der Haustür zugewandt: Erbhof „beim Granzer", erbaut 1778, Kreuz mit Corpus und Mater dolorosa aus Gußeisen, Anfang 20. Jh. Granzer 1, Gde. Fischbachau, Lkr. Miesbach.

6.32 (Seite 146)
Freistehendes Hauskreuz, einem Neubau zugewandt: bei Benediktbeuern, Lkr. Bad Tölz-Wolfratshausen.

6.33 (Seite 146)
Monumentales Wegkreuz aus Kalkstein, um 1900. Kaldorf an der Straße nach Petersbuch, Gde. Titting, Lkr. Eichstätt.

6.34
Großes Hauskreuz, Mater dolorosa aus bemaltem Blech. Am „Fluchthäusl", Gerner Straße 5, Markt-Gde. Berchtesgaden.

Kap. 6

6.35
Großes Wegkreuz mit ebenbürtig großen Assistenzfiguren in neuem Wetterkasten. An einer Gedenkbrettstelle in Holzhausen, Gde. Anger, Lkr. Berchtesgadener Land.

6.36
Großes Hauskreuz mit Mater dolorosa aus bemaltem Blech, in verschließbarem Kasten. Am Oberschwarnlehen, Markt-Gde. Berchtesgaden.

6.37 (Seite 149)
Großes Wegkreuz mit Assistenzfiguren in einfachem Wetterkasten. Mittleres Leutaschtal, Tirol.

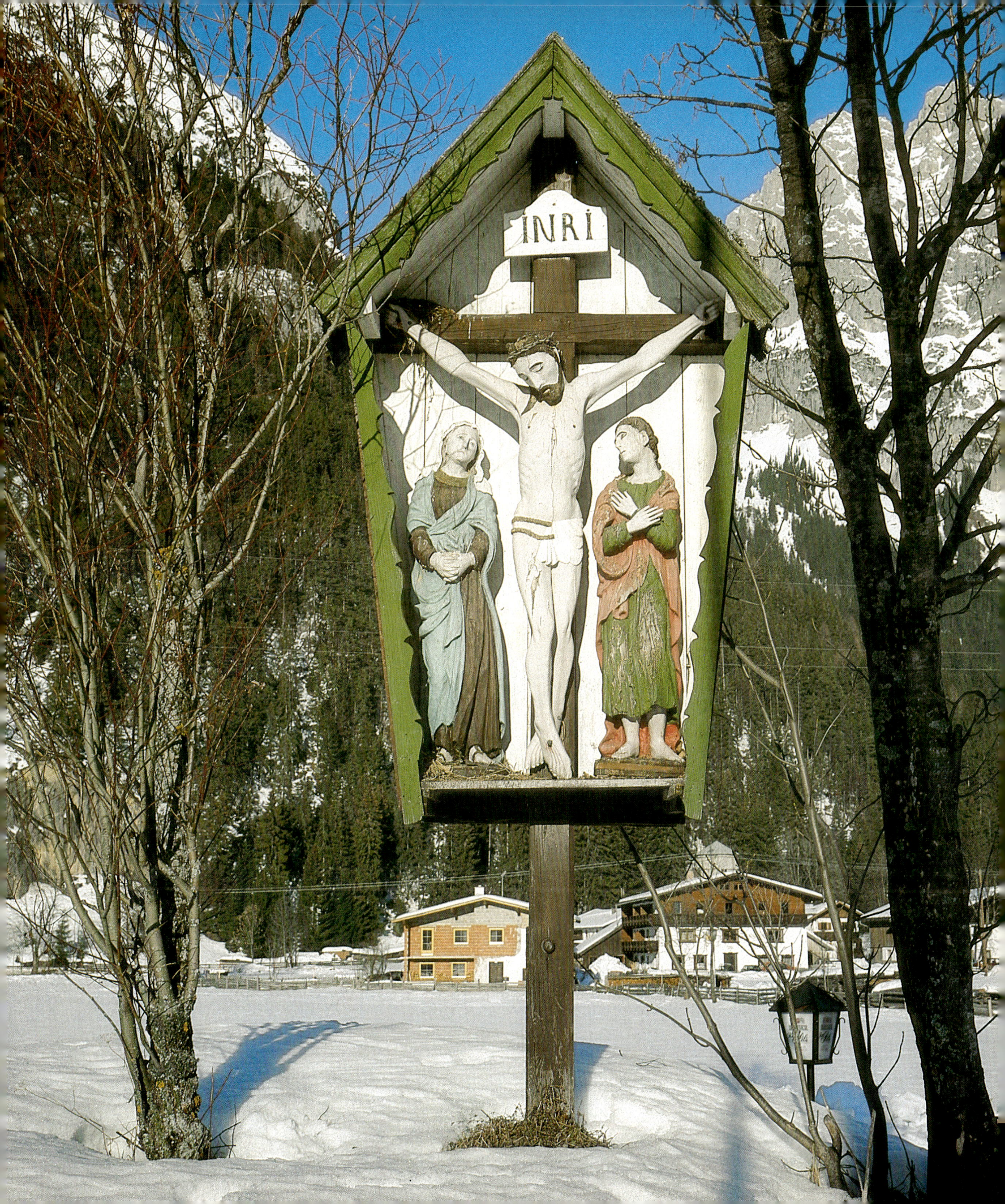
INRI

6.38
Wegkreuz mit sehr kleinen Assistenzfiguren in großem Wettermantel.
Altes Foto aus Tirol.

6.39
Ehem. Wegkreuz an einem Stadel, am ehemals blau ausgemalten Wetterkasten sind noch die golden gemalten Sterne als Reliefs erhalten geblieben. Westlich des Rollepasses, Südtirol.

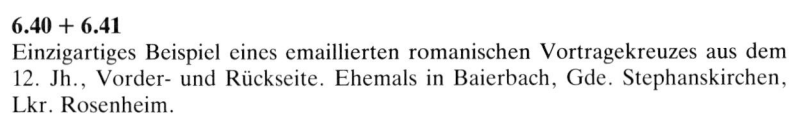

6.40 + 6.41
Einzigartiges Beispiel eines emaillierten romanischen Vortragekreuzes aus dem 12. Jh., Vorder- und Rückseite. Ehemals in Baierbach, Gde. Stephanskirchen, Lkr. Rosenheim.

6.42
Wegkreuz, Corpus aus bemaltem Blech, Mitte 19. Jh., restauriert 1982. Nahe der sog. Ederlinde bei Ed, Gde. Haiming, Lkr. Altötting.

6.43
Wegkreuz, Corpus und Mater dolorosa aus bemaltem Blech, Mitte 19. Jh. Lkr. Traunstein.

6.44
Wegkreuz, Corpus und Mater dolorosa aus bemaltem Blech, 1. Hälfte 19. Jh. Lkr. Mühldorf.

6.45 (Seite 153)
Wegkreuz, Corpus und Mater dolorosa aus bemaltem Blech, Mitte 19. Jh., restauriert um 1980. Bei Enghub, Gde. Fridolfing, Lkr. Traunstein.

I.N.R.I.

Erbarmet euch unser!

6.46 △

6.47 ▽

6.48
Eingefriedetes Almkreuz in einfachem großem Wetterkasten. Gotzenalm, Berchtesgadener Land.

6.46 (Seite 154)
Eingefriedetes Almkreuz vor der Felskulisse der Reiteralpe. Bindalm, Gde. Ramsau, Lkr. Berchtesgadener Land.

6.47 (Seite 154)
Kreuz an der Obergrenze der Dauersiedlung, vor der großartigen Felswand des Schlern. Am Ritten bei Bozen, Südtirol.

6.49 (Seite 156)
Schmuckloses Almkreuz. Am Untergrainswieserkaser auf der Moosenalm im Lattengebirge, Berchtesgadener Land.

6.50 (Seite 157)
Almkreuz mit eingefriedetem Baumpaar. Röthelmoosalm, Gde. Ruhpolding, Lkr. Traunstein.

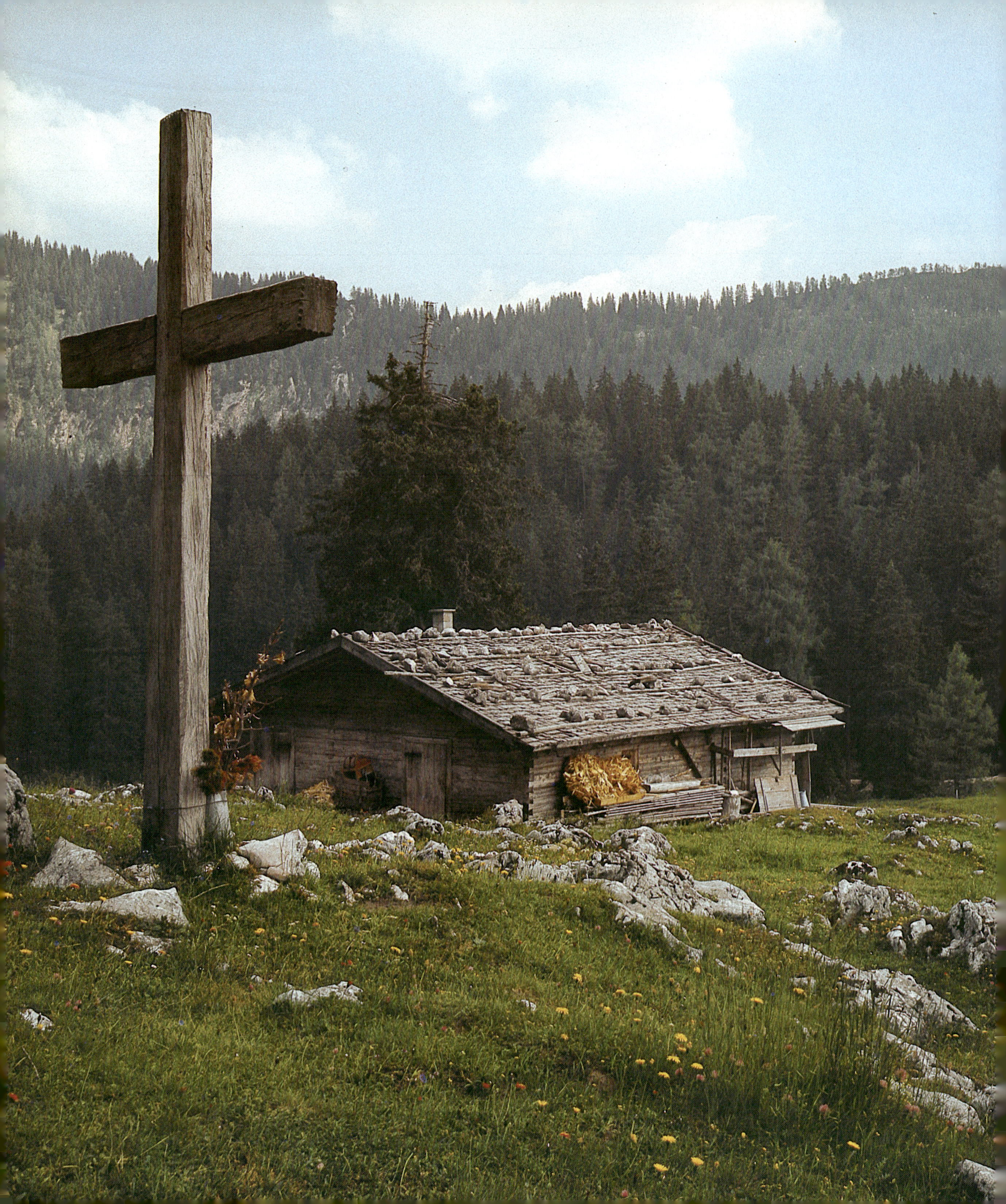

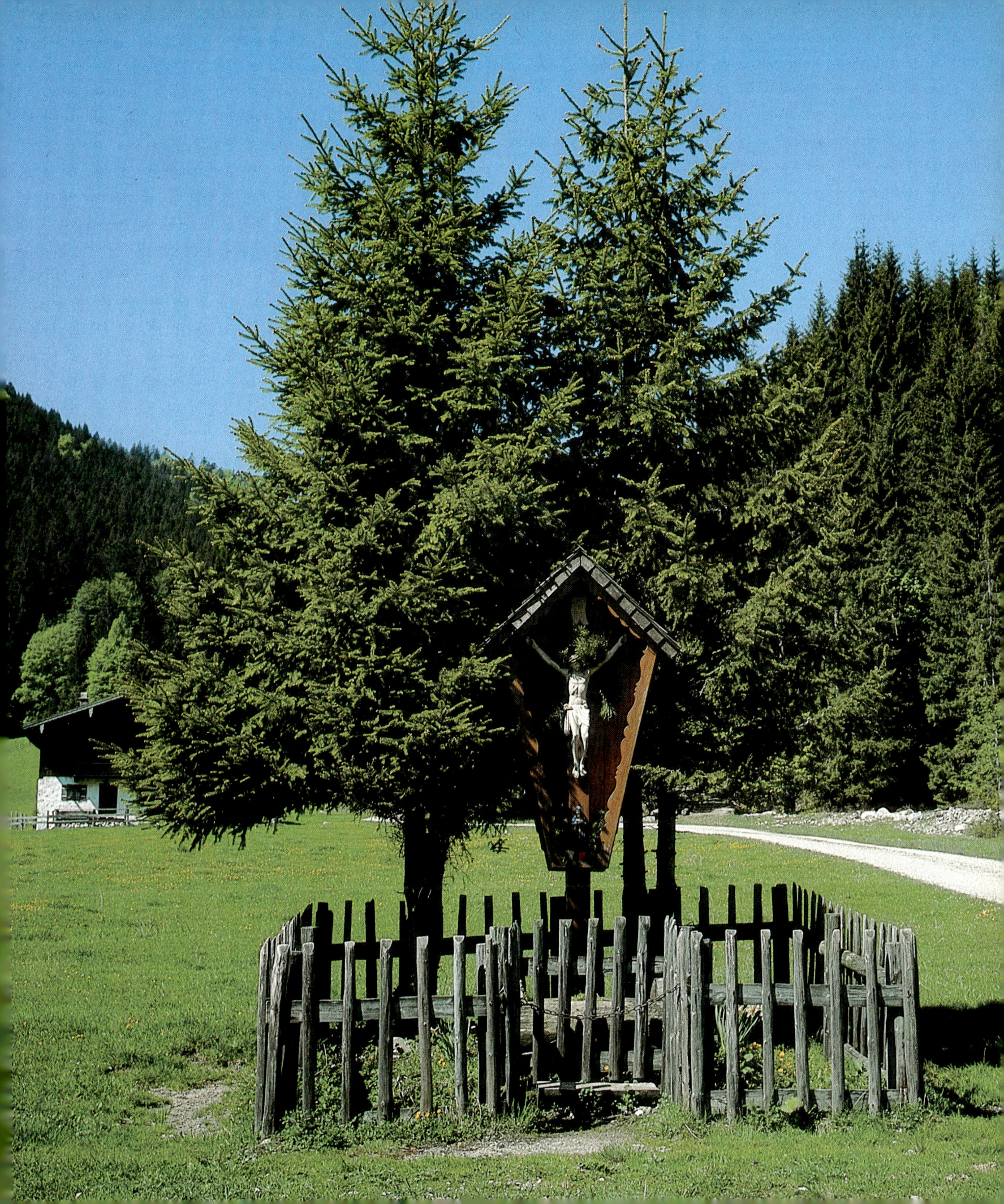

6.51
Großer gußeiserner Kruzifixus auf Gußeisenkreuz mit Kleeblattenden, bez. 1909. Östlich der Kirche von Arget, Lkr. München.

6.52
Gußeiserner, silbergefaßter Kruzifixus auf einfachem Flacheisenkreuz, um 1900.
Schwabhausen, Lkr. Dachau.

6.53
Gußeisenkruzifixus mit Engelspaar auf sehr reich geformtem Gußeisenkreuz, um 1900. Eibwang, Gde. Kinding, Lkr. Eichstätt.

6.54
Gußeisenkreuz mit Mater dolorosa, typisches Erzeugnis der Achthaler Eisengießerei. Wimmern, Gde. Teisendorf, Lkr. Berchtesgadener Land.

6.55
Gußeisernes Engelspaar zu Füßen eines gußeisernen Kruzifixus. Gedenkbrettstelle in Bach, Gde. Teisendorf, Lkr. Berchtesgadener Land.

6.56
Gußeisenkruzifixus auf Felsbrocken mit einer Jesusfigur in einer grottenartigen Höhlung. Erlingshofen, Gde. Kinding, Lkr. Eichstätt.

6.57
Gußeiserner Kruzifixus und Mater dolorosa auf außergewöhnlich reich verziertem Eisenkreuz. Germerswang, Gde. Maisach, Lkr. Fürstenfeldbruck.

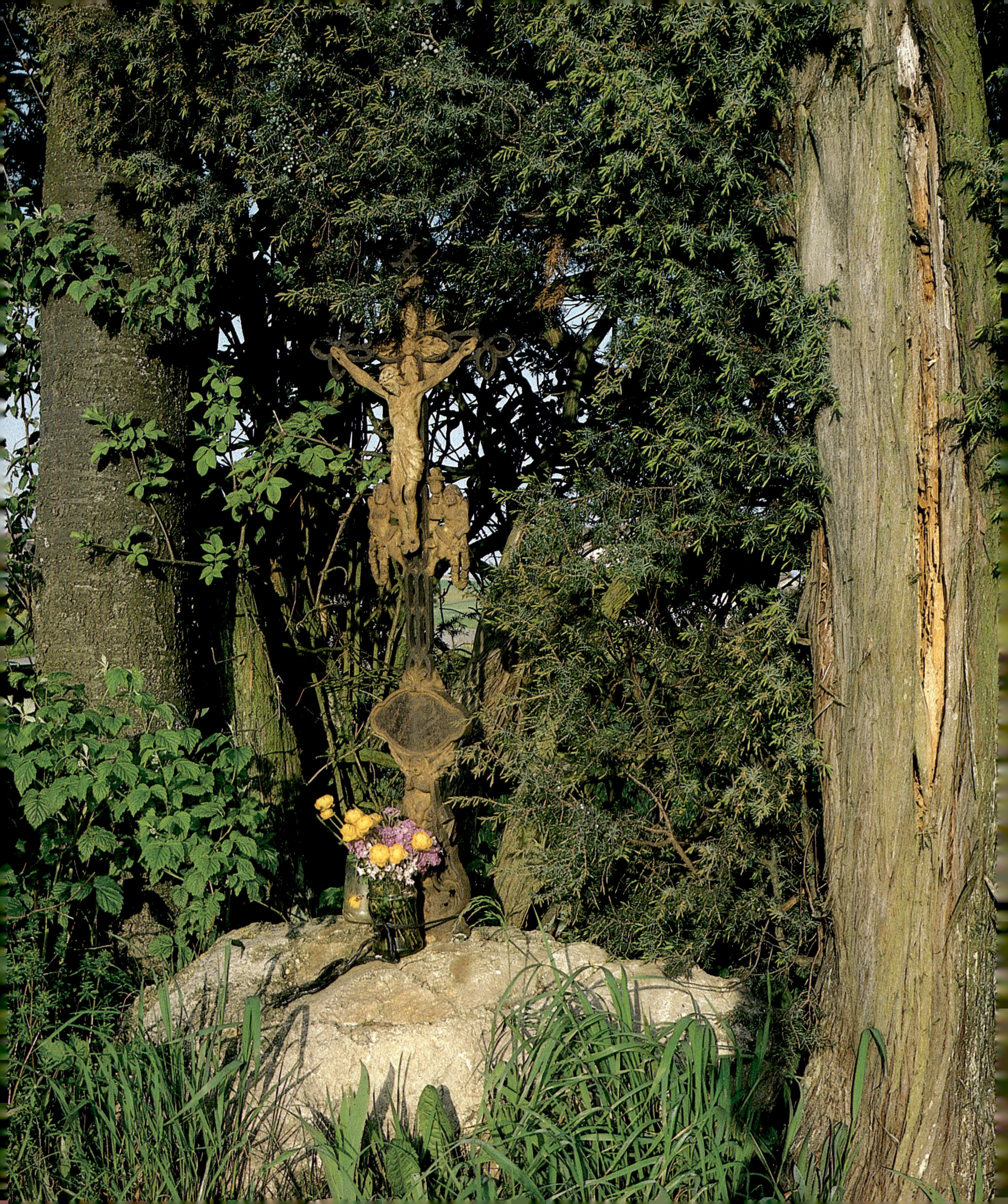

6.58 (Seite 160)
Ehemaliges gußeisernes Grabkreuz, als Wegkreuz wiederverwendet. Fuchsreut, Gde. Surberg, Lkr. Traunstein.

6.59
Kruzifixus aus getriebenem Blech. Almkreuz auf der Duftalm unterm Daniel. Ehrwald, Tirol.

6.60 (Seite 162)
Außergewöhnlich schönes Wegkreuz mit Mater dolorosa und Fegfeuerdarstellung, Mitte 19. Jh. Mathon im Paznauntal, Tirol.

6.61 (Seite 163)
Großes Dorfkreuz mit Assistenzfiguren, 2. Hälfte 19. Jh. Osterhofen, Gde. Bayrischzell, Lkr. Miesbach.

6.62 (Seite 164)
Großartiges Hauskreuz mit außergewöhnlichem Figurenreichtum im Wetterkasten. Mater dolorosa, Johannes der Täufer, hl. Florian, Engelspaar, über einer Wolke, Gottvater mit Erdkugel, darüber Heiliggeisttaube. Ramsau, Berchtesgadener Land.

◁ 6.58   6.59 ▷

Kap. 6

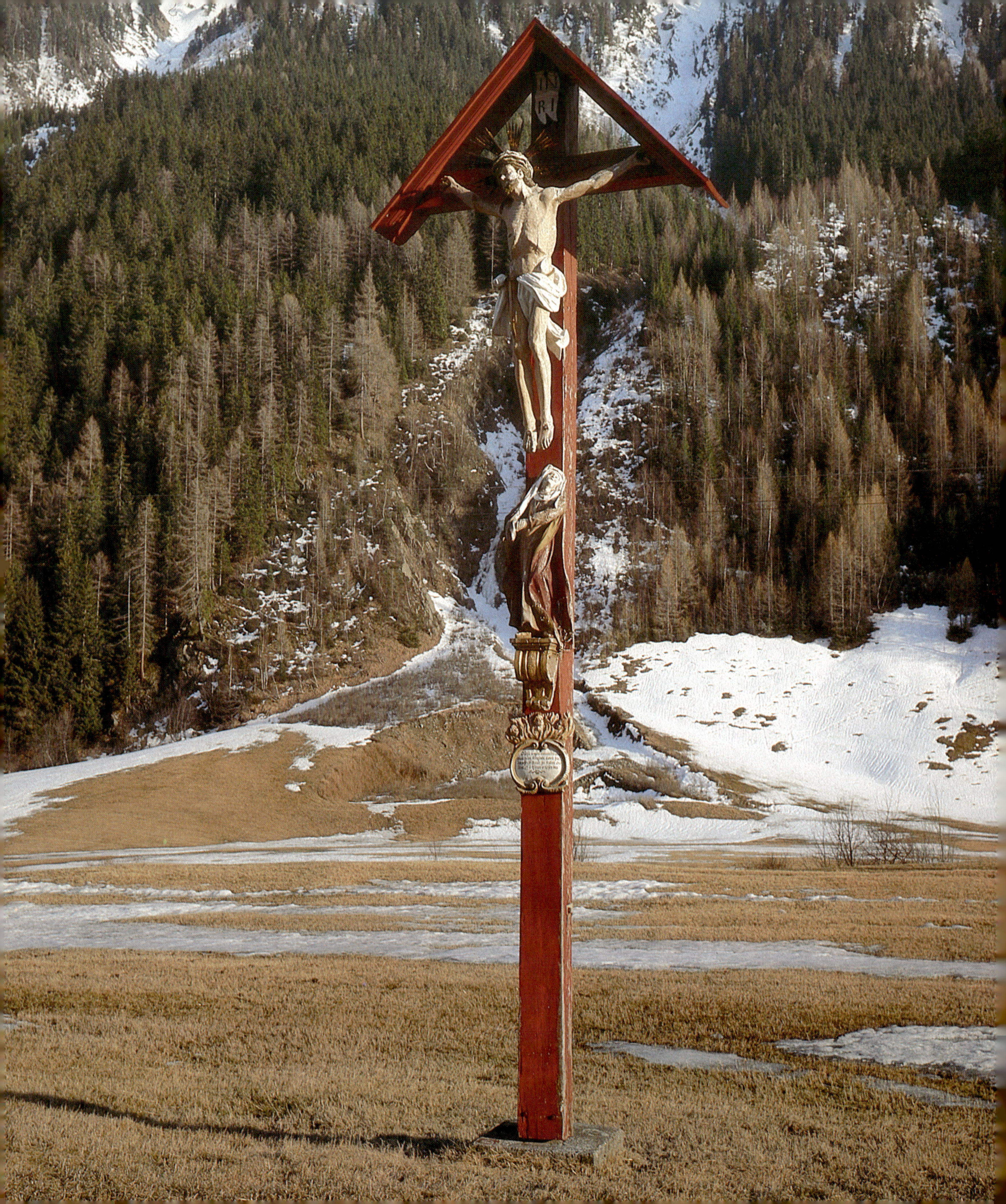
INRI

J.N.R.I.

Vater
in deine Hände
empfehle ich
meinen Geist.

Bedenk o Christ
daß Gottes Sohn
für dich gestorben
ist.

Gekreuzigter
Herr
Jesu Christ

Erbarme
dich
unser

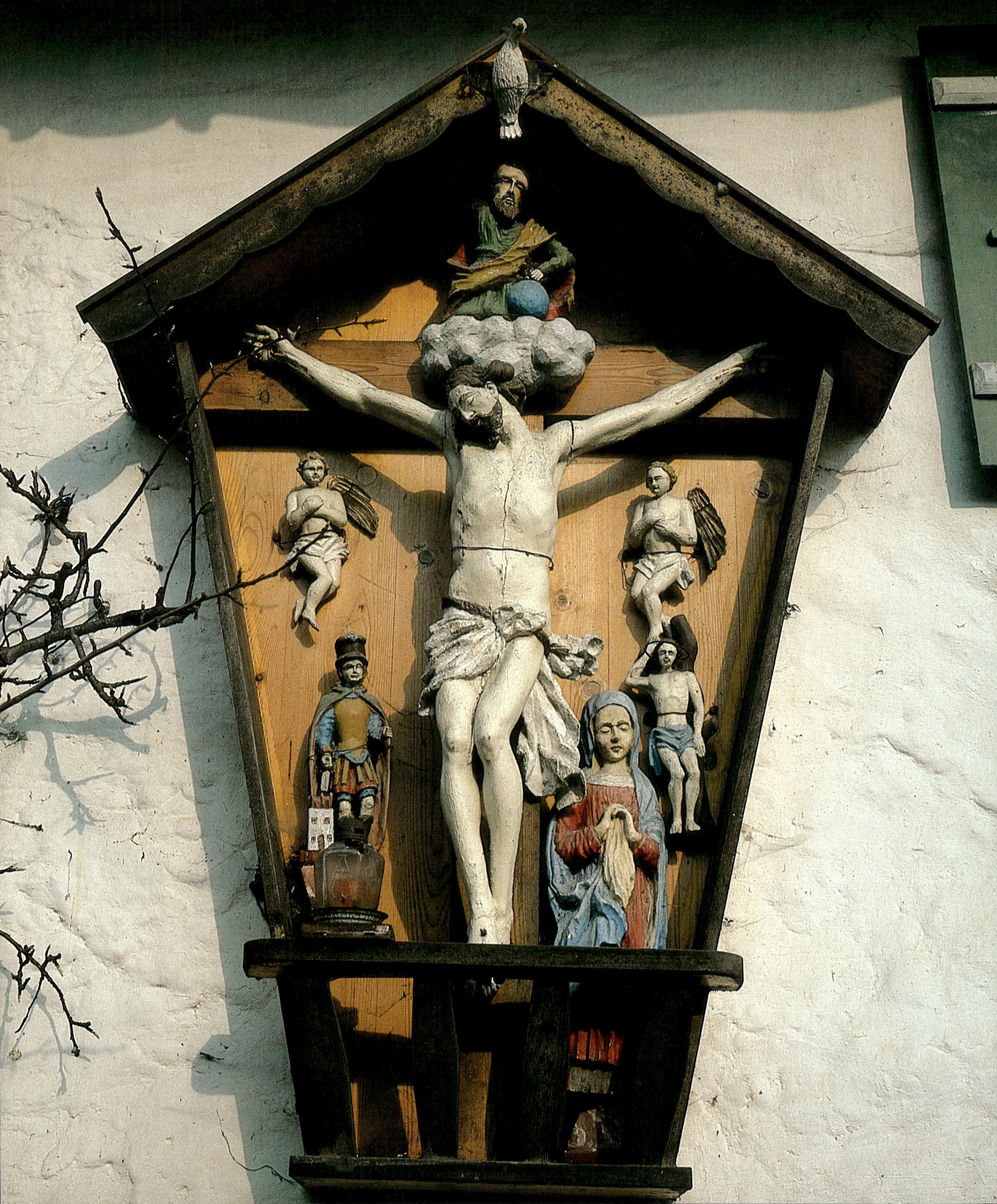

7

WETTERKREUZE

A Wetter rollt oo.
Stockfinster werd's scho.
Wia d' Obstbaam se biag'n,
Und d' Schwaiberl tiaf fliag'n!

Hört's d' Sturmglock'n läut'n!
Jatz grollt's scho vo weitem.
Es schmeckt unheilschwanger.
Do rollt's her zum Anger.

„Muatter Anna, Muatter Anna,
Treibs Wetter von danna!"
„Buam, toats ja net scherz'n,
Holts glei d' Wetterkerz'n!"

Es prasselt und braust,
Es zuckt und es flammt.
Wia der Schauer tost draußt,
Bang' ma drin allesammt.

Werd der Blitz woi net zünd'n
In der Tenna voi Hei!
„Vergib uns die Sünd'n!"
Bet' ma ängstlich voi Reu.

„Boild der Hogl derschlogt
An Woaz'n und 's Korn,
Hab'n umsonst mir uns plogt
Und hätt'n hint nix und vorn."

Mir bet'n an ganz
Den lang'n Ros'nkranz.
So knien ma am Bod'n.
Verziahgt se 's denn schon?

Gottlob trogt's der Wind
Zum Untersberg hint.
Do schnauf' ma von Herz'n
Und blos'n aus d' Kerz'n.

(Hanna Walther)

Wetterbrauchtum

„Der Schauer ging mit solcher Gewalt nieder und kam am nächsten Tag nach einem wieder sonnenheißen Vormittag noch einmal zurück, so daß in dem Viereck ‚drenterhalb der Isar'... nichts mehr so war wie vorher. In diesem Viereck gab es keine Kornfelder mehr, die im Winde ihre Wellen schlagen konnten, keine Krautköpfe in den Gärten, kein Laub und keinen Fruchtansatz mehr auf den Bäumen, aus Dachschindeln waren Siebe geworden, von Kirchen, die Ziegelbedachung hatten, waren die Dächer wie Staub davongeweht, Stadl und Schuppen waren unter der Last der Hagelschlossen eingestürzt, Kälber und Geflügel lagen erschlagen in den Ställen, Pferde vor Heuwagen waren so schwer verletzt, daß die Bauern sie noch auf dem Feld erschossen... In insgesamt 16 Dörfern und 94 Weilern und Einöden war nach den Feststellungen des Landgerichtes und Pflegeamtes Wolfratshausen die Ernte vollständig vernichtet, und bei der Hälfte der Höfe und Anwesen weitgehender und totaler Gebäudeschaden zu verzeichnen." So ausführlich ist beispielsweise der entsetzliche Schauer vom 26. und 27. Juni 1775 überliefert.[1] Den Bauern wurden nach solch verheerenden Unwettern die Abgaben zwar meist erlassen, aber weder Steuerbefreiungen noch Kredite für den Wiederaufbau konnten die Hungersnöte verhindern, die der Getreidemangel verursachte. Gefürchtet wie der Hagel war auch der Blitz, der Mensch und Vieh auf freiem Feld erschlagen konnte und regelmäßig ganze Dörfer in Brand setzte. Zum vermeintlichen Schutz vor solchen existenziellen Bedrohungen haben die Bauern in ihrer Hilflosigkeit wohl seit alters her alles mobilisiert, was sich nach alter Tradition als Schutzmittel bewährt haben sollte und was zumindest ihre Ängste besänftigte. Es ist anzunehmen, daß mancherlei Vorkehrungen gegen Wetterkatastrophen auf viel ältere, magische Vorstellungen zurückgehen; jedenfalls haben sich noch bis in die Gegenwart hinein allerlei Formen von Unwetterabwehr erhalten, bei denen Kirchenglaube, Volksglaube und abergläubische Vorstellungen auf einen Nenner gebracht zu sein scheinen. „Geweihte Palmbuschen, Zweige von Fronleichnamsbirken und Holzkohle vom Osterfeuer sollten gegen Blitz und Hagelschlag helfen. Wetterkräuter wie die Königskerze wurden an Maria Himmelfahrt im Kräuterbuschen geweiht. Andere ‚Wedableaml', vor allem rot- und blaublühende Wiesenblumen wie die Glockenblume durften nicht gepflückt werden, weil sie im Ruf standen, den Blitz anzuziehen. Auch auf die Einhaltung der Feierabendruhe wurde streng geachtet, denn Arbeit nach dem Abendläuten brachte Unheil. Auf den Feldern stellten die Bauern Wetterkreuze auf und versahen sie mit spitzen Nägeln, damit die Wetterhex' nicht darauf rasten konnte."[2]

„Holzknechte hatten früher die Gewohnheit, am ‚Schlag' in einem im Boden verbliebenen Wurzelstock ein aus Ästen hergestelltes Wetterkreuz zu setzen. Es half gegen die Mächte von oben, ebenso wie das mit der Hacke in den Stock geschlagene Kreuz gegen die Kräfte von unten wirken sollte."[3]

Der einst weit verbreitete Brauch, sich bei Blitz zu bekreuzigen, ist heute vergessen.

Aus dem Bereich der rituellen Flurumgänge und Bittprozessionen sind denkwürdige Gepflogenheiten überliefert: „An gewissen Stellen des Weges – des Umzugs um die Grenzen der Pfarre – sind sog. Wettersteine angebracht: Eine Steinplatte mit einer kreuzförmigen Vertiefung, auf der eine zweite Steinplatte aufruht. Wenn der Zug vorbeikommt, gibt einer der Flurgänger zwei kreuzförmig gelegte Kerzen in die Vertiefung und legt die obere Platte wieder darauf. Dadurch sollen böse Wetter von der Gegend ferngehalten werden."[4]

Vom „Schauerfreitag" berichtet der Benefiziat Josef Schlicht: „Er ist der größte und stärkste bayerische Volksgebetstag im ganzen Jahre, folgt unwandelbar dem Auffahrtstage und ist der kräftige Schlußstein der Bittwoche..." Sieben Stunden lang dauerte die feierliche Prozession, bei der das ganze Dorf auf den Beinen war! „Wenn ein Gewitter heraufzog, versammelte man sich zum Gebet um die schwarze Wetterkerze, die möglichst in Altötting geweiht sein sollte. Die Bäuerin ging mit einem Antonius- oder Loretoglöckchen läutend durch Wohn- und Stallräume und klingelte zur Tür hinaus. Im 18. und 19. Jahrhundert wurde sogar mit Böllern auf das Gewitter geschossen, möglichst mit geweihtem Schießpulver. Wo sich der Pfarrer weigerte, das Pulver zu weihen, da wurde es ihm im österlichen Weihekorb oder im Kräuterboschen versteckt untergeschmuggelt. Als stärkstes Mittel gegen drohendes Unheil aber galt von jeher das Wetterläuten. Erstmals erwähnt wird es um 800, als Karl der Große das Weihen von Glocken und Schriftstücken zur Abwehr des Hagels verbot. Aus Kirchenrechnungen um 1500 wissen wir, daß damals die Mesner für das Wetterläuten bezahlt wurden."[5]

Über das Berchtesgadener Land berichtet Rudolf Kriss, daß hier die Feier des Schauerfreitags nicht üblich sei:

Doch beginnt an diesem Tag der Wettersegen, der von nun an täglich nach dem 8-Uhr-Amt in der Kirche bis Kreuzerhöhung gebetet wird. An den Sonntagen wird eine Wettermesse gelesen.

Allgemein verbreitet war während der Sommermonate bei aufziehenden Gewittern das Wetterläuten und -schießen. Gegen diese Sitte zog man in der Aufklärungszeit besonders heftig zu Felde. Im Salzburger Landesarchiv existiert ein umfangreicher Akt, wir entnehmen daraus für Berchtesgaden folgenden Sachverhalt: Im Jahre 1784 wurde von Fürstpropst Josef Konrad ein Verbot des Wetterläutens und -schießens erlassen, das aber keine Beachtung fand. Landrichter Hasel berichtet 1803 an die Regierung in Salzburg, daß in Berchtesgaden bei Hochgewittern eine ganze Stunde lang von allen Türmen mit sämtlichen Glocken geläutet würde, ja, daß in der Ramsau dazu auch geschossen und daß der dortige Pfarrer sogar mit dem Hochwürdigsten Gut das Wetter segnen müsse „und überhaupt alles tue, was eine abergläubische Herde von ihm verlangt". Nach 1807 schläft die ganze Aktion langsam ein; in Berchtesgaden

7.1T
Ein Bauernhof brennt nach einem Blitzschlag ab.

kam das Schießen ab, das Läuten jedoch erhielt sich in beschränktem Umfange, aber nur während des Anzugs eines Gewitters als Warnungszeichen und Gebetsaufruf. Manche Glocke gilt als besonders wirkungsvoll, so die Glocke vom Loipl. Beim Gewitterläuten betete man früher den Englischen Gruß und das Johannis-Evangelium und zündete ein schwarzes Altöttinger Kerzchen an.

Obwohl das Wetterläuten schon zur Zeit der Säkularisation verboten wurde, ist es teilweise erst in jüngster Zeit gänzlich abgekommen. Wettermessen und Schauerämter von Mai bis September sind aber mancherorts bis heute üblich, die Anrufung der Wetterheiligen in der Litanei und das Gebet zum Schutz der Feldfrüchte im Rahmen der hl. Messe gehören teilweise bis in die Gegenwart zum dörflichen Gottesdienst. Schwarze Wetterkerzen aus Altötting werden noch heute auf manchem Bauernhof bei herannahendem Gewitter entzündet.

Am Aussterben ist die Rede von der Wetterhex', wenn sich am gewittrigen Himmel eine besonders wilde, zerrissene Wolkenbildung zeigt, und immer seltener tadelt man auch ein ungepflegtes, zerzaustes und zerfranstes „Deandl" als Wetterhex'...

Wetteramulette

Das in Altbaiern am weitesten verbreitete Amulettkreuz, das doppelbalkige *Scheyerer-Kreuz*, war in erster Linie ein Wetteramulett, und sollte gegen Blitz, Unwetter, Hagel und Feuer schützen. „Es wurde deshalb in Äckern vergraben, in Turmknaufe, Fundamente oder auch Glocken eingesetzt und diente als Wettersegen. Bei Bränden oder Unwetter warf man die Kreuzchen in die Luft. Es existieren Berichte, daß sich die Kreuzchen bei Gewitter krümmten... Die Form dieses Amuletts geht zurück auf die in Scheyern hoch verehrte Kreuzreliquie, die in ein Holz-Ostensorium eingesetzt war. Sie wurde um 1155 durch den Chorherrn Konrad im Auftrag des Patriarchen Fulcher von Jerusalem ins Abendland gesandt, um Almosen sammeln zu helfen. Graf Konrad II. von Dachau brachte die Reliquie in seinen Besitz. Um 1180 kam sie nach Kloster Scheyern."[6]

Schon die Geschichte dieses bayerischen Gnadenkreuzes ist ungewöhnlich: „Im Gegensatz zu den meisten Partikelkreuzen, die ausgesprochene Ehrengeschenke darstellen, verdankt es seine Entstehung den Finanznöten der Chorherren vom Heiligen Grab in

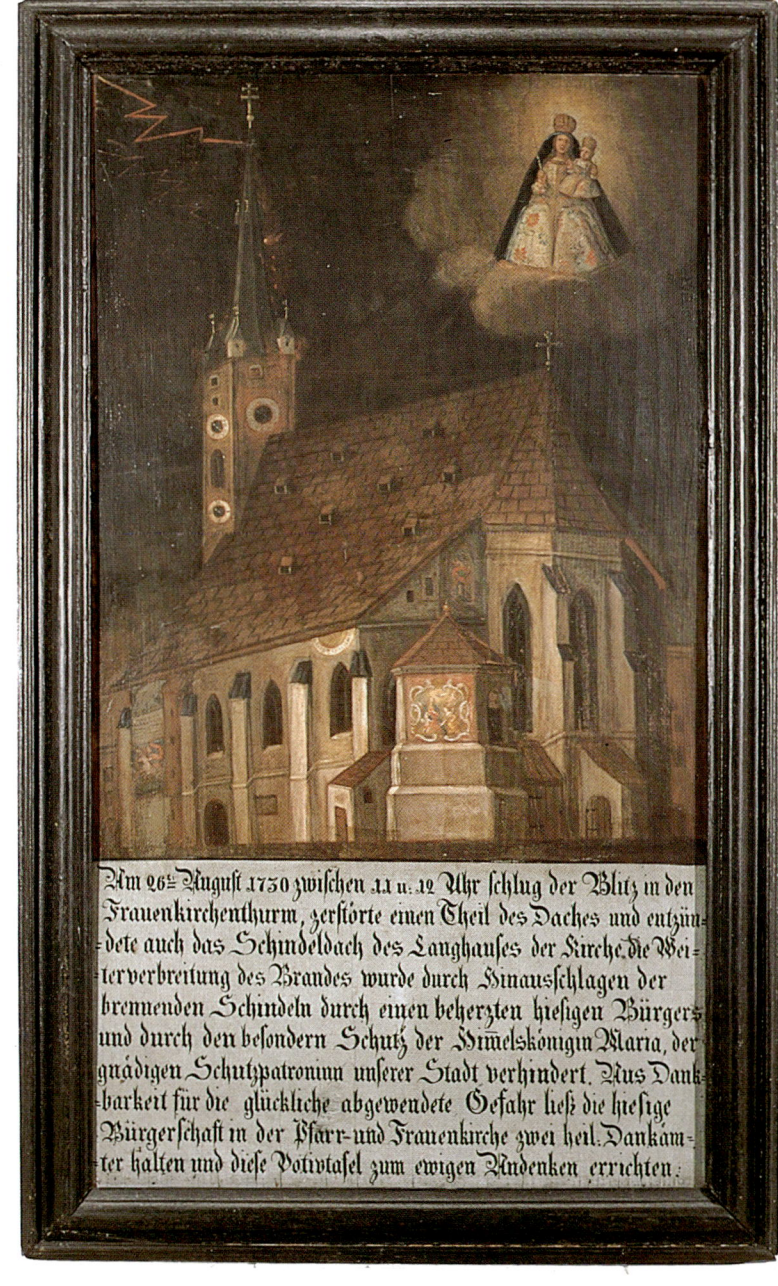

7.2T

„Am 12.ten Aug. 1668 schlug der Blitz in den Frauenkirchthurm und steckte das iñ Gebölk in Brand, 4 beherzte Bürger bestiegen im Vertrauen auf den Schutz Mariens mit Lebensgefahr den Turm, schlugen den Thurmkopf und einen Teil des Daches herunter, wodurch die Weiterverbreitung des Brandes wesentlich verhindert wurde. Als die Priesterschaft den Segen mit dem Allerheiligsten erteilte, wurde durch die Fürbitte der Gnadenmutter Maria das Feuer erstickt und die Stadt vor einem großen bewahrt. Zum Andenken an diesen neuen Schutz der Himmelskönigin ließen vier Bürger diese Votivtafel errichten."
Wasserburg, Lkr. Rosenheim.

7.2T + 7.3T
Reich gestaltete Votivbilder für Rettung aus Feuersgefahr. Wasserburg, Lkr. Rosenheim.

7.3T

Votivbild für Rettung aus Feuersgefahr: „Am 26. August 1750 zwischen 11 und 12 Uhr schlug der Blitz in den Frauenkirchthurm, zerstörte einen Theil des Daches und entzündete auch das Schindeldach des Langhauses der Kirche. Die Weiterverbreitung des Brandes wurde durch Hinausschlagen der brennenden Schindeln durch einen beherzten hiesigen Bürger und durch den besonderen Schutz der Himmelskönigin Maria, der gnädigen Schutzpatronin unserer Stadt, verhindert. Aus Dankbarkeit für die glücklich abgewendete Gefahr ließ die hiesige Bürgerschaft in der Pfarr- und Frauenkirche zwei heilige Dankämter halten und diese Votivtafel zum ewigen Andenken errichten."

Palästina. Obwohl um diese Zeit – es handelt sich um die Jahre 1155 bis 1159 – das Königreich Jerusalem unter Balduin III. noch fest in christlicher Hand ist, scheint der Zustrom begüterter Pilger, von denen die geistlichen Institute lebten, infolge der allgemeinen Unsicherheit und der damals grassierenden Pestepidemien wesentlich nachgelassen zu haben. In seiner Bedrängnis verfiel der Patriarch Fulcherius nun auf den naheliegenden Gedanken, daß, wenn schon der Prophet nicht zum Berg käme, sich eben dieser selbst auf den Weg machen müsse. Statt die beschwerliche Reise nach Palästina zu fordern, nur zu dem Zweck, den Boden zu küssen, auf dem der Heiland gewandelt war, konnte man diese heilige Erde ja auch zur Verehrung einfach ins Abendland verfrachten. So wurden denn in 7 Kapseln Erdproben gesammelt, von der Geburtsstätte in Bethlehem, vom Ort der Aufopferung im Tempel, von der Stelle der Gefangennahme im Gethsemanegarten und der Passion auf Golgatha, vom Heiligen Grab und vom Ölberg, dem Ort der Himmelfahrt. Dazu kam noch eine Reliquie vom Bett Mariae auf dem Berg Syon und von ihrem Grab im Josaphattal. Diese Erden wurden in den Enden eines hölzernen Gehäuses in Patriarchenkreuzform eingelassen, dessen mittlere Vertiefung eine ebenso geschnittene und angeblich mit dem Heilandsblut besprengte große Partikel des heiligen Kreuzes ausfüllte. Mit diesem Gnadenschatz sandte der Patriarch den Kanonikus Konrad ins Abendland und gab ihm ein Attest mit, in dem die Echtheit der Reliquie bestätigt wird und das allen denen Entbindung vom Gelübde einer Heiliglandfahrt verspricht, die aus Gebrechlichkeit, Armut oder anderen Gründen die Reise nicht unternehmen könnten, sofern sie vor diesem Kreuz ihre Andacht verrichteten und ein ihrem Vermögen entsprechendes Lobopfer darbrächten, das aus einem Haus oder aus Grundbesitz bestehen dürfe und dem Kapitel zufließen sollte. Zu diesen Andachten wurde das Reliquienkreuz in ein wesentlich größeres, ebenfalls hölzernes und ähnlich gestaltetes mit Silberblech beschlagenes Behältnis eingelegt, das unten eine sich leicht verbreiternde Fortsetzung besaß und so ohne Schwierigkeit auf eine Stange aufgesteckt und zur Verehrung ausgesetzt werden konnte."[7]

„Wenn das *Caravacakreuz* auch unzweifelhaft schon in früheren Zeiten als Wetterschutz gegolten hat, so treten doch die Mirakelberichte hierüber erst seit dem 16. Jahrhundert bestimmend in den Vordergrund. So soll insbesondere während eines furchtbaren Unwetters im Jahre 1591 das Kreuz von selbst über dem Dach des Turmes erschienen sein, während es sonst vom Geistlichen dem Sturm

7.4T + 7.5T
Die Wetterheiligen Johannes (7.4T) und Paulus (7.5T) auf Vortragestangen. Pfarrkirche Niedergottsau. Gde. Haiming, Lkr. Altötting.

entgegengehalten wurde. Ciaccon und Gretser behaupten geradezu, daß es der von schweren Hochgewittern heimgesuchten Stadt Caravaca als ein besonderer Schutz vom Himmel gewährt worden sei und es ist anzunehmen, daß diese Bemerkung des angesehenen Ingolstädter Jesuiten den Anstoß dazu gab, daß das Caravacakreuz in Deutschland fast ausschließlich als Wetterkreuz erscheint und hier rasch die alten Hagelkreuze verdrängt. Auch die verschiedenen anberührten Nachbildungen bewähren sich nämlich den spanischen Mirakelberichten der Spätzeit zufolge außerordentlich in Seenot, in Sturm und Gewitter schwimmen auf den Wogen und stillen selbst die Wut des Meeres. Natürlich werden außerdem Krankenheilungen, Teufelsaustreibungen, Vernichtungen von Feldungeziefer, Spendung von Regen und Hilfe bei Feuergefahr als Wirkungen der Amulette angeführt."[8]

Auch das Caravaca-Kreuz war in Bayern im 17. Jahrhundert ein beliebtes Amulett gegen Unwetter. Es ist ebenfalls doppelbalkig, die Balken endigen distelblütenförmig. In Spanien hergestellte und am Original anberührte Messingnachbildungen dieses „spanischen Kreuzes" waren einst in ganz Europa verbreitet. „Neben den plastischen Nachbildungen wurde das Caravaca-Kreuz aber auch auf Einblattdrucken mit Segensformeln, Heiligen- und Gnadenbilddarstellungen kombiniert. Dieses sog. ‚Glückselige Hauskreuz' war im 18. Jahrhundert in Süddeutschland als Wetter-, Pest-, Dämonen- und Feuersegen verbreitet."[9] Nach den ersten Verboten ab dem Jahr 1678 geriet dieser Kreuzkult bei uns in Vergessenheit.

7.6T
Der Wetterheilige Donatus auf einer Votivtafel, im Hintergrund eine Gewitterwolke mit Blitz und Regen über einem Dorf. Kirchberg, Gde. Altenmarkt a.d. Alz, Lkr. Traunstein.

Wetterpatrone

Zum bleibenden Bestandteil der sakralen Kunst in Deutschland gehören die vielfach großartigen Altarfiguren der Wetterheiligen, die einstmals vom Volk hoch verehrt wurden. Zu ihnen gehört *Donatus von Münstereifel*, ein Katakombenheiliger, von dem nichts Näheres, nicht einmal der Name bekannt ist; denn der Name „Donatus" wurde erst seinen Reliquien beigelegt. „Man hat in ihm einen Angehörigen der Legio fulminata vermutet, doch ohne allen Grund. Seine Überreste wurden der Katakombe der hl. Agnes an der Via Nomentana in Rom entnommen und 1652 dem Kolleg zu Münstereifel gestiftet. Daß er Wetterheiliger wurde, hatte seinen Grund in dem Umstand, daß sich beim Herannahen seiner Reliquien der strömende Regen, der bis dahin zu Münstereifel geherrscht hatte, in herrliches Sonnenwetter umwandelte, sowie besonders in der am Tage der Einbringung der Reliquien des Heiligen zu Euskirchen erfolgten Errettung eines Jesuitenpaters von den Folgen eines Blitzschlages dank der Anrufung des Heiligen. Von Münstereifel aus verbreitete sich die Verehrung des Heiligen in der ganzen Eifel, im Trierer Gebiet, in Luxemburg, in Süddeutschland, ja selbst in Österreich."[10]

Als vermeintlicher Angehöriger der Legio fulminata erscheint Donatus in antiker Soldatentracht dargestellt. Seine Attribute sind ein Bündel Blitze und eine Getreidegarbe. Sein Namenstag ist der 30. Juni.

In Bayern und Österreich wurden vor allem *Johannes und Paulus* als Wetterheilige verehrt, im nördlichen Öttinger Land gibt es kaum eine barocke Kirche, welche diese beiden Heiligen nicht zumindest auf einem Seitenaltar zeigt. Johannes und Paulus waren zwei frühchristliche Märtyrer, deren Reliquien im 3. Jahrhundert in einem Palast auf dem Coelius in Rom beigesetzt wurden. „Zu ihren Ehren errichtete Pammachius um das Jahr 400 die Kirche SS. Giovanni e Paolo in Rom. Die Legende des 5. Jahrhunderts versetzt beide in diese Zeit als Palastbeamte der Konstantia, der Tochter Kaiser Konstantins. Julian Apostata habe sie heimlich im Palast enthaupten und begraben lassen, als sie ihm den Dienst verweigerten. Vorher nur in Idealtracht abgebildet, geben ihnen die Darstellungen der Barockzeit fürstliche Gewandung und als Attribute Spieß, Knüttel, Schwert, Hellebarde, auch Palme und Buch. Als Wetterheilige werden sie durch eine Garbe kenntlich gemacht. Überwiegt eine antikische Soldatengewandung, so kann die fürstliche Kleidung trotzdem durch einen Lorbeerkranz anstelle des Helmes angedeutet sein. In der Kirche trägt Johannes Kanonenrohr und Blitze, Paulus Wolken, aus denen Hagel niederfällt."[11]

Als Wetterheiliger besonders beliebt war in Oberbayern gebietsweise auch der *hl. Medardus*. „Gegen Ende des 5. Jahrhunderts als Sohn eines fränkischen Freien geboren, wird er 530 Bischof von Vermand (Picardie), verlegt seinen Sitz nach Noyon, wird 532 auch Bischof von Tournai als Nachfolger des hl. Eleutherius und stirbt um 550. Seine hingebungsvolle Liebe zu Armen und Notleidenden läßt ihn schon früh weitere Verehrung finden."[12]

Er gilt allgemein als Beschützer der Bauern, Winzer und Bierbrauer, sorgt für Fruchtbarkeit der Felder und Weinberge, für gute Heuernte und Regen zur rechten Zeit; man kann ihn aber auch gegen Zahnschmerzen, Fieber, Geisteskrankheiten und zur Befreiung von Gefangenen anrufen. Sein Namenstag ist der 8. Juni. Er ist meist in pontifikaler Meßkleidung abgebildet, seine Attribute sind der Bischofsstab, gelegentlich auch das Herz als Zeichen seiner freigebigen Nächstenliebe.

Auf Caravacakreuzen finden sich als Wetterpatrone vielfach der Erzengel Michael und der Erzmärtyrer Stepahnus.

„Als Wetterpatronin erweist sich auch die auf kleinen, anscheinend stets silbernen Caravacakreuzen angerufene Scholastika, weil auf ihr Gebet hin ein furchtbares Ungewitter ihren widerstrebenden Bruder, den heiligen Benediktus, zwang, kurz vor ihrem Tod auch während der Nacht bei ihr zu bleiben, sowie die heilige Magdalena, deren Bilder in Oberbayern gegen Unwetter ins Dach gestellt wurden. Die außerordentliche Werbekraft des spanischen Kreuzes bezeugt die überraschende Tatsache, daß sogar die Heiligen Ulrich und Afra auf derartigen zweibalkigen Amuletten genannt werden, obwohl die reiche Entwicklung der Ulrichskreuze für die beiden

Augsburger Stadtpatrone eine originelle alte Tradition geschaffen hatte. Der Bischof erscheint auf diesen Caravacakreuzen natürlich ebenfalls als Wetterherr. Als solcher ist er nämlich im 15. Jahrhundert für 41 Pfarreien nachweisbar, wie er auch auf bestimmten Ulrichskreuzen mit der Bitte: S. Udalrice nos a fulgure protege gegen Blitzschlag aufgerufen wird."[13]

Wetterkreuze in freier Flur

Traditionelle Volksfrömmigkeit bewahrte vielerorts noch alte Wetterkreuze als Ausdruck einer bäuerlichen Welt, die ihren agrarischen Kosmos noch ganz unter den Schutz himmlischer Mächte stellte: „Der dritte Ritus ist die Aufstellung des Hagelkreuzes... Es sind dies hölzerne Kreuze, die das Feld unter Gottes Obhut stellen und es vor Hagel schützen sollen. Vielfach werden sie mit kirchlichem Segen geweiht und in feierlicher Prozession an einem Feiertag im April, Mai oder Juni hinausgetragen und auf dem Feld oder am Dorfeingang errichtet. Soweit dann das Hagelkreuz auf der Feldflur geschaut werden kann, so weit dürfen die bösen Geister keinen Schaden tun."[14]

Wetterkreuze sind bis heute mancherorts das Ziel feierlicher Prozessionen und Bittgänge geblieben, namentlich an Christi Himmelfahrt. Wetterkreuze in freier Flur werden schon seit dem 13. Jahrhundert erwähnt und sollen gegen "Wetter, Schauer und Gfrier" schützen. Bedeutsam ist die auffallende Größe und die traditionelle Form dieser Wetterkreuze, die meist als doppelbalkiges oder gar dreibalkiges Kreuz gestaltet wurden, wohl in Anlehnung an berühmte doppelbalkige Reliquienkreuze, die ja jeweils einen eigenen Frömmigkeitsbrauch entstehen ließen. „Dieser Kreuztypus erhielt bereits im frühen und hohen Mittelalter als Form von Kreuzreliquien und von Reliquiaren für Kreuzpartikel eine besondere Weihe. Nachdem durch die Heiltumsplünderung in Konstantinopel durch Kreuzfahrer Kreuzreliquien und Kreuzpartikelreliquiare dieser Gestalt in größerer Anzahl in den Westen kamen, gelangte das doppelbalkige Kreuz zu größtem Ruhme. Das ging so weit, daß Kreuzreliquien und Kreuzreliquiare vorzüglich in dieser Form ausgeführt wurden. Und wie es dem sensitiven Volksglauben so eigen ist, verbindet sich die in dieser Welt bedeutungsvolle Symbolik, die machtvollste geistige Gestalt, das durch Gottes Leib und Blut selbst geheiligte Heiltum so sehr mit seiner vordergründigen materiellen Gestalt, daß letztere stellvertretend für das Höhere und Tiefere, Macht, Kraft und Weihe repräsentiert. Diese Übertragung wird so intensiv erlebt, daß schon die Nachbildung auf Grund der Gestaltreproduktion die übernatürliche Beschaffenheit besitzt. Das doppelbalkige Kreuz wird zum wirksamen Schutz- und Trutzzeichen, es ist Wetter-, Feld- und Hauskreuz..."[15] Bei vielen Wetterkreuzen läßt sich heute allerdings kaum noch ergründen, ob sie ausschließlich aus diesem Anlaß errichtet wurden oder ob das Wetter-Apotropaion erst später auf sie übertragen wurde. Eindeutig trifft aber der Unwetterbann auf die sog. Donatuskreuze zu.

Ein besonders eindrucksvolles Beispiel eines solchen Wetterkreuzes steht heute auf dem Grund des Kronberger-Bauern in der Gemeinde Unterneukirchen, Landkreis Altötting.

Bereits in einer Steuerbeschreibung vom Jahr 1508 ist vermerkt, daß „Hans Kobler beym Wetterkreuz" 52 Pfennig Steuern zu

7.7T
„Dieser Wettersegen trägt in der Mitte das Wachsbild einer gekrönten Muttergottes mit dem Christkinde – meist aber eines Agnus Dei – umgeben von einer Goldspirale, an welche sich Reliquien von Heiligen und geweihte Kleinigkeiten anschließen. Da sind die schwarze Muttergottes von Altötting, das Filzmoser- und das Loretokindl, die Wetterheiligen Medardus und Urbanus, Paulus und Johannes, das Scheyern- und das Zachariaskreuz, oben die Nepomukszunge, Nägel vom Kreuze Christi, unten das Schweißtuch der hl. Veronika, der hl. Rock, eine stigmatisierte Hand und ein solcher Fuß, ein Agnus Dei neben den Attributen der vier Evangelisten, von denen in dreieckigen Päckchen Reliquien derselben und mit ihren Namen überschrieben angebracht sind. Rechts und links von der Muttergottes aber sind zwei von Goldspiralen umgebene dreieckige Päckchen, deren Inhalt wohl das Wichtigste und Hauptsächlichste des Wettersegens enthält, denn ihre Überschriften lauten: contra Ignem und contra Fulgura. Mannigfache heilige Sächelchen füllen die Zwischenräume, den Außenrand bilden 16 kleine Rollen, welche je ein Teilchen aus Reliquien Heiliger enthalten, deren Namen darauf angebracht sind." (Marie Andree-Eysn)

zahlen hatte. Auch neun andere Bauernhöfe sind in den Jahren 1508, 1529, 1585, 1752 und sogar noch 1808 in den herzoglichen bzw. kurfürstlichen und königlichen Steuerverzeichnissen, Gutsverzeichnissen und Katastern als „am Wetterkreuz" beurkundet. Das zitierte Wetterkreuz existierte somit vom Anfang des 16. bis zum Anfang des 19. Jahrhunderts. Es wurde von der ländlichen Bevölkerung als Bann- und Schutzkreuz gegen Hagelschauer und verderbliche Unwetter aller Art aufgestellt und entsprechend verehrt, ja als Heiligtum erachtet. Vor ihm zog der Fuhrmann genauso wie der Bauer und Pilger den Hut und betete. Zu ihm blickte man flehentlich, wenn sich drohende Gewitterwolken am Himmel zeigten. Es diente zudem bei Felderumgängen als Segenstatt und niemand hätte es je gewagt, es in frevelhafter Weise zu schänden, zu verändern oder gar zu beseitigen.

Es blieb der Verbreiterung und Begradigung einer Bundesstraße – in Verbindung mit allgemeiner Gleichgültigkeit und Unzuständigkeit – vorbehalten, daß dieses ehrwürdige Wetterkreuz eines Tages einfach als nicht mehr vorhanden gelten mußte! Umso erfreulicher ist eine Initiative, die im Jahre 1987 zur Wiedererrichtung dieses Kreuzes führte – nach Entwurf und Werkplan des Kreisheimatpflegers Alois Stockner schützen nun wieder die Wetterheiligen Medardus, Johannes und Paulus auf einem 4m hohen Dreibalkenkreuz das bäuerliche Umland.

Im Gebirge deuten viele Bergnamen darauf hin, daß man nahende Gewitter an bedrohlichen Wolkenbildungen in der Gipfelregion erkennen und vorhersagen konnte. Wetterspitze und Wetterwandspitze sind häufige Gipfelnamen; auch das „Wetterstein" als Name eines ganzen Bergmassivs hat mit der hier häufigen Unwetterbildung zu tun. Zwischen dem Ötztal und dem Wörgetal ragt der 2591 m hohe Wetterkreuzkogel aus dem Gipfelgrat empor. Hier stand seit Menschengedenken ein fast 5 Meter hohes dreibalkiges Wetterkreuz; es ist nach einer Inschrift 1987 in gleicher Form erneuert worden. In dieser majestätischen Urgesteinslandschaft verbringen bis auf den heutigen Tag große Schafherden den Bergsommer und suchen an warmen Tagen den kühlenden Luftstrom am Gratrücken. So manches Schaf mag hier schon das Opfer eines Blitzschlages geworden sein. Nirgends spürt man so eindringlich wie in dieser exponierten Höhe das einstmals inbrünstige Flehen der hilflosen Schafhirten um Gottes Schutz vor dem Inferno eines Gewitters.

Trotz Blitzableiter, Feuer- und Hagelversicherung – wenn es blitzt, donnert und hagelt, spürt die bäuerliche Familie auch heute noch jene Hilflosigkeit, die sie mancherorts zu Gebetbuch und Wetterkerze greifen läßt. Flurumgänge zum Schutz vor „Wetter, Schauer und Gfrier" sind noch heute gebräuchlich, alte, ausgediente Wetterkreuze werden wieder erneuert.

In manchen bäuerlichen Regionen empfindet man eben noch heute so, wie es der Benefiziat Joseph Schlicht 1886 formulierte: „Ein Gebet um die Feldfrüchte dünkt heute unvernünftig – versichern statt beten, das ist der Rath. Nun, so manch ein Pfarrer und so manch ein Bauer in Altbayerland versichern, aber um die Felder gehen sie dennoch. Es ist gut, wenn man versichert, jedoch besser ist es, wenn es gar nicht erst hagelt."[16]

Ob es hagelt oder nicht, darüber entscheiden wie seit eh und je weder Versicherungen noch Wetterämter – die Zuflucht zu Gott und seinen Heiligen schien schon eher Sicherheit zu versprechen, aber damit allein ließ es unser Landvolk noch nicht bewenden. Im weiten Feld zwischen Kirchenglaube, Volksglaube und Aberglaube blühte einst ein Wetterbrauch, in dessen unglaublicher Vielfalt sich die einstigen Existenzängste der bäuerlichen Welt dramatisch widerspiegeln. Wer heute als Bergsteiger im Hochgebirge oder wer in leichtem Boot mitten auf dem See in ein Gewitter gerät, spürt hautnah noch jene Ohnmacht, die ihn mitunter zu Gebet und Gelübde flüchten läßt.

7.8T
Gewittersegen aus Altötting

Anmerkungen

[1] Marianne Bitsch: „Blitze breche ich, Donner stoße ich zurück." Über Bannglocken, Schauerkreuze und Wetterkerzen. Sendung des Bayerischen Rundfunks am 28. Juni 1987 (Bayern 2), Manuskript, S. 3.

[2] Bitsch, wie Anm. 1, S. 4.

[3] Eduard Skudnigg: Bildstöcke und Totenleuchten in Kärnten. Klagenfurt 1972, S. 63.

[4] Emil Schneeweiß: Bildstöcke in Niederösterreich. Wien 1981, S. 148.

[5] Bitsch, wie Anm. 1, S. 4 und 5.

[6] Friedrich Fähr, Hans Ramisch, Peter B. Steiner: Vera Icon. 1200 Jahre Christusbilder zwischen Alpen und Donau. München-Zürich 1987, S. 39. (Beitrag von Sylvia Hahn.) Charakteristisch für das Scheyrer Kreuz ist die kegelförmige hohle Steckvorrichtung am Fuß. Bei den vielen kleinen, meist aus Bronze gegossenen Repliken des Kreuzreliquiars sollen auf der Rückseite dunkle Rillen den Eindruck der eingelegten Kreuzpartikel vermitteln; die Blüten an den Kreuzenden erinnern an die am Original hier ursprünglich eingesetzten Erdreliquien. Die Vorderseite trägt meist die Aufschrift „SS (Sanctissima) Crux Schyrensis", aber auch Segensformeln. Die kleine Einstecktülle wurde auch als Becher benützt, um Wasser, das das Hl. Kreuz berührt hatte, zu trinken.

[7] Hans Otto Münsterer: Amulettkreuze und Kreuzamulette. Studien zur religiösen Volkskunde. Regensburg 1983, S. 139 f.

[8] Wie Anm. 6, S. 77 f.

[9] „Als Darstellungen auf dem Caravacca-Kreuz (Relief oder Gravur) kommen vor: Kruzifix, Immaculata, Wetterheilige, Franziskaner- oder Jesuitenheilige, Jesusmonogramm, Segensformeln (Zacharias- oder Benedictussegen), vor allem aber die Ursprungslegende der Ginesius-Messe. Danach soll im damals großenteils von Mohammedanern besetzten Spanien ein Priester Ginesius 1232 den Maurenfürsten Arbuziet bekehrt haben. In Caravacca zelebrierte er eine Messe, vergaß jedoch, sich ein Kreuz geben zu lassen. Auf sein Gebet hin brachten zwei Engel das Kreuz des Patriarchen Robertus aus Jerusalem herbei. Während der Wandlung sah Arbuziet in der Hostie das Jesuskind und ließ sich anschließend mit seiner Familie taufen.

Tatsächlich wurde seit der 1. Hälfte des 13. Jahrhunderts in Caravacca ein besonders großer Kreuzpartikel in dieser charakteristischen Form verehrt. Möglicherweise stammt er von Patriarch Robertus, der 1229 beim 5. Kreuzzug und der Krönung Kaiser Friedrichs II. zum König von Jerusalem eine Rolle spielte. Der Partikel galt zunächst als Heilmittel bei Lähmungen und Besessenheit. Ab 1383 tauchte man die Reliquie einmal im Jahr (3. Mai) in den Fluß. Die Kranken badeten darin, das Wasser wurde aber auch auf die Felder gesprengt. Die Kreuzreliquie ging 1934 im Spanischen Bürgerkrieg verloren. Aufgrund der Ursprungslegende galt es auch als besonders geeignetes Bekehrerkreuz bei der Indianermission in der Neuen Welt. Franziskaner und vor allem Jesuiten machten es populär." (Fähr/Ramisch/Steiner, wie Anm. 4, S. 40.)

[10] Joseph Braun: Tracht und Attribute der Heiligen in der deutschen Kunst. Stuttgart 1943, Spalte 193.

[11] Hiltgard L. Keller: Reclams Lexikon der Heiligen und der biblischen Gestalten. Legende und Darstellung in der bildenden Kunst. 5. Auflage. Stuttgart 1972, S. 331.

[12] Skudnigg, wie Anm. 3, S. 60.

[13] Wie Anm. 6, S. 85.

[14] Zitiert bei Schneeweiß, wie Anm. 5, S. 149, unter Hinweis auf das „Handbuch des deutschen Aberglaubens".

[15] Lenz Kriss-Rettenbeck: Bilder und Zeichen religiösen Volksglaubens. München 1971 (2. Auflage), S. 47.

[16] Zitiert bei Bitsch, wie Anm. 1, S. 4.

7.1
Erneuertes zweibalkiges Wetterkreuz neben Sühnekreuz. Pfaffenreuth, Gde. Leonberg, Lkr. Tirschenreuth, Oberpfalz.

7.2
Der hl. Florian in einer seltenen Darstellung; rechts im Bild zuckt ein Blitz aus einer Gewitterwolke auf die Dorfkirche herab. Hofkapelle in Eschlbach 2, Gde. Kirchanschöring, Lkr. Traunstein.

7.3
Wetterkreuz in Bildstockform. Foto um 1920. Schmerbach, Stadt-Gde. Tittmoning, Lkr. Traunstein.

7.4
Reich gestalteter Bildstock mit schmiedeeisernem dreibalkigem Wetterkreuz-Aufsatz, 18. Jh. Arnhofen, nördl. an der Straße, Gde. Weyarn, Lkr. Miesbach.

7.5 + 7.6
Reich gestaltete Bildstöcke mit zwei- und dreibalkigem Weterkreuz-Aufsatz aus Schmiedeeisen. Fotos um 1900. Westerham, Stadt-Gde. Bad Aibling, Lkr. Rosenheim.

7.7

7.8

7.9

7.10 ▽

7.7
Hohe Martersäule mit (verbogenem) dreibalkigem Wetterkreuz-Aufsatz aus Schmiedeeisen, 17. Jh.
Riedern, beim Keilshof, Gde. Waakirchen, Lkr. Miesbach.

7.8
Hölzerner Marterlbildstock: „Bei schwerem Hagelwetter am 20.6.1931 verunglückte unweit dieser Stelle durch Sturz vom Wagen Jüngl. Paul Niedermeir im 32. Lebensj. Kriegsteiln. 1914/18 von Grunertshofen." Grunertshofen, Gde. Moorenweis, Lkr. Fürstenfeldbruck.

7.9
Schmiedeeisernes Grabkreuz: „Hier liegen begraben / Von Dunder erschlagen / Drei Schaf, a Kalb und a Bua;/ Herr gib ihnen die ewige Ruah." Aus dem Pitztal, jetzt im „Lustigen Friedhof" bei Kramsach, Tirol.

7.10
Tuffsteinbildstock von 1756 mit bewegtem Schicksal. Fragmentiert aufgefunden in Aning, Gde. Warngau. Von Frau Heike Meder ergänzt, restauriert und 1986/87 neu aufgestellt in Festenbach, Gde. Gmund am Tegernsee, Miesbacher Straße 87; an dieser Stelle war am 9. März 1964 der alte Kupferschmiedhof abgebrannt. Der alte Bildstock, mit neuem Wetterkreuz ausgerüstet und mit den Bildern der Heiligen Notburga, Leonhard und Hubertus geschmückt, soll nun den Neubau vor Feuer und anderen Gefahren schützen.

7.11 (Seite 174)
Vier Meter hohes Wetterkreuz mit den Wetterheiligen St. Johannes und Paulus (links und rechts in römischer Soldatentracht) und St. Medardus (Mitte, im Bischofsornat). Nach Idee, Entwurf und Werkplan von Kreisheimatpfleger Alois Stockner 1989 erneuert.
Unterneukirchen, „am Wetterkreuz", Lkr. Altötting.

I.N.R.I.

Vor Blitz
und Ungewitter
verschone uns
o Herr

7.12
Fünf Meter hohes einfaches Wetterkreuz, nach Blitzschlag 1987 erneuert.
Wetterkreuzkogel, 2591 m, zwischen Ötztal und Wörgetal, Tirol.

7.13
Fünf Meter hohes einfaches Wetterkreuz, nach Blitzschlag 1987 erneuert.
Wetterkreuzkogel, 2591 m, zwischen Ötztal und Wörgetal, Tirol.

7.14

7.15

7.14 + 7.15
Über sechs Meter hohes Wetterkreuz, 1986 erneuert. Östl. Gipfel der Plose, über 2500 m, bei Sterzing, Südtirol.

8
DAS KREUZ MIT DEN ARMA CHRISTI

*„O Herr, der Anblick deiner Schmerzen
Erfüllt mit Liebe alle Herzen.*

*O steh mir bei in jeder Not
Und tröste mich dereinst im Tod."*[1]

Das beklemmende Bild der Arma

Das Leiden Christi hat zu allen Zeiten die Gläubigen tief bewegt. Hochkunst und Volkskunst versuchten schon früher, die Passion durch Bilder, durch religiöse Zeichen und Symbole zu veranschaulichen und zu vergegenwärtigen, denn stärker als jedes Wort wirkten einst Bilder auf die breite Volksmasse, die nicht nur weder lesen noch schreiben konnte, sondern der – außer in der Kirche – auch kaum je ein Bild zu Gesicht kam. Um so stärker und suggestiver war der Eindruck der zahlreichen kirchlichen Bilder, die das gesprochene Wort der Predigt gleichsam bestätigten.

Von allen diesen Bildern wirkte das Motiv der Arma Christi wohl am gewaltigsten – gerade weil es keine künstlerisch gestaltete Einzelszene war, sondern eine Komposition von Marterwerkzeugen und Leidenssymbolen, welche das ganze Martyrium Christi mehr symbol- als bildhaft in einer einzigen, wahrlich „unbeschreiblich" drastischen Darstellung zusammenfaßte. Es ist bezeichnend, daß dieses Motiv in der Volkskunst wesentlich beliebter war als in der bildenden Kunst der Hochkultur und manche Bauernstube, aber auch manche Stelle in der freien Flur zum Andachtsraum machte.

Wer aufmerksam durch unsere bäuerlichen Fluren wandert, dem fallen auch heute diese Kreuze auf, die mit Marterwerkzeugen und symbolischen Gegenständen überladen sind. Sie sind zu Blickfängen, Orientierungspunkten und Wegweisern, aber auch zu eindrucksvollen Hauskreuzen geworden. Sie bilden aber auch Ruhe- und Treffpunkte und sind immer noch Orte der religiösen Besinnung. Mehr als jedes andere religiöse Motiv wirken die dargestellten Marterwerkzeuge jedoch auf den heutigen Betrachter eher befremdlich oder beklemmend. Die Frage nach Herkunft und Alter, vor allem nach dem tieferen Sinn dieser Kreuze bleibt meist offen, obwohl gelegentlich eine Inschrift bekundet:

„Wer gedenkt an Jesu Leiden
wird gewiß die Sünden meiden."[2]

Nur dem nachdenklichen, belesenen Betrachter wird bewußt, daß uns die Marterwerkzeuge der österlichen Passion als symbolisches Beiwerk vieler religiöser Darstellungen und Motive durch fast alle Jahrhunderte der abendländischen Kunstgeschichte begleiten. Nur Wenigen ist allerdings der faszinierende Weg von der Reliquie über das symbolische Beiwerk bis zur eigenständigen Bildkomposition bekannt. Dieser führt von den fernen Hochburgen des katholischen Glaubens bis in die Herzen des einfachen Volkes. Aber gerade hier, wo die Frömmigkeit noch heute nicht erloschen ist, werden ihre Inhalte vielfach nicht mehr verstanden.

Die Marterwerkzeuge in den Evangelien

Die Grundlage der Verehrung der Marterwerkzeuge und Leidenssymbole Christi sind zunächst die vier Evangelien selbst, die viele dieser Objekte, teils völlig übereinstimmend, benennen. Eine Auswahl von Bibelstellen gibt ein bis in viele Einzelheiten gehendes Bild des Passionsgeschehens. So wird von der nächtlichen Gefangennahme Jesu am Ölberg unter anderem auch berichtet: „Da nun Judas die Wache und die Diener von den Hohenpriestern und Pharisäern zu sich genommen hatte, kam er dahin mit *Laternen, Fackeln* und *Waffen*..." (Johannes 18; 3) Nach dem Verrat: „Simon Petrus aber zog das *Schwert,* das er hatte, schlug den Knecht des Hohenpriesters, und hieb ihm sein *rechtes Ohr* ab..." (Johannes 18; 10) Zu denen aber, die zu ihm gekommen waren ... sprach Jesus: „Wie zu einem Mörder seid ihr ausgezogen, mit *Schwertern* und *Prügeln.*" (Lukas 22; 52) „Die Wachen aber ... ergriffen Jesum, und *banden* ihn." (Johannes 18; 12) Das gelegentlich dargestellte Kaminfeuer entstammt der Szene im Vorhof des Hohenpriesters: „Es standen aber die Knechte und die Diener am *Kohlenfeuer,* und wärmten sich, denn es war kalt, auch Petrus stellte sich zu ihnen und wärmte sich." (Johannes 18, 18) Über den Verrat Petri: „Er aber fing an zu fluchen und zu schwören: ‚Ich kenne diesen Menschen nicht, von dem ihr redet.' Und sogleich krähte der *Hahn* zum zweiten Male. Da erinnerte sich Petrus an das Wort, welches Jesus zu ihm gesagt hatte: Ehe der *Hahn* zweimal kräht, wirst du mich dreimal verleugnen."
(Markus 14; 71, 72)

Über die Reue des Judas: „Da nun Judas, der ihn verraten hatte, sah, daß er zum Tode verurteilt war, reuete es ihn, und er brachte die dreißig *Silberlinge* den Hohenpriestern und Ältesten zurück..." (Matthäus 27; 3)

Über das Verhör vor dem Hohenpriester: „Und sie alle verurteilten ihn, daß er des Todes schuldig sei. Nun fingen einige an, ihn, *anzuspeien,* sein *Angesicht zu verhüllen,* und ihn mit *Fäusten* zu schlagen, und zu ihm zu sagen: Weissage! Und die Diener gaben ihm *Backenstreiche.*" (Markus 14; 65)

Über das Verhör vor Pilatus: „Als nun Pilatus sah, daß er nichts ausrichtete ... nahm er Wasser, *wusch seine Hände* vor dem Volke,

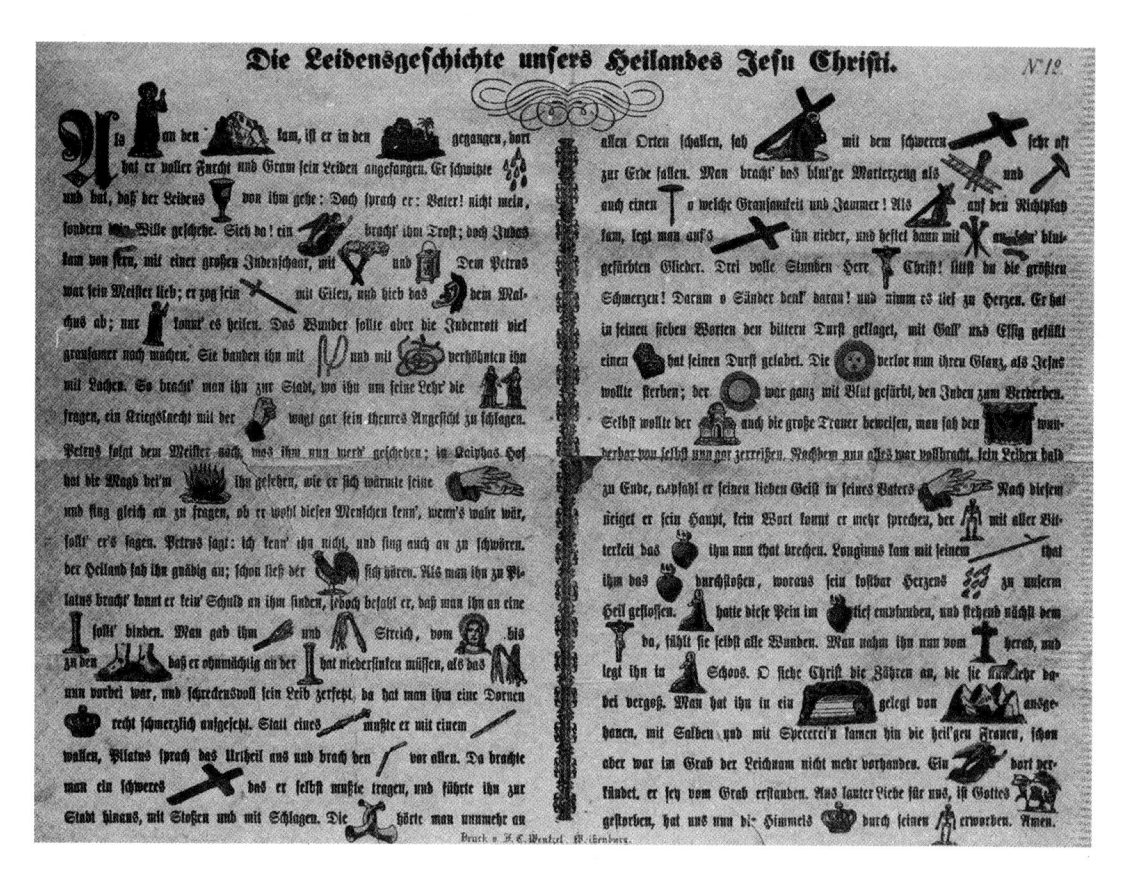

8.1T
Rebusbild: „Die Leidensgeschichte unseres Heilandes Jesu Christi", gedruckt von Friedrich Wentzel in Weißenburg/Elsaß, 19. Jh. Privatbesitz.

8.2T
Kreuzigung Christi, umrahmt von den Leidenswerkzeugen, wohl serienmäßig hergestellte kolorierte Pinselzeichnung auf Papier, 22,5/15,5 cm. Niedersachsen um 1330.

8.3T
„Christus im Baum", Holzschnitt aus „Geistliche ußlegung des lebens Jhesu Christi", gedruckt bei Zainer in Ulm 1485. Die rätselhafte, seltene Darstellung deutet in der Zusammenschau Christi mit den Leidenswerkzeugen in der Baumkrone auf eine symbolhafte Gleichung: Erlösergott = Lebensbaum, gegabelter Baum = Kreuz und damit Holz des Lebens; der ungebrochene Acker = pflügen = leiden; das Kornfeld = Ernte = Erlösung.

8.4T
Doppelseitiges Neujahrsbildchen, mit gereimten Neujahrswünschen und Darstellung des Jesuskindes in der Krippe mit Leidenswerkzeugen.
Stich des 18. Jh. Kloster Mariastern-Gwiggen, Hohenweiler, Vorarlberg.

und sprach: Ich bin unschuldig an dem Blute dieses Gerechten." (Matthäus 27; 24) „Jesum aber übergab er, nachdem er ihn hatte *geißeln* lassen, zur Kreuzigung. Die Kriegsknechte legten ihm ein *Purpurkleid* um, und flochten eine *Dornenkrone* und setzten sie ihm auf. Und sie schlugen sein Haupt mit einem *Rohre*, und *spieen ihn an*, und beugten die Kniee, sich gebärdend, ihn anzubeten." (Markus 15; 15-19) Die Berichte über den Gang nach Golgotha und die Kreuzigung benennen abermals übereinstimmend eine Reihe von Objekten: „Und sie kamen an den Ort, welcher *Golgotha*, das ist Schädelstätte, genannt wird. Da gaben sie ihm *Wein*, der *mit Galle vermischt* war, zu trinken." (Matthäus 27; 33, 34) „Da *kreuzigten* sie ihn. Pilatus aber hatte eine *Überschrift* geschrieben, und auf das Kreuz gesetzt. Es war nämlich geschrieben: ‚Jesus von Nazareth, der König der Juden.' Und es war geschrieben auf Hebräisch, Griechisch und Lateinisch." (Johannes 19; 18-20) „Nachdem nun die Soldaten Jesum gekreuzigt hatten, nahmen sie seine *Kleider* (und machten vier Teile daraus, für jeden Soldaten einen Teil), und den *Rock*. Der Rock aber war ohne Naht, von oben an durchaus gewebt. Da sprachen sie zueinander: Wir wollen diesen nicht zerschneiden, sondern das *Los* darüber werfen, wessen er sein soll." (Johannes 19; 23, 24) „Es stand aber ein *Gefäß voll Essig* da. Und sie füllten einen *Schwamm mit Essig*, steckten ihn auf einen *Ysopstengel*, und brachten ihn an seinen Mund." (Johannes 19; 29) „Einer von den Soldaten öffnete seine Seite mit einem *Speere* und sogleich kam *Blut* und *Wasser* heraus." (Johannes 19; 33, 34) Auch aus den Grabesszenen sind Gegenstände benannt: „Als nun der Sabbat vorüber war, kauften Maria Magdalena, Maria, des Jakobus Mutter, und Salome, *Spezereien*, um hinzugehen, und ihn zu *salben*. Und sie kamen am ersten Tage der Woche in aller Frühe zum Grabe, und sie sprachen zueinander: Wer wird uns wohl den *Stein* von der *Türe* des Grabes wälzen?" (Markus 16; 1-3) Dieses Passionsbild der Evangelien führte schon sehr früh zur Verehrung *einzelner* Leidenswerkzeuge, die man im Laufe der Jahrhunderte zu entdecken und aufzufinden glaubte.

Zur legendären Auffindung der Arma

Nach der bekanntesten, schon im 4. Jahrhundert verbreiteten Form der Legende sollen zwischen 320 und 345 die drei Kreuze sowie die Nägel und der Kreuzestitel in Jerusalem von der frommen Kaiserin Helena und Bischof Makarius aufgefunden worden sein. „Wahre Nägel vom Kreuze Jesu werden allerdings heute in 20(!) Orten verwahrt – in Deutschland in den Kirchenschätzen von Bamberg, Köln und Trier. Schon im Jahr 326 begann man mit dem Bau der Grabeskirche in Jerusalem, man war überzeugt, hier auch das wahre Grab Jesu entdeckt zu haben. Noch vor 333 folgte die Auffindung der Geißelsäule, von der allerdings heute sowohl in Jerusalem selbst wie auch in Rom das ‚wahre' Original gezeigt wird. Im frühen 6. Jahrhundert verehrte man nachweislich die ‚wahre' Lanze, mit der Christi Herz durchbohrt wurde; nach ihrer Auffindung in Jerusalem und jahrhundertelangen Irrfahrten ist sie heute in der Schatzkammer der Habsburger in Wien verwahrt. Die Dornenkrone findet sich schon auf römischen Katakombenfresken des 2. Jahrhunderts, ‚Originale' werden in Rom und Istanbul verwahrt. Es folgten Darstellungen vom Rohr der Verspottung, vom essiggetränkten Schwamm und vom ungenähten Rock, den seit dem 15. Jahrhundert der Würfel ablöste. Das Grabtuch wird um 670 erstmals erwähnt, im 9. Jahrhundert der Kelch, dessen Bedeutung nicht immer klar bestimmbar ist: Es kann der Abendmahlskelch sein oder der Kelch des Leidens aus der Ölbergszene oder der Trank aus saurem Wein und Galle, der Christus vor der Kreuzigung gereicht wurde. Auf manchen Darstellungen finden sich auch zwei oder drei Kelche mit den entsprechenden Bedeutungen. Im 10. Jahrhundert taucht die Darstellung des weißen Kleides auf, die im 11. Jahrhundert vom Purpurmantel der Verspottung und von der Geißel verdrängt wird.

◁ 8.2T 8.3T 8.4T

Das Schweißtuch der Veronika-Legende mit dem Abdruck des ‚wahren Bildes' Christi tritt erstmals 1140 auf. Als 1204 die Kreuzfahrer Konstantinopel eroberten, wurde diese einst christliche, später islamisierte Metropole auch zur legendären Fundquelle zahlreicher Passionsreliquien. Mit diesem Ereignis verband man die Auffindung folgender Leidensobjekte: ein eisernes Halsband, durch das Christus an die Geißelsäule angeschlossen war, den Stein, der im Grabe als Kopfstütze diente, die Fußstütze am Kreuz, das Siegel des Grabes, eine eiserne Rute, Bohrer und Säge zur Kreuzherstellung, das Holzfutter der Kette, das Christi Hals berührt hatte; die Holzplatte, auf die der Leichnam gelegt wurde, mit den Spuren von Marias Tränen. Anscheinend im Abendland hatte man schon vorher besessen: Reliquien des Riemens der Fesselung und des Stabes, mit dem der Schwamm emporgehoben worden war. Während des 13. Jahrhunderts erscheinen neu: die rechte Hand Josephs von Arimathia, das Kreuz des guten Schächers, ferner das blutige Tuch, mit dem bei der Verspottung die Augen verbunden wurden, die ausgerissenen Barthaare, das blutige Lendentuch, Ruten der Geißelung. Das 14. Jahrhundert bereicherte den vorhandenen Reliquienschatz um den Kamin, an dem Petrus den Herrn verleugnete, einen der Silberlinge, den Strick der Fesselung an die Geißelsäule, das Waschbecken des Pilatus, ein in der Seitenwunde gefärbtes Tuch, eine – als Teil der Verhöhnung durch Herodes benützte – stroherne Krone, wahrscheinlich auch um den Stein, auf dem Judas das Geld vorgezählt wurde. Das 15. Jahrhundert fand hinzu: die Säule, bei der Petrus nach der Verleugnung weinte, den (zerrissenen) Tempelvorhang, Myrrhen und Weihrauch aus dem Grabe und die Rohre, mit denen die Dornenkrone aufs Haupt gedrückt wurde, weitere Geißeln, einen Stecken, mit dem Christus beim Fall unter dem Kreuze geschlagen wurde, ein am weißen Kleide angebrachtes Folterinstrument, den Schleier Marias, den das aus der Seitenwunde spritzende Blut getroffen hatte, einen der Kreuzkeile. Wahrscheinlich waren im gleichen Jahrhundert identifiziert worden: die Würfel, der Hahn, das Schwert, mit dem Petrus das Ohr des Malchus abhieb, Laternen der Gefangennahme. Interessant ist die Mehrdeutigkeit mancher Symbole. So kann eine Hand mehrere Bedeutungen haben: Es kann die Hand der Backenstreiche während des Verhörs sein, die gelegentlich auch durch einen Handschuh vergegenständlicht wird. Es kann aber auch die Hand sein, die dem Judas die 30 Silberlinge vorzählte, oder die Hand des Dieners, die Pilatus das Wassergefäß reicht; zwei Hände sind die des Pilatus bei dessen Waschung vor dem Volke. Während des 13. Jahrhunderts soll die Hand auf Joseph von Arimathia hindeuten, der den Leichnam Jesu in reine Leinwand bettete und in einem Felsengrab bestattete. Gelegentlich finden sich auch diese Leintücher und der Sarkophag als Leidenssymbole. Auch Brust- und Kopfbilder, die im Mittelalter gelegentlich unter den Arma auftreten, können auf verschiedene Episoden der Passion hinweisen. Einmal ist es Judas, der den Herrn verriet, ein andermal ein Henkersknecht, der ihn verhöhnt oder anspeit oder ihm die Zunge zeigt, oder Petrus, der ihn verleugnet, oder Herodes, der ihn in einem weißen Kleid verspotten ließ... Zuweilen ist es aber auch Veronika mit dem Schweißtuch... Die Literatur ist mit diesen Aufzählungen noch lange nicht zu Ende. Einer Erzählung zufolge sollen gar die in Konstantinopel 1204 entdeckten Passionswerkzeuge dem Papst überbracht und von diesem als Schenkungen an Könige und Herzöge, Fürsten und Grafen in alle Welt verstreut worden sein..."[3]

Zum ursprünglichen Reliquiencharakter der Arma

Der christliche Glaube trat das sich nur zögernd auflösende Erbe heidnischer Religionen an, die voll des Glaubens an die magische Kraft von Dingen und gesprochenen Worten waren. Dazu gehörte auch der Glaube an die heilbringende und unheilabwehrende Wirkung des Amuletts, dessen Stelle im Volksglauben die Reliquie einzunehmen begann.

8.5T

Das auf dem Kreuz schlummernde Jesuskind in Vorahnung seiner Leiden, aus den Blütenkelchen der Frühlingswiese sprießen bereits die Marterwerkzeuge: „Sieh o sinder Jesum schlaffen / auf den Creutz, das kleine Kindt / thue ihm doch ein ruhe verschaffen / stehe ab und meid die sindt."
Lkr. Traunstein, Privatbesitz.

Die Reliquie ist *Übertragungsmedium der wunderbaren Kraft* eines Heiligen und hat umso größere Wirkung, je näher sie mit dem Heiligen verbunden oder verwachsen war. Aus dieser Sicht ist es selbstverständlich, daß dem blutgetränkten Kreuz Jesu nach seiner legendären Auffindung höchste Wunderkraft zugeschrieben wurde und auch die kleinsten Kreuzessplitter zur Abwehr allen Übels herangezogen wurden. Schon im zweiten Jahrhundert glaubte man nachweislich an die dämonenbannende Wirkung des Kreuz-*Zeichens*. Der Brauch, Fieberkranken Wein oder Wasser zu geben, in das ein – auch reliquienloses – Kreuz getaucht worden war, läßt sich bis ins 7. Jahrhundert zurückverfolgen. Brote mit dem eingedrückten Kreuz-Zeichen dienten bis um das Jahr 1000 zu Heilzwecken, bis ins 11. Jahrhundert zur Unwetterbannung. Neben dem Kreuzesholz selbst schrieb man den *Kreuzesnägeln* die nächsthöhere Wirkung als Phylakterion (Schutzmittel vor allerlei Bösem) zu. Dazu trug wohl die Tatsache bei, daß Nägel schon in der Antike zu den Amuletten gehörten. Im Glauben an diese Wunderkraft wurden Partikel dieser Nägel auch dem kaiserlichen Zaumzeug, Diadem und Helm eingefügt und auch die Wirkung der im Besitz der deutschen Könige verwahrten heiligen Lanze beruhte auf den in sie eingefügten Kreuzesnägeln. Zu den frühen Reliquien gehörte Erde aus dem Grab Christi und Öl aus der Grablampe; schließlich wurde das kleinste Staubteilchen der heiligen Erde als segenbringender Besitz betrachtet. Auch dem formelhaft gesprochenen Wort wurde wundersame Wirkung zugeschrieben; für viele böse Lebenslagen sollte ein entsprechender Text behilflich sein. So galt der Titulus INRI als die kräftigste aller Teufelsbeschwörungen.[4]

Die Andacht zu den Arma Christi

Im 13. Jahrhundert, mit den geistigen Strömungen der Mystik, formt sich das Bild der Arma zu einer Komposition von oft erschütternder Dichte und Unmittelbarkeit. Die Arma werden ein *selbständiger*, eigengesetzlicher Motivkreis. Eine der theologischen Grundlagen der mit den Arma verbundenen Andachten mag die Forderung des Heiligen Thomas von Aquin (1225-1274) gewesen sein, man müsse die österliche Passion so innig mitleiden, daß man um dieses Leidens willen erlöst werde. Dies wiederum gründet sich auf eine apostolische Verheißung: wer mitleidet, werde auch an Jesu Herrlichkeit teilnehmen. Dieser tragende Gedanke steigerte den Drang zur „Compassio" – zum Mitleiden – und erfüllte ihn mit tiefer Leidenschaft und Innigkeit, er galt auch als sicherster Weg zur Erlösung. Auch für den Heiligen Albertus Magnus (1200-1280) war die Vertiefung in die Passion gottgefälliger als Kasteiungen und Gebetsübungen, das mit wahrer Hingabe miterlebte Leiden Jesu trage am besten zur inneren Vervollkommnung bei. „Die früheste literarische Bezeugung der Andacht zu den Leidenswerkzeugen befindet sich in der Zisterzienserabtei Villers in Brabant in Form einer Handschrift aus dem Jahre 1320."[5]

Was sich auf dieser Handschrift alles zeigt, ist wirklich ein erschütternder Zyklus menschlichen Leidens. Auf einer von zwei verschiedenen Seiten sieht man, zum Teil mit erläuternden Texten und Ablaßverheißungen: „die Seitenwunde, deren Größe nach einer Offenbarung wiedergegeben ist,... die Dornenkrone, die Nägel, das Kreuz, die Leiter, Hammer und Zange, die Wasserkanne der Handwaschung, Schwammstab, Lanze, Kreuz mit Velum, zwei Geißeln, Purpur und Speichel..." Auf der anderen Seite: „die Hand der Gesichtsschläge, die 30 Silberlinge, die Laterne, je zwei Schwerter und Keulen der Gefangennahme, eine Zunge mit aufgelegtem Dolch, eine Fackel, der weiße, der purpurne und der ungenähte Rock, das Beschneidungsmesser, das Diadem der Verspottung, die Würfel, das blutende Herz, ein Stiefel der Fußtritte, Rohrstab, zehn blutige Fußspuren..."[6]

Jedenfalls war jene Zeit bestrebt, durch die „Fülle der Geschehnisse das Grauen immer mehr zu steigern und eine stetig anwachsende Anzahl von Folterknechten tätig sein zu lassen, deren stets frisches Eingreifen die Vorstellung eines Nachlassens der Quälereien und der Mißhandlungen nicht aufkommen

8.6T
Bäuerliches Arma-Kreuz für die häusliche Andacht.
19. Jh., Privatbesitz (Lkr. Traunstein).

läßt."⁷ Jesus hat in allen diesen Arma-Kompositionen subjektiv alle Leiden gelitten: „Er habe gelitten durch Heiden und Juden, durch Männer und Frauen, durch die führende, durch die gehorchende, durch die freie Schicht des Volkes, durch Vertraute und Bekannte. Er habe die schlimmsten Erfahrungen erleben müssen, Flucht der Freunde, Verleumdungen und übelste Beschimpfungen, tiefste Verletzung des Schamgefühls durch völlige Entblößung, seelisch tiefste Trauer, höchsten Ekel, größte Furcht, körperlich die Geißelung und die Kreuzigung. Er habe an allen Gliedern gelitten, am Kopf durch die Dornen, im Gesicht durch Schläge und Speichel, an Händen und Füßen durch die Nägel, am ganzen Körper durch die Geißelung; er habe durch alle Sinne gelitten, er habe die Geißelung und Kreuzigung gefühlt, Essig und Galle geschmeckt, den Verwesungsgeruch der Schädelstätte gerochen, Mutter und Lieblingsjünger weinend unter dem Kreuz stehend gesehen."⁸ Die Meditation arbeitete an einer steten Erweiterung der Visionen der Qual: Es gibt Kreuzigungsszenen, auf denen Christus am Kreuz bereits als gestorben dargestellt ist, die Nägel sind aber nur mit ihren äußersten Spitzen eingeschlagen. Dies ist eine Aufforderung, sich die entsetzliche Durchbohrung der Hände und Füße zu vergegenwärtigen! „Das war es, was in der Vorstellung nacherlebt werden sollte, wie die Nagelspitze in das Fleisch eingedrückt wird, wie das Eisen unter den Hammerschlägen immer tiefer eindringt, das Fleisch auseinanderreißt, die Knochen zersprengt, wie das Blut herausspritzt, wie die Schmerzen immer furchtbarer werden."⁹ Bis zum 13. Jahrhundert ist die Zusammenfassung der einzelnen Marterwerkzeuge weitgehend abgeschlossen; die Sensibilität für die grausame Sprache der Werkzeuge war unerhört gesteigert. Die im Nacherleben des Leidens Christi begründete neue Frömmigkeit mußte einen ganz besonderen Auftrieb erfahren, als bekannt wurde, daß der Heilige Franz von Assisi († 1226) mit den Wundmalen Christi begnadet wurde.

Kap. 8

Andacht, Verheißung und Ablaß

Spätestens um 1300 dürfte sich aus der freien Meditation eine zwar außerliturgische, aber thematisch festumrissene Andacht entwickelt haben. Der älteste mit dieser Andachtsübung verbundene Ablaß versprach 40 Tage, spätere Ablässe werden um Jahre ausgedehnt. Mit den *täglichen* Andachten und Meditationen zu den Arma wollte man schon zu Beginn des 14. Jahrhunderts Schutz vor plötzlichem, unbußfertigem Tod gewinnen; Gebärende erhofften wirksamen Beistand und schmerzlose Geburt. Im Rahmen der Andacht sollte schließlich jede Waffe und die durch sie verursachte Qual inbrünstig betrachtet und damit die Vergebung „entsprechender" Sünden erzielt werden – die Versenkung in die Silberlinge des Judas sollte also beispielsweise vor Geiz und Habgier bewahren. Jeder Tag sollte der Betrachtung einer oder einiger Waffen gewidmet werden – von den Waffen sollte die Kraft zum Widerstand gegen bestimmte Sünden und Versuchungen ausstrahlen. Im Verlauf des 15. Jahrhunderts wandelte sich das Verhältnis der Menschen zum Leiden Jesu: Zu den damals „identifizierten" Passionsreliquien gehörten bezeichnenderweise auch solche, die besonders rührend sind: Der Baum, an dem Christus vor dem Hause des Pilatus angebunden war, die Säule, an die er sich lehnte, als er müde war, der Stein, auf dem er vor der Kreuzigung saß. Im Vordergrund stand nicht mehr das nackte Grauen, sondern die Gerührtheit.

Älteste bildliche Zusammenfassungen verschiedener Passionsepisoden

Der Hochkunst stellte sich schon in frühchristlicher und vormittelalterlicher Zeit die Aufgabe, breiten Volksmassen das Heilsgeschehen bis in alle Enzelheiten in eindrucksvollen, jedermann verständlichen Bildern und Zeichen zu verdeutlichen. Schon zwischen dem 6. und 11. Jahrhundert finden sich die ersten Darstellungen, auf denen verschiedene Leidensepisoden in *einem Bild zusammengefaßt* oder einzelne Leidenssymbole auf einem Bildtypus gebündelt dargestellt werden. Die Kreuzigungsminiatur eines Evangeliars von 586 vereinigt den Streit der Soldaten um den Rock, die Tränkung mit dem Schwamm und den Lanzenstich ins Herz. In dieses Andachtsbildschema wurden später die verdunkelte

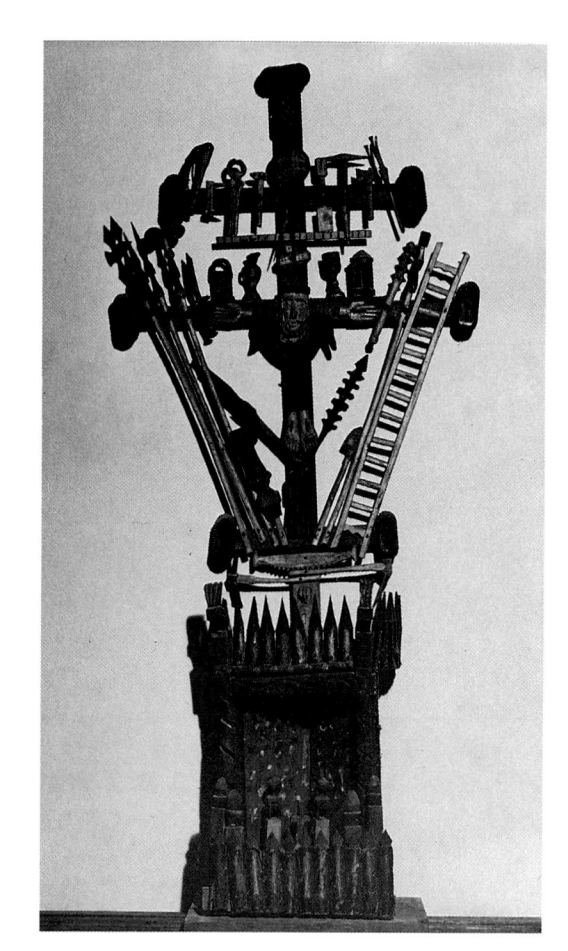

8.7T
Bäuerliches Arma-Kreuz für die häusliche Andacht. 19. Jh., Privatbesitz (Lkr. Erding).

Sonne und der Mond mit einbezogen. Schwammstab und Lanze sind Leidenssymbole, die schon im 6. Jahrhundert auftauchen und die Passionsbilder der christlichen Kunst bis in die Gegenwart begleitet haben. Eine Illustration im Utrechtpsalter beweist, daß schon in der 1. Hälfte des 9. Jahrhunderts die Passion durch die „Bündelung" von Leidensmotiven dargestellt wurde. Erst um 1100 wurden Kreuzesnägel als Arma dargestellt, um 1200 die Geißel. Im Laufe des 12. Jahrhunderts erweiterte man das Repertoire der Marterwerkzeuge, die nun in die Kleinkunst, in die Miniaturen und auch in die monumentalen Werke aufgenommen werden. Um 1300 fanden die Arma in heraldischer Anordnung Eingang in das aristokratische Wappen. Schon im 14. Jahrhundert zeigt sich allerdings das deutliche Bestreben nach einer *formalen* Auslese der Arma, die sich zwanglos in eine geschlossene Szene einfügen sollten.

Im 15. Jahrhundert treten die Arma vielfach in die Darstellungen der Kreuzabnahme. Das Thema des siegreich auferstandenen Christus wird im 16. Jahrhundert ein sehr beliebtes Motiv auf deutschen Epitaphien; dabei zeigen die Steinmetzen mit Vorliebe auch die wichtigsten Marterwerkzeuge, die hier von Engeln getragen werden. Das 16. und 17. Jahrhundert schließlich begann verschiedene religiöse Darstellungen mit den Arma zu „dekorieren". Die Spontaneität des Verhältnisses zu den Arma ließ allmählich nach – der Zeitgeist der Renaissance hatte nicht mehr die Tiefe dieser mittelalterlichen Frömmigkeitsform. Dennoch begleitet uns durch alle Jahrhunderte die bildliche Verehrung der Arma. Besonders rührend ist die schon seit dem Mittelalter bekannte Darstellung des „Schmerzenskindes": Das Jesuskind liegt anstatt in einer Wiege auf einem Kreuz, oft mitten in einer blumenübersäten Wiese und aus jedem Blütenkelch sprießt ein Marterwerkzeug. In diesem Bild wird schließlich jedem Menschen die Passion seines eigenen Lebens schon in der Wiege vorausgesagt, doch für das Jesuskind ist das Wissen um sein Leiden schon zur ersten Station seiner Leidenslaufbahn geworden. Vereinzelt stellt die Hochkunst sogar schon das Jesuskind mit den Nägeln und der Lanze in den Wunden und dem Essigschwamm vor dem Mund dar. Auf einer sehr reichen Darstellung aus dem 18. Jahrhundert finden sich folgende Verse:

„Sieh o Sinder Jesum schlaffen
auf den Creutz, das kleine Kindt,
thue ihm doch ein ruhe verschaffen
stehe ab und meid die sindt."

Im 19. Jahrhundert allerdings scheint das Motiv der Arma nur noch in der Volkskunst auf einem wirklich religiösen Fundament zu stehen. Erst die im 20. Jahrhundert einsetzende Erneuerung der christlichen Kunst greift das ehrwürdige Thema wieder bewußt auf.

Das Arma-Motiv in der Volkskunst

Weit stärker als in der Hochkunst verbreiteten sich die einprägsamen bildlichen Hieroglyphen der Leiden Jesu in der Volkskunst – bis hin ins ferne Lateinamerika, wo es die Spanier und Portugiesen in die Herzen der Indios verpflanzten. Der bäuerlichen Spiritualität kam diese abstrakte, oft derbe Form des Andachtsbildes wohl noch mehr entgegen als dem an den Werken der Hochkunst geschulten Auge – denn die Motive waren nicht nach einem ästhetischen Kanon, sondern nach einem religiösen Bedürfnis ausgewählt und angeordnet. Da die breite Masse unseres Volkes erst mit der Einführung der allgemeinen Schulpflicht nach 1800 lesen lernen konnte, bewegten bildhafte Darstellungen von besonderer Eindringlichkeit fast zwangsläufig die

8.8T
Arma-Kreuz als „Eingericht", 19. Jh., Privatbesitz (München).

8.9T
Arma-Kreuz als Andachtsbild, 19. Jh., Privatbesitz (München).

Gemüter unserer Vorfahren. Dennoch ist es erstaunlich: Vom 14. bis zum 19. Jahrhundert gehören die Arma zum festen Bestandteil der volkstümlichen Zeichen- und Bilderwelt. Nur gelegentlich findet sich im 19. Jahrhundert auch ein erklärender Hinweis, wie etwa:

„Hie sihst du Anfang und auch End
Dess Ganzen Leydens Instrument."

Armakreuze standen in den Herrgottswinkeln der Stuben, sie hingen an den Hauswänden, an Stall oder Scheune, sie ragten als Feld- und Wegkreuze, gelegentlich aber auch als Grabkreuze mahnend in den Himmel. Das Arma-Motiv fand sich auf Hinterglasbildern und Wachsstöcken, in Betrachtungs- und Andachtsbildern, auf Medaillen und in Flaschen als Eingericht. Auch Scherenschnitte und Kupferstiche sind in großer Zahl erhalten. Rosenkränze schmückte man durch die aus Knochen oder Silber hergestellten Symbole der fünf Wunden. Arma finden sich aber auch auf Bauernschränken, auf Truhen und Bettgestellen. Zur Verzierung der geweihten Osterbutter dienten eigene Rollenmodel mit den Arma. Sogar auf Glasgefäßen, auf Porzellan und auf Ringen tauchen die Marterwerkzeuge auf. Am sorgfältigsten gearbeitet sind die Versehkreuze, die man dem Sterbenden in die Hand drückte, vielerorts aber auch täglich auf das aufgebettete Kopfkissen legte. Am auffälligsten sind heute noch die Weg- und Feldkreuze. Sie wurden stets an besonderen Stellen errichtet, an Weggabelungen, Brücken, an hochgelegenen Aussichtspunkten und an Besitzgrenzen; und es herrschte ganz allgemein der Brauch, gerade vor diesen Kreuzen innezuhalten, den Hut zu ziehen und zu beten. In Oberbayern sind solche Kreuze zusammen mit den Arma fast durchwegs aus Holz, das Corpus Christi gelegentlich aus bronziertem Gußeisen. In Oberschwaben und im Allgäu herrschen Arma-Kreuze aus Schmiedeeisen und Blech vor, deren zierliche Umrisse sich wie Scherenschnitte gegen den Himmel abheben.

Arma-Kreuze – Votiv und Massenartikel

„Die Hersteller der volkstümlichen Andachtsbilder waren Leute, die sich naiv und spontan als Schnitzer, Maler und Zeichner betätigten, aber auch Handwerker wie ortsansässige Kistler, Maler, Schmiede, Drechsler, Schnitzer und Hafner. Dazu kamen als Lieferanten, zumindest seit dem späten Mittelalter, Andachtsbildmanufakturen wie die Berchtesgadener Schnitzer, klösterliche Bilder- und Briefmalereien und Devotionalienwerkstätten, dann die Oberammergauer, Böhmerwälder, Viechtauer und Grödner Heimarbeiter und seit dem 18. Jahrhundert die äußerst produktionskräftigen Hinterglasmaler, die durch Hausierer und organisierte Handelsvertreter ihre Waren absetzten. Einen immensen Aufschwung erhält diese Bilderkultur durch die Entwicklung der Vervielfältigungstechnik und im 19. Jahrhundert durch die Photographie. Die Früchte der Vervielfältigungsindustrie formten und erweiterten die volkstümliche Bilderwelt, beeinflußten auch die volkstümliche Bildgestaltung, zeigten aber selbst vorzüglich Merkmale routinierten Handwerks..."[10] Dennoch wäre es verfehlt, anzunehmen, daß die religiöse Spontaneität der Einzelanfertigung, etwa auf Grund eines Gelöbnisses, ein Akt ferner Vergangenheit sei – auch aus jüngerer Zeit sind rührende Anlässe bekannt, die zur Errichtung eines Arma-Kreuzes führten. Das gewaltige Arma-Kreuz am Bachingerlehen in Bischofswiesen beispielsweise bewahrt die Erinnerung an ein freudiges Familienereignis: Die Geburt eines gesunden Hoferben im Jahre 1884. Vielleicht spielte auch die Dankbarkeit für glückliche Heimkehr aus dem Deutsch-Französischen Krieg 1870/71 mit, bei dem der damals Zwanzigjährige erstmals ein Arma-Kreuz gesehen haben mag; denn diese Kreuzform war im Berchtesgadener Land unbekannt. Der Erbauer des Kreuzes hat im Heiligen Jahr 1900 eine Fußwallfahrt nach Rom unternommen und starb 1926. Ein Bauer in Landsham, Landkreis Ebersberg, ließ 1940 ein prächtiges Arma-Kreuz zum Dank dafür errichten, daß sein Vieh vor einer Seuche verschont blieb – dieses Kreuz zeigt in einem flachen Relief sogar einen Ausschnitt der Stadt Jerusalem. Vereinzelt sind sogar die Namen von Persönlichkeiten aus der bäuerlichen Welt überliefert, die ihr künstlerisches Talent „nebenher" auf die Gestaltung von Arma-Kreuzen verlegten: „Beim Arma-Kreuz am Stockingerhof in Gegenbach in der Gemeinde Breitenbach tragen zwei Querbalken die Marterinstrumente der Kreuzigung. Selbst das Schwert des Petrus fehlt nicht, mit dem er Malchus das Ohr abhieb, nicht die Schaufel, nicht die Geißel, nicht der Ysopstengel mit dem Essigschwamm. Dreißig Silberlinge, die Bestechungssumme für Judas Iskariot, sind ganz oben als Krone der Schwäche und Unmenschlichkeit angebracht. Genau um neun blieb die Uhr stehen. Das ist die Todesstunde. Insgesamt 27 Symbole erinnern bildhaft an die Leidensgeschichte. Dieses Arma-Kreuz und weitere sechs in der Gemeinde Breitenberg hat Joseph Weidinger geschnitzt, der am 22. April 1797 in Hirschenberg geboren wurde. Die Schule besuchte er wohl in Breitenberg und als Vorbild für seine Kreuze diente ihm sicherlich der überlebensgroße Kruzifixus im Chorbogen der Breitenberger Pfarrkirche.

Im Jahre 1838 verzog Joseph Weidinger nach Mösberg, arbeitete als Herrgottschnitzer und betrieb nebenbei eine kleine Landwirtschaft. Als er am 20. Mai 1880 im Alter von 83 Jahren starb, konnte er auf ein schaffensreiches Leben zurückblicken, denn er hatte für die Menschen des Wegscheider und Wolfsteiner Landes Hunderte von Kreuzen und Figuren geschnitzt."[11]

Das wohl gewaltigste Arma-Kreuz im Alpenraum ist über 10 m hoch, es steht neben einem Gasthof am südlichen Ortsende von Kappl im tirolischen Paznauntal und wurde um 1920 in Eisenkonstruktion errichtet, dem Vernehmen nach zum Dank für einen glimpflich abgelaufenen Lawinenabgang.

Wie viele andere Flurdenkmäler, mußten auch manche Arma-Kreuze dem Straßenbau und der Flurbereinigung weichen, manche wurden bei „Hausrenovierungen" beseitigt oder landeten im Souvenirhandel.

Nur das Wissen um die besondere religiöse Eigenart öffnet den Weg zum näheren Verständnis dieser Kreuze und weckt neben dem Interesse auch jene Ehrfurcht, die diese Zeugnisse vergangener, inbrünstiger Gläubigkeit verdienen. Sie mahnen uns noch heute eindringlich, der Leiden Jesu zu gedenken, und gerade dem modernen, von der Überfülle des Geschriebenen übersättigten Menschen geht ihre knappe Bildersprache oft tief unter die Haut.

Anmerkungen

[1] Inschrift auf einem Arma-Kreuz in Ottmannshofen bei Leutkirch, abgebildet bei: Manfred Thierer und Georg Zimmer: Arma-Christi-Feldkreuze im Westallgäu und in Oberschwaben. Sentkirch 1984, S. 17.
[2] Inschrift auf der Vorderseite eines aus Horn gefertigten Löffels, dessen Außenseite eine Darstellung der Arma Christi zeigt.
[3] Rudolf Berliner: Arma Christi. Münchner Jahrbuch der bildenden Kunst 1955/56, S. 37 f.
[4] Lenz Kriss-Rettenbeck: Bilder und Zeichen religiösen Volksglaubens. München, 2. Auflage 1971, S. 74 ff.
[5] Andrea-Maria Apold: Das Arma-Christi-Motiv. In: Volkskunst, Zeitschrift für volkstümliche Sachkultur. 1. Jahrgang 1978, Heft 3, S. 201.
[6] Wie Anm. 3, S. 49 f.
[7] Wie Anm. 3, S. 48 f.
[8] Wie Anm. 3, S. 46.
[9] Wie Anm. 3, S. 42.
[10] Wie Anm. 4, S. 16.
[11] Helmut Rührl: Begleitheft zur Ausstellung Herrgottszeichen in der Gemeinde Breitenberg. Breitenberg 1988, S. 19.

8.1 + 8.2
Sühnekreuz als Granitsäule, am Schaft erhabene Reliefs der Arma Christi, bez. 1729. Helletsgaden, Gde. Steinhöring, Lkr. Ebersberg.

8.3
Sehr schlichtes Arma-Kreuz auf einer Almkapelle; auch der Glockenständer trägt ein Heiligenbild. Ende 19. Jh. Großer Ahornboden „in der Eng", Rißtal, Tirol.

8.4
Reich ausgestattetes doppelbalkiges Arma-Kreuz an einem Bundwerkstadel, 19. Jh. Freilichtmuseum Massing im Rottal, Niederbayern.

8.5 (Seite 187)
Sehr kunstvoll gearbeitetes Arma-Kreuz im Birgittinenkloster in Altomünster, frühes 19. Jh. Lkr. Dachau.

8.6 (Seite 187)
Zweibalkiges Arma-Kreuz an der Kirchenwand. Winden, Gde. Altmannstein, Lkr. Eichstätt.

8.7 (Seite 187)
Reich ausgestattetes Arma-Kreuz als Hauskreuz, spätes 19. Jh. Lkr. Fürstenfeldbruck.

8.8 (Seite 187)
Einfacheres Arma-Kreuz als Hauskreuz. 19. Jh. Musbach, Gde. Petting, Lkr. Traunstein.

8.9 (Seite 187)
Doppelbalkiges Arma-Kreuz, 19. Jh. Eschling, Gde. Burgheim, Lkr. Neuburg-Schrobenhausen.

8.10 (Seite 187)
Doppelbalkiges Arma-Kreuz an der Wand eines Kirchenschiffs. 19. Jh. Haunstetten, Gde. Kinding, Lkr. Eichstätt.

8.5 △   8.6 ▽   8.7 △   8.8 ▽   8.9 △   8.10 ▽

Kap. 8   187

188

Kap. 8

8.13

8.14

8.11 (Seite 188)
Schlichtes Arma-Kreuz in Wegkreuzform, frühes 20. Jh. Vierkirchen, an der Zufahrt zu den Wiedenhöfen, Lkr. Dachau.

8.12 (Seite 188)
Einfaches Arma-Kreuz in Wegkreuzform, dat. 1830. „Blümlhuberkreuz" in Niederperach, Gde. Perach, Lkr. Altötting.

8.13
Arma-Kreuz in Wegkreuzform, errichtet 1986. Burgkirchen/Alz, Lkr. Altötting.

8.14
Wegkreuz mit sehr schlicht ausgearbeiteten Arma, Mitte 20. Jh. Ambach, bei Schloßstraße 1, Gde. Schwabhausen, Lkr. Dachau.

8.15
Großes Arma-Kreuz als Hauskreuz, dat. 1860, mit Inschrift:
„Erwache, Tochter Sion, aus deinem Sünden Schlaf,
wie der gute Hirt stirbt selbst für seine Schaf.
Er hängt für dich am Kreuze ausgestreckt
haben denn die Hammerschläge dich nicht aufgeweckt.
Steh auf, o träges Kind
und weine über deine Sünd."
Rottenbuch, Lkr. Weilheim-Schongau.

8.16
Arma-Kreuz, in Erfüllung eines Gelübdes für die Verschonung des Viehs vor einer Seuche 1940 errichtet. Landsham, Gde. Pliening, Lkr. Ebersberg.

8.17 (Seite 191)
Großes Hofkreuz mit den Arma Christi, errichtet um 1884. Bachingerlehen in Bischofswiesen, Lkr. Berchtesgadener Land.

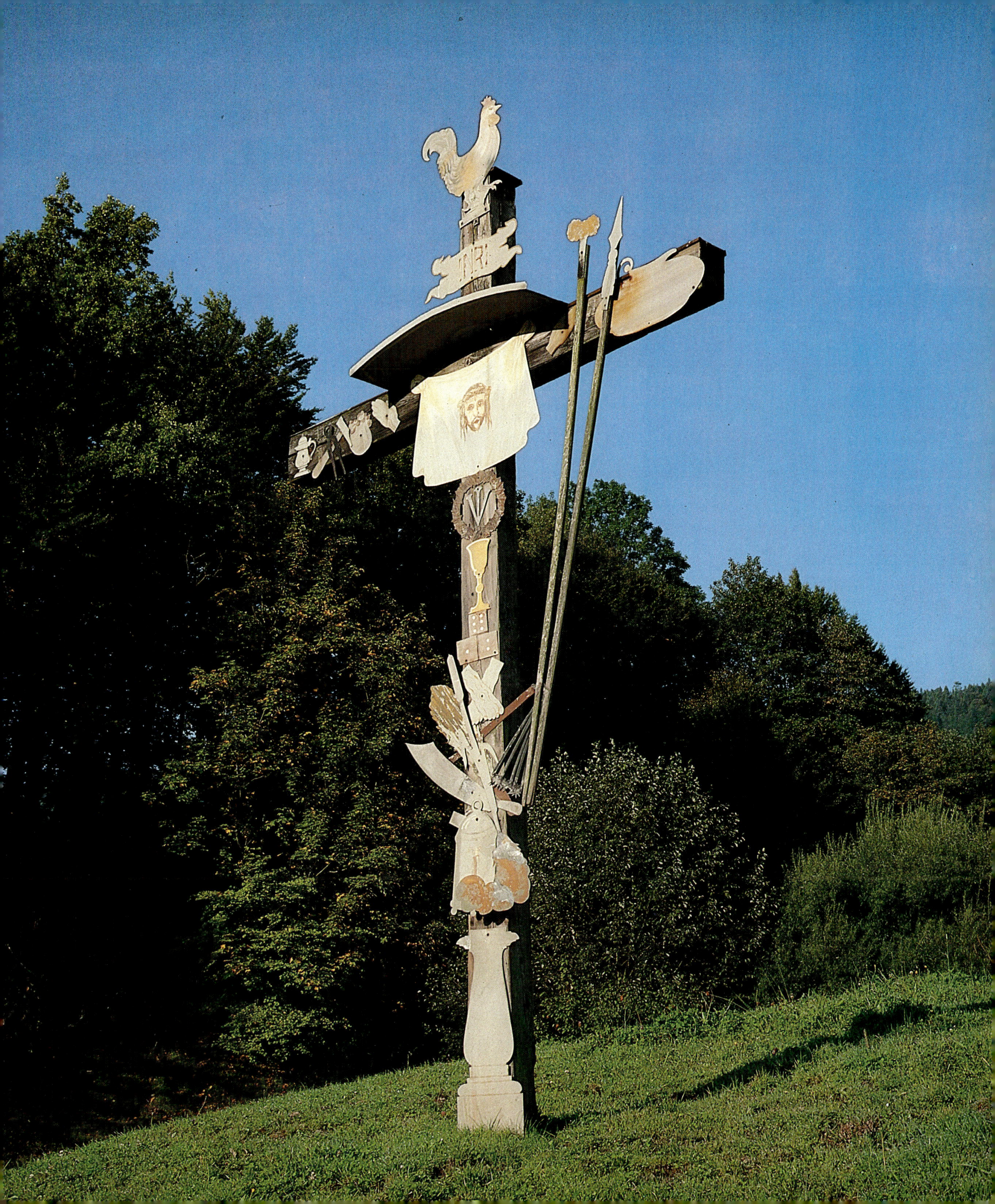

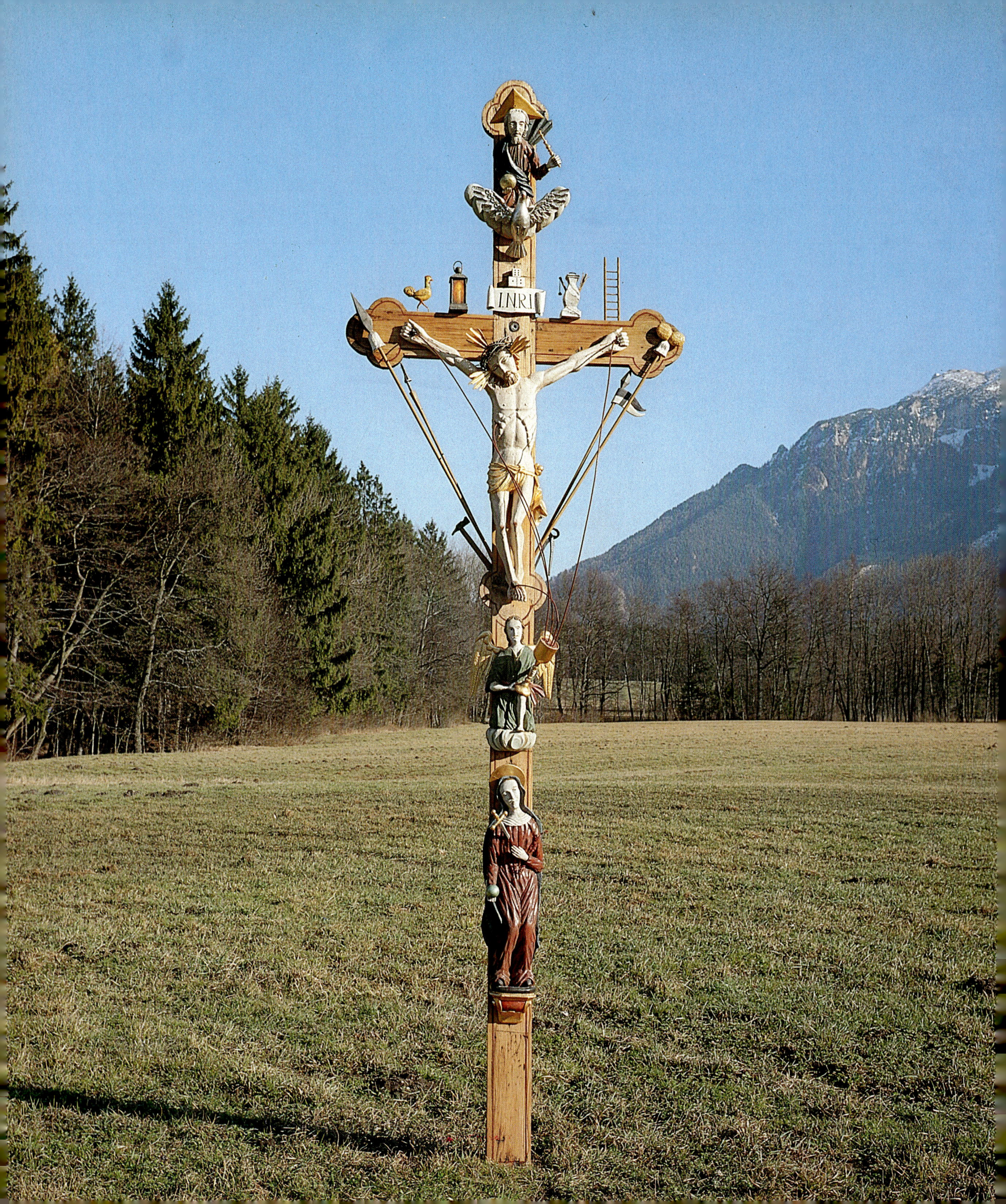
INRI

8.19
Arma-Kreuz, ehemals an einem Schuppen,
spätes 19. Jh.
Gnotschaft Stanggaß, Im Rostwald,
Gde. Bischofswiesen, Lkr. Berchtesgadener Land.

8.18 (Seite 192)
Außergewöhnlich kunstvoll gestaltetes Arma-Kreuz
mit Darstellung der Hl. Dreifaltigkeit, wohl 19. Jh.
Foto nach Restaurierung 1990.
Türk, Gde. Bad Reichenhall, Lkr. Berchtesgadener
Land.

Kap. 8

8.20
Arma-Kreuz in Wegkreuzform, wohl frühes 20. Jh.
Ismaning, Lkr. München.

Kap. 8

8.21
Reich gestaltetes Hauskreuz mit den Arma Christi, dat. 1831.
Holzen 116, Gde. Winhöring, Lkr. Altötting.

8.22
Arma-Kreuz, ehemals an einer Stadelwand, 19. Jh. Niederschweibern, Gde. Niederbergkirchen, Lkr. Mühldorf.

Kap. 8

8.23
Das wohl größte Arma-Kreuz der Alpen, etwa 10 m hoch, aus Eisenteilen um 1920 errichtet. Kappl im Paznauntal, Tirol.

8.24
Almkreuz mit den Arma Christi. Parc National de la Vandise, Villaron à Bessans, Frankreich.

8.25
Die Arma Christi, als steinernes Bittgebet für das Seelenheil gestiftet, bez. 1892. Platte aus Solnhofener Kalk in einer bäuerlichen Hofkapelle nahe Altötting.

8.26
Rührende Wiedergabe des Arma-Kreuz-Motivs im Rahmen naiver Holzknechtschnitzereien. Harbacher Alm, Gde. Schneizlreuth, Lkr. Berchtesgadener Land.

9

DENKMALE AN DIE PEST

"Vor Pest, Hunger und Krieg verschone uns o Herr!"

Die Pest in Europa

„Gerüchte über eine schreckliche Seuche ... waren schon im Jahr 1346 in Europa aufgetaucht. Angeblich hatte sie sich von Zentralasien über Indien und Persien, Syrien, Ägypten und ganz Kleinasien ausgebreitet... Die Gerüchte sprachen von einem verheerenden Zoll an Toten, ganz Indien sollte entvölkert worden sein, ganze Landstriche mit Leichen bedeckt, in anderen blieb niemand am Leben. Da es aber kein Bewußtsein von der Ansteckungsgefahr gab, war man nicht eher ernstlich beunruhigt, als die ersten verseuchten Schiffe die Pest nach Messina brachten...: Die erkrankten Seeleute hatten fremdartige Schwellungen von der Größe eines Hühnereis in den Achselhöhlen und Leisten. Die Schwellungen näßten von Blut und Eiter und wichen Geschwüren und schwarzen Flecken, die sich über die ganze Haut ausbreiteten. Die Kranken litten schwere Schmerzen und starben schnell, fünf Tage nach den ersten Anzeichen der Krankheit. Als die Seuche sich ausbreitete, traten andere Symptome wie Blutspucken und hohes Fieber an die Stelle der Schwellungen und Lymphdrüsenverdickungen. Die Opfer husteten und schwitzten schwer und starben noch schneller, manchmal in weniger als drei Tagen, in seltenen Fällen innerhalb 24 Stunden. Bei beiden Erscheinungsformen der Seuche rochen alle Körperausscheidungen, Atem, Schweiß, Blut aus Lungen und Schwellungen, Urin und blutschwarze Exkremente, faul. Verzweiflung und Hoffnungslosigkeit begleiteten die physischen Symptome, und noch bevor ein Kranker starb, war ihm der Tod ins Gesicht geschrieben."[1] So begann die Pest im Jahr 1347 ihren verheerenden Weg durch Europa, als genuesische Handelsschiffe mit toten und sterbenden Männern an Bord vom Schwarzmeerhafen Caffa auf der Krim die tödliche Seuche nach Messina einschleppten.

Genua verweigerte daraufhin seinen eigenen Galeeren das Anlaufen der Reede. „Draußen vor dem Hafen trieben, dem Wind preisgegeben, die Geisterschiffe mit ihrer Leichenfracht, und niemand wagte sich ihnen zu nähern, obwohl sie vollgeladen waren mit Seide und kostbaren Viktualien."[2] Die verseuchten Schiffe landeten schließlich am 1. November 1348 in Marseille und schleppten auch hier prompt die Pest ein...

Die europäische Pestkatastrophe hatte ihren Vorgänger in China, dem zweiten Ballungsgebiet der alten Welt. Sie dauerte dort von 1331 bis 1353 und ließ die damalige Bevölkerung Chinas von 120 auf 65 Millionen zusammenstürzen. Verheerende Folgen hatte die Pest schließlich für die innerasiatischen Steppengebiete von der Ukraine bis in die Mongolei, die in der Folgezeit fast menschenleer wurden. Vorher aber, im Zuge starker Volksvermehrungen, hatten die Steppenvölker dieser Regionen – Hunnen, Seldschuken, Osmanen, Mongolen – regelmäßig kriegerische Einfälle nach Westen und Süden unternommen. So wurde der Pesterreger seit dem 13. Jahrhundert durch die Mongolen aus dem ursprünglichen Dauerherd in Hinterindien auch in die innerasiatischen Steppenländer und das Kaspische Meer gebracht, von wo er über die Handelswege weiter verschleppt wurde.[3]

Denn die politische Situation in Asien um die Mitte des 14. Jahrhunderts brachte es mit sich, „daß man vorzugsweise über die Karawanenstraße nördlich des Kaspischen Meeres reiste, und auf eben dieser drang auch die Pest vor. 1346 kam sie nach Astrachan, von dort aus folgte sie der Wolga stromauf, lief den Don hinab und traf 1347 in Caffa am Schwarzen Meer erstmals auf eine europäische Bevölkerungsgruppe. Caffa lag damals in den Händen der Genueser, die periodisch Zwistigkeiten mit den Tataren auszufechten hatten. In jenem Frühjahr belagerte der Khan Djam Bek die Stadt, als die Pest kam und seine Truppen dezimierte. Bevor er das Feld räumte, ließ er noch einige Pestleichen über die Befestigungsmauern schleudern, um, wie er sagte, die Christen zu verpesten. Caffa, vom Kriege befreit, empfing die Pest... Und da die Stadt nach dem Krieg auch den Seeverkehr wieder aufnehmen konnte, wurden ihre infizierten Schiffe zu Boten des Unheils."[4]

Vermutlich waren aber die genuesischen Handelsschiffe nicht die einzigen Pestüberträger; „damals gab es immerhin etliche Karawanenrouten ... und einen mehr oder minder ständigen Schiffsverkehr vom Schwarzen Meer ins Mittelmeer."[5] Schon im Laufe des Jahres 1348 verbreitete sich die Seuche über die Seehandelsstädte nach Frankreich, Spanien, England und Skandinavien, kam aber von Italien aus auch über die Alpenstraßen in die Schweiz, nach Burgund, Deutschland, Österreich, Böhmen und Ungarn. Bis 1351 wurden auch die Länder Osteuropas sowie Rußland von der Pest erreicht. „In jedem Landstrich schlug die Seuche innerhalb von vier oder sechs Monaten zu und verschwand dann. Sie hielt sich nur in größeren Städten länger, wo sie ... im Winter abklang, aber nur, um im Frühjahr wieder aufzuflammen und weitere sechs Monate zu wüten..."[6] Die „Pandemie" von 1349 war schließlich das schlimmste, was bis dahin über Mitteleuropa hereingebrochen war. Nicht umsonst entstand in dieser Zeit das Sprichwort: „Wenn die Pest herrscht, gelten die Blattern für nichts." Man wird niemals halbwegs genau nachrechnen können, wie viele Menschen tatsächlich an der Pest gestorben sind. Papst Clemens VI. will errechnet haben, daß insgesamt 23.840.000 Menschen der Pest zum Opfer gefallen sind, eine erstaunlich genaue Größenordnung im Hinblick auf neueste Schätzungen, welche die Summe der Pesttoten der Jahre 1347-1352 auf etwa 18 bis 20 Millionen veranschlagen. Diese Zahl entspricht etwa einem Drittel der damaligen Bevölkerung Europas.[7]

Der Charakter der Pest war für die Menschen des Mittelalters zunächst rätselhaft. Man benannte die Krankheit zunächst nach ihren Symptomen; in Deutschland sprach man vom „großen Sterb", von „schwarzem Tod", „hietzigem Fieber", „roten" und „schwarzen Petetschen", „Bubonen", „hitzigem Gallfieber" und „giftigen Blattern". Erst allmählich setzte sich die Bezeichnung „Pest" allgemein durch (lat. pestis = Seuche).[8] Zeigten sich die ersten Symptome an einem Infizierten, hatte er in aller Regel nur mehr kurze Zeit zu leben. Unter dem Eindruck der sich rapid häufenden Todesfälle und aus Furcht vor Ansteckung ließ man die Menschen oft ohne den Trost der Sterbesakramente sterben, sie wurden ohne Gebet und ohne priesterlichen Segen begraben. Papst Clemens VI. sah sich veranlaßt, für alle Pesttoten, die ohne kirchlichen Beistand ins Grab sanken, eine Generalabsolution zu erlassen. „Und keine Totenglocke ertönte, niemand wurde beweint, weil alle den Tod erwarteten", schrieb der Chronist von Siena.[9] „Ein bayerischer Chronist aus Neuburg an der Donau überliefert, daß Männer und Frauen wie verrückt umherwanderten und das Vieh vernachlässigten, weil niemand sich um die Zukunft sorgen wollte. Die Felder wurden nicht mehr bestellt, im Frühjahr nicht gesät. Mit der schrecklichen Energie der Natur kroch die Wildnis über große Teile gerodeten Landes. Die Pest ließ die Herzen der Menschen gefrieren... Jeder wich dem anderen aus... Blutsverwandte wandten sich ab, der Bruder verließ den Bruder, auch Männer ihre Frauen, und was kaum zu glauben ist, Väter und Mütter überließen ihre kranken Kinder dem grausamen Schicksal, unversorgt, einsam, als ob sie Fremde gewesen wären..."[10] Herzlosigkeit und Gleichgültigkeit, Gesetzlosigkeit und Sittenverfall begleiteten die Pest. Kamen Hunger und Krieg dazu, erreichte das Elend apokalyptische Ausmaße. Namentlich im Gefolge des Dreißigjährigen Krieges und dann noch einmal zum Ende des 17. Jahrhunderts fraß sich die Seuche nahezu durch alle europäischen Länder hindurch. Auch Napoleon geriet mit der Pest in Berührung, als er in Ägypten landete. „In den Hospitälern Kairos gab es bereits Pestkranke, als Napoleon auf seinem Vormarsch zu einem Gefecht mit türkisch-englischen Armeeverbänden in Südsyrien einfiel. In den eroberten Städten lagen Eingeborene im Sterben, und bald hinterließ die Pest in der französischen Armee so viele Kampfun-

9.1T
Die Antwort der bildenden Kunst auf die Pest war die Bildidee des Totentanzes. Die Plötzlichkeit des Todes, die nun erstmals unabhängig von Krieg und Verbrechen als massenhafte Erscheinung ins Bewußtsein Europas tritt, verlangte nach einer drastischen bildlichen Darstellung. Der Tod in diesem Totentanz des 15. Jahrhunderts trägt Pfeil, Köcher und Bogen, die Symbole der Pest. Das einzige hervorragende Werk der mittelalterlichen Malerei Italiens, zudem das einzige erhaltene monumentale Fresko Siziliens – wo die Pest in Messina 1348 europäischen Boden berührte – schuf ein Spanier. „Triumph des Todes" im Palazzo Sclafani, Palermo.

9.2T (Seite 201)
Votivbild in St. Peter in München vom Jahre 1517, Werkstatt Jan Pollack, Malerei auf Holz (Ausschnitt).
Wie zu Pestzeiten die Toten in München begraben wurden, schildert dieses ungemein anschauliche Votivbild im unteren Teil, während oben Gott Vater, durch die Fürbitte seines Sohnes, Marias und sechs Pestheiliger

fähige und Tote, daß ihre Schlagkraft darunter litt. Wie schon so oft in der Geschichte, leugnete die Heeresleitung die Krankheit zunächst einmal und ließ dann eine falsche Diagnose verbreiten... General Bonaparte besuchte Krankenhäuser, half sogar einmal beim Transport einer Tragbahre in einem überfüllten Gang, woraus dann später die heroische Geste des Heerführers wurde, ‚der einen Pestbubo berührt', wie weiland die Könige Frankreichs die Skrofeln ‚berührten', und Antoine Gros, seines Zeichens Hofmaler, verewigte den Heroismus von Kaiser Napoleon in seinem Bild: Bonaparte bei den Pestkranken von Jaffa."[11] „Yersin entdeckte 1894 in Hanoi den verantwortlichen Bazillus, 1898 wies Simond die Trägerrolle des Flohs nach, und ein erster wirksamer Impfstoff wurde 1897 von Haffkine entwickelt. Die internationale Zusammenarbeit kam voll zum Tragen, eine Mission des Institut Pasteur in Paris erstickte die Epidemie der Mandschurei im Keim, und 1921 arbeiteten dort mehrere Länder gemeinsam an der Bekämpfung eines Herdes."[12] Die letzten kleinen Pestepidemien brachen noch 1945 in Ajaccio (Korsika) und in Tarent (Süditalien) aus, obwohl die Pest seit 1720 in Europa allgemein als erloschen gilt.[13] Tödliche Seuchen waren in der Geschichte Europas bislang nichts Ungewöhnliches gewesen. Es gilt allerdings nicht als gesichert, wieweit einige Seuchen, die aus vorchristlicher Zeit überliefert sind, als Pestepidemien gelten können. Erst vom Jahre 541 an betritt der Historiker sicheres Terrain: „Die Krankheit, die in jenem Jahr in Pelusium ausbrach, war wirklich die Pest mit ihren schwarzen Flecken, ihren schmerzhaften Beulen, dem Blutauswurf, den plötzlichen Todesfällen. Nach Ansicht der Zeitgenossen wurde sie aus Äthiopien eingeschleppt, schnell aber griff sie auf das Nildelta über, verseuchte Alexandrien, wälzte sich über Syrien, Antiochia und erreichte dann 542 Konstantinopel, wo seinerzeit Justinian herrschte. Daher rührt auch die Bezeichnung ‚Justinianische Pest', die man dieser Epidemie des frühen Mittelalters gab. Durch die im Mittelmeerbecken sehr aktive Schiffahrt gelangte sie nach Illyrien, nach Tunesien, Spanien, Italien und verbreitete sich von Arles aus weiter bis zum Rhein. Drei Jahre später war die Seuche soweit abgeklungen, daß Justinian sogar ihr Ende proklamierte und dabei auch ein Dekret erließ, nach dem wieder die Preise aus der Zeit vor der Pest zur Anwendung kommen sollten. Allein das macht deutlich, in welchem Ausmaß der Handel von der Misere profitiert hatte."[14] Schon 557 wütete die Pest erneut im Mittelmeerraum. Vom Jahre 570 an brach die Pest etwa alle zwölf Jahre aus, wütete zwei bis drei

besänftigt, sein Flammenschwert eben in die Scheide steckt. Unter ihm senden Engel die letzten Pfeile zur Erde. Wer getroffen wird, sinkt augenblicklich tot zu Boden.

Das Kirchlein links unten könnte die heute abgebrochene Wieskapelle auf dem alten Sankt-Peters-Freithof sein, denn es kann sich kaum um die 1485 fertiggestellte spätgotische Allerheiligen-Kreuzkirche im neuen Peters-Gottesacker handeln, auf dem allein, wie eine päpstliche Bulle 1480 verfügt hatte, in Pestzeiten begraben werden durfte. Jedenfalls ist der Kirchhof auf dem Bild mit einer ansehnlichen, von einem Tor unterbrochenen Mauer umgeben. Zwei Männer legen auf ihm fest in Linnen gewickelte Leichen in ein Massengrab, während ein Priester wartend dabeisteht. Aus der Stadt werden weitere Bahren herbeigetragen. Die Toten liegen in kantigen Truhen, die mit Tüchern überdeckt sind, auf denen farblich abgesetzte Längs- und Querbahnen Kreuzmuster bilden. Auch daß im Friedhof die gefatschten Leichen diesen Totenladen zur Grablegung entnommen werden, verrät uns dieses seltene Dokument. Die Inschrift dieses Ex Votos, das mit zwei unidentifizierten Wappenschilden auf den Stifter hinweist, lautet: „O heiliger Sebastian! Mit deiner Gesellschaft bitt Gott für uns arme Sünder, daß wir befreit werden von der grausamen Pestilenz. Amen. Anno Domini 1617."

Kap. 9

Jahre in einem bestimmten Gebiet und erlosch dann wieder. Bis zum Ende des 8. Jahrhunderts standen große Regionen Europas unter dieser Bedrohung, die dann allerdings bis zur Mitte des 14. Jahrhunderts ausblieb.

In der Geschichte Europas hatten viele andere Epidemien wie Masern, Pocken, Tuberkulose, Scharlach, Lepra, Typhus, Grippe, Cholera, Milzbrand, namentlich bei ihrem ersten Auftreten, die Menschen wegsterben lassen wie die Fliegen. Keine dieser Epidemien aber ist so nachhaltig im Gedächtnis der Menschen haften geblieben wie die Pest. Noch heute verbinden wir mit der Vorstellung von der Pest das nackte Grauen; keine Krankheit gilt als so unheilbar und unheimlich und keine hat so tiefe Spuren in der abendländischen Kulturgeschichte hinterlassen. In der Redewendung „es stinkt wie die Pest" hat sich ein winziger sprachlicher Rest der einstigen Schreckenszeiten bis heute erhalten.

Die Kenntnisse der Medizin[15]

9.3T
Der Holzschnitt aus dem Jahr 1539 zeigt die Bestimmung mancher Städte, nach der sich jeder Pestkranke aus seiner Wohnung auf das freie Feld begeben mußte. Holzschnitt, in Privatbesitz.

„Die Unwissenheit über die Ursache der Seuche steigerte das Gefühl des Schreckens. Von den wirklichen Überträgern, den Ratten und Flöhen, hatten die Menschen keine Ahnung, vielleicht weil sie ihnen so vertraut waren. Obwohl Flöhe ein lästiger Teil jedes Haushalts waren, werden sie in keiner Schrift über die Pest erwähnt und Ratten nur beiläufig, obwohl die Folklore sie im allgemeinen mit der Pest in Verbindung brachte..."[16] Die heutige Medizin unterscheidet grundsätzlich zwei Infektionsformen der Pest. Bei der Beulenpest (Bubonenpest) dringt der Erreger über die Haut ins Lymphsystem, bei der Lungenpest erfolgt die Infektion über die Lungenschleimhäute. „Bei der Beulenpest setzt schlagartig und aus voller Gesundheit heraus ein Fieberanstieg auf ca. 40°C ein. Als weitere Anfangssymptome können Schüttelfrost, heftige Kopf- und Gliederschmerzen, Lichtscheu oder Benommenheit auftreten. Eines der wichtigsten Anzeichen bei der Beulenpest ist jedoch die Schwellung von Lymphdrüsen. Das bedrohliche Bild akuten Herz- und Kreislaufversagens kann sich innerhalb eines Tages entwickeln. Akutes Herzversagen als Todesursache ist in diesem Stadium jederzeit möglich." Entweder man wurde nach einer Woche gesund oder die Pest trat in eine akutere Phase. „Es bilden sich neue Karbunkel und Flecken unter der Haut, die orange, gelbe, blaue oder schwarze Farben aufweisen können. Jetzt verschlimmern sich auch die nervösen und psychischen Störungen sehr schnell, Schwindel, Halluzinationen und Schlafsucht treten auf und werden jäh vom Koma oder vom Tod beendet… Betrachtet man den Zeitpunkt des Eintretens des Todes, so zeigt sich, daß bei 100% tödlich verlaufenden Krankheiten 1-2% sofort sterben, 30-40% vor dem 2. Tag, 50-55% vor dem 8. Tag, 60-65% vor Beginn der 3. Woche, 80-90% vor Beginn der 4. Woche und die restlichen später. Die erste und die dritte Woche zeigen somit die höchsten Sterblichkeitsquoten."

Fast alle Beulenpestepidemien münden irgendwann in die Lungenpest ein. „Auch die Lungenpest setzt aus voller Gesundheit heraus akut mit Schüttelfrost und steilem Fieberanstieg ein. Die Inkubationszeit beträgt bei ihr jedoch in der Regel lediglich einen Tag, ein bedrohliches Bild akuten Herz- und Kreislaufversagens kann sich bereits innerhalb Stunden entwickeln. Weitere schnell einsetzende Symptome sind Atemstörungen, Kurzatmigkeit und ein heftiger Hustenreiz. Der Auswurf wird zunehmend blutig und ist oft nur mühsam und unter Schmerzen abzuhusten. In der Regel stirbt der Erkrankte zwei bis drei Tage, nachdem die ersten Beschwerden einsetzten."

Der Keim der Pest lebt chronisch in kleinen Nagetieren Zentralasiens, von denen zumindest einige kaum unter ihm zu leiden scheinen. Die Übertragung von einem Wirt zum anderen erfolgt durch Flohbisse, die ihren „Gast" offenbar problemlos vertragen. Zeitweise befällt der Bazillus dann die Hausratte und von da aus geht er auf den Menschen über. Die Übertragung der Erreger von Ratten auf Menschen, aber auch von Mensch zu Mensch verursachten jedenfalls die Flöhe. Die unhygienischen Daseinsbedingungen und die beengten Lebensverhältnisse in den mittelalterlichen Städten wiederum sorgten für eine schnelle Übertragung innerhalb des gleichen Hauses durch die massenhaft verbreiteten Hausflöhe. „Der Erreger kann von einem Patienten mit Lungenpest massenhaft abgehustet und so über die Luft übertragen werden. Nur diese Lungenpest ist somit eine eigentliche Infektionskrankheit… Man ist heute davon überzeugt, daß die Verschleppung der Seuche über Hunderte und Tausende Kilometer durch den Menschen selbst geschehen ist. Auch auf bakteriologischen Spekulationen baut der Versuch auf, die Pest des Mittelalters durch die Existenz von besonders bösartigen Stammvarianten des heute bekannten Pesterregers zu erklären." Das Verschwinden der großen Pestepidemien aus Europa im Laufe des 18. Jahrhunderts blieb bis heute rätselhaft.

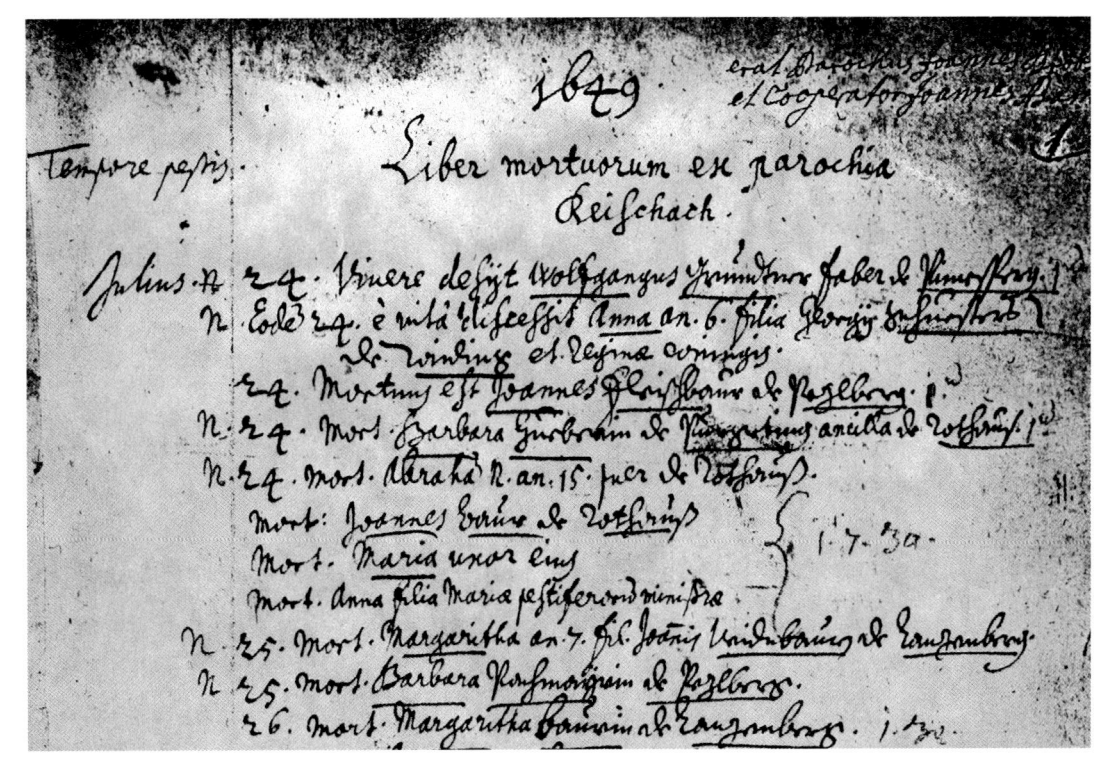

9.4T
Ausschnitt aus dem Totenbuch der Pfarrei Reischach, Lkr. Altötting, vom Jahre 1649, „tempore pestis": eine endlose Liste von Einträgen, hier im Monat Juli, teilweise den Tod mehrerer Familienmitglieder an einem Tag registrierend.

Die Pest aus der Sicht der Religion und des Volksglaubens

Die Ahnungslosigkeit über das Wesen der Pest führte in der Weltsicht des Mittelalters zu einer geradezu eschatologischen Vision dieses unheimlichen und unerklärlichen Sterbens: „Barfuß, mit Sacktuch bekleidet, die Häupter mit Asche bestreut, weinend, betend und mit zerrauften Haaren, Kerzen und Reliquien tragend, manchmal den Henkerstrick um den Hals gelegt oder sich ohne Unterlaß geißelnd, so zogen die Büßer in endlosen Prozessionen durch die Straßen. Sie erflehten die Gnade der Jungfrau und die Fürsprache der Heiligen..."[16] „Da der heilige Text der Apokalypse, Inspirationsquelle der Chiliasten des Mittelalters, unter allen Plagen, die dereinst auf der sündigen Menschheit lasten würden, auch die Pest nannte, sah man in ihr das Strafgericht Gottes."[17] Als Papst Clemens VI. im Jahr 1348 in einer Bulle verkündete, daß Gott die Menschen mit der Pest geschlagen habe, entsprach dies dem Lebenshorizont der einfachen Menschen. Wie hätte man sich sonst erklären sollen, daß der Tod aus heiterem Himmel über die Menschen hereinbrach, daß er ohne Ansehen der Person, ohne Rücksicht auf Geschlecht und Alter täglich Tausende nach grauenhaftem Leid dahinraffte? Was lag da näher, als in der Pest ein Zeichen des göttlichen Zornes zu sehen? Diese zutiefst mittelalterliche Vorstellung von einem strafenden Gott, der sich für die Sünden der Menschen rächte, schuf ein tiefes Schuldbewußtsein – „denn wenn die Seuche eine Strafe war, dann mußten schreckliche Sünden sie hervorgerufen haben... Allem Schuldbewußtsein lag die Realität des täglichen mittelalterlichen Lebens zugrunde, in dem kaum eine Handlung oder ein Gedanke *nicht* den kirchlichen Geboten widersprach..."[18] So wurde die Pest im Glauben des Volkes zu einer „Züchtigung des Himmels", zu einer „Geißel Gottes". „Die Folge war ein unterirdischer See von Schuld, den die Pest an die Oberfläche brachte."[19] Auch die „Suche nach dem Schuldigen" blieb nicht aus – Hexen, Zigeuner und Juden wurden ihre Opfer.

Es ist nicht weiter verwunderlich, daß auch die ärztlichen Heilmittel dieser Zeit von wirklich wirksamen Arzneien bis hin zu allerlei Wundermitteln, widerlichen Quacksalbereien und grotesken abergläubischen Praktiken reichten. „Das Verbrennen von Häusern und infizierten Gegenständen, der Einsatz von Parfumessenzen in geschlossenen Räumen, auf Kleidungsstücken oder am Körper, das Spülen der Straßen mit reichlich Wasser, Notfeuer, die man unter Beimengung von Riechwerk, Schwefelstein oder Schießpulver auf den öffentlichen Plätzen entfachte, vom 16. Jahrhundert an das Tabakrauchen – in einigen Gemeinden machte man es gar zur Pflicht – nichts half."[20] Dennoch gab es schon seit 1347 Ansätze zu ernsthafter Forschung. Immerhin galt die Ansteckung durch „Contagion" – Berührung mit dem Kranken – allgemein als sicher. Gelegentlich hielt man sogar den Blickkontakt für gefährlich: „Es besteht eine solche Infektionsgefahr gerade bei der Erscheinungsform mit Blutspucken, daß der eine von dem anderen nicht nur durch das Verweilen beim Kranken, sondern schon durch den Anblick angesteckt wurde. Dementsprechend hat man den Kranken die Augen verhüllt und man hat bei Besuch oder Behandlung die eigenen Augen hinter einer Brille oder einer geschlossenen Gesichtsmaske versteckt. So hat man, wenn auch ungewollt, die Angriffsflächen für den Floh oder für eine Tröpfcheninfektion ein klein wenig verringert. Meist hat man darüber hinaus jede unmittelbare Berührung sowohl mit der Haut wie insbesondere mit dem Blut eines Pestkranken vermieden. Die Priester reichten den Kranken die konsekrierte Hostie teilweise mit einem langen Stock. Zur ‚richtigen' Berufskleidung eines Pestarztes zählten schließlich ein langer schwarzer Talar, der den ganzen Körper verhüllte bis zu den Schuhspitzen, ferner Handschuhe aus Leder, Brille und Gesichtsmaske oder beides und ein langer Zeigestock, mit dem er Körperpartien des Patienten aufdecken konnte. Diese verschiedenen Attribute sind erst im Laufe der Zeit zusammengekommen. Vom 16. Jahrhundert ab empfahlen eine Reihe von Flugblättern diese Ausrüstung."[21] Besonders grotesk erscheint uns heute der riesige Schnabel der Gesichtsmasken, der zum Schutz gegen Ansteckung durch die Atemluft mit wohlriechenden, oft kostspieligen Duftstoffen ausgestattet wurde – gegen den gefährlichen infektiösen Gestank von Auswurf und ausbrechenden Pestbeulen sollte ein Gegengeruch helfen. Kapseln mit duftenden Essenzen hängte man auch gerne an die Rosenkränze – eine seltsame Mischung von Gebetsglaube, Medizinglaube und Aberglaube. Für die ärmeren Bevölkerungsschichten kamen statt teurer Extrakte aus Heilpflanzen nur Knoblauch und Essig als Gegengeruchsstoffe in Frage. Die Anwendung von Essig zum Waschen, für Umschläge auf den Beulen und sogar zum Trinken galt nicht etwa der Desinfektion, sondern der Geruchsbekämpfung. Welche Rolle man dem Gestank als Überträger der Infektion zuschrieb, läßt sich dem nach 1350 verfaßten Pesttraktat des Ulmer Arztes Jacob Engelin entnehmen: „Von der Vergiftung der Pestilentz. Nun solt ir wissen, daß alle Gift kompt von dem Lufft, so der vergifft ist. Und aller Vergifft ist die Eigenschaft, daß sie mit ganczer Krafft zerstort die Natur des Menschen und pringt dem Menschen den Tod. Also so der vergifftig Lufft eingeht in das Mensch, zehant laufft das gifftig Plout zu dem Herczen und also von dem gifftigen Plout wirt das Hercz todlich versehrt... Davon solt ir wissen, daß sich ein Zaichen erhebt under den Uchsen (Achseln), das geschicht von vergifftem Plout. So solt ir wissen, daß das Hercz kranck ist in den Todt. Wolt ir dan dem Herczen zu Hilff kommen, so sult ir zuhant lassen (Aderlassen) auff demselben Arm under dem das Zaichen ist, auff der Ader, die da heißt Coriaca, das ist die Herczader. Und solt nit lassen auf dem andern Arm entgegenuber, wan (denn) das precht (brächte) einen zwifaltigen Schaden..."[22] Die Furcht vor dem ansteckenden Gestank hatte obrigkeitliche Vorschriften zur Folge, wonach Urin, Kot, Mist und Blut schnell aus den Straßen entfernt werden mußten. „Gelegentlich ließ sich nachweisen, daß die Epidemie bei einem Altkleiderhändler ausbrach, der seine Ware aus einer infizierten Stadt bezogen hatte. Das führte dazu, daß in vielen Orten die Kleidung von Pesttoten oder das Inventar von infizierten Häusern verbrannt wurden. Oder man hat angeordnet, daß die wertvolleren Stoffe und Pelze vor einer Weiterbenützung desinfiziert werden müßten, was durch längeres Eintauchen in fließende Gewässer oder durch Einlegen in kalkdurchmengte Sandschichten geschah. Dadurch wurden auch die Flöhe vernichtet, welche in den Kleidern, Stoffen und Pelzen eingenistet waren."[23] Zu den häufigsten Vorkehrungen gegen Ansteckung gehörten Betretungs- und Einreiseverbote für Personen aus Seuchengebieten, die durch Seuchenwachen an den Stadttoren und Landesgrenzen strengstens überwacht wurden. Aus diesen Betretungsverboten entwickelte sich die „Quarantäne", neben der Separierung der Kranken die wirksamste Maßnahme, die man gegen die Ausbreitung der Pest gefunden hatte. Erfahrungsgemäß starb ein Infizierter innerhalb von spätestens 40 Tagen (quaranta) oder er wurde während dieser Zeit wieder gesund und kurzfristig sogar immun, die Infektionskette kam innerhalb dieser Frist bei einer kleineren Anzahl von Personen zum Erliegen. Dennoch konnten überlebende „Pestflöhe" die Infektion auch nach einer Quarantäne weiter übertragen.

Die Pest in Oberbayern im Spiegel zeitgenössischer Berichte

Die *Umrittsprotokolle des Rentamtes Burghausen* vom 16. bis zum 18. Jahrhundert zeigen die Folgen der Pest aus der Sicht der damaligen Obrigkeit. Demnach wurde dieses Rentamt von der Pest in folgenden Jahren heimgesucht: 1572 im Gericht Ried, 1593 im Markte Kriebach bei Burghausen, 1597 in den Gerichten Kling, Trostberg, Mauerkirchen und Uttendorf, 1607 in Braunau, 1606 und 1648 in Schärding, 1648-1649 in Oetting. „Hier wurden, da auch das Kriegsvolk dort stand, die Felder vielfach gar nicht angebaut. Die Allheilmittel Purgieren, Schröpfen und Aderlassen wurden auch bei dieser Seuche häufig angewendet. Das von den Gerichten verordnete Schweißpulver mußte eingenommen werden. Wer sich dagegen sträubte, wurde, falls er genas, rentmeisterlich ‚vorgeschrieben'. Jede Menschenansammlung war ‚in tempore pestis' streng verboten. Der Schulmeister von Braunau hatte ‚während dort grassierender Infektion' seine Hochzeit gehalten und 15 Personen dazu berufen. Alle wurden rentmeisterlich vorgeschrieben (1607). Die Magistrate bestellten auf ihre Kosten Manns- und Weibspersonen, die die Kranken auswarten und denjenigen, die nicht ausgehen durften, Lebensmittel und andere Bedürfnisse ins Haus tragen mußten. Sonst durfte niemand ein verseuchtes Haus betreten. Als Hans Kramer zu Sechtenau, Pfleg Kling, hörte, daß der Brenner Fusterer unbeerdigt lag, weil er an der leidigen Infektion verstorben, ging er bezechter Weise ins Sterbehaus, forderte Hacke und Schaufel und blieb dort über Nacht. Wurde zur Strafe in seinem Hause 6 Wochen an Ketten geschlagen (1608). Arme Kranke bekamen die Arznei unentgeltlich von den Magistraten. In jeder Gemeinde wurden 2-4 Personen bestellt, die die Verstorbenen zu Grabe trugen. Diese mußten abgesondert in einem Häuslein wohnen und durften mit niemandem verkehren. Etliche Taglöhner trugen ihnen, jeder in einer anderen Woche, die Notdurft zu (1607). Die Leichen wurden gesondert, nicht im allgemeinen Freithofe und bei Nacht begraben. Bett- und Leibwäsche der Verstorbenen durfte nicht verkauft und nur in Bächen außerhalb der Stadt gewaschen werden. Niemand durfte ‚während dem Sterb' Tauben oder Schweine halten. Haselnüsse und Branntweine durften ohne besondere Erlaubnis während der Infektion nicht feilgehalten werden. Größte Reinlichkeit wurde zur Pflicht gemacht. Denen von Schärding wurde aufgetragen, unter den Gewölben und vor den Toren zu säubern, damit bei diesen gefährlichen Zeiten, in denen schon die leidige Sucht de novo eingerissen, ein fleißiges Aufsehen gehalten werde. Auch die ‚Tunghaufen' vor den Toren durften nicht geduldet werden (1649-1650). War die Infektion in einem Nachbarorte eingerissen, so wurde dieser als verseucht erklärt. Von Haus zu Haus wurde es angesagt, von der Kanzel verkündet und an den Stadttoren angeschlagen. Ein eigener Infektionskommissarius wurde aufgestellt. Jede Beherbergung von Personen aus bannisierten Orten wird schwer geahndet. Ausläufer aus gesunden Orten in bannisierte werden mit dem Tode durch den Strang bedroht. Jeder Bezug von Lebensmitteln, auch die Durchfuhr von Wein aus solchen Orten, ist selbstverständlich streng verboten. Auch die Zustellung eines Schreibens aus einem infizierten Orte ist untersagt. Besonders die östlichen Grenzen unseres Rentamtes wurden stark bewacht, da Ungarn und Polen als Hauptherde der Seuchen galten. Die Unterstützung der bedürftigen Kranken und die Ausführung der polizeilichen Schutzmaßregeln verursachten dem Lande bedeutende Kosten..."[24] Der Bericht schließt mit einer pedantischen Aufzählung aller behördlichen Auslagen...

Ein ebenso aufschlußreiches, aber persönliches und hautnah erschütterndes Dokument ist das *Tagebuch des Augustiner-Chorherrn Benno Hardter von Höglwörth*, der für die Betreuung der Kranken eingesetzt war und ausführlich über den Verlauf der Krankheit, über die Schutzmaßnahmen und die sonstigen Ereignisse berichtet hat. Das in lateinischer Sprache verfaßte Tagebuch befindet sich heute im Pfarrarchiv Anger.[25]

Das Tagebuch beginnt erst mit dem 22. August 1714, jedoch dürften sich die ersten Anzeichen der „ansteckenden hitzigen Krankheit" bereits in der zweiten Julihälfte gezeigt haben, denn das Salzburger Konsistorium traf schon am 24. Juli eine Anordnung, wonach die an der Krankheit Verstorbenen „zwar in dem Freythofe zu Anger, aber abseits und tief begraben werden sollten". Die weltliche Regierungsstelle beorderte Ärzte nach Anger ab, die sich jedoch über die Krankheit und deren Behandlung uneinig waren. Schon am 14. August erging der Befehl, „die Todten nicht mehr in dem Freythofe, namentlich in jenem zu Aufham, sondern in dem sogenannten Pestfreythofe in der Au, und zwar heimlich und zur Nachtzeit zu beerdigen." Dieser Pestfriedhof wurde 1651, wenn nicht schon früher, errichtet, als „die Pest bloß in dasiger Gegend eine große Menge Menschen dahinraffte". Die landesherrliche Verwaltung, das Pfleggericht Staufeneck, war umsichtig bis hin zur unvermeidlichen Strenge, um das Umsichgreifen der Krankheit zu verhindern. Die Pestverdächtigen wurden in Beobachtungshäuser eingeschlossen, die Pestkranken in die bereits ausgestorbenen und abgelegenen Häuser am Reitberg, Schwaig und Beylechen in Heulager abgesondert. Zur Seelsorge wurden aus dem Kloster Höglwörth Priester in entlegenen Häusern exponiert, damit sie mit den Gesunden nicht in Berührung kämen.

1714 wurde ... der noch junge Pater Benno Hardter mit dieser aufopferungsvollen und auch gefährlichen Aufgabe betreut. Sein Tagebuch zur Zeit der Pest vom 22. August 1714 bis 17. Februar 1715 enthält für *jeden* Tag pedantisch genaue Eintragungen, die zumeist die Spendung der Sterbesakramente („Provisur") für Pestkranke betreffen. Einige dieser Einträge sind ein bewegendes Spiegelbild der Nöte jener Zeit:

22. August: Heute wurde mir ein Haus in Reischbach angewiesen, wo die Klosterdienstboten sonst wohnten. Dieses Haus heißt Duscherhäusl. Die Wohnung aber in diesem Hause ist miserabel wegen der unzähligen Flöhe und Mäuse...

24. August: Das Weib des jungen Pilzenberger hat die Pest und ist schwer krank. Als Arzt wurde uns zugewiesen Daniel Dörwanger von Salzburg, der als Arzt in Hausmoning exponiert war. Es gibt Streit unter den Ärzten, jeder will sich die Ehrenpalme sichern...

25. August: Um 6 Uhr mußte ich das Weib des jungen Pilzenberger versehen. 20 Jahre ist sie alt und 6 Wochen verheiratet. Nach Empfang der hl. Sterbesakramente starb sie.

6. September: Heute früh providierte ich die Miedl in der Weng, aber wegen der nächtlichen Schrecken, an welchen sie schon 4 Tage litt, nur mit der hl. Kommunion. Es beklagten sich aber die Inwohner über dies unerhörte nächtliche Treiben. Als ich fragte, ob sie nichts gesehen hätten, berichtet mir eine Person, welche in diesem Hause die Nacht über war, voll Schrecken, sie habe große Tiere gesehen, schwarze Hunde und ähnliches. Aber es war nicht zu verwundern, im ganzen Hause hatte niemand Geweihtes, nicht einmal Weihwasser...

7. September: Heute mitten in der Nacht habe ich versehen in Willnberg zwei Mädchen, eine, die Miedl vom Barmbichler zu Hainham, die andere die Tochter eines streunenden Soldaten. Es war ein armseliger Anblick, ein noch armseligeres Providieren, denn beide lagen oben auf dem Heuschober im Heu, so daß ich auf einer hohen Leiter emporsteigen mußte, in der einen Hand die Räucherpfanne, in der anderen die Laterne. Hier fand ich zugleich wimmernd drei Kinder, ohne Wärterin, dem Tode nahe, zwei Töchterchen des Barmbichlers, das dritte weiß ich nicht von wem. Ich mußte erst aus dem Dache Schindeln ziehen, damit ich meine Sachen niederstellen konnte. Und als ich das Allerheiligste reichen wollte, fiel ein Funke in das Heu und schon flammte das Feuer, das ich mit den Füßen noch löschen konnte.

10. September: Um 12 Uhr providierte ich einen Soldaten namens Bartholomäus, der seine Genesung der Bruderschaft der hl. Monika, der er eingeschrieben war, verdankte. Mitten in der Nacht versah ich den Peter in der Schwaig, der gleich nach meiner Entfernung starb. Es baten mich vier oder fünf in der untern Stube des Hauses bereits in den letzten Zügen Liegende um den Segen. Ich öffnete die Türe und gab ihnen kurze Ermahnungen und die Generalabsolution. In dem Hause war ein fast unerträglicher Geruch...

11. September: Der Sohn des Mesners von Anger namens Rupert, der fast der Todesgefahr schon entronnen war, wurde in Schwaig so sehr von der Pest wieder ergriffen, daß die Hälfte seines Körpers von der Infektion erfaßt wurde. Schmerzen und Fieber wurden unerträglich und in kurzer Zeit starb er.

16. September: Der Bauer im Grund ist ganz trostlos, weil alle an der Pest Gestorbenen an seinem Hause vorbeigefahren werden. Ich rate ihm, er soll sich an den hl. Placidus wenden. Alle Inwohner des Hauses blieben von der Pest verschont.

5. Oktober: Es kam zu mir der Provinzialschreiber von Staufeneck und wir hatten lange Unterredung. Ich ermahnte ihn, die Pesthäuser in bessere Pflege zu bringen, damit in Zukunft die Pestkranken doch nicht wieder in Scheunen untergebracht würden, wo ein Priester kaum hindringen kann und Gefahr von Brandfällen sein könnte und anderes.

14. Oktober: Die Bauern beklagen sich schwer über die Roheit der Soldaten und über ihre Räubereien...

12. Oktober: Ich bin heute ganz besonders ermahnt worden, Obacht zu geben, bei Sterbenden den ausgestoßenen Hauch nicht einzuatmen, weil dieser ganz besonders giftig und todbringend ist.

20. Oktober: Heute vormittag habe ich der Ehefrau des jungen Reitmaier die hl. Sterbesakramente gereicht. Ohne Furcht vor dem Tode hat sie mit solcher Ehrfurcht und Sehnsucht das hl. Sakrament empfangen, daß ich glauben mochte, sie ginge zu einem Hochzeitsmahl und nicht in den grausigen Tod. Bevor ich aber an das Haus kam, begegnete mir eine Hochzeitsmusik mit ihren tollen Spielleuten, die mich, ohne den Hut abzunehmen, wie Heiden, mich, der ich den Schöpfer der Welt trug, frech anstarrten und mich verhöhnten. Eine unerhörte Sache. In einer Pfarrei, wo der Knochenmann in vierzehn Häusern eben seine Pesttribute forderte, Laute der ausgelassenen Freude nicht zügeln! Ich habe noch den Knecht dieses Bauern versehen.

29. Oktober: Heute starb die Magd Thanl in Hainham. Der Tod hatte sie sehr entstellt, wie noch niemand. Deshalb wurden alle Hausinwohner eingeschlossen und müssen sich täglich vom Arzt untersuchen lassen.

4. November: Heute habe ich der Eva, der Schwester des alten Thanl in Hainham, die Sakramente gegeben. Ich mußte wieder bis zum Dach des Heubodens emporsteigen, in der einen Hand die Räucherpfanne, in der anderen die Laterne. Da lag im Heu die Kranke und ich hatte keinen andern Zugang als den ich mir selbst durch das Heu bahnte. Im Hause waren 21 Personen interniert. Ich fand weder ein Feuer noch Rauchwerk vor zum Räuchern, und hier wäre mir sehr viel Rauchpulver notwendig gewesen.

11. November: In aller Frühe dem jungen Thanl die hl. Sakramente gegeben, ferner seinem Weibe, seinem Knechte Michael, dem Sohn des Bauern zu Grub und der alten Thanlin. Nach der hl. Handlung verließen diese das Haus und zogen in das Bad ein. Nur ein Knecht hütete das Haus, der das Vieh versorgte. Während der Nacht providierte ich den Krämer Paul Mayr in Anger. Nach der Provisur sah ich den Leichenwagen schon vor der Türe, der eben von der Beerdigung des alten Thanl zurückkehrte. Schon zeigten sich die Spuren der Pest und dennoch hat der Krämer vor meiner Ankunft mit dem Schreiber von Staufeneck und den Soldaten ein Trinkgelage gehalten. Alles wurde offenbar, aber weder zur Beobachtung noch zu einer anderen Strafe wurden sie verurteilt. Merkwürdige Nachgiebigkeit, wo die ganze Gemeinde in Todesgefahr ist. Heute noch wurde er aber nach Reitberg gebracht in jene berüchtigten Häuser der Pest.

12. November: Das Weib des jungen Thanl von Hainham wurde heute nach Reitberg gefahren in die Häuser des Todes. Sie wurde in eine Kammer gebracht, wo noch an der Wand das Blut des Verstorbenen war, wie ich selbst gesehen habe. In diesem Zimmer, in dem sie lag, starben schon 6 bis 7 Personen heraus, mit Recht nennt man diese Häuser Pesthäuser und Totenhäuser. Es schaudert einen nur hinzuschauen, erst darin sein zu müssen.

1. Dezember: Heute früh habe ich der jungen Bergerin die hl. Sakramente gespendet. Sie protestierte mit allen Kräften, daß sie an der Pest leide, obwohl das Tuch, auf dem sie lag und das auf den Boden ausgebreitet war, voll Pestblut war.

25. Dezember: Heute an dem hohen Festtag las ich die Messe wieder in meinem Hause für die Pestangestellten, die jetzt im Zimmer sein durften. Zu beiden Seiten stand die Wachmannschaft in Waffen, in der Mitte knieten die Soldaten. In diesem Monat besuchte ich auch die in Beobachtung Internierten und gab ihnen Segen und Ermahnungen. Am Fest des hl. Sebastian, des großen Pestpatrons, habe ich zum letztenmal bei geöffneten Türen die hl. Messe in meinem Häuschen gelesen als Dank für unsere erhaltene Gesundheit...

Das aufopferungsvolle Wirken Pater Bennos in den Jahren 1714/15 scheint man seitens der pfleggerichtlichen Behörde in Staufeneck nicht so gewürdigt zu haben, wie er es eigentlich verdient hätte. Die für seine Tätigkeit im Umgang mit den Pestkranken erforderlichen Schutzmittel, die aus Räucherwerk verschiedenster Art bestanden, wollte ihm das Pfleggericht kostenmäßig nicht ersetzen. Schon im Sommer 1715 gibt er darum beim Pfleggericht ein, das hierüber der vorgesetzten Behörde in Salzburg am 24. Juli berichtet, daß der in Anger exponiert gewesene Benno Hardter „umb gnädigste ersözung der erkaufften Praeservativ-Mittln per 12 fl. undterthänigist suplicando einkhomen" sei. Da er aber nicht nachweisen konnte, „das Er diesfahls sovill solte außgelegt haben, also hat man denselben mit seinem begehrn abgewisen." Pater Benno gab sich aber damit nicht zufrieden und wurde wegen der ausstehenden Kostenvergütung immer wieder vorstellig. Erst nach 24 (!) Jahren, nach einem direkten Bittgesuch an die Salzburger Hofkammer wird mit Schreiben vom 2. April 1739 das Pfleggericht angewiesen, „dem Supplicanten (Bittsteller) 10 fl. ohne anderwertige consequenz aus der Pfleggerichtskasse verabfolgen zu lassen". So lange hat es gedauert, bis Pater Benno Hardter seine Unkosten aus dem Pestjahr 1714 ersetzt worden sind!

Das Jahr 1634 gilt allgemein als das schlimmste Pestjahr in Bayern; etwa hundert Jahre später schrieb Pater Odilo Schreger von Ensdorf: „Im Jahre 1634/35 hat der Schwedische Krieg in Teutschland eine Pest hinterlassen, wodurch zu München, Freysing, Ingolstadt, Landshut, Dinglfing, zu Neuburg an der Donau, item zu Amberg und anderen herumliegenden Orthen, eine Menge Leuthe dahin gestorben, und sollen in München allein bey 15 tausend Menschen darauf gegangen seyn." Es war nicht die erste Epidemie, und die Regierung in München sah nicht tatenlos zu, sondern hatte bereits seit 1606 Verzeichnisse sog.

„bannisierter Orte" und Landschaften herausgegeben, mit denen jeder Verkehr wegen Ansteckungsgefahr verboten war. Man war nicht zimperlich, sondern erklärte auch Augsburg, Frankfurt, Wien, Prag, vor allem das Salzburger Land als kontagiös und errichtete Sperren, zugleich aber Kontagionskassen, in welche die Pflegämter einzuzahlen hatten und aus denen die Kosten für die Schutz- und Hilfsmaßnahmen zu decken waren. Im Jahr 1634 funktionierte nur noch ein einziges Pfleggericht: Ingolstadt war die einzige Stadt, die Kurfürst Maximilian bei der schwedischen Invasion in Bayern zu halten vermochte. Im übrigen Land brach die Verwaltung völlig zusammen; lediglich in München wurden 1634 und 1635 noch zwei Kapuziner unterstützt, die den Pestkranken die Sterbesakramente spendeten.[26]

Von den zahlreichen Schilderungen der Pest in München hat die von Dombenefiziat Anton Mayer aus dem Jahr 1865 den Vorzug, „in unterhaltender Weise erzählt" worden zu sein:

„War da in München eine gar traurige Zeit im Jänner 1517. Angst und Jammer, Klage und Trübsinn hatte alle erfaßt, die noch am Leben waren. Wars auch zu wundern? Der ‚schwarze Tod' war durch die einst frohe Hauptstadt der Bayern gegangen, und schrecklich war die Zahl derer, die er mit sich gerißen hatte. Das war nun aber schon das drittemal. Schon im Jahre 1463 war dieß Elend durch Pilgrime aus dem Oriente eingeschlept worden, und die alten Leute erzählten noch mit Grauen von der schweren Zeit, und wie man da keinen Menschen ununtersucht in die Stadt ließ, ja selbst Waaren und Briefe räucherte, eh sie hereindurften, wie man die Eisenmang- und Kreuzgasse ganz gesperrt hatte, anfangs mit Ketten, dann aber, als doch hie und da einer durchschlüpfte, gar mit Brettern. In den Straßen wurden ganze Haufen Wacholdersträuche verbrannt, und ein eigener Pestraucher war angestellt, der im Sendlingerthorthurme wohnte, – dem ungeachtet fielen die Leute nur so dahin auf Straßen und in Häusern, und starben und wurden schwarz, gar greulich anzuschauen. Und all die Aerzte und gelehrten Herrn wußten kein Mittel, und der schwarze Tod nahm auch die Medicos und Chirurgiae Magistros dahin mit sich! Als endlich die schreckliche Krankheit am Ende September nachgelassen hatte, da erholte sich das schwergedrückte München nur langsam wieder – doch nach 20–30 und gar noch mehr Jahren wuchsen die jungen Leute wieder ganz lustig heran, und die Pest war schier vergessen. Da zeigte sich im Jahre 1515 abermals das Todesgespenst, doch ging es bald vorüber. Aber 1517 war's wieder arg, ja wohl noch ärger als vor 54 Jahren; denn man hatte dießmal die große Vorsicht nicht angewendet wie damals, und so verbreitete sich der schreckliche schwarze Tod mit grausiger Schnelle durch die rathlose Stadt. Man wußte vor Angst nicht mehr wohin. Wohl über 5000 Menschen starben des schrecklichen Todes an der ‚Brechin'. Aber die Angst der Münchener war so groß geworden, daß viele gar nicht einmal in die Kirche zu gehen wagten. Die Pest war wohl zu Ende, aber Todtenstille blieb in der Stadt zurück. Wer nicht mußte, verließ gewiß das Haus nicht, ja selbst an's Fenster zu gehen hatte man verlernt. War's aber zu wundern? Wer konnte wissen, ob der Erste, der das Haus verließ, nicht abermal erkrankte und dahinfiel, von der ‚Brechin' ergriffen? – und warum hätte man mehr zum Fenster gehen sollen? Sterbende – Todte – Leichenträger – Särge hatte man ja zur schaurigen Genüge gesehen! Daß unter solchen Umständen die Gasthäuser leer, darf ich wohl nicht erst sagen... Die Reichen verschlossen sich in ihre Häuser, die größten Geschäfte standen still, die Weinschenken hatten keinen Gast, die Bräuer wollten nicht sieden, und da Niemand ausgehen mochte, gab's auch für Schneider und Schuster wenig Arbeit. Den meisten hatte ja Meister Schreiner das Kleid angemessen und mit Hobelspänen gefüttert, daß Gott erbarm!"[27]

Eine der merkwürdigsten Erinnerungen an die Pest dieser Zeit scheint sich in München erhalten zu haben: „Nach einer unbestätigten Überlieferung, die von der Schäfflerinnung eifrig gepflegt wird, gab die Pest im Jahre 1517, der fast ein Drittel der Stadtbevölkerung zum Opfer fiel, den Anstoß zum Schäfflertanz. Als Mutlosigkeit und Angst der Münchner trotz des Abflauens der Seuche nicht weichen wollten, sollen die Schäffler die ersten gewesen sein, die mit klingendem Spiel, farbenfrohen Kleidern und figurenreichem Tanz durch Münchens Straßen zogen, um die niedergedrückten Gemüter ihrer lieben Mitbürger wieder zu erheitern. Der Tanz ist seit 1702 archivalisch, seit 1782 in der Literatur und lückenlos seit 1795 in Münchner Tageszeitungen nachweisbar. Alle sieben Jahre wird der Schäfflertanz in der althergebrachten Form aufgeführt. Das Lebensalter eines alten Münchners wird sogar nach miterlebten Schäfflertänzen berechnet..."[28]

Pestpatrone und Pestsäulen

„*O heiliger Sebastian,*
Wir rufen dich von Herzen an.
Komm uns zu Hilf in dieser Not,
Behüte uns vor jähem Tod...
Ach, treuer Blutzeug, tu dein Best,
Halt von uns ab die leidig Pest,
Und durch dein ausgestandne Not,
Steh uns auch bei in unsrer Not."[29]

Der *heilige Sebastian* gilt als der älteste und beliebteste Pestpatron. „Seine Beziehung zur Pest ... beruht auf einer Verbindung zwischen seinem Martyrium und der mittelalterlichen Vorstellung von der Ursache der großen Pestepidemien: Der Legende nach war Sebastian, der vermutlich zur Zeit Diokletians lebte, Offizier der kaiserlichen Leibgarde; als Christ erkannt und nicht bereit, seinem Glauben abzuschwören, sollte er auf persönlichen Befehl des Kaisers mit Pfeilen erschossen werden; für tot gehalten und liegen gelassen, wurde er von christlichen Frauen aufgefunden und gesund gepflegt; genesen, stellte er sich dem Kaiser, bekannte sich neuerlich als Christ und wurde durch Keulenschläge getötet."[30] In der mittelalterlichen Vorstellungswelt wurde die Pest durch Pestdämonen – „Pestengel" – mittels geheimnisvoller Pfeile unter die Menschen gebracht; die Symbolik des todbringenden Pfeils, der den Wehrlosen lautlos aus dem Hinterhalt trifft, zieht sich durch die Kunst vieler Jahrhunderte. Der Pfeil als Symbol von Tod und tödlicher Seuche steht in einer uralten bildlichen Tradition. Das Bild vom Todesgott, der sich an sündigen Menschen rächt und sie mit tödlichen Pfeilen niederstreckt, hat eine Reihe von Parallelen in vorderasiatischen Gottheiten aus der Zeit der hellenistischen Antike. „Bereits in der Urkirche wurden die großen Heimsuchungen der Menschheit gedeutet als Strafe Gottes für die sündige Menschheit. Und als die Pest in Erscheinung trat, haben Prediger und christliche Obrigkeiten diese Erklärung mit großem Nachdruck immer wieder Gläubigen und Untertanen vor Augen gestellt."[31]

Auf Grund der Symbolik des Pfeiles – und weil der hl. Sebastian trotz tödlicher Pfeilschüsse nicht gestorben ist – wurde er zum Pestpatron erhoben. Der „Sebastianspfeil" aber wurde zum Pestvotiv und zum Pestsakramentale.[32] Sebastianspfeile wurden in kleinen Exemplaren hergestellt und gegen ansteckende Krankheiten als Amulette getragen. Von ihnen heißt es im Sebastianslied vom Jahre 1707:

„*Die solche Pfeile tragen,*
Nicht nach der Peste fragen."[33]

Der Pestpatron Sebastian ist immer als junger Mann dargestellt, der an einen Baum gebunden und von Pfeilen durchbohrt ist. Sein Namensfest, der 20. Januar, steht schon seit dem Jahr 354 fest. Die Verehrung des hl. Sebastian zeigte sich in der einst großen Verbreitung seines Namens als „Taufname", der in der bayerischen Koseform „Wastl" noch vielfach anklingt.

Zur bedeutendsten Gnadenstätte des hl. Sebastian ist Ebersberg geworden. Die ehemalige Benediktinerabtei, im Jahr 934 als Chorherrenstift gegründet, erhielt von Papst Stefan (939-942) eine größere Sebastiansreliquie, wodurch das Stift schnell zur ersten altbayerischen Wallfahrtsstätte wurde. Im Jahr 1013 übernahmen Benediktiner das Stift, die den Sebastianskult besonders förderten. Die Silberbüste mit der vermeintlichen Hirnschale des hl. Sebastian gehört mit zu den besten spätgotischen Gefäßreliquien Bayerns.[34]

„So lang die in Silber gefaßte Hirnschale des hl. Sebastian zu Ebersberg in Oberbayern aufbehalten und der geweihte Wein dem dahin wallfahrtenden Volk daraus zu trinken gereicht wird, hat die Pest in diesen Gegenden niemalen mehr ihren Sitz nehmen dürfen", verkündete man noch in der Mitte des 18. Jahrhunderts. Am Namensfest des Märtyrers wurde die in Silber gefaßte Hirnschale im Kloster

9.5T
Sebastianspfeil aus rotem Wachs in Holzmodel.
Heimatmuseum Wasserburg.

9.6T
Sebastianspfeil aus Zinn, Vorder- und Rückseite.
Ebersberg.

Ebersberg mit geweihtem Wein gefüllt und den Wallfahrern während der Messe zum Trinken gereicht, sowie eine Predigt wider die Krankheit gehalten. Früher mußten alljährlich zwei Maß Wein, die man in den Kopfboden des Heiligen gegossen, als geweiht in die Residenz nach München gebracht werden, wo Herzöge und Kurfürsten ihn tranken. Der geweihte Wein wurde in Ebersberg nicht unmittelbar aus dem Schädel des hl. Sebastian getrunken, sondern durch kleine, etwa 35 cm lange Silberröhrchen, die mit einem S-förmigen Henkel versehen waren, um so den Wein zu schlürfen, der gegen allerlei Krankheiten, namentlich die Pest, schützt."[35]

Von Ebersberg breitete sich die Verehrung des hl. Sebastian zu vielen oberbayerischen Gnadenstätten aus. Ein eindrucksvolles Zeugnis der Wundergläubigkeit ist die Erbauung der Sebastianskapelle im Markt Altham im Jahr 1635, „nachdem allda im ganzen Revier leidige Pest grassiert und hereingefressen, daß sehr viel Menschen hierdurch in die Ewigkeit gerissen wurden, und sobald vom ganzen Markt das Gelübd geschehen, dem hl. Sebastian angezogene Kapellen zu erbauen, damit durch dessen Vorbitt die wütende Sucht und Strafruten Gottes gnädiglich abgewendet, die Pest alsbald nachgelassen, daß nicht nur niemand mehr aus dasigen Orte daran gestorben, sondern die gleichsam schon auf den Schragen gelegenen Personen wieder zur Gesundheit gelangt seien. Und obschon derlei Contagioms in anderen benachbarten Orten wieder öfter eingerissen habe, so ist doch dieser Ort ständig von dem Übel befreit verblieben; woraus ersehen werden kann, wie wohlgefällig dem Allerhöchsten dieses Gelübd und Verehrung seines h. Märtyrers Sebastiani sein müsse."[36]

Neben dem hl. Sebastian wurde der *hl. Rochus* der wichtigste Pestpatron. Nach der Legende soll er in Montpellier in Frankreich geboren sein, weshalb er auch in Südfrankreich am meisten verehrt wird. Er soll seinen Besitz verkauft haben, um eine lange Pilgerreise, u.a. nach Rom anzutreten. Aber schon in Aquapendente geriet er in die große Pestepidemie von 1347 bis 1352. Er blieb am verseuchten Ort, pflegte hier die Kranken und tat dies dann auch in Rom und anderen Städten, bis er schließlich in Piacenza selbst an der Pest erkrankte. Um niemanden anzustecken, zog er sich zum Sterben in die Einsamkeit zurück. Doch ein Engel reinigte seine Wunden und ein Hund erbarmte sich seiner und brachte ihm das tägliche Brot. Nach seiner wunderbaren Heilung kehrte er nach Montpellier zurück. Für einen Spion gehalten und eingekerkert, nannte er aus lauter Demut seinen Namen nicht und verzichtete auf alle entlastenden Zeugenaussagen durch Verwandte und einstige Freunde. Am 16. August 1327 starb er nach fünf Jahren Kerkerhaft. Seither leuchtete in seiner Todeszelle ein seltsames Licht. Dieses Wunder führte schließlich zu der Heiligsprechung auf dem Konzil zu Konstanz im Jahr 1414. Seine Verehrung breitete sich über ganz Europa aus. Bald zählte er zu den 14 Nothelfern und zu den volkstümlichsten und hilfreichsten Heiligen.[37] Der hl. Rochus wird stets in Pilgerkleidung dargestellt; er hebt seine Kutte an, um die Pestbeule am Oberschenkel zu zeigen. Der Engel, der seine Wunden pflegt und ein Hund mit einem Stück Brot im Maul sind seine Begleiter.

Daneben wurde auch der *hl. Karl Borromäus* vor allem während der letzten Pestwelle zu Beginn des 18. Jahrhunderts verehrt. Als Patron gegen den jähen Tod wurde in Pestzeiten der *hl. Christophorus* um Fürbitte angerufen. „Der Heilige erscheint darum in so mächtiger, weithin sichtbarer Gestalt, weil man annahm, daß derjenige, der ihn sah, an diesem Tage vor ‚jähem Tode' geschützt sei. Der jähe Tod war deshalb so gefürchtet, weil er unbußfertig, ohne geistliche Wegzehrung erfolgte, der Anblick des hl. Christoph aber verhinderte, daß der Tod plötzlich eintrat. So sieht man gerade in den Zeiten der Pest das Bild des Riesen allenthalben erstehen, an Kirchen, Schlössern, aber auch an Privatbauten. Diese todbannende Wirkung findet man auch vielfach in mittelalterlichen Versen ausgedrückt:"[38]

„Desselben Tags (25. Juli) soltu han
Christoforum den großen Mann,
Der Christtum uff sine achseln treit;
Wer den ansieht, dem geschieht kein Leit
Des Tags, so er sein antlit seit."

Außer den genannten, in unserer Gegend bevorzugten Pestpatronen, wurden auch die hl. Anna und der hl. Anton, der Eremit, zu Zeiten des „großen Sterbens" angerufen. Von der hl. Anna sagt eine Votivtafel zu St. Pölten bei Weilheim:

„Sechzehn hundert zwei und dreißig
Nahm hier die Pest den Sitz gar fleißig,
Im größten Leid dacht jedermann,
St. Anna ist die helfen kann.
Darum der Rat ein ganzes Jahr
Versprach auf dem Capellen-Altar
Am mittwoch ihr zu Ehren
Ein Meß all'zeit soll g'hören.
Die Burgerschaft dies vorgelegt
Ganz eifrig z'halten hat bewegt
Dazu sie noch ihr Schutzfrau gnennt,
In kurzem hat die Pest ein End."[39]

Auch auf den Pestblättern des 16. und 17. Jahrhunderts finden wir die hl. Anna wiederholt als Beschützerin gegen die Pest angerufen. Wie ratlos, hilflos und verzweifelt man der Pest gegenüberstand, kommt auch dadurch zum Ausdruck, daß man in ganz Deutschland 60 Pestpatrone um Hilfe anrief![40]

Gelegentlich hört man auch von Rinderpestsäulen, freilich ist die gefürchtete Rinderpest nur kleinräumig zu denken.

Die Dreifaltigkeitssäule in Götzendorf an der Leitha trägt beispielsweise die Inschrift: „Zur Erinnerung an die Rinderpest errichtet von der Gemeinde Götzendorf Anno 1864."

Als „Seuchenmarter" ist ein Bildstock in Knetzgau bei Haßfurt bekannt. Auf seiner Vorderseite ist St. Wendelin, der Schutzpatron der Hirten und Viehbauern, mit dem Gekreuzigten zu sehen. Die von Blätterwerk umrahmte Inschrift lautet: „Gott und seinen lieben Heiligen zum Lob ... hat der ehrsame Bernhard Merdz und seine eheliche Hausfrau Barbara diese Marter für Abwendung der leidigen Viehseuche der Not willen ... aufrichten lassen Anno 1732."

Zum Andenken an dieses Katastrophenjahr für die bäuerliche Bevölkerung wird bis heute in Knetzgau am Wendelinstag, dem 20. Oktober, von der Gemeinde eigens eine Messe gefeiert, das „Seuchenamt".

Pestfriedhöfe

In den einsamen Pestfriedhöfen, in freier Flur oder mitten im Wald, ist die Erinnerung an den „schwarzen Tod" noch heute besonders anschaulich und greifbar geblieben. Die ordentlichen Begräbnisstätten wurden im Mittelalter stets um die Pfarrkirchen herum angelegt, also inmitten der Städte und Dörfer. Alle getauften Gläubigen hatten das Recht, in der geweihten Erde dieser Friedhöfe bestattet zu werden. Von der Nähe des Heiligen, dessen Reliquien in der Altarmensa verschlossen waren, erhoffte man sich dereinst seine Fürbitte am Jüngsten Tag. Zu dieser Hilfe für das Seelenheil kam noch der Trost, inmitten seiner Vorfahren und Anverwandten zur letzten Ruhe bestattet zu werden, ein Gedanke, der an die Gemeinschaft der Heiligen erinnert. Aus Furcht vor der Ansteckungsgefahr wurde aber auch in Bayern eine Regierungsverordnung erlassen, wonach die Pestleichen „bei Strafe des Galgens" in eigenen Pestfriedhöfen weit außerhalb der Ortschaften bestattet werden mußten. Dies entsprach vielleicht auch der Denkweise jener Zeit in Weiterführung sehr viel älterer, magischer Vorstellungen, die Pest als Inbegriff des Bösen und Unheimlichen weit aus den bewohnten Ortslagen zu verbannen.[41]

Die Bestattungen auf einem dieser „Pestanger" oder „Pestäcker" blieben ein dunkles, teilweise wohl unerforschliches Kapitel des Totenbrauchs jener Zeiten und wir werden in vielen Fällen nicht erfahren, ob gelegentlich auch Pestfriedhöfe geweiht wurden, wo sie eingefriedet und in wie vielen Fällen auch den Pesttoten eine kirchliche Beerdigung oder zumindest priesterliche Assistenz zuteil werden konnte.[42] Sicherlich wurden vielfach in aller Eile und Panik nur sog. „Pestgruben" ausgehoben, in denen man die Leichen voll Grauen wie in einem Massengrab verscharrte. Vielerorts wurden die Toten vorher mit ungelöschtem Kalk übergossen, vereinzelt hat man sogar die Gräber von infizierten und verdächtigen Personen nachträglich mit Kalk überschüttet.[43] Vereinzelt kommt es auch vor, daß man Hingerichtete, Selbstmörder und fremde Bettler auf diesen angstvoll gescheuten Stätten beerdigte. In vielen Fällen sind die Pesttoten nicht namentlich überliefert, anderweitig sind sie verzeichnet. Das Sterbebuch der Pfarrei Perach nennt „tempore pestis" (1649-1705) mehrere Namensgruppen mit dem Zusatz „uno tumulo" – unter *einem* Grabhügel...

Pestfriedhöfe sind auch in Oberbayern in vielerlei Form überliefert oder erhalten. An manchen Örtlichkeiten haftet zwar die gesicherte Überlieferung, doch ist die Stelle der Begräbnisplätze nicht mehr genau lokalisierbar; die zugehörigen Pestmale oder Pestkreuze wurden mehrfach erneuert und dabei auch jeweils an eine „passende" Stelle versetzt. Geländeveränderungen verschiedenster Art haben manchen Pestfriedhof unkenntlich gemacht und nur ein Pestmal am Straßenrand hält noch eine Erinnerung fest, die einst von Geschlecht zu Geschlecht weitergegeben worden war. Andernorts ist der überlieferte Pestfriedhof eine mehr oder minder gepflegte Gedächtnisstätte mit Pestkreuz, mit Blumenschmuck und Einfriedung durch eine Hecke. In einigen Fällen aber hat sich der Pestfriedhof als regelrechtes abgrenzbares Bodendenkmal erhalten. Ein besonders eindrucksvolles Beispiel dieser Art liegt mitten im Wald nördlich Haiming im Landkreis Altötting: die ehemalige Einfriedung ist noch deutlich als niedriger, aber geschlossener Wall erkennbar.

An die Pest erinnern gelegentlich auch noch andere Örtlichkeiten. Wie viele Höfe namentlich im Dreißigjährigen Krieg „wüst" (von lat. vastus = leer) wurden, bezeugten noch die mancherorts überlieferten Erzählungen, vereinzelt aber auch eine Inschrift: „In der Linden. Der Volkssage nach sollen die hier befindlich gewesenen zwei Bauernhöfe in der Pestzeit 1634 ausgestorben sein." (bei Tölz)[44]

Pestmale als Zeugen der Trauer

Um den Opfern der Pest auf ihren gottverlassenen Pestäckern eine letzte Ehre und einen letzten Trost zu geben, errichtete man dort eigene Gedenkmale. Sicher spielte auch der Gedanke mit, kommenden Geschlechtern diesen Ort der Trauer aufzuzeigen. Die ältesten Pestmale waren sicherlich richtige Pest-Grabkreuze in verschiedenen Ausformungen. Ebenso alt waren auch Lichtstöcke oder Lichtsäulen, also Totenleuchten, wie sie in größerer Form einst auf den Friedhöfen sehr viel häufiger waren. So führten manche alten unerklärlichen Lichtsäulen durch systematische Grabungen und Forschungen zum Nachweis eines Pestfriedhofs. In vielen der ältesten Pestmale dürfen wir also Behältnisse für das Totenlicht sehen. „Aus dem Unterbewußtsein des Volkes ist die Erinnerung an die ursprüngliche Bestimmung übrigens nie ganz verschwunden, denn an vielen dieser Pfeiler hat man in späterer Zeit, als man in ihnen nur mehr Bildstöcke sah, Laternen angebracht, die am Allerseelentag angezündet werden. Auch wird der obere Teil am Lande noch gerne mit dem Ausdruck Laterne bezeichnet, dergleichen findet man da und dort noch den Ausdruck Lichtstöckl."[45] Zum ewigen Gedenken an die Greuel der Pest wurden später – bis in die Gegenwart – Pestkreuze und Pestmale verschiedenster Art aufgestellt und Pestkapellen errichtet. In Oberbayern haben all diese Kreuze, Bildstöcke und Kapellen keine spezifische, auf die Pest hinweisende Form, nur Bilder und Inschriften, die oft aus späterer Zeit stammen, weisen auf diese Ursache hin. Aus dem Schicksal der Pestfriedhöfe ist dies jedoch leicht erklärbar. Eilig und planlos, wie

9.7T

„Als im Jahre 1634 dahier und in der ganzen Umgegend die Pest herrschte, macht die hiesige hochwürdige Geistlichkeit, die Churfürstlichen Herrn Beamten, die Mitglieder des innern und äußern Rathes, so wie die ganze Bürgerschaft Gott dem allmächtigen das feyerliche Gelübde, daß sie und ihre Nachkommen das Fest des heiligen Martyrers Sebastian in der St. Jakobspfarrkirche alljährlich höchst feyerlich begehen wollen, damit Gott der Allergütigste durch die Fürbitte des heiligen Martyrers Sebastian, des heiligen Apostels Jakobus und besonders durch die Fürbitte der allerseligsten Jungfrau Maria die hiesige Stadt vor schweren ansteckenden Krankheiten gnädigst verschonen wolle. Dieses Gelübde wurde im Jahre 1653 wieder feyerlich erneuert und zur ewigen Erinnerung an dasselbe diese Votivtafel aufgestellt."
Votivbild zur Pest in Wasserburg.

9.8T

Votivtafel von 1772 in Wasserburg.
„Dir dancket Wasserburg, für alle jene Gnaden,
wormit du unser Stadt, hast Muetterlich beladen.
besonders in der Zeit, wo üble Krankheit wütet,
hast deine Kinder ja, recht Muetterlich behütet.
Du nimst dem Luft das gift,
der Krankheit Ihre Stärke,
heist diss nicht Muetter seyn,
sind diss nicht Muetter Werke
mit Rechte nennt man dich die Muetter auf den Platz,
weil du ein Muetter bist, und unser Gnaden Schatz,
Du wirst in künftig uns,
dem Muetter hand auch zeigen
dan werden wir vor dir, die Knie danckbahr beygen."

EX VOTO

sie angelegt wurden, so schnell verfielen sie auch wieder. Die Einfriedungen wurden niedergelegt und das Weidevieh graste bald wieder über den Gräbern. Die Kreuze, Bildstöcke und Kapellen, die man hier nach dem Abklingen der Pest errichtete, bedurften zunächst keiner eigenen Kennzeichnung oder Ausformung, da die grauenhaften Geschehnisse noch allgegenwärtig waren. Erst als nach dem Verfall der Pestfriedhöfe die Erinnerungen allmählich verblichen, hat man wohl manches dieser Pestmale mit einer Inschrift versehen oder eine alte Inschrift erneuert und dabei erweitert.[46]

Als ausgeprägte Zeichen der Pest sind Astknoten und beulenartige Verdickungen an einigen Kreuzen im rheinisch-westfälischen Raum zu deuten, sie symbolisieren die Schwären, wie sie bei der Pest auftraten. Diese Kreuze heißen dort auch „Schwärenkreuze".

Im Pestfriedhof bei Haiming findet sich unter einem einfachen Kreuz ein großer, steinerner Sarg mit eingraviertem Kreuz als Symbol von Tod und Begräbnis an dieser Stelle. Vermutlich stammt dieser Sarg aus einem Friedhof. Damit vergleichbar ist das sog. „Pestgrab" nahe Schwaighof bei Regensburg, ebenfalls ein symbolischer Steinsarg inmitten der Flur.[47] Das Wissen um die einstige Allgegenwart der Pest hat aber vielfach auch solche religiösen Wahrzeichen in der Flur zu Pestdenkmälern umgedeutet, die in Wirklichkeit einem völlig anderen Anlaß entsprungen sind.

Pestsäulen und Pestkapellen als Zeugen des Dankes

Eine naturgemäß seltenere Ursache zur Errichtung eines Pestkreuzes war die Dankbarkeit verschonter Familien oder Hausgemeinschaften. Nach dem Erlöschen der Seuche stifteten Verschonte und Geheilte Denkmäler der Dankbarkeit, sei es als Ausdruck überströmenden Gotteslobs, sei es auf Grund vordem abgelegter Gelöbnisse. Ein besonderer Anlaß war schließlich das vollständige, endgültige Verschwinden der Pest – der grenzenlose Jubel der Befreiung fand seinen Niederschlag in den großen Pestsäulen oder Sebastians-Säulen, die man seit dem 16. Jahrhundert vielerorts errichtete.[48] Dieser Brauch dürfte durch den hl. Karl Borromäus angeregt worden sein, der während der Pestepidemie von 1570 bis 1575 Bischof von Mailand war. Noch monumentaler und stets im Mittelpunkt einer Stadt oder eines Marktes sind die Mariensäulen und Dreifaltigkeitssäulen, die man häufig auch als Pestsäulen bezeichnet. Diese oft gewaltigen Säulenmonumente wurden keineswegs alle wegen einer Pestepidemie aufgestellt, ihre Häufigkeit im Bereich des ehemaligen österreichisch-ungarischen Kaiserreiches deutet vielleicht nur auf eine besondere Verehrung Mariens und der Heiligen Dreifaltigkeit hin. Manche dieser Säulen sind älter als eine örtliche Pestepidemie;[49] während der Pest wurden diese Säulen aber Orte gläubiger und verzweifelter Zuflucht und Zeugen flehentlicher, beschwörender und vertrauensvoller Gebete. Das Abklingen der Pest hat der Volksglaube dann der Fürbitte Mariens oder dem Wirken des Dreifaltigen Gottes zugeschrieben und man sprach von da ab von vielen solcher Säulen als Pestsäulen.

Aber auch viele Pestkapellen sind auf Grund eines Gelübdes aus Dankbarkeit errichtet worden. „Bei Grafrath liegt die Pestkapelle von Jensewang, ein Rundbau, auf dessen Altar neben der hl. Maria die Pestpatrone Sebastian und Rochus stehen. Die Inschrift besagt, daß die Gemeinde Jensewang bei einer eingreifenden Pest ‚diese Verlobniß errichtet anno 1651 und 1656 von Grund aus aufgebaut'. In der Tölzer Gegend, wo die Pest wiederholt sehr stark gehaust hat, erinnern mehrere Kapellen an die Seuche, so z.B. die einsam in der Mitte eines Pestfriedhofes gelegene, dem hl. Sebastian geweihte Kapelle bei Wackersberg und die Sebastian-Kapelle von Schlegeldorf bai Arzbach. Letztere enthält ein ungefähr 80 cm hohes auf Holz gemaltes Votivbild. Es stellt eine Alpenlandschaft dar und vier vor einem Kruzifix kniende und bärtige Bauern in der Tracht des 17. Jahrhunderts, alle einander ziemlich gleich, nur der erste in weißem, der andere in violettem, der dritte in dunkelgrünem, der vierte in blauem Gewande. Die nähere Erklärung über die Stiftung dieses Bildes sagt die Inschrift: ‚Gott zu Lob und Ehr und in sein bitter Leiden und Sterben, auch zu Ehren des H. Sebastian und des H. Rochus. Im 1634. Jar, da die leidige Pest überall regierte, haben diese 4 Männer, mit Namen Jörg Waltleiten unter dem Wasenstein, Hans Pichelmayr, Lorentz Urban, Stefan Schäfmann, sich zusammen versprochen, diese Kapelle zu bauen, auch den Altar machen lassen. Wie sie dann Gott vor dieser Krankheit gnediglich behütet hat und noch weiter in seinem Schutz erhalten wolle."[50] Ein interessantes literarisches Zeugnis für das Schicksal eines ehemaligen Pestfriedhofes birgt die Inschrift des sog. Pestbildstockes aus Schönfleck bei St. Wolfgang, heute im Städtischen Heimathaus in Wasserburg. Dieser große hölzerne Tabernakelpfeiler enthält in der mit einem Türchen verschließbaren Nische ein Bild der Maria-Hilf nach Lukas Cranach als Schutzfrau der unter ihr büßenden Armen Seelen und einen langen, zwischen den beiden Bauern Hanß und Veitl gedachten „Discurs" über einen alten, aus Kriegs- und Seuchenzeiten stammenden Friedhof. Dabei beklagen sie sich erstaunlich offen über die Gleichgültigkeit des Klerus, der diesen Leichenacker verfallen lasse, so daß er nicht mehr umfriedet sei, das Vieh auf ihm weide, das Friedhofskreuz fehle und alle Grabzeichen verschwänden. Schon 1918 erinnerte nur noch der Bildstock an diesen einstigen Pestfriedhof im Wald. Dieser „Discurs" ist „anno 1800 gemahlen worden" mit folgendem Originaltext:

Hanß.
Nachbar Veitl, waist du nit den weeg
wo man geht über den Schönenfleck.
Dort wär ä mahl ä Freidhoff gwenn
wo ville leid begraben leng.
Veitl.
Hanß das kan i dir nit sang
da missen mir Mein Nachbarn frang
der ist ä Mo bey Achtzig Jahrn
und hat scho mehr als i erfahrn.
Hanß.
Schau mei Veitl das waist du doch,
das zwey Töchter vo Schmid in Lohe
So wunder Schön gelbe Harr ghabt haben
Ligen auch aldort begraben.
Veitl.
Ich hab ä scho ghört von alten Leiden
das ä mahl bey Krieges Zeiten
Sänd gestorben sehr ville Leid
dä wurd dä Friedhoff eingeweicht.
Hanß.
Es ist das ding noch nit so lang
das um und ums ä Blankä stand.
und ä Kreutzseiln wär a dabey,
aber jetzt ists halt ä Lumperey.
Veitl.
Wan man die armen Seln thät fragen
die aldort ihr Ruehstadt haben
Sie wurden sagen jnsgemein
das dort soll keine Viehwaid sein.
Hanß.
Das Ding ist weiter nit gar schön
das das Vieh thut drauf herum gehn
den es hoffiert drauf hin und her.
als wen kein Mensch begraben wer.
Veitl.
Nachbar ein Rath wil i dir göben
wir woln ä mal mit die Geistlichen reden
die Geistlichkeit nimbt sich schon an
weil sie däfor ihr Besoldung ham.
Hanß.
Veitl i hab oft in der Predig ghört
das der jene nicht selig werd.
der nit thut die Werk der Barmherzigkeit
freylich thun das jetzt wenig Leid.
Veitl.
Barmherzigkeit hin Barmherzigkeit her
das acht scho bald kein Geistlicher mehr,
wan jetzt ains kain Geld thut hamb,
wil mans schier nit in Freidhoff gram.
Hanß.
Nit ä so mein Veitl das mußt du nit sang
Denk das wir a no bräfe Geistliche ham
es hat schon ä mal aina die Blanka hergestellt,
Gott tröst ihm, er ist halt nimer auf der Weld.

9.9T
Der Pestpatron St. Sebastian in einem spätbarocken Zunftzeichen der Berchtesgadener Holzhandwerkerzunft. Sakristei der Stiftskirche Berchtesgaden.

9.10T
Der Pestpatron St. Rochus in einem spätbarocken Zunftzeichen der Berchtesgadener Holzhandwerkerzunft. Sakristei der Stiftskirche Berchtesgaden.

Einstige Pestgrenzen

Weit außerhalb der Ortschaften finden wir aber auch noch Denkmale, welche die einstige Ausbreitungsgrenze der Pest bezeichnen. „Sterb bis daher 1626" heißt es auf einem Steinkreuz an der Straße von Adnet nach Krispl bei Hallein.[51] Ein Votivbild in der Pestkapelle am 1640 m hohen Scheitelpunkt des Gaistals – zwischen Ehrwald und Leutasch – berichtet: „Als im Jahr 1634 die Pest in Ehrwald herrschte, wollten die Ehrwalder nach Seefeld wallfahrten, wurden aber von den Leutascher Bauern hier angehalten. Sie verrichteten ihre Andacht an diesem Ort, wurden erhört und erbauten zum Gedächtnis die Kapelle."

Die traditionelle Ursprungslegende der Oberammergauer Passionsspiele basiert auf einer handschriftlichen Chronik, in der ein unbekannter Autor lokalhistorische Begebenheiten aus den Jahren 1485 bis 1733 zusammengetragen hatte. Danach habe 1633 in den benachbarten Gegenden eine so ansteckende Krankheit geherrscht, daß der Ort Kohlgrub bis auf zwei Ehepaare völlig ausgestorben war. In Oberammergau sei man mit allen Mitteln darauf bedacht gewesen, das Übel von den Dorfgrenzen fernzuhalten. Dann habe es aber doch ein auswärts tätiger Taglöhner, namens Caspar Schisler mit sich eingeschleppt. Er sei zwei Tage danach gestorben und mit ihm innerhalb von drei Wochen noch 84 Personen. In dieser Not habe die Gemeinde ein feierliches Gelübde abgelegt, jedes zehnte Jahr die Leidensgeschichte Christi öffentlich darzustellen, worauf kein einziger Mensch mehr dieser Krankheit erlegen sei. Die verlobte Aufführung habe „gleich im darauffolgenden Jahr 1634" das erste Mal stattgefunden und sei regelmäßig, von 1680 an auf die Zehnerjahre verlegt, wiederholt worden.

„Dieses und andere Gelöbnisse dieser Art in anderen bairischen Landschaften sind die feierlichste Urkunde dessen, wie das bairische Volk seine Bühnenkunst als das kostbarste Kulturopfer auffaßte, das den erzürnten Himmel besänftigen könne, als eine Form des Gottesdienstes..."[52] Zuweilen dürften alte Pestmale Schauplatz erschütternder Vorkehrungen und Vorfälle gewesen sein. So hat man beispielsweise bis zu gewissen Kreuzen den Pestkranken die Verpflegung herangeschafft, bis zu anderen Kreuzen durfte der Müller zur Pestzeit fahren.[53]

Eine besonders makabre Geschichte sei beispielshalber wiedergegeben: „Beim Ortseingang von Gunersdorf (Österreich) steht noch heute ein schlichtes Holzkreuz mit der Aufschrift ‚Andenken an die Pest'. An einem Sonnabend des Jahres 1679, während eben die Klänge der Abendglocken von Aschbach herüberschallten, scheuten an dieser Stelle plötzlich die Pferde des eben vorüberfahrenden Pestfuhrwerkes, und der Kutscher, welcher alle Mühe hatte, die Tiere wieder in seine Gewalt zu bringen, merkte nicht, daß schon beim ersten Ruck ein Leichnam vom Wagen geglitten war. Erst als er im Walde angelangt, die Toten einen nach dem anderen in die Grube stieß, dünkte es ihm fast, es sei einer zu wenig gewesen. Indes man konnte sich ja verzählt haben und hier im Dickicht war es schon zu dunkel geworden, als daß man da noch einmal nachschauen hätte können. Gruselig war es am Ende auch ein wenig in dieser Einöde und wenn der Nachtwind durch die Nadeln der Föhren strich, klang es jedes Mal, als hätte noch einer geseufzt in der schaurigen Grube da drunten. Der Fuhrmann hieb also in die Pferde und fuhr nach Gunersdorf zurück. Allein, als er an jener Stelle vor dem Dorfe anlangte, bäumten sich abermals die Pferde:

Hart am Wegrande saß aufrecht der totgeglaubte Pestkranke, welcher während des Gebetläutens vom Wagen gefallen war. Durch die Erschütterung dieses Falles hatte er die Besinnung wieder erlangt und bat nun gar kläglich, wieder nach Aschbach mitfahren zu dürfen. Das schlug ihm der Kutscher, nachdem er sich von seinem ersten Entsetzen erholt hatte, natürlich nicht ab und brachte den Mann zu seiner vor Freude ganz fassungslosen Familie zurück, in deren liebevoller Pflege er bald völlig genas. Weil aber der erste Ton, der bei seiner Rückkehr zum Leben an sein Ohr drang, der der Abendglocke gewesen war, machte der so seltsam Gerettete eine fromme Stiftung: An jedem Sonnabend sollte fürderhin das letzte Gesetzlein des Gebetläutens nicht wie bisher mit einer, sondern mit allen Glocken geläutet werden. Eine Einführung, die heute noch in Übung ist."[54]

Auf einer Alm am Eiberg, im sog. Rechaumoos, steht ein niederer, von einem Erdhügel bedeckter Kreuzstein mit einem Kreuzrelief und der Jahreszahl 1635; mit ihm verknüpft sich folgende Begebenheit: „Im Frühjahr 1939 wurde der damalige Leiter des Gendarmeriepostens Söll verständigt, daß auf der entlegenen Alm eine Leiche läge. Bei den notwendigen Erhebungen des Beamten fragte die Bauerntochter: ‚Was macht's mit der Leich? Gebt's die auch zu den anderen?' Auf die erstaunte Frage des Gendarmen erzählte der Bauer, daß sich auf der Alm ein altes Grab mit unleserlicher Inschrift befände. In einem alten Kalender habe er folgende Legende dazu gefunden: ‚Als zu Rechau die Pest ausgebrochen war, sagte der Recherbauer zu seinem Nachbarn: ‚Laßt uns allein zu Rechau, damit nicht auch ihr angesteckt werdet. Wenn ihr aber einmal von unserem Hause keinen Rauch mehr aufsteigen sehet, so wisset, daß wir gestorben sind. Dann bitte ich auch, kommet und begrabet uns.' Die Nachbarn, welche ungefähr eine Viertelstunde weit entfernt wohnten, schauten alle Tage, ob zu Rechau noch der Rauch aufgehe. Eines Tages sahen sie keinen Rauch mehr. Als sie hingingen, fanden sie das Haus leer. In der Nähe des Hauses aber sahen sie ein offenes Grab und als sie in dasselbe hineinschauten, lag die Leiche des Letztverstorbenen, des Bauern selbst, drinnen. Dieser hatte seine Base begraben sich selbst noch das Grab gegraben und sich zum Sterben hineingelegt, damit die Nachbarn weniger angesteckt werden sollten.'

Im Sterbebuch des Pfarramtes Söll findet man folgende lateinische Eintragung: ‚Folgende sind zu Rechau von der Pest hinweggerafft worden, welche angeblich durch ein herumziehendes Weib eingeschleppt worden sei, während andere behaupten, sie sei durch Betten entstanden, welche die Bauersleute aus pestgefährdeten Orten herbeigebracht haben...' Es folgen dann die Namen und Sterbedaten der Pesttoten, die zumeist ‚hier', d.h. also im Friedhof, begraben wurden. Beim Bauern Zintinger und dessen Base Anna Zintinger steht der Vermerk: ‚zuhause begraben', womit die Legende urkundlich beglaubigt wird."[55]

Das Jahrhunderte umspannende Geschehen der Pestepidemien hat nicht nur in der Flur und in der Erinnerung der Menschen Spuren hinterlassen, es hat sich in unser gesamtes kulturelles Erbe eingeprägt. Neben den kunstreichen Säulenmonumenten und den ehemaligen Pestspitälern in den großen Städten, den Pestfriedhöfen und Pestmalen in der freien Flur werden noch viele weitere Zeugnisse des Volksglaubens die Erinnerungen an die Pest weitergeben: Altäre und Atarbilder, Heiligenfiguren, Fresken, Votivtafeln, Fahnen und Glocken, mächtige Kerzen, Pestblätter, Amulette und Münzen, ehemalige Prozessionen und Bruderschaften, Sagen und Legenden, Redewendungen und Gebete.

Ein gebet fier die Pest:

Das ist das Zeichen † das Gott der Allmechtige Moysy gab das das volk nit starb an der Pestilenz vnnd wo das † ainen hauss nicht wer, das selbige volck starb alles vnd wer das mit seinem gebet das leiden Jesu Christy 3 Vatter vnser 3 aue Maria der heilligen Dreyfaltigkeit ainen Glauben die Menschen die in dem hauss seind die seind drei tage vor der Pestilenz bewarth.

O heilliger herr vnnd Märtterer St. Sebastian wie gross ist dein Glaub bit fier vns vnsern Herrn Jesu Christy das wier von der Plagen, der Pestylenz von dem gähen Totth vnnd vor allen geprösten durch dein gebet vnnd vordienst erlest werden. Amen.[56]

Anmerkungen

[1] Barbara Tuchmann: Der ferne Spiegel. Das dramatische 14. Jahrhundert. Düsseldorf 1980, S. 105 und 97.
„Der Schwarze Tod ... kam nach Mitteleuropa aus Italien. Entstanden war er im Osten, im Land der Tataren, und es ist anzunehmen, daß die etwas legendär ausgeschmückte Einschleppungsgeschichte nicht des realen Kerns entbehrt:
Nachdem die Seuche allein auf der Krim 85.000 Tote zurückgelassen hatte, sollen nach einem Bericht von Gabriel de Mussis aus Piacenza im Winter 1347/48 tatarische Belagerer einer genuesischen Handelsstation namens Caffa, dem heutigen Feodosia, in deren Reihen die Pest wütete, ihre an der ansteckenden Krankheit verstorbenen Kameraden in die befestigte Niederlassung katapultiert haben; die Genuesen flohen auf ihren Schiffen heimwärts ins Mittelmeer – der Schwarze Tod war an Bord. Die genuesischen Hafenbehörden verweigerten den Schiffen das Anlegerecht, sobald sie Kunde von der Erkrankung der Besatzungen hatten – von Hafen zu Hafen irrten die Unglücklichen nun die Küste entlang bis Sizilien, und wo immer sie Kontakt mit der Bevölkerung nahmen, blieb die Seuche zurück." (Plechl, wie Anm 5, S. 36.)

[2] Jacques Ruffié und Jean-Charles Sournia: Die Seuchen in der Geschichte der Menschheit. Stuttgart 1987, S. 29.

[3] Walter Hartinger und Winfried Helm: „Die laidige Sucht der Pestilenz" Kleine Kulturgeschichte der Pest in Europa. Begleitheft zu den Ausstellungen in Dingolfing und Passau 1986, S. 46 und 48.

[4] Ruffié/Sournia, wie Anm. 2., S. 28.

[5] Pia Maria Plechl: „Gott zu Ehrn ein Vatterunser pett" Bildstöcke, Lichtsäulen und andere Denkmale der Volksfrömmigkeit in Niederösterreich.
Wien-München 1971, S. 36.

[6] Tuchmann, wie Anm. 1, S. 105.
[7] Tuchmann, wie Anm. 1, S. 98 f.
[8] Hartinger, wie Anm. 3, S. 42.
[9] Tuchmann, wie Anm. 1, S. 99.
[10] Tuchmann, wie Anm. 1, S. 101.
[11] Ruffié/Sournia, wie Anm. 2, S. 59.
[12] Ruffié/Sournia, wie Anm. 2, S. 62.
[13] Hartinger, wie Anm. 3, S. 44.
[14] Ruffié/Sournia, wie Anm. 2, S. 24.

[15] Die Ausführungen über die „Kenntnisse der Medizin" sind weitgehendst und teilweise wörtlich, jedoch stark gekürzt und zusammengefaßt folgender Dokumentation entnommen: Dr. med. Winfried Helm: Medizinische und epidemiologische Erkenntnisse über die Pest. (Beitrag zu Prof. Dr. Walter Hartingers Werk „Die laidige Sucht der Pestilenz", siehe Anm. 3) Die in Fußnoten gesetzten Stellen siehe S. 7, 10, 11, 20, 21.

[16] Tuchmann, wie Anm. 1, S. 107.
[17] Ruffié/Sournia, wie Anm. 2, S. 37 und 30.
[18] Tuchmann, wie Anm. 1, S. 108.
[19] Tuchmann, wie Anm. 1, S. 108.
[20] Ruffié/Sournia, wie Anm. 2, S. 46.
[21] Hartinger, wie Anm. 3, S. 56.
[22] Hartinger, wie Anm. 3, S. 76.
[23] Hartinger, wie Anm. 3, S. 80 f.

[24] Hans Hornung: Beiträge zur neueren Geschichte Bayerns vom 16.-18. Jahrhundert aus den Umrittsprotokollen der Rentmeister des Rentamtes Burghausen. Dissertation an der Universität München 1915, S. 123 ff.

[25] Willibald Lechner und Hans Roth: Die Pest in Anger im Jahre 1714. Festschrift 500 Jahre Angerer Kirchweihmarkt. In: Das Salzfaß, Neue Folge, 19. Jg., Heft 2/1985, S. 91 ff.

[26] Stephan Schaller: Die ersten hundert Jahre der Oberammergauer Passionsspiele. Neues zum Beginn und zur Textgestalt. Jahrbuch für Volkskunde. Würzburg-Innsbruck-Fribourg 1982, S. 78 f.

[27] Anton Mayer: Der Schäfflertanz und der Metzgersprung. Versuch einer historischen Beleuchtung dieser Münchener Wahrzeichen. München 1865. Reprint in: Altmünchner Raritäten, herausgegeben von Ludwig Hollweck, Heft 5: „Nun möge zum Schluß der Ursprung in unterhaltender Weise erzählt werden, mit Benützung einer Erzählung des Hermann Nägelstädt (im Illustrierten Familien-Journal, Band XVIII, S. 375), welche wir aber nach eigenen Forschungen in einiger Weise ergänzen und verbessern wollten..."

[28] Aus dem Vorwort zu Mayer, wie Anm. 27.
[29] Zitiert bei Hartinger, wie Anm. 3, S. 120.
[30] Plechl, wie Anm. 5, S. 95 f.
[31] Hartinger, wie Anm. 3, S. 92.

[32] Lenz Kriss-Rettenbeck: Bilder und Zeichen religiösen Volksglaubens. München 1971, 2. Auflage, S. 110.

[33] Ludwig von Hörmann: Das Kirchenjahr. O.O., o.J., S. 197.

[34] Adalbert Krause: Die Pestkapelle in Weng bei Admont als älteste Sebastiani-Kultstätte Österreichs. In: Österreichische Zeitschrift für Volkskunde, 59. Jg. 1956, S. 22.
„In Bayern wurde Ebersberg das absolute Zentrum der Sebastianswallfahrt, daneben waren im deutschen Sprachraum nur noch Admont und Wien von Bedeutung. Ebersberg besitzt eine Hälfte der Hirnschale des Heiligen, ein Augustinerpropst hatte sie wohl schon vor der Jahrtausendwende aus Rom mitgebracht. Binnen kurzem entwickelte sich eine lebhafte Wallfahrt, bei der Sebastian seinen Kollegen als Pestpatron, den heiligen Rochus, beinahe ausstechen konnte.
Spezifische Brauchtumsformen des Sebastianskultes in Ebersberg hielten sich bis ins erste Drittel unseres Jahrhunderts. Die Hirnschale des Heiligen war um 1500 in Silber gefaßt und teilvergoldet worden, man hatte sie auf ein typisches Büstenreliquiar des Heiligen montiert, das vier kleinen Löwen ruht. Auf der Brust des Heiligen befinden sich drei Pfeile, an der umgehängten Kette finden sich Votivgaben, besonders Gedenkmünzen. Nach Abnehmen des Hutes des Heiligen wird die Hirnschale sichtbar. Die Pilger tranken geweihten Wein aus der Hirnschale, in späterer Zeit mittels silberner Röhrchen (ein Brauch, der auch vom seligen Nantwein in Wolfratshausen berichtet wird). Noch heute wird der alte Brauch geübt, kleine bleierne Pfeile, die die Hirnschale des heiligen Sebastian berührten, den Pilgern gegen geringes Entgelt zu überlassen. Sie werden als Amulett gegen ansteckende Krankheiten getragen. Die im 15. Jahrhundert gegründete Bruderschaft des heiligen Sebastian ist heute noch existent.
Eine andere Sebastianswallfahrt ist jene zur Wallfahrtskapelle des Heiligen in Breitenwinn in der Diözese Eichstätt. Hier haben sich Votivbilder des Heiligen erhalten, vor allem aber bis zu 300 Jahre alte Votivkerzen. Die Westtür ist mit Hufeisen beschlagen, Sebastian hatte also auch ein Pferdepatronat. Die Wallfahrt, heute kaum bedeutend, war es wohl bis vor einem halben Jahrhundert, was man an der Anzahl von früher acht Wirtshäusern und fünf Brauereien abzählen kann.
Weitere Sebastianswallfahrten in Bayern: Lehenbühl, Leonberg, Ottengrün (Kleine Kapell)" (Dietrich Höllhuber und Wolfgang Kaul: Wallfahrt und Volksfrömmigkeit in Bayern. Nürnberg 1987, S. 140 f.)

[35] Marie Andree-Eysn: Volkskundliches aus dem bayrisch-österreichischen Alpengebiet. Braunschweig 1910, S. 27. (Reprint Hildesheim 1978). Mit folgenden Quellenangaben: Festpredigt zum hundertjährigen Jubiläum der Sebastians-Bruderschaft zu Aichach bei Augsburg, 1757, S. 101. – Rochholz: Deutscher Glaube und Brauch 1, S. 230. – Korrespondenzblatt der deutschen Gesellschaft für Anthropologie 1875, S. 45.

[36] Andree-Eysn, wie Anm. 35, S. 20, unter Hinweis auf: Chur-Bayerischer geistlicher Kalender durch J. A. Zimmermann, München 1774, Band 2, S. 104 und 97.

[37] Quellen: Plechl, wie Anm. 5, S. 96; Hartinger, wie Anm. 3, S. 124; Tuchmann, wie Anm. 1, S. 110.

[38] Andree-Eysn, wie Anm. 35, S. 30 f. Ganz Ähnliches sagen die lateinischen Verse:
Christophore sancte
Virtutes sunt tibi tantae
Qui te mane vident
Nocturno tempore rident.
Was deutsch am Kirchlein zu Werschling in Kärnten unter dem Bilde des Heiligen in folgender Weise gebracht ist:
Sanct Krystof heyliget man / dein tvgent ist sowol getan. Wer dich des morgens anschavet / dess nachtens er sich lachet frawet. 1516 jar.

[39] Andree-Eysn, wie Anm. 35, S. 33 f., unter Hinweis auf C. Frank: Deutsche Gaue. Kaufbeuren, o.J., Doppelheft 89 und 90, S. 125.

[40] Andree-Eysn, wie Anm. 35, S. 26, unter Hinweis auf: Dr. G. Kerler: Die Patrone der Heiligen, o.O., o.J., S. 226 bis 273.

[41] Plechl, wie Anm. 5, S. 107.

[42] „Die Beerdigung der Leichen war zu solchen Zeiten ein großes Problem; die engen Friedhöfe konnten die Masse der Toten nicht fassen. Darum legte man vor den Ortschaften Pestfriedhöfe an, hob dort große Gruben aus und warf die Verstorbenen ohne Unterschied von Stand und Person hinein. Da jeder sich scheute, die Pestkranken anzufassen, mußte man meist den Transport der Leichen eigens regeln. In Regensburg stellte man gegen gute Bezahlung ,Pestinmänner' an, denen man diese Aufgabe übertrug. Fanden sich nicht genug Leute, so half die Stadt mit massivem Druck nach und zwang Arbeitslose oder Taglöhner zu diesem Dienst. Die Pestfriedhöfe selbst fanden offenbar in aller Regel keine besondere Pflege; man war froh, wenn die Seuche abgeklungen war und mied den Ort, wo man die Toten begraben hatte. In vielen Orten erinnert heute nur noch die Flurbezeichnung an diese Friedhöfe. Dem entspricht es, daß wir kaum irgendwo Gedächtnismale für jene Verstorbenen finden." (Walter Hartinger ... denen Gott genad! Totenbrauchtum und Armen-Seelen-Glaube in der Oberpfalz. Regensburg 1979, S. 122.)

„Die Pesttoten durften nicht in den Friedhöfen beerdigt werden, sondern man griff wieder auf vorchristliche Methoden zurück. Außerhalb der Orte, also etwa wieder ,extra pomerium', an Wegen und Kreuzungen wurden die Pesttoten mit geringer oder ohne geistliche Assistenz verscharrt. In den meisten Fällen waren es Massengräber. In Gurtschitschach zum Beispiel berichtet die Inschrift auf dem Stock, daß zu seinen Füßen 41 Pesttote liegen, der letzte Überlebende des Dorfes soll das Mal errichtet haben.
Das Bleiberger Totenbuch verzeichnet aus der Pestzeit im Jänner 1681 folgende Eintragung: ,In peste mortui et in diversis locis sepulti sine sepultura quare scripti non sunt!' Das heißt: An der Pest gestorben und an verschiedenen Orten ohne Begräbnis begraben, weshalb sie (die Toten) nicht (namentlich) verzeichnet sind." (Eduard Skudnigg: Bildstöcke und Totenleuchten in Kärnten. Klagenfurt 1972, S. 47 f.) „Normalerweise wurden die Körper der Verstorbenen in den Friedhöfen mitten in den Ortschaften, rund um die Pfarrkirchen oder Kapellen begraben. Sie verblieben dort, bis bei einer neuen Bestattung an der nämlichen Stelle die verbliebenen Knochen des Vorgängers wieder zum Vorschein kamen. Sie wurden aus den Gräbern entnommen und in separaten Gebäuden den Karnern, Gebeinhäusern, Ossuarien oder Seelkerkern – ein zweites Mal beigesetzt. Dieses Verfahren war in Zeiten einer Pest- oder anderen Epidemie unmöglich. So geht man während der Pestseuchen allgemein daran, eigene Friedhöfe außerhalb der geschlossenen Ortschaften anzulegen. Dort hebt man große Gruben aus, in denen

man dann u.U. eine ganze Reihe von Toten unterbringt. Eine Sekundärbestattung gibt es hier nicht mehr. Nach dem Abklingen der Seuche wurden die Pestfriedhöfe in aller Regel durch Errichtung einer Kirche, Kapelle, eines Kreuzes oder einer Kreuzsäule besonders gekennzeichnet.

Oft ist von der ursprünglichen Anlage nur mehr dieses religiöse Denkmal auf unsere Zeit gekommen, während die Umzäunungen längst beseitigt wurden und die übliche landwirtschaftliche Nutzung von den Arealen wieder Besitz ergriffen hat." (Hartinger, wie Anm. 3, S. 52.)

„Nun werden aber viler Orten zweyerley Freythöff gefunden / einer so ringsweis umb die Kirchen herumb geht wie gemeinlich in den Dörffen: der ander aber / so gentzlich von der Kirchen abgesöndert ist / als in den Stätten zu sehen ist / von beyden handlen wir hie… Das jenig aber so beyden gemein ist diß. Erstlich was die Form oder Gestalt berürt / mögen sie lang oder rund seyn / nach Gelegenheit des Orts / jedoch welen sie so weit seyn, daß sie derselben Pfarrmenig / oder deren Orten Inwohnern / auch der Zeit der Pestilentz / genug thun können." (Jakob Müller: „Kirchengeschmuck. Das ist: Kurtzer Begriff der fürnembsten Dingen / damit ein jede recht und wol zugerichte Kirchen / gezieret und auffgebutzt seyn solle / Allen Prelaten und Pfarrherren durch das gantze Bistumb Regenpurg sehr notwendig. In Lateinischer und Teutscher Sprach / sambt beygesetzten etlichen schönen Figuren. Beschrieben durch Herrn Jakob Müllern H. Schrifft / Doctorn / und wolermelter hoher Stifft Regenspurg von Bäpstl. Heyl. verordneten Vicarium. Gedruckt zu München bey Adam Berg, Anno Domini MDXCI") Diese Vorschrift beweist besonders deutlich, daß man anfänglich auch die Pesttoten in regulären Pfarrfriedhöfen beerdigte.

[43] „Eine Verordnung der Sanitätskommission vom 11. Dezember 1714, nachdem die Krankheit bereits im Erlöschen war, befahl, daß die Gräber von infizierten und verdächtigen Personen nachträglich auf Kosten des Pfleggerichts mit Kalk beschüttet werden sollen." Lechner/Roth, wie Anm. 25, S. 100.

[44] Andree-Eysn, wie Anm. 35, S. 19 ff.

[45] Franz Hula: Mittelalterliche Kultmale – die Totenleuchten Europas. Karner, Schalenstein und Friedhofsoculus. Wien 1970, S. 7.

[46] „Allgemein herrscht in der Literatur auch die Ansicht, daß Pestkreuze, wenn sie aus diesem primären Motiv errichtet wurden, sich erheblich von den sonst üblichen Kreuzformen unterscheiden. Zeichen oder andere Inschriften, auch Knoten als Symbol der Pestbeulen auf rheinischen Kreuzen sollen ebenfalls auf Pestkreuze hinweisen. Weite Verbreitung fanden in Österreich die sog. ‚Pestsäulen', wie sie Franz Hula beschrieb, ihre barocken Gegenstücke in deutschen Landen sind jedoch nicht minder erwähnenswert.

Die Meinung W. Brockpählers, die Bezeichnung ‚Schwarzes Kreuz' in Verbindung mit der Pest zu sehen, konnte für Ostbayern jedoch nicht nachvollzogen werden." (Rainer H. Schmeissner: Steinkreuze in der Oberpfalz. Regensburg 1977, S. 114.)

[47] Schmeissner, wie Anm. 46, S. 114.

[48] Hartinger, wie Anm. 3, S. 120.

[49] Hartinger, wie Anm. 3, S. 122 ff.

[50] Andree-Eysn, wie Anm. 35, S. 21.

[51] „Auch das an der Straße von Adnet nach Krispl im Salzburgischen stehende steinerne Kreuz, Pestkreuz genannt, läßt diese Frage offen. Die darauf ursprünglich eingehauene Inschrift ist vollständig verwittert und unleserlich geworden, und an ihrer Statt sind nun mit schwarzer Farbe die Worte: ‚Sterb bis daher. 1626 Peststein' aufgemalt.

Ebenso werden zwei alte Steinkreuze bei Marzoll Pestkreuze genannt, und die auf ihnen angegebenen Jahreszahlen (1636 und 1638) sind in B. F. Zillners ‚Salzburgischer Stadtgeschichte' als Pestjahre angeführt, sie stehen wahrscheinlich auf einem ‚Pestanger'; wie am Waldrande bei Burgkirchen (nächst Burghausen) ein Kreuz steht mit der Inschrift: ‚Zur frommen Erinnerung an die in der Pestzeit 1648-1649 hier begrabenen. R. I. P.'

An das ‚große Sterben' werden wir auch erinnert, wenn wir in der Stadt Salzburg am linken Salzachufer bis zum Ursulinenkloster entlang gehen, an dessen Außenseite ein mächtiger Stein, roter Untersberg-Marmor, eingemauert ist mit dem Hautrelief eines Bären und der Inschrift:
Aö 1571 den 30 May groß sterben kham
Vast allhie 2236 Personen weck namb."
(Andree-Eysn, wie Anm. 35, S. 26.)

[52] Stephan Schaller: Das Passionsspiel von Oberammergau 1634-1950. Ettal 1950, S. 10.

[53] C. Frank: Deutsche Gaue. Kaufbeuren, Band 9/1908, S. 181; zitiert bei Schmeissner, wie Anm. 46.

[54] Franz Hula: Die Totenleuchten und Bildstöcke Österreichs. Wien 1947, S. 48.

[55] Ada Paul: Tiroler Steinkreuze und Kreuzsteine. Ein Nachtrag. In: Steinkreuzforschung, Sammelband 6, Regensburg 1983, S. 38.

[56] Leopold Schmidt: Ein Pestgebet des 16. Jahrhunderts. „In meinem Exemplar von Georg Eder, Evangelische Inquisition Wahrer und falscher Religion, Dillingen 1573, ist auf den vier letzten (freien) Seiten in einer schlecht leserlichen Schrift des späten 16. Jahrhunderts mit verblaßter Tinte folgendes eingetragen…" (Österreichische Zeitschrift für Volkskunde. Neue Serie, Band 5, Gesamtserie Band 54. Wien 1951, S. 59.)

9.11T
Die Inschrift in der Wengkapelle am Reitberg erinnert an den Ausbruch der Pest im Jahre 1714.
Gde. Anger, Lkr. Berchtesgadener Land.

9.1
Steinkreuz aus Granit, bez. 1610, vielleicht ursprünglich Sühnekreuz, jetzt als Pestkreuz bekannt. Im Wald am Weg zwischen Pfaffing und Unterübermoos, wohl Gde. Pfaffing, Lkr. Rosenheim.

9.2
Bildstock mit 4 Bildnischen in reich gestaltetem Aufsatz, wohl 17. Jh., jetzt als Pestsäule bekannt. Bei Obing an der Straße nach Seeon, Lkr. Traunstein.

9.3
Bildstock mit 4 Bildnischen in einfachem Aufsatz, nachdatiert 1718, jetzt als Pestbildstock bekannt. Bei Bernhaiming nördlich Obing, Lkr. Traunstein.

9.4
Pestsäule in Form einer Martersäule mit 4 Bildnischen, Tuffsteinmonolith, 17. Jh. Großhartpenning, bei Haus Moosstraße 4, Markt-Gde. Holzkirchen, Lkr. Miesbach.

9.5
Martersäule aus Tuff, wohl 16. Jh., jetzt als Pestsäule bekannt. Kreuzigungsrelief bez. 1950. Am Rande des Ebersberger Forstes in Kirchseeon, Lkr. Ebersberg.

9.6 + 9.7
Pestmarterl. Das noch originale, wenn auch öfters übermalte, auf Blech gemalte Bild zeigt den 1642 hier von der Pest niedergerafften Totengräber mit dem zweirädrigen beladenen Leichenkarren. Die Innenseite des Türchens zeigt die Kreuzabnahme. Bei Unterschilding, Gde. Palling, Lkr. Traunstein.

9.8   9.9

9.8 + 9.9
Sog. Pestbildstock aus Eichenholz, mit geschnitzter Scharschindeldach-Nachbildung, 232 cm hoch. Malerei und Beschriftung „Anno 1800", Bildstock wohl älter oder nach älterem Vorbild. Dieser verwitterte Tabernakelpfeiler enthält in seiner mit einer Türe verschließbaren Nische ein Bild der Maria-Hilf nach Cranach als Schutzfrau der unter ihr büßenden Armen Seelen und einen langen „Discurs" zwischen Hanß und Veitl über einen alten, aus Kriegs- und Seuchenzeiten stammenden Friedhof. Dabei beklagen sie sich erstaunlich offen über die Gleichgültigkeit des Klerus, der diesen Leichenacker verfallen lasse, so daß er nicht mehr umfriedet sei, das Vieh auf ihm weide, das Friedhofskreuz fehle und alle Grabzeichen verschwänden. 1918 erinnerte nur noch der Bildstock an diesen Friedhof im Wald. Aus Schönfleck bei Wolfgang, heute Heimatmuseum Wasserburg, Lkr. Rosenheim.

9.10 (Seite 218)
Modernes Pestdenkmal in Form eines Arma-Kreuzes nach Entwurf von Kreisheimatpfleger Alois Stockner, zur Erinnerung an die Pestjahre 1632-1649. Ehem. Pestfriedhof „An der Isenbreite" bei Winhöring, Lkr. Altötting.

Zum Gedenken an die
durch die Pest verstorbenen
Angehörigen der Pfarrei
1632 — 1649

Vor Pest, Hunger u. Krieg
bewahre uns o Herr

9.11 △   9.12 ▽   9.13 △   9.14 ▽   9.15 △   9.16 ▽

9.11
Pestmal in Form eines Gußeisenkruzifixes mit Gedenktafeln: „Von uns blieb / nur dieses Grab / kein Name Geschlecht und Alter / die Pest / uns den Todesstoß gab / bet für uns einen Psalter." Urkundlich nachweislicher Pestfriedhof, 2 km östlich auf einer Anhöhe von Lengdorf, Lkr. Erding.

9.12
„Pestsäule", Granit, am Schaft ist eingemeißelt: „Errichtet J.H. Enzinger Bierbrauer in Wasserburg, 1881."

9.13
Pestsäule, aus Tuffstein gemauerter Pfeiler mit tiefer Bildnische, wohl 16. Jh., Wiesheiland wohl 18. Jh. Teisendorf. Lkr. Berchtesgadener Land.

9.14
„Hier in diesem Anger ruhen beynahe alle Einwohner des Vorbergs und der Wiese männlich und weiblichen Geschlechts nebst Kindern welche die wüthende Pest 1633 wegraffte. Die noch wenige Anzahl verlobten sich zum hl. Sebastian auf dessen mächtige Vorbitte das Uebel sich endete." Stadtgebiet Traunstein.

9.15
Sog. Pestkapelle, 2. Hälfte 18. Jh., Fassadenbemalung seit 1946, nach Volksmeinung ursprünglich als Pestkapelle erbaut. Zwischen Gundisch-, Baier- und Schwaigerhof in Holz. Gde. Bad Wiessee, Lkr. Miesbach.

9.16
Bildstock aus Nagelfluh, bez. 1707, sog. Pestsäule. Piding, nördl. des Ortes in Richtung Bichlbruck. Lkr. Berchtesgadener Land.

9.17
Der Pestfriedhof von Haiming aus dem Pestjahr 1634 liegt heute mitten im Wald, die ehemalige Einfriedung ist heute noch als niedriger Erdwall deutlich erkennbar. Der symbolische Granitsarg ist unbekannter Herkunft, erweist sich aber als beklemmend – eindrucksvolles Pestmal. Lkr. Altötting.

9.18
Pestgebet mit Fresko der Muttergottes, Kirche nahe dem Vilsalpsee, Tirol.

TOTENBRETT UND GEDENKBRETT

Drei, vier, fünf Bretta neb'n da Straß'
a Schrift aaf jed'n ob'n.
die Leut, die wo da draafgleg'n san,
san längst im Himmi drob'm.

Die zoag'n von fester Bauernart,
von treuem Glaub'n dazua,
das Brett vom Ahnl und vom Vata,
drent in da ewinga Ruah.

Sie sag'n dem rechten Bauernsohn,
Bua, geh dein' Weg nur gred,
dann brauch' ma uns aa net scheniern,
wenn dein Brett bei uns steht.

A paar Bretta san scho modri'
und lieg'n scho aaf da Erd,
san halt scho viele Jahre alt.
Wem ham denn dö wohl g'hört?

Und wenn da Hirgstwind wachlt,
da Winta kimmt in d'Welt,
is traurig's Allerseelen
bei den Brettan durt am Feld.

Da sitzt da letzte Vogl
und singt den Tot'n z'Ehr,
kann sein, wenn er aaf's Jahr kimmt,
is durt a Brettl mehr.

Das mirkst: Solang die Brettl
zoag'n aaf die Ewigkeit,
is's aa um unsern Bauernstand
und aa ums Land net g'feit.

Baumsteftenlenz[1]

Totengedächtnis in der Flur

„Vergänglich wie der Mensch und die Erinnerung an ihn ist auch ein Totenbrett. Aus Tannen- oder Fichtenholz gefertigt verfällt es, wie der Mensch im Grabe mit den Jahren vermodert, und kehrt, zu Staub geworden, zur Erde zurück…"[2]

Diese „Vergänglichkeit" der alten Totenbretter ist wohl einer der Hauptgründe, warum über Herkunft und Alter des Totenbrettbrauches gerade bei den ernsthaften Forschern unserer Zeit weitgehende Unklarheit herrscht. Der Übereifer der älteren vergleichenden Volkskunde glaubte, eine Verbindung des Totenbretts der deutschen Stämme mit Totenmalen anderer Völker in fernen Ländern gefunden zu haben. Dabei wurde geflissentlich übersehen, daß die Totentafeln und Grabsäulen anderer Kulturkreise eben nur Zeugen fremder Totenkulte sind, nie aber den Zweck unserer einstigen Totenbretter zu erfüllen hatten.[3] Ebenso scheinen auch Versuche zu scheitern, die verschiedenen Brauchtumsformen des Totenbretts ausschließlich in das Ahnenerbe der germanischen Stämme einzubauen oder als altbairische Eigenart darzustellen:[4] „Das Totenbrettbrauchtum stellt keine bayerisch/bajuwarische oder eine keltisch/bajuwarische Eigenheit dar, sondern eine Eigenheit der katholischen Bevölkerung im Süden des Deutschen Reiches, die sich um so besser entfalten konnte, je weniger durch das anders strukturierte evangelische Bestattungsbrauchtum Fremdeinflüsse zum Tragen kamen."[5]

Totenbrett und Sarg

Will man das Phänomen der Totenbretter verständlich machen, ist ein kurzer Blick in das Bestattungswesen älterer Zeiten unerläßlich. Die Römer haben in Süddeutschland seit dem 3. Jahrhundert die Bestattung in Holzsärgen gekannt. Auch die einwandernden Germanenstämme haben die Verwendung des Sarges mitgebracht oder übernommen.[6] Viele dieser frühen Reihengräber lassen aber erkennen, daß auch da noch in großem Umfang die Leichen einfach auf den blanken Boden, ein Graskissen oder auf ein Brett zur Erde bestattet worden sind.[7] „Es könnte sein, daß hier Bestattung mit und ohne Sarg in ähnlicher Weise ein Indiz für soziale Wertigkeit darstellt wie bei den Römergräbern die Alternative Holzsarg oder Steinsarkophag."[8]

Im Zuge der Christianisierung geht man seit der späten Merowingerzeit von der bisherigen Sitte der Anlage von Reihengräbern außerhalb der Siedlungen ab und errichtet nun die

Friedhöfe innerhalb der Ortschaften um die Kirchen herum. „Damit mußte man gleichzeitig den Grundsatz des Rechtes eines jeden Toten auf ein eigenes Grab aufgeben, denn in den engen dörflichen Friedhöfen war eine Wiederbenutzung des gleichen Grabes zwingend notwendig. So wurde im Lauf der Jahrhunderte die Friedhofserde vielfach umgewälzt; moderne Grabungen stoßen allenthalben auf gestörte Horizonte."[9] Für das Jahrtausend zwischen dem 8. und 18. Jahrhundert sind wir hinsichtlich der Bestattungssitten vor allem auf bildliche Darstellungen, auf Heiligenlegenden, Friedhofsordnungen und Visitationsprotokolle angewiesen. Sie erweisen, daß bis zum Ende des 18. Jahrhunderts im Gebiet des Deutschen Reiches Bestattungen mit und ohne Sarg möglich gewesen sind.[10] Es läßt sich allerdings nicht erkennen, in welchem Verhältnis Bestattung mit oder ohne Sarg üblich war, was die Regel und was die Ausnahme war. In der ländlichen und kleinbürgerlichen Bevölkerung Süddeutschlands und Österreichs dürfte die Bestattung ohne Sarg bis an die Schwelle des Industriezeitalters überwiegen. Der Verzicht auf einen Sarg hatte verschiedene Gründe. Für ärmere Bevölkerungskreise war ein Sarg zunächst einmal viel zu teuer. Aber auch die traditionelle Enge der Friedhöfe machte eine schnelle Verwesung wünschenswert, damit man bei der notwendigen Wiederbelegung einer Grabstelle nicht auf unverweste Leichenteile stieß. Die knöchernen Überreste der Toten brachte man ja seit alters her in eigenen Gebeinhäusern unter, die gebietsweise vielerlei Namen trugen (Karner, Ossuarium, Beinhaus, Seelenkerker, Totenkammer u.a.m.).[11] Die Sargbestattung wurde also namentlich von der Kirche vielerorts skeptisch beurteilt. So notierte noch 1691 der Pfarrer von Neukirchen bei Heiligenblut in sein Merkbuch: „Der Friedhof ist eng und die Pfarrgemeinde ziemlich groß. Damit man bei Ereignung einer Sucht die toten Körper nicht unverwest ausgraben muß, soll man mit Verwilligung einer Totentruhe nicht so freigebig sein. Wird sie gewährt, so soll man bei einer alten Person 1 Gulden 30 Kreuzer verlangen, bei einer Kindstruhe 30 Kreuzer."[12] Ähnlich hatten in vielen evangelischen Städten die Kirchenordnungen des 16. Jahrhunderts höhere Gebühren für Bestattung in einem Sarg veranschlagt.[13] „Dies dürfte dazu geführt haben, daß die wirtschaftlich und sozial schwächeren Bevölkerungskreise zunächst auf einen Sarg verzichteten. Trotzdem setzte sich in den evangelischen Gebieten (der Oberpfalz) zunehmend das Sargbegräbnis durch, weil hier die Bestattung einen endgültigeren Charakter erhielt als in den süddeutschen katholischen Gebieten, wo man mit der Erhebung der Gebeine und deren Aufbewahrung im Karner rechnen konnte. In der Schweiz und in Tirol dagegen hat man auch noch am Ende des 18. Jahrhunderts die Verstorbenen vielfach ohne Sarg zu Grabe getragen."[14]

Die Sargbestattung bürgerte sich in Bayern frühestens nach dem Dreißigjährigen Krieg und im Lauf des folgenden Jahrhunderts ein – in der ehemaligen Reichsstadt Nürnberg beispielsweise im 17. Jahrhundert, auf dem Lande jedoch erst gegen Ende des 18. oder zu Beginn des 19. Jahrhunderts. Zuvor hatte man die Verstorbenen meist auf ein geeignetes Brett von Körperlänge gelegt, sie bis zum Begräbnis auf diesem Brett aufgebahrt und auf diesem Brett auch zu Grabe getragen. Sicherlich gab es Totenbrett und Sarg mancherorts einige Zeit nebeneinander: In einem Funktionarium aus der Zeit um 1780 finden sich schon wahlweise Gebühren für das Einsegnen von Kindern und Erwachsenen mit oder ohne „trüchl" oder „truchen".[15] Eines scheint jedenfalls sicher: „Ursprünglich dienten die Totenbretter weniger dazu, das Gedächtnis des Verstorbenen wachzuhalten und durch ihre Aufstellung am Wegrand, Feldkreuz usw. an ein hilfreiches Gebet zu mahnen; man brauchte sie vielmehr primär als Aufbahrungsbrett. In der Zeit, als es noch üblich war, die Toten in Leinen zu wickeln und nicht in Särge zu legen, wurden auf diesen Brettern die Leichen auch zum Grab getragen. Dort wurden sie mit den Körpern der Verstorbenen in die Grube gesenkt, oder man ließ die Leichen von ihnen hinabgleiten."[16] Als seit dem ausgehenden 16. Jahrhundert Tragbahren angeschafft wurden, und als sich später die Beerdigung in Särgen durchsetzte, beschränkte sich die Benutzung dieser Bretter bis zur Anlieferung des Sarges auf die Aufbahrung der Leiche im Sterbehaus. Mit der billigen maschinellen Herstellung und mit der Vorratshaltung der Särge war schließlich auch das Ende der Brettaufbahrung im Sterbehaus allgemein besiegelt. Wie spät sich der kostspielige Sarg vereinzelt einbürgerte, zeigt ein Bericht aus dem Jahr 1942: „In der Ramsau besteht als einzige Gemeinde noch die Sitte des Anfertigens von Totenbrettern; es sind dies lange schmale Bretter von ca. 1,50 m Länge, die mit Namen, Alter und Todesdatum des Verstorbenen bemalt und an einer auffälligen Stelle am Weg vom Trauerhaus zum Friedhof, an einer Wegkreuzung, an einer Feldkapelle oder an einem größeren Baum aufgehängt werden. Ursprünglich wurde der Tote auf diesem Brett aufgebahrt, zum Friedhof getragen und bei einer Bestattung ohne Sarg mit ihm in die Grube versenkt. Jetzt dienen sie nur mehr als Zeichen der Erinnerung. Noch bis zum Jahr 1800 gab es nämlich drei Beerdigungklassen, die sich dadurch unterschieden, daß bei der ersten Klasse der Tote mit ganzem Sarg, bei der zweiten Klasse mit Sarg ohne Deckel und bei der dritten ohne Sarg bestattet wurde."[17]

Das Totenbrett in alten Redewendungen

Wortgeographische Untersuchungen und Beobachtungen haben mannigfaltige Redensarten aufgedeckt und festgehalten, welche die Verwendung des Totenbrettes auch in solchen Gebieten nachweisen, in denen der Brauch schon längst erloschen ist. Vielerorts haben sich folgende Redewendungen ausgeprägt: „aufs Brett kommen", „auf dem Brett liegen", „auf dem Laden liegen" (Niederösterreich), „der is schon grutsch't", „der rutscht bald", „der liegt schon auf dem Brett", „der ist schon längst nunter grutscht", „der kommt bald aufs Brett", „den hat's obig'haut übers Brettl"[18]... Im Zusammenhang mit dem rheinischen Synonym „Schoof" für Totenbrett waren folgende Redensarten verbreitet: Im Rheinland „es läutet op de Schoof", im Hunsrück „et laid Schaab" und in der Eifel „es läutet Beschoof". In Mitteldeutschland wurde der Sarg mit „Lade" bezeichnet. Die ursprüngliche Sinngleichheit von „Laden" mit Brett oder Bohle scheint erwiesen, auch heute noch bezeichnet man mundartlich eine Ständerbohlenwand als „Ladwand". Die Brettaufbahrung muß also in einem ausgedehnten Gebiet lange genug bestanden haben, um nach ihrem sachlichen Erlöschen im Synonym für den späteren Sarg fortzuleben. Wo man statt Brett „Laden" zu sagen gewohnt ist, gibt es „Totenladen", „Leichladen". Im Oberfränkischen haben sich die Formen „dodybrät", „tudabreet", „Leichbreed" erhalten, in Mittelfranken „toutnbreth", „toatabrätt". In der Oberpfalz heißt es ebenfalls „doudnbred", im Oberbayerischen dagegen „Rutschbrett", im westlichen Oberbayern auch „Totenschütt".[19]

Von den ältesten Nachweisen bis zum Erlöschen des Totenbrettbrauchs

Die Verwendung des Totenbrettes läßt sich – etwa im Gegensatz zum Sarg – nicht mit ausreichender Sicherheit bis in vorgeschichtliche, ja nur spärlichst bis in die mittelalterliche Zeit zurückverfolgen. „Und doch ist Zweck und Art seiner Verwendung so altertümlich, daß man es sich nicht erst in späterer historischer Zeit entstanden denken kann."[20] Als sicherer Nachweis der Brettaufbahrung gilt allgemein der Fund in der Kaisergruft des Speyerer Doms: Bertha, die Gemahlin Kaiser Heinrichs IV., lag unversehrt in einen Leichenmantel gehüllt und mit Tüchern auf ein Brett festgebunden; sie war 1087 verstorben.[21] Zu den ältesten Belegen zählt wohl auch das Leichenbrett des seligen Abtes Konrad Bosinlother in der sog. „Konradskirche" nördlich des Mondsees, auf dem der Leichnam im Jahre 1145 verbrannt werden sollte.[22] Aus den späteren Jahrhunderten des Mittelalters und der Neuzeit fehlen offensichtlich weitere Belege. Es wird jedoch nirgends angezweifelt, daß der Brauch weit länger besteht als dies greifbare Reste veranschaulichen. Bei Ausgrabungen vor dem Nationaltheater in München stieß man auf die Gruft der ehemaligen Franziskanerkirche und fand die aus der 2. Hälfte des 18. Jahrhunderts stammenden Gräber der Regelhäuser der Puttrich- und Riedlerschwestern. In etwa 20 Gräbern war unter den Skeletten Holzmulm festzustellen, der auf die Verwendung von Totenbrettern schließen läßt, die in den Gräbern verblieben. In einer alten Kirchenrechnung, welche von der Herrschaft Wald an der Alz erstellt wurde, befindet sich unterm Jahr 1628 folgender Eintrag: „Widerumb 8 neue penkhen, das man darauf zur prädig (Predigt) kann sitzn, gemacht worden, dem Beisl zu Ötelham (Edelham) vor solcher arbath, wie auch ainem prötl (Brettl) darauf die verstorbenen persohnen ins Grab gelassen werde, Arbatslohn bezahlt..."[23] Eines der ältesten aufgespürten Totenbretter stammte aus dem Jahre 1631 und fand sich in Braunau in Nordböhmen als Spolie an der alten hölzernen Friedhofskirche.

Ein interessanter Bericht beleuchtet den Totenbrettbrauch im Umkreis von Anger im Rahmen des sonstigen Bestattungsbrauchtums.[24] Im Gerichtsbezirk Staufeneck weit bekannt und beliebt muß die „geweste Wirtin zu Vachenlueg" gewesen sein. Obwohl die Wirtin ihre abgelegene Wirtschaft verpachtet und als „verwitwete Wirtin von Vachenlueg als Herbergerin zu Anger" ihren Lebensabend verbracht hatte, hinterließ sie ein ansehnliches Vermögen. Zugleich vermittelt die Erbteilung einen Einblick in das Brauchtum anläßlich der Trauerfeierlichkeiten und des Begräbnisses. Pfleger Hermes von Fürstenhof eröffnete am 7. Juli 1784 die „Erbsverteilung". Die geweste Wirtin von Vachenlueg hinterließ an Barschaft: 209 fl. 12 kr. – Pfg.

An „Schulden herein" waren verzeichnet:

Andreas Koch, Mayrhofbauer zu Staufeneck:	1000 fl. – kr.
Georg Rehrl, Wirt von Abtsdorf:	600 fl.
Andreas Rehrl, Wirt in Vachenlueg:	200 fl.
Der Erlös aus der „Fahrnus" betrug:	184 fl. 34 kr. 1 Pfg.
Die Wirtin hatte ein Vermögen hinterlassen von:	2193 fl. 34 kr. 1 Pfg.
Der Schwager der Wirtin, Andre Koch von Mauthausen, verteilte am Tag des Begräbnisses an die Armen:	1 fl. 12 kr.
Der Herr Dechant von Höglwörth bekam für die Einsegnung und Gottesdienste:	5 fl. –
Die Totenwächter verzehrten:	3 fl. 38 kr.
Für das Glockengeläute zu Anger:	32 kr.
Die vier Leichenträger erhielten:	1 fl.
Der Bierholer für die Totenwächter bekam:	6 kr.
Dem Totengraber wurden bezahlt:	15 kr.
Dem Bäcker von Anger fürs Brot:	3 fl. 2 kr.
Den Ansagerinen und der Toten-Krämplin:	1 fl. 24 kr.
Vier Pfund Käs wurden verzehrt:	16 kr.
Totenbrett und Grabkreuz kosteten:	21 kr.
Für Baumwolle und Wachs:	52 kr.
Der verwitweten Baderin am Anger für Medizin:	2 fl. 52 kr.
Dem Boten zu Mauthausen:	40 kr.
Für Herzstärkungsmittel aus der Apotheke:	1 fl. 50 kr.
Dem Liebesbund in Salzburg:	48 kr.
Dem Wirt in Anger:	1 fl. 50 kr.
Für die Krankenpflegerin pro Tag à 8 kr. für 10 Tage Aufwartung wurden bezahlt:	1 fl. 20 kr.
Für hl. Messen hatte die Erblasserin gestiftet:	100 fl.
An die Armen wurden verteilt: (dieser Betrag wurde in die Pflegeamtliche Almosenkasse in Staufeneck einbezahlt)	50 fl.
Die Mesner-Tochter von Anger fordert für ein halbes Jahr einen Herbergszins von:	2 fl. 30 kr.

Es folgen die Gerichtskosten und Schreibgebühren, die Kosten der Schätzer und die Botenlöhne und Verschaffsgelder. Die gesamten Kosten anläßlich der Trauerfeierlichkeiten und des Begräbnisses belaufen sich auf 188 fl. 12 kr. Eine Kuh kostete damals ca. 20 fl. Das restliche Vermögen von 1802 fl. 10 kr. wird an die Erben ausbezahlt. Eine stattliche Summe hatte die Wirtin für die Seelengottesdienste gestiftet. Ebenso war die Verteilung an die Armen durch das Almosengeld beträchtlich. Dagegen erhielt sie offenbar nur ein einfaches Totenbrett und Totenkreuz.

Erst ab dem 19. Jahrhundert gibt es zahlreiche Berichte über Totenbretterstätten an verschiedensten Orten. Die Brettaufbahrung war im ersten Drittel des 19. Jahrhunderts jedenfalls noch an vielen Orten allgemein üblich. Mancherorts hat sich die älteste Brauchform – die Niederlegung neben dem Grabhügel – bis in die Zeit um 1860/1870 erhalten. Im allgemeinen gilt jedoch die Mitte des vorigen Jahrhunderts als Ende des Brauches. Auffallend ist das zeitlich sehr uneinheitliche Erlöschen, das gebietsweise sogar in „Schrumpfungswellen" vor sich ging. Zum Erlöschen der Brettaufbahrung haben neben dem Aufkommen der Sargbestattung und dem späteren Bau von Leichenhäusern sehr wesentlich jahrhundertelange behördliche Verbote beigetragen, die auf die „Verbesserung der ländlichen Hygiene" abzielten, daneben spielt auch die Holzarmut eine gewisse Rolle, vor allem aber Vorstellungen über „Humanität" und „fortschrittliche Gesinnung". Schon 1555 wurde in der Schweiz verboten, „Tote auf einem bloßen Brette oder ganz und gar ohne Sarg zu Grabe zu tragen."[25] Ein besonders originelles Beispiel aus der Oberpfalz: „Verordnung des Bezirksamtes Vohenstrauß vom 2. Aug. 1895 gegen das Aufstellen und Herumliegen alter Totenbretter: Die Anbringung von Totenbrettern hat sich zu einer Unsitte ausgebildet, da die alten auf dem Boden herumliegen bleiben, selbst in Trümmern auf dem Boden herumliegen und verfaulen, was sicher eine Gegend und namentlich die Umgebung der öffentlichen Straßen und Wege und Ortschaften nicht verschönt. Die bezeichneten Behörden (Polizeibehörden) werden daher angewiesen, die Anbringung neuer Totenbretter an allen Distriktsstraßen und Gemeindewegen um so mehr zu verbieten, als es schon wiederholt vorgekommen ist, daß Pferde vor denselben scheuten und auch die Kinder beim Vorübergehen an denselben von Furcht ergriffen wurden.

Alle auf dem Boden herumliegenden Totenbretter sind ungesäumt überall zu entfernen und wird bemerkt, daß die Distriktswegmacher angewiesen sind, alle Totenbretter, welche forthin an den Distriktsstraßen angebracht werden, sofort zu entfernen, wenn sie auf Aufforderung von den Besitzern nicht entfernt werden."[26]

Ein interessantes Zeugnis für die Zählebigkeit des Totenbrettbrauchs wird aus der Gemeinde Anger berichtet. Hier fanden Beerdigungen bis um 1885 noch auf dem Totenbrett statt, dem man, um das Herabfallen der Leiche zu verhindern, an beiden Längsseiten zwei schmale Leisten angenagelt hatte.

Vom Totenbrett zum Gedenkbrett

Im Totenkult dienten Bretter seit altersher nicht nur zur Aufbahrung, zum Transport und zum Schutz von Leichnamen, sondern auch als Schreibgrundlage, um Mitteilungen über die Tatsache eines Todesfalls aufzunehmen; es gibt eine kollektive und eine individuelle Form der Unterrichtung mit Hilfe von Brettern. Im ersten Fall trägt das Brett eine allgemein gehaltene Aufschrift über die Hinfälligkeit des menschlichen Lebens – wie: „Heute mir, morgen dir!" / „Mors Mortalium Finis" / „Requiescat in Pace" –, meist verbunden mit aufgemalten Vergänglichkeits-Symbolen: Totenschädel, geknickte Kerze, gekreuztes Gebein, trauernder Engel. Diese Bretter wurden an den Außenwänden jener Häuser abgestellt, in denen ein Todesfall zu beklagen war; sie machten die Vorbeigehenden auf diese Tatsache aufmerksam und wurden nach dem Abmarsch des Leichenzuges wieder entfernt. Diese Bretter kann man als *Verkündigungsbretter* bezeichnen. An der Wende vom 18. zum 19. Jahrhundert vollzieht sich neben dem Ende der Sekundärbestattung auch der Anfang der Sargbestattung. Diese Entwicklung brachte es auch mit sich, daß die traditionellen *ahrbretter* zur Übernahme neuer, zeitgemäßer Funktionen freigesetzt wurden. In jenen Jahrzehnten um das Jahr 1800 begannen sich die oft reich gestalteten *Gedenkbretter* einzubürgern. Mit dem Ende der Brettaufbahrung wandelte sich also das alte *Totenbrett zum Gedenkbrett* – ein Beweis für das Beharrungsvermögen eines Brauches, der seine Ursprünglichkeit und seinen eigentlichen Sinn bereits verloren hatte. Diese Gedenkbretter wurden für einen individuellen Todesfall beschriftet. Sie tragen zumindest Anfangsbuchstaben und Sterbejahr des Toten, können aber auch noch andere schriftliche und bildliche Botschaften übermitteln. Der Sinn dieser Gedenkbretter, das persönliche Totengedächtnis, „konnte allerdings ebensogut, wenn nicht besser durch Grabmonumente erfüllt werden, die aufgrund der skizzierten Entwicklung nun erst in größerem Ausmaß von der Masse der katholischen Bevölkerung im Süden des Deutschen Reiches in dauerhaften Formen gestaltet wurden. Dadurch war den Gedenkbrettern, aufs ganze gesehen, nur ein relativ kurzes Zwischenspiel vergönnt; es sei denn, daß die in den letzten Jahrzehnten beobachtbare Annahme als Vereinsbrauch einen Weg in die Zukunft weist."[27] Mit diesem Brauchtumswandel zum Gedenkbrett wandelt sich auch die Bedeutung des alten Totenbretts von einem das Seelenwesen verkörpernden, personifizierenden oder repräsentierenden Gegenstand zu einem Mahnmal frommen oder ehrenden Gedenkens.

Mancherorts wurden auch noch nach dem Zweiten Weltkrieg Gedenkbretter für jene gefallenen Soldaten aufgestellt, die ihr einsames Grab tief im Feindesland gefunden hatten. „Die Gründe hierfür sind vielleicht in der Vorstellung vom Sippenfriedhof als Totenhain zu sehen. Auch andere Völker pflegen einem Sippenangehörigen, der fern der Heimat ruht, im Heimatfriedhof das Grab genau so zu bereiten, als wären die irdischen Reste hier."[28]

Die Verwendungsformen des Totenbretts

"Es erscheint von vornherein notwendig und sinnvoll, das Phänomen ‚Totenbrett' nicht als Einheit aufzufassen, sondern es nach den unterschiedlichen Funktionen, in denen es auftritt, auseinanderzufalten. Einzelne Bretter von bis zu zwei Metern Länge und 20 bis 30 cm Breite konnten im Sterbebrauchtum unterschiedlichste Aufgaben erfüllen. Da ist zunächst einmal das Brett, auf welches eine Leiche im Grab gebettet wurde; es sollte offenbar verhindern, daß der Tote unmittelbar auf die Erde gelegt wurde. Statt dessen oder zusätzlich konnte einst auch ein Brett dazu verwendet werden, Gesicht und Körpervorderseite eines Verstorbenen vor Erde und Steinen beim Zuschütten des Grabes zu schützen."[29] Dieses Brett kann man als *Bestattungsbrett* bezeichnen, es ist die urtümlichste Funktionsform.

Aber auch um einen Verstorbenen bis zur Beerdigung aufzubahren und ihn zur Begräbnisstätte zu tragen, hat man oft ein Brett benützt; man spricht dann von *Bahrbrett* und *Transportbrett*. Nach übereinstimmenden Berichten der zeitgenössischen Literatur bildet das Bahrbrett den Kern dessen, was man allgemein als Totenbrettbrauchtum bezeichnet… Es wird in der Regel durch Einschnitzen, Einbrennen oder Aufzeichnen von drei Kreuzen kenntlich gemacht: Die erste Aufgabe des Bahrbrettes ist die Aufbahrung des in ein Leintuch eingeschlagenen oder eingenähten Leichnams unmittelbar nach dem Tode, mancherorts soll man sich noch zu Lebzeiten das eigene Leichenbrett hergerichtet haben. „War der Tote durch die Totenfrau gewaschen und hergerichtet, dann wurde er auf das Brett gelegt, mit dem Gesicht weder gegen Aufgang, noch gegen Niedergang. Die Füße mußten gegen die Stubentüre gerichtet sein. Unter dem Kopf lag ein Bund Stroh, in den Händen hielt der Tote den Rosenkranz. Das Haupt des Mannes wurde mit einer Zipfelmütze bedeckt, während die Frau im Brauthemd aufgebahrt wurde."[30]

Neben der Aufbahrung in der Stube wird auch die Aufstellung des Totenbrettes im Hausflur, über zwei Sesseln erwähnt. Auf diesem Brett festgebunden, wird der Tote zunächst vielfach erst zur Totenrast und von hier zur Kirche getragen, wo er während der Totenmesse „mit den Füßen gegen den Altar" lag, anschließend trug man ihn auf den Friedhof.

Bei der geforderten pietätvollen Verhüllung und Behandlung eines Verstorbenen auf dem Weg zum Grab scheint es im 16. Jahrhundert in Bayern vielfach gefehlt zu haben. „Jedenfalls vermerken die kurpfälzischen Generalartikel von 1576, also nach etwa 20 Jahren Visitationserfahrung: ‚Nachdem in Ermangelung der Leichentücher und Totenbahren an etlichen Orten die verstorbenen Leichnam über Feld oder sonsten abscheilich geführt oder getragen werden, so sollen um ehrlicher Begleitung willen dergleichen Leichentücher und Totenbahren aus dem Einkommen der Kirchen gemacht und ihre Anschaffung nicht länger verschleppt werden.'

Auch die konkreten, auf die Verhältnisse in einzelnen Pfarreien bezogenen Berichte der Visitatoren bestätigen dieses Bild mangelnder Ordnung und Würde, das entstehen konnte, wenn man einen Verstorbenen auf einem einfachen Brett zu Grabe trug, so wenn es 1581 für Vilshofen heißt: ‚Pfarrer und Mesner klagen, die Bauern uff den Dörffern bringen bißweilen ein Leyche daher unversehens und unangezeigt, und wie das Viehe geschlept, komme bißweilen niemandt mit oder wann der vil mitgehen, so sein der kaum 2 oder 3, gehen wider davon, lassen die Leyche dem Mesner, er mache es mit derselben, wie er wölle, kan sie Mesner allein nit ins Grab legen.' Oder 1592 notiert man für das benachbarte Schmiedmühlen: ‚Daß sie die Todten also abscheulich daher gefurt und nicht recht bekleidet, soll der Pfarrer algemach abschaffen.'

Ob es aufgrund dieser Ermahnungen oder eher wegen des städtischen Vorbilds in der Folgezeit auch auf dem Lande üblich wurde, die Verstorbenen in Tücher zu wickeln und so zu bestatten, das mag dahingestellt bleiben.

Sicherlich hat an dieser Entwicklung der biblische Bericht, der von einer solchen Behandlung von Christi Leichnam erzählt, wesentlichen Anteil. Bis ins frühe 19. Jahrhundert gehört nun in Süddeutschland die ‚Toten-Einnähterin' zu den im Sterbebrauchtum vertrauten Personen. Teilweise wurde dieses Amt offiziell von der Gemeindebehörde auf Lebenszeit verliehen."[31]

Bei der eigentlichen Beerdigung ließ man den Toten schließlich auf diesem Brett ins Grab rutschen, mancherorts wurde die Leiche wohl auch auf dem Brett ins Grab gesenkt, andernorts mag das Brett zuweilen auch auf die Leiche gelegt worden sein. Auch nach dem Aufkommen der Sargbestattung wird der Tote noch vielfach auf einem Brett bis zur Einsargung aufgebahrt. Auch wurde der Sarg mancherorts zunächst nicht veschlossen; die Leiche wurde am Grabe herausgenommen und über das Brett oder mit dem Brett ins Grab hinabgelassen. Offenbar ließ man gelegentlich aber auch die Särge selbst „auf einem Brett ins Grab rutschen". „Das Totenbrett als wesentliches Beerdigungsgerät wurde auch dann noch im Leichenzug mitgetragen, als man die Toten in Särgen zu beerdigen begann."[32]

So wie jeder Mensch und jedes Ding unterschiedlichen Sphären angehören, so auch die Totenbretter. Ein und dasselbe Brett kann *nacheinander* als Bahr-, Transport- und Bestattungsbrett Verwendung finden; eine abstrakt-theoretische Betrachtung muß dieser Funktionskette sogar eine gewisse Logik zusprechen. Dies gilt auch für die Reihe Bahr-, Transport- und Gedenkbrett. Allerdings schließen sich gleichzeitiger Gebrauch als Bestattungs- und Gedenkbrett aus. Verkündigungsbrett will in keine der beiden Reihen so recht passen... Übereinstimmend wird berichtet, daß sich die Verhältnisse oft von Dorf zu Dorf änderten, ja sogar innerhalb einer Ortschaft mehrere Formen der Verwendung des Bahrbrettes üblich sein konnten.

Das Totenbrett nach der Grablegung

Für den Verbleib des Totenbrettes nach der Aufbahrung und Grablegung sind je nach Ort und Zeit sehr vielfältige Bräuche festzustellen. „Sobald der Leichnam vom Bahrbrett genommen, in den Sarg gelegt und zum Friedhof transportiert wird, verfährt man mit dem Bahrbrett auf unterschiedliche Weise: Man nimmt es mit auf den Friedhof und beläßt es dort, damit es zur seitlichen Einfassung des Grabes oder zur Aufstellung am Kopfende verwendet werden kann; oder man lehnt es bei der ersten Totenrast an einen Baum oder ein Wegkreuz, wo es allmählich verwittert und verfault; anderswo verbrennt man das Bahrbrett zusammen mit dem Bettstroh, auf welchem der Tote geruht hat, oder man zersägt es zu Brennholz; vielfach legt man die Bretter ab in feuchten, sumpfigen Stellen, lehnt und nagelt sie an Bäume, überbrückt mit ihnen Gräben und kleine Bachläufe oder wirft sie ins Wasser; mancherorts hebt man die Bahrbretter auf bis zum nächsten Todesfall; verfügt ein Dorf nur über ein einziges Bahrbrett, geschieht die Aufbewahrung in einer Kapelle, in der Sakristei, beim Mesner oder Dorfschreiner."[33] Diese vielfach uneinheitliche, ja gegensätzliche Behandlung des Bahrbrettes nach dem Begräbnis läßt immer wieder die Frage durchblicken: „Was soll man mit diesem Brett anfangen, das durch Berührung mit einem Toten in besonderer Weise aus der üblichen Alltagswelt herausgehoben ist? Eine Verwendung für profanen Gebrauch schied in aller Regel aus, was durch eine Fülle von Sagen belegt werden kann; in ihnen wird geschildert, welch verhängnisvolle Wirkungen es hatte, wenn jemand aus einem Totenbrett etwa einen Taubenschlag, eine Bettlade oder ein Nudelbrett fertigte."[34] In manchen Gegenden scheint man dem Totenbrett nach der Grablegung also keine weitere Aufgabe zugewiesen zu haben. Das traditionelle Verbrennen der Totenbretter könnte aber noch altem vorchristlichem Glauben entsprungen sein, der die Furcht vor dem Toten vor die Fürsorge für sein Seelenheil setzte.

Leichenbretter wurden da und dort auch für weitere Todesfälle aufbewahrt. Sie wurden gelegentlich auch an den Schreiner zurückgegeben oder an die Totenfrau oder den Totengräber verschenkt. Das Ablegen des Totenbrettes unmittelbar neben dem Grabhügel dürfte aber wohl eine der ältesten Brauchformen sein. Die Literatur verweist hier auf den „überall" verbreiteten Brauch, daß der Gegenstand, mit dessen Hilfe der Tote zum Begräbnisplatz gebracht wird, am Grabe oder in dessen Nähe verbleibt. Gelegentlich wurden die Bretter senkrecht um den Grabhügel aufgestellt, vielleicht auch, weil die liegenden Bretter im Laufe der Zeit regellos umherlagen, was schließlich sogar mancherorts zum Verbot der Friedhofsaufstellung führte; ein interessanter diesbezüglicher Hinweis findet sich bereits im Jahre 1519: „... den Dotengrabern sagen, die Dotenbreder vom kirchoff, sobald sie die heruß tun, heim zu tragen und nit do stehen lassen."[35] Alle Gebiete, in welchen der Brauch bereits im 19. Jahrhundert erloschen ist, kannten nur die liegende Aufstellung. „Alte Leute versicherten, daß nach ihrer Erinnerung und den Erzählungen der Großeltern auch auf den Friedhöfen nur liegende Bretter zu sehen waren..."[36] Aus der unmittelbaren Nähe des Grabhügels wandert das Brett dann zunächst an die Innenseite der Kirchhofmauer oder an die Seelenkapelle im Gottesacker.

Weiteste Verbreitung fanden jene Brauchformen, die dem Totenbrett eine Stelle in der Flur zuwiesen: „Das Leichenbrett wird am Morgen des Begräbnisses von einem Knechte oder einer Magd auf den Rücken genommen, vor's Dorf getragen und hier an einen Weg oder als Steg über ein Bächlein oder einen Graben gelegt."[37] „Die Bretter bleiben am Ort liegen, bis sie selbst den Weg alles Irdischen beschreiten, das ist bis sie verfault sind..."[38]

Eine genauere Untersuchung ergab, daß der Brauch, die Bretter einfach über sumpfige Wegstellen oder Gräben zu legen, nicht nur in drei räumlich getrennten Eckgebieten, also in Brachtumsinseln üblich war, sondern auch in jenen Zwischengebieten zumindest früher vorherrschte, in denen diese Form der Brettaufstellung eher erloschen ist als die Brettaufbahrung selbst.

In Wartberg an der Krems im Traunviertel lehnte man das Totenbrett eines Mannes an einen Apfelbaum, das einer Frau an einen Birnbaum, wohin auch das Badewasser Neugeborener geschüttet wurde. Es blieb da einige Zeit angelehnt, bevor man es wieder irgendwie gebrauchte. Derselbe Brauch ist auch aus Vorchdorf (Bezirk Gmunden) bezeugt. „Die Liegebretter luden die Lindberger bis in die Dreißiger Jahre hinein zusammen mit der Truhe auf den Totenwagen und sie warfen die Brettl auf dem Weg zum Zwieseler Friedhof bei der sog. Kielhofer-Linde ab, wo sie die Toten dann in der Nacht geholt haben."[39]

Die Niederlegung in der Flur entspringt zweifellos christlichen Erlösungsvorstellungen, untermischt mit älterem Beiglauben, die das Brett zu einem „Totenfetisch" machen: „Das Brett, auf dem der Tote ruhte, steht dadurch mit ihm in einem bestimmten engen Kontakt, so zwar, daß im Volk leicht die Anschauung schon früh sich hat herausbilden können, die das Brett gleichsam personifiziert und als sichtbares Symbol des Verstorbenen oder als sichtbare Wohnung seines Geistes ansieht."[40]

In ganz besonderem Maße galten die drei Kreuze auf dem Brett als Sitz des Toten, wer auf sie trat, dem drohte vielerorts, namentlich in der Oberpfalz „Fußweh". Mit dieser Identifikation von Brett und Seelenwesen war weit verbreitet die Vorstellung verbunden, daß der

Tote so lange zur Erlösung aus dem Fegfeuer brauche, bis das Totenbrett vermodert sei. „Die Sitte, Totenbretter über einen Graben oder auf einen feuchten Untergrund zu legen, birgt in sich eine zweifache Anschauung. Die Quasi-Brücke ist Zeichen des Übergangs vom irdischen ins ewige Leben; Nässe und Feuchtigkeit dagegen sollen die Vermoderung des Weichholzes beschleunigen, diese Brücke sozusagen zerstören und damit die gefürchtete Wiederkehr der Toten verhindern helfen; zudem aber hält sich auch heute noch bei den Ältesten der Glaube, daß der Verstorbene erst dann erlöst sei, wenn auch sein Ruhebrett, das Totenbrett, vergangen ist."[41] Da es als gutes Werk galt, Weg und Steg zu verbessern, wollte man auf diese Weise den Verstorbenen das Fegfeuer verkürzen helfen. Außerdem verpflichtete den darüber Schreitenden der erwiesene Dienst zu einem Gebet: „Wer auf ein solches Brett tritt, muß für den Verstorbenen ein Vaterunser beten, so sagten und mahnten wir uns als Schulkinder gegenseitig und betrachteten es als gelinden Frevel, wenn einige es nicht tun mochten. Damit recht viele Leute auf die Bretter treten, legt man sie gern vor den Eingang von Kapellen oder über einen Graben..."[42] Das Überbrücken von Rinnsalen mit Totenbrettern macht ein weiteres, wiederum christliches Anliegen deutlich: die zwangsläufige Benutzung soll dem Verstorbenen Gebet und frommes Gedenken sichern und damit seine Erlösung vorantreiben. Die Totenbretter behalten auch bei der späteren senkrechten Aufstellung ihren Sinn, dem Toten das Gebet der Lebenden zu sichern: „Überhaupt sind diese Denkmale bestimmt, die Andacht der Vorübergehenden den armen Seelen zuzuwenden; mit großer Pietät wird in der Regel der ernsten Aufforderung entsprochen und die Totenbretter werden nicht minder wie die Kreuze als heilige Gegenstände betrachtet..."[43]

Größe, Form und Farbe der Totenbretter

Es ist naheliegend, daß die Länge der Totenbretter meist nach der Körperlänge des Verstorbenen bemessen wurden, doch hat man Bretter von 2 m Länge und auch solche von 80 cm gefunden. Auffallend kurze Brettmaße mögen auf eine besondere Form der Brettaufbahrung zurückgehen, bei der die Füße des Toten 10 cm über das Totenbrett hinausragten, weil der Tote so besser lag. Die Breiten liegen zwischen 15-35 cm, die Dicke schwankt zwischen 2-5 cm. Während die ältesten Bretter nicht ausgeformt waren, begann man später, ihnen menschlichen Umriß zu geben: Meistens in der bekannten ungleichseitigen, oben und unten plattgeschnittenen Rautenform – der typischen späteren Sargdeckelform. Aus verschiedenen Gegenden wurde berichtet, daß die Bretter oben abgerundet sind, ja sogar ausgeprägte Kopfform gehabt hätten – „wie eine Holzpuppe".

Als die Bauern ihre Totenbretter noch selber zuschnitten, herrschte verständlicherweise die einfache, gradlinige Form, als es üblich wurde, den Schreiner damit zu beauftragen, bekamen die Bretter vielfach Modellcharakter: Selbst als Schrift und Farbe verblichen waren, konnte man an der Form den Hersteller erkennen. Auch das Abhobeln, meist wohl nur an der Schriftseite, wird erst mit der Beauftragung des Schreiners gebietsweise üblich. Mit dem Wandel zum Gedenkbrett, das die Verwendung von Hartholz nahelegt und zuletzt nur noch die stehende Aufstellung kennt, geht auch ein baldiger Wandel in der gesamten übrigen äußeren Erscheinung Hand in Hand, der bald eine große Fülle von dekorativen Formen hervorgebracht hat: „Von ihrer älteren, schlichten Form, die das wirkliche Totenbrett mit eingeschnittenen und schwarz gemalten Namenszügen, Jahreszahl und drei Kreuzen darstellt, ist man seit längerem abgekommen und gibt ihnen eine monumentale Gestalt, wozu seltener das wirkliche Brett benützt wird, als Säulen, Pyramide oder dergleichen, die zierlich bemalt und mit Bildern, Kreuzen, Inschriften versehen sind. Letztere bezeichneten die alten Totenbretter jetzt gewöhnlich als ‚Denkmal für den N.N.', als welcher auf diesem Wege zur christlichen Ruhestätte gebracht wurde."[44]

Bei der weiteren Ausgestaltung zum Gedenkbrett waren der Phantasie schließlich keine Grenzen mehr gesetzt – man findet zuletzt Anlehnungen an alle bekannteren Kunststile: „Totenbretter mit Merkmalen der Renaissance und der Gotik wechseln mit solchen der Urform und anderen von durchaus subjektivem Gepräge. Schnitzereien, Kerbschnitte, Aussägungen, Leisten, Säulen, glatte und gedrechselte, werden zur Zier angebracht. Manchmal wachsen die Bretter so ins Monumentale, daß sie grabsteinähnliche Gestaltung annehmen, dann aber leider mehr protzig als geschmackvoll sich präsentieren."[45] Mit der Gestaltung des Gedenkbrettes nach dem Geldbeutel des Bestellers kamen auch Schutzdach und allseitige Ummantelung nach Art eines Kastens auf, in manchen Gegenden entstanden eigene „Industrien", die das Brett je nach dem Geldaufwand gestalteten. Während die ältesten Totenbretter stets roh, naturbelassen und aus Tanne, Fichte oder auch Föhre waren, überrascht die Vielfalt der späteren Farbigkeit.[46] Es gibt hierfür mehrere Deutungen – von der zufälligen Geschmacksrichtung der Schreiner und später der Maler bis zur farblichen Andeutung von Stand und Alter des Verstorbenen.[47] Es können mancherorts aber auch alle vorkommenden Farben alte Trauerfarben sein.[48]

Beschriftung und malerische Zier

„Bevor das Brett aus dem Hause geschafft wurde, schnitt, brannte oder zeichnete man gewöhnlich auf die Seite, wo der Tote niedergelegt war, drei Kreuze." „Wo der Kopf des Toten lag, wurden drei Kreuzlein eingeschnitten oder mit schwarzer Farbe aufgemalt..."[49] „Drei Kreuze schnitzten die Leute von Rinchnachmündt um 1880-1900 schon in das Brett, bevor man den Leichnam darauf bettete. Der Tote durfte auf den Kreuzeln nicht zu liegen kommen, man beschnitzte das Brettl deshalb auf der Unterseite. Auf der Oberseite wurde es später zusätzlich bemalt und beschrieben."[50] Die Gestaltung mit billigsten Mitteln gilt allgemein als Zeichen der Armut, besonders, wenn gleichzeitig am selben Ort auch „schöne Bretter" mit Inschrift, Bild und Spruch angefertigt wurden. Erste textliche Zutaten auf dem anonymen „Drei-Kreuzl-Brett" sind die Initialen und das Sterbejahr des Toten, bald auch das R.I.P. Später wurde der Name voll ausgeschrieben, dazu traten dann die Bezeichnung des Standes, die Angabe des Alters und eine kurze Gebetsaufforderung, gelegentlich mit dem Versprechen eines 100- bis 300-tägigen Ablasses verbunden. Die Aufschriften haben sich vielerorts zu einer festen Formel entwickelt.

Mit der Wandlung vom Totenbrett zum Gedenkbrett erweitern sich die knappen stereotypen Angaben zur Person des Toten: „Den Anfangsbuchstaben und dem Todesjahr folgen auch bald weitere Mitteilungen über Stand, Wohnort, Lebensalter, Geburts- und Sterbedatum des Verstorbenen, endlich Sprüche und Verse von oft beträchtlicher Länge, so daß die Aufschriften mehr und mehr den Charakter der ortsüblichen Grabschriften annahmen und sich von diesen schließlich nur mehr durch die Eingangsformel unterscheiden. Es sind Friedhofreime, denn eigene Totenbretterverse gibt es nicht. Die das Brett bestellen, überlassen dem Schreiner gewöhnlich die Auswahl aus seinem im Laufe der Jahre da und dort zusammengeholten Vorrat an Leichenpoesie. Er stammt in der Hauptsache aus

10.1T
Totenbretter aus dem Umfeld von Neukirchen am Teisenberg; die Inschriften zeigen deutliche Ähnlichkeit mit Marterlsprüchen.

Erbauungsschriften, geistlichen Liederbüchern, selbst aus den Dichtungen unserer Klassiker. Will jemand ‚Was Extras', dann modelt der Künstler nicht selten die Verse nach seiner Auffassung um, setzt sie ‚passend' zusammen, oder wird selbst zum Dichter, wenn es nicht anders geht."[51] Neben dem Text findet sich malerische Zier am alten Totenbrett vergleichsweise selten. Ältere Motive sind der aufgemalte Totenschädel, oft mit zwei überkreuzten Knochen, ferner mit Sechsstern und Dreiproß. An den späteren Gedenkbrettern finden sich gelegentlich dekorative Motive, wie Linienornamente, Blumen und Blumenkörbe, Zweige und Girlanden, vielfach auch stark stilisiert; zumeist trifft man jedoch auf symbolische Darstellungen, die sich auf den Tod beziehen: „Obenan steht das Kreuz in der Ein- oder Dreizahl in verschiedenen Formen und Stellungen. Ihm folgt als meist gebräuchlich der Schädel, allein oder über zwei gekreuzten Knochen, dann die Uhr als Sanduhr mit oder ohne Flügel, als Standuhr und als bloßes Zifferblatt, dessen Zeigerstellung die Todesstunde des Heimgegangenen angibt, der Leuchter mit der geknickten, der erloschenen und seltsamer Weise auch der brennenden Kerze, die zerbrochene Säule mit Palme. Genien, trauernde Engel, das Bild der armen Seele im Fegfeuer leiten zu den szenischen Darstellungen des Lebensausganges über. Der Tod erscheint als Gerippe, oder häufiger in der milderen Form des von Gott gesandten Engels, der die Heimbefohlenen vom Krankenbett oder als kniend dargestellte Beter abholt... An religiösen Symbolen und Bildern begegnet man den Monogrammen Christi und Mariä, dem Auge Gottes, dem Kreuz neben Herz und Anker (Glaube, Liebe, Hoffnung), Engelköpfen, dem Kruzifixus, Jesus als Lehrer, der Mutter Gottes und den verschiedenen Namenspatronen in Voll- und Halbfigur, zuletzt aufgenagelten Farbendruckbildern mit Heiligenbildnissen. Schließlich sind noch Malereien zu erwähnen, die sich auf die Persönlichkeit des Verstorbenen beziehen: Kränze auf Totenbrettern von Jungfrauen und Jünglingen, Handwerkszeichen Andeutung des Berufes ... und als moderne Seltenheit die Photographie des Verstorbenen unter Glas und Rahmen."[52] Gedenkbretter gefallener Soldaten sind gelegentlich mit geschnitztem und grün bemaltem Stahlhelm geschmückt. Auch bei der formalen Umgestaltung der Bahrbretter zu Erinnerungszeichen brauchte man also keine völlig neuen Wege zu gehen, sondern konnte sich an Bestehendes anschließen. „Man mußte keine neue ikonographische Bildidee erfinden, sondern konnte geläufige traditionelle Elemente aufgreifen; auch von den Epitaphien der Priester- und Adelsgräber, die man allenthalben an Innen- und Außenwänden auch einfacher Dorfkirchen vor Augen hatte, konnte man Anleihen machen. Seit dem 16. Jahrhundert hatten nämlich die Epitaphien aus Stein und Messing nicht selten die Form von Inschriften-Tafeln angenommen. Hier fand man ferner die Vielzahl von Vergänglichkeitssymbolen, die dann auf den Totenbrettern in Erscheinung traten."[53]

Geographische Verbreitung

Man konnte die Brettaufbahrung für den gesamten bayerischen Siedlungsraum nachweisen, auch wenn dieser Brauch vielerorts schon sehr lange erloschen war. Der Brauch reichte aber auch über den bayerischen Raum hinaus: Im Westen ist er für das rheinländische Viersen eindeutig bezeugt. Für den Oberschwarzwald ist um 1850/60 ein historischer Beleg bekannt. Für die Schweiz sind aus mehreren Kantonen verschiedene Formen der Brettaufbahrung belegt.

Nach Süden hin läßt sich der Brauch bis ins Burggrafenamt um Meran und im Etschtal bis südlich Bozen nachweisen, gegen Norden reicht der Brauch bis zur böhmischen Sprachgrenze, erfaßt auch deutsche Sprachinseln und endet im Schlesischen im Glatzer Bergland. Man hat den Brauch jenseits der böhmischen Grenze auch in sudetendeutschen Landkreisen festgestellt. Als Kerngebiet wird übereinstimmend der Bayerische Wald genannt, daneben wurde ein auffallender Reichtum an Totenbrettern aus dem Pinzgau gemeldet. In Tirol werden die Bezirke Kitzbühel und Reutte erwähnt.[54]

Der Brauch, Gedenkbretter noch um 1933 aufzustellen, folgte der Ostgrenze Bayerns von Mittelfranken zwischen 40 und 150 km landeinwärts, wobei das dichteste Verbreitungsgebiet, der Bayerische Wald, fast bis zur Höhe von Regensburg seine Bretter vorschickte. Bis 1933 konnte man in Oberbayern und im „Wald" noch sehr häufig frisch bemalten Leichenläden begegnen. Das bayerische Gebiet noch geübten Gedenkbretterbrauches schloß in seiner ganzen Erstreckung bis zum tirolischen Lechtal an das österreichische Staatsgebiet an. Tatsächlich kennen wir aus der volkskundlichen Literatur der Bundesländer Tirol und Salzburg das Vorkommen der Totenbretter bis in die an Bayern grenzenden Gebiete, in Salzburg im Mitterpinzgau und im Flachgau. In Oberösterreich schließt das Vorkommen im Salzburger Flachgau, das noch auf beiden Ufern des Fuschlsees nachgewiesen werden kann, an das Mondseerland an, das bis vor zwei Generationen den Brauch noch genau kannte und pflegte. Im heutigen Oberbayern finden wir Gedenkbretter vorwiegend im südlichen Rupertiwinkel und im südlichen Teil des Landkreises Traunstein – also im Bereich der Hauslandschaft des Salzburger Flachgaus.

Totengedächtnis in der Flur

Unbeantwortet bleibt die Frage, warum man auch die zu Gedenkbrettern umfunktionierten Bahrbretter in der freien Landschaft, fernab von den Gräbern, aufstellte. Es wäre – so sollte man meinen – naheliegend gewesen, sie im Friedhof, beim Karner oder zumindest im Umfeld der Dorfkirche zu belassen. Hier könnten alte Traditionen eine große Rolle gespielt haben – schon seit alters her stellte man in Süddeutschland Totengedächtnismale in der Flur auf, also am Ortsrand, am Kirchenweg und bei Straßenkreuzungen. Von Sühnekreuzen, Bildstöcken und Marterln ergab sich eine deutliche Brücke zu den Gedenkbrettern. Totengedenken durch Gedächtnismale in der Landschaft, außerhalb von Gotteshaus und Friedhof, gehörte also in den katholischen Gebieten Süddeutschlands und der Alpenländer um 1800 zu den vertrauten Erscheinungen, denen sich der Gedenkbrettbrauch offensichtlich anschloß: Die Bereiche der Lebenden und der Toten sind nicht gänzlich voneinander getrennt – die Bereiche der Toten dringen weit in die Fluren der Lebenden vor. Die uralte Scheu des Volkes vor allem, was mit einem Toten in Berührung kam, wies dem alten Totenbrett verständlicherweise einen Platz außerhalb der Behausung der Lebenden an. Diese Tradition scheint sich auch auf die Gedenkbretter übertragen zu haben, denn eine Aufstellung am Wohnhaus oder im Wurzgarten ist ein Ausnahmefall. Die häufigste, auch heute noch anzutreffende Aufstellung zielt bereits auf eine gewisse Dauerhaftigkeit als Denkzeichen ab: „Bald finden wir sie an einem Wegkreuz dicht nebeneinandergereiht, bald an einem Heustadl oder einem Zaun festgenagelt, dann wieder am Ortseingang neben einem Bildstock oder an eine Feldkapelle angelehnt, am Rand eines Waldes an die Bäume genagelt. Immer aber ist es ein vielbegangener Weg, in der Mehrzahl der Fälle der Kirchenweg... Selten verirrt sich dagegen ein Brett in das Innere einer Kapelle."[55] Die vereinzelte Aufstellung von Totenbrettern und später auch von Gedenkbrettern ist selten, ebenso deren massenhafte Ansammlung. Regelhaft ist die Aufstellung in kleineren, sippenweisen oder familiären Gruppen, „die gleich Sippenfriedhöfen die Denkmäler bestimmter Familien ... zusammenscharen und deren Geschichte oft weiter als ein halbes Jahrhundert zurückverfolgen lassen."[56] Mancherorts hatte jeder Dorfteil seinen Totenbretterplatz. Das Verschwinden der alten Totenbretter von ihren angestammten Plätzen hat gewiß seine Ursachen im Abkommen des Brauches, doch kommt hier hinzu, daß viele alte Gebäude, die „bis unter den First mit Totenbrettern benagelt" waren, abgebrochen wurden, ferner schämte man sich der alten Tradition. So weisen mancherorts nur noch Flurnamen auf die einstige Niederlegung von Totenbrettern in der Flur hin.

Freilich lehrt ein Blick in die „Totenbrettlandschaften" unserer Tage, daß Gedenkbretter allenthalben wieder fröhliche Urständ feiern. Vielfach werden alte Totenbretter renoviert und konserviert oder gar erneuert. Nicht selten stößt man auf ganz junge Bretter an den Ausfallstraßen der Ortschaften, bei Feldkreuzen und Wegkapellen – teilweise im Zuge heimatpflegerischer Bemühungen.

„Wie man andernorts Standbilder, Gedächtnistafeln und Porträtmedaillons anbringt zur Erinnerung an verdiente Vereinsmitglieder, so verwendet man in Landschaften traditioneller Totenbrett-Aufstellung diese Form weiter: Das Totenbrettbrauchtum ist in den letzten Jahrzehnten weitgehend Vereinsbrauchtum geworden. Dadurch hat es den derzeit letzten funktionalen Wandel erfahren."[57]

Das Totenbrett im Aberglauben

Totenbrettplätze galten zunächst als heilige, geweihte Stätte, als Ort des Gebetes und Gedenkens: „Wenn man an einem Totenbrett vorbeigeht, sollte man sich einen guten frommen Gedanken durch den Kopf gehen lassen und dem Verstorbenen die ewige Ruhe und Seligkeit wünschen. Man bewahrt sich selber vor Unheil, wenn man das Totenbrett achtet und für den Toten ein Stoßgebetlein betet, denn dieser kann es in der Ewigkeit drüben danken. Stellt man Totenbretter zusammen, so ist es gewiß, daß sich die Toten auch drüben in der andern Welt wieder zusammenfinden. Einem Wegkreuz und einem Totenbrett soll man nie den Rücken kehren..."[58]

Totenbrettplätze wurden aber auch als „Stätten der Todesschatten", als Geisterstätten angesehen. Zusammen mit vielfältigen Sagen und Erzählungen von Geistererscheinungen begründeten sie eine „bis zum Gruseln und zur ausgesprochenen Furcht lebendige Scheu vor diesen Plätzen, namentlich zur Nachtzeit."[59] „Wie mit allen Dingen, die in irgend einer Beziehung zum Sterben, zu den Leibern und Seelen Verstorbener stehen, verbanden sich auch mit den Totenbrettern abergläubische Vorstellungen und Praktiken, legendarische und sagenhafte Erzählungen, die in verschiedenen und wechselnden Graden des Glaubens, Meinens, Für-wahr-Haltens und in vielfältigen Stufen des Symbolisierens einen beachtlichen Platz im volkstümlichen Leben einnehmen."[60] Vielfältig sind die Vorstellungen, daß der Tote in der Nähe seines Brettes umgehe, bis dieses endgültig vermodert sei, daß die Totenbretter den Armen Seelen beim qualvollen Umherirren als Zufluchtsplätze dienen, daß bei Entwendung oder Verunehrung eines Brettes der Tote leibhaftig erscheine und dieses zurückfordere oder sich dem Frevler auf allerlei sonstige unheimliche Weise so lange bemerkbar mache, bis dieser das Brett an seinen Aufstellungsort zurückbringe. Ein umgefallenes Brett dürfe nur von einem Verwandten des Verstorbenen aufgerichtet werden; tue es ein Fremder, so sterbe er oder jemand aus seiner Familie. Überhaupt wehrt sich der Tote, wenn sein Brett beschädigt oder beleidigt wird, und bürdet den Lebenden Gebrechen auf. Wer sich in ein Bett aus gestohlenen Totenbrettern legt, dem erscheine der Tote, dem das Brett gehörte, im Schlaf. Wer Totenbretter verheizt, dem zerreiße es den Ofen. Das Nudelbrett aus Totenbrettern lasse die Nudeln springen und vom Tisch herunterhüpfen.[61] Ein Jäger, der sein Gewehr gegen ein Totenbrett entlud, soll mit Entsetzen den Kopf des Verstorbenen von hinten drohend hervornicken gesehen haben.[62] Ganz allgemein herrschte der weitverbreitete Aberglaube, daß es an den Totenbrettstätten nächtens spukt und „waizt", Kinder und ängstliche Leute meiden daher solche Plätze. Weitverbreitet ist die Vorstellung, daß das Verfaulen der Totenbretter mit der Verwesung des Leichnams Hand in Hand gehe und dieser Substanzzerfall ein Zeitmaß für die Erlösung der Seele darstelle; hierin äußert sich der Versuch, die Zeitlosigkeit des Jenseits und die nicht vorstellbare Befristung jenseitiger Fegfeuerbußen mit irdischen Zeitmaßstäben zu verknüpfen. Jedenfalls sah man im Untergang des mit dem Seelenwesen verknüpften Brettes einen Hinweis für die Erlösung der Seele, von diesem Zeitpunkt an bedürfe der Tote auch nicht mehr der irdischen Gebetshilfe.

Apotropäische Vorstellungen darf man hingegen in dem Appenzeller Aberglauben vermuten, „das Brett am Haus halte den Toten ab; er sehe dann eigentlich selbst, daß er tot sei und nicht mehr zurückzukehren habe."[63] Als Personifikation von Brett und Seelenwesen läßt sich eine Zahl gleichartiger Erzählungen deuten, die einerseits Gefahren beim Umgang mit dem Brett sieht, andererseits dem Brett aber auch Zauber- und Heilwirkungen zuschreibt: „Manchmal wird vor dem Betreten des Brettes gewarnt, weil man sonst Fußschmerzen, Abzehrung, schwere Beine bekomme, man darf vor allem nicht auf die eingeschnittenen Kreuzlein treten, da es der Armen Seele weh tun würde. Umgekehrt heißt es im Böhmerwald, der Gang über das Brett mache die Füße gegen Schmerzen fest. Um die Furcht zu benehmen, soll man sich mit bloßem Hintern auf das Brett setzen, wenn die Leiche davon weggenommen worden ist. Wenn sich eine Person getraut, sich sofort, wenn der Tote weggenommen ist, auf das Brett zu setzen, so heiratet sie den verwitwet gewordenen Teil. Wie Sargholz kann das Brettholz zu verschiedenem Zauber benutzt werden: wer durch ein Totenbrett schaut, kann Hexen sehen."[64] Anflugbretter aus Totenbrettholz verhindern das Entfliegen der Tauben aus dem heimischen Kobel, andererseits kommt es wieder zu nächtlichem Spuk und Krach, wenn aus gestohlenen Totenbrettern Taubenschläge gezimmert werden.[65] Totenbretter, die man in ein Krautbeet steckt, bannen die schädlichen Raupen.[66] Sogar das Wasser, das man aus einem Graben unter einem Totenbrett schöpft, gilt als Heilmittel gegen Herzleiden.[67] Zum Einschneiden oder Einritzen der Kreuze benützte man in Außenried (Bayer. Wald) ein Brotmesser, dessen magische Kraft im volkstümlichen Abwehrkult eine vielfältige Rolle einnimmt. Manche benutzten zum Kreuzlmachen ersatzweise eine geweihte Dreikönigskreide.

Nahezu in den Bereich der Poesie gehören Erzählungen wie die vom Geist der Mutter: „Als Vater und Mutter gestorben waren, fand ein junger Bauer im Schwarzachtal den rechten Weg nicht mehr. Er ließ alle Arbeit liegen, verkaufte das Vieh Stück um Stück und vertrank den Erlös gleich in den Wirtshäusern. In der Nacht torkelte er dann mit seinen Riesenräuschen heimwärts oder blieb irgendwo liegen und schlief bis in den andern Tag hinein. Einmal hatten ihm Bier und Schnaps die Beine so schwer gemacht und den Kopf so verwirrt, daß er den Heimweg nicht mehr fand und über Wiesen und Felder im Finstern dahintaumelte, oft zu Boden stürzte und schließlich nicht mehr wußte, wo er sich befand. Herumtappend spürte er unter seinen Händen ein Brett und legte sich darauf, um seinen Rausch auszuschlafen. Da hatte er einen Traum, so lebendig und deutlich, wie er nie einen gehabt hatte. Vater und Mutter standen vor ihm und zeigten ihm ihre Hände und die Mutter sagte: ‚Schau unsere Hände an, wie die zerschunden sind. Krumm und krank sind wir geworden vor lauter Schinderei. Nie aber haben wir so bittere Tränen geweint, wie wir jetzt um dich weinen müssen. Kehr um, sonst erwartet dich ein qualvoller Tod und wir können dir nicht helfen. Kehr um, damit wir auch unsere Ruhe finden.' Dieser Traum riß den jungen Bauern aus dem Schlaf und im grauenden Morgen sah er, daß er beim Feldkreuz und bei den Totenbrettern war und auf dem umgefallenen Brett seiner Mutter geschlafen hatte."[68]

10.2T
Gedenkbrett an der Kapelle St. Maria in Aich, Stadt-Gde. Fürstenfeldbruck.

Anmerkungen

[1] Paul Friedl, genannt Baumsteftenlenz: Geh nicht vorbei. Kleine Denkmale an unseren Wegen. Grafenau 1978, S. 98 f.

[2] Friedl, wie Anm. 1, S. 13.

[3] So sollen bei den Weißrussen „leichte Brücken aus einem Brett oder Balken über Bäche und sumpfige Stellen geschlagen dem Toten über schwer passierbare Stellen hinüberhelfen und seine Rückkehr zu den Lebenden verhindern". „In Schweden wird die Stange, an der der Sarg getragen wird, mit Namen, Geburts- und Todesdatum versehen, am Kirchweg aufgestellt."

„Die Dajaken (Südwestborneo) stellen nach dem Ableben eines Menschen im Hause desselben ein Brett auf, das mit den Darstellungen der Seelenschiffe, welche die Seelen nach dem Jenseits führen, bemalt ist. Dieses Brett dient der umherirrenden Seele, die bis zum Totenfest keinen festen Wohnsitz im Jenseits hat, zum vorläufigen Aufenthaltsort."

[4] Das vielzitierte „lignum insuper positum" der Lex Bajuvariorum – ein Brett, das man auf oder auch unter den zu bestattenden Toten legte – ist durch die Reihengräberforschung mittlerweile vielerorts bestätigt. Allgemein wird aber darauf hingewiesen, daß man die zahlreichen Ausgrabungsergebnisse nicht als sicheren Beweis für ein Brett über oder unter dem Bestatteten heranziehen dürfe, da die festgestellten Holzspuren in den Gräbern „mit viel mehr Wahrscheinlichkeit auf die Verwendung eines förmlichen Sarges deuten". Aus der Lex Salica geht hervor, daß an den Gräbern der Franken „ein Erinnerungsmal an den Toten, wahrscheinlich eine Art Säule von Holz, stand, die ... gesetzlich geschützt war". Rieder hat schon im Jahre 1917 trefflich die schon damals allgemeine Auffassung über die angeblichen Totenbrett-Nachweise in der Lex Bajuvariorum und der Lex Salica zusammengefaßt: „Man hat das Totenbrett schon in dem Recht der salischen Franken finden wollen oder mindestens im ältesten bairischen Rechtsbuch. Allein bei genauerem Zusehen und kritischer Betrachtung hat der hierüber entbrannte Gelehrtenstreit ein durchweg negatives Ergebnis gezeigt." Erinnerungsmale aus Holz sind auch bei den Langobarden bezeugt, die gelegentlich an ihren Grabstätten stangenartige Zeichen mit hölzernen Tauben an der Spitze aufstellten. „Noch deutlicher beleuchtet diese Sitte von Erinnerungsmalen am Grab eine Stelle in der Chronik des Ekkehard von Aura zum Jahre 1125, wonach Bischof Otto von Bamberg bei Bekehrung der Pommern zum Christentum diese anwies, sie sollten keine Hölzer an die Gräber der gestorbenen Christen setzen, wie es offenbar bisher bei den heidnischen Vorfahren der Brauch war. Aus allen diesen Stellen ersehen wir, daß es bei einer Reihe räumlich weit auseinanderliegender Völker in vorchristlicher Zeit üblich war, Gräber mit einem Zeichen, einem Erinnerungsmal aus Holz zu versehen."

Wenn auch in vorchristlichen germanischen Friedhöfen Gräber mit individualisierenden hölzernen Malen als erwiesen gelten, so ist freilich damit nicht zu beweisen, daß der Tote vor der Bestattung auf einem Brett aufgebahrt und dieses dann weiterverwendet wurde. Vielfach nimmt man an, aus dem lokal-dialektischen Gebrauch des Wortes Rechbrett für Totenbrett dessen Verwendung im Mittelalter nachweisen zu können, da sich aus Stellen in epischen Dichtungen aus der Blütezeit des Mittelalters, vor allem im Nibelungenlied und im Parzival, dafür diese Bedeutung ergibt. „Wie aber aus diesen Stellen hervorgeht, bedeutet rê verschieden bald Leichnam, bald Bahre, selbst Tod überhaupt; eine direkte Zusammensetzung mit bret aber kommt nicht vor".

[5] Walter Hartinger: Das Totenbrett. Überlegungen zu Nomenklatur und Genese eines Brauchs. Jahrbuch für Volkskunde. Neue Folge 5. Würzburg-Innsbruck-Fribourg 1982, S. 148.

[6] Nur für die Spätantike und für die Zeit der bajuwarischen Einwanderung liefert uns die Archäologie zuverlässige Aussagen. Demnach haben bereits Römer in Süddeutschland seit dem 3. Jahrhundert die Bestattung in Holzsärgen gekannt.
Siegmar von Schnurbein: Das römische Gräberfeld von Regensburg. 2 Bände. Kallmünz 1977, S. 108 ff.
Nikolaus Kyll: Tod, Grab, Begräbnisplatz, Totenfeier. Zur Geschichte ihres Brauchtums im Trierer Land und in Luxemburg unter besonderer Berücksichtigung des Visitationshandbuches des Regino von Prüm. Bonn 1972.
Herbert Derwein: Geschichte des christlichen Friedhofs in Deutschland. Frankfurt/Main 1931.

[7] Friedrich Stolz: Das Totenbrett, ein Überrest des bajuwarischen Heidentums. Zeitschrift für österreichische Volkskunde. Band 12/1906, S. 113–119.

[8] Hartinger, wie Anm. 5, S. 133.

[9] Hartinger, wie Anm. 5, S. 133; unter Hinweis auf Kyll und Derwein, wie Anm. 6.

[10] Kyll und Derwein, wie Anm. 6; Max Höfler: Volksmedizin und Aberglaube in Oberbayerns Gegenwart und Vergangenheit. München 1899.

[11] Paul und Richilde Werner: Bemalte Totenschädel. Besonderheiten der Sekundärbestattung im süddeutschen Sprachraum. Jahrbuch der Bayerischen Denkmalpflege. Band 39/1985, S. 246 ff.

[12] Pfarrarchiv Neukirchen bei Heiligenblut, zitiert von Hartinger, wie Anm. 5.

[13] Derwein, wie Anm. 6, S. 116; zitiert bei Hartinger, wie Anm 5.

[14] Hartinger, wie Anm. 5, S. 135.

[15] Walter Hartinger: „Denen gott genad." Totenbrauchtum und Armen-Seelen-Glaube in der Oberpfalz. Regensburg 1979, S. 111.

[16] Hartinger, wie Anm. 15, S. 111.

[17] Rudolf Kriss: Sitte und Brauch im Berchtesgadener Land. Berchtesgadener Volkskundliche Schriften, Band 3, München 1947, S. 78.

[18] Josef Huber: Das Brauchtum der Totenbretter, mit Angabe weiterer 139 Quellen und 7 Karten. München 1956, S. 37 ff.

[19] Hans Schnetzer: Das Totenbrett. Deutsche Gaue, Band X, 1909, S. 243 ff. – Huber, wie Anm. 18, S. 20 f.

[20] Franz Weber: Zur Frage über den Ursprung der Totenbretter. In: Volkskunst und Volkskunde, 8. Jg. 1910, S. 159.

[21] Oskar v. Zaborsky: Totenbretter. In: Der Zwiebelturm, Heft 1/1949, S. 250. – Schnetzer, wie Anm. 19, S. 246. – Huber, wie Anm. 18, S. 23.

[22] Franz C. Lipp: Konrad Bosinlother, der Heilige mit dem Totenbrett. In: Dona Ethnologica, Heft 71/1973, S. 185.
Während in der ältesten und authentischen Darstellung der Ermordung des Abtes ausdrücklich von einem Brett die Rede ist, auf dem man den Leichnam in eine dürftige Hütte getragen habe, meinen andere Fassungen, die bekannte Holzreliquie sei die Sitzfläche einer Ofenbank gewesen, auf die man die Leiche gelegt habe und die den Brand, der den Frevel der Ermordung verwischen sollte, ebenso wie der Leichnam heil überstand.

[23] Huber, wie Anm. 18, S. 36 f.

[24] Max Wieser: Schloß Staufeneck. Staufeneck 1978, S. 96 f.

[25] Schweizer Idiotikon II, zitiert bei Huber, wie Anm. 18, S. 15.

[26] Zitiert von Huber, wie Anm. 18.

[27] Hartinger, wie Anm. 5.

[28] Huber, wie Anm. 18, S. 40

[29] Hartinger, wie Anm. 5.

[30] Günther Rinck: Die Totenbretter in Altbayern. In: Die Oberpfalz, Heft 11/1970, S. 241.

[31] Hartinger, wie Anm. 5.

[32] Huber, wie Anm. 18, S. 23.

[33] Hartinger, wie Anm. 5.

[34] Hartinger, wie Anm. 5.

[35] Kriegh: Deutsches Bürgertum. Neue Folge 181, S. 369. (Zitiert bei Huber, wie Anm. 18, S. 40.)

[36] Zitiert bei Huber, wie Anm. 18, S. 26.

[37] Wilhelm Hein: Die geographische Verbreitung der Totenbretter; mit umfangreichem Quellennachweis, o.O., o.J., S. 223.

[38] Friedrich Lüers: Die Totenbretter in Bayern. In: Heimat und Volkstum, 11. Jg. 1933, S. 40.

[39] Reinhard Haller: Drei Kreuze für den Schmalzelbauer-Knecht. Totenbretter im Bayerischen Wald. Ein Fundbericht. In: Der Bayerwald, Heft 1/1978, S. 4.

[40] Lüers, wie Anm. 38, S. 10 f.

[41] Haller, wie Anm. 39, S. 36.

[42] Zaborsky, wie Anm. 21, S. 253.

[43] Zaborsky, wie Anm. 21, S. 252.

[44] Lüers, wie Anm. 38, S. 21 f.

[45] Schnetzer, wie Anm. 19, S. 254 f.

[46] Mit dem Wandel der Bestimmung zum Gedenkbrett wechselt später auch die Wahl der Hölzer: „Wenn wir den Sinn der Beschreibung von Felix Dahn berücksichtigen, daß an die Stelle der alten Bretter monumentale Denkmäler getreten sind, die den Zweck verfolgen, die Überlebenden zum frommen Gedenken der Verstorbenen aufzufordern, so können wir daraus leicht auch den Zweck der Verwendung dauerhafteren, harten Holzes verstehen. Die Toten sollen möglichst lang im Gedächtnis der Überlebenden erhalten bleiben." (Huber, wie Anm. 18, S. 45.)

[47] Eine Schematisierung trat aber erst ein, als die Bauern aufhörten, die Bretter mit eigener Hand zu gestalten: „Als es üblich wurde, das Brett dem Schreiner zu übergeben, wußte man genau, welche Form es haben würde, denn jeder Schreiner hatte sein eigenes Modell. Als sich am Dorf der Malerberuf durchsetzte, übertrug sich schließlich die Farbgebung – vorher vom Schreiner übernommen – auf ihn."

[48] Für die überraschende Vielfalt der späteren Farbigkeit gab Lüers eine treffliche Deutung, wonach durchaus alle Farben als Trauerfarben gelten können: „Nun kommt aber in der ländlichen Tracht für die Trauerkleidung nicht ausschließlich schwarz, sondern häufig auch die Gegenfarbe weiß oder irgend eine Farbe vor, die bei der allgemeinen Festtracht, aber sonst nicht üblich ist. Da spielt zunächst die bekannte Tatsache herein, die sich nahezu bei allen Völkern beobachten und nachweisen läßt, wo es eine bestimmte Alltags- oder auch besondere Festtracht gibt: überall ist die Trauerkleidung grundlegend und auffallend anders. Man kann darin nicht ohne Berechtigung den Grund vermuten, durch diese vollständige Veränderung sollen den Totengeistern gegenüber die überlebenden Blutsverwandten unkenntlich gemacht werden, damit sie vor dem Wiedergang des Toten und vor jeglichem Schaden von seiner Seite sicher seien. So begreift es sich auch, daß in den Gegenden, wo an sich die übliche Tracht schwarz oder überhaupt dunkel ist, in der Trauer eine weiße oder helle Farbe gewählt wird. Ähnlich ganz natürliche Beweggründe mögen auch maßgebend sein für die Wahl der Farben der Totenbretter und es sieht so aus, als ob sich im allgemeinen, namentlich dort, wo der Brauch noch verbreiteter ist, die Farbe sich vornehmlich der Trauerfarbe anschließt und nur selten davon abgegangen wird, daß dagegen in den Gebieten, wo die Totenbretter im Verschwinden sind, eine gewisse Regellosigkeit und daher Buntheit herrscht, wobei aber nicht in Abrede gestellt werden soll, daß diese Buntheit nicht auch durch eine dem engeren Teilstamm angebo-

rene Vorliebe für Farbe und deren Abwechslung erheblich begünstigt worden ist und wird." Schnetzer hielt die auffallende Farbigkeit für eine „Geschmackssache der Schreiner und Maler" und maß ihnen keine weitere Bedeutung zu. Nach Huber deutete die Farbe in den meisten Fällen den Stand und das Alter des Verstorbenen an. Für die spätere Farbenvielfalt führt er an: „Der Verkehr und die neue Zeit brachte die Menschen näher, sie kamen aus dem ‚Walde' jetzt öfter heraus, sahen andere Totenbretter, fanden diese schöner und wollten auch solche haben."

[49] Josef Herrmann: Vom Brauchtum der Totenbretter. In: Oberpfalz, 61. Jg. 1973, S. 334.
[50] Haller, wie Anm. 39, S. 4.
[51] Schnetzer, wie Anm. 19, S. 255 f. – Vgl. auch: Ruth Scheichenzuber: Totenbräuche-Totenbretter. In: Der Bayerwald, Heft 1/1964, S. 76 ff.
[52] Schnetzer, wie Anm. 19, S. 257.
[53] Hartinger, wie Anm. 5. – „Mehr noch als die Epitaphien dürften die sogenannten Totenschilde zu Grundmustern der Totenbrettgestaltung geworden sein. Es handelt sich in der Regel um runde oder achteckige Holztafeln, die im adeligen und patrizischen Totenkult vom 14. bis zum 18. Jahrhundert eine Rolle spielten. Man hat sie zunächst offenbar benützt zur Verzierung der tumbenartigen Trauergerüste, die im Zentrum der prunkvollen Totenfeierlichkeiten standen. Anschließend wurden sie zum ferneren Gedächtnis in den Kirchen aufgehangen.

Solche Totenschilde gab es einst in großer Anzahl nicht nur in den städtischen Hauptkirchen, sondern auch in den ländlichen Gotteshäusern, wo die Hofmarksherren und Landsassengutsbesitzer ihre Grablege hatten. Eine Reihe von Beobachtungen weisen auf Verwandtschaft zwischen Totenbrettern und Totenschilden: Da ist einmal die gemeinsame Verwendung des Materials Holz, ferner die analoge Formelhaftigkeit in der Beschriftung (‚wohledelgeboren und gestreng' – ‚achtbar und ehrengeachtet'), dann die farbenfrohe Bemalung; hierbei konnte dem adeligen Wappen auf den Totenschilden die Abbildung des Namenspatrons auf den Totenbrettern funktional unmittelbar entsprechen – erstrebte man im ersten Fall eine zeichenhafte Identität des Verstorbenen mit seiner adeligen Sippe, so erfolgte im zweiten Fall ein Hinweis auf die Einbindung des Individuums in die Gemeinschaft der Heiligen des Himmels. Gemeinsam ist beiden Denkmälern die Vorliebe für erbauliche Sprüche und Verse, sowie die Aufstellung unabhängig vom Bestattungsort. Außerdem treffen wir in einzelnen Gegenden tatsächlich Totenbretter an, die auch in ihrer äußeren Form wie Schilde gestaltet wurden; so in der Gegend von Zwiesel, wo man um 1890 ovale Tafeln neben den üblichen Totenbrettern an Bäume und Scheunen nagelte. In Kirchenthumbach (bei Eschenbach in der Oberpfalz) findet man auch heute noch eine Reihe solcher ovaler Tafeln oder Schilde, alle an Bäumen befestigt.

Dies alles scheint darauf zu verweisen, daß das unmittelbare Vorbild für den Gedanken, mit Hilfe von beschrifteten und bemalten Brettern das Andenken an die Verstorbenen wachzuhalten, im adeligen Totenzeremoniell der Barockzeit zu suchen ist: bei Epitaphien, Trauergerüsten (Castra Doloris) und Totenschilden. Auch von daher dürfte es sich bestätigen, daß Gedenkbretter erst um 1800 in Erscheinung getreten sind." (Hartinger)

[54] Über die geographische Verbreitung äußern sich vor allem: Huber, wie Anm. 18, S. 22 f; ferner: Richard Staffler: Totenbräuche in Südtirol. In: Schlern, 30. Jg. 1956, S. 414 ff; Fr. Stolz: Über die Leichenbretter im Mittelpinzgau. In: Zeitschrift für österreichische Volkskunde, 9. Jg. 1903, S. 1 ff; A. Bergmann: Zur Topographie der Totenbretter in der Oberpfalz. In: Die Oberpfalz, 57. Jg., Heft 11/1969, S. 241 ff.
[55] Lüers, wie Anm. 38, S. 3.
[56] Zaborsky, wie Anm. 21, S. 252.
[57] Hartinger, wie Anm. 5. „Soweit es sich dabei nicht um ein Ergebnis bewußter heimatpflegerischer Maßnahmen zur Erhaltung der überkommenen Kulturlandschaft handelt, scheint auch hier die funktionale Betrachtung die zentrale Kraft für Brauchkontinuität bloßzulegen. Die Grabdenkmäler leisteten zwar die Dokumentierung der individuellen Lebensdaten, des Familienstandes und der Berufszugehörigkeit in befriedigender Weise, – je dauerhafter diese Denkmäler wurden, um so mehr –, doch ließen sie die einstige Wirksamkeit der betreffenden Personen als Mitglieder von Verbänden und Vereinen unberücksichtigt. Gerade hier aber ergab sich auch das Verlangen nach Dokumentation." (Hartinger)
[58] Friedl, wie Anm. 1.
[59] Bergmann, wie Anm. 54, S. 244.
[60] Lenz Kriss-Rettenbeck: Bilder und Zeichen religiösen Volksglaubens. München, 2. Auflage 1971, S. 53 f.
[61] Handwörterbuch zur deutschen Volkskunde, S. 1058; vgl. auch Huber, wie Anm. 18, S. 27 f. und Scheichenzuber, wie Anm. 51, S. 84.
[62] Zaborsky, wie Anm. 21, S. 252.
[63] Handwörterbuch zur deutschen Volkskunde, S. 1058.
[64] Bergmann, wie Anm. 54, S. 244; Lüers, wie Anm. 38, S. 28; Zaborsky, wie Anm. 21, S. 252. „Wenn aus einem Leichladen ein Ast ausfällt und man durch das dadurch entstandene Loch während der Messe, welche nach acht Tagen für den Verstorbenen gelesen wird, gegen den Altar blickt, so kann man den Verstorbenen am Altare sehen." (Provinz Krain) „Wer ein Brett mit einem Astloch aus dem frisch aufgeworfenen Grabe erhascht, der soll während des Leichenzuges damit in den Turm hinauf eilen und vom Schallfenster durch das Astloch herabschauen. Da kann er die Hexen im Zuge sehen; gewöhnlich gehen sie zuletzt und sind durch das ‚Gelterle' (Melkschäffel) kenntlich, das sie am Kopfe tragen." (Kärnten)
[65] Handwörterbuch zur deutschen Volkskunde, S. 1058; Huber, wie Anm. 18, S. 27 f.
[66] Haller, wie Anm. 39, S. 4.
[67] Hein, wie Anm. 37, S. 224.
[68] Friedl, wie Anm. 1.

10.3T
Leichenbretter im Bayerischen Wald.
Zeichnung von B. Köhler

10.4T
„Erst nach einigen Irrwegen gelang es mir, die nordöstlich vom Dorfe *Großaign* gelegene, sogenannte *Schöne Eiche*, eine Wallfahrt zu Maria vom guten Rat, ausfindig zu machen. Mitten im Gehölze steht da ein uralter hohler Baum, in dessen Innern ein kleiner weißgedeckter Altar errichtet ist. Der ganze, oben mit einem kleinen Holzdache gegen eintropfenden Regen geschützte Hohlraum, ist über und über bedeckt mit Täfelchen, allerlei Devotionalien, Wachsvotiven, geopferten Krücken und sogar eine hölzerne Hand konnte ich notieren. An die Außenseite des Stammes sind in zweifacher Abstufung Totenbretter geheftet. Neben der Eiche befindet sich noch eine kleine Kapelle, mit dem Bildnisse Mariens vom guten Rate, der das ganze Heiligtum geweiht ist. Auch dort hängen Votivtafeln und Totenbretter. Der stimmungsvolle Platz mitten im Waldesdunkel, liegt so versteckt, überschattet von mächtigen Laub- und Nadelbäumen, daß man ihn erst erblickt, wenn man unmittelbar davor steht. Ein seltenes Beispiel noch reinen Baumkultes!"
(Rudolf Kriss: Die Volkskunde der altbayerischen Gnadenstätten. 1956, Band III, Abb. 33).

10.1
„AO 1797 Den 17ten Dezember morgens um 3 Uhr ist Gott selig verschieden die Tugendsamme Theresia Eiselm geweste Beirin alhier seynes alters im 62. Jahr Gott gebe ihr die Ewige Ruhe Vater unser." Bayer. Nationalmuseum München (Herkunft unbekannt).

10.2
„AO 1802 den 29ten September ist Gottselig verschiden der Ehrengeachtete und bescheidene Ulrich Rein geweste Schuhmacher alhier sein alter um im 82 Jahr Gott gebe im die Ewige Rue und das ewige Liecht Leuchte im Vater unser ave Ma." Bayer. Nationalmuseum München (Herkunft unbekannt).

10.3
„1813 So Leß o Freund was stet auf diesem todtenbred, als ich viel Jahr, bei dem 6. Regiment Herzog, Wilhelm war Benedicktus Negele, der brafe dapfer bei Thornne an der Weichsel, als er den 9ten Hornung wird komedirt und zum batroll machen aufgmaschiert morgens 4 Uhr wird er von des Feindes Kugel getrofen im 27. Jahr seinen Geist aufgeben."
Bayer. Nationalmuseum München (Herkunft unbekannt).

10.4 (Seite 233)
„Das ist eine Harrte Reiß
Wenn man den Weg nicht weiß
So frage die drey Heillige Leuth
Zeigen dir den Weg zur Seligkeit
Diß war die Letzte Ruhestet auf dieser
Welt des Ehrbaren Wolfgang Heigl
Ganzerbauer von Prinzing gestorben den
5ten Jully abends um 5 Uhr im 64 Lebens
Jahre ANNO 1843."
Bayer. Nationalmuseum München (Prinzing bei Cham).

10.5 (Seite 233)
„Diß war die Letzte Ruhestätte auf dieser welt der Tugentsamen Jungfrau Theresia Zalhasin bauers Tochter von Prinzing gestorben den 28 September zwischen 5 und 6 Uhr abends im 28 Lebens Jahr 1845 Gott gebe ihr die ewige Ruhe."
Bayer. Nationalmuseum München (Herkunft unbekannt).

10.6 (Seite 233)
Totenbrett der Albbäuerin von Prinzingen, dat. 1852.
Bayer. Nationalmuseum München (Prinzing bei Cham).

10.1 10.2 10.3

10.4

Das ist eine harte Reiß,
Wenn man den weg nicht weiß.
So frage die drey Heilige ...
Zeigen dir den weg zur Seligkeit.

Diß war die Lezte Ruhestätte auf diser
welt des Ehrbaren Wolfgang Heigl
Ganzer bauer von Prinzing gestorben
den 6ten Orilly abends um 5 uhr im
64 Lebens Jahre ANNO 1845

10.5

Diß war die Lezte Ruhestätte
auf diser welt der Tugent
samen Jungfrau Theresia
Zahofin bauers Tochter von
Prinzing gestorben den 28
Sebtember zwischen 5 und 6 uhr
abends im 28 Lebens Jahr
1845
Gott gebe ihr die ewige Ruhe.

10.6

10.7
Totenbretter unter einem Baumpaar bei Elixhausen, Salzburg. Foto vor 1900.

10.8
Totenbretter an einem Feldkreuz bei Piding, Lkr. Berchtesgadener Land. Foto vor 1900.

10.9
Totenbretter an einem Zaun bei Saalfelden, Salzburg. Foto vor 1900.

10.10
Totenbretter an einer Scheune bei Leogang, Salzburg. Foto vor 1900.

10.11
Totenbretter an einem Baum im Kollnigwald, Salzburg. Foto vor 1900.

10.12
Totenbretter an einer Wegkapelle in Froschham, Stadt-Gde. Laufen, Lkr. Berchtesgadener Land. Foto vor 1900.

10.13
Totenbretter auf Holzpflöcken längs eines Weges in Anthering, Salzburg. Foto vor 1900.

10.14
Totenbretter an einer Kapelle in Prenzing, Gde. Ering, Lkr. Rottal-Inn.

10.15
Totenbretter neben einer Wegkapelle in Froschham, Stadt-Gde. Laufen, Lkr. Berchtesgadener Land. Foto um 1920.

10.16
Totenbretter vor einer Wegkapelle bei Voitswinkl, Gde. Wonneberg, Lkr. Traunstein. Foto um 1920.

10.17 + 10.18
Totenbretter an einer Wegkapelle in der Ramsau, Gnotschaft Antenbichl, Lkr. Berchtesgadener Land.

10.19

10.19
Totenbretter an einer Feldkapelle bei Wintermoning, Gde. Waging, Lkr. Traunstein. Foto um 1920.

10.20
Totenbretter an einer Wegkapelle; daneben Gedenkkreuz aus Högler Sandstein. Freidling, Gde. Teisendorf, Lkr. Berchtesgadener Land.

10.21
Totenbretter an einem Waschhaus in Brand 15, Gde. Ruhpolding, Lkr. Traunstein. Foto um 1975 (abgebrochen).

10.22
Neuere Gedenkbretter an einem Waldrand südlich Punschern, Gde. Teisendorf, Lkr. Berchtesgadener Land.

10.23 (Seite 237)
Totenbretter und Kreuzigungsgruppe aus Achthaler Guß, im Tumulus eine Fegfeuerdarstellung. An einem Waldrand bei Neulend, Gde. Teisendorf, Lkr. Berchtesgadener Land.

INRI
R.I.P.
A.D.
1968
R.I.P.
J.K.
1971
R.I.P.
R.I.
1973
R.I.P.
J.D.
1975
R.I.P.
F.D.
1977
R.I.P.
M.D.
1979
R.I.P.
Heinrich
Hinterreiter
R.I.P.
Gedenket
im Gebete
an Herrn
Georg
Hinterreiter
* 18.4.1896
† 5.8.1981
R.I.P.
Gedenket
im Gebete
an Herrn
Manfred
Hautmann
* 16.9.1941
† 28.9.1981
R.I.P.

für die Verstorbenen!
Zum Gedenken!
Fr. Th. Berger
Kohlbichlermutter
Herrn
Jos. Berger
Kohlbichlersohn
Andenken an Herrn
Josef Habl
von Lauter
✝ 9. März 33
✝ d. Unglücksfall 7. Aug. 62
Ruhe im Frieden!
Zum Andenken an die ehrengeachtete Frau
Elisabeth
Sommerauer
von Lauter.
✝ nach Empfang d. hl. Sterbsakramente
am 4. März 1966
im 83. Lebensjahre.
Zum Gedenken ihrer beiden Söhne
Johann u. Isidor
✝ 4.6.44 ✝ 6.2.45
Ruhe im Frieden!
Betet für Fräulein
Kunigunde
Wittmann
Pfarrhausfrau von
1958 - 1984
in
Surberg
17.12.1911
5.10.1984
R.I.P.
Zum Andenken an die Ehrw. barmherzige Schwester
M. Richalma
Eder
gestorben in München
im 64. Lebensjahr.
Zum Andenken an die ehrengeachtete Frau
Theres
Kriegenhofer
von Surtal,
gestorben n. Empf. d. hl. Sterbesakramente
am 15. Juni 1976 im 75. Lebensjahre.
Ruhe im Frieden

† Zum frommen
Gedenken des
ehrengeachteten
Herrn
Johañ Hofmañ
Schmiedmeister v. h.
er verschied am 25.
Okt. 1940 im Alter

† Zum Andenken an
den ehrengeachteten
Herrn
Johann Mayer
Webervater in Oed.
† am 29. Okt. 65, 83 Jhr. a.
Dessen Gattin, Frau
Kreszenz
Mayer
† am 5. Mai 1938 im 55.
Lebensjahr. - Beide v.
mit d. hl. Sterbsakram.
R. I. P.

† Zum Andenken an
den ehrengeachteten
Herrn
Franz Xaver
Wimmer
Menkenvater v. Oed
Krieger 1914/18
† am 24.5.71, 76 Jahr alt.
Dessen Gattin, Frau
Nothurga
† 21. 11. 72 im 79. Lbj.
Beide versehen mit
d. hl. Sterbsakram.
R. I. P.

† Zum Andenken an die
ehrengeachtete Frau
Maria Brunner
Buchhäuslmutter von
Oed, gestorben am 4.
März 1974 im 68. Lbsj.

Deren
Tochter
Mathilde
OP-Schwester in
d. Chirurg. Univers.
Klinik München †
am 30. Okt. 1972, 34
Jahre alt.

Ruhet im Frieden

† Zum Andenken an den
ehrengeachteten
Herrn
Johann
Hofmann
Schmiedmeister v. Oed
gest. schnell u. unerwartet am 16. Februar 65
im Alter v. 62 Jahren.

Ruhe im Frieden !

† Zum Andenken
an die ehrengeac
Frau
Notburga
Mühlbacher
Hanslbauermutt
von Haunerting
gest. nach Empf.
hl. Sterbsakram
am 10. Mai 195
im Alter v. 76 Jh
R. I. P.

10.26
Totenbretter an einem Waldrand bei Teisendorf, Lkr. Berchtesgadener Land. Foto um 1980 (später „erneuert").

10.24 (Seite 238)
Totenbretter bei Surtal, Gde. Surberg, Lkr. Traunstein

10.25 (Seite 239)
Totenbretter an der Maderkapelle in Oed,
Gde. Surberg, Lkr. Traunstein.

10.27
Ausschnitt von **Bild 10.24,** deutlich sichtbar das Standholz, wohl eine hölzerne Dachrinne.

10.28 + 10.29 (Seite 242) ▷
Typische Gedenkbretter aus dem Bayerischen Wald.

10.31 + 10.32 (Seite 243) ▷▷
Typische Gedenkbretter aus dem Bayerischen Wald.

10.28 △

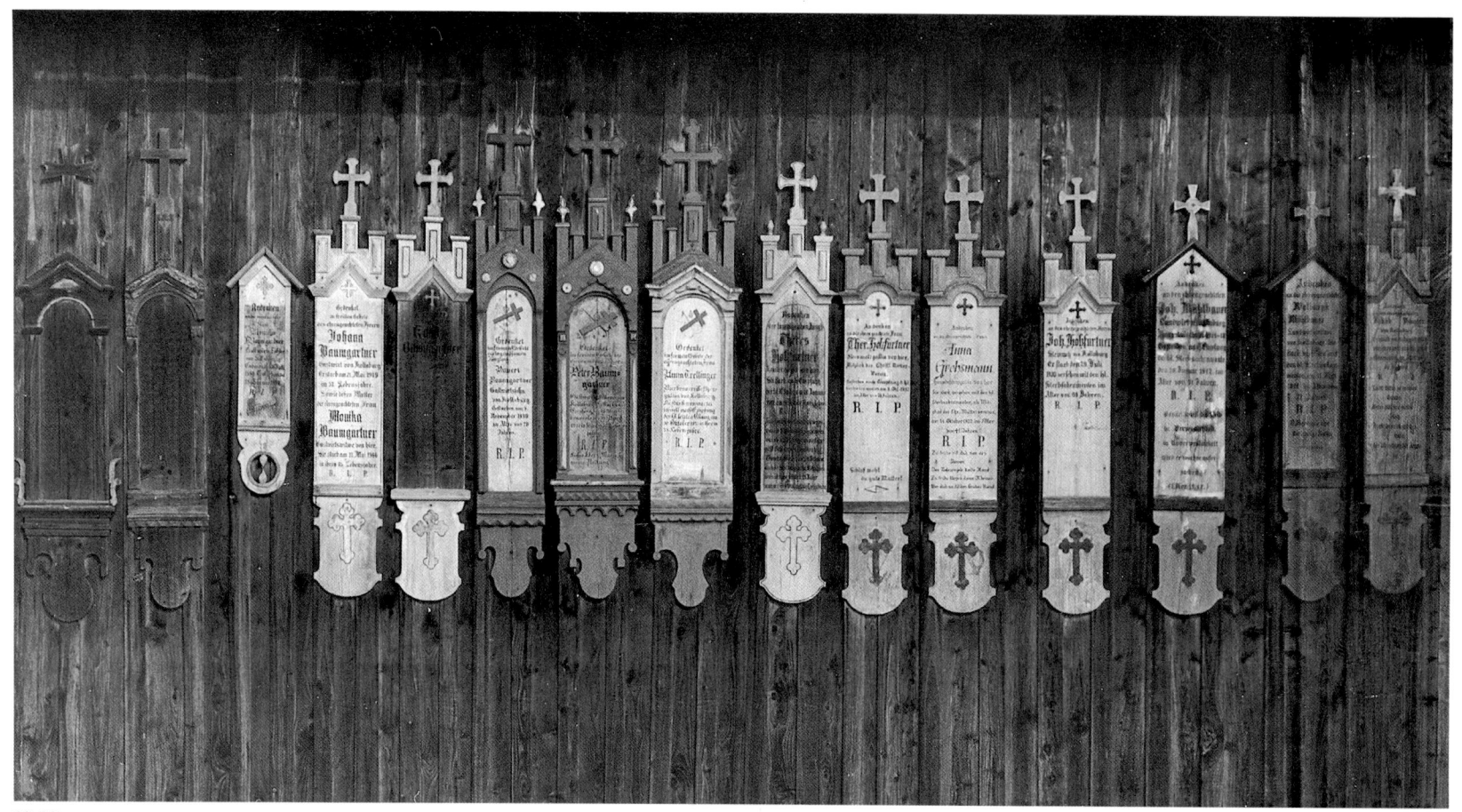

10.29 ▽

242

Kap. 10

10.30
10.32
10.31
10.33
10.34

10.35
Reich gestaltete Gedenkbretter aus Aich, Stadt-Gde. Fürstenfeldbruck.

10.32 (Seite 243)
Gedenkbretter aus der Zeit nach dem Zweiten Weltkrieg an einem Wegkreuz. Sämtliche Bretter mit geschnitztem eichenlaubumkränztem Stahlhelm und mit einem Foto des Gefallenen. Holzhausen, Gde. Anger, Lkr. Berchtesgadener Land.

10.33 (Seite 243)
Gedenkbrett von 1941, mit geschnitztem eichenlaubumkränztem Stahlhelm, im Vorraum einer Feldkapelle. Gde. Anger, Lkr. Berchtesgadener Land.

10.34 (Seite 243)
Gedenkbretter aus dem 2. Weltkrieg, mit dem Bild des Gefallenen. Doblach, Gde. Waging, Lkr. Traunstein.

10.36 △

10.38 ▽

10.37 △

10.39 ▽

10.36 + 10.37
Neuere Gedenkbretter nahe der Kirche von Ruhpolding, Lkr. Traunstein.

10.38 + 10.39
Zimmermeister Heinrich Eder fertigte, beschriftete und bemalte bis zu seinem Tod im Jahr 1990 auf Bestellung traditionelle Gedenkbretter. Gde. Surberg, Lkr. Traunstein.

Kap. 10

10.40
Neuere Gedenkbretter an der Straße nach Leobendorf. Stadt-Gde. Laufen, Lkr. Berchtesgadener Land.

11

HOF- UND FELDKAPELLEN

Unter dem alten Lindenpaar
steht das Kapellchen hundert Jahr.
Wer hat es wohl weshalb erbaut?
Ich habe neulich reingeschaut.
Knarrend öffnet sich das Tor
und nichts als Stille quillt hervor.
Hier eilt es nicht, hier hat es Zeit,
hier weht ein Hauch von Ewigkeit.
Ein Bankerl gibts zum Niederknien,
Sankt Leonhard, Sankt Wendelin,
ein abgebranntes Kerzenlicht,
ein welker Strauß Vergißmeinnicht.

Der Dank der Menschen aber gilt
dem schwarzen Muttergottesbild.
„Maria Dank!" „Maria Ehr!"
„Maria hilf noch einmal mehr!"
Wer aller hat sein Stoßgebet
zum Himmel hier emporgefleht!
Maria half oder auch nicht,
darüber ist hier kein Bericht.
Doch Trost ward jedem hier zuteil,
auch wenn sein Schmerz nicht wurde heil.
Ist das Kapellchen noch so klein –
mir wird es oft noch Zuflucht sein.

Die Hofkapelle als Denkmal der Familien- und Siedlungsgeschichte

Ein selbstverständliches Kennzeichen katholischer Kulturlandschaften sind die vielen Privatkapellen in den verschiedensten landschaftlichen Ausformungen. In allen Größenordnungen und Stilrichtungen prägen und beleben sie auch die Fluren, Hof- und Dorfbilder Oberbayerns. Zahllos sind die Anlässe ihrer Errichtung, sie reichen vom allgemeinen Anliegen frommer Andacht bis hin zu den geheimsten, nie bekannt gewordenen Herzensangelegenheiten. Diese Kapellen haben als Ausdruck traditioneller bäuerlicher Frömmigkeit heute vielfach schon Denkmalcharakter. Namentlich bei sehr abgelegenen Höfen, in den weltfernen Einöden des Flachlands und in hochgelegenen Rodungsinseln am Berghang mußten die Bauern oft einen langen, im Winter überaus beschwerlichen Weg zur Dorfkirche zurücklegen. Um ihren religiösen Anliegen nachzukommen, errichteten sie seit alters her – insbesondere wohl seit der Gegenreformation – als Stätten ihrer privaten Andacht Hofkapellen, die je nach Vermögen, nach sozialem Status und traditionellem Herkommen vom schlichten hölzernen Kruzifix-Häuschen über den kleinen gemauerten Kapellenbildstock bis hin zum prachtvollen sakralen Kleinod reichen. Solche Hofkapellen sind zwar stets gesegnet (benediziert), meist aber nicht geweiht (konsekriert), die heilige Messe konnte mangels kirchlicher Altarweihe hier also nicht gelesen werden. Dennoch haben solche Kapellen oft eine eigene Weihe: diese stillen, der allgemeinen Betriebsamkeit entrückten Orte sind oft zum religiösen Zeugnis einer Familien- oder Sippengeschichte geworden, zum intimen Wallfahrtsort einer langen Kette von Familienangehörigen. Fern von den Mühen und Banalitäten des bäuerlichen Alltags, fern vom Dunst von Stall und Küche, konnte man hier dem Herrgott oder seinem Lieblingsheiligen ein ganz persönliches Anliegen vortragen, persönliches Leid klagen, an die Verstorbenen denken, für sie beten oder auch nur ein paar Minuten der Besinnung oder der andächtigen Ruhe pflegen. Die vielen Sterbebildchen und Ex votos sprechen eine beredte Sprache. Für immer unergründlich bleibt hingegen so manche erloschene Kerze, so manches vergilbte Andachtsbild mit der vieldeutigen Aussage „Maria hat geholfen…" So sind viele dieser bäuerlichen Hofkapellen zu einem Denkmal menschlicher Bindung an Gott und seine Heiligen geworden.

Mancherorts stehen solche einstigen Hofkapellen in mittlerweile freier Flur aber auch als letztes Zeugnis einstiger menschlicher Ansiedlung nach einem Lawinenunglück, nach einer Vermurung, Überschwemmung oder Feuersbrunst. In der *Ramsau*, westlich vom Hintersee erinnert heute noch eine klägliche, windschiefe Holzkapelle an das einstige *Auzingerlehen*, das hier vor einem Jahrhundert durch eine Lawine zerstört wurde. Im Jahr 1988 gingen in der selben Lawinenbahn abermals gewaltige Schneemassen nieder, aber das Kapellchen blieb wiederum verschont.

Vielfach ließ man auch, aus Scheu vor einem Sakrileg, eine solche Hofkapelle einfach stehen, wenn der Hof aufgegeben und verlassen werden mußte, die Baulichkeiten abgebrochen und als Baumaterial anderweitig verwendet wurden.

Selten ist hingegen sicherlich die Errichtung einer Kapelle eigens zu dem Zweck, die Erinnerung an einen untergegangenen Hof wach-

11.1T-11.3T
Das äußerst schlichte Holzkapellchen am ehemaligen Auzingerlehen in Hintersee hat als einziger Teil des Anwesens vier Lawinenkatastrophen überstanden. Der Ort Hintersee war schon im 13. Jh. ein wichtiger Punkt der alten Straße von Berchtesgaden über den Paß Hirschbichl, die den Salzverkehr nach dem Pinzgau vermittelte. Das alte Wirtshaus wurde am 25. Januar 1809 durch eine Lawine zerstört, dabei wurden zehn Pferde erschlagen und 70 Zentner Salz vernichtet. Am 2. November 1862 bemerkte der gegenüberwohnende Zollbeamte, daß sich oberhalb des Wirtshauses eine Steinlawine loszulösen begann. Durch seine sofortige Warnung konnten die Bewohner sich gerade noch ins Freie retten, als die Steinlawine niederdonnerte und das Wirtshaus wieder zerstörte. Am 17. Dezember 1867 verschüttete eine Lawine zum dritten Male das Wirtshaus. Zu Grunde ging niemand, da das Haus seit 1862 nicht mehr bewohnt war. Nun wurde das Wirtshaus Auzinger an gefahrloser Stelle neu erbaut. Das abseits stehende Kapellchen überstand unversehrt auch den Lawinenabgang von 1987, stand allerdings einige Zeit in einem Schmelzwassertümpel. Hintersee, Gde. Ramsau, Lkr. Berchtesgadener Land.

zuhalten. Die *Kagerer-Kapelle bei Haiming* nahe Burghausen erinnert an einen Bauernhof „beim Kager", dessen Chronik bis zum Jahr 1430 zurückreicht und dessen Name darauf hinweist, daß dieses Gebiet einst ein „Kag", also Wald oder verstrauchte Au war. Die letzten Besitzer verkauften das Bauerngütl im Jahre 1849 an Sigmund Graf von Berchem, der den Grundbesitz mit der herrschaftlichen Ökonomie vereinte. Im Jahr 1891 wurde das 1688 erbaute Wohnhaus, der letzte Rest des ehemaligen Kagererhofes, abgebrochen. Wo es stand, ließ die Gutsherrschaft von Piesing eine Kapelle erbauen, durch die der Name dieses ehemaligen Bauernhofes weiterleben sollte. Sie ist dem hl. Antonius geweiht.[1]

Bäuerliche Existenznöte

Weit gefächert, amüsant bis erschütternd, gelegentlich auch von großer Tragik sind die Anlässe, die zur Errichtung einzelner Hof-, Feld- und Wegkapellen führten. Diese steingewordenen Gelübde erinnern an die endlosen menschlichen Ängste und Sorgen, Nöte und Qualen. Aus der Vielzahl seien nur einige wenige Beispiele herausgegriffen. Die *Kapelle auf dem Gipfel des Wendelsteins* wurde im Jahr 1718 von Georg Klarer, Sixtnbauer in Bayrischzell, als Votivkapelle für die Errettung von Pferden und Rindern errichtet, die sich oberhalb der Almen verstiegen hatten. Klarer widmete den kleinen Bau dem hl. Wendelin. Zu dieser Zeit kannten nur Jäger, Sennerinnen und Hüterbuben den Gipfel. Doch schon seit 1780 erklommen ihn Reiseschriftsteller und Gelehrte wie Lorenz Westenrieder, Franz von Paula von Schrank und Aloys Baader aus wissenschaftlichem Interesse, bis er im 19. Jahrhundert – und vor allem nach der Besteigung durch König Maximilian II. im Jahr 1858 – zu einem beliebten Bezugspunkt der allgemeinen Hochgebirgsromantik wurde.

Joseph von Obernberg, Kreisdirektor des Miesbacher Bezirks, beschreibt 1815 die Wendelsteinspitze nach einer Begehung: „... kühn genug hat man auf ihr ein Kapellchen gelagert und ihm die runde Form gegeben, weil diese den Stürmen die wenigste Oberfläche entgegenstellt, sohin am leichtesten ihre Wut aushält. Es hat zwei Bretterwände zur Einfassung, deren Zwischenwände mit losen, aber dicht übereinander gelegten eckigen Steinen ausgefüllt ist, und das ganze umfaßt ein eisernes Band."[2] Eine sehr präzise Illustration zeigt die Gipfelkapelle noch mit der damaligen Scharschindelverkleidung und mit Scharschindeldach.[3] Der kleine Bau wurde erst später mit dickem Blech solide ummantelt und hatte seither das Aussehen einer Biwakschachtel. Ein Teil der reichen Ausstattung mit Heiligenfiguren und Ex votos stammt wohl noch aus der Erbauungszeit, ein weiterer Teil kam später hinzu, ein Teil kam aber im Lauf der Zeit abhanden. Bemerkenswert ist die fein bemalte Blechtafel der „Gebirgsgesellschaft Kolbermoor" von 1876 sowie das große Gedenkblatt von 1887. Dieser neuerdings restaurierte und dem Originalzustand angenäherte Bau ist vielleicht die älteste Gipfelkapelle Bayerns, sie wird alljährlich von Tausenden von „Gipfelstürmern" betreten.

Ganz allgemein sind Hungersnot, Mißernte, Unwetter, Viehsterben und andere Naturkatastrophen Anlässe bäuerlicher Gelübde, die oft in Form eines Kapellenbaus erfüllt werden. Ein Beispiel ist die *Martinskapelle bei Halsbach* im Landkreis Altötting, die an das Elend während des napoleonischen Krieges erinnert. Zu den Wunden dieses Krieges kam eine Mißernte im Jahr 1816. Noch ärger sei das Jahr 1817 geworden, wo ein mehrere Stunden wütendes, furchtbares Hagelwetter

11.4T
Postkartengruß vom 13. 1. 1898 vom Wendelstein, mit kompletter Darstellung des gesamten Bestandes an Kapellen und Kreuzen.

11.5T
Die Innenausstattung der Gipfelkapelle am Wendelstein.

Wiedererlangte Gesundheit aus Anlaß eines Kapellenbaues

alles zerschlug, die gesamte Ernte vernichtete und auch dem Wald schweren Schaden zufügte. So sei eine Hungersnot ausgebrochen, die großes Elend brachte. Erst das Jahr 1818 habe wieder eine gute Ernte gebracht. Aus Dank an Gott und den hl. Martin sei im selben Jahr diese Kapelle errichtet worden.[4]

Nördlich vom *Weiler Oberthal*, nahe Reischach, steht der *Perseisenhof* mit der auffallend großen, reich ausgestatteten Hofkapelle. Sie wurde 1867 von der damals 44-jährigen Magdalena Bachmaier, der kinderreichen Witwe des Perseisenbauern errichtet. Vier Jahre zuvor war ihr Ehemann im Alter von 50 Jahren „in Folge des Schlages eines Pferdes und Verletzung der Eingeweide" gestorben, wie es im Sterbebuch der Pfarrei Reischach heißt. Zu allem Unglück brannten seinerzeit auch noch sämtliche Hofgebäude nieder. Ein Gelöbnis in jener schrecklichen Not mag der Anlaß zum Bau der Kapelle gewesen sein. Anfang Mai 1867 war der Bauplan dazu von der Königlichen Regierung genehmigt und am 15. Mai des Jahres erfolgte die „Oberhirtliche Zustimmung". Gut fünf Monate später war die Kapelle fertiggestellt. Am 21. Oktober 1867 wurde Pfarrer Anton Moosmüller von Reischach vom Bischöflichen Ordinariat Passau ermächtigt, seines „unterm 17. des gen. Monats eingereichten Gesuchs entsprechend, die neuerbaute Feldkapelle ... nach Anleitung des Diözesanrituals einfach zu benedicieren." Es sieht ganz so aus, als hätte das Gelübde der Witwe geholfen – schon im Jahr 1870 waren alle Hofgebäude neu errichtet![5]

„Wiedererlangte Gesundheit" ist ein häufiger Grund, den Dank für Gottes Hilfe durch einen Kapellenbau auszudrücken. „Dieses Kirchlein wurde von 1857-1864 unter der Leitung des K. Landrichters Wiesend und unter Aufsicht des K. Gerichtsschreibers X. Welz aus freiwilligen Beiträgen von Bewohnern Burghausens und der Umgebung zu Ehren der seligsten Jungfrau Maria und der heiligen Wilgefortis, die schon früher unter dem Namen der hl. Kümmernis verehrt wurde, von den Gebrüdern Leberer aus Halsbach erbaut und am 24. April 1865 feierlich benediziert. Den Bauplatz schenkte Josef Hechenberger, Bürger von Burghausen. Gott vergelte es ihm und allen Wohltätern." Aus Akten des Pfarrarchivs in Burghausen und Mehring ist zu entnehmen, daß an dieser Stelle ursprünglich nur ein *Bild der hl. Kümmernis* „zwischen zwei Feichten" gestanden hat, über das etwa 1693 Maria Hechenbergerin mit Erlaubnis des damaligen Burghauser Kirchherrn, Kaspar Brodbeißer, zur besseren Pflege ihrer Andacht eine *hölzerne Kapelle* errichten ließ. Deren Sohn Georg Hechenberger hat 1704 den Holzbau auf Grund eines Gelübdes „wegen wieder erlangter Gesundheit" in eine *gemauerte Kapelle* umgewandelt.[6]

Der *Kapellenbildstock* am Waldrand bei *Gilgöd* nahe Reischach wurde 1853 vom Gilgödbauer Simon Oberkienberger errichtet. Eine Holztafel erinnert noch heute an die Nöte des Bauern „wegen Geisteszerstörung" seiner Frau. Als die Bäuerin aber 1845 überraschend wieder gesund wurde, brachte er seinen Dank für die Wiedergenesung in Form einer Gedenkkapelle zum Ausdruck.[7]

Die *Marienkapelle* auf einem Einödhof nahe *Altötting* erinnert an wundersame Ereignisse, die nunmehr von der vierten Generation fast wortgetreu mündlich weitergegeben werden und hier zum ersten Mal schriftlich festgehalten werden dürfen. Unter der Kinderschar der Urgroßeltern war auch ein Bub, der noch mit acht Jahren nicht aufstehen, geschweige denn gehen konnte. In ihrer Verzweiflung gelobten seine Eltern, die Urgroßeltern der heutigen Hofbesitzer, im Jahr 1838: Wenn der Bub jemals gehen lernt, bauen wir eine Kapelle. Genau an jener Stelle wird sie stehen, die der Bub auf seinem ersten Gang erreicht – und wenn es mitten auf der nahen Straße sein müßte! Allerdings hatte man schon einen geeigneten, sehr schönen Platz unter zwei alten Bäumen als Standort für die Kapelle ins Auge gefaßt. Bald darauf richtete sich der Bub tatsächlich zum ersten Mal in seinem Leben auf und ging aufrechten Ganges die ersten Schritte seines Lebens – in Richtung Straße! Die überglücklichen Eltern bangten schon, daß sie nun womöglich wirklich mitten auf der Straße eine Kapelle bauen müßten, da setzte sich der Bub ganz nahe am Hof ins Gras – er erreichte weder, wie befürchtet, die Straße noch, wie erhofft, den schönen Platz unter den zwei Bäumen. Genau an der Stelle, an der sich der Bub niedergesetzt hatte, errichteten die Eltern noch im gleichen Jahr eine Holzkapelle – zwangsläufig an der etwas unpassenden Stelle direkt an der Hauswand.

11.6T
Die Gipfelkapelle am Wendelstein in ihrem originalen Zustand (Zeichnung).

11.7T
Gipfelkapelle am Wendelstein im Blechmantel, daneben Gipfelkreuz. Foto 1989.

11.8T
Die Gipfelkapelle erhielt 1990 ihren ursprünglichen Scharschindelmantel.

Der Bub gedieh von nun an prächtig und die Bäuerin wünschte sich sehnlichst eine schöne Muttergottesfigur für die noch ziemlich leere Kapelle. Eines Nachts hatte sie einen seltsamen Traum; eine Frauengestalt trat in ihre Schlafkammer und sagte ihr, sie brauche nur nach Burghausen zu fahren, dort würde sie eine wunderschöne Madonnenfigur finden. Der Traum war so wirklichkeitsnah, daß die Bäuerin ihren Mann überreden konnte, sofort am frühen Morgen die Rösser vor das Gaiwagerl zu spannen und unverzüglich nach Burghausen zu fahren – ein Weg ins Ungewisse, der Bauer voller Zweifel, die Bäuerin voller Zuversicht. Als sie in Burghausen ankamen, begegnete ihnen eine Frau, die genau so aussah wie die Traumgestalt. Die Bäuerin faßte sich ein Herz und sprach die fremde Frau an – ob sie nicht weiß, wo es hier eine schöne Madonnenfigur zu erwerben gibt. Die fremde Frau wußte Bescheid und wies die Bauersleute zu einem Schuppen nahe der Burg. Tatsächlich lag dort eine große, hölzerne Muttergottes mit Jesuskind mitten unterm Brennholz. Zwei Holzknechte hatten die Madonna zu Brennholz zersägen sollen. Die Figur war bereits in zwei Hälften zerschnitten und auch die Füße waren schon abgehackt. Da hatten sie auf einmal Angst bekommen und die Arbeit einfach liegen gelassen. Die Bauersleute konnten die einzelnen Teile zum Brennholzpreis von drei Kreuzern erwerben und kutschierten glücklich heim. Die Muttergottes und das Jesuskind wurden wieder zusammengefügt, sie erhielten prächtige weiße Kleider und den verdienten Ehrenplatz auf dem Altar der Kapelle. Der einst gehunfähige Bub aber wurde ein gesunder starker Mann, heiratete auf einen fremden Hof und wurde über siebzig Jahre alt. Seine älteste Schwester ging ins Kloster. Die wundersamen Ereignisse aber hatten sich bald herumgesprochen, so mancher Kranke betete in dieser Kapelle vor der zersägten Muttergottes um Heilung. Es ist überliefert, daß sich einer auf Krücken in die Kapelle hineingeschleppt hat und nach einiger Zeit aufrechten Ganges die Kapelle verließ. Seine Krücken sind noch heute in der Kapelle, neben allerlei Votivbildern und Weihegaben.

Im Jahr 1967 haben die Urenkel die mittlerweile baufällige Holzkapelle durch einen soliden Mauerwerksbau ersetzt. Das Familienalbum zeigt noch Fotos vom alten, aus Blockbau gezimmerten Hof, der schon um 1920 erneuert wurde, Fotos von der ursprünglichen Holzkapelle sind noch erhalten. Die wundersame Muttergottes wird auch heute noch von vielen Gläubigen aus der Umgebung verehrt, besonderen Zulauf finden die regelmäßigen Maiandachten.

Schicksalsstätten in freier Flur

Neben den Hof- und Dorfkapellen finden sich auf heute völlig einsamer Flur und an entlegensten Pfaden Kapellen, die aus verschiedenstem Anlaß erbaut wurden. Der Verkehr früherer Jahrhunderte hat namentlich im Gebirge häufig ganz andere Wege eingeschlagen als heute. Die alten Wege verlaufen dort zumeist in der Höhe und meiden die Talsohlen, sie umgehen die Mündungsschluchten der Täler und folgen gern den geologisch älteren Talböden, die sich heute noch als Terrassen beidseits der Schluchten zeigen. Folgt man den Spuren dieser alten, streckenweise oft sehr steilen Wegtrassen, begegnet man einer ganzen Reihe traditioneller Kultmale. Sie zeigen die umfassende Gläubigkeit der Bergbauern, die sich durchaus nicht auf Kirchgang und Tischgebet beschränkte, sie äußerte sich auch in vielen religiösen Zeichen auf all den mühevollen und oft gefährlichen Wegen. So wurden vor den gefürchteten starken Wegsteigungen häufig Bildstöcke oder Kapellen errichtet, die meist auf das Leiden des Heilands Bezug nehmen – sie werden oft noch heute als *„Herrgottsrast"* bezeichnet.

Eine interessante Erscheinung des Totenbrauchs in der Flur sind die seltenen *„Totenrasten"*. Die außerhalb des Pfarrortes wohnenden Bauern gingen auf dem herkömmlichen Kirchenweg zur heiligen Messe in die Pfarrkirche. Der Totenweg, mitunter auch als Tauf- und Brautweg gegangen, wich von dem gewöhnlichen Kirchenweg nach altem Herkommen mancherorts ab. Der Grund, die Toten absichtlich auf einem ungewohnten Umweg zum Friedhof zu tragen, mag auf zwei verschiedenen Formen alten Aberglaubens fußen. Zum einen wollte man wohl „die bösen Geister" täuschen – sie wollten nicht wissen, wohin man ging. Man sollte sie also daran hindern, Menschen in besonders gefährdeten Übergangssituationen – also ungetauften Kleinkindern, Bräuten und Verstorbenen – zu schaden. Die Totenrastkapellen, die auf solchen Wegen zum Ausrasten der Totenträ-

11.9T–11.12T
Die „Kapelle mit der zersägten Muttergottes" beim Einödhof nahe Altötting. Dieses Foto, während einer Andacht um 1950 entstanden, zeigt noch die ursprüngliche Holzkapelle, die bald darauf in Mauerwerk neu errichtet wurde.

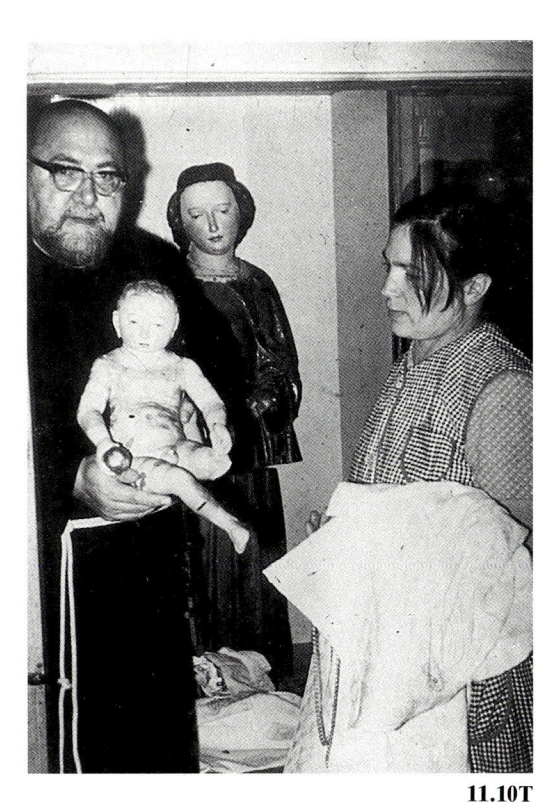

11.9T

11.10T
Ein „wunderkundiger" Kapuzinerpater untersucht die zersägte Madonna und das Jesuskind, dem das linke Bein fehlt.

11.11T + 11.12T
Die zersägte Muttergottes in ihrer heutigen Ausstattung und ein Blick auf die unverkleidete Holzfigur mit zersägter Stelle.

11.10T

11.13T
„Bis 1921 wurden die Toten von Aufham auf Bahren zum Friedhof nach Anger getragen. Hier wurde der Sarg abgesetzt und die Träger gewechselt. Nach einer kurzen Rast bewegte sich der Leichenzug, den Rosenkranz betend, weiter zum Friedhof." Totenrast zwischen Aufham und Anger, Lkr. Berchtesgadener Land.

11.13T

11.11T ▽

11.12T ▽

Kap. 11

251

ger und auch als Stätten des Gebetes dienten, sollen ebenfalls so gebaut sein, daß sie eine heimtückische Verfolgung durch böse Geister verhinderten: Die beiden Türen waren so eng, daß die Totenträger nicht nebeneinander gehen konnten. Der Eingang wurde deshalb so eng angelegt, damit böse Geister nicht mit hereinschlüpfen konnten. Der Tote verschwand also, ohne daß die bösen Geister wußten, wohin er gekommen sei. Dem Glauben nach waren die Geister leicht zu täuschen. In der Totenrastkapelle stellte man das Totenbrett oder den Schragen mit dem Toten zunächst auf eine Steinplatte seitwärts, setzte sich auf eine Bank und wartete auf den Geistlichen des Pfarrortes, wenn er nicht bereits da war. Dieser segnete den Leichnam aus, wobei das Weihwasser das Wichtigste war, denn sobald der Tote wieder aus der Kapelle getragen wurde, entdeckten ihn die Unholden neuerdings. Aber er war nun durch das Weihwasser gegen sie gefeit. Anderen abergläubischen Vorstellungen zufolge soll der ungewohnte Totenweg und ein irritierendes Ritual in der Totenrastkapelle jedoch den Geist des Verstorbenen selbst so verwirren, daß seine gefürchtete Wiederkehr verhindert wird. Der Aberglaube von der Wiederkehr des Toten – vom „Wiedergänger" – war einst weit verbreitet. Der Brauch vom ungewohnten Totenweg und der im Leben sonst nie betretenen Totenrastkapelle fügt sich tatsächlich in eine Reihe weiterer Totenbräuche, die das gefürchtete Wiederkehren unterbinden sollen. Auch Trauerkleidung ist vom Prinzip her eine Vermummung der Angehörigen, die der Tote nicht wiedererkennen soll; das Heraustragen des Toten über die Schwelle des Sterbehauses erfolgt unter verwirrendem Herumrücken der Bahre u.ä.

Wesentlich greifbarer und wirklichkeitsnah sind die Gründe für die Ausformung anderer Totenkapellen. In der *Ramsau bei Berchtesgaden* zeigt die alte „Leichenkapelle" ein überraschend weit ausladendes Vordach: Bis hierher ging der Pfarrer mit den Ministranten einem Leichenzug entgegen, hier wartete er, manchmal im strömenden Regen, auf die armseligen Pferdefuhrwerke mit ihrer traurigen Fracht. Auch auf den *Wegen zu den alten Richtstätten* wurden Bildstöcke oder Kapellen errichtet, bei denen der arme Sünder sein letztes Gebet verrichten durfte, hier findet sich oft die Darstellung, wie unser Heiland vor Beginn seines Leidens von seiner Mutter Abschied – „Urlaub" – nimmt. So wollte man den Delinquenten, der Angehörige hinterließ, auf das trostreiche Vorbild des Herrn hinweisen. Wahrscheinlich sind auch die Angehörigen des armen Sünders bei solchen Kapellen zurückgeblieben, um die Hinrich-

11.14T
Die sog. Leichenkapelle in der Ramsau mit dem weit über den Totenweg vorkragenden Vordach, wohl 18. Jh. Ramsau, Im Tal, westlich vom Oberwirt, Lkr. Berchtesgadener Land.

tung nicht selbst miterleben zu müssen. So haben die verschiedenen Formen des Todes und seines Beiglaubens inmitten heute blühender Fluren ihre bitteren und oft unheimlichen Spuren und Erinnerungen hinterlassen.

Mancherorts dienten eigens errichtete Feldkapellen als *Segenstatt* bei den kirchlichen *Feldumgängen* und *Fronleichnamsprozessionen;* ein anschauliches Beispiel ist die vorbildlich restaurierte *Erhartenkapelle in Pirach* bei Kastl, unweit von Altötting. Das Gemälde im Giebelfeld zeigt die beiden Bauernheiligen Isidor und Notburga inmitten einer heimatlichen Landschaft, mit dem Pfarrdorf Kastl im Hintergrund.[8]

Gelegentlich wurde auch eine Kapelle an jener Stelle errichtet, an der ein Primiziant von seiner Heimatgemeinde auf freiem Felde empfangen wurde. Ein gutes Beispiel ist die *Fagl-Kapelle* im vorerwähnten *Kastl*, ein gedrungener Kapellenbildstock. Das Gemälde in der Nische zeigt die Muttergottes mit dem Jesuskind, zu beiden Seiten knien betend die Kirchenheiligen von Kastl, Kastulus und Aloisius.[9] Kapellen oder Bildstöcke errichtete man häufig auch an jener Wegstelle, wo der Wanderer die Dorfkirche zum ersten oder zum letzten Male sehen konnte. Im tirolischen Oberinntal heißen manche solcher Wegkapellen „*Reahrkapalla*", eine Erinnerung an die traurigen Zeiten der Wanderarbeiter, wie sie noch über die Mitte des 19. Jahrhunderts andauerten. Wie es beim Abschied dieser Wanderarbeiter zuging, berichtete ein Zeitgenosse sehr anschaulich von seiner Heimat Grins im Stanzertal: „War das ‚Felleisen' (eine hölzerne Kiste, an Lederriemen auf den Rücken gebunden) mit den Habseligkeiten gepackt, dann ging es am nächsten Morgen allein oder in Gesellschaft einiger Wandergenossen zum Dorf hinaus. Die Frauen gaben ihren Männern und die Mädchen ihren Buben noch ein weites Stück Weges das Geleit. Da trugen dann die Weiber und Mädchen das Felleisen. Im zweiten oder dritten Nachbardorf, das am Wege lag, wurde dann noch eingekehrt und ein Glas Wein auf glückliche Heimkehr getrunken. Dann kam der schwere Augenblick des Abschieds. Es entsprach ganz dem herben, tiefgläubigen Wesen des Oberländers, daß er den letzten Händedruck mit seinen Lieben nicht vor Zeugen im Wirtshaus tauschen wollte. Man ging lieber noch ein Stück mitsammen weiter bis zur nächsten Wegkapelle vor dem Dorf. Dort wurde dann ‚pfüatet' (Pfüat Gott) gesagt. Daß es dabei bei den Frauen und Mädchen nicht ohne ‚Reahra' (Weinen) abging, ist wohl leicht begreiflich. Man nannte darum auch solche Kapellen ‚Reahrkapalla'. Solche ‚Reahrkapalla' gibt es im Oberland noch manche. Eine steht östlich von Zams an der Straße von Schönwies, eine in Fließ am Weg nach Landeck, eine mit einer recht schönen Statue der ‚Schmerzhaften' am Zeinisjoch, bis wohin die Weiber von Kappl ihre Männer begleiteten. Die Frauen von Grins gingen mit ihren Männern über Strengen, Flirsch und Schnann bis zur ‚Reitrinne' vor Pettneu und haben auf dem Heimweg bei ‚Seelenzoll', einer Wegkapelle außer Schnann, noch ein Vaterunser für die glückliche Heimkehr ihrer Männer gebetet."[10] Diese Reahrkapalla sind nicht nur ein erschütterndes Zeugnis einstiger Armut und Drangsal: Der von Tränen getränkte Boden macht sie zu einem Heiligtum der Heimat.

Wallfahrtsort und Wallfahrtsweg

Es sind nicht nur die gewaltigen und prachtvollen barocken Wallfahrtskirchen, die uns Zeugnis geben von einstiger Frömmigkeit und Glaubenskraft. Mitunter sind es die kleinen, heute unbeachteten Kapellen nahe dem großen Heiligtum, in denen das Volk in aller Stille seine ganz persönlichen Nöte dem Herrgott zu Gehör bringen konnte. Ein rührendes Beispiel ist die einstmals hölzerne, jetzt gemauerte *Kapelle zu Niederaich*. Sie ist der Ursprungsort der einst blühenden Wallfahrt und mit der erst im 18. Jahrhundert errichteten Kirche St. Corona geschichtlich untrennbar verbunden. Daß die ursprünglich hölzerne Kapelle am Ufer eines Baches erbaut wurde, läßt auf einen älteren Quellenkult schließen. Zwei wasserführende Gräben laufen auch heute noch an dieser Stelle vorbei und vereinigen sich zu einem Rinnsal, das in den weiter nördlich vorbeifließenden Geratskirchener Bach mündet. Jene alten, vom Volk stets als heilig und heilkräftig erachteten Quellen ließen in Bayern öfters einen Wallfahrtsort entstehen, jahrhundertelang fühlten sich Menschen aus allen Gegenden zu solchen Orten hingezogen. Hier in Niederaich entschloß man sich schon im Mittelalter, neben der alten Kapelle eine größere Kirche zu Ehren der hl. Corona zu bauen, schon um für die vielen Wallfahrer festliche Messen feiern zu können. Dieser Kirchenbau wurde allerdings wegen Baufälligkeit gegen Ende des 18. Jahrhunderts abgebrochen und durch einen Neubau an etwas veränderter Stelle ersetzt. Die alte Holzkapelle blieb hingegen bestehen, wurde immer renoviert, überlebte auch die Säkularisation und stand noch bis ins 20. Jahrhundert hinein an ihrem ursprünglichen Ort. Professor Dr. Rudolf Kriss († 1973) besuchte noch vor Beginn des Zweiten Weltkrieges diese alte hölzerne Wallfahrtskapelle. Seine detailgetreue Schilderung ist beispielhaft für das rührende Durcheinander von Objekten, die uns lange Geschichten von Hoffnung und Verzweiflung, Bitte und Dank erzählen könnten: „In der Kirche fand ich keine Votive mehr... In der alten kleinen, durch Anbau einer Lourdesgrotte verschandelten Holzkapelle jedoch entdeckte ich ein hölzernes, rotbemaltes Lungel, Arme, Hände und Beine von Holz, Bienenwaben, sowie einige Löffel. Das Lungel ist 35 cm lang. An die gerillte Trachea schließt sich die Lunge mit einem rechtsseitig verkürzten Flügel, unter welchem das Herz hervorschaut; zwischen der zweilappigen Leber sitzt die Gallenblase; rückwärts ist das Stück nicht ausgeführt, sondern abgeflacht. Unter den Gliedmaßen fand ich eine zur Faust geschlossene Hand von 23 cm Länge, eine Seltenheit, da man sonst nur ausgestreckte Hände spendet. Die übrigen Arme und Beine besitzen normale Gestalt, manchmal in Lebensgröße ausgeführt. Andeutungen von Verwundungen kommen nicht vor. Löffel als Opfer gegen Zahnweh sind bekannt; hier handelt es sich um ganz gewöhnliche blecherne Eßlöffel. Auch Waben sind als Opfergaben nicht selten..." Dieses rührende kleine Heiligtum, das nach Aussagen der letzten Augenzeugen mehr einem Holzschuppen als einer Kapelle glich, wurde kurz nach dem Zweiten Weltkrieg abgebrochen, an seine Stelle trat eine gemauerte Lourdes-Grotte. Von der alten Ausstattung und den beschriebenen Votiven ist mit Ausnahme eines „Erbärmde-Christus" nichts erhalten geblieben.[11]

Die kleine hölzerne *Wallfahrtskapelle St. Corona in Sigrün* nahe Wald bei Winhöring steht ebenfalls schon Jahrhunderte nahe der später errichteten großen Wallfahrtskirche St. Koloman; sie ist wie ein altes Bauernhaus aus Blockbalken gezimmert. „Ist darneben ein ungeweichte Capell S. Corona, darbey ein brindl dessen ainfang erfaullet..." Mit diesen Worten schildert der Visitator des Archidiakons von Gars den Zustand dieser hölzernen Wallfahrtskapelle am 2. Juli 1671. Diese Kapelle steht heute noch; sie wurde laut Inschrift „Erbaut im Jahr 1603 und Renofürt im Jahre 1866 (und) 1911".

Am 10. Mai 1745 wurde von der kirchlichen Behörde wieder ein Augenschein in Sigrün vorgenommen. Neben einer Muttergottesfigur mit Jesuskind befanden sich damals in einem Kasten über 40 hölzerne Löffel, welche die Bauern bei Zahnschmerzen nebst einem Ei und ein wenig Salz opferten. An der Kapelle war ein kleines Brunnhäusl angebaut, in dem eine gefaßte Quelle mit Heilwasser für Mensch und Vieh sprudelte. Dieses älteste Zeugnis der Wallfahrt nach Sigrün konnte jüngst vor dem Verfall gerettet und wiederhergestellt werden. In Sigrün kann man heute zwar wieder nach altem Brauch „Heilwasser" schöpfen, von den ehrwürdigen Votivtafeln und Weiheopfern ist hingegen auch hier nichts mehr erhalten.[12]

Die Angaben über die Inventare sind jedoch beispielhaft. Sie zeigen, daß die einfachen bäuerlichen Menschen in solch einem schlichten Holzbau ihrem Herrgott viel näher waren als in einer prächtigen Kirche, die eine gewisse Scheu und Zurückhaltung gebot. Diese alten Ursprungskapellen späterer Wallfahrtskirchen glichen ihren niedrigen verrußten Stuben mit dem schlichten Herrgottswinkel – hier konnte man sein Herz grenzenlos und ohne Scheu öffnen, sein Leid ausschütten und auch seine Tränen allein ausweinen. Die Bindung an den wundertätigen Ort in der Flur, an den heilsamen Quell, und die Erinnerung an die ersten wundersamen Heilungen machen solche Wallfahrtskapellen zu Flurdenkmalen schlechthin.

Auch auf den Wallfahrtswegen zeugen Kapellen und Bildstöcke von rührenden, seltsamen oder auch unheimlichen Geschehnissen.

Interessant ist die Entstehungsgeschichte der sog. *Gallerkapelle in Ecking* bei Reischach. Um das Jahr 1868 vereinbarten vier befreundete Burschen aus der Umgebung von Ecking, alle Jahre zu Fuß nach St. Wolfgang im Salzkammergut zu pilgern. Sie machten auch noch im gleichen Jahr den Anfang. Josef Galler fungierte dabei als Vorbeter. Eifrig gingen die vier alljährlich betend den weit über 130 km langen Weg in Dreitagesmärschen von Ecking über Neuötting, Burghausen, Mattighofen und Straßwalchen nach St. Wolfgang. Anfangs, als die Eisenbahnstrecke München-Simbach/Braunau (am 1. Juni 1871 eröffnet) und deren Anschlußstrecke über Mattighofen-Munderfing-Straßwalchen noch nicht in Betrieb war, bewältigten sie auch noch den ganzen Rückweg zu Fuß. Jahre später gesellten sich zu ihnen nach und nach weitere junge St. Wolfgang-Pilger. Auch als alle schon verheiratet waren, pilgerten sie getreu ihrer Vereinbarung noch jedes Jahr gemeinsam nach St. Wolfgang. Die Ältesten merkten im Laufe der Jahre aber immer mehr, daß der lange Weg für sie immer strapaziöser wurde. Schließlich wurde es bittere Wirklichkeit, bald aufgeben zu müssen. Eines Tages gelobten sie, zu Ehren des hl. Wolfgang in Ecking eine Kapelle zu errichten, wenn ihnen der Herrgott die Kraft gibt, noch ein letztesmal zu Fuß das Wallfahrtsziel St. Wolfgang zu erreichen und dann gesund wieder heimkehren zu können. Im Jahr 1908 machten sie sich wieder auf den Weg, die vier Ältesten von ihnen das 40. und letzte Mal. Wieder gesund heimgekommen, gingen sie sogleich daran, ihr Gelübde in die Tat umzusetzen und bauten die Kapelle. Sie ließen einen Plan anfertigen, den sie am 5. April 1908 unter dem Namen des Gütlers Josef Galler über die Gemeinde zur Genehmigung einreichten. Das Königliche Bezirksamt Altötting erteilte die Genehmigung am 30. Mai 1908. Am 16. September 1908 wurde mit dem Bau begonnen. Der Arbinger Pfarrer konnte in sein Regestenbuch unter dem 31. Oktober 1908 darüber berichten. Die oberhirtliche „Genehmigung zur Benediction der Galler'schen Kapelle in Ecking durch Anwendung der benedictiones loci, imaginum ectr." wurde bereits am 9. Oktober 1908 erteilt.[13]

Von einem reichlich ungewöhnlichen Wallfahrtsgeschehen erzählt ein einfacher *Kapellenbildstock am sog. Jungfernberg:* „Drei Jungfrauen gingen zur Lieben Frau von Altötting wallfahrten. Zwei von ihnen waren andachtsvoll und zogen barfuß ihres Weges und beteten den Rosenkranz. Die dritte aber dünkte sich vornehmer, dachte nicht an Beten und Büßen und war auch sonst ein leichtsinniges Mädchen. Die drei Jungfrauen stiegen von Hirten her den einsamen Bergpfad hinan durch dichten Wald, und als sie die letzten Fichten im Rücken hatten, brach gerade die Sonne durch den Nebel und erhellte über die weite Ebene hin die abgeernteten Felder und die taufrischen Wiesen und Wege. Von der

11.15T
Sog. Schinderkapelle, Fresko eines mutmaßlichen Panduren mit Brandrute.
Foto 1990 nach der Restaurierung. Bad Reichenhall.

Höhe des Berges aus aber sahen sie zum ersten Mal in der Ferne die Kirchtürme von Altötting. Ehrfurchtsvoll grüßten die beiden frommen Jungfrauen in ihrem Herzen die geheiligte Gnadenstätte und waren froh, daß sie das Ziel ihrer Wallfahrt schon von weitem schauen konnten. Die dritte der Jungfrauen aber war unbekümmert weitergeeilt, als sie die Gefährtinnen zurückholten, um mit ihr die Freude über den Ausblick auf die Wallfahrtsstätte zu teilen. ‚So es Gottes heiliger Wille ist', sagte die Älteste, ‚werden wir Altötting wohl bald erreichen.' Ergriffen und schweigend nickte die Zweite ihr zu. Die Dritte jedoch spöttelte ärgerlich dagegen: ‚Ob Gottes Wille oder nicht, ich meine, wir werden Altötting auch ohnedies betreten.' Die beiden frommen Jungfrauen aber hatten nicht den Mut, ihr eine so große Lästerung zu verbieten. Darum ereilte auch sie die Strafe. Der Boden wankte unter ihren Füßen, die Erde öffnete sich, und die drei Jungfrauen versanken für immer in der Tiefe. Den Ort, an dem Gott diese Lästerung bestrafte, heißen die Leute heute noch den Jungfernberg, und ein Bild der versunkenen Jungfrauen erinnert den Wallfahrer immer noch an die Stelle, wo alles geschehen war, und daß fürderhin keiner mehr solchen Hochmut im Herzen trage."[14] Diese Sage dürfte möglicherweise einen wahren Kern haben: Der Jungfernberg war lange Zeit ein großer Steinbruch, auf dessen Hangkanten tödliche Unfälle durchaus möglich waren. Immerhin erinnern drei verfallene steinerne Marterln am Bergfuß an weitere Unglücksfälle in diesem Steinbruch.

Greuel des Krieges

Lange bevor der Begriff des „Kriegerdenkmals" geprägt wurde, errichtete man zum Gedenken an kriegerische Ereignisse aller Art Kapellen, Bildstöcke oder auch nur einfache Kreuze. Es sind weniger die großen, geschichtsträchtigen Schlachten, es sind meist die unbedeutenden, aber blutrünstigen Greuel am Rande der Weltgeschichte, an die uns die kleinen bäuerlichen Gedenkmale erinnern. Manche dieser Zeugnisse reichen bis tief ins Mittelalter hinein – auch wenn das Gemäuer einer Kapelle seither mehrmals erneuert wurde.

So erinnert die *Flurkapelle in Bennoberg* an ein Randgeschehen der Schlacht von Mühldorf im Jahr 1322. Die Geschichte berichtet von 30.000 Mann, die sich am 28. September bei Mühldorf und Erharting die Köpfe einschlugen. Die Österreicher waren in der Minderzahl und verloren die Schlacht. Als sie sahen, daß ihr Anführer Herzog Friedrich der Schöne gefangen war, flüchteten sie. Man nimmt an, daß damals die Ritter von Bennoberg ihren Freunden bei der Flucht halfen, über den Inn zu kommen; im Gericht Mörmoosen waren sie verhältnismäßig sicher. Sie wurden vesorgt, man half ihnen weiter ins Gericht Tittmoning, das gleich hinter Feichten begann. Hier kannte man die Schleichwege. Dennoch starben zwei der salzburgischen Ritter in Bennoberg an ihren Wunden. An der Stelle, wo sie der Überlieferung nach begraben sind, steht ein kleiner Kapellenbildstock. Erst 1986 legte man ein Gemälde frei, auf dem die verwundeten Ritter dargestellt sind.[15]

Viele Kapellen, Bildstöcke und Kreuze erinnern an die Zeit des Dreißigjährigen Krieges (1618-1648). Damals sank die Bevölkerung Deutschlands von 18 auf 5 Millionen herab. „München hatte statt 24.000 noch 9.000 Bewohner, Augsburg statt 80.000 noch 18.000, Landshut statt 12.000 nur mehr 2.500. In Ingolstadt war die Hälfte der Häuser ausgestorben und die dortige Universität hatte nur mehr 17 Studierende. In den Dörfern waren viele Häuser jahrelang leer. Durch die Schornsteine wuchsen die Bäume und breiteten ihre Äste über die Dächer aus. Die Bauern, die sich mit ihren Familien in den Wäldern versteckt hatten, besaßen kein Vieh und kein Samengetreide mehr und mußten oft sich selbst vor den Pflug spannen. Das Getreide wurde furchtbar teuer und die Menschen nährten sich von Hunden, Katzen, Eicheln, Wurzeln und Baumrinden, und viele starben an Hungertyphus. Bauerngüter, die man 1620 auf 2.000 Gulden geschätzt hatte, wurden 1650 auf jährliche Abzahlung um 20 bis 50 Gulden verkauft. Mitten in diesem Krieg, im Jahr 1634 kamen mehrere schwedische Reiter nach Ebersberg. Die Einwohner machten sich über sie her und ermordeten sie. Es heißt, man habe sie bis zum Hals eingegraben und auf ihre Köpfe mit eisernen Kugeln geschoben. Dann kam eine Strafexpedition, diese verirrte sich aber und kam in den Ort Glonn, den sie anzündete und vollständig niederbrannte… *Berganger* fanden die Schweden nicht wegen starken Nebels. Daran erinnert die bekannte *Schwedenkapelle*."[16]

Die *Eschbachkapelle in Altötting* erinnert an sechs Öttinger Bauern, die während des Spanischen Erbfolgekrieges (1701-1714) in Eschbach bei Staudham vor Altötting von kaiserlich-österreichischen Husaren niedergemetzelt wurden. Im Sommer 1705 hatten sich nämlich bei Tüßling und Teising Tausende rebellischer Bauern zusammengetan mit dem Ruf: „Lieber bayerisch sterben als kaiserlich verderben!" Am 20. November 1705 zog der aufständische Haufen nach Mühldorf, wurde jedoch von den Österreichern zurückgeworfen, worauf er sich wieder in der Gegend um Altötting niederließ. Von dort aus entsandte nun der Bauernkommandant am 28. November 1705 um 7 Uhr früh 30 Bauern seines Haufens nach Mörmoosen, um dort das Pflegerhaus zu stürmen, in dem der von allen gehaßte österreichische Präfekt David Kreitmeyer saß. Doch schon unterwegs wurden die Bauern von den österreichischen Husaren überrumpelt und erbarmungslos niedergemacht. So wie das Sendlinger Kirchlein zu München an die „Mordweihnacht von 1705" erinnert, so hat sich Altötting in seiner Eschbachkapelle ein Denkmal an jene schlimmen Tage erhalten. Die um die Mitte des 18. Jahrhunderts erbaute offene Feldkapelle stand um 1940 unter einem riesigen Baum neben dem kleinen Bachlauf des Eschbaches noch völlig einsam am Wegrand. Die stark verfallene, in bedrängende Nähe großer moderner Zweckbauten geratene Kapelle wurde unter Wiederverwendung der Kreuzigungsgruppe und Teilen der alten Fresken an einer freien Stelle unweit des alten Standplatzes originalgetreu neu aufgebaut.[17]

Die *Schinderkapelle in Bad Reichenhall* zeigt in einem Stuckrahmen die Jahreszahl 1749 und wurde damals auf freiem Feld vor den Toren der Stadt errichtet – wie der Name besagt, auf dem Anwesen des Schinders, der die Kadaver verendeter Tiere enthäutete und wegen seines übelriechenden Gewerbes weit draußen angesiedelt werden mußte. Das Jahr des Panduneneinfalls 1742 scheint der Errich-

11.16T
Die rätselhafte Figur eines mutmaßlichen Panduren in Siegsdorf, Lkr. Traunstein.

11.17T
Die Eschbachkapelle in Altötting während der Benedizierung am 4. Oktober 1990.

tungsanlaß gewesen zu sein. Im Österreichischen Erbfolgekrieg wurde Bayern 1742 von den Österreichern besetzt und bis 1745 besetzt gehalten. Ende März 1742 griffen die Österreicher über Inzell kommend Reichenhall an. Trenks Panduren ritten voraus. Am Abend des 30. März loderten vor den Toren der Stadt überall die Flammen aus den Häusern empor. Um die Mitternachtsstunde vom 30. auf den 31. März wurde Reichenhall übergeben. Der Fürstbischof von Salzburg hatte mit einem Vermittlungsvorschlag eingegriffen und erreicht, daß die Stadt nicht niedergebrannt wurde. Trotzdem hausten die Panduren fürchterlich in der Stadt, wie ein unbekannter Autor berichtet: „Während Karl Albert 1742 am 24. Jänner zum Kaiser gewählt und am 12. Februar gekrönt wurde, rückten ungarische Raubhorden, Kroaten, Panduren, Heydukken, Tolpatschen, die am liebsten den gefangenen Bayern Nasen und Ohren abschnitten, in Bayern ein. Diese wilden Menschen waren gräßlich anzusehen; sie sind am Kopf geschoren gewesen und hatten nur einen Schopf. Männer von 80 bis 90 Jahren befanden sich unter ihnen, die gleichwohl noch so geschwind wie ein Pferd laufen konnten. Die Kleidung derselben war zerrissen und zerlumpt; sie waren auch so voll des Ungeziefers und üblen Geruchs, daß man meinte, unmöglich solches ausstehen zu können. Die meisten dieser Leute waren sechs Fuß groß und äußerst verwegene Soldaten. Sie hatten große Bärte; ihr ganzer Körper war mit einem weiten, roten Mantel bedeckt, daher sie Rotmäntler genannt wurden; an ihrem Kopfe hing eine rote Mütze. Ein paar Pistolen am Gürtel, ein Stutzen oder Karabiner im Arme, ein krummer Säbel an der Seite, dies waren ihre Waffen. Die meisten führten nebstbei noch Dolche oder große Messer, mit denen sie ihren Feinden, sobald sie selbe ohne Waffen antrafen, die Hälse abschnitten. Manchmal hatten sie auch noch ein Wurfmesser an der Seite hängen, welches an einem langen Riemen befestigt war und welches sie so geschickt zu werfen wußten, daß sie es dem nahenden Feinde auf sechs Schritte tief in den Leib schleuderten und an dem Riemen wieder zurückzogen. Ihre liebste Speise war Speck, den sie auch roh aßen. Überhaupt waren ihre Speisen sehr roh, und sie konnten alles vertragen. Man erzählt Beispiele, daß sie Wagenschmiere, Leinöl zum Brot wie Butter aßen und statt Branntwein, den sie ungemein liebten, Scheidewasser getrunken haben. Sie waren überall gefürchtete Gäste. Die Stadt Reichenhall ergab sich an Österreichs Krieger nur unter der Bedingung, daß kein Pandur in ihre Mauern kommen sollte. Aber Franz Freiherr von der Trenk, der ‚Panduren-Trenk', der die Geißel der Bayern war, kam dennoch auch nach Reichenhall und erbeutete darin an Salz allein 300.000 Gulden Werths. Wie dieser Trenk, ein äußerst wilder Mann, ein moralisches Ungeheuer, mit seinen Panduren in ganz Bayern fürchterlich wütete, so daß man schon davonlief, wenn man nur einen roten Mantel erblickte, so wurde auch Reichenhall grausam mißhandelt, denn Trenk konnte unter seinen Leuten Disziplin, Ordnung und Subordination nur einführen, indem er sie durch wollüstige Tage und Raubsucht lenkte. Man ist gewiß, daß diese rohen Völker Sieg und Vorteile erfochten, sobald man ihnen Plünderungen und Speck genug zum Schmause versprach; sonst aber hätte man sie schwerlich vorwärts gebracht. Diese Panduren mordeten mit kaltem Blute unschuldige Weiber, Kinder und Greise, das Kind im Mutterleibe wurde nicht verschont; sie raubten alles, was ihnen unter die Hand kam, und zündeten dann mit wollüstiger Schadenfreude die geplünderten Wohnungen an." Erst das Jahr 1745 befreite Bayern von den Plagen der mörderischen Panduren.

Bei der Restaurierung der Schinderkapelle im Jahr 1987 stieß man unter zehn Farbschichten auf ein Fresko: drei fremdartige, bedrohlich wirkendene Köpfe, Häusersilhouetten und eine Art Rute. Es sind Panduren mit Brandruten, aber aus den Häusern schlagen keine Flammen, die Stadt wurde also nicht gebrandschatzt. Die Kapelle dürfte zum Dank dafür errichtet worden sein, daß Reichenhall vor dem Schlimmsten bewahrt blieb.[18]

Ein interessantes Beispiel für den Bedeutungswandel einer Votivkapelle ist die *Leonhardikapelle in Bad Tölz*. Sie erinnerte ursprünglich an die bekannte Sendlinger Mordweihnacht von 1705. Im Spanischen Erbfolgekrieg war Tölz der Mittelpunkt des Aufstandes der Oberländer Bauern. Am 18. Dezember 1705 wurde im Refektorium des Tölzer Franziskanerklosters die „Kurbayerische Landesdefension des Oberlandes" gegründet und der Aufruf zum Aufstand erlassen. Von den 3000 aufständischen Oberländern sind damals nur wenige dem Gemetzel von Sendling entkommen. Tölz hatte die Rache des Siegers am meisten zu fürchten. In einer Chronik heißt es: „Hier war sofort eine Exekutionsmannschaft eingerückt und hatte bereits die Vorbereitungen zum Anzünden des Marktes getroffen, so daß alle in größter Consternation, Furcht und Schrecken wegen des angedrohten Brands und Gefahr gewesen." Es gelang aber, den habgierigen Feind mit einer Brandsteuer von 2000 Gulden vom Zünden abzuhalten. Aus Dankbarkeit für die glückliche Rückkehr aus der Sendlinger Bauernschlacht haben im Jahr 1711 einige Tölzer Zimmerleute ein Kreuz auf dem Hechenberg bei Tölz aufgestellt. Im Jahr 1718 bauten sie an die gleiche Stelle zu Ehren der schmerzhaften Muttergottes eine kleine Votivkapelle. Eine Seitenfigur der Kapelle wurde dem hl. Leonhard geweiht, dem Viehpatron der Bauern, die den Bau unterstützten. Aus Anlaß einer Viehkrankheit im Jahre 1743 wandte sich die Verehrung jedoch dem hl. Leonhard zu, und es wurde Brauch, alljährlich am 6. November ihm zu Ehren mit geschmückten Roßgespannen um die Kapelle zu fahren. Bei einer dieser Leonhardifahrten scheuten die Pferde und rannten mit dem vollbesetzten Wagen den Berg hinunter. Wunderbarerweise passierte jedoch nichts, und der Bauer stiftete zum Dank dafür die Kette, mit der man nach alter Sitte die Kapelle umspannte. Dieses augenscheinliche Wunder festigte den frommen Brauch, und seither ist das zur Leonhardikapelle gewordene Kirchlein auf dem heutigen Kalvarienberg von Tölz das Ziel der alljährlichen Leonhardifahrt, einer der schönsten religiösen Volksbräuche Bayerns.[19]

Aus den Zeiten nach den beiden Weltkriegen stammen nicht nur zahllose Kriegerdenkmale, die zum Gedenken an die Gefallenen des Dorfes oder der ganzen Gemeinde errichtet wurden. Manche Soldaten haben in ihrem Heimweh oder in ihrer Todesangst – vielleicht irgendwo in Stalingrad oder in der Kriegsgefangenschaft – ein Gelübde gemacht: Wenn ich jemals wieder heimkomme, werde ich auf meinem Hof eine Kapelle errichten. Einige dieser Veteranen erzählen noch heute die näheren, oft grauenvollen Umstände eines solchen Gelübdes, und daß sie die Kapelle an jener Stelle zu errichten gelobt hätten, wo sie nach vielen Jahren Angst und Not zum ersten Mal den elterlichen Hof wieder erblicken würden. Es ist für uns heute schwer vorstellbar, welche Gefühle an einem solchen Ort hervorgebrochen sind – dieser Ort der Freudentränen war den heimgekehrten Söhnen zeitlebens heilig. In diesen schlichten, oft sogar derben Kapellchen oder Bildstöcken hängt manchmal noch ein Rosenkranz oder ein Kreuzchen, das die Mutter ihrem Sohn in die Uniform eingenäht hat, als er an die Front mußte. Manchmal finden sich noch vergilbte Kriegsfotos oder ein naives Ex voto: Ein Soldat im Schützengraben, von einem schweren Panzer überrollt... So bergen manche Kleindenkmale in unseren Fluren nicht nur die Erinnerung an ferne Schlachten aus vergangenen Jahrhunderten, sie bewahren auch das Andenken an den Augenblick höchsten Glücks im Leben manches ehemaligen Soldaten.

11.18T
Benedizierung einer großen Hofkapelle im Jahr 1906.
Hitzenberg, am Heissenhof (von Mattheis), Gde.
Pleiskirchen, Lkr. Altötting.

11.19T
Benedizierung einer kleinen Hofkapelle um 1910.

Größe, Form und Ausstattung

Die kleinen bäuerlichen Kapellen lassen sich von ihrer äußeren Form her nicht ohne weiteres einer bestimmten bäuerlichen Hauslandschaft zuordnen. Offenbar war man in der bäuerlichen Welt bewußt bemüht, den sakralen Charakter dieser privaten Andachtsstätten durch eine gehobene Formgebung und durch bessere Materialwahl aus dem gewohnten baulichen Umfeld herauszuheben, dem Alltag zu entrücken. Während die Wohnbauten, Stallungen und Bergeräume in der Barockzeit noch weitgehend in traditioneller Holzbauweise gezimmert wurden, hat man die Kapellen und auch die kleinsten Kapellenbildstöcke seinerzeit meist schon massiv gemauert und verputzt. Vielfach sind diese Bauten mit teils rührend naiven und einfachen, teils aber auch mit anspruchsvolleren Architekturgliederungen und Ornamentformen geschmückt. Das Dach war niemals ein „billiges" flaches Legschindeldach oder gar ein noch billigeres steiles Strohdach, wie es in den jeweiligen Bauernhofregionen vor Erfindung der fabrikmäßig herstellbaren Dachziegel eine Selbstverständlichkeit war. Es war stets ein mittelsteiles Ziegelplattendach oder zumindest ein genageltes Scharschindeldach, nach der Einführung der Blechdeckung verwendete man das damals „fortschrittliche" Blechdach. Jedenfalls ist der große Kirchenbau ganz offenkundig Vorbild für das kleine bäuerliche Heiligtum am Hof, in der freien Flur oder im Dorf.

Die Grundformen und die Spielformen zeigen fließende Übergänge vom Bildstock zum Kapellenbildstock und zur betretbaren Kapelle. Der Bildstock im engeren Sinn besteht aus Sockel, Schaft und Aufsatz; er ist also meist steinmetzmäßig gedacht, gebaut und gestaltet. Der Kapellenbildstock ist in seiner einfachsten Form ein ungegliederter Mauerwerkskörper mit einem ziegelgedeckten Satteldach. Die Figurennische auf der breiten Hauptschauseite kann sehr klein sein – gerade groß genug, um ein kleines Bild oder Figürchen eines Heiligen wettergeschützt aufzunehmen („Bildhäuschen"). Größere Kapellenbildstöcke bieten naturgemäß Platz für eine viel größere und tiefere Figurennische, die man mit einer Figurengruppe füllen und zusätzlich auch an den seitlichen Wandungen mit Bildern schmücken kann; in der tiefen Nische – mit Ziegel-, Naturstein- oder Bretterboden – finden auch Blumen und Kerzen Platz („Altarbildstock" mit Altarnische). Erst wenn die Bildnische bis zum Boden herabgezogen und der Baukörper betretbar ist, kann man von einer Kapelle im eigentlichen Sinn sprechen. Dieser betretbare Raum kann so winzig sein, daß gerade eine Person darin stehen oder knien kann („Bethäuschen"); er kann nach vorne völlig offen sein und hat dann vielfach einen halbkreisförmigen oder auch nur segment- oder korbbogenförmigen Grundriß – er ist also eine freistehende offene Apsis („offene Feldkapelle"), meist mit gewölbter Konche. Die offene Bild- oder Altarnische oder der betretbare Raum der offenen Kapelle ist vielfach vergittert.

Daneben gibt es zahlreiche, regional verbreitete Spielformen. Im Berchtesgadener Land war die hölzerne Umkleidung eines Kruzifixus zu einem offenen Kapellchen bescheidenster Form ausgebildet worden. Viele Heiligenfiguren stehen in einem schlichten, ja primitiven Gehäuse, das den Namen Kapelle nicht verdient und wirklich nur dem Schutz vor Regen, Schnee und Wind dient. Eine „richtige" Kapelle ist also ein Kirchenbau in stark verkleinerter Form: Eine verschließbare Holztüre oder Gittertüre führt in einen befen-

11.20T
Kapellenbildstock als Stimmungsträger für die Darstellung der drei Lebensalter (alte Postkarte).

11.21T
Kapellenbildstock als Stimmungsträger auf einer Feldpostkarte des ersten Weltkrieges: „Behüt' unsere Lieben im Felde!"

sterten Betraum mit einigen wenigen Sitz- und Kniebänken. Der Altarraum mit Altartisch (Mensa) und Altaraufbau ist oft über eine Stufe betretbar und vom Betraum gelegentlich durch eine Vergitterung mit Gittertür getrennt. Nach außen zeichnet sich der Altarraum meist durch eine eingezogene Halbrundapsis oder einen 3/8-Chor ab. Die Ausstattung erinnert oft an eine kleine Wallfahrtskirche – vom 14-teiligen Kreuzweg über den „Weih'brunn" bis zum Opferstock. Nicht selten ziert ein Glockentürmchen die vordere Giebelwand oder das Dach („Dachreiter"). Bäuerliche Privatkapellen beachtlicher Größe sind in vielerlei Stilformen gebaut worden. Aus der Barockzeit haben sich viele kleine, schlichte und fast schmucklose Kapell- chen erhalten, aber auch reich verzierte Prachtbauten mit freskaler Ausmalung. Seit dem 19. Jahrhundert bis in die Zeit vor dem Zweiten Weltkrieg finden sich alle Formen und Ausprägungen des Historismus. Es gibt Hofkapellen in reinster Neugotik, mit reichstem Schnitzwerk an der gesamten Ausstattung bis hin zum Flügelaltar; das zierliche Gewölbe ist oft als dunkelblauer Nachthimmel mit goldenen Sternchen ausgemalt. Der Schatz an sakralem bäuerlichem Kulturgut gipfelt sicherlich in einigen dieser privaten Kapellen, die in ihren Glanzleistungen durchaus an die kirchliche Baukunst heranreichen. Schließlich ist auch eine „große Kapelle" von einer „kleinen Kirche" nicht eindeutig zu unterscheiden. Der Name Kapelle hat sich schließlich von ältesten Ursprungsbauten auf stark erweiterte Bauten oder viel größere Neubauten übertragen: Das zentrale Heiligtum von Altötting heißt heute noch offiziell „Heilige Kapelle".

Selbstverständlich war auch die private Kapelle dem Landvolk seit jeher heilig, ihre Zerstörung galt als unheilvoller Frevel. Der bekannte Reiseschriftsteller Heinrich Noé berichtet uns unterm Jahr 1865, wie das Volk zur Zeit der Säkularisation auf das Niederreißen einfachster Kapellen reagierte: „Steine, die, aus niedergebrochenen Kapellen ausgelöst, zu anderen Zwecken verwendet wurden, brachten allerlei Unannehmlichkeiten. So befindet sich auf der Halbinsel im Schliersee neben dem Wirtshaus, wo die berühmte

Fischerliesl in ihren reifen Jahren schaltete, ein flacher Brunnen, dessen Rand mit Kalksteinen von einer Kapelle ausgelegt worden war. Lange Zeit stellte sich jeden Abend nach dem Gebetläuten ein Frosch ein, der von den Steinen nicht zu vertreiben war. Dieser war nichts weniger als ein lurchartiges Tier, sondern vielmehr eine arme Seele, die darüber Schmerz empfand, daß heiliges Material an einen so unheiligen Ort geraten war. Die Fischerliesl, eine verständige Frau, hatte diese verborgene Wahrheit wohl erkannt, aber ihre Gäste fuhren fort zu glauben, daß der Frosch wie alle übrigen aus dem Sumpf des Seeufers gebürtig sei und den Brunnen nur der abendlichen Kühlung wegen besuche. Manche warfen sogar mit Steinen, aber es half nichts, bald war wieder ein Frosch da. Eine fromme Magd setzte ihn sogar einmal auf ein Brettchen, besprengte ihn mit Weihwasser und trug ihn in den Wald unter ein frommes Bild – aber das war auch nicht das Richtige.

Das Richtige war ... daß man die Steine herauslöste und wieder zu einer Kapelle trug. Von dieser Stund an läutete es zwar weiter jeden Abend zum Gebet, aber den Frosch sah niemand mehr..."[19]

Wie eng sich mitunter Wahrheit und Dichtung, frommer Volksglaube und Mystifikation im Laufe der Jahrhunderte an einem Kapellenbau verflechten konnten, sei noch kurz am Beispiel der Reitberger Wegkapelle nahe Anger geschildert. Dieses kleine Heiligtum wurde 1714 von den Überlebenden der Pestkatastrophe zu „Ehren der allerseligsten Jungfrau Maria und der Heiligen Sebastian und Rochus" errichtet. Durch „milde Beiträge" wurde die Kapelle 1892 renoviert und zu einer Lourdeskapelle mit Grotte umgestaltet. Damit die Immaculata aussieht wie eine „richtige bayerische Madonna", erhielt sie bald eine schöne Krone – wenn auch entgegen aller ikonographischen Tradition. Ein Lourdespilger aus der Gemeinde hinterlegte 1902 hier mehrere originale „Heiligtümer" aus Lourdes, darunter auch einige Grashalme aus der Nähe der echten Grotte. Diese im Laufe der Zeit völlig vertrockneten, fadenähnlichen Gebilde wurden in frommer Naivität schließlich zu „Fäden aus dem Gewand der Muttergottes von Lourdes" umgedeutet. Noch rührender ist der mündlich überlieferte anachronistische Beiglaube, die Madonna von Lourdes habe auch geholfen, die Pest von Anger abzuwenden...

11.22T
Kleiner verglaster Schrein unter dem Altarkruzifix der Reitberger Wegkapelle mit verschiedenen „Reliquien" aus Lourdes, in einfacher Klosterarbeit eingebettet. Gde. Anger, Lkr. Berchtesgadener Land.

Anmerkungen

[1] Joseph Seidl-Ainöder: „Kagerer-Kapelle erinnert an einen alten Bauernhof." Alt-Neuöttinger Anzeiger (ANA) Nr. 58 v. 10.3.1979. 1430 erscheint erstmals urkundlich als Besitzer dieses Hofes ein „Chunrad Kagerer". Er hatte seine Abgaben an den Pfarrhof in Neuhofen zu entrichten. An Hand der Pfarrmatrikeln läßt sich die Reihe der Hofbesitzer bis zum Dreißigjährigen Krieg zrückverfolgen. Dabei tritt die früher allgemeine Regel in Erscheinung, daß mit dem Erwerb eines Bauernhofes der neue Besitzer seinen bisherigen Familiennamen aufgab und der traditionelle Name des Hofes jeweils auf die Familie übertragen und von dieser als Familiennamen weitergeführt wurde. Das Wohnhaus wurde vermietet. Im Jahr 1869 kamen Scheune und Getreidekasten zur Versteigerung. Der Tonimittererbauer aus Vordorf steigerte Scheune und Getreidekasten um 76 Gulden, die Scheune brach er ab und stellte sie bei seinem Hofe wieder auf. Den Getreidekasten transportierte er, als Ganzes auf drei Schlitten gestellt und von Pferden gezogen, durchs Dorf zu seinem Hof.

[2] Klaus Kratzsch: Landkreis Miesbach. Ensembles, Baudenkmäler, Archäologische Geländedenkmäler (Denkmäler in Bayern, Band I. 15). München, 2. Auflage 1987, S. 34 f.

[3] „Die illustrirte Zeit" vom 24. Juli 1887 berichtet von der Einweihung des neuen Kreuzes auf dem Wendelstein.

[4] Alois Stockner: „Renovierte Martinskapelle erhielt den Segen." ANA Nr. 271 v. 23.11.1984.

[5] Alois Stockner: „Perseisenkapelle in Oberthal renoviert." ANA Nr. 141 v. 22.6.1988.

[6] Friedrich Hacker: Burghausen. Heimatbuch und Führer durch Stadt und Burg. Burghausen 1980, S. 78 f.

[7] Alois Stockner: „Bildstock aus dem Jahr 1853 vor dem Verfall gerettet." ANA Nr. 270 v. 24.11.1981.

[8] Alois Stockner: „Die Erharten-Kapelle in Pirach wurde meisterhaft renoviert." ANA Nr. 248 v. 27.10.1983.

[9] Alois Stockner: „Fagl-Kapelle eingeweiht." ANA Nr. 119 v. 27.5.1986.

[10] Zitiert in: Paul Werner: Vom Marterl zum Gipfelkreuz. Religiöse Kultmale im Alpenraum. In: Bergwelt 2/1979, S. 68 ff.

[11] Alois Stockner: „St. Korona in Niederaich – einst ein blühender Wallfahrtsort." ANA Nr. 272 v. 24.11.1984 (I. Teil).

[12] Alois Stockner: „In Sigrün kann man wieder ‚Heilwasser' schöpfen." ANA v. 15. Mai 1988.

[13] Alois Stockner: „Kapelle zu Ehren des hl. Wolfgang erbaut. Geschichte der sog. Galler-Kapelle in Ecking bei Reischach." ANA Nr. 284 v. 10.12.1987.

[14] o.b.: Heimatland. Blätter für Heimatfreunde in Schule und Familie. Beilage zum Oettinger und Burghauser Anzeiger. Altötting, 2. Jg. 1951, S. 69 f.

[15] Alois Stockner: „Die Flurkapelle in Bennoberg." ANA Nr. 256 v. 7.11.1986. Schon lange vor dieser berühmten „letzten Ritterschlacht" gab es immer wieder Zwischenfälle und Reibereien zwischen Bayern und Salzburg. Der machthungrige Fürstbischof Friedrich II. von Walchen gebot damals über weite Teile Südostbayerns. Wegen der Gerichte Mörmoosen und Wald gab es laufend Streitigkeiten, es kam sogar zum Krieg unter Erzbischof Rudolf von Hohenegg. Schließlich wurde dem Bürgerkrieg ein Ende gesetzt, die Salzburger verloren als Wiedergutmachung die beiden Gerichte Mörmoosen und Wald. Im September 1322 spitzte sich die Lage zu.

[16] Martin Guggetzer, Heinrich Kastner, Otto Meyer: Elfhundert Jahre Ebersberg. Ebersberg, o.J., S. 39.

[17] Alois Stockner: „Soll die Eschbachkapelle in Altötting wirklich verfallen?" ANA Nr. 220 v. 24.9.1983.

[18] Fritz Hofmann: „Die Schinderkapelle in Bad Reichenhall und die Panduren." Reichenhaller Tagblatt. Bis 1745 wurde Reichenhall wiederholt besetzt. Am 29. Oktober 1744 hatten Chiemgauer Gebirgsschützen zur Nachtzeit die Mauern überstiegen und die österreichische Besatzung überwältigt. Nach dem Abzug der Schützen besetzten die Österreicher erneut die Stadt. Am 10. November 1744 stürmten die Bayern wieder Reichenhall. Im März 1745 mußten die Bayern den Österreichern erneut die Stadt überlassen und am 22. April des gleichen Jahres den für Bayern glimpflichen Frieden von Füssen schließen.

[19] Heinrich Noé: Bairisches Seebuch. München 1865.

11.23T
Votivgaben aus Wachs und getriebenem Blech, insbesondere Identifikationsopfer wie Arme, Beine, Augenpaar, Herz, Gebiß, Lunge mit Luftröhre.
Heimatmuseum Traunstein.

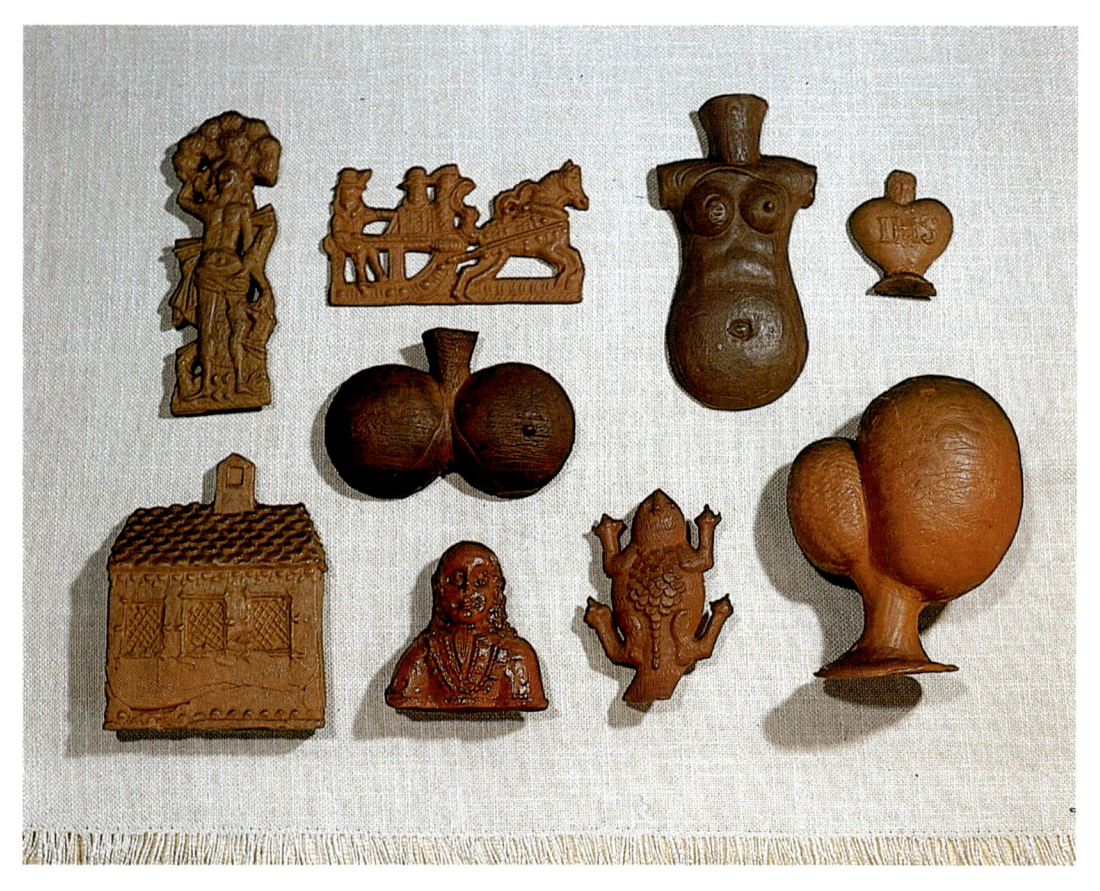

11.24T
Votivgaben aus rotem Wachs, insbesondere Identifikationsopfer wie Rumpf, Brüste, Herz, Hoden (?); „Geburtshelferkröte".
Heimatmuseum Traunstein.

11.1 (Seite 261) ▷
Kleine gemauerte Feldkapelle mit hölzernem Vorbau, in dem gerade noch Platz ist für ein geschnitztes Kniebankerl. Tiefenstätt, Gde. Reichertsheim, Lkr. Mühldorf.

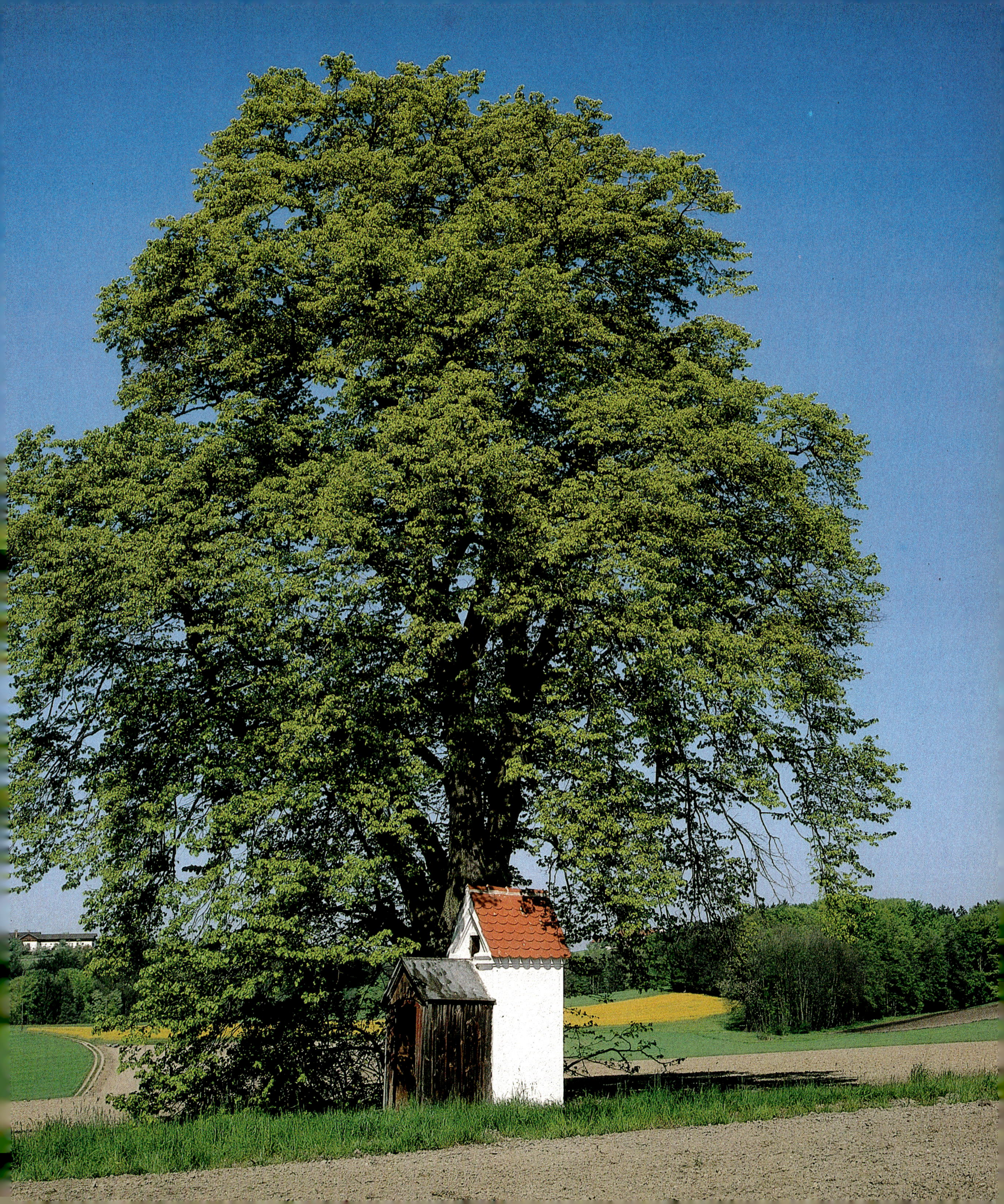

11.2
Feldkreuz mit Kruzifixus und Mater dolorosa, in verschließbarem hölzernem Wetterkasten, von einem Baumpaar flankiert und gegen Weidevieh eingefriedet. Bischofswiesen, Lkr. Berchtesgadener Land.

11.3
Offenes hölzernes Kapellchen mit schindelgedecktem Zeltdach. Foto um 1930. Thalgau bei Mondsee.

11.4
Offene Holzkapelle, völlig mit Schindeln verkleidet, mit Betbank im Freien. Foto um 1925. Nahe Seebruck, Gde. Seeon-Seebruck, Lkr. Traunstein.

11.5
Offenes Holzkapellchen mit dem blutschwitzenden Heiland am Ölberg, 19. Jh. Stanggaß. Im Rostwald, Gde. Bischofswiesen, Lkr. Berchtesgadener Land.

11.6
Gemauerter Kapellenbildstock einfachster Art, mit tiefer Figurennische auf Sockelzone. Kirchbuch, an der Straße nach Aschbuch, Gde. Beilngries, Lkr. Eichstätt.

11.7
Hölzernes Hauskapellchen. Kruzifixus und Mater dolorosa 18. Jh., 4 Andachtsbilder spätes 19. Jh. Oberau, altes Lehen an der Roßfeldstraße, Markt-Gde. Berchtesgaden.

Kap. 11

11.8
Offenes Holzgehäuse mit lebensgroßer Figur des gegeißelten Heilands, 19. Jh. Pertisau am Achensee, westl. des Ortes, Tirol.

Kap. 11

11.9
Gemauerter Kapellenbildstock, Bildnische bereits in betretbarem Raum mit zurückgesetztem, einer Altarmensa angenähertem Sockel, kleiner hölzerner Knieschemel. Flurkapelle der Hl. Dreifaltigkeit in Enkering, am Weg nach Greding, Gde. Kinding, Lkr. Eichstätt.

11.10
Kapellenbildstock mit einfachen Glattputzgliederungen, 18. Jh.
Pürstling, Gde. St. Wolfgang, Lkr. Erding.

11.11
Kapellenbildstock mit reicheren Rauhputzgliederungen, 19. Jh. An der Abzweigung Stockham der Straße Pürstling-Fürholzen,
Gde. St. Wolfgang, Lkr. Erding.

11.12
Großer Kapellenbildstock mit Armen-Seelen-Kerker in der Sockelzone, 18. Jh. Bei Waidring in Tirol.

11.13
Turmartiger Kapellenbildstock mit 4 Figurennischen und betretbarem Armen-Seelen-Kerker an der „Talseite", 18. Jh.
Bei Mittelberg auf dem Ritten, Südtirol.

11.14
Hoher Kapellenbildstock mit hoher, aber flacher, bis auf Gelände herabgezogener Figurennische. Marterlbildstock von 1928. Wildenroth, an der Amperstraße, Gde. Grafrath, Lkr. Fürstenfeldbruck.

11.15 △   **11.16** ▽   **11.17** △   **11.18** ▽   **11.19** △   **11.20** ▽

11.15
Einfache, offene Feldkapelle in markanter Situierung. Foto 1958. „Am Großen Stoa" bei Bad Aibling, Lkr. Rosenheim.

11.16
Kapellenbildstock mit sehr tiefer Bildnische, kubische Form mit Zeltdach. Betschemel mit seitlichem Windfang aus bemalten Brettern unter leicht vorkragendem Vordach. Ende 18. Jh. Kagreit, Gde. Palling, Lkr. Traunstein.

11.17
Kapellenbildstock einfacher Bauart, kubische Form mit flachem Zeltdach, Ende 18. Jh. Südl. Rupertiwinkel, heute Lkr. Berchtesgadener Land.

11.18
Offene Feldkapelle einfacher Bauart, kubische Form mit steilem Zeltdach, Kniebank vor Figurennische auf Altarsockel, Ende 18. Jh. Foto um 1920. Südl. Rupertiwinkel, heute Lkr. Berchtesgadener Land.

11.19
Feldkapelle, kubischer Baukörper mit Zeltdach, vorgesetztes überwölbtes Portal.
Weichering, Lkr. Neuburg-Schrobenhausen.

11.20
Offene Wegkapelle mit hölzerner Gittertür vor dem schmalen Innenraum, 18. Jh.
Rohrenfels, Lkr. Neuburg-Schrobenhausen.

11.21

11.22

11.23

11.24

11.25

11.21 (Seite 268)
Offene Hofkapelle mit reicher gestaltetem Giebel, am Wirtschaftsgebäude angebaut, wohl 18. Jh. Trugenhofen, Gde. Rennertshofen, Lkr. Neuburg-Schrobenhausen.

11.22 (Seite 268)
Wegkapelle mit weit vorkragendem Halbwalmdach. Foto um 1920. Mauthausen, Gde. Piding, Lkr. Berchtesgadener Land.

11.23 (Seite 268)
Große Dorfkapelle mit Schopfwalmdach und Glockentürmchen (Dachreiter), 18. Jh. Foto um 1940. Oberjettenberg, Gde. Schneizlreuth, Lkr. Berchtesgadener Land.

11.24 (Seite 268)
Wegkapelle, tiefe Figurennische mit sehr weit vorkragendem Halbwalmdach, 18. Jh. Ramsau, Im Tal, Lkr. Berchtesgadener Land.

11.25 (Seite 268)
Hofkapelle mit weit vorkragendem Schopfwalmdach, Dachreiter mit Glocke, 18./19. Jh. Bischofswiesen, Egglerkapelle am Grabenweg, Lkr. Berchtesgadener Land.

11.26
Wegkapelle an einer Allee, kubischer Bau mit Zeltdach, 18. Jh. Foto von 1959. Am Mondsee, Oberösterreich.

11.27
Ehemalige (abgebrochene) Wegkapelle an der Kirche St. Valentin in Zell, Gde. Ruhpolding, Lkr. Traunstein.

11.28

11.29

11.30

11.31

11.32

11.28 (Seite 270)
Feldkapelle mit giebelseitig offenem Vorraum. 19. Jh., restauriert. Leonhardikapelle in Halbing, Stadt-Gde. Ebersberg.

11.29 (Seite 270)
Feldkapelle mit offener Vorhalle zwischen einfachen Mauerpfeilern und Walmdach, 18. Jh. Pobenhausen, Gde. Karlskron, Lkr. Neuburg-Schrobenhausen.

11.30 (Seite 270)
Offene Feldkapelle mit weit vorgezogenem flachem Walmdach auf Stützen, bemerkenswerte Ausmalung mit Passionsszenen, 19. Jh. Hintersee, Hirschbichlstraße neben Gasthof Auzinger, Gde. Ramsau, Lkr. Berchtesgadener Land.

11.31 (Seite 270)
Große Gutskapelle mit offenem Vorraum und gemauertem Glockentürmchen. Niederseeon, Gde. Moosbach, Lkr. Ebersberg.

11.32 (Seite 270)
Reich gestaltete Feldkapelle mit offenem Vorraum auf Marmorstützen, 18. Jh. Foto um 1920. Bei Laufen, Lkr. Berchtesgadener Land.

11.33 △   11.34 ▽

11.33
Wegkapelle im Wald mit überwölbtem, dreiseits offenem Vorraum, frühes 20. Jh., restauriert. Jettenhausen, Gde. Oberhaching, Lkr. München.

11.34
Offene Feldkapelle mit eigens überdachtem großem Kruzifixus. Bei Telfs im Inntal, im Hintergrund die Hohe Munde. Tirol.

11.35 (Seite 272) ▷
Kriegergedächtniskapelle, große offene Halle mit kleinem Andachtsraum in Halbrundapsis, erbaut 1925/28.
Etzenhausen, Freisinger Straße, Stadt-Gde. Dachau.

11.36 (Seite 272) ▷
Große offene hölzerne Waldkapelle mit weitem Vorraum auf Holzstützen, hölzernes Glockentürmchen, um 1920.
Schäftlarn, Lkr. München.

11.35

11.36

11.37

11.38

11.39

11.37
Holzkapellchen in neugotischen Formen, um 1900. Wegkapelle in Haging, Gde. Frauenneuharting, Lkr. Ebersberg.

11.38
Offene Feldkapelle in leichter Holzbauweise. Großhuber-Kapelle am Ortsausgang von Erlstätt in Richtung Grabenstätt. Gde. Grabenstätt, Lkr. Traunstein.

11.39
Offenes Kapellchen in Holzkonstruktion, 19. Jh. Zinneberg unterhalb des Schloßparks, Gde. Glonn, Lkr. Ebersberg.

11.40 △   11.42 ▽   11.41 △   11.43 ▽

11.40
Kirchenähnlicher Kapellenbau mit angesetztem Chor und Glockentürmchen. Frauenbrünndl-Kapelle bei Weiterskirchen, Gde. Baiern, Lkr. Ebersberg.

11.41
Große Feldkapelle mit auffallend hohem Turmbau, wohl 18. Jh.
Langengern, Gde. Erdweg, Lkr. Dachau.

11.42
Große Wegkapelle mit Zwiebelturm. Berganger, Gde. Baiern, Lkr. Ebersberg.

11.43
Große, kirchenähnliche Feldkapelle mit Turm- und Apsisanbau an der Westseite, 18. Jh. Nahe Friedberg bei Augsburg.

11.44
Große offene Feldkapelle, weit geöffnete Apsisnische mit Scheingewölbe unter flachem Halbwalmdach, Kruzifixus und Mater dolorosa, Balustrade, um 1720.
Sog. Rostkreuz in Stanggaß, Im Rostwald, Gde. Bischofswiesen, Lkr. Berchtesgadener Land.

11.45
Große Kapelle mit reich gestaltetem Portal und Zwiebelturm, erbaut 1705.
Ötzkapelle in Dorfen, Lkr. Erding.

11.46
Wegkapelle mit schweifgiebelförmigem Dach, wohl um 1900. Helfenbrunn, östl. vom Ort, Gde. Kirchdorf, Lkr. Freising.

11.47 (Seite 275)
Große offene Wegkapelle mit Kruzifixus und Balustrade, anspruchsvoller Bau mit reichen Stukkaturen, flaches Schopfwalmdach, Mitte 18. Jh.
Sog. Gollenbachkreuz an der Salzburger Straße, Untersalzberg II, Markt-Gde. Berchtesgaden.

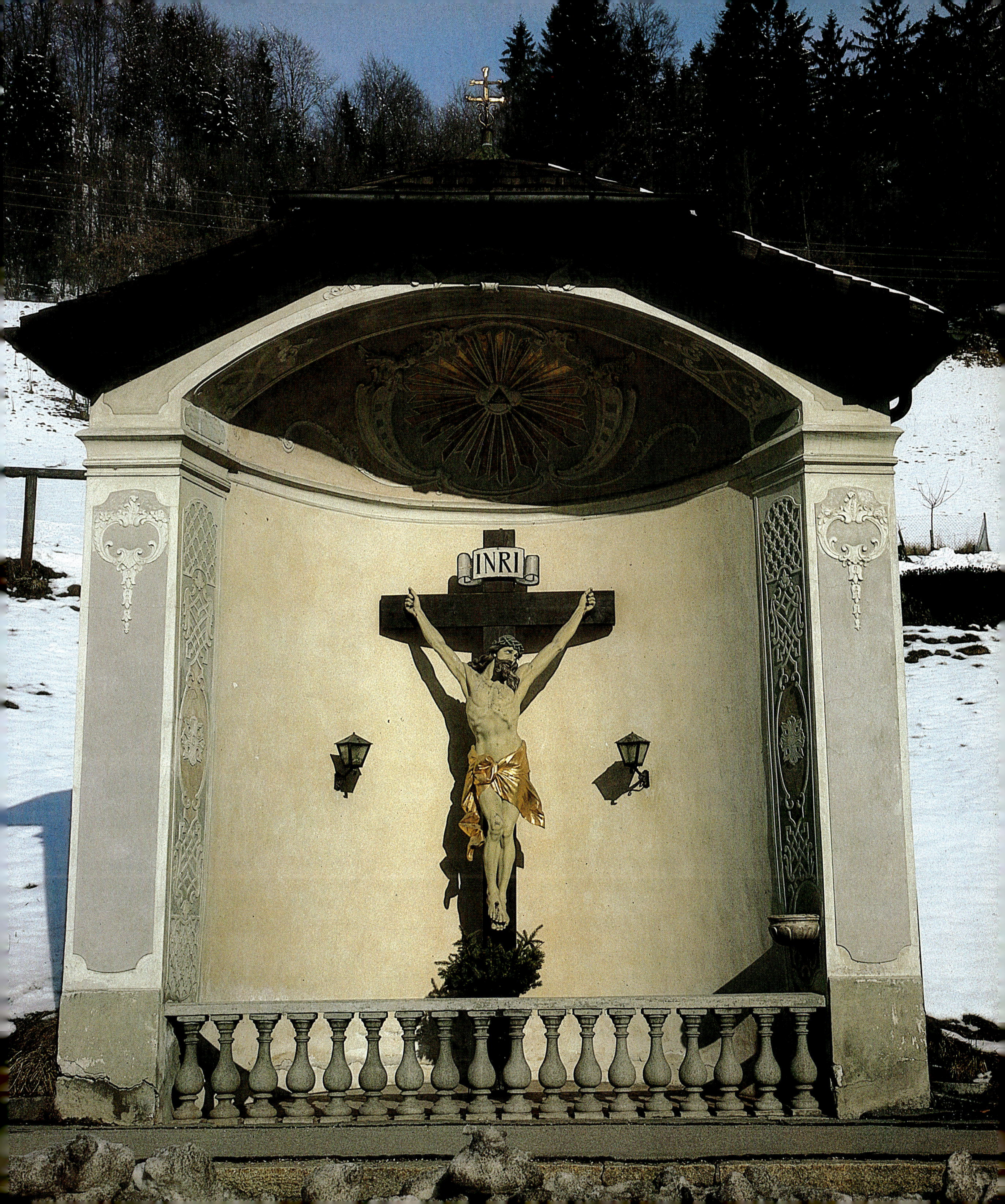
INRI

11.48
Feldkapelle mit Oktogongrundriß und steilem Oktogondach, mit „Mönch- und Nonnen"-Deckung (Hagg'n und Preis'n), wohl spätes 18. Jh. Unterplörnbach, Gde. Haag a.d. Amper, Lkr. Freising.

11.49
Stattliche Kapelle mit reich gestaltetem Portal und Zwiebelturm, Ende 17. Jh. Kapelle St. Antonius in Zorneding, Am Kapellenberg, Lkr. Ebersberg.

11.50
Prächtig gestaltete Hofkapelle, „Erbaut v. Hw. H.M. Summerer, geb. 6.III.1709 auf dem Sprengergut, hier gest. als Dekan und Stadtpfarrer in Mühldorf am 25.VI.1777". Marienkapelle im Geiging, Gde. Rohrdorf, Lkr. Rosenheim.

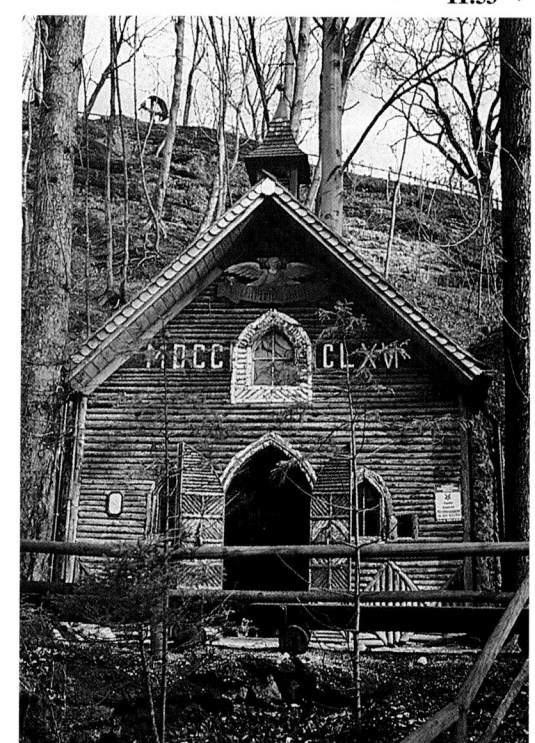

11.51
Große Wegkapelle in neuromanischen Formen, offene überwölbte Vorhalle auf Säulen, anschließend offener überwölbter Andachtsraum, Mitte 19. Jh. Kapelle St. Maria in Zorneding, Lkr. Ebersberg.

11.52
Feldkapelle mit steilem Satteldach und nicht eingezogener Halbrundapsis, 18./19. Jh. Kolmannskapelle in Haslach, Gde. Glonn, Lkr. Ebersberg.

11.53 (Seite 276)
Marienklause am Harlachinger Isarhang in München, an der Schleuse hinter dem Tierpark. Im Jahr 1866 erfüllte der damalige Wassermeister Martin Achleitner ein Gelübde seines Sohnes und schuf zum Dank „für öftere Errettung von Hochwasser- und Felssturzgefahr" die kleine Klause. Sie ist teils in den Nagelfluh des Isarhanges geschoben, teils mit einem Vorbau aus ungeschälten Birkenstämmen versehen. Achleitner versicherte sich im vorigen Jahrhundert nicht nur des immer wieder drohenden Hochwassers der reißenden Isar wegen himmlischer Fürsprache. Daß auch seine Angst vor Felsstürzen berechtigt war, beweist ein Nagelfluhbrocken, der sich am oberen Hang des Isarufers gelöst hatte und neben dem Kapellchen steckenblieb, ohne – wie es seiner Sturzrichtung nach anzunehmen gewesen wäre – das Wasserwärterhäusl zu zerstören. Im Juni 1875 oder im Januar 1876 soll das passiert sein. Nach Achleitners Tod im Jahr 1882 pflegten seine Nachfolger die Kapelle weiter. Votivtäfelchen, die von der Errettung aus der Not des Zweiten Weltkrieges und von vielerlei Hilfe erzählen, die gläubigen Betern zuteil geworden ist, beweisen, daß die Beliebtheit der Pilgerstätte bis heute ungebrochen blieb. Im Vorfeld wurden 14 Kreuzwegstationen errichtet.

11.54
Stattliche Ortskapelle mit reich gestalteter Eingangsfront und Schweifgiebel, bez. 1815. Rennertshofen, Lkr. Neuburg-Schrobenhausen.

11.55
Ortskapelle am obersten Ortsrand im Gebirge. Foto um 1900. Allgäu.

11.56
Das Kirchlein von St. Margarethen in Zwergern am Walchensee. – Inbegriff eines einsamen Kirchleins im bayerischen Alpenland. Gde. Kochel am See, Lkr. Bad Tölz-Wolfratshausen.

11.57 (Seite 279) ▷
Das Auer Kirchlein mit den Loferer Steinbergen – Inbegriff einer einsamen Bergkirche vor alpiner Kulisse. Land Salzburg.

11.58 (Seite 279) ▷
Hochgerngipfel, 1743 m, mit Kapellenmodell und Gipfelkreuz. Foto um 1900. Lkr. Traunstein.

11.59 (Seite 279) ▷
Die „Gründungsinschrift" in der Leonhardskapelle (vgl. Bild 11.58).

11.60 (Seite 280) ▷▷
Der Nordrücken vom westl. Vorgipfel der Brecherspitze, etwa in der Mitte des Gratrückens der Umriß der winzigen Leonhardskapelle. Spitzinggebiet, Markt-Gde. Schliersee, Lkr. Miesbach.

11.61 (Seite 281) ▷▷▷
Die Leonhardskapelle, ein winziger Holzbau auf sturmumtostem Gratrücken, errichtet 1909 (vgl. **Bild 11.58** und **11.59**).

11.57 △   11.58 ▽   11.59 ▽

Kap. 11

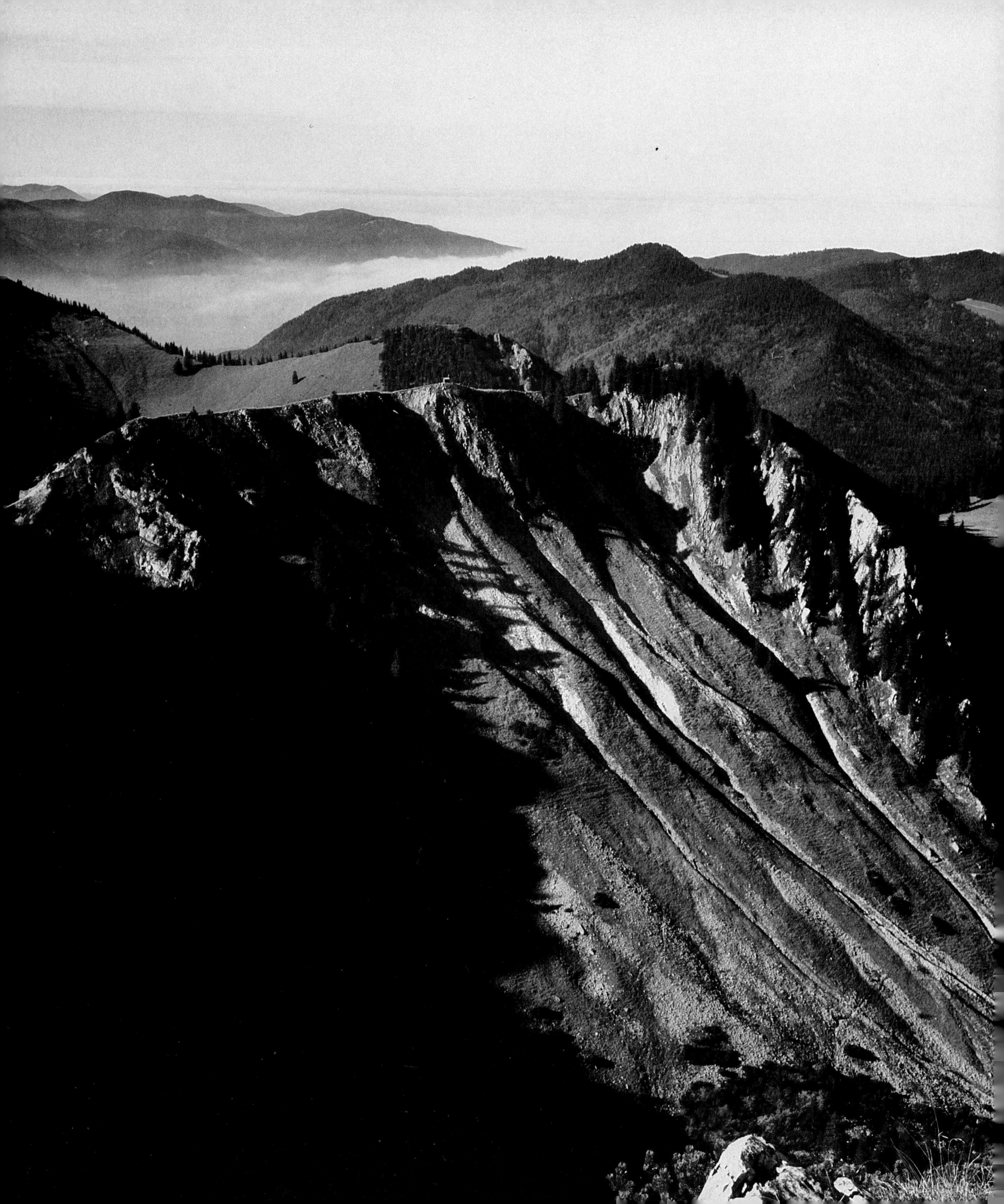

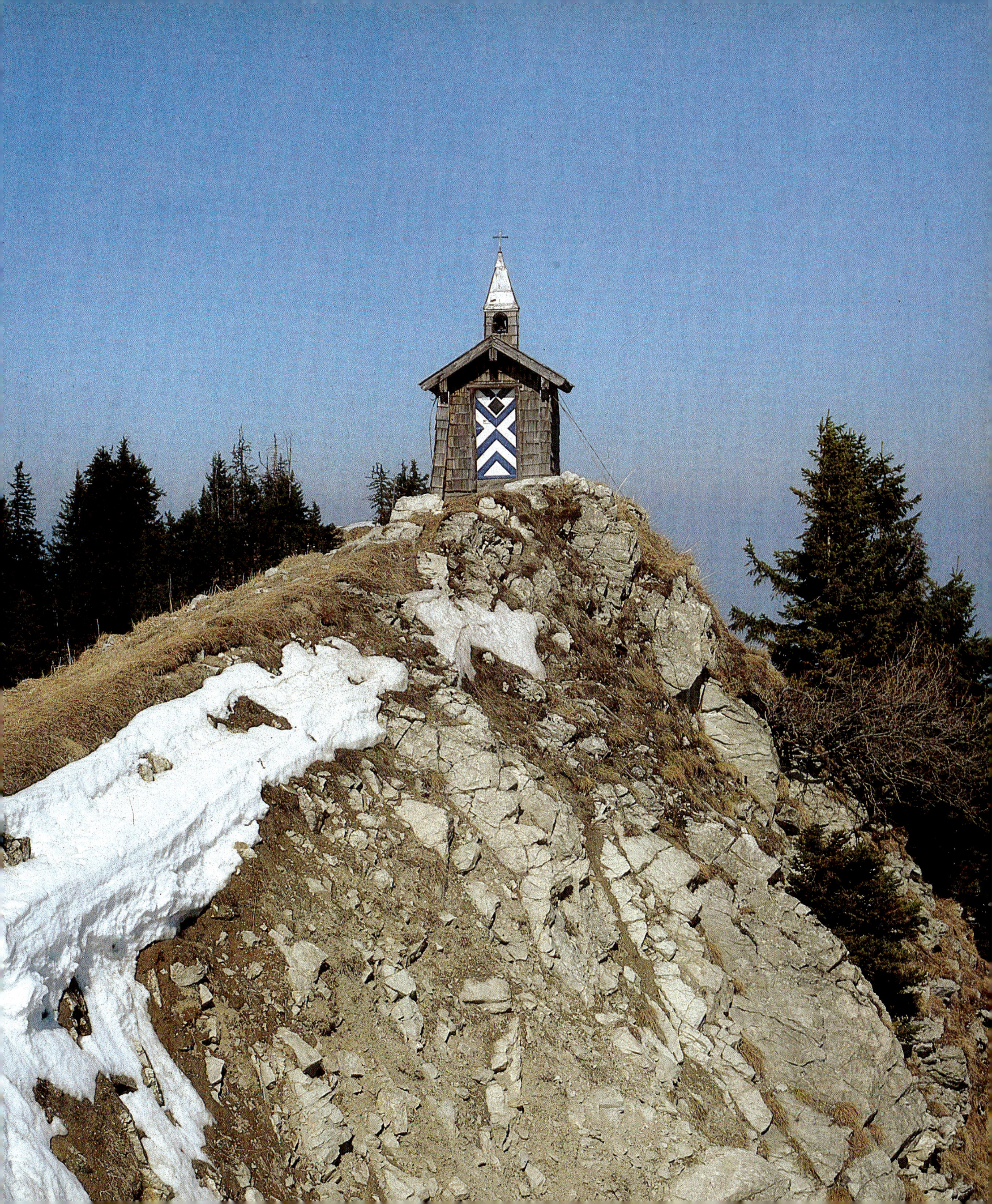

11.62
Die neue Leonhardskapelle auf der Duftalm am Südabhang des Daniel; im Hintergrund die Mieminger Berge. Ehrwald, Tirol.

11.63 (Seite 283)
Barocke Hofkapelle mit Korbbogengewölbe auf Pfeilervorlagen und Stichkappen, spätbarocker Altar, um 1780 errichtet, 1890 neu ausgemalt. Gerstenbrand 4, Gde. Fischbachau, Lkr. Miesbach.

11.64 (Seite 283)
Interieur der Stoibkapelle „beim Holzer", im Kern noch 18. Jh., 1883 erneuert, 1912 reich ausgestattet. Stoib 25, Stadt-Gde. Miesbach.

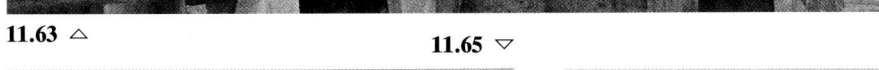

11.65
Der Verfall einer ehem. Hofkapelle. Flaches Korbbogengewölbe zwischen Gurtbögen, einfache Dekoration in der Apsis. Die spätbarocke Kapelle gehörte zum ehem. Braunhof im Abwinkel, der um 1600 erbaut worden war und 1962 abgebrochen wurde. Hausham, sogen. Braunkapelle, Lkr. Miesbach.

11.66
Lebensgroßer Kruzifixus und Hl. Grab, wohl spätes 17. Jh., vermutlich aus dem alten Egerner Karner. Hofkapelle in Brandstatt, Gde. Rottach-Egern, Lkr. Miesbach.

11.67
Christus an der Geißelsäule (Wiesheiland) zwischen volkstümlichen Andachtsbildern, 19. Jh. Kapelle St. Sebastian in Wiesenhofen, Gde. Beilngries, Lkr. Eichstätt.

11.68
Nazarenische Altarausstattung, mit Sternenhimmel ausgemalte Apsis. Gde. Kirchanschöring, Lkr. Traunstein.

11.69
Neubarocke Altaraustattung einer Hofkapelle. Gerblinghausen, Gde. Oberhaching, Lkr. München.

11.68 △

11.69 ▽

11.70-11.72 (Seite 285)
Tafelbilder in einem barocken Kapellenbildstock: „Diese Tafel ließ machen Abraham König Bauer in Wieserdorf in der Reischacher Pfarr Anno 1786. Dieselbe Tafel ließ renovieren Leonhard König Anno 1850; Johann König um 1898, Josef König um 1963." Beim „König"- oder „Kig"-Hof in Wissersdorf, Gde. Reischach, Lkr. Altötting.

11.73 (Seite 285)
Der gegeißelte Heiland in der 1493 erbauten Kapelle von Kirchberg, Gde. Petting, Lkr. Traunstein.

11.74 (Seite 285)
Der gegeißelte Heiland aus einer Privatkapelle im Lkr. Freising.

11.70 △ 11.71 △

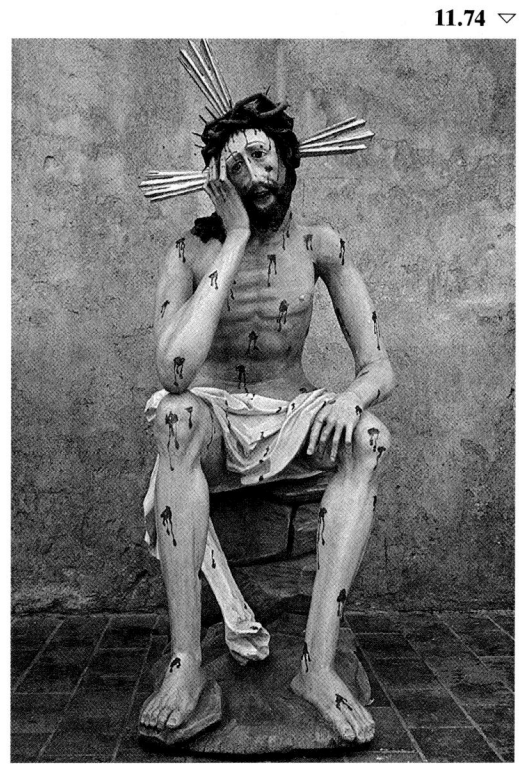

11.72 ▽ 11.73 ▽ 11.74 ▽

Kap. 11 285

11.75 △   11.76 ▽

11.75 + 11.76
Fresken am Vordach des Schopfwalmdaches der barocken Dötzenkapelle, dat. 1616, am Dötzenhof in Bayerisch Gmain, Lkr. Berchtesgadener Land.

11.77 (Seite 287)
Die berühmte barocke Wallfahrtskirche St. Bartholomä am Königssee vor dem Hintergrund der berüchtigten Watzmann-Ostwand. Dieses Bildmotiv ist eines der bekanntesten Alpenbilder und zeigt, wie stark ein historisches Bauwerk eine bestimmte Situation prägen und in ihrer Wirkung steigern kann.

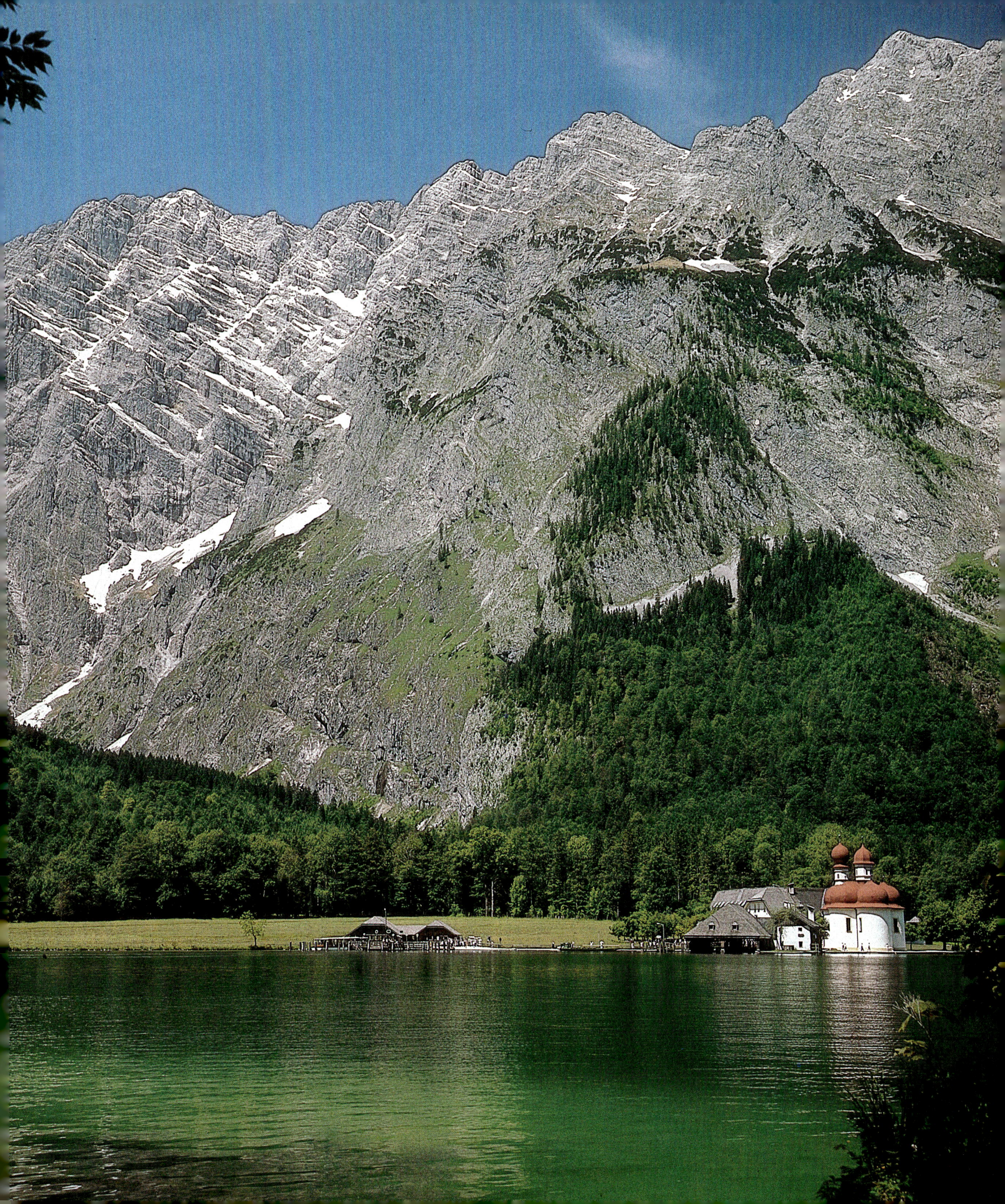

11.78
Gipfelkreuz und Kapelle auf dem Wendelstein (1837m) nach einem Schneesturm im Dezember 1988.

Die Kapelle auf dem Gipfel des Wendelsteins wurde im Jahr 1718 von Georg Klarer, Sixtnbauer in Bayrischzell, als Votivkapelle für die Errettung von Pferden und Rindern errichtet, die sich oberhalb der Almen verstiegen hatten. Klarer widmete den kleinen Bau dem hl. Wendelin. Zu dieser Zeit kannten nur Jäger, Sennerinnen und Hüterbuben den Gipfel. Doch schon seit 1780 erklommen ihn Reiseschriftsteller und Gelehrte wie Lorenz Westenrieder, Franz von Paula Schrank und Aloys Baader aus wissenschaftlichem Interesse, bis er im 19. Jahrhundert – und vor allem nach der Besteigung durch König Maximilian II. im Jahr 1858 – zu einem beliebten Bezugspunkt der allgemeinen Hochgebirgsromantik wurde.

Joseph von Obernberg, Kreisdirektor des Miesbacher Bezirks, beschreibt 1815 die Wendelsteinspitze nach seiner Begehung: „... kühn genug hat man auf ihr ein Kapellchen gelagert und ihm die runde Form gegeben, weil diese den Stürmen die wenigste Oberfläche entgegenstellt, sohin am leichtesten ihre Wut aushält. Es hat zwei Bretterwände zur Einfassung, deren Zwischenwände mit losen, aber dicht übereinander gelegten eckigen Steinen ausgefüllt ist, und das ganze umfaßt ein eisernes Band."

Ein Bericht über die feierliche Einweihung des neuen Gipfelkreuzes am 3. Juli 1887 ist mit einer Zeichnung illustriert, die uns die Kapelle noch mit der ursprünglichen Schindelverkleidung und mit Schindeldach zeigt.

Der kleine Bau wurde erst später allseits mit dickem Blech solide ummantelt und hatte seither das Aussehen einer Biwakschachtel. Wind und Wetter von fast drei Jahrhunderten hatten an der soliden Konstruktion und ihrer Blechhütte mittlerweile allerdings so stark genagt, daß 1990 eine grundlegende Restaurierung notwendig wurde. Nach längerem Grübeln entschloß man sich zu einer ungewöhnlichen Methodik: Das „Original" mit der späteren Blechhütte blieb unangetastet, und man legte über das Ganze eine neue solide Konstruktion, die wiederum samt Dach mit Schindeln verkleidet wurde. Die Kapelle sieht nunmehr wiederum genau so aus wie im Jahr 1718 – aber sie ist nach allen Seiten um etwa 25 cm „dicker" geworden – sie hat Jahresringe, besser gesagt Jahrhundertringe, zugelegt. Fast die gesamte Innenausstattung ist hinter diebstahlsicherem Gitter wieder zu sehen. Die Kapelle und das Kreuz sind die einzigen Zeugnisse aus der „guten alten Zeit" auf diesem herrlichen Aussichtsgipfel geblieben – den Rest des Gipfelaufbaus hat die moderne Nachrichten-Technik und Meteorologie nahezu verschlungen.

Auch mit der Gipfelromantik ist es für allemal vorbei, Tausende stürmen an schönen Tagen über den „Felsensteig" zur Aussichtsplattform, und vor dem Kapellentürchen bilden sich gelegentlich kleine Warteschlangen. Wehmütig und amüsant liest man heute den humorvollen Bericht über die Gipfelbesteigung durch König Maximilian II.

Im Sommer 1858 wanderte der König Maximilian II. von Bayern fünf Wochen lang zu Fuß und zu Pferd durch den südlichen Teil seines Landes, von Lindau bis Berchtesgaden. Sechs auserwählte Männer nebst einem Troß von Pferden und Bediensteten begleiteten ihn und erleichterten die Reise, die in der ganzen deutschen Fürstengeschichte nicht ihresgleichen hat. In seinen 1879 erschienenen Erinnerungen an diese Reise schildert der Dichter und Professor Friedrich Bodenstedt heiter und humorvoll die liebenswerte Persönlichkeit des Königs, die Unbilden des Wetters, die Beschwerlichkeiten der Reise und der Unterbringungen, aber auch die ergötzlichen und zum Teil komischen Ereignisse: „Am 14. Juli 1864 brachen wir früh nach Bayrischzell auf, um von dort aus den Wendelstein zu besteigen, wozu das Wetter sich günstig anließ. Der alte Schulze des freundlichen Alpendörfchens diente uns als Führer. Seine Majestät König Max II. unterhielt sich auf das Freundlichste mit ihm, aber unter großen Schwierigkeiten, da der Schulze wegen seines schlechten Gehörs nur verstand was man ihm förmlich ins Ohr hineinschrie, jedoch wie viele Taube, sich den Anschein gab, alles zu verstehen und so meist Antworten hervorbrachte, die zu den Fragen paßten, wie Postillionsstiefel zu den Füßen einer zierlichen Balldame. Erwägt man dazu, daß er seinen heimatlichen Dialekt vorwiegend in Gurgel- und Nasentönen hervorbrachte und jede Rede durch ein tief ausholendes Lachen einleitete, so wird man begreifen, daß der Altmeister bayerischer Dialektpoesie, Franz von Kobell, ein paarmal dolmetschend beispringen mußte.

Wir fanden, bis wir in die Region der Alpenweiden gelangten, das Steigen nicht sonderlich beschwerlich, aber je höher wir kamen, desto mehr wuchsen die Schwierigkeiten. Erst nach mehr als vierstündigem Klettern erreichten wir den Gipfel, auf dem eine kleine Kapelle steht. Sie mag kaum fünf Fuß im Quadrat enthalten, umschließt aber in diesem engen Raum eine Menge wunderlicher Heiligenbilder, die gewiß nicht wenig beigetragen haben zu dem Heiligenschein, den die malerische Bergpyramide in den Augen des Volkes hat..."

Gde. Bayrischzell, Lkr. Miesbach

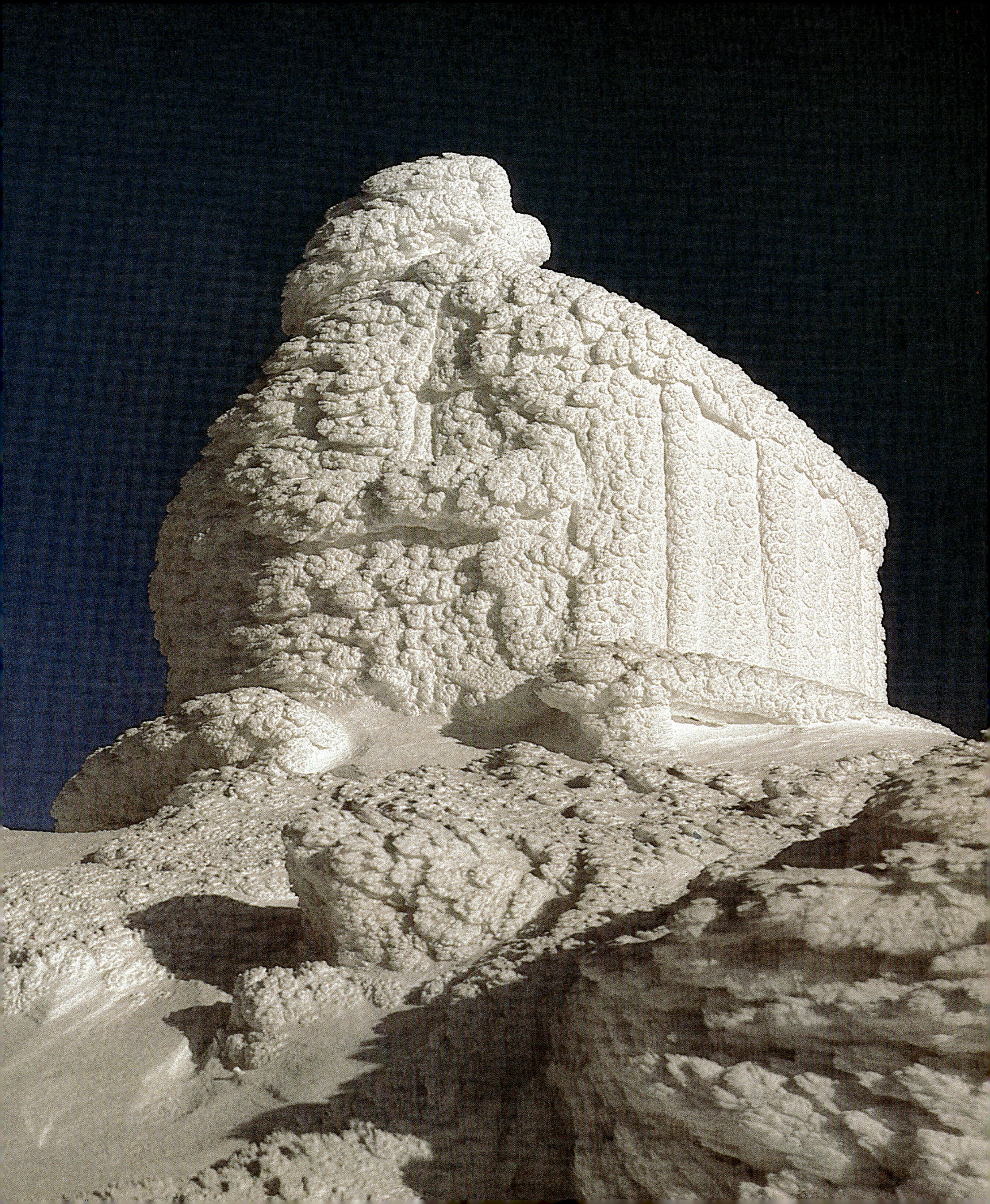

11.79

11.80

11.79 + 11.80
Hofkapelle mit Turm: Im Jahr 1696 erfolgte der Bau einer kleinen grottenähnlichen Kapelle, 1834 der Bau der neuen großen Kapelle und die „Aufstockung" der alten Kapelle zu einem Türmchen.
Bergham 62, Gde. St. Wolfgang, Lkr. Erding.

12

DER BRÜCKENHEILIGE JOHANN VON NEPOMUK

„Ach, heiliger Johann von Nepomuk
Sie schmeißen dich von der Moldaubruck'
Ach, in die tiefe Flut.

Der König kunnt dein Schweigen
Ach, niemals gar nicht leiden
Das war für dich nicht gut."[1]

Martyrium und Mysterium

„Nachdem man ihm die Seiten so schwer verbrannt hatte, daß er auch ohne den gewaltsamen Tod hätte sterben müssen, wurde der ehrwürdige Doktor Johannes, mein geistlicher Vikar, in aller Öffentlichkeit durch die Straßen und Gassen der Stadt Prag geschleppt und dort, die Hände auf den Rücken gebunden, die Füße mit dem Kopf wie ein Rad verknüpft und den Mund mit einem Holzpflock auseinandergespreizt, von der Moldau-Brücke hinabgestürzt und ertränkt."[2]

Dies berichtet der Prager Erzbischof Johannes von Jenzenstein an Papst Bonifaz IX. einige Wochen nach dem grauenvollen Martyrium des heiligen Johannes von Nepomuk im Jahr 1393. So genau wir über das Leben und die Umstände seines Todes unterrichtet sind, so unerforscht blieben lange Zeit die wahren Hintergründe seines Todes, die ihn zum legendären Märtyrer des Beichtgeheimnisses und zum Patron unserer Brücken werden ließen. Obwohl Johannes von Nepomuk im Mittelalter gelebt hat, ist er uns nur durch seine barockzeitlichen Darstellungen bekannt und vertraut – man könnte fast meinen, er sei ein Zeitgenosse der Gebrüder Asam gewesen. In Böhmen wurde er schon sehr früh verehrt. Noch vor seiner Heiligsprechung im Jahr 1729 verbreitete sich sein Kult über weite Teile Europas und bis nach Lateinamerika.

Die Legende hat sich seines mysteriösen Todes so sehr bemächtigt, daß man zeitweilig sogar seine Existenz bezweifelte. Aber Johannes hat nachweislich gelebt. Allerdings wirkt sein Lebenslauf zunächst ernüchternd und es verwundert nicht weiter, daß die Legende vorwiegend seine Todesumstände verklärt.

Die Legende vom Beichtgeheimnis

In Prag verbreitete sich vierzig Jahre nach dem Tod des Johannes von Nepomuk das Gerücht, er sei der Beichtvater von König Wenzels Gemahlin gewesen. Wenzel habe versucht, ihm das Beichtgeständnis seiner Frau zunächst durch großzügige Bestechungsversuche zu entlocken. Da dies nicht verfing, wollte er es durch Morddrohungen erpressen. Als Johannes aber unter Berufung auf das Beichtgeheimnis auch angesichts der drohenden Folter jegliche Auskunft verweigerte, geriet der jähzornige, bösartige Tyrann so in Wut, daß er den standhaften Priester halb zu Tode foltern und schließlich ertränken ließ. Der Leichnam aber soll auf dem Wasser geschwommen haben, von himmlischen Lichtern und Flammenzeichen verklärt, das Haupt von fünf goldenen Sternen umkränzt.

In den frühesten Berichten ist auch von der ungewöhnlichen Trockenheit im Jahre 1393 die Rede, welche die Gläubigen als Strafe Gottes für das ungerechte Urteil über den heiligmäßigen Priester und Beichtvater verstanden haben. „Sein Andenken blieb lebendig, trotz all der blutigen Ereignisse des nachfolgenden Jahrhunderts, trotz der 140 Jahre dauernden Sedisvakanz auf dem erzbischöflichen Stuhl zu Prag, in einer Zeit, in der die Katholiken eine ängstliche Minderheit waren.

Es ist erstaunlich, daß die Überlieferung auch während der religiösen Auseinandersetzungen im 16. Jahrhundert nicht abriß, sondern weitergegeben wurde."[3]

Die klerikale Karriere

Johannes, um 1350 geboren, war angeblich der Sohn betagter Eltern – eine deutliche, wohl legendäre Anspielung auf seinen Namenspatron Johannes den Täufer. Sein Vater Welflin war vielleicht der Stadtrichter im böhmischen Städtchen Nepomuk, das in älteren Quellen auch Pomuk genannt wird. Über seine Jugendzeit ist nichts bekannt. Ins Licht der Geschichte tritt er als Mitglied des erzbischöflichen Haushalts in Prag und als amtlich vereidigter Kanzleischreiber – in der damaligen Rechtssprache Notar. Im Jahr 1380 erhielt er die Priesterweihe und wurde Pfarrer in der Prager Galluskirche. Das Notariat durfte er in dieser neuen Würde nicht weiterführen. Er verfolgte dafür eine beachtliche klerikale Karriere, die allerdings nicht auf die Seelsorge, sondern auf das geistliche Regiment gerichtet war. Er studierte zunächst in Prag, seit 1383 in Padua Kirchenrecht und promovierte 1384. Dem wissenschaftlichen Aufstieg folgten geistliche Würden und die Einkünfte eines ordentlichen Hochschulprofessors – damals das Zehnfache eines Taglöhners.

Im Jahr 1389 wurde er Generalvikar, der zweithöchste Würdenträger nach dem Erzbischof von Prag. Doch schon nach dreieinhalb Jahren, am 20. März 1393, übergab ihn König Wenzel IV. zusammen mit zwei anderen Prälaten seinen Folterknechten und ließ ihn nach grausamer Tortur noch in derselben Nacht in der Moldau ertränken. Welches Geständnis Wenzel nun eigentlich erpressen wollte, läßt sich zwar nicht erschließen, doch läßt die seinerzeitige Situation diese Bluttat als politischen Mord eines blutrünstigen Tyrannen erscheinen. Das böhmische und das deutsche

Königtum hatten die Anwartschaft auf die römische Kaiserkrone dem 16-jährigen Wenzel hinterlassen. „Der junge König, nicht ohne Reformpläne, nicht ohne politische Kraft und Begabung, war bald ein ungeduldiger Regent, jähzornig und trunksüchtig, so daß ihm die große Linie einer vielleicht erfolgversprechenden Politik aus den Händen glitt. Er ging als ‚der Faule' in die Geschichte ein. Der Vorwurf trifft die Sache nicht. Eher war es so, daß der König Aktivität oder Passivität zur Unzeit entfaltet hatte. Allerdings erlahmten seine Kräfte in der Reichspolitik zusehends. Er konnte daher die Bildung einer Opposition unter den Kurfürsten nicht verhindern, die ihn nach 22-jähriger Regierung im Jahr 1400 schließlich seines Amtes enthoben."[4] In der damaligen Situation war der Zorn des Königs nicht zufällig auf den Generalvikar gefallen; die Mutmaßung einer seinerzeitigen politischen Konspiration zwischen dem Erzbischof und den mit Wenzel zerstrittenen Verwandten — die ihn ein Jahr später gefangensetzten — liegt nahe. Johannes von Nepomuk war nun der höchste Verwaltungsbeamte seines Widersachers — er war nicht nur im geistlichen Amt der Stellvertreter des Erzbischofs, sondern wurde wohl stellvertretend für diesen ermordet. Immerhin hatte Wenzel dem Erzbischof nachweislich dreimal mit der Todesstrafe gedroht. Aber die Hinrichtung eines Erzbischofs wäre seinerzeit wahrscheinlich auch über die Möglichkeiten eines Tyrannen hinausgegangen. — So wurde Johannes wohl das Opfer eines peinlichen Verhörs, dem er als Nichtadeliger, als geborener königlicher Grunduntertan, schutzlos ausgeliefert war. Jedenfalls deckt sich eine solche Vermutung noch am ehesten mit der überlieferten Frage des Königs, „auf wessen Rat das alles geschehen sei" — vielleicht wollte der Generalvikar seinen Erzbischof nicht verraten. Die Antwort auf seine Frage nahm Johannes vermutlich mit ins Grab.

Die persönliche Beteiligung Wenzels an den damals üblichen Torturen des Inquisitionsverfahrens scheint übrigens durchaus wahrscheinlich: Wenzel habe, sogar mit eigenen Händen, „ehrwürdige und biderbe Prälaten, Pfaffen und geistliche Leute, und auch viel andere ehrbare Leute, ermordet, ertränkt, verbrannt mit Fackeln, und sie jämmerlich und unmenschlich wider Recht getötet."[5] Die abschließende Ertränkung war übrigens bei der Hinrichtung Geistlicher seinerzeit ebenfalls üblich, damit diese den Charakter eines Gottesurteils bekam. So wurde Johannes wohl das Opfer der Machtkämpfe zwischen der kirchlichen und der weltlichen Macht und in seiner Stellvertreterrolle für den unmöglichen Racheakt an einem Höhergestellten liegt die Tragweite seiner irdischen Tragödie. Sein Leichnam wurde zunächst in der Kirche zum Größeren Heiligen Kreuz beigesetzt, bald aber in den Prager Veits-Dom überführt, ohne daß der König dagegen Einspruch zu erheben wagte.

Die Heiligsprechung

In der zweiten Hälfte des 17. Jahrhunderts häufen sich die Nachrichten, daß die verschiedensten Verehrer des Johannes von Nepomuk bemüht waren, seinen Kult zu verbreiten und auch nach den Bestimmungen der Kirche zu regeln. Im Jahr 1619 ereignete sich etwas, das wie ein Gottesgericht allerorten erzählt und unmittelbar an der Stelle, wo es geschah, auch dargestellt wurde. „Der kurze Aufenthalt des calvinischen Kurfürsten Friedrich von der Pfalz, den die protestantischen Stände Böhmens zum König gewählt hatten, führte zu einer bilderstürmerischen Plünderung des Veitsdomes. Dabei wurden auch die Gitter, welche den Grabstein des Johannes schützten, weggerissen, und einer, der die angstvollen Warnungen aller — auch der Hussiten und Lutheraner — nicht achtete, trat auf das Grab — er starb am selben Tag. Die erschreckende Nachricht, daß der Hofprediger Friedrichs von der Pfalz sogleich von Gott gestraft wurde, weil er das Grab des Johannes lästerlich betreten hatte, ist auch in den Prozeßakten der Kanonisation ausführlich wiedergegeben. Bis heute kann man die Spuren der gewaltsamen Entfernung der zwei Gitter, welche den ursprünglichen Grabstein umschlossen, unmittelbar neben dem prachtvollen silbernen Grabmal von 1736 an derselben Stelle, an der die Gebeine erhoben worden waren, betrachten."[6]

Fast alle Diözesen des Deutschen Reiches drängten schließlich den Papst zur Seligsprechung, auch der Kaiser gehörte zu den mächtigen Bittstellern. Damian Hugo Philipp, Graf Schönborn, Bischof von Speyer, führte am 16.3.1720 aus: „... viele sind es, die seine Hilfe erfahren haben, vor allem in der Gefahr, ihren guten Namen zu verlieren. Seine Verehrung besteht seit alter Zeit, Zeugnisse finden wir in ganz Deutschland: Figuren und Bilder aus Erz, Marmor, auch aus Silber und Gold; in Kirchen, auf Altären, auf Brücken und in den Häusern der Gläubigen finden wir seine Figur."[7]

Am 31. Mai 1721 wurde Johannes von Nepomuk durch Papst Innozenz XIII. seliggesprochen. „Neben den Wundern, die für eine Kanonisation belegt werden mußten, zumeist

12.1T
Fragment einer barocken Nepomukfigur.
Heimatmuseum Wasserburg, Lkr. Rosenheim.

Krankenheilungen, zeichnet Johannes von Nepomuk ein wunderbares Ereignis vor allen anderen Heiligen aus: seine Zunge war unversehrt aufgefunden worden, und vereidigte Ärzte hatten dies im Prozeß bezeugt. Noch einmal betonte dies seine Verschwiegenheit, und die neue Reliquie war bald Gegenstand intensiver Deutung und Verherrlichung."[8] Die Seligsprechungsfeier wurde für Prag zu einem noch nie dagewesenen Ereignis. „Die Prozession mit dem Leib des Märtyrers in einem Kristallsarg und mit dem Reliquiar der unversehrten Zunge begab sich bei dem Geläute der Glocken und dem Donnern der Kanonen auf den Hradschinplatz und wieder zurück in die Kathedrale. Das Kircheninnere

12.2T
Lebensgroße barocke Figur des hl. Nepomuk, 18. Jh.
Heimatmuseum Wasserburg, Lkr. Rosenheim.

„Von Böhmen aus, wo er bereits im Dreißigjährigen Krieg den Landespatronen zugezählt wurde, ist sein Kult im 18. Jahrhundert rasch in die habsburgischen Länder, nach Bayern und weiter in die katholischen Gebiete des Reiches getragen worden."[10]

Gefördert von der weltlichen und geistlichen Regierung, begeistert aufgegriffen vom Volk, blühte seine Verehrung nach der Heiligsprechung überall auf. Der bayerische Landesherr, Kurfürst Karl Albrecht, erhob ihn sogar zum Patron der Stadt München und des ganzen Landes. „Die rasche Verbreitung des Nepomuk-Kultes erklärt sich im wesentlichen aus seiner Verehrung als Wundertäter. Sein Grab im Veitsdom in Prag wurde eine Wallfahrtsstätte für alle Schichten der Gesellschaft und war bald berühmt durch die Wunder, die dort geschahen. Dazu kam, daß die ,legendäre' Persönlichkeit des Johannes mit Zügen ausgestattet wurde, welche nicht nur das Volk, sondern auch Klerus und Adel ansprachen. Die Priester und Ordensleute sahen in ihm ,den Spiegel der Priesterschaft'. Der Grund seines Martyriums, die Wahrung des Beichtgeheimnisses, stellte die Krönung seiner priesterlichen Tugenden dar und war geeignet, die Ohrenbeichte zu rehabilitieren, besonders bei der Bevölkerung Böhmens, die dem Protestantismus angehangen hatte. Sein Ruhm als Verteidiger der Ehre hatte ihm die Sympathie des Adels eingebracht. Im Laufe des 17. und im ersten Drittel des 18. Jahrhunderts vermehrten sich die Stätten seiner Verehrung, vor allem in den Kirchen der Orden und bei den Adelsfamilien Böhmens. Durch die Orden und die familiären Beziehungen des böhmischen Adels verbreitete sich seine Verehrung über das gesamte Römische Reich und das katholische Europa."[11] So erlebte Nepomuk mehr als 300 Jahre nach seinem Tod einen Triumphzug ohnegleichen.

wurde mit kostbaren Stoffgehängen und mit vierzehn großen Bildern mit Szenen aus dem Leben des Heiligen ausgestattet. Der selige Leib wurde dann an der Stelle, wo er bisher ruhte, wieder beigesetzt."[9] Das großartige Fest der Seligsprechung sollte sich acht Jahre später, in dem noch prächtigeren Fest der Heiligsprechung fortsetzen. Nach dem langen Kanonisationsprozeß erklärte Papst Benedikt XIII. am 19. März 1729 Johannes von Nepomuk für heilig. Prag lebte und atmete damals in den triumphalen Feierlichkeiten zu Ehren dieses großen böhmischen Heiligen. Aus alten Quellen erfahren wir, daß fast jeder Platz und jede Straße ihre Triumphpforte, Festillumination oder wenigstens eine verzierte Statue des Heiligen hatte.

Der vergessene Kult des Heiligen Johannes von Nepomuk

Die Verehrung des Heiligen war von Anfang an von Liedern begleitet. „Die ersten Lieddrucke auf Flugblättern liegen noch vor der Seligsprechung. Bei Christian Walter wurde schon 1704 in Krems das Blatt ,Zwey gantz neue Lob- und Ehren-Gesänger Von deß seeligen Joannem vom Nepomuck Lebenswandel und unschuldigem Todt, welcher ein besonderer Beschützer und Patron der Ehre ist' gedruckt. Das zweite dieser Lieder von 1704, mit dem Anfang: ,Joannes Seeliger Patron, zu Nepomuck geboren', hat lange weitergelebt.

Aber auch noch in der josefinischen Zeit waren solche Flugblätter mit Nepomuksliedern ganz geläufig. Erstaunt erwarb der Berliner Aufklärer Friedrich Nicolai mitten in Wien 1782 das Blatt ,Lobgesang zu dem heiligen Johann von Nepomuck', und es erschien ihm so merkwürdig, daß er es in seiner großen Reisebeschreibung sogar abdruckte. Etwa ein halbes Hundert Nepomukslieder hat sich im Lauf der Zeit als verbreitet und länger lebend nachweisen lassen. Manche Lieder wie das bekannteste ,Johann von Nepomuk/Ein Zier der Prager Bruck' wurden buchstäblich überall gesungen, wo es eben deutschsprachige Katholiken gab."[12]

„Bei den vielen brauchmäßigen Wasserbeziehungen wundert es nicht, daß einer der bedeutendsten Wasserbräuche, das Lichterschwemmen, wenigstens gelegentlich mit dem Fest des Heiligen verbunden wurde."[13] „Da konnten Legende und Brauchgestaltung direkt ineinandergreifen und frühsommerliche Feste entstehen lassen, die noch zu Beginn des 19. Jahrhunderts nichts von ihrem Zauber eingebüßt hatten...

Schon im 18. Jahrhundert galten Nepomukszungen nicht nur als Schutzmittel gegen Zungenübel, sondern auch dafür, daß Vergehen und Schande nicht öffentlich bekannt werden möchten; der Heilige rettet dadurch den guten Ruf seiner Verehrer."[14] „In den zwanziger Jahren des 18. Jahrhunderts steigt die Zahl der Aufführungen von Nepomukdramen an Ordenstheatern gewaltig an. Dann kommt in der Folge dieser Hochflut die Zeit des Nachspielens an den barocken Volksbühnen, vor allem in Tirol und in Bayern. Auch Wandertruppen haben dort überall Nepomukdramen aufgeführt und so kleinere Bühnen zum Nachspielen ermutigt. Mit der Aufklärung nimmt die Zahl dieser Aufführungen freilich bald ab."[15] „Barocke Heiligenverehrung bedeutet einen gewaltigen Aufwand an vergänglicher Brauchkunst. Die für den einmaligen Gebrauch bestimmten Dekorationen und Transparente sind so gut wie ganz vergangen. Erhalten hat sich neben der eigentlichen Kirchenkunst vor allem die Hauskunst, der religiöse Hausschmuck. Barocke Statuen an den Häusern und über den Toren waren und sind bis über weite Gebiete verstreut. Von den lebensgroßen Statuen in den Brückenkapellen über mittelgroße Hausfiguren bis hin zu den spannenhohen Figürchen, die in den Herrgottswinkeln der kleinsten Bauernstuben aufgestellt wurden, hat sich in zahlreichen Beispielen ein großer Bestand erhalten."[16] „Die Bilder zeigen den Brückensturz, als ob sie im 14. Jahrhundert aufgenommen worden wären, die Plastiken werden mit dem ,Sternenschein' geschmückt, als ob die Künstler bei der Bergung der Leiche dabeigewesen wären. Es ist ein einziges Zauberreich der Imagination... Das volkskultische Leben mit Andachten und Prozessionen und Schauspielen, das ist entwichen, die Oratorien und die Nepomukslieder sind verklungen. Man kann nur mehr ihre Zeugnisse sammeln, und wird immer wieder überrascht sein, wieviel es heute noch sind."[17]

Johannes von Nepomuk als Brückenheiliger

Dennoch hat die Verehrung des Johannes von Nepomuk aus den Zeiten ihrer Anfänge und ihrer Blüte allenthalben genügend eindrucksvolle Spuren hinterlassen. Auch die oberbayerische Kulturlandschaft in Stadt, Markt und Dorf, im Schloß- wie im Kirchenbereich ist durch verschiedene Andachtsstätten, vor allem durch Nepomukstatuen an Bächen und Teichen, an und auf Brücken und Toren entscheidend mitgestaltet worden. „Die bekannteste und zugleich früheste Brückenstatue des Nepomuk ist die von 1683 auf der Prager Karlsbrücke, die Gottfried Matthias von Wunschwitz als ‚Exvoto' zum Dank für seine Errettung aus Todesgefahr durch die Hilfe des Heiligen aufstellen ließ."[18] Diese erste Prager Brückenfigur hat bis zum Ende des 18. Jahrhunderts in der Kunst der Barockzeit eine unübersehbare und reiche Nachfolge gefunden; der Typus dieser Prager Statue verbreitete sich sehr schnell über ganz Europa. Wie sehr die Zeit Maria Theresias von der Verehrung des hl. Johannes von Nepomuk geprägt war, schildert der katholische Aufklärer Franz Anton Scheyb in seiner „Geschichte des Lebens, der Marter und der Wunderwerke des heiligen Johannes von Nepomuk": „Jene, welche durch Deutschland und andere Länder gereiset sind, wo er sonderbar verehrt wird, könnten dies bezeugen; denn sie werden beynahe auf allen Brücken über Flüsse, wenigstens auf Hauptbrücken die Bildsäule des heiligen Johannes gesehen haben. Auf öffentlichen Landstraßen, bey Stadtthoren, auf öffentlichen Plätzen, in Schlößern und, ohne in die Kirchen zu gehen, werden sie bey allen Einwohnern beobachtet haben, wie hoch dieser Heilige geschätzt werde."[19]

Bezeichnend ist auch folgender Bericht: „Weiter unten am Inn (bei Hall in Tirol), steht ganz nahe am Fluß eine hübsche Kapelle mit einer sehr großen Statue des Heiligen. An dieser Stelle wurde im Jahr 1765 die Leiche Kaiser Franz I., der gerade in Innsbruck gestorben war, auf ein Schiff gebracht, um von da nach Wien überführt zu werden. Und wo das Schiff mit dem kaiserlichen Toten auch ankam, am Inn und an der Donau, überall grüßten Nepomukstatuen und Nepomukkapellen, bis zur großen Schanzl-Kapelle in Wien, wo das Schiff mit der traurigen Fracht schließlich anlegte... Allenthalben hatte man nun einen ‚Patron der Wasserleut', und vergaß darüber den weitaus älteren Schifferpatron, den hl. Nikolaus. Ob Traunschiffer oder Isarflößer, sie empfanden plötzlich ein neuerwecktes Vertrauen zu dem böhmischen Heiligen."[20] „In fast allen Teilen des habsburgischen Imperiums wurden nun die Statuen des neuen Heiligen aufgestellt, fast immer in Nachahmung der Figur auf der Prager Brücke, in fast allen Kirchen wurde sein Bild aufgestellt und ein Altar ihm gewidmet. Seine Verehrung griff auch über die habsburgischen Gebiete hinüber in andere katholische Gebiete, nach Spanien, nach Portugal, Bayern, Franken. Fast überall wurde er als ein Märtyrer des Beichtgeheimnisses verehrt, sein Konflikt mit der Staatsmacht wurde vergessen. Und da seine erste Figur auf der Prager Brücke stand, wurde er mit Vorliebe überall auf Brücken aufgestellt und wurde so ungewollt zu einem Brückenheiligen."[21] Die Darstellungen des heiligen Nepomuk erwecken den Eindruck, als handle es sich bei ihm um eine Gestalt des barocken Zeitalters, nicht aber um einen Märtyrer des Mittelalters. „Nicht nur seine Person ist der Erscheinung kirchlicher Würdenträger der Barockzeit angeglichen, wie es in dieser Epoche bei den Darstellungen der übrigen althergebrachten Heiligen ebenfalls der Fall war. Auch die Themen und Motive, mit denen die Legende seine Geschichte ausgeschmückt hat, sind stark den im Barock beliebten Darstellungstypen anderer Heiliger verpflichtet, nachempfunden und gleichgeschaltet."[22] „Dies hängt sicherlich damit zusammen, daß von Nepomuk keine älteren Darstellungen existieren als die Prager Brückenstatue von 1683, die bis zum Ende des 18. Jahrhunderts in der barocken Kunst eine unübersehbare Nachfolge gefunden hat. Jedoch begnügte man sich nicht mit der formalen Gestaltung dieser vergleichsweise ‚unbarocken' Statue, die in ihrer statuarischen Isolation die Raumbezüge barocker Skulptur weitgehend vermissen läßt. Es ist denkbar, daß die auffallend schlichte, streng in sich geschlossene, fast hieratische Gestaltung der Brückenstatue nicht nur ein bildhafter Ausdruck des schweigsamen Heiligen sein sollte, sondern auch bewußt einen gewissen altertümlichen Charakter bewirken wollte, im Gegensatz zu anderen durch ihre barocke Gestik als ‚zeitgenössisch' empfundenen Heiligenfiguren."[23] „Mit diesem Denkmal steht der Heilige erstmals in seinem voll ausgebildeten Typus und mit seinen von da an kanonischen Attributen vor uns, mit der Märtyrer-Palme und einem Kruzifix in den Händen, um das Haupt den Kranz mit den fünf Sternen:[24] „Durch sein Gebet zum gekreuzigten Heiland empfing er Trost und Stärkung in seiner Todesnot. Diese Szene nimmt in seiner Geschichte eine zentrale Stellung ein. So zeigen ihn unzählige Darstellungen seit dem Ende des 16. Jahrhunderts mit dem Kruzifix, das entweder vor ihm auf einem Altar oder Tisch steht oder das er selbst in Händen hält."[25] „Auch seine priesterliche Kleidung ist seitdem außer geringfügigen Veränderungen beibehalten worden. Sie besteht in der Regel aus dem langen schwarzen Rock, der Soutane oder dem Talar, dem weißen, an den Säumen meist mit Spitzen besetzten Chorhemd, dem Rochett, dem aus Pelzen, häufig aus Hermelin zusammengenähten Schulterumhang, der Almutia oder Mozetta, die seine Stellung als Kanoniker und Domherr charakterisiert. Am Hals schließt das Gewand entweder mit dem ‚römischen' Priesterkragen, oder aber mit einem Bäffchen, einem hohen Kragen mit zwei schalartig vor der Brust herabhängenden Enden. Dazu trägt er die priesterliche Kopfbedeckung, das Birett, zuweilen auch eine Stola als Zeichen seiner priesterlichen Funktion als Beichtvater. Hinzukommen kann noch eine Art Pektorale, entweder eine Quaste oder ein Brustkreuz, häufig auch ein Anhänger, der in einem Medaillon das Bild der Muttergottes mit dem Jesuskind zeigt, womit das Gnadenbild in Altbunzlau gemeint ist."[26] „Außer der Muttergottes ist Nepomuk der einzige Heilige, dessen Nimbus einen Sternenkranz aufweist und ihm so unter den zahlreichen Heiligen eine besondere Stellung gerade zum Marienkult verleiht. Die Zahl von fünf Sternen ergab sich vielleicht als eine Art Kryptogramm aus den fünf Buchstaben seines Mottos TACUI (ich habe geschwiegen), die in manchen Darstellungen den Sternen direkt eingeschrieben sind und so die Wahrung des Beichtgeheimnisses symbolisieren. Einleuchtend ist die Herkunft des Sternensymbols aus dem mariologischen Aspekt seiner Legende zu erklären, wie es das Altarblatt Cosmas Damian Asams in der Nepomukkapelle in Meßkirch (um 1738) zeigt. Dort kniet der Heilige vor dem Gnadenbild der Muttergottes von Altbunzlau; sie erscheint ihm über dem Bild in einer Vision und wirft ihm aus ihrem Sternenkranz Sterne zu."[27] Im Bereich des alten Bistums Freising ist das Brüderpaar Egid Quirin und Cosmas Damian Asam besonders eng mit der Verehrung des heiligen Nepomuk verbunden. Sie haben dem Freisinger Fürstbischof in genialer Weise die Johanneskapelle seines Domes gestaltet und dabei in einem „theatrum sacrum" den Prager Heiligen in die Mitte gerückt. In der Sendlinger Straße zu München schufen sie als Zeugnis ihrer persönlichen Frömmigkeit zu Ehren des Heiligen aus eigenen Mitteln die letzte Kirche des Barock in schweren Formen und mystischem Dunkel, während ringsum die lichten Räume des Rokoko erblühten.

Johannes von Nepomuk in Oberbayern

An der Wende vom 17. zum 18. Jahrhundert begann sich die Verehrung Nepomuks auch in der Erzdiözese Salzburg auszubreiten, die damals noch weite Teile unseres heutigen Oberbayerns umfaßte. Im Jahr 1736 wurde Nepomuk sogar zum zweiten Salzburger Diözesanpatron! „Nepomuk hat in Bayern nicht nur sein Patronat als Brückenheiliger allerorten behauptet, er war auch Patron jener Zünfte, die auf den Wasserstraßen ihren Beruf ausübten: die Flößer und Schiffer an Inn und Isar, an Salzach und Donau. Hier hat er den ursprünglichen Patron, den hl. Nikolaus gewissermaßen verdrängt, wenn er auch gelegentlich mit ihm zusammen dargestellt wird, wie etwa in Tölz an der Isar bei dem ‚ehrsamen Handwerk der bürgerlichen Floßmeister' auf der Zunftfahne oder auf der Prozessionsstange der Schiffleut-Bruderschaft in Neubeuern am Inn. Von der Allgegenwart dieses Heiligen schrieb ein reisender Abbé um 1800: ‚Seine Statuen und Bilder stehen in allen Kirchen eher zweimal als einmal.' Es ist unmöglich, auch nur annähernd die Fülle der Darstellungen landauf, landab zu beschreiben. Eine überwältigende Vielfalt tut sich auf, wenn wir schauend durch Bayern fahren."[28]

Johann Baader, der unterm Jahr 1880 von der Mittenwalder Floßlände zu einer Floßfahrt aufbrach, war von der Verehrung des hl. Nepomuk tief beeindruckt: „Die Fahrt nach München dauert zwölf Stunden und bringt Abwechslung genug. Hier biegt die Isar um einen Bergvorsprung, dort bricht sie sich schäumend eine Bahn durch hartes Gestein, manchmal treten die Felswände auf beiden Seiten so nahe heran, daß nur noch ein kleines Stück Himmel sichtbar bleibt, oder es öffnen sich enge Seitentäler, aus denen ein reißender Wildbach hervorschießt.

An der Ländschleuse steht eine Kapelle zu Ehren St. Johannes von Nepomuk, des Patrons der Floßknechte. Vor der Abfahrt entblößen sie davor ihr Haupt und beten ein Vaterunser. Das gleiche tun die Mitfahrenden und die Zurückbleibenden. Wenn dann die Flöße oberhalb Münchens aus dem Isartal herauskommen und die Frauentürme der Stadt sichtbar werden, so wird das Gebet wiederholt, diesmal als Dankgebet für die glücklich zurückgelegte Wasserreise. An den Brücken und Abfahrtsstellen der Isar erblickt man solche zu Ehren St. Johannes erbaute Kapellen gar häufig. Blumen und andere Zier fehlen ihnen nie; dafür sorgt die Verehrung und Dankbarkeit, die dem Heiligen für den Schutz gezollt wird."[29]

Nepomuks schützende Kraft offenbart sich im Volksglauben nicht nur durch eine Unzahl von Statuen und Kapellen an Brücken und Flüssen, sondern auch an anderen Grenzsituationen wie an Paßübergängen, Befestigungen und vor allem auch an Friedhöfen, wo – an der Grenze zwischen Diesseits und Jenseits – seit dem 18. Jahrhundert statt der traditionellen Michaelskapelle mitunter Nepomuk-Kapellen errichtet wurden. „Besonders bekannt sind einige Nepomukkapellen über rundem oder ovalem Grundriß, vor allem gilt dies für die bayerischen Nepomukkirchen in Bregenz, Benediktbeuern und in Ettal, in der die Wallfahrer begrüßt und verabschiedet wurden."[30]

Über die Verehrung des Heiligen an vielen Orten Oberbayerns, vor allem über die Errichtung von Kirchen und Kapellen und über die Einweihung von Altären sind wir sehr genau unterrichtet. Aber auch über die Aufstellung von Nepomukfiguren in der freien Flur existieren urkundliche Nachrichten.

Der Pfarrvikar von Kufstein teilte mit, „daß in hiesigem Vicariate Kufstein viel Personen ein sonderbahre Andacht zu Johannes von Nepomuk ... etlich Jahr hertragen, absonderlich aber ... Herr Georg Egger, Stadt- und Landrichter allhier, welcher Ihme zu Ehren ein aus Holz elaboriertes Bildnus ... in die 3 Schuh hoch vor 4 Jahren (1711) auf der Ynnbruggen hat aufsetzen lassen."[31]

Auch von der alten Bergwerksstadt Rattenberg konnte der Pfarrer ähnliches berichten, nämlich, „daß in meo districtu Vicariali 2 Bildnis ... aufgericht und schon vor ... 10 Jahren verehrt worden (sind), deren eine von Holz geschnizt auf der ... Ynnbruggen gleich an der Stadt stehend..."[32]

„Nebstdeme hat bemelter Gnediger Herr Franz Antoni Fryherr von Eching abgewichenes Jahr außer Grabenstätt auf der Straßen nacher Traunstein eine große Creuz Säulen mit derauf gesetzter gemahlener Bildnus Joanni Nepomuceni sambt einer Betschamel aufrichten lassen..."[33]

Der Propst von Gars am Inn schickte am 14. August 1715 einen Bericht, „daß die Bildnuß ... in 10 (von etwa 40) Pfarr- (und in) 6 Filial- Kürchen und in 4 Capellen auch 2 mal auf der Yhnbrückhen als zu Crayburg (Kraiburg) und Neuenötting so gleichfahls zu Mühldorf ist exponierter zu finden..."[34]

Aus dem Dekanat Teisendorf wird berichtet, „daß demselben underschidliche Ehr ... beyläuffig von 20 iahren her (1698) erwisen worden, dan seine Bildnusse sind nit allein in viellem Khürchen, sondern auch bey denen fliesenden Wässern und brugen ... in Stain, auf dem Landt in Holz und gemahlenen Tafeln aufgerichtet worden. Der Mahler alhier zu Teisendorf, Antonius Elsaser hat mich ... informirt, daß er (seit) 8 Jahren ... auf begehren underschidlicher Persohnen beyleiffig 12 mal den seel. Johannes von Nepomuk ... gemahlen habe..."[35] Abt Marian des Benediktinerstiftes St. Veit bei Neumarkt an der Roth teilte mit, daß die Bauern Johannes von Nepomuk als Wasserpatron verehrten und er „in hiesiger Closter Kirchen auf einem Altar ... eine Tafel (habe) machen lassen".[36]

Im Distrikt des Augustiner-Chorherrenstiftes St. Zeno bei Reichenhall gab es ebenfalls einige Belege der Nepomuk-Verehrung: „.... in der Stiftskhürchen (ist) eine grosse Taffl, warauf die Bildnuss dieses Seeligen von Ungefehr 9 Schuech hoch mit Anzeigen seines Toths oder wie selber in die Moldau gestürzt worden... In der Capell bey der Langen Pruggen negst der Statt Reichenhall ist auch ein von Holz geschniztes ... Büldt ... warbey etliche Stückh von Wax Opfer..."[37]

Über Berchtesgaden berichtet Rudolf Kriss: „Am Vorabend des Festes des hl. *Johann Nepomuk* war in der 1171 erbauten Hanserer-Kapelle (1940 abgebrochen) eine Litanei: Schon um einhalb 5 Uhr verkündete die große Glocke vom Stiftsturm die bevorstehende Festzeit. Daß man mit der großen Glocke läutet, weist darauf hin, daß man früher dieses Fest sehr feierlich beging; vielleicht war es ein Schutzfest, das ganz Berchtesgaden anging, um es vor Wassergefahr zu bewahren. So erzählt man, daß bei einer großen Überschwemmung der letzte Fürstpropst mit dem Allerheiligsten in diese Kapelle gezogen sei; man mußte Bretter legen, damit er die Kapelle überhaupt betreten konnte und von dort aus habe er das Wasser gesegnet; einige Stunden darauf sei schönes Wetter geworden. Am Festtag, den 16. Mai, ist um 9 Uhr feierliches Amt. Die Schiffer vom Königssee beten am gleichen Tag auf der Insel Christlieger vor der Statue des Heiligen einen Rosenkranz."[38]

Von der überlebensgroßen Statue aus kostbarem weißen Marmor bis hin zur kleinen, naiv geschnitzten Holzfigur und zum rührend gemalten Holzbild bestätigt sich noch heute der Volksglaube an die schützende Kraft des heiligen Johannes von Nepomuk.

12.3T
Nepomukfigur aus Schmidhausen,
Gde. Sünzhausen, Lkr. Pfaffenhofen.

Anmerkungen

[1] Adolf Hahnl: Die Verehrung des hl. Johannes von Nepomuk in der Salzburger Erzdiözese im 18. Jahrhundert. O.O., o.J., S. 106.
[2] Alfons Unterstöger: Der Hl. Johann von Nepomuk. O.O., o.J.
[3] Johanna von Herzogenberg: Zum Kult des heiligen Johannes von Nepomuk. Im Ausstellungskatalog. „Johannes von Nepomuk" (Ausstellung des Adalbert Stifter-Vereins in Zusammenarbeit mit dem Münchner Stadtmuseum, dem Oberhaus Passau, dem Österreichischen Museum für Angewandte Kunst in Wien und dem Bayerischen Rundfunk) Passau 1971, S. 25.
[4] Ferdinand Seibt: Johannes von Nepomuk – ein schweigender Märtyrer. Ausstellungskatalog wie Anm. 3, S. 19.
[5] Zitiert bei Seibt, wie Anm. 4, S. 20 (aus den Deutschen Reichstagsakten 3, Nr. 204, S. 256).
[6] v. Herzogenberg, wie Anm. 3, S. 29.
[7] Zitiert bei v. Herzogenberg, wie Anm. 3, S. 28.
[8] v. Herzogenberg, wie Anm. 3, S. 31.
[9] Jitka Klingenberg-Helfert: Festgerüste zur Seligsprechung und zur Heiligsprechung des Johannes von Nepomuk in Prag. Ausstellungskatalog wie Anm. 3, S. 81.
[10] Helmut Mezler-Andelberg: „Johann von Nepomuk – ein Patron des alten Österreich?" In: Ausstellungskatalog 250 Jahre Hl. Johannes von Nepomuk, Salzburg 1979, S. 43.
[11] Leopold Schmidt: „Die volkstümliche Verehrung". In: Ausstellungskatalog wie Anm. 3, S. 107.
[12] Schmidt, wie Anm. 11, S. 104.
[13] Schmidt, wie Anm. 11, S. 101.
[14] Marie Andree-Eysn: Volkskundliches aus dem bayrisch-österreichischen Alpengebiet. Braunschweig 1910, S. 128.
[15] Schmidt, wie Anm. 11, S. 104.
[16] Schmidt, wie Anm. 11, S. 101.
[17] Schmidt, wie Anm. 11, S. 100.
[18] Franz Matsche: „Die Darstellungen in der barocken Kunst". In: Ausstellungskatalog wie Anm. 3, S. 36.
[19] Elisabeth Kovacs: „Die Verehrung des Hl. Johannes von Nepomuk am habsburgischen Hof und in der Reichs- und Residenzstadt Wien im 18. Jahrhundert." In: Ausstellungskatalog wie Anm. 10, S. 69.
[20] Schmidt, wie Anm. 11, S. 100.
[21] Willy Lorenz: „Der hl. Johannes von Nepomuk – ein Anti-Hus?" In: Ausstellungskatalog wie Anm. 10, S. 89.
[22] Matsche, wie Anm. 18, S. 35.
[23] Matsche, wie Anm. 18, S. 43.
[24] Matsche, wie Anm. 18, S. 36.
[25] Matsche, wie Anm. 18, S. 55.
[26] Matsche, wie Anm. 18, S. 37/38.
[27] Matsche, wie Anm. 18, S. 41.
[28] Johanna von Herzogenberg: „Beispiele der Verehrung des hl. Johannes von Nepomuk in Bayern." In: Ausstellungskatalog wie Anm. 10, S. 112.
[29] Johann Baader: Chronik des Marktes Mittenwald. Nördlingen 1880.
[30] Erich Bachmann: „Zur Symbolik der Johannes von Nepomuk-Kirchen." In: Ausstellungskatalog wie Anm. 3, S. 92.
[31] Adolf Hahnl: „Die Verehrung des hl. Johannes von Nepomuk in der Salzburger Erzdiözese im 18. Jahrhundert." In: Ausstellungskatalog wie Anm. 10, S. 95.
[32] Hahnl, wie Anm. 31, S. 95.
[33] Hahnl, wie Anm. 31, S. 96.
[34] Hahnl, wie Anm. 31, S. 96/97.
[35] Hahnl, wie Anm. 31, S. 98/99.
[36] Hahnl, wie Anm. 31, S. 99.
[37] Hahnl, wie Anm. 31, S. 99.
[38] Rudolf Kriss: Sitte und Brauch im Berchtesgadener Land. München-Pasing 1947, S. 94 f.

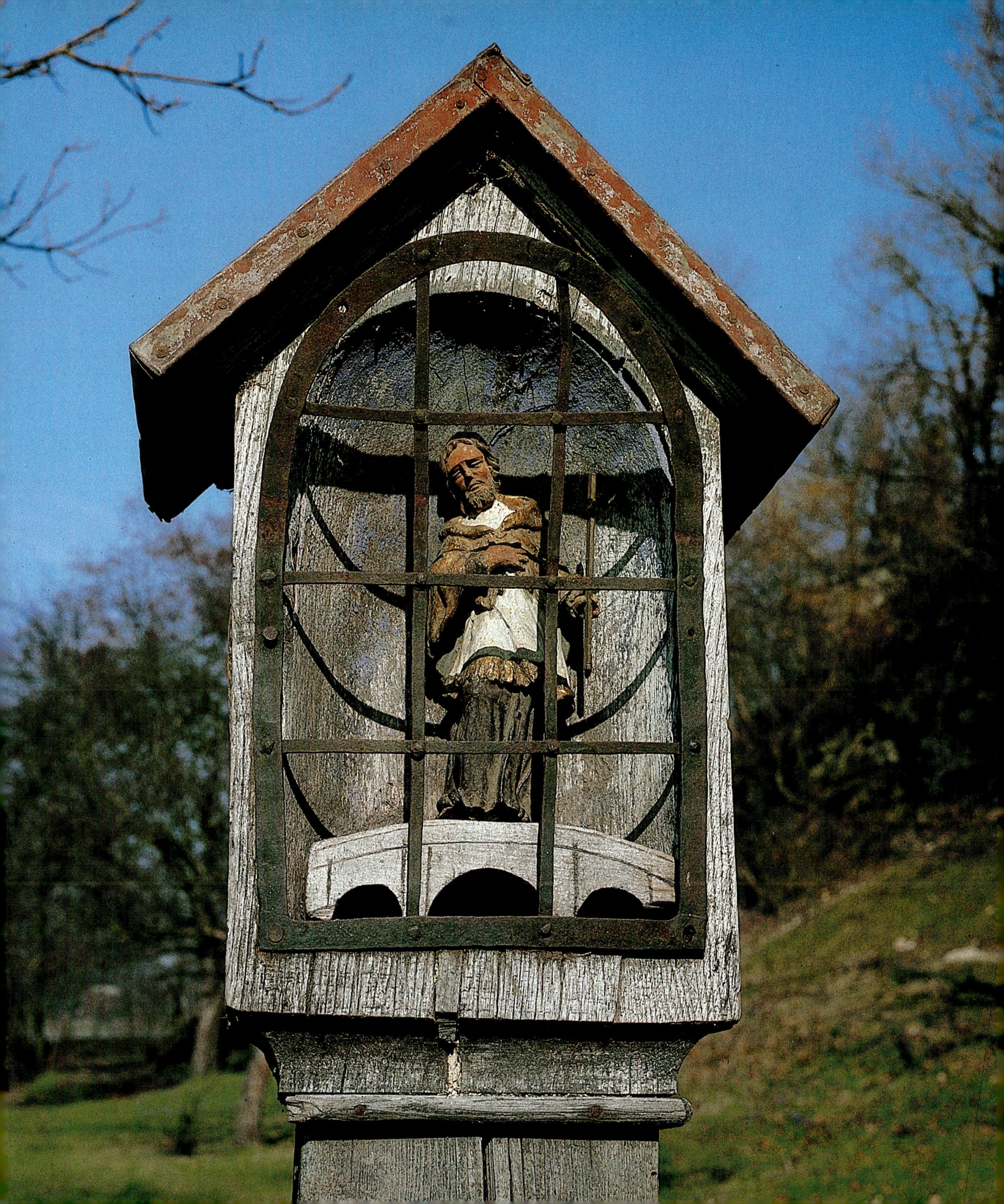

12.1 (Seite 297)
Hölzerner Bildstock mit schlichter Nepomukfigur, wohl 19. Jh. (mit der angedeuteten Moldaubrücke). Einstiger Standort am Bach nahe der Pfaffendorfer Mühle, Am Kirchberg 5, Gde. Anger, Lkr. Berchtesgadener Land.

12.2
Nepomukfigur in einfachem hölzernem Gehäuse, dat. 1852. Schliersee, Seestraße 28, Lkr. Miesbach.

Kap. 12

12.3
Nepomukfigur, 19. Jh. in erneuertem Gehäuse.
Lermoos, Tirol.

Kap. 12

12.5 △   **12.6** ▽   **12.7** △   **12.8** ▽

12.4 △
Nepomukfigur, auf Holz gemalt, dat. 1766. An der Brücke in Piding, Lkr. Berchtesgadener Land.

12.5
Nepomukfigur, spätes 19. Jh., in offenem Holzhäuschen. Reichertshofen, bei Johannisstraße 4, Lkr. Pfaffenhofen.

12.6
Nepomukfigur mit Kreuz und Siegespalme, 2. Hälfte 18. Jh., in einfachem Kapellenbildstock. Birkenstein, Gde. Fischbachau, Lkr. Miesbach.

12.7
Nepomukfigur, 18. Jh., in einfachem Kapellenbildstock. Prien, Brentanostraße, Lkr. Rosenheim.

12.8
Hausfigur des hl. Nepomuk, mit dem relativ seltenen Schweigensgestus. 18./19. Jh.
Kasing, an Hauptstraße 15, Gde. Kösching, Lkr. Eichstätt.

12.9 △   12.10 ▽

12.11 △   12.12 ▽

12.13 △   12.14 ▽

12.9
Hausfigur des hl. Nepomuk, mit (verloren gegangenem) Kreuz und Siegespalme. Privatbesitz.

12.10
Lebensgroße Nepomukfigur
auf geschnitztem Eichensockel, 2. Hälfte 18. Jh.
Rosenheim, Floßweg 4.

12.11
Nepomukfigur, 18. Jh., in Wegkapelle. Hochreit, Gde. Baiern, Lkr. Ebersberg.

12.12
Nepomukfigur mit Kreuz und Siegespalme in einer Kapelle, 18./19. Jh. Beilngries, Kelheimerstraße 2, Lkr. Eichstätt.

12.13
Nepomuk als Brunnenfigur, 19. Jh. Lechtal, Tirol.

12.14
Nepomukstatue, 19. Jh., auf der Donaubrücke in Neuburg an der Donau.

12.15

12.16

12.17

12.18

12.15 (Seite 302)
Große Marmorstatue des hl. Nepomuk, 19. Jh. Rosenheim.

12.16 (Seite 302)
Große Marmorstatue des hl. Nepomuk an der Brücke in Marktschellenberg, Lkr. Berchtesgadener Land.

12.17 (Seite 302)
Große Marmorstatue des hl. Nepomuk mit Widmungstafel von 1851. Innbrücke östl. Mühldorf.

12.18 (Seite 302)
Brückenfigur des hl. Nepomuk auf einer alten Steinbogenbrücke. Pietenfeld an der Leithen, Gde. Adelschlag, Lkr. Eichstätt.

12.19
Große barocke Nepomuk-Kapelle in Form eines offenen Pavillons. Südl. des Schloßkomplexes in Stein an der Traun, Gde. Traunreut, Lkr. Traunstein.

12.20
Nepomuk-Kapelle auf dem Mittelpfeiler einer alten verputzten Steinbogenbrücke. Alte Schwarzachbrücke bei Kinding, Lkr. Eichstätt.

12.21 (Seite 304)
Prächtige Nepomukstatue auf gewaltigem Sockel im salzburgischen Oberndorf gegenüber Laufen; dahinter eine monumentale Freitreppe, die zu einer großen offenen Kalvarienbergkapelle emporführt. Dieses Ensemble von Denkmalen setzte sich in einer „Architekturachse" über die einstige hölzerne Salzachbrücke durch das „Untere Tor" (Stadttor) bis in die Altstadt von Laufen fort. Lkr. Berchtesgadener Land (Foto um 1900).

12.22 (Seite 304)
Nepomukstatue an der Praterinsel in München, bez. 1857; im Hintergrund die Maximiliansbrücke.

Kap. 12

Oberndorf Nepomukdenkmal

Kap. 12

13
LOURDESGROTTEN

*„Wir ziehen zur Mutter der Gnade,
Zu ihrem hochheiligen Bild,
O lenke der Wanderer Pfade
Und segne, Maria! sie mild,
Damit wir das Herz Dir erfreuen,
Uns selber im Geiste erneuen.*

*Mit Kummer und Schulden beladen,
Mit gläubig vertrauendem Sinn,
So zieh'n wir zum Bilde der Gnaden
Die Pfade der Buße dahin:
O führe Maria! die Blinden,
Damit sie zum Himmel hin finden.*

Guido Görres

Die Erscheinungen in der Grotte von Massabielle

Das Bauernmädchen Bernadette Soubirous war erst knapp 14 Jahre alt, als ihr im Jahr 1858, zwischen dem 11. Februar und dem 16. Juli insgesamt 18 Erscheinungen der „schönen Dame" widerfuhren. Sie konnte damals weder lesen noch schreiben und lebte zu dieser Zeit mit ihren tiefreligiösen Eltern und acht jüngeren Geschwistern in armseligen Verhältnissen in einem knapp 16 Quadratmeter großen Raum – einer leeren Zelle des ehemaligen Gefängnisses. Ihr religiöses Wissen basierte nur auf Predigten und auswendig gelernten Gebeten. Obwohl am 4. März 1855 in allen Kirchen der Diözese ein Rundschreiben des Papstes Pius IX. mit dem Dogma von der Unbefleckten Empfängnis Mariä verkündet worden war, verstand sie damals noch in keiner Weise die Worte der ihr widerfahrenen 16. Erscheinung: Ich bin die Unbefleckte Empfängnis. „Bernadette erblickte die ‚schöne Dame' hoch oben in einer Felsengrotte über dem Fluß Gave in einem leuchtenden Nebel. Es war eine sehr junge, sehr schöne Dame in weißem Gewand mit einer blauen Schärpe. Bernadette will sie so deutlich gesehen haben, daß sie nicht verstehen konnte, weshalb kein anderer sie sah."[1] Es ist aber erwiesen, daß Bernadette am 25. Februar 1858 im Beisein von rund 350 Menschen nach einer Quelle gegraben und diese auch gefunden hat, nachdem ihr die „Dame" aufgetragen hatte: „Trink aus der Quelle und wasche dich darin."[2]

„Das Landvolk glaubte Bernadette vom ersten Augenblick an. Ihr tiefer Glaube übertrug sich auf die anderen. Unaufgefordert beteten sie jedes Mal, wenn ihr die Dame ‚erschien', mit ihr an der Grotte. Zuerst war es nur ein kleines Häuflein, dann aber strömten die Menschen aus der ganzen Umgebung herbei. Sie errichteten einen rohen kleinen Altar und brachten Kerzen, Blumen und kleine Geschenke. Der örtliche Klerus verhielt sich zunächst kühl und zurückhaltend. Die staatlichen Behörden lachten über die Visionen, drohten Bernadette und ihrer Familie, schlossen die Grotte und beschlagnahmten den Altar."[3]

„Noch im gleichen Jahr bereits ereigneten sich die ersten Heilungen, von denen sieben durch die in den Jahren 1860/62 vom Bischof von Tarbes, Monsignore Laurence, eingesetzte kirchliche Kommission anerkannt worden sind."[4]

Nach fast dreijähriger Prüfung erklärte der Bischof von Tarbes in seinem Hirtenbrief vom 18. Januar 1862: „Die Unbefleckte Gottesmutter Maria ist am 11. Februar 1858 und an den darauffolgenden Tagen in der Grotte von Massabielle bei der Stadt Lourdes Bernadette Soubirous insgesamt 18 mal wirklich erschienen. Diese Erscheinungen tragen alle Anzeichen der Wahrheit an sich und die Gläubigen sind berechtigt, sie als wahr zu betrachten." Gleichzeitig erteilte er auch die Erlaubnis für kirchliche Feiern an der Grotte. Im liturgischen Kalender findet sich am 11. Februar, dem ersten Tag der Marienerscheinungen in Lourdes, der „Gedenktag unserer lieben Frau in Lourdes", der von Papst Pius X. bereits 1907 eingefügt wurde und das Wohlwollen der Kirche zu den wundersamen Ereignissen ausspricht.[5]

Zum Leben der Bernadette Soubirous

„Das Bild der Bernadette mit ihrem bäuerlichen Schulterumhang und Kopftuch zieht vor allem wegen der großen und klaren Augen in den Bann. Diese Augen lassen in ein Herz der Einfalt und der Wahrheit hineinschauen. Bernadette hatte zeitlebens nur eine große Sorge, daß aus den Marienerscheinungen ‚etwas gemacht' wird. Es ging ihr in ihren Aussagen und Aufzeichnungen einzig und allein darum, das Bild Marias und das Erlebnis der Erscheinungen vor Verzeichnungen und Verfälschungen zu bewahren. Über die Statue, die der berühmte Bildhauer Fabish aus Lyon angefertigt hatte und die seit 1864 in der Grotte von Massabielle steht, konnte Bernadette nur sagen: Nein, so war es nicht."[6] Bernadette hat über die Ereignisse, die ihr im 14. Lebensjahr widerfuhren, nur in sehr schlichter Form berichtet. „Die ältesten schriftlichen Berichte stammen nicht von ihr selbst, sondern es sind Aufzeichnungen anderer, die Bernadettes Worte anläßlich von Verhören und Befragungen gehört und in Protokollen festgehalten haben... Erst nach ihren Erscheinungen hatte Bernadette in der Hospizschule der Schwestern (von Nevers) in Lourdes lesen und schreiben gelernt, so daß sie ihre Erlebnisse später eigenhändig und mit nicht wenigen Schreibfehlern aufzeichnen konnte. Bernadette hat sieben Manuskripte hinterlassen, in denen sie über ihre Marienerscheinungen berichtet. Das vollständigste Manuskript läßt sich auf das Jahr 1866 datieren. In diese Fassung des Jahres 1866 hat Bernadette Notizen und Aufzeichnungen eingearbeitet, die sie bereits früher niedergeschrieben hatte. Sie schmückt in ihren späteren Aufzeichnungen nicht aus. Sie schützt vielmehr die Erscheinungen und ihren Bericht vor jeder Mißdeutung, vor jeder Über-Interpretation."[7] Im Jahr 1866 zog sich Bernadette in das Kloster Saint-Gildard in Nevers zurück. Sie wurde dort am 29. Juli 1866 eingekleidet und nahm den Ordensnamen Schwester Marie-Bernard an. „Sicherlich wollte sich Bernadette dem Rummel und den neugierigen Menschenmassen entziehen, denen sie in Lourdes mehr und mehr ausgesetzt war. In überzeugender Ehrlichkeit sagte sie: ‚Mein Auftrag in Lourdes ist zu Ende'... Das klösterliche Nachspiel, das 21 Jahre lang nach den Marienerscheinungen in der Grotte von Massabielle dauerte, war ein Weg der Demütigungen, der Krankheiten, Zurücksetzungen und der immer neuen Befragungen. Was ist wohl größer im Leben Bernadettes – die 18 Marienerscheinungen des einen Jahres 1858 oder die vielen Kreuzwegstationen ihrer Klosterjahre? Sie selbst hat ihr Leben als einen Dienst, als Werkzeug Gottes gesehen, wenn sie kurz vor ihrem Tod sagte: ‚Sehen Sie, meine Geschichte ist ganz einfach. Die Jungfrau hat sich meiner bedient, dann hat man mich in die Ecke gestellt. Das ist mein Platz. Dort bin ich glücklich, und dort bleibe ich.'"[8]

Am 16. April 1879 starb sie im Alter von 36 Jahren qualvoll an Tuberkulose. So bewahrheitete sich, was ihr die „schöne Dame" in der dritten Erscheinung am 18. Februar 1858 verheißen hatte:

„Ich verspreche Dir nicht, Dich in dieser Welt glücklich zu machen, aber in einer anderen."[9]

Bernadettes Leichnam wurde dreimal exhumiert. Beim Öffnen des Sarges war nach dem Untersuchungsbericht „der Körper völlig intakt, ohne Geruch, beinahe mumifiziert".

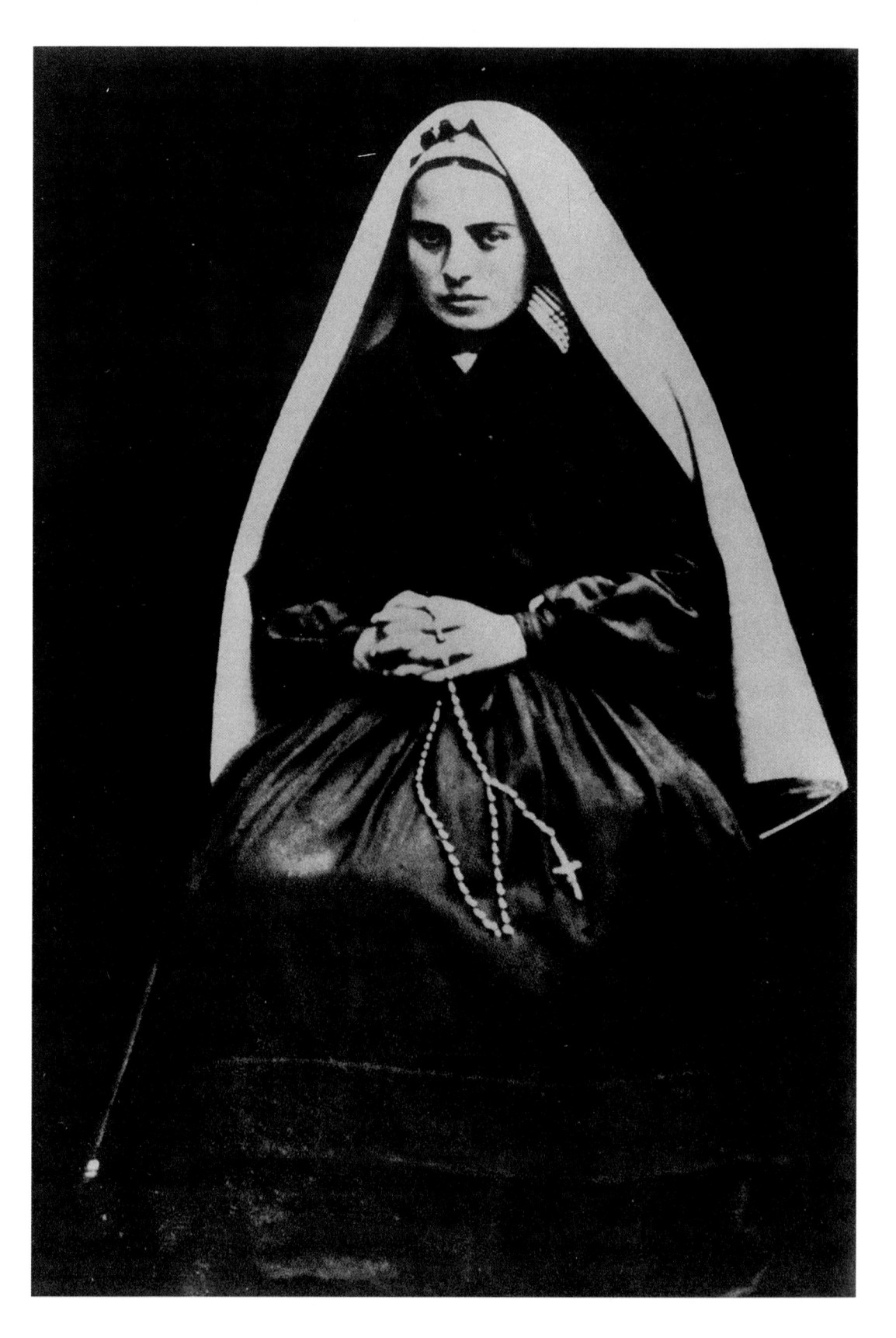

13.1T
Bernadette Soubirous im Alter von ewa 20 Jahren kurz vor ihrem Eintritt ins Kloster.

Seit der Seligsprechung Bernadettes am 14. Juli 1925 wird ihr unversehrter Leichnam, der mit einer dünnen Wachsschicht überzogen wurde, in einem kostbaren Schrein im Chor der Klosterkirche von Saint Gildard zu Nevers zur Verehrung aufgebahrt. Bernadette wurde im Jahr 1933 im Rahmen einer großartigen Zeremonie in der Peterskirche zu Rom heiliggesprochen.[10]

Die Wunderheilungen

Die wundersam entsprungene Quelle in der Grotte von Massabielle ist niemals versiegt. Die Wunderheilungen setzten sich fort: „Ein Blinder, der seine Augen mit dem Wasser der Quelle wusch, wurde wieder sehend. Eine Nachbarin der Soubirous tauchte ihr sterbendes Kind in das Wasser, und das Kind erwachte nicht nur zum Leben, sondern wurde gesund und kräftig. Aus dem ganzen Land brachten die Menschen ihre Kranken nun dorthin. Man erzählte sich, der Sohn des Kaisers Napoleon III. sei durch Lourdeswasser geheilt worden. Die Grotte, die auf polizeilichen Befehl geschlossen worden war, wurde vom Kaiser für die Öffentlichkeit freigegeben. Nach den ersten Heilungen verdreifachte sich der Menschenandrang.

Hotels und Kirchen schossen aus dem Boden. Und rasch stellte sich der übliche Rummel eines Touristen- und Pilgerortes ein.

Schließlich ernannte der Bischof der Diözese eine Untersuchungskommission, die sich mit der Angelegenheit beschäftigen sollte. Diese Kommission, lauter hartgesottene und skeptische Männer, stellten sich nach vierjährigem Studium einstimmig hinter Bernadette und gaben eine Erklärung ab, die besagte, daß an dem Heiligtum gewisse Heilungen stattgefunden hätten, die entschieden als wunderbar, d.h. entgegen allen bekannten Gesetzen der Biologie und der medizinischen Wissenschaft, anzusehen seien."[11] Was in Lourdes im Jahre 1858 geschehen ist und was seither an Wunderheilungen immer noch geschieht, hat von Anfang an nicht nur Begeisterung und Zustimmung gefunden. „Bereits in der zweiten Hälfte des 19. Jahrhunderts entbrannte ein erbitterter Kampf um Lourdes. Nicht wenige Ärzte erklärten Bernadette Soubirous für eine sentimentale und raffinierte Hysterikerin. Die ‚Wunderheilungen' versuchte man als Selbsthypnose, als Autosuggestion oder rundweg als Fehldiagnosen hinzustellen."[12]

„Es handelt sich hier nicht, wie meist angenommen wird, um die Heilungen von Hysterikern oder Neurotikern. Es handelt sich um

13.2T
„Die Wunder Unserer Lieben Frau von Lourdes."
Weitverbreiteter Bilddruck.

Heilungen von Zuckerkranken, Lungenkranken, Blinden, Krebskranken und Menschen, die an Tumoren und Knochenerkrankungen leiden. Die Zeit, da Wissenschaftler über solche Dinge die Nase rümpfen konnten, ist vorüber. 5000 Ärzte haben sich zu einer Internationalen Ärztlichen Kommission zusammengeschlossen, welche die Heilungen in Lourdes wissenschaftlich untersucht. Diese Ärzte stammen aus vielen Ländern: aus Australien, Argentinien, Indien, Ägypten, der Türkei, Spanien, Schweden, England, den Vereinigten Staaten usw. Die Untersuchungen der Heilungen werden genau so präzis und methodisch durchgeführt wie die Analysen in erstklassigen Krankenhäusern. Eine ärztliche Kommission aus zwanzig hervorragenden Internisten und Chirurgen der verschiedensten Länder begutachtet diese Aufzeichnungen, ehe eine Heilung endgültig und offiziell bestätigt wird. Ist sie aber einmal bestätigt, so darf man überzeugt sein, daß sie authentisch ist und auf unanfechtbaren Beweisen beruht. Die Strenge, mit der diese Nachforschungen des Medizinischen Büros gehandhabt werden, läßt sich aus der Tatsache ermessen, daß 1947 nur 75 Heilungen für untersuchungswürdig befunden wurden. Im folgenden Jahr wurden davon nur 11 wieder vorgelegt und von diesen nur 6 endgültig zu den Akten genommen. Im Jahr 1948 wurden 83 Protokolle weitergeführt, nur 15 wieder aufgenommen und davon schließlich 9 im Hinblick auf ein mögliches Wunder bearbeitet. Manchmal werden Fälle über ein Jahr zurückgehalten, da ein Arzt eine gründlichere Untersuchung verlangt. Aus dem allen erklärt sich, weshalb eine Heilung niemals vor Ablauf von zwei Jahren, ja manchmal sogar später bekanntgegeben wird."[13]

Erst wenn beide medizinische Instanzen von Lourdes – das Ärztebüro und das Internationale Medizinische Komitee – nach gewissenhaften, meist jahrelangen Untersuchungen zu dem Ergebnis „medizinisch unerklärbar" gekommen sind, wird das Aktenstück über eine Heilung den kirchlichen Autoritäten vorgelegt. Trotzdem blieben und bleiben in weiten Kreisen skeptische Zweifel und bissiger Zynismus.

Aber gerade ein Arzt machte auf einen weiteren interessanten Punkt zu der Frage der Suggestion aufmerksam: „Wenn Lourdes wirklich, wie gewisse Schulen behaupten, ein Stelldichein für ausschließlich nervöse und hysterische Kranke ist, und wir über unbegrenzte Suggestivmittel verfügen, warum werden dann nicht mehr nervöse Kranke an diesem Ort geheilt? Wie kommt es dann, daß bei unseren Heilungen vor allem Schädigungen

13.3T
Die Grotte von Massabielle bei Lourdes

13.4T
Kranke vor der Grotte in Lourdes

der Lunge und organische Krankheiten – Karies, Tumore, Krebs und Diabetes – geheilt werden, Krankheiten also, auf die Suggestion keinen Einfluß hat? Wenn, wie so häufig, eine Heilung von Krebs oder Tuberkulose im letzten Stadium in dem Augenblick erfolgt, da das Allerheiligste vorbeigetragen wird, warum werden dann nicht die Hunderte von nervösen Kranken, die sich in diesem Augenblick vor der Basilika befinden, auch geheilt?"[14]

Es ist keineswegs das Urteil eines medizinisch völlig unwissenden Laien, sondern die nüchterne Feststellung eines Augenzeugen, des nichtkatholischen amerikanischen Arztes Dr. Alexis Carell, der für seine Krebsforschungen 1931 den Nobelpreis erhielt, in der es heißt: „Niemals werde ich das erschütternde Erlebnis vergessen, als ich sah, wie ein großes, krebsartiges Gewächs an der Hand eines Arbeiters vor meinen Augen bis auf eine kleine Narbe zusammenschrumpfte; verstehen kann ich es nicht, aber ich kann nicht bezweifeln, was ich mit meinen eigenen Augen gesehen habe."[15]

In einem Gesamtüberblick über alle Wunderheilungen von 1858 bis 1984 schreibt der Präsident des Ärztebüros in Lourdes: „Die Zahl der anerkannten Wunderheilungen ist gering im Vergleich zur Zahl der Kranken. Seit 1858 hat die Kirche nur 64 Wunderheilungen anerkannt bei 6000 ärztlich bestätigten Heilungen unter 2.200.000 Kranken, die mit Pilgerzügen kamen. Dies bedeutet eine kirchlich anerkannte Wunderheilung auf 30.000 Kranke und 100 ärztlich bestätigte Heilungen."[16]

Wallfahrt nach Lourdes

Im Jahr 1872 wurde der erste nationale Pilgerzug Frankreichs nach Lourdes organisiert. „Schon 1879 wurde der erste organisierte Hospitaleisenbahnzug mit 500 zum Teil unheilbaren Schwerstkranken von Paris aus in einer zweitägigen Reise durch Frankreich nach Lourdes geschickt... Vierfünftel der Kranken fuhren auf Freiplätzen mildtätiger Stiftungen mit; zehn davon verstarben noch vor Beginn der Fahrt. Das gesamte Unternehmen mußte sich Angriffen der kirchenfeindlichen Presse stellen. Es wurde zugleich zur Geburtsstunde des bis heute imponierenden freiwilligen Krankendienstes in Lourdes."[17]

Deutsche Wallfahrten nach Lourdes sind – ganz im Gegensatz zur übrigen Wallfahrtsgeschichte – in der Fachliteratur stiefmütterlich behandelt worden. Der erste deutsche Pilgerzug mit 85 Teilnehmern war schon 1875 von

13.5T
Segnung der Kranken auf der Esplanade von Lourdes.

13.6T
Lichterprozession in Lourdes

Aachen aus aufgebrochen. Im Jahr 1883 folgte eine von Unterfranken aus organisierte Eisenbahnfahrt mit 64 Teilnehmern. Ansonsten schlossen sich die deutschen Katholiken der elsaßlothringischen Organisation in Nancy an.[18]

Viele deutsche Lourdes-Pilger haben ihre Erlebnisse und Eindrücke in Tagebuchform festgehalten, doch diese Berichte kamen scheinbar nie ans Licht der Öffentlichkeit. Wie interessant sie sein können, zeigt ein 114-seitiges handgeschriebenes Manuskript, zu Ende gebracht im Februar 1900. Der Verfasser, Michael Wacher, war Posthalter, Wirt, Schuster und Landwirt in Oed, jetzt Gemeinde Surberg; er starb 1937 im 66. Lebensjahr. Er beschreibt, mit einem „Vorwort" beginnend und in Kapitel gegliedert, in pedantischer Genauigkeit jede Kleinigkeit des Ablaufs dieser größten Reise seines Lebens. Seinen vier Tagen in Lourdes widmet er allein 34 Seiten – wir sind also über den Ablauf einer solchen bayerischen Pilgerfahrt nach Lourdes um die Jahrhundertwende bis in alle Einzelheiten, bis zum Ablauf der einzelnen Stunden jedes Tages unterrichtet. Aus diesem Bericht wissen wir, daß ein Lourdes-Erlebnis auch viele bayerische Pilger zutiefst bewegt hat – obwohl gerade in Bayern ein solches Erlebnis dem Vergleich mit vielen anderen Wallfahrtserlebnissen standhalten mußte.

In den letzten Jahren kommen in Omnibussen, in Flugzeugen, mit der Eisenbahn oder auch im Privatauto alljährlich zwischen 4 und 5 Millionen Pilger und Touristen aus allen Ländern der Welt nach Lourdes, unter ihnen über 600.000 Kranke. Viele dieser Kranken hoffen keineswegs auf Heilung, sie bitten nur um Gnade, ihr Leid ertragen zu können. Viele kehren getröstet und innerlich gestärkt zurück; sie haben gesehen, daß sie in ihrem Leid nicht allein sind und daß es noch viel größeres Leid gibt als das ihre.

„Da nur die organisierten Pilgergruppen genau erfaßt werden, konnte eine Aufschlüsselung nur dieser Gruppen erstellt werden: An der Spitze mit etwa 40% lag Frankreich, gefolgt von Italien mit knapp über 20% und von Belgien mit 10%. Organisierte Pilger aus Deutschland waren mit 4,5% vertreten. Am Schluß der Länder stand Jugoslawien mit 0,2%, während aus den meisten Ländern des Ostblocks Pilger nicht registriert wurden. Pilger aus Australien, Kanada, Japan oder den USA erreichten nicht einmal 1%. Bereits dreimal erlebte Lourdes einen Eucharistischen Weltkongreß: 1899, 1914, 1981."[19]

Am 14. und 15. August 1983 kam zur Dankwallfahrt auch Johannes Paul II. als erster Papst nach Lourdes.

13.7T
Lichterprozession in Lourdes

13.8T
Vor den Piszinen von Lourdes

Die ältesten Lourdes-Heiligtümer

Die natürliche Grotte von Massabielle ist von der alten Stadt Lourdes etwa 800m entfernt. Seinerzeit ragte der Grottenfelsen etwa 27m über den Fluß Gave empor. Die 1,80m hohe Marienstatue, die noch heute etwa an der Stelle der Erscheinungen steht, wurde im Jahr 1864 von Professor Fabish aus Lyon geschaffen: In weißer Gewandung, mit blauer Schärpe, den Rosenkranz in Händen. Auf dem Sockel sind in bigorrischem Dialekt die Worte der „schönen Dame" zu lesen, so wie Bernadette sie vernommen hat: „Oué soy éra Immaculada Councepcion" — Ich bin die Unbefleckte Empfängnis.

Das Bild dieser weihevollen Stätte ist zum Vorbild der Lourdes-Heiligtümer in aller Welt geworden.

Im Jahre 1880 gründeten georgische Patres, die aus Frankreich ausgewiesen wurden, in Konstantinopel ein Kloster. Dort widmeten sie Unserer Lieben Frau von Lourdes einen Altar, der jener der Grotte von Lourdes nachgebildet war. Außerdem verfügten sie stets über einen Vorrat von Lourdes-Wasser, das man ihnen von der Quelle zusandte. „Sofort begannen auch hier Wunder zu geschehen: Griechen, Armenier, Mohammedaner und Juden wurden ebenso wie Katholiken geheilt."[20] Als einer der frühesten deutschen Sekundär-Kultorte gilt das „Zeiler Käppele". Bald nach seiner Rückkehr von einer Pilgerreise nach Lourdes im Jahr 1880 errichtete der Pfarrer von Zeil am Main in der alten Kirche eine Lourdes-Gedächtnisstätte, die 1883 feierlich eingeweiht wurde. Diese so in die Heimat verpflanzte Erinnerungsstätte wurde bald ein „fränkisches Lourdes" und gewann den Charakter eines Wallfahrtsortes. Die Errichtung von Lourdes-Grotten kam bald im ganzen Diözesanbereich auf und verbreitete sich über den gesamten süddeutschen Raum.

„Durch das unmittelbare Ansprechen jedes Gläubigen und die dadurch erzielte persönliche Beziehung zwischen Marienerscheinung und gläubigen Katholiken haben Lourdes und Fatima einen entscheidenden Vorsprung vor früheren marianischen Gnadenorten... Ihr Kult überzieht binnen kurzem alle katholischen Gebiete, die Verehrung greift auch auf alte Gnadenorte über und gestaltet sie um. Zahlreiche marianische Wallfahrtskirchen in Bayern weisen heute eine Lourdesmadonna auf. Wir schätzen, daß die Anzahl zeitgenössischer Weihegaben wie Kerzen, Bildtafeln, Rosenkränze, Blumenstöcke und -sträuße, Schmuck u.ä. an Lourdesverehrungsstätten ungefähr doppelt so groß ist, wie in allen anderen Wallfahrtsorten und sonstigen Verehrungsstätten zusammengenommen..."[21] Mit

13.9T
Grotte mit Basilika, beliebtes Postkartenmotiv von Lourdes

Lourdes entwickelte sich also seit dem späten 19. Jahrhundert eine neue überregionale, ja internationale Form der Marienverehrung: In aller Welt, in der Katholiken lebten, entstanden Sekundär-Kultorte, von denen auch Wunderheilungen berichtet wurden. „Solche Heilungen haben sich in vielen Teilen der Welt ereignet, so in Amerika, Ozeanien, Canada und Ceylon. Sie ereigneten sich in Lourdes-Heiligtümern oder in Nachbildungen der Grotte, an Lourdesquellen oder nach Gebrauch von Lourdes-Wasser. Dem Mediziner mag es schon hart genug ankommen, Wunderheilungen in Lourdes bestätigen zu müssen...“[22]

Der Bau von Lourdesgrotten erfolgte hauptsächlich in der Zeit um die Jahrhundertwende bis zum Ersten Weltkrieg, hielt aber gebietsweise bis in die Zeit nach dem Zweiten Weltkrieg an. So existiert beispielsweise eine wissenschaftliche Arbeit, welche auch die „Grottenbauwelle" in den Orten Mechenhard und Streit in den Jahren 1950-1958 beleuchtet.[23] Sehr interessant ist dabei die Tatsache, daß sich das gestalterisch sehr wirkungsvolle und stimmungsvolle „Motiv der Grotte" auch zur Aufstellung von Madonnenfiguren aus anderen Wallfahrtsorten einbürgerte. Ebenso wurden neue Kapellen an ehemaligen Kapellenstandorten oder an Stelle ruinöser oder baufälliger Kapellen oder Bildstöcke als Lourdeskapellen ausgeführt. Schon vorhandene Marienfiguren, die auf dem Hausaltar oder in einer Nische standen, wurden im Zuge eines Hausneubaues in eigens hierfür neu errichteten Lourdes-Grotten aufgestellt. Das Grottenmotiv übertrug sich übrigens auch auf spätere Marienerscheinungen wie Fatima oder Banneux, die mit einer Grotte überhaupt nichts zu tun haben.

Lourdes im Urteil der Ästheten

Sich mit dem Thema Lourdes abzugeben, war unter „Gebildeten" allerdings noch nie fein – das hat bis in die volkskundliche Frömmigkeitsforschung durchgeschlagen: „Unter religiösen Ästheten und gläubigen Intellektuellen gelten Lourdesgrotten noch immer als kitschig und hinterweltlerisch."[24] Diese ästhetische Abneigung ist schon bald ein Jahrhundert zu beobachten. Professor Dr. Richard Andree, einer der bedeutendsten Volkskundler seiner Zeit, mäkelt schon im Jahr 1904: „Ich werde wiederholt darauf verweisen müssen, wie dieser Kultus im Zunehmen begriffen ist, wie Lourdesgrotten überall entstehen und die alten Heilquellen in Lourdesquellen umgetauft werden. Aus der Brünnl-Kapelle zu Allersdorf bei Abensberg in Niederbayern, einem viel besuchten Wallfahrtsorte, ist die seit langer Zeit dort verehrte deutsche Muttergottesstatue entfernt worden und nun steht eine französische Lourdesgrotte an der Stelle des alten deutschen Quellenheiligtums. Und wie in Bayern zeigt sich auch in Tirol eine zunehmende Vermehrung der Lourdesgrotten. Gegenüber dem Denkstein Oswalds von Wolkenstein steht zu Brixen auf dem Domhofe jetzt eine Lourdesgrotte, behangen mit allerlei Blumen, sehr minderwertigen Lithographien und Heiligenbildern; bei den Franziskanern in Bozen sieht es auch nicht schöner aus und ich konnte dort beobachten, wie man sorgfältig die verstopften eisernen Röhren der Lourdesquelle ausbesserte, damit sie in Ordnung wären, weil am nächsten Tag der Besuch des Bischofs von Trient in Aussicht stand, ja, in der Pfarrkirche zu Gries, wo das in einem Keller gefundene Gnadenbild Unserer Lieben Frau im Keller verehrt wird, hat man, sozusagen, dieses zugunsten der neuen französischen Madonna beraubt. Jener sind die vielen alten silbernen Votive, die Herzen und Glieder unter Glas und Rahmen schon in alter Zeit geweiht worden. Man hat sie aber dort entfernt und bei der neuen Lourdesmadonna aufgehängt, die allenthalben die deutschen Marien verdrängt oder doch sehr in den Schatten stellt. Ich glaube kaum, daß ein Mensch von Geschmack und geschichtlicher Bildung lange zu wählen braucht, wenn er eine mildstrenge, gekrönte deutsche Maria mit dem Christuskinde in alter Form und Gewandung auf der einen Seite sieht und auf der anderen die süßlich französisch moderne Lourdesfigur.

Auch die Lourdes-Spezialitäten beginnen an solchen Stätten mit der Ausbreitung des Lourdes-Kultes sich zu mehren: Lourdesmedaillen mit französischer Inschrift, Lourdes-Madonnen, Bernadettes, Lourdes-Lämpchen, Lourdes-Segen zum Aussticken..."[25]

Aber auch zeitgenössische Wissenschaftler mäkeln: „... Lourdes und später Fatima: Diese Formen der Wallfahrt, die heute vielfach Elemente des Tourismus aufgenommen haben, werden von den kirchlichen Behörden voll unterstützt, ihrer Struktur nach sind sie mit den Wallfahrten des 17. und 18. Jahrhunderts jedoch nicht zu vergleichen. Von den neueren Wallfahrten sind auch kaum produktive Impulse für die religiöse Kunst ausgegangen, sie leisten vielmehr durch ihre kommerzialisierten Organisationsformen dem ästhetischen Verfall, ja der totalen Verkitschung der Wallfahrtsdevotionalien wie der Votivgaben Vorschub..."[26]

Lourdes in Oberbayern

Schon im Jahre 1900 berichtet der Pfarrer von Erlbach bei Altötting, daß Lourdesgrotten praktisch allenthalben „obligatorisch" sind. Ebenso haben aber auch Laien und hier in erster Linie das Landvolk allenthalben Lourdesgrotten errichtet – im Garten, in Nischen an Hauswänden oder im Flez, aber auch mitten in der freien Flur. Besonders beliebt waren natürliche Höhlungen in Felswänden oder Quellfassungen mitten im Wald.

Die Erbauungsgründe unserer Lourdesgrotten sind vielfältig, die Gesundheit steht naturgemäß im Vordergrund und die zahlreichen Weiheinschriften sind ein Spiegelbild zeitgenössischer Krankheiten, Gebrechen und Unfälle. Deutlich zeigt sich auch die Angst vor dem unfreiwilligen „Heldentod"; in vereinzelten Inschriften danken Soldaten oder ihre Angehörigen für glückliche Heimkehr aus dem Deutsch-Französischen Krieg 1870/71. Öfters findet sich die flehentliche Bitte um gesunde Heimkehr aus dem bevorstehenden oder schon begonnenen Ersten Weltkrieg.

Eine der größten Lourdesgrotten in einer natürlichen Felshöhlung befindet sich knapp unter dem 1268 m hohen Burgfelsen von Burg Falkenstein im Allgäu – bekannt geworden durch ein gigantisches Burgenbauprojekt König Ludwigs II. Eine exakte Zeichnung von Domenico Quaglio zeigt die riesige Halbhöhle im senkrechten Kalkfels des Gipfelaufbaus noch in unberührtem Zustand.

Heute blickt eine überlebensgroße Lourdesmadonna gut 400 Meter tief von hier ins Tal der Vils, von wo sich so mancher fromme Wanderer noch heute im Schweiß des Angesichts den steilen Serpentinenpfad emormüht.

In manchen Fällen wurde eine natürliche Felshöhlung zusätzlich nach Art einer Tropfsteinhöhle gestaltet oder mit jenen begehrten, bizarren Tuffstein-Sinterbildungen ausgekleidet, die man heute – nach ihrer Verwendung – oft auch als „Grottentuff" bezeichnet. Zweifellos sind solche künstlich gestalteten Grotten in echten Felshöhlen unter freiem Himmel, an einer Bergwand oder gar in einer Felsschlucht, die stimmungsvollsten Lourdesstätten, da sie das Element der freien Natur und die Erinnerung an die „echte" Grotte von Lourdes am besten wiedergeben. Das Grundelement der mit Grottentuff oder ähnlichem Gestein ausgekleideten Grotte findet sich in viel größerer Zahl in kleinen bis kleinsten Ausbildungen allenthalben in verschiedenstem baulichem Zusammenhang: in freier

Flur an einer bescheidenen Böschung, im Hausgärtchen oder auch an Stelle eines Hausaltars. Größere Nachbildungen der Grotte von Lourdes füllen die Apsis vieler Kapellen, sowohl älterer – deren angestammte Altarausstattung dem neuen Kultbild weichen mußte – als auch solcher, die von vornherein als Lourdeskapellen errichtet wurden. Hier finden wir gelegentlich die phantasievollsten Inszenierungen des Grottenmotivs und gelegentlich füllt der Grottentuff die gesamte Kapelle wie eine richtige Tropfsteinhöhle und umwuchert auch noch Weihwasserbecken und Opferstock!

Das Beschaffen des Grottentuffs war im Öttinger Land eine Spezialität der Kapuzinerbrüder von Eggenfelden oder von Neuötting, die alle Lourdesgrotten der Pfarr- und Nebenkirchen ausstatteten. Auf Wunsch beschafften sie den begehrten Tuff aber auch für die vielen Bauern, die hier – im Kernraum des uralten Altöttinger Marienkults! – Lourdesgrotten einrichteten.

Der Tuff wurde hier südlich von Altötting aus heute meist verschütteten Steinbrüchen geholt, gelegentlich auch aus Höhlen und Erdspalten, wo sich manchmal auch richtige Stalagmiten und Stalaktiten fanden. Das hauptsächliche Fundgebiet liegt in den Kalkquellhängen bei Kloster Raitenhaslach, wo besondere geologische Verhältnisse diese bizarren, aber leicht zerbrechlichen Wundergebilde aus versinterten pflanzlichen Überresten wuchern lassen. Dieser phantastisch geformte Grottentuff aber wurde allmählich rar. Mancherorts behalf man sich deshalb mit rupfenen Linnen, die man meist mit Gips versteifte. Ein besonders origineller Ersatz wurde die viel billigere weiße Schlacke, die als Abfallprodukt der Eisenverhüttung im Achthal in der Gemeinde Teisendorf anfiel – neben der kohlrabenschwarzen Schlacke, die man im südlichen Rupertiwinkel seit dem späteren 19. Jahrhundert gerne und mit Erfolg zum Hausbau hernahm. Diese schneeweiße „Grottenschlacke" – viel leichter als Wasser! – schmückt viele kleine Lourdesgrotten in dieser Region. Im Eisenverhüttungswerk Achthal wurden auch große gußeiserne Kruzifixe für Feldkreuze, Wegkreuze, Hauskreuze und besonders auch für Grabkreuze hergestellt und es gibt eine Reihe großer Kreuzmodelle, bei denen im Kreuzesstamm bereits eine Lourdesgrotte mit Madonna miteingearbeitet ist. Auch diese kleinen, zusammen mit dem Kreuzstamm gegossenen Miniaturgrotten sind vielfach mit weißen Schlackenstückchen ausgekleidet.

Mit wenig Geld, einfachstem und billigstem Material, aber mit größtem Geschick und weitgehend mit den eigenen Händen hergestellt ist die Grottenauskleidung der sog. Moarkapelle in Niederach, Gde. Erlbach. Diese Hofkapelle wurde laut Datierung 1928 vom Vater der heute über 80-jährigen Altbäuerin errichtet; er hatte den Bau als Bitte an die Madonna von Lourdes errichtet, sie solle seine taubstumme Tochter hörend und sprechend machen. Er stellte die Kapelle auf ein ehemaliges kleines Wasserreservoir aus Beton – ein sehr solides und dazu noch „umsonstenes" Fundament. Der illusionistische Aufbau der Kapellenrückwand ist eine raffinierte Grottenimitation, die manchem Film- oder Bühnenarchitekten zur Ehre gereichen würde. Alte Sackleinwand und Leinenfetzen wurden mit dem Astwerk einer „Kranwittstauden" (Wacholderstaude) zu einem phantastischen Grottengebilde versteift, die Plastifizierung erfolgte mit Gips und Zement. Die erhärtete Sackleinwand wurde bunt bemalt, hauptsächlich mit Goldfarbe. Die Gipsfiguren – Madonna und Bernadette – waren schon im Inflationsjahr 1923 in Altötting für 20 Zentner Weizen eingehandelt worden, der Plan zum Bau der Kapelle war also schon Jahre vorher gereift. Nach einem älteren Vorbild schuf man auch ein „magisches Licht", eine kreisrunde dunkelrot verglaste Öffnung an der Südseite der Kapelle, durch welche das gefilterte Sonnenlicht die Lourdesszene in tiefes Abendrot hüllen kann. Eine kleine Pumpe besorgte zeitweilig den Zufluß des Wassers aus dem darunterliegenden Wasserreservoir für die mit rührend einfachen Mitteln aufgebaute Grottenquelle mit Wasserbecken und Wasserrücklauf ins Reservoir...

Unter den zahlreichen – noch niemals erfaßten oder gezählten! – Lourdesgrotten gibt es noch vielerlei phantastische und rührende Improvisationen aus den verschiedensten Steinmaterialien, gelegentlich sogar aus alter Baumrinde oder aus Baumschwämmen. In der Grotte steht stets eine jugendliche, weißgewandete Frauengestalt in hingebungsvoller, betender Haltung: „Auffallend ist, daß Lourdes eine geradezu einsame Mariengestalt vor Augen stellt: Maria Immaculata, nicht die Mutter Maria mit dem Jesuskind. Es ist eine Etappe aus dem Leben, ja – genauer gesagt – der Lebensbeginn Marias nachdrücklich und eindringlich herausgestellt, der das Fundament ihrer Jungfrauschaft und Mutterschaft bildet."[27] Sie ist so dargestellt, wie Bernadette sie gesehen haben will: „Ich sah eine weißgekleidete Dame. Sie trug ein weißes Kleid, einen blauen Gürtel und eine gelbe Rose auf jedem Fuß in der Farbe der Kette ihres Rosenkranzes. Die Perlen ihres Rosenkranzes waren weiß."[28] Mitunter trägt die Immaculata eine goldene Krone über dem weich herabfallenden weißen Kopftuch. In der Regel ist die Lourdesgrottenmadonna eine Gipsfigur, gelegentlich von Lebensgröße, meist aber etwas kleiner und oft nur eine kleine Statuette, wie man sie als Wallfahrtsandenken nötigenfalls auch in einer Tasche des Gewandes mit nach Hause nehmen kann. Die kniende Figur der Bernadette, stets in bunten Mädchenkleidern und ebenfalls mit Rosenkranz, ist nur bei reicher ausgestalteten Grotten zu finden. Die Immaculata von Lourdes in der romantischen Felsgrotte oder in der einsamen Feldkapelle, im eigenen Garten oder im Winkel eines stillen Schlafzimmers einer alten Großmutter – sie ist aus der traditionellen Szenerie der Volksfrömmigkeit nicht mehr hinwegzudenken. Die Lourdesgrotte hat auch unter den Flurdenkmalen weiteste Verbreitung gefunden; von brennenden Kerzen und von frischen Blumen umstellt, ist sie heute wohl einer jener Orte in der freien Flur, an denen offenbar noch am häufigsten bedrückte, von Sorgen und Nöten gepeinigte Menschen ihre religiösen Gefühle entladen und ihre meist sehr menschlichen Anliegen unmittelbar der Muttergottes vortragen. Die „französische Madonna" ist als Kennzeichen bayerisch-katholischer Kulturlandschaft so selbstverständlich geworden, daß wir sie als ein Stück Heimat empfinden.

Anmerkungen

[1] Ruth Cranston: Das Wunder von Lourdes. Ein Tatsachenbericht. München 1955 (Titel der amerikanischen Originalausgabe: The miracle of Lourdes), S. 16.
[2] Alfred Läpple: Lourdes. Augsburg, 3. Auflage 1988, S. 60.
[3] Cranston, wie Anm. 1, S. 17.
[4] Läpple, wie Anm. 2, S. 68.
[5] Frei wiedergegeben nach Läpple, wie Anm. 2, S. 56.
[6] Läpple, Wie Anm. 2, S. 52 f.
[7] Läpple, wie Anm. 2, S. 49, 52, 56, leicht verändert zitiert.
[8] Läpple, wie Anm. 2, S. 54.
[9] Protokollierte Worte der Immaculata während der 3. Erscheinung am 18. Februar 1858.
[10] Frei wiedergegeben nach Läpple, wie Anm. 2, S. 56.
[11] Cranston, wie Anm. 1, S. 64.
[12] Läpple, wie Anm. 2, S. 62.
[13] Cranston, wie Anm. 1, S. 7 und S. 64.
[14] Zitiert bei Cranston, wie Anm. 1.
[15] Veröffentlicht in „The American", zitiert nach Wilhelm Schamoni: Das wahre Gesicht der Heiligen. Leipzig 1938, S. 275.
Dr. Carell hat zwei weitere Bücher über Lourdes geschrieben:
Das Wunder von Lourdes. Stuttgart 1951.
Der Mensch, das unbekannte Wesen. 1955.
[16] Unter Nennung von Dr. med. Theodore Mangiapan zitiert bei Läpple, wie Anm. 2, S. 98.

[17] Wolfgang Brückner: Lourdes und Literatur. Oder die Faszination des Massenkultes. In: Wallfahrt kennt keine Grenzen. Themen zu einer Ausstellung des Bayerischen Nationalmuseums und des Adalbert-Stifter-Vereins, München. Herausgegeben von Lenz Kriss-Rettenbeck und Gerda Möhler. München-Zürich 1984, S. 433. „Tatsächlich fand dann vom 5.-8. Oktober 1872, also während des Rosenkranzfestes, demonstrativ die erste französische Nationalwallfahrt als kirchlich organisiertes Gemeinschaftsunternehmen unter Beteiligung von acht Bischöfen und 252 Fahnen der übrigen Mariengnadenorte Frankreichs, die heute noch die Kirche zieren, statt und ein internationales Reporteraufgebot berichtete davon in der Presse. Aufgerufen hatte ein ‚Comité pour la manifestation de la France en l'honneur de la' Immaculée Conception'. Die Veranstaltungen gipfelten in dem feierlichen Gelöbnis, die Nation wolle wieder fromm und christlich werden, und die von nun an überall in Europa Schule machen sollende abendliche Lichterprozession der Tausenden unter dem Gesang des ‚Parce Domine, parce populo tuo', Herr schone Deines Volkes, geriet zu einem erschütternden Bußgesang Frankreichs." (Brückner, S. 432)

[18] „1875 hatte das erste und vereinzelt bleiben sollende deutsche Unternehmen eines Pilgerzuges mit 85 Teilnehmern von Aachen aus stattgefunden, und 1883 war mit 64 Teilnehmern eine von Unterfranken aus organisierte Eisenbahnfahrt zustande gekommen. Ansonsten schlossen sich die deutschen Katholiken der elsaßlothringischen Organisation in Nancy an. Damit werden einerseits Einflüsse des deutschen Kulturkampfes (1872-87) spürbar und andererseits die bewußte Hinwendung zu Frömmigkeitsformen aus dem ‚feindlichen' Nachbarland des neuen preußisch-protestantischen Nationalstaates ‚Deutsches Reich', gegen das in Frankreich nun ein unter anderem katholisch verbrämter Chauvinismus im Zeichen Mariae Immaculatae mit ihren quasi privilegierten und weltweit wirksam werdenden Wundererscheinungen stand: Paris 1830, La Salette 1846, Lourdes 1858 und Pontmain 1871." (Brückner, wie Anm. 17, S. 429, mit reichen Literaturangaben unter Anm. 2 und 3.)

[19] Läpple, wie Anm. 2, S. 106.

[20] Läpple, wie Anm. 2, S. 147.

[21] Dietrich Höllhuber und Wolfgang Kaul: Wallfahrt und Volksfrömmigkeit in Bayern. Formen religiösen Brauchtums im heutigen Bayern: Wallfahrtsorte, Wallfahrtskirchen, Lourdesgrotten und Fatimaaltäre zwischen Altötting und Vierzehnheiligen, Wiegratzbad und Konnersreuth. Nürnberg 1987, S. 249 f.

[22] Cranston, wie Anm. 1, S. 144.

[23] Joachim Freundl: Die religiöse Bilderwelt der Dörfer Mechenhard und Streit in Unterfranken. Zulassungsarbeit an der Bayerischen Julius-Maximilians-Universität Würzburg, Fachbereich Erziehungswissenschaften 1977.

[24] Brückner, wie Anm. 17, S. 429.

[25] Richard Andree: Votive und Weihegaben des katholischen Volks in Süddeutschland. Braunschweig 1904, S. 23 f. und S. 20.

[26] Manfred Brauneck: Religiöse Volkskunst. Köln, 2. Auflage 1979, S. 28 f.

[27] Läpple, wie Anm. 2, S. 60.

[28] Aus dem Protokoll über die erste Erscheinung am 11.2.1858, zitiert bei Läpple, S. 58.
„Unmittelbar nach der ersten Erscheinung hat Bernadette gegenüber Abbé Pomian am 13. Februar 1858 ihr Erlebnis an der Grotte von Massabielle mit den Worten zu beschreiben versucht: ‚Ich habe etwas Weißes gesehen, das aussah wie eine Dame.' Begegnet man in den Worten Bernadettes der Unzulänglichkeit der menschlichen Sprache, das Geheimnisvolle, Überirdische wiederzugeben? In dem Stottern und Stammeln Bernadettes über die erlebten Erscheinungen scheint etwas Ähnliches auf wie in dem Versuch der Apostel und Evangelisten, in ihren neutestamentlichen Berichten das Geheimnis des zwar betastbaren und doch alle irdischen Dimensionen sprengenden, auferstandenen Christus in menschliche Worte zu fassen." (Läpple)

13.10T
Andachtsbild einer Hofkapelle: naive Darstellung der Lourdes-Szene, bemalte Blechtafel, datiert 1906.
Lkr. Berchtesgadener Land

13.1
Die Ruine Falkenstein bei Pfronten, „nach der Natur gezeichnet von Domenico Quaglio"; in der deutlich dargestellten, hier noch naturbelassenen Höhlung im Fels wurde später die in Bild 13.2 abgebildete Lourdesgrotte eingerichtet (Heimatmuseum Füssen).

13.2
Lourdesgrotte in der Höhlung der Felswand unter der Ruine Falkenstein bei Pfronten, Lkr. Ostallgäu in Schwaben.

13.3 (Seite 316) ▷
Reich gestaltete Lourdesgrotte
am nördlichen Abhang des Unterbergs in Oberau,
Lkr. Garmisch-Partenkirchen.

13.4 (Seite 317) ▷▷
Reich gestaltete Lourdesgrotte
am nördlichen Abhang des Unterbergs in Oberau,
Lkr. Garmisch-Partenkirchen.

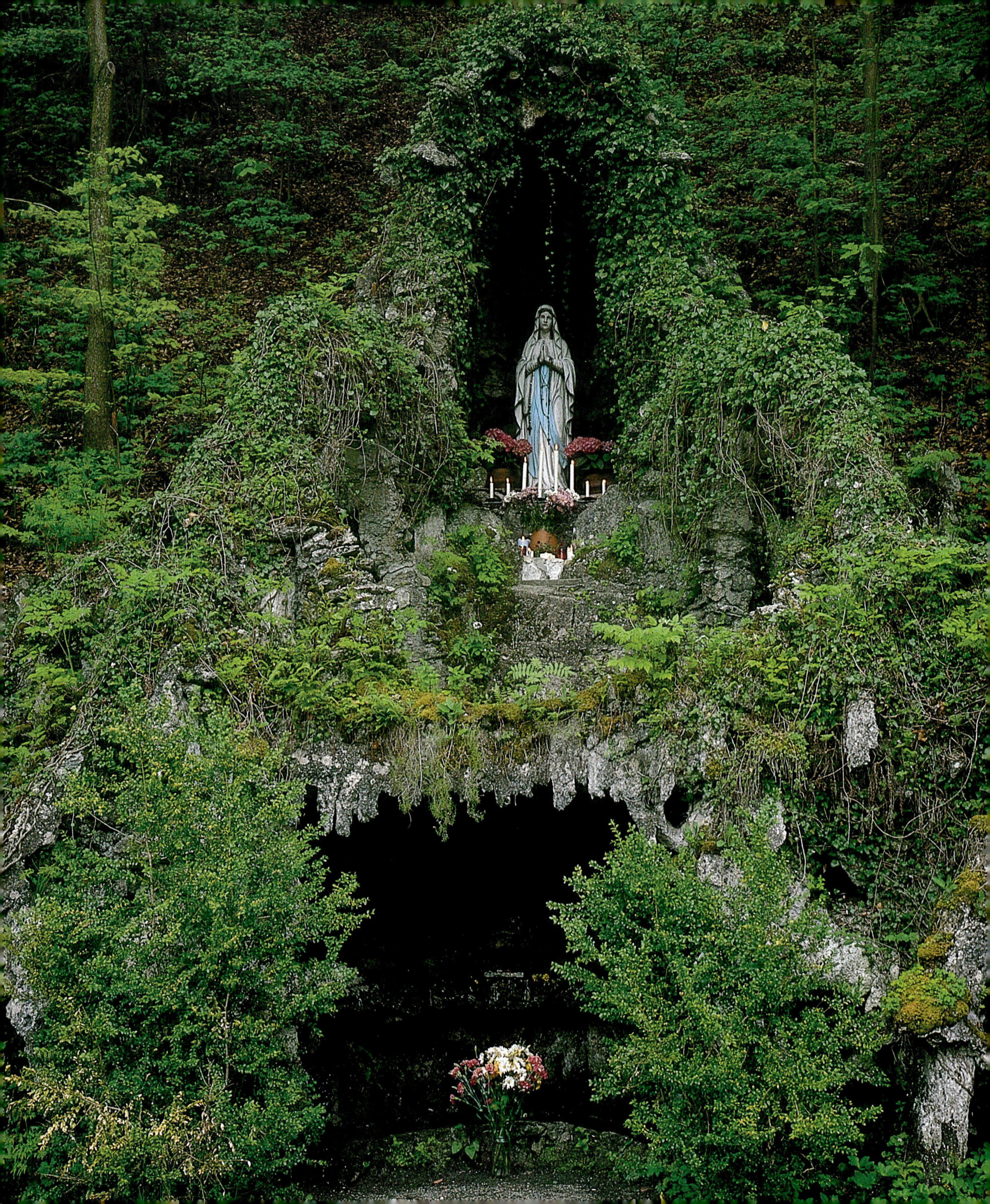

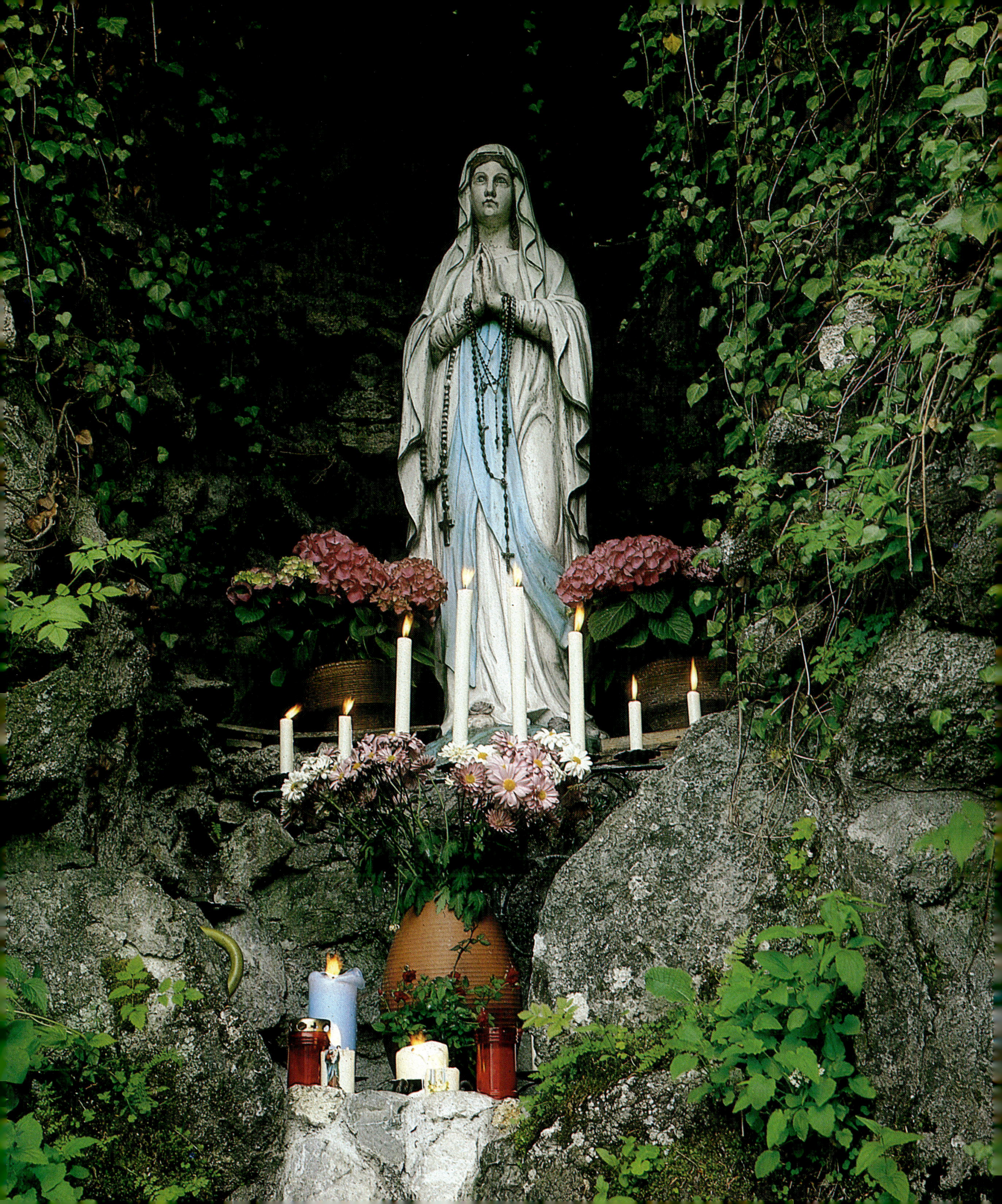

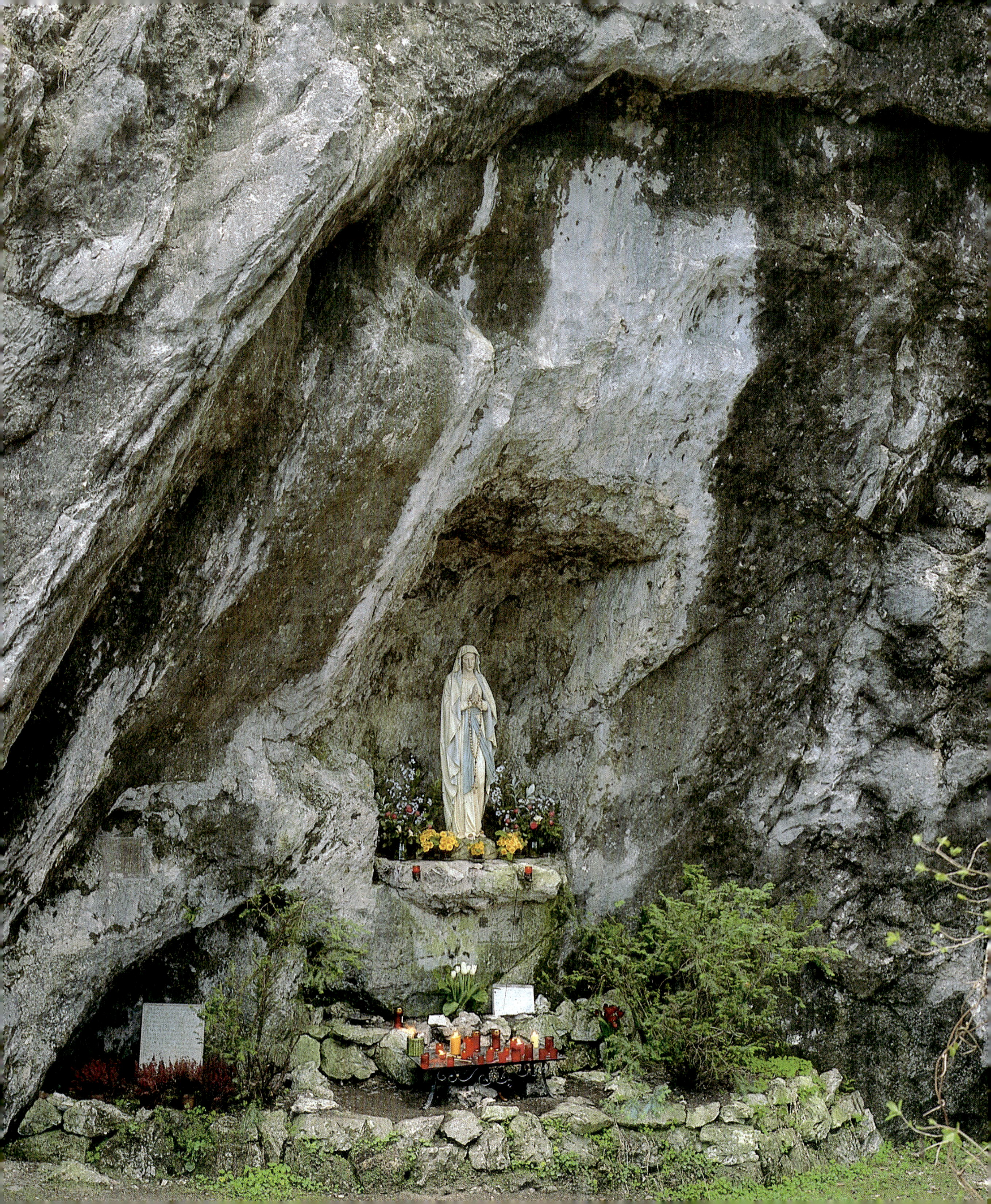

13.6
Einfache Lourdesgrotte am Beginn der Wolfsschlucht unterhalb des Klosters Georgenberg bei Fiecht, nahe Hall in Tirol.

13.7
Lourdesgrotte bei Greding, Kreis Roth in Mittelfranken

◁ **13.5 (Seite 318)**
Lourdesgrotte am Fuße des Kofel. Grottenweg westlich Oberammergau, Lkr. Garmisch-Partenkirchen.

13.8
Kleine Lourdesgrotte in Kapellenbildstock. Ambach, Gde. Schwabhausen, Lkr. Dachau.

13.9
Lourdesgrotte aus Baumrinde. Kalvarienberg in Bad Tölz.

13.10
Lourdeskapelle in neubarocken Formen. Privater Garten in Kleinthal, Floigerweg 18, Stadt-Gde. Miesbach.

13.11
Offene Lourdeskapelle in neubarocken Formen, um 1900.
Finsterwald, Tölzer Straße, Gde. Gmund am Tegernsee, Lkr. Miesbach.

13.12
Lourdesgrotte in Form einer Tropfsteinhöhle in offener Wegkapelle.
Grabenstätt, Lkr. Traunstein.

13.13
Lourdesgrotte in neugotischer Kapelle, wohl 1894 errichtet. Garkofen, Gde. Anzing, Lkr. Ebersberg.

13.14 + 13.15
Lourdeskapelle aus dem ausgehenden 19. Jh., der hölzerne Vorraum öffnet sich mit 3 Giebeln. Kaps, Stadt-Gde. Ebersberg.

13.16
Lourdesgrotte im Wald, frühes 20. Jh. Buchenhüll, Stadt-Gde. Eichstätt.

13.17
Übertragung des Lourdes-Grottenmotivs auf einen anderen Madonnentypus: Brunnenhaus von Mariabrunn. Gde. Röhrmoos, Lkr. Dachau.

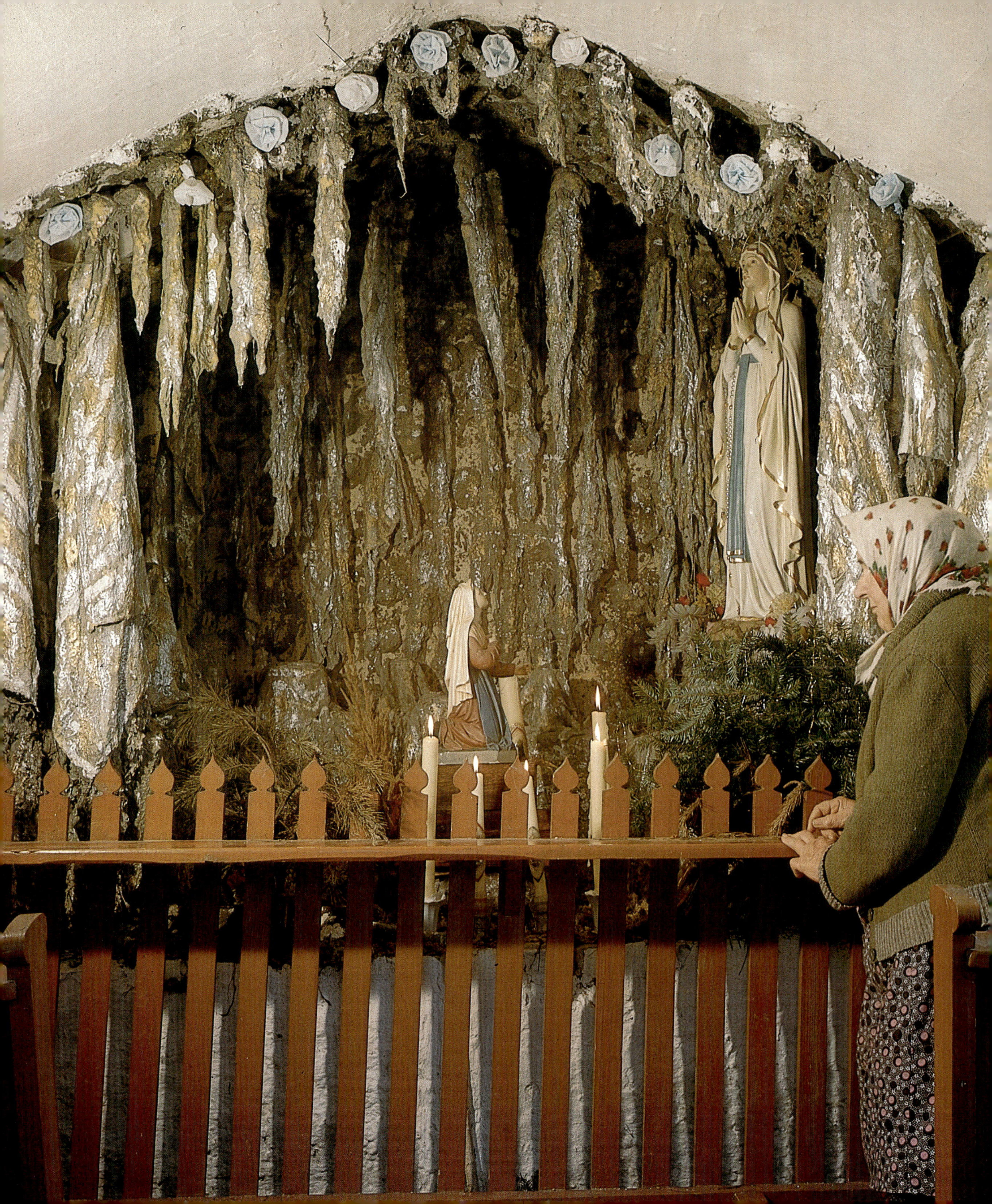

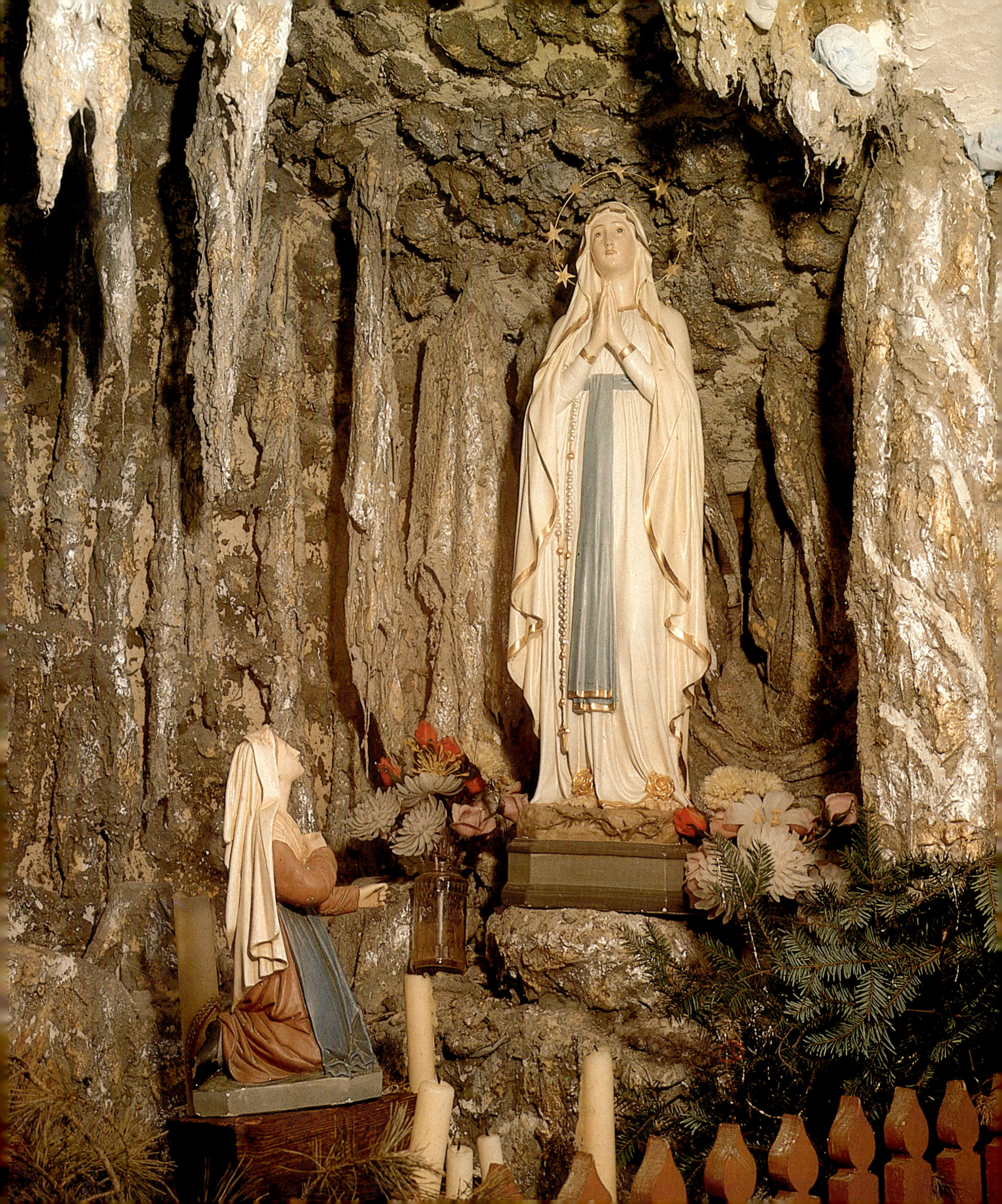

13.18 (Seite 322)
Lourdesgrotten-Dekoration aus alter Sackleinwand und Leinenfetzen auf dem Astwerk eines Wacholderstrauchs, versteift mit Gips und Zement und bunt bemalt.
Moarkapelle in Niederach, Gde. Erlbach, Lkr. Altötting.

13.19 (Seite 323)
Lourdesgrotten-Dekoration aus alter Sackleinwand und Leinenfetzen auf dem Astwerk eines Wacholderstrauchs, versteift mit Gips und Zement und bunt bemalt.
Moarkapelle in Niederach, Gde. Erlbach, Lkr. Altötting.

13.20–13.22
Stattliche Lourdeskapelle in neuromanischen Formen, vollständig mit „Grottentuff" ausgekleidet, selbst das Weihwasserbecken (**Bild 13.22**) ist von „Grottentuff" überwuchert. Raitenhaslach, Gde. Burghausen, Lkr. Altötting.

13.23
Lourdesgrotte aus Tuff in neubarocker baßgeigenförmiger Kartusche über einer Haustür, ausgeführt 1898. Roibach 1, Gde. Tittmoning, Lkr. Traunstein.

13.24
Großes, reich gestaltetes Wegkreuz aus Achthaler Guß, mit Lourdesgrotte im Sockel. Schellenberg, Gde. Bergen, Lkr. Traunstein.

Kap. 13

13.25
Übertragung des Lourdesgrottenmotivs auf eine Jesusfigur: Andachtsstätte in Buchenhüll, Stadt-Gde. Eichstätt.

13.26 (Seite 327) ▷
Übertragung der Lourdesgrotten-Idee auf eine Jesusfigur: der überlebensgroße Erlöser in der riesigen natürlichen Felshöhlung in der sog. Kapellenwand südl. Oberammergau, Lkr. Garmisch-Partenkirchen.

13.27 (Seite 328) ▷▷
Neueste Mariengrottenschöpfung an einer Felswand, direkt neben einer Felsenquelle. Vordergern, an der Gerner Straße, Markt-Gde. Berchtesgaden.

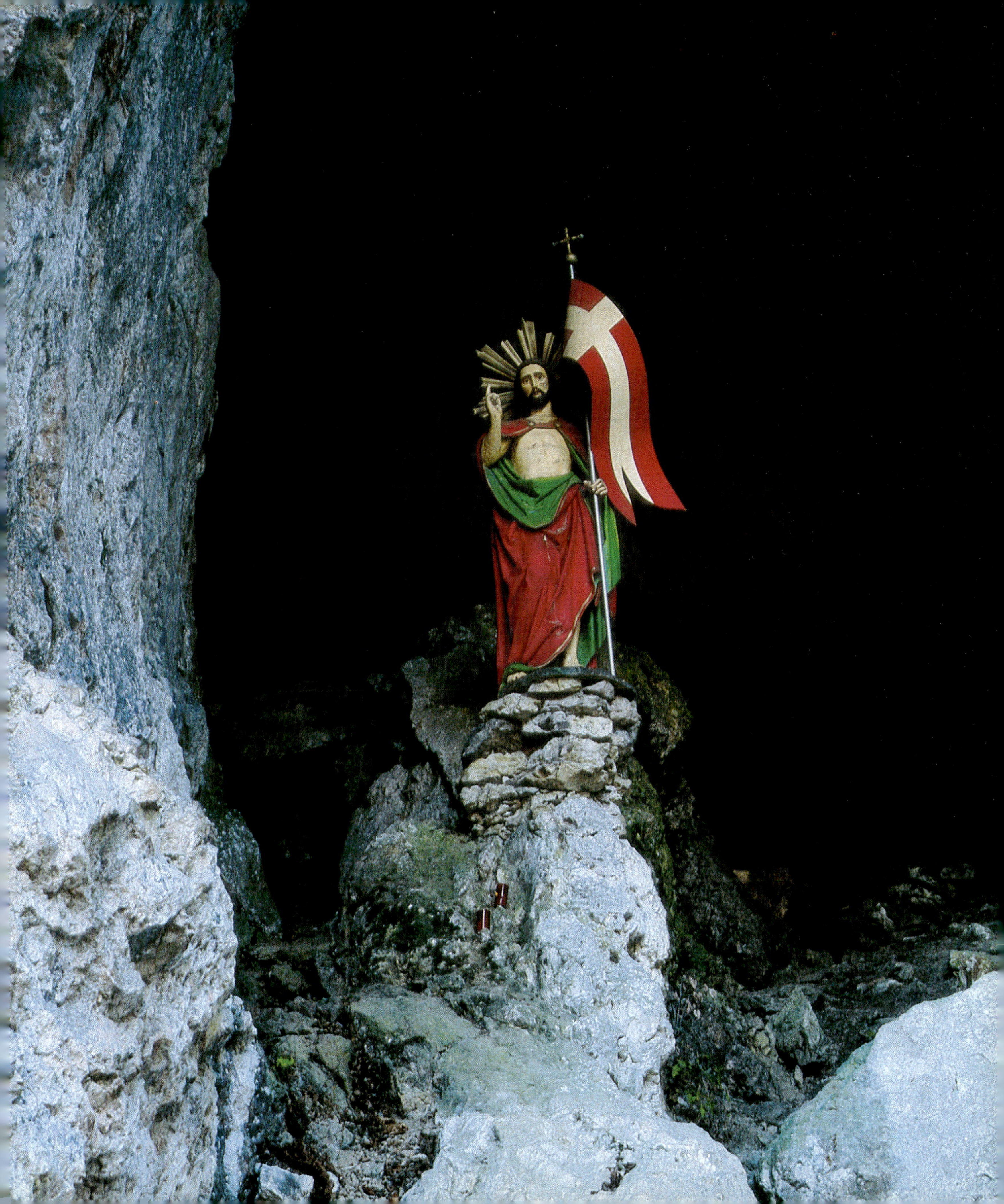

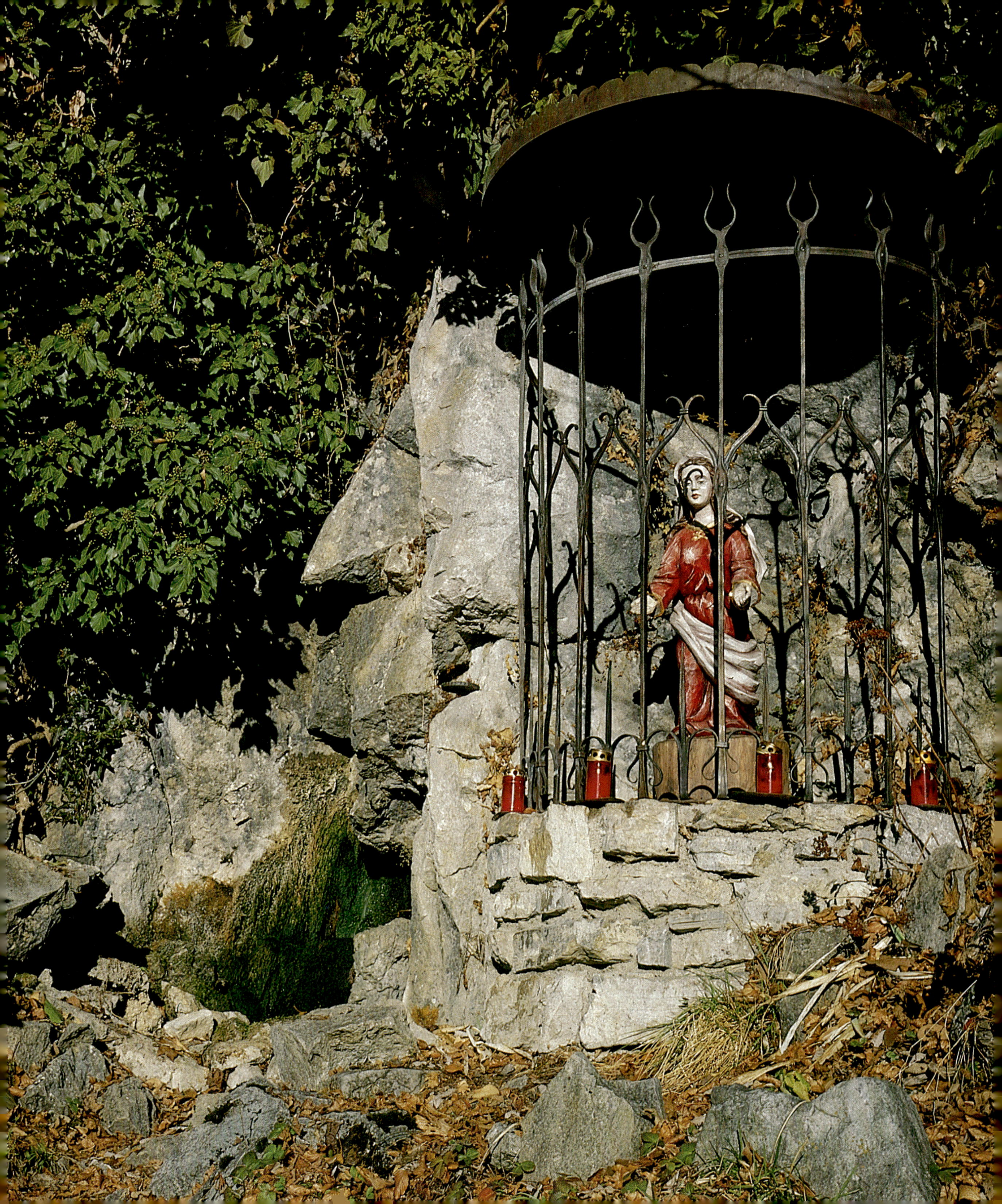

14
KREUZWEG UND KALVARIENBERG

O Sünder, mach dich auf und geh mit mir spazieren.
Im Geist der Demut lauf, will dich zum Kreuzweg führen.
Betracht' die Station, was sie uns zeigt an:
Die größte Pein und Schmerzen hat g'littn Gottes Sohn.

Sieh nur den Heiland an, wie hart wird er geschlagen.
In der ersten Station, da tut man ihn verklagen,
Daß ein vermenschter Gott muß leiden Schand und Spott
Pilatus spricht das Urteil aus, verdammet ihn zum Tod.

Man führt ihn aus der Stadt wohl durch ein große Pforten.
Der Heiland wird ganz matt, fällt mit dem Kreuz alldorten.
Er fällt auf einen Stein. Die Juden schlagen drein.
Er will uns durch das Fallen die Demut gießen ein.

Endlich tut Gottes Sohn den Berg Kalvarä grüßen
In der neunten Station hat er noch fallen müßen.
Er fällt auf sein Angesicht, daß Mund und Herz zerbricht.
O Sünder, nimm's zu Herzen von wegen deiner Sünd.

Zwischen zwei Mördern groß muß Jesus drei Stund hangen,
ganz nackend und ganz bloß, kein Gnad konnt er verlangen.
Vollbracht ist alles schon, er ruft den Vater an,
und hat sein Geist aufgeben in der zwölften Station.

Maria wird ganz bleich mit Zähren überschwemmet,
bis daß man nun die Leich vom Kreuz heruntemehmet.
Man legt ihn in ihr'n Schoß, ganz nackend und ganz bloß.
Da hat sie erst gesehen seine Wunden all so groß.

Den Heiland salbet man, da er so hart geschlagen.
In der letzten Station wird er zu Grab getragen.
O Sünder, geh in dich, reumütig wein um mich
von wegen deinen Sünden, Gott um Verzeihung bitt.[1]

Altes Volkslied

Der Kreuzweg als Medium religiösen Erlebens

Meist sind es die Aussichtspunkte und die landschaftlich schönsten Stellen, an denen man vielerorts auf Kreuzwege und Kalvarienberge trifft: Das Jahr über verträumte Orte der Ruhe und Besinnung, in der österlichen Zeit aber oft vielbesuchte Andachtsstätten mit Frömmigkeitsformen, die an längst vergangene Zeiten erinnern.

Unsere heutigen Kalvarienberge, anschauliche Erinnerungsstätten an das Leiden Jesu, sind ein ergreifendes Zeugnis abendländischer Frömmigkeit geworden. Die Stationen des Leidensweges Christi sind oft in ausgedehnter Abfolge in die Landschaft gesetzt, mitunter auch Wallfahrtsorten und Gnadenstätten zugeordnet. Jedem, der heute einen Kalvarienberg aufsucht, wird die österliche Passion Christi nicht nur als Abfolge beschaubarer Andachtsbilder angeboten, sondern auch als körperlich erfahrbares Medium – als Leidensweg in wörtlichem Sinne. „Das Wesen der Kreuzwegandacht liegt in der Einheit des Betrachtenden mit Christus. Im Mit-Leiden mit ihm vollzieht er, ähnlich wie in der Eucharistie, die persönliche Hingabe an den Vater, und zwar buchstäblich mit-gehend (Weg), stehend (Station) und kniend, d.h. fallend. So erzählt Heinrich Seuse (1295-1366) von dem nächtlichen Kreuzweg nach der Mette: ‚... kam er dann zum vierten Zweig des Kreuzganges, so kniete er mitten auf dem Wege nieder, als wäre er vor dem Tor, durch das der Heiland, dicht an ihm vorbeigehend, die Stadt verlassen mußte, fiel vor ihm auf die Erde, küßte sie, rief ihn an und bat ihn, daß er nicht ohne ihn in den Tod gehe, daß er ihn mitnehme, denn das habe er von Rechts wegen verdient...' Hundert Jahre später verlangt der Kölner Karthäuser Johannes Landsberg, der Beter müsse die Stationen in der Haltung Jesu miterleben. So sollte er bei der Kreuzigung, mit ausgespannten Händen auf dem Boden liegend, das Sterben des Heilands betrachten. Der ganze, vom Herrenleiden erschütterte Mensch sollte mit Jesus eins werden. Es bedurfte aber eines langen Weges und vieler Einflüsse, bis sich diese leidenschaftliche Form einer Andacht entwickelte."[2]

Die Pilgerfahrt ins Heilige Land

Für das junge Christentum war der Weg Jesu bis zu seinem Kreuzestod weniger ein Leidensweg; er wurde als Triumphweg zum endgültigen Sieg über die Hölle aufgefaßt. Darum kannte die frühe Kirche auch kein Leidensbild. Das Kreuz war nur ein Zeichen des Sieges, es zeigte nicht den leidenden Menschen Jesus, sondern den im Tod verherrlichten Gottmenschen.

„Als sich im 7. Jahrhundert die Darstellung des ans Kreuz gehefteten Christus durchsetzte, handelte es sich nicht um eine realistische Gestaltung des Leidens, sondern um die ... des zwar toten Christus, der aber zugleich der auferstandene Gottmensch ist. So blieb Christus für die Kunst bis ins 12. Jahrhundert hinein der vom Kreuz aus herrschende König. Wohl begannen schon im 4. Jahrhundert die Pilgerfahrten nach Jerusalem,... aber noch lange nicht in der Form der heutigen Kreuzwegandacht."[3] Die Herkunft dieser Andachtsform geht dennoch auf die Zeiten der mittelalterlichen Kreuzzüge zurück. Welch unvorstellbare Begeisterung diese Kreuzzüge

329

14.1T
Der Kreuzweg als körperlich erfahrbares Medium der Meditation – ein Foto aus dem Lesachtal in Kärnten zeigt 13 von 14 Kreuzwegstationen in freier Landschaft.

über Jahrhunderte entfachten, wie gewaltig die Kreuzpredigten entflammter Priester an die Herzen der Menschen griffen, zeigt vor allem die geschichtliche Tatsache, daß sie eine sittliche Reformation der Massen nach sich zog. Der gefahrvolle, oft tödliche Feldzug ins Heilige Land wurde zum historischen Charaktermerkmal jener Zeit, die für ihre höchsten Ziele die überschäumende, leidenschaftliche Kraft und die rücksichtslose Begeisterung der Menschen einzusetzen verstand. Erst mit dem Ende des 13. Jahrhunderts erlahmte in den leitenden Kreisen der Kreuzzugseifer. Im Volke hingegen blieben die entzündeten Gedanken lebendig, die Pilgerfahrt ins Heilige Land blieb für viele das größte Anliegen ihres Lebens. Diese friedlichen Pilgerfahrten blieben jedoch ebenfalls lange Zeit ein mühseliges und riskantes Unterfangen, vor dessen Antritt man sein Testament zu machen pflegte: „In den Galeeren", berichtet ein Pilger unterm Jahr 1476, „ist gar mancherlei Unruh, Ungemach, Ungeziefer und große Überlast; auch sind große Ratzen drinnen, die einem des Nachts über die Mäuler laufen. Ist es Zeit zu schlafen, so reden die andern und singen und schreien und machen's nach ihrem Gefallen, damit andern der Schlaf gebrochen wird. Begann das Meer zu wüten, so mußten wir pumpen, daß der Schwindel uns in die Köpfe kam und wir taumelten wie die vollen Bauern. Das Essen war gar schlecht und unlustig, das Brot steinhart und Würmer darin, das Wasser faul, der Wein warm, daß er vor Wärme rauchte, und ganz unschmackhaft. Da wir des Gestankes wegen nicht unten liegen wollten, lag mein gnädiger Herr (Herzog Albrecht III. von Sachsen) selbst unter dem Mastbaum, aber wenn es regnete, wurden wir tapfer naß. Liefen die Galioten, gingen sie einem auf den Schienbeinen herum; in Summa, wir hatten wenig Ruh, und ich weiß nichts Besseres auf dem Schiffe denn die liebe patientia."[4] Namentlich über die Schiffsleute wird auch sonst sehr geklagt: „Die deutsche Übersetzung von Zvallards ‚Pilgerfahrt' nennt sie alle, Meister wie Knecht, ‚ein unflätiges, ungehobelt Gesindlein', aber man muß es leiden, daß sie sich neben euch setzen und legen, euer Kost und Speis, was sie finden, antasten und fressen und euer Flaschen einen Kuß geben. Danach schlafen neben euch, und wenn sie mit den Segeln oder sonst ihren Geschäften ohnmüßig sind, schreiten und laufen sie mitten über euch, stoßen und schleppen euch ohne alle Scheu."[5]

„Im Heiligen Land selbst hatte man zu leiden von den unaufhörlichen Plackereien und Erpressungen der türkischen Behörden, von dem Spott und den oft handgreiflichen Mißhandlungen des Pöbels, gegen welche ein Rechtsschutz schwer zu erlangen war. Namentlich die Straßenjugend legte es in aller Weise darauf ab, die Pilger durch allerhand Mutwillen zu reizen. Aber wehe dem, der eines dieser ungezogenen Türklein hart angefaßt hätte! Er mußte froh sein, wenn er mit schwerem Geld sich loskaufen durfte. Dazu machten sich die Muselmänner geradezu ein Vergnügen daraus, die heiligen Stätten, soweit sie nicht unter Dach und Verschluß waren, in verletzendster Weise zu verunehren."[6]

Allein das alles vermochte die Liebe zum Heiligen Land nicht zu vernichten. „Ich gestehe von mir selbst", schreibt der Dominikaner Felix Fabri, „in jenen Tagen, da ich (gegen Ende der Seereise) das Heilige Land nun bald zu erblicken hoffte, mochte ich nicht mehr schlafen, essen und trinken, die Finsternis der nächtlichen Ruhezeit wurde mir zur Qual …, mein Trost war es, vorn auf dem Schiff zu sitzen und unablässig die Augen über das weite Meer schweifen zu lassen."[7] „Von einigen seiner Mitpilger erzählt er, sie hätten in Palästina bei Tag und Nacht oft sich zur Erde niedergebeugt, um sie zu küssen, und die Steine des Heiligen Landes wie Reliquien behandelt, andere hätten während ihres ganzen Aufenthaltes in Palästina vor Ehrfurcht niemals Schuhe anzulegen gewagt."[8]

Die geistliche Pilgerfahrt

Nur wenigen war es letztlich vergönnt, die weite Reise übers Meer anzutreten. Den Zurückbleibenden blieb nur die lebenslange Sehnsucht nach dem Heiligen Land. Um diese Sehnsüchte der Zurückgebliebenen zu stillen, suchte man nach einem Ersatz. So entwickelte der sehnsuchtsvolle Drang nach dem Heiligen Land eine neue Andachtsform – die „Peregrinatio spiritualis", die sog. „geistliche Pilgerfahrt". Sie war die spirituelle Vorstufe der späteren Kreuzwegandachten. „Von der hl. Angela Merici wird erzählt, sie habe während ihrer Pilgerfahrt nach Jerusalem auf Kreta das Augenlicht verloren, in Palästina die heiligen Stätten besucht, ohne irgend etwas davon zu sehen, und sei erst auf der Rückreise, wiederum auf Kreta, wunderbar von ihrer Blindheit geheilt worden.

Diese Erzählung ist der Ausdruck eines Gedankens, der seit der Väterzeit sehr oft wiederholt wurde. Die Lehrer der Kirche betonten immer wieder, das Verdienstliche einer Wallfahrt liege nicht in dem, was dabei die Augen sähen oder die Hände betasten. Das alles sei nur äußerliche Anregung, das Wesentliche liege im Innern der Seele, in der Tätigkeit, mit der sie das Äußere begleite und heilige. Wer also gegen seinen Willen an der Wallfahrt nach Jerusalem gehindert sei, brauche darüber sich nicht zu betrüben. Auch zu Hause könne jeder das Verdienst der Pilgerreise sich erwerben, wenn er die Tugenden übe, die dem Pilger anständen, und auf solche Weise geistigerweise nach Jerusalem wallfahrte. So schreibt der hl. Hieronymus, sonst gewiß ein Freund und Lobredner der Wallfahrt, an den Mönch Paulinus: ‚Nicht in Jerusalem gelebt, sondern dort gut gelebt zu haben, ist lobenswert. Die Stätten des Kreuzes und der Auferstehung sind denen von Nutzen, die ihr Kreuz tragen und täglich mit Christus auferstehen. Von Jerusalem wie von Britannien aus steht in gleicher Weise des Himmels Pforte offen, denn das Reich Gottes ist in euch.' Der hl. Bernhard schickt einen Mönch, der die Erlaubnis zur Wallfahrt ertrotzt hatte, in sein Kloster zurück mit der Bemerkung, die Mönche sollten nach dem himmlischen, nicht nach dem irdischen Jerusalem wallfahrten. Cäsarius von Heisterbach erklärt seinen aufmerksam lauschenden Novizen, der Ordensstand sei der Kreuzfahrt vorzuziehen, auch nach dem Urteil der Kirche; denn wer in den Cistercienserorden eintrete, sei nach kirchlicher Bestimmung des Gelübdes der Kreuzfahrt ledig gesprochen. Es sei heilsamer, ein langes Kreuz ins Herz zu heften als ein kurzes für einige Zeit ans Kleid. Denn Christus befehle, täglich sein Kreuz auf sich zu nehmen, nicht nur für einige Jahre... Solche Abmahnungen von der Pilgerfahrt richten sich meist an die Mönche, und bei den Mönchen taucht denn auch zuerst der Gedanke einer geistlichen Pilgerfahrt nach Jerusalem auf. Als Kaiser Friedrich Barbarossa seinen Kreuzzug vorbereitete, hatte sich ein ungenannter Benediktinerabt in einigen Versen scharf gegen die Beteiligung der Mönche am Kreuzzug ausgesprochen. Ausziehen möchten die Ritter in der Waffenrüstung, nicht aber die Mönche und Laienbrüder. Die sollten nur zu Hause bleiben und ihre Gelübde erfüllen, durch Gebet würden sie mehr nützen als durch Dreinschlagen. Und er fügt die ernste Mahnung für den Kaiser an, er möge sein Lager reinigen von solch verkehrten Mönchen. Sie könnten nur den Zorn Gottes auf das ganze Heer herabziehen..."⁹

Ähnliche Mahnungen werden besonders wiederum im 15. Jahrhundert laut, als der Eifer für das Wallfahrten ins Ungesunde ausartete. So sagt der Dominikaner Wilhelm Pepin († 1532) in der Predigt auf Palmsonntag, da er zur Betrachtung des Leidens Christi einlädt: „Gehe also auch du, mein Christ, mit den Schritten der Seele und nicht des Leibes zum Haus des Annas und Kaiphas, des Pilatus und Herodes, und betrachte an jeder dieser Stätten deinen Gott, wie er voll Geduld ist gegen Worte, Schläge und das Ertragen des Todes."¹⁰ „Für eine solche geistliche Wallfahrt weiß der hl. Vinzenz Ferrerius ein sehr vornehmes Vorbild namhaft zu machen. In einer Schrift, die das Mittelalter dem hl. Hieronymus zuschrieb, wird berichtet, die Mutter Gottes habe nach der Himmelfahrt ihres Sohnes häufig die Orte besucht, die er durch sein Leben und Leiden geheiligt habe; das gleiche wiederholen dann eine Reihe anderer Schriftsteller. Der hl. Vinzenz erklärt nun, diese Wallfahrten der seligsten Jungfrau seien im geistigen Sinn zu verstehen. Im Geiste und in der Betrachtung habe sie täglich Nazareth, Bethlehem und die Stätten des Leidens besucht. ‚O gesegnete Wallfahrt', ruft er aus, ‚die da ohne Gefahr ist'."¹¹ Und dann gibt er den Priestern, für welche er seine Predigten aufzeichnet, die Anweisung: „Hier sprich gegen die Männer und Frauen, die sich den Hals brechen mit Wallfahrten und dabei nur schlechter werden... Deshalb soll in geistlicher Weise jene Wallfahrt geschehen. Heute und an jedem Tag könnt ihr nach Nazareth gehen zu dem Zimmer, in welchem der Sohn Gottes Mensch wurde, und ebenso nach den andern Orten."¹²

„Fast ein Jahrhundert vor dem hl. Vinzenz rät ebenfalls zur geistlichen Wallfahrt der ‚Spiegel der menschlichen Behaltnus', ein im Mittelalter viel verbreitetes Bilderwerk, welches auf zahlreichen Bildertafeln das Leben Christi darstellt und durch vorbildliche Szenen aus dem Alten Bund und beigesetzte Verse erläutert."¹³

Die Via Dolorosa in Jerusalem

Es läßt sich nachweisen, daß der Kreuzweg Christi in seiner heutigen Ausprägung im gesamten ersten Jahrtausend unbekannt war und als solcher auch nicht verehrt wurde. Wir finden bis zur Jahrtausendwende zwar eine „via sacra", einen geregelten Weg, auf welchem die Pilger zu den einzelnen heiligen Stätten geführt wurden, aber noch keine „via crucis", noch keine Spur der geregelten Begehung des Kreuzwegs oder seiner Einteilung in Stationen.¹⁴ Die Einrichtung der Via Dolorosa in Jerusalem findet sich erst im Mittelalter, nachdem man im Abendland vorher eine solche geschaffen hatte und diese nach Jerusalem übertrug.¹⁵ Der erste Pilger, der diese neue Art von Betrachtung nachweisbar im Heiligen Land übte, war der Dominikaner Ricoldus a Monte Crucis († 1309). „Die Franziskaner übernahmen im Jahr 1316 nach langjähriger Vorarbeit die Betreuung der heiligen Stätten in Jerusalem. Sie sorgten sowohl für eine die damalige christliche Welt umspannende Reorganisation des Pilgerverkehrs nach und in Palästina wie für eine geistliche Erneuerung des Wallfahrtsgedankens... Die Franziskaner hatten im Inneren der Grabeskirche, die den Kalvarienberg und das Grab Christi gleicherweise birgt, Andachtsstellen festgelegt, die den aufeinanderfolgenden Leidensstationen der Evangelien entsprachen. Im 14. Jahrhundert wurden auch die Kreuzwegstationen an der Via dolorosa festgelegt. Dieser Weg, über den die Franziskaner ihre Pilger führten, war – soweit man ihn rekonstruieren konnte – genau jener, dem Christus am Karfreitag durch die Stadt gefolgt war. Von der Lektüre der Meditationen, die dem heiligen Bonaventura zugeschrieben wurden, oder von dem ‚Leben Christi' des Ludolph von Chartreux beflügelt, haben die Franziskaner trotz mangelnder Kenntnisse der konkreten Ereignisse dieses tragischen Tages und seiner Örtlichkeiten nicht resigniert."¹⁶ Mit einer Präzision, die uns heute erstaunt, lokalisierten sie die verschiedenen Stationen des Leidensweges Jesu und stellten sie der Verehrung der Pilger anheim. Mit der Zeit mehren sich allmählich die Berichte über verschiedene Stationen an der

14.2T
Die Via dolorosa in Jerusalem. Foto von 1950/60.

Schmerzensstraße von Jerusalem. Diese Angaben differieren jedoch noch stark, was Zahl, Benennung, Reihenfolge und lokale Fixierung betrifft. Auffallend ist, daß man den Kreuzweg fast nur in umgekehrter Richtung, also vom Kalvarienberg bis zum Ort der Verurteilung, ging. Erst gegen Ende des 16. Jahrhunderts wird es allgemein Sitte, den Weg am Haus des Pilatus zu beginnen und von dort nach Golgotha zu gehen. Die heute gebräuchlichen 14 Kreuzwegstationen hatten sich bei uns erst im 17. und 18. Jahrhundert allgemein eingebürgert. Von hier aus erst übertrug man diese 14 Stationen an die Via Dolorosa in Jerusalem und änderte dort jene Überlieferungen, welche die Franziskaner im 14. und 15. Jahrhundert auf umsichtige und minutiöse Weise im Anschluß an älteste, schon im 3. Jahrhundert begründete Traditionen topographisch ausgebaut und spirituell gestaltet haben. Die Wurzeln zur Verehrung der heiligen Stätten liegen jedoch nicht in Jerusalem selbst, sondern in der frommen Betrachtung des Leidensweges im Abendland, wie wir sie etwa in den verschiedenen Anleitungen zur „geistlichen Pilgerfahrt" finden.

Jerusalem in den Nachbildungen des Abendlandes

Man hatte allerdings nicht erst im Mittelalter begonnen, die heiligen Orte Palästinas in der Heimat nachzubilden. Schon im 5. Jahrhundert besaß man in Rom in den Kirchen San Croce in Gerusalemme und Santa Maria Maggiore ein Jerusalem und ein Bethlehem innerhalb der Stadtmauern, wo man der heiligen Stätten des Todes, der Auferstehung und der Geburt Jesu gedachte. Auch in der zwischen 431 und 450 in Bologna errichteten Stefanskirche dienten verschiedene Kapellen, eine Krypta und zahlreiche Kreuzgänge dem Gedächtnis der heiligen Orte Palästinas. Spätestens seit dem 9. Jahrhundert werden im ganzen christlichen Abendland besonders bedeutende Stätten des Heiligen Landes in Kopien errichtet oder bildlich vorgestellt; so vor allem die Grabeskirche und das Grab Christi. Dies zeigt, welche Bedeutung – für die Andacht wie für die Vergegenwärtigung – die topographischen und gebildehaften Spuren vom Leben Christi im Heiligen Land selbst und dann auch in den Kopien in der Heimat hatten. Wer mit Andacht diese Stätten besuchte, konnte dieselben Gnadenerweise erhoffen, als ob er in Jerusalem selbst weilte.

14.3T
Kalvarienberg mit den 3 Kreuzen und Assistenzfiguren; von rechts führt ein Kreuzweg mit bildstockartigen Stationen an den zentralen Treppenaufgang heran. Dieser Kalvarienberg wurde 1845 errichtet und 1979 restauriert; Lithographie um 1856.
Aiterbach, Gde. Allershausen, Lkr. Freising.

14.4T
Die Stationskapellen des Kreuzwegs nach Kloster Andechs, Lkr. Starnberg. Postkartenmotiv um 1920.

Die Nachbildungen der heiligen Stätten erlangten den Charakter einer Reliquie.[17] Weitere Nachbildungen der Heiligtümer Jerusalems waren neben den Darstellungen des Ölbergs auch Kalvarienberge, die vielfach an den Außenwänden der Kirchen, öfters jedoch in der freien Landschaft errichtet wurden. Als Standort wurden gerne Hügel oder Kuppen höherer Berge gewählt. Eine solche Anlage bestand zunächst aus dem Kreuz Christi, dazu konnten aber noch die Kreuze der Schächer und die sog. Assistenzfiguren Maria, Johannes der Evangelist und oft auch Magdalena hinzutreten. Die Kreuzigungsgruppe gehörte später als zwölfte Station zum Kreuzweg der 14 Stationen. Oft gaben bereits vorhandene Kreuzkapellen oder Kalvarienberge den Anlaß zur Errichtung von Stationswegen, in die sie dann, als Mittelpunkt und architektonischer Höhepunkt, eingegliedert wurden. Alle Szenen der Passion Christi erscheinen zunächst einzeln, obwohl die innere thematische Zusammengehörigkeit zweifelsohne vorhanden war.

Man kennt zwar schon frühe Darstellungen aneinandergereihter Passionsdarstellungen, aber vollständige Nachbildungen des Kreuzwegs sind vor dem 15. Jahrhundert noch nicht bekannt.

„Man hatte sich bis zum 15. Jahrhundert an den summarischen Bericht bei den Evangelisten Matthäus, Markus und Johannes gehalten und nur die Kreuztragung dargestellt. Seit dem 12. Jahrhundert kommt die Darstellung auf, daß Maria und die übrigen Frauen dem Heiland das Kreuz tragen helfen. Erst in der italienischen Renaissancekunst wird es üblich, den Heiland mit der Dornenkrone auf dem Haupt das Kreuz tragen zu lassen, vorher ist dieses Motiv unbekannt. Zu einem figurenreichen Zug wird die Kreuztragung zuerst in der Schule Giottos. Die Ausbildung der Kreuztragung zum förmlichen Kreuzweg mit einer Reihe von Stationen knüpft an den ausführlichen Bericht des Evangelisten Lukas an (Kap. 23, V. 26–31), insbesondere an die Begegnung und das Gespräch mit den Frauen. Zu diesen rechnete man im späteren Mittelalter auch Veronika mit dem Schweißtuch. Vom 15. Jahrhundert ab werden die figurenreichen Darstellungen der Kreuzschleppung sehr häufig. Die Ausgestaltung steht unter dem Einfluß der asketischen Literatur sowie der Meditationen des Pseudo-Bonaventura, der Visionen der heiligen Birgitta und vor allem unter dem der Passionsspiele. Zunächst wurden *drei Fälle* unter dem Kreuz angenommen, da widrige Vorkommnisse sich oft in der Dreizahl wiederholen."[18]

Der vorreformatorische Kreuzweg und die sieben Fälle

Die ältesten Anlagen, die den Leidensweg Christi versinnbildlichen sollten, waren nur durch Anfangs- und Endpunkt festgelegt. Anfang des Weges war meist ein Stadttor, als Tor der Stadt Jerusalem, als Gerichtspforte oder als Tor der Burg Antonia bezeichnet, oder aber eine Kirche als Pilatushaus. Das Ende war dann ein Kalvarienberg oder eine Kreuzkapelle. Die Strecke zwischen diesen Punkten sollte jener in Jerusalem gleich sein. Der älteste uns bekannte, nur durch zwei Punkte bezeichnete Kreuzweg ist jener zu Lübeck. Er wurde 1468 durch den Bürger Heinrich Constein errichtet und führte von der St. Jakobskirche zum Jerusalemerberg. In Berlin stiftete ein frommer Bürger vor 1484 die Jerusalemer Kirche. Auch ihr Abstand vom Stadttor an der Gertraudsbrücke (720 m) sollte gleich dem Weg vom Pilatushaus nach Golgotha sein. Ähnliche Wege gab es in Neu-Ruppin, in Schievelbein/Pommern, in Perleberg an der Priegnitz (seit 1505), in Emmerich und Herrenberg.[19] Sie waren fast ausschließlich fromme Stiftungen, welche reiche Bürger zum Andenken an ihre glücklich überstandenen Reisen ins Heilige Land errichten ließen. Förderlich waren aber auch die damals auflebenden religiösen Bruderschaften. Angeregt durch die mittelalterlichen Passionsspiele, deren Szenen sich ja auch dem Verlauf des geschichtlichen Geschehnisses anpaßten und den Kreuzweg Christi in einzelnen Abschnitten darstellten sowie durch Gebetbücher mit Passionsbildfolgen, ging man dazu über, die bisher nur durch Anfang und Ende bestimmten Strecken durch einzelne weitere Monumente, an denen der Beter Halt („Statio") machte, zu unterscheiden. Das Wort „Statio" finden wir bereits 1458/62 beim englischen Pilger William Wey. Er verwendet diesen Begriff für die Passionsgedenkstätten, im Unterschied zu den anderen heiligen Orten.[20] „Statio" war auch eine alte kirchliche Bezeichnung für den Gottesdienst, der an diesen Tagen, oft auch in verschiedenen Kirchen, gehalten wurde. So galt die Wallfahrt zu den sieben Hauptkirchen Roms von alters her als frommer Brauch. Nach heutiger Sitte, die auf den hl. Philipp Neri († 1595) zurückgeführt wird, erinnert man sich beim Besuch dieser sieben Kirchen an die Leidensgänge Christi:

1. der Ölberg,
2. das Haus des Hannas,
3. das Haus des Kaiphas,
4. das Prätorium des Pilatus,
5. der Palast des Herodes,
6. das Prätorium des Pilatus,
7. der Kalvarienberg.

14.5T
Monumentaler Kalvarienberg mit 7 Stationskapellen, die letzte wohl als überbaute Hl. Stiege, hinter den 3 Kreuzen eine Klause: „Wahre Abbildung des Uralten Löb. Stifft und Closters Gotts-Zell, S.(ancti) et exempti ord(inis) Cisterc.(iensi) im unter – Bayrn im Waldt, nebst der Wunderthätigen und in feuer unbeschädigt gebliebenen hölzernen Bildnus der Hl. Gros-Muetter Annae, sambt neuerbauten Calvariberg und Clausen." Kleines Wallfahrtsbild aus Gotteszell/Niederbayern von Carl Johann Puchholzer, um 1750.

Allerdings werden schon lange vor der Zeit des hl. Philipp Neri die sieben Hauptkirchen Roms mit dem Leiden Christi in Verbindung gebracht. So finden wir im Gregorianum in München einen um 1415 gemalten Tafelkreuzweg: Über sieben aus der Passion genommenen Themen befindet sich je eine der sieben römischen Stationskirchen. Die Stationskirchen Roms wurden also die Sinnbilder der sieben Stationen des Passionsweges. Eine ähnliche Verbindung mit den Ereignissen des Leidens Christi finden wir auch bei den sieben Tageszeiten des priesterlichen Stundengebetes. So verrichtete man das nächtliche Gebet zur Mette zu Ehren der Gefangennahme, bei der Prim erinnerte man sich an die Auslieferung Christi an Pilatus, bei der Terz an die Geißelung und Dornenkrönung, bei der Sext an die Kreuztragung, Entkleidung, Annagelung und bei der Non an Christi Tod. Die Vesper weihte man dem Andenken an die Kreuzabnahme, die Komplet der Verehrung des Begräbnisses. Wenn man in Rom die Prozessionen von einer Kirche zur anderen oder beim Chorgebet die verschiedenen Tageszeiten mit den einzelnen Leidensszenen in Verbindung brachte, so war dies zwar noch keine Kreuzwegandacht, aber doch etwas Verwandtes und eine Vorbereitung für die spätere Verehrung des Schmerzensweges. Man übertrug also die seit altersher heilige Siebenzahl[21] auf den Passionsweg. In der ältesten Gestalt begegnen uns die Sieben Fälle in einer Holzschnittreihe des 15. oder beginnenden 16. Jahrhunderts, in dem Schriftchen „Der Kalvarienberg" und in der Einleitung des Büchleins Jan Paschas:

1. Fall in den Bach Cedron, als Jesus nach der Gefangennahme diesen überschritt,
2. auf dem Weg von Herodes zu Pilatus,
3. auf der steinernen Treppe vor dem Haus des Pilatus,
4. nach der Geißelung, als Jesus von der Säule losgebunden wurde,
5. während der Kreuztragung,
6. als Jesus zur Annagelung auf das Kreuz niedergeworfen wurde,
7. bei der Aufrichtung des Kreuzes, da das Kreuz wieder zu Boden fiel und der Gekreuzigte mit ihm.

Später verband man die verschiedenen Geschehnisse auf dem Schmerzensweg mit den sieben Fällen Jesu:

1. Fall: 80 Schritt von dem Ort, wo dem Heiland das Kreuz aufgelegt wurde, 60 Schritt weiter:
2. Fall: bei der Begegnung mit der Mutter. Von dort 71 Schritt:
3. Fall: nach welchem Simon von Cyrene das Kreuz übernimmt. Von dort 191 Schritt bis zum
4. Fall, bei welchem Veronika ihm das Schweißtuch reicht. Von dort 336 Schritt bis zum
5. Fall bei der Gerichtspforte. Von dort 348 Schritt zum
6. Fall: die weinenden Frauen. Von dort 161 Schritt zum
7. Fall: am Fuß des Kalvarienberges.

Der erste Kreuzweg mit *sieben* Stationen scheint auf der Insel Rhodos durch Ritter des Johanniterordens errichtet worden zu sein. Von Rhodos wurden durch den Johanniter Peter von Englisberg die Maße dieses Stationsweges nach Freiburg in der Schweiz gebracht. Er ließ 1516 sieben Pfeiler errichten, deren Reste als Kreuze oder Nischen in der Felswand des Weges von der Freiburger Johanneskirche nach der Muttergotteskapelle zu Bourguillon noch heute zu sehen sind.[22] Ein noch älteres Beispiel eines solchen Kreuzweges schuf Adam Krafft zwischen 1480 und 1490 in Nürnberg. Die Andacht zu den Sieben Fußfällen war zu Beginn des 16. Jahrhunderts

14.6T
Beispiel einer figurenreichen, lebensnah gestalteten Passionsszene aus einem Sacro Monte: Das Letzte Abendmahl im Santuario Madonna del Sasso in Locarno.

Die formale Entwicklung der 14 Stationen

In den romanischen Ländern gab es schon in viel älterer Zeit Stationswege mit 9, 12, 14, 15, ja oft bis zu 50 Monumenten. Einen der ersten dieser Wege errichtete der Dominikaner Alvarus (†1420) in der Nähe von Cordoba, nachdem er 1405 von einer Pilgerfahrt ins Heilige Land zurückgekehrt war. Er nahm einen Hügel und ein Bächlein als Kalvarienberg und Bach Cedron an und vervollständigte die Erinnerung an Jerusalem durch das Aufstellen von Kreuzen und Kapellen mit den verschiedenen Leidensszenen. Spanischer Einfluß auf die Niederlande ist denkbar, obwohl diese erst 1555 spanisch wurden. Dort finden wir nämlich die erste schriftliche Festlegung der Kreuzwegstationen in dem nach 1471 in holländischer Sprache erschienenen Gebetbuch des Priesters Bethlem. Das Büchlein umfaßt nun nicht nur den Kreuzweg vom Palast des Pilatus zum Kalvarienberg, sondern sämtliche Stationen der Leidensgeschichte, beginnend beim Abendmahl. In Bethlems Büchlein finden wir jedenfalls die Grundlage der späteren 14 Stationen. So kennt er die Verurteilung durch Pilatus, den Ort der Kreuzaufladung, den Fall auf der heiligen Stiege, die Begegnung mit der Mutter, Simon von Cyrene, Veronika, den Fall unter der Gerichtspforte, die Entkleidung und Annagelung, Christus am Kreuz, auf dem Schoß der Mutter und das Begräbnis. Er nennt also fast alle der heutigen Stationen.

Aber erst Adrichomius brachte den entscheidenden Anstoß zur weltweiten Verbreitung der heute üblichen 14 Stationen. Der niederländische Priester Christian Adrian Cruys, genannt Adrichomius, war seit 1565 Vorsteher eines Nonnenklosters in Delft. Er starb 1585 in Köln. Im Jahr 1584, kurz vor seinem Tod, veröffentlichte er dort eine „Beschreibung Jerusalems, wie es zur Zeit Christi beschaffen war" (Ierusalem sicut Christi tempore floruit). Im Jahr 1590 erschien, ebenfalls in Köln, aus seinem Nachlaß das Werk „Theatrum terrae sanctae". Es enthält eine Beschreibung des Gelobten Landes, dann den Wiederabdruck der Beschreibung Jerusalems und eine chronikartige Übersicht über den Alten und Neuen Bund.

in ganz Deutschland verbreitet. Die „Geystlich Straß", 1521 in Nürnberg erschienen, fordert die Armen auf, den Kreuzweg regelmäßig zu betrachten, von den Reichen aber verlangt es, solche zu errichten. Dieses Büchlein kann als eine Frucht der reichen Andachtsliteratur dieser Zeit gesehen werden. Sie förderte die Beliebtheit der Andacht beim Volk, führte aber auch zu einer Vielzahl von Kreuzwegformen. So finden wir nur in landschaftlich geschlossenen Räumen eine Einheitlichkeit in der Auswahl der Szenen oder in den Abständen der Stationen untereinander.

Der Kreuzweg der Reformation und Gegenreformation

In der Zeit der Reformation, die weniger das Leiden Christi selbst als vielmehr die Erlösung durch das Leiden in den Vordergrund ihrer Betrachtungen stellte, unterblieb die Errichtung von Stationswegen lange Zeit. Das Zeitalter der Gegenreformation brachte wieder ein Aufleben des alten Glaubenseifers. So fanden Wallfahrten und Prozessionen, Heiligen- und Reliquienverehrung, Ordenswesen und Bruderschaften erneut ein größtes Interesse bei den Gläubigen. Es ist daher nicht verwunderlich, daß die alten Andachtsübungen wieder auflebten und auch die Kreuzwegandacht zu neuem Leben erwachte. Unter den Förderern der Kreuzwegandacht seit dem Ausgang des 16. Jahrhunderts sind namentlich Mitglieder des habsburgischen Herrscherhauses zu nennen. So ließ Erzherzogin Maria von Steiermark, die Mutter des späteren Kaisers Ferdinand II., längs des Pfades zur Wallfahrtskirche Straßgang bei Graz 14 Kreuzwegstationen errichten. Marias Sohn Ferdinand folgte dem Beispiel seiner Mutter. Als er noch Erzherzog in Steiermark war, ließ er in seinen Gebieten, so in der Grafschaft Tirol, in der Umgebung von Graz und in Kärnten längs mehrerer Wege Kreuzwegstationen aufstellen und besuchte diese auch mit der kaiserlichen Familie. Der Jesuit Karl Musart, der 1631 aus den Niederlanden nach Wien reiste, bezeugt, daß in Steiermark, Kärnten und Tirol „noch jetzt" viele derartige „Siegeszeichen der Religion" vorhanden sind.[23] Wie es scheint, war es auch Karl Musart, der die Stationsandacht in Wien bekanntgemacht hat. In seinem 1638 in Wien erschienenen Buch „Peregrinus Calvariae" setzt er sich sehr für die Betrachtung und Errichtung der Leidensstationen ein. Mit seinem unermüdlichen Einsatz für dieses Anliegen hatte er auch tatsächlich Erfolg. Eine halbe Stunde vor der Stadt wurde in Hernals auf einem Hügel eine Nachahmung des heiligen Grabes in Jerusalem errichtet. Kaiser Ferdinand III., begleitet von seinem ganzen Hofe, legte den Grundstein. Am 23. August 1639 wurde dieser siebenteilige Stationsweg in feierlicher Prozession zum erstenmal begangen und von einem Bischof eingeweiht. Bis 1756 fanden diese Prozessionen alljährlich statt.[24] Diese Andacht fand, von Wien ausgehend, auch in anderen Städten Österreichs und Ungarns Verbreitung.

Kap. 14

335

Was man sich früher aus einer ganzen Reihe von Reisebeschreibungen und anderen Büchern erst zusammensuchen mußte, fand man bei ihm in *einem* Buch und in praktischer Zusammenstellung. Dabei erweckten seine Angaben auch den Eindruck großer Zuverlässigkeit. Sie stammen jedoch, wie er auch durch Quellenangaben verrät, aus den Büchern Bethlems und Paschas. Er selbst war nie im Heiligen Land gewesen.

Auch Adrichomius trifft noch eine Unterscheidung zwischen der „via crucis", dem eigentlichen Kreuzweg, und der „via captivitatis", dem Weg der Gefangennahme. Die Reihe seiner Stationen, die er von Bethlem übernommen und nur geringfügig geändert hatte, ist bis heute üblich geblieben:

1. Pilatus,
2. Kreuzauflegung,
3. Erster Fall,
4. Begegnung mit Maria,
5. Simon von Cyrene,
6. Veronika,
7. Zweiter Fall (Gerichtspforte),
8. Weinende Frauen,
9. Dritter Fall,
10. Entkleidung,
11. Annagelung,
12. Kreuzaufrichtung.

Die Länge des Weges maß Adrichomius mit 1321 Schritt oder 3303 Fuß. Abnahme und Begräbnis nennt er später außerhalb des Zusammenhangs mit der Stationsreihe. Auch die „Geystlich Straß" hatte Abnahme und Grablegung nicht mitgezählt, da es sich hier ja nicht um Gänge handelt. Im Anschluß an die Angaben über den Kreuzweg bildete Adrichomius in seinem Werk eine 73 mm lange Linie im Text ab, welche der vierte Teil des Fußmaßes ist, mit dem die Abstände zu den einzelnen Stationen angegeben sind. Diese Linie, so schreibt er, habe er deswegen angeführt, damit jeder Christ sich an jedem Ort einen solchen Leidensweg originalgetreu anlegen könne.

Adrichomius' Palästinaschriften hatten gewaltigen Erfolg. Sie wurden in zahlreiche Sprachen übersetzt und erlebten bis ins 18. Jahrhundert viele Neuauflagen. Seine Schriften wurden in halb Europa gelesen, seine Vorschläge aufgegriffen und Kreuzwege nach seinen Angaben errichtet. In Deutschland waren seinerzeit die altgewohnten Sieben Fußfälle beim Volk noch sehr beliebt, sodaß sie die neuen Anordnungen des Adrichomius noch nicht verdrängen konnten. Trotzdem finden wir im 17. Jahrhundert verschiedene Hinweise auf seinen wachsenden Einfluß. Von entscheidender Bedeutung für die weitere Verbreitung der Stationsformen des Adrichomius wurde das in lateinischer und deutscher Sprache sehr verbreitete „Himmlisch Palmgärtlein" des Jesuiten Wilhelm Nakatenus (1617-1682), der als erster, heute sehr bekannter Autor diese für sein eigenes Gebetbuch aufgegriffen hatte.

Die Verbreitung der Kreuzwegandacht durch den Franziskanerorden

Die Betrachtung des Lebens Jesu und besonders seines Leidens fand bei den Franziskanern seit jeher großes Interesse. Sie nahmen sich auch der Kreuzwegandacht an und erwarben sich bei ihrer Verbreitung große Verdienste. Zwei der ältesten Kreuzwegbüchlein, das in einer Handschrift von St. Trond enthaltene und der Nürnberger Kreuzweg von 1521, sind von Franziskanern verfaßt. Seit dem 17. Jahrhundert hat der Orden die Andacht ausdrücklich als ihm eigentümlich in Pflege genommen. Der aus Sardinien stammende Franziskaner Salvator Vitalis errichtete 1628 in Florenz den ersten Kreuzweg auf dem italienischen Festland. Im Auftrag des Florentiner Erzbischofs schrieb er auch eine Unterweisung für dessen Begehung. Aus der Einleitung läßt sich klar erkennen, daß diese Andachtsform zunächst in Spanien und dann erst in Italien Eingang fand und daß sich die Überlieferung ganz in den Bahnen des Adrichomius bewegte. Vitalis nennt noch keine Stationsbilder. Die Stationen sollen einfach durch 14 Kreuze dargestellt sein. Auch von Ablässen für diese Übungen wird noch nichts berichtet. Der hl. Leonhard von Porto Maurizio ließ zwischen 1708 und seinem Todesjahr 1751 nicht weniger als 572 solcher Stationswege in Italien errichten. Unter anderem veranlaßte er Papst Benedikt XIV., im Jubiläumsjahr 1750 in der Arena des Kolosseums zu Rom die 14 Stationen aufstellen zu lassen. Nachdem anfangs — 1686 — die Kreuzwegablässe nur für die Observanten und die dem Franziskanergeneral irgendwie Unterstellten galten, erwirkte der hl. Leonhard im Jahr 1726 von Papst Benedikt XIII., daß diese nun für alle Gläubigen zugänglich gemacht wurden. Im Jahr 1731 erfolgte schließlich die Erlaubnis, daß die Franziskaner auch Kreuzwege außerhalb ihrer Kirchen und Klöster errichten durften. Der hl. Leonhard hat also für die weltweite Verbreitung des Kreuzweges maßgebliche Vorarbeiten geleistet.

Die Aufklärungszeit und der endgültige Durchbruch zu einer weltweit verbreiteten Andachtsform

Die Kreuzwegandacht hielt nun, aus den Franziskanerklöstern ausgehend, auf der ganzen Welt Einzug. Im Jahr 1752 heißt es in einer Eingabe an die römischen Behörden, die Kreuzwegandacht zur Verehrung des Leidens Christi sei fast auf dem ganzen christlichen Erdkreis zum großen Nutzen der Menschen verbreitet. In Portugal fänden sich Kreuzwege so zahlreich, nicht nur in Kirchen, sondern auch in Oratorien und Kapellen, daß mitunter sämtliche Stationen auf einen Raum von zwei bis drei Schritt zusammengedrängt seien. In den deutschsprachigen Gebieten, wo man von alters her noch die Sieben Fußfälle zu beten gewohnt war, dauerte es länger, bis sich die 14 Stationen allmählich durchsetzten. So heißt ein 1733 errichteter Kreuzweg in Elbigenalp ausdrücklich der erste im ganzen Lechtal. Noch 1827 wurde in Ischgl, im Paznauntal, ein Weg der Sieben Fußfälle errichtet. Auch deutschsprachige Anleitungen zur Betrachtung der 14 Stationen finden sich erst im 18. Jahrhundert in verstärktem Maße. Die traditionelle Bindung an einen Orden mußte den Kreuzweg aber von vornherein verdächtig machen. So war es keine Überraschung, als durch ein Dekret Kaiser Josephs II. vom 1. August 1785 den Franziskanern für den österreichischen Bereich das von Papst Innozenz IX. gegebene Privileg zur Errichtung von Kreuzwegen genommen wurde. Als ein weiteres Motiv für die Abschaffung der Andacht wurde der Aberglaube des Volkes genannt, der durch die übertriebenen Ablässe, die man beim Beten des Kreuzweges gewinne, bloß gefördert würde. Allmählich verstärkte sich aber auch von Seiten des Volkes der Druck auf eine Wiedereinführung der noch immer sehr beliebten Andachtsform. So richtet Fürsterzbischof Milde 1834 an den Kaiser die Bitte, die Kreuzwegandacht zu gestatten, da sie dem Staat weder schädlich noch gefährlich, von der Kirche aber gebilligt und sogar empfohlen sei, den religiösen Sinn fördere und in Wien trotz des Verbotes öffentlich gebetet werde. Es sollte allerdings noch bis 1837 dauern, bis die Andacht von offizieller Seite wieder gestattet wurde. So konnte die Kreuzwegandacht nach einer kurzen Unterbrechung ihren Siegeszug weiter antreten. Papst Pius IX. hob 1871 die letzten Einschränkungen auf. Die Vollmacht der Errichtung von Kreuzweganlagen konnte nun vom Franziskanerorden auch auf andere Priester, bzw.

vom Papst an die Bischöfe verliehen werden. So waren nun die letzten Hindernisse beseitigt, die einer weltweiten Verbreitung im Wege standen. Heute gilt die Kreuzwegandacht als Gemeingut der katholischen Kirche und als eine der populärsten Andachtsformen.

Die bauliche Fassung der Kreuzweg-Reihe

„Das Wesen der Kreuzwegandacht, die ihre Gebetsstationen äußerlich fixiert haben mußte, bedingte die Errichtung der einzelnen Monumente in einer nachschreitbaren Reihenfolge, die irgendwie angeordnet, bestimmt und städtebaulich komponiert werden mußte. Nicht jede Monumentenreihe ist Ausdruck einer Stationsandacht. Bei den Darstellungen der nur durch zwei Punkte bestimmten ältesten Leidenswegnachbildungen kann man von einer Komposition im eigentlichen Sinne noch nicht sprechen. Ein ohnehin vorhandenes Stadttor, eine bestehende Stadtkirche als Richthaus, eine Kreuzgruppe vor der Stadt als Golgotha sind die durch Schrittabstände meßbaren, aber äußerlich ohne architektonischen Zusammenhang erscheinenden Baulichkeiten. Erst als sich die Zahl der Stationen vermehrt und Einzelbildstöcke aneinanderzureihen sind, beginnt eine Gestaltung, die sich zunächst noch gern an die alten Schrittmaße hält. Aber die Örtlichkeit erlaubt die Einhaltung solcher Abstände nicht immer, man vergaß auch den Brauch und reihte die Stationshäuschen so aneinander, wie gerade der Weg verlief. Viele Beispiele haben so die Denkmäler an geraden Straßen liegen, oft eng aneinander, oft weit auseinandergezogen, je nach Abstand zwischen Anfang- und Endpunkt und entsprechend der jeweiligen Andacht mit vielen oder wenigen sich in den Weg teilenden Stationen. Da nun aber der Endpunkt der Andacht meist eine Kapelle oder eine Kreuzesgruppe auf einem Hügel sein sollte, man zu solchen Bergen aber in Serpentinen hinauf gelangte, wurden oft die einzelnen Kapellchen den Windungen des Weges entsprechend errichtet. Beliebte Standorte waren die Biegungen des Pfades, weil man hier das Gebäude so stellen konnte, daß man von weither schon den Blick auf die geöffnete Vorderfront hatte. Daneben spielt die Hauptwindrichtung eine Rolle, man mochte die offenen Reliefs nicht allzusehr dem Wetter aussetzen. Die einst von den Pilgerbüchern, insbesondere von Adrichomius, vorgeschriebenen Abstände, deren Einhaltung die Kirche jedoch nicht gefordert hatte, sind nur in ganz wenigen Beispielen festzustellen, sonst hat man sich an örtliche Zufälligkeiten gehalten und so ein lebendiges Gehäuse von untereinander meist gleichen Bauten errichtet, die mehr malerisch als architektonisch die Berge beleben. Immer aber ist der Höhepunkt die Wallfahrts- oder Gnadenkirche, die entweder selbst den Kreuzweg verkörpert oder der ein solcher doch unmittelbar benachbart ist. Je mehr sich das Gelände alpinen Formen nähert, desto monumentaler beginnt eine solche Anlage zu werden. Verschiedene Formen der Einzelmonumente – die in ihrer Häufung den Charakter einer Bergsiedlung aufweisen – wechseln mit gleichfalls in südlichen Zonen gelegenen Beispielen aus gleichgeformten Stationen, deren steiles Ziel oft eine geradezu imposante Gipfelbebauung ist, deren Wirkung die kleinen Baulichkeiten noch beträchtlich zu steigern vermögen."[25]

Die größten Kalvarienberge Europas

Die Sacri Monti von Varallo, Varese, Orta, Oropa, Crea und Locarno im italienischen Piemont sind eine kühne Steigerung der uns geläufigen Kreuzwegreihe in eine beispielhafte Darstellung der gesamten biblischen Geschichte, die Anzahl der Stationen wird auf 40 gesteigert, die Architektur und Größe dieser Stationen übertrifft manche Dorfkirche. Der Zeit ihrer Entstehung – Ende des 15. bis Mitte des 17. Jahrhunderts – genügte es nicht mehr, die heiligen, vom Volke verehrten Legenden aus dem Leben Jesu gemalt zu sehen. Der religiöse Eifer jener Zeiten und ihr künstlerischer Trieb ergriffen mit Begeisterung die Idee, die eine neue Art der Kunst und des Kultus zu bieten schien.

Man schuf fromme Theater mit leblosen Schauspielern. In voller Lebensgröße wurden bemalte Figuren zu mannigfaltigen Szenen zusammengestellt, die eine ungleich größere Wirkung auf das Volk ausübten, als dies Gemälde vermochten. Es war ein durch Mittel der darstellenden Kunst festgehaltenes Mysterienspiel, was man dem Volke bot. Wie in den Mysterien das Volk mit den darstellenden Personen von einer Szenerie zur anderen herumzog, so lebte auch hier auf seiner Wanderung der Haufe Volkes das Leben der verehrten Personen unmittelbar mit.

Die Sacri Monti wurden zu Schwerpunkten volkstümlichen katholischen Lebens zu einer Zeit, in der die beginnende Reformation den Himmel des Katholizismus zu trüben begann. Der allgemeine sittliche Tiefstand aller Schichten, der weltlichen und geistlichen Großen, vor allem auch der Mönchsorden ist aus zeitgenössischen Briefen und Novellen genügsam bekannt. Am Ende des 15. Jahrhunderts treten reformatorische Ideen allentalben auf. Reliquienverehrung, Marienkultus, Wunderglauben nehmen das Volk mehr denn je gefangen. Seltsamerweise ergreift die reformatorische Idee in erster Linie den demoralisierten Mönchsstand, die Dominikaner und nach ihnen die Franziskaner. Die Gründung der Heiligen Berge geschah vor tiefreligiösem Hintergrund: Der Heilige Savonarola tritt auf, Erzbischof Karl Borromäus erweckt von Mailand aus eine neue Blüte kirchlichen Lebens. Die von ihm durchgeführte Reformierung des Priesterstandes ging Hand in Hand mit großer kirchlicher Prachtentfaltung. Die ungeordneten politischen Verhältnisse des durch spanische Oberherrschaft geknechteten Mailand, mehrfach eintretende Hungersnot und Pest scheinen die Opferfreudigkeit des Volkes für kirchliche Einrichtungen eher angefeuert als gelähmt zu haben. Demgemäß hatte die Borromäische Reformation eine ansehnliche Reihe von Nachbildungen des ersten Heiligen Berges, des Sacro Monto von Varallo zur Folge, alle nahe jener vorbildlichen Kultstätte, und es liegt der Gedanke nahe, diese Heiligen Berge mit Zwingburgen zu vergleichen, die am südlichen Fuß der Alpen zum Schutz des katholischen Glaubens gegen die von Norden hereinbrechende deutsche Reformation errichtet wurden.

Im Jahre 1481 kam der Franziskanermönch Bernardino Caimi aus Palästina, wohin er von Papst Sixtus IV. als Kommissar des Heiligen Landes gesandt worden war, nach Italien zurück. Es wird erzählt, daß er aus Kummer, die Heiligtümer Palästinas in verwahrlostem Zustande und zum großen Teile in den Händen der Heiden vorgefunden zu haben, mit dem festen Entschluß die Rückreise ins Abendland angetreten habe, in seiner Heimat ein „Neues Jerusalem" zu errichten. Weiterhin habe er in eifriger Suche nach einem besonders günstigen Ort seine Heimat durchwandert, bis seine Wahl auf Varallo, den Hauptort der Valsesia, gefallen sei. 1486 erhielt Caimi von Papst Innozenz VIII. die Ermächtigung, in Varallo einen Franziskanerkonvent zu gründen, zum Zwecke der Errichtung eines Santuario. Hierauf soll der unternehmungslustige Mönch eine zweite Orientreise angetreten haben und erst 1489 zurückgekehrt sein. Der Wunsch, genauere Pläne für sein Vorhaben einzuholen, soll ihn dazu veranlaßt haben. Im Jahre 1491 wurde der Grundstein zum Heiligen Grabe des Neuen Jerusalem gelegt.

Caimi widmete sich den Arbeiten bis an sein Lebensende im Jahr 1499. Im Jahr 1578 besuchte Erzbischof Karl Borromäus erstmals

14.7T
Der Kalvarienberg von Hohenburg bei Lenggries nach einem Stich von Michael Wening zwischen 1701 und 1724.

den Sacro Monte von Varallo und war von dem „Neuen Jerusalem" tief beeindruckt. Er faßte 1584 den Plan, die heilige Stätte durch den Bau neuer Kapellen weiter auszugestalten. Die Arbeiten zogen sich schließlich bis 1765 – also 150 Jahre – dahin! Schließlich umfaßte der Sacro Monte 43 Stationen – vom Sündenfall im Paradies bis zur Nachbildung des Heiligen Grabes in Jerusalem.

Ein ganzes Jahrhundert, von 1490 bis 1590 blieb der Heilige Berg von Varallo einzigartig. Erst um die Wende vom 16. zum 17. Jahrhundert entstanden fast gleichzeitig an Nachbarorten großartige Nachahmungen; die figürlichen Darstellungen reichen an die Schöpfungen in Varallo zwar nicht heran, die architektonischen Leistungen verdienen dafür um so größere Bedeutung. Die großartigen Sacri Monti entstanden in Orta, Varese, Oropa, Crea und Locarno. Der Heilige Berg von Graglia blieb in den ersten Anfängen stecken – im Jahr 1616 plante man dort eine Anlage von 100 Kapellen (!) und berief zu ihrer Ausführung die besten in Varallo tätigen Bildhauer.

Die Faszination dieser steingewordenen biblischen Inszenierungen im Gewand der Barockzeit ist bis heute ungebrochen geblieben.

Kreuzwege und Kalvarienberge in Oberbayern

Einer der ältesten barocken Kreuzwege Bayerns zieht sich bei *Lenggries*, nordwestlich des Schlosses *Hohenburg*, einen ebenmäßigen Hügel empor.[26] Die Entstehung dieser ungewöhnlichen und fast unveränderten barocken Anlage ist eng mit der gräflichen Familie Herwarth verknüpft, die über lange Zeit Besitzerin der Hofmark Hohenburg war. Vermutlich waren Pilgerreisen zu den heiligen Stätten in Jerusalem Ausgangspunkt ihrer Leidensverehrung und Gelegenheit zum Erwerb von Reliquien. Im Jahr 1665 stiftete Ferdinand Joseph Graf Herwarth zu Hohenburg einen Kreuzpartikel für den Nachbau des Berges Golgotha nahe bei seinem Hofmarksschloß, dessen Anlage er 1692-94 ausführen ließ: „... alda an dem Kürchweg auf Lengrieß gegen den Isarfluß, einen mitl hohen Berg abraumen und mit grossen Uncosten, mit Zersprengung der Felsen, zu dem Ende also Bequemb zuerichten lassen, dass zu Vermehrung der Ehre Gottes dieses sonst ganz verwachsene öede orth die Figur des Heyl. Calvariae Berg anmiettig repraesentirt; in dem Hochgedachter Herr Graf oben in der Höche Christum cruzifixum ... sambt zwey seithen Creüzen (doch ohne Biltnuß der Schecher) mit darneben stehenden figura Dolorosae Matris et Sancti Joannis sehr weitsichtig, und von anmiettig sowoll Bilthauer- alß Mahler-Arbeith aufrichten, den weeg aber hinauf durch sehr bequeme Stiegen undt rotabgestrichne Gelänter in Form eines Creüzes dergestalten machen lassen, das ann denen 4 under- und oberen Endten, wie auch in Mitten der Schlüessung 5 sauber aufgemaurte und vergäderte Capellen, unndt darinnen die Mysteria Passionis: alß in der Ersten valedictionis Christi (Abschied), in der andren orantis in oliveto (Gebet im Ölgarten), in der dritten flagellationis (Geißelung), in der vierdten Coronationis (Dornenkrönung) und in der Fünfften Baiulationis Crucis (Kreuztragung) vorgestellet, woll schönn zusechen sein..."

Im Jahr 1698 folgte die Errichtung einer Heilig-Grab-Kapelle nach den genauen Abmessungen und in Form des Vorbildes in Jerusalem. Ein Jahr später entstand ein Klausengebäude für einen Priester zur Betreuung der Anlage, da offenbar der Andrang der Gläubigen zu dieser ungewöhnlichen und in weitem Umkreis einzigartigen Nachbildung des Passionsgeschehens immer größer wurde. Auch im Verlauf des 18. Jahrhunderts haben die Hofmarksinhaber ihren Heiligen Berg weiter ausgestaltet. In den Jahren 1725/26 wurde die Heilige Stiege mit Steinstufen neu angelegt und mit einer Kreuzkapelle als Zielpunkt verbunden, auf deren Altar ein „Ecce Homo" als weitere Leidensstation zur Verehrung aufgestellt wurde. Der mittlerweile errichtete Kalvarienberg in Tölz zog offenbar viele Besucher von Hohenburg ab und veranlaßte 1734 den Hofmarksherrn, 14 Kreuzwegstationen, wie sie inzwischen üblich geworden waren, auf der Bergkuppe aufzurichten, um nicht hinter Tölz zurückzustehen: „... diser Berg (in Hohenburg) hat vor wenig iahren einen grossen Zuelauf der Wallfahrter gehabt, welche den aniezt zu Tölz neu aufgerichten Calvari wegen villen neüigkeiten und sonderheiten an sich gezogen. Solte aber der Creüzweg auf unseren berg in Lengries ... gnädigst gestattet werden, so wurd genanter Berg nicht nur zu seinen vorigen Flor kommen, sondern noch mehr in Ehren..." Auch die bereits bestehenden 5 großen Kapellen, die der Witterung fast ungeschützt ausgesetzt waren, wurden immer wieder renoviert und wohl im späteren 18. Jahrhundert neu ausgemalt. In einer ikonographisch sehr ungewöhnlichen Verbindung sind Szenen aus dem Leben des Joseph von Ägypten der Passion Christi gegenübergestellt. Die jeweils drei Innenwände der Kapellen zeigten in großen Landschaftsgemälden wichtige Ereignisse aus der Josephs-Geschichte, von der Gefangennahme durch seine Brüder über die Versklavung in Ägypten bis zu seiner Erhebung als Großwesir über das ägyptische Reich. Überschriften erläuterten die Darstellungen und vermittelten dem Besucher das Verständnis der Figurengruppen im Vordergrund. Obwohl 1829 mit der Überbauung der hl. Stiege und 1864 mit dem Neubau des Benefiziatenhauses anstelle des alten Klausengebäudes wichtige Neuerungen vorgenommen wurden, ging die Zahl der Besucher weiter zurück. Die exponierte, der Witterung ausgesetzte Lage erforderte häufige Instandsetzungen, die bis 1940 immer wieder nachzuweisen sind. Seit 1980 hatte sich der Verfall der gesamten Anlage dramatisch beschleunigt. Im Jahr 1984 begann man mit der Restaurierung, die 1989 mit vorbildlichem Erfolg abgeschlossen werden konnte. Als sehr interessant erwies sich dabei ein Einbau im Innern der Grabkapelle, der erst jetzt wiederentdeckt wurde. In einem Anbau neben dem hl. Grab ist eine Art Gruft mit der Darstellung der Armen Seelen im Fegefeuer. Das Innere ist kulissenartig mit Drähten überzogen, mit Leinen und Gips ausgesteift und so zu einer Höhle ausgestaltet. Ein Rahmen im Hintergrund läßt eine Art Bühne offen. In einer kleinen Nische ist ein kleiner Sitzplatz mit einer Seilwinde. Hier wurden in der Barockzeit mit beweglichen Figuren oder auch nur mit Schrifttafeln zu Ostern religiöse Passionsspiele aufgeführt, wie dies von den heiligen Gräbern und von den Ölbergszenen her bekannt ist.

Inzwischen war bei *Tölz* eine ähnliche Kalvarienberganlage nach dem Hohenburger Vorbild begonnen worden, mit 7 Kapellen zur Darstellung der Leidensgeheimnisse, einer hl. Stiege von 28 Stufen mit einer Kapelle an ihrem oberen Ende, und darüber auf einem künstlichen Hügel die drei Kreuze von Golgotha mit Maria und Johannes, außerdem eine untere und eine obere Kirche.

„Im Jahre 1716 faßte ein eingeborener Tölzer, Friedrich Nockher, churfürstlicher Salz- und Zollbeamter, den poetischen Gedanken, den kahlen Hügel bei Tölz durch Anlagen zu beleben und seinen höchsten Punkt mit einer Kirche zu krönen. Seinem gläubigen Gemüthe folgend wollte er am Anfang des Höhenzuges einen Ölberg, und den weiteren Weg entlang bis zum Gipfel einen Calvarienberg anlegen. Der Besitz eines großen Vermögens half ihm über alle Hindernisse der Ausführung hinweg. Übrigens stellte ihm der Magistrat Grund und Boden unentgeltlich zur Verfügung. Im Jahr 1722 stand vollendet der Ölberg, 7 Kapellen mit den Darstellungen der Leidensgeheimnisse, eine heilige Stiege von 28 Stufen mit einer Kapelle an ihrem oberen

Dancksagung zu Gott. Für die Dapfern Schüzen, das sie die Tyroller Division bei 500 Man Geschlagen worden sind mit 30g Man Militer und 30g Man Schüzen von dem Dorf in Lenggries, blesiert worden von die Bayerischen 3 Man, ein Koperal von denen Feldjägern und Niklas Bachmayr und Paulus Jaud, blesierte Thyroller 21ig Man und einer Tod Geschossen und 8 Gefangen worden. Dieses Monument haben verwertigen lassen Kapetan Winckler ober Leitenant, Ignaz Seybald unter Leitenant, Niklas Bachmayr Tambour, Paulus Gutner Feldwebl. Geschehen den 17. July 1809.

Ende und darüber auf einem künstlichen Hügel die drei Kreuze von Golgotha mit Maria und Johannes. Dieser Hügel soll großenteils durch Schulkinder aufgeführt worden sein."[27] Dieses Werk genügte aber dem Stifter noch nicht. Bis 1726 ließ er eine neue doppeltürmige Kirche erbauen, die eigentlich zwei Kirchenräume unter einem Dach vereint. Das obere Heiligtum ist dem Heiligen Kreuz geweiht und bewahrt ein Partikel des Kreuzes Christi, das untere ist eine Überbauung der Heiligen Stiege. Darunter befindet sich noch die Kapelle „zur Urlaubnahme" (Jesus nimmt Abschied von seiner Mutter): hier findet sich auch das Grabmal des Stifters. Im Laufe der Zeit wuchs der malerischen Baugruppe noch manche Bereicherung zu. „Laut Stiftungsbrief vom 26. November 1742 verband Friedrich Nockher mit der Kalvarienbergkirche noch eine Eremitage für je einen Priester und Laienbruder der Eremitenkongregation und wies zu deren Unterhalt 4000 Gulden als Fond an. Pater Roman Niedermayer war der erste Nockherische Benefiziat auf dem Kalvarienberg. Schon früher hatte der Gründer an die Kirche Klausnerwohnungen angebaut. Später erhöhte sich die Zahl der Eremiten in Tölz, namentlich wegen der von Nockher eingeführten ewigen Anbetung, auf vier; auch wurde daselbst ein Noviziat errichtet. Diese Einsiedler besorgten wie in vielen anderen Orten der Diözese den Schulunterricht... Sogar König Ludwig I. wußte die Schönheit dieses Ortes wohl zu würdigen. Bei seiner Anwesenheit in Tölz am 5. September 1829 verweilte er mit seiner Gemahlin Therese längere Zeit in einem eigens errichteten Pavillon auf der Höhe des Kalvarienberges und nahm hier sogar sein Mittagsmahl ein."[28]

Am Aufgang zur berühmten Wallfahrtskirche *Kunterweg in der Ramsau* steht eine offene Kalvarienbergkapelle in zartestem Rokoko. In der flachbogigen Konche umstehen die lebensgroßen Figuren von Maria, Johannes und Magdalena die dramatische Kreuzigungsszene. Von der weit ausladenden flach gewölbten Decke blicken reizvolle Malereien, rahmendes Muschelwerk und Geäst herab. Eine Inschrift mahnt: „O sünder schau mich an, Wass ich hab für dich gethan."

Von der neuerdings restaurierten Kapelle führt ein schmaler, naturbelassener Pfad zu dem weihevollen Gnadenort empor, er ist von schlichten Kreuzwegstationen begleitet.

Einen Kalvarienberg am Fuße des Kälbersteins, einem Steilhang nördlich des Marktes *Berchtesgaden*, errichtete Fürstpropst Michael Balthasar im Jahr 1760. Vier Stationskapellen zeigen die Geheimnisse des Schmerzhaften Rosenkranzes in lebensgroßen Figuren: Der blutschwitzende Heiland am Ölberg, die Geißelung, die Dornenkrönung, die Kreuztragung. Die Kreuzigungsgruppe blickt aus einer gewaltigen konchenförmigen Aedikula in das Bergpanorama. Die ausdrucksvollen Figuren, die das österliche Drama lebhaft veranschaulichen, sind Kunstwerke von Rang.

14.8T (Seite 340)
Der Kalvarienberg von Hohenburg auf einer Votivtafel von 1705 mit Darstellung der Sendlinger Bauernschlacht.

Ein gutes Beispiel eines jüngeren Kalvarienbergs verbirgt sich hinter mittlerweile dichtem Baumbestand auf dem Höhenzug westlich von *Palling*. Die gesamte Anlage wurde 1884/1889 ausgeführt. Die Gedenktafel verkündet: „Zur größeren Ehre Gottes errichtete der Jüngling Franz Grafetstätter, Heherbauerssohn von Palling mit großem Kostenaufwande den Kreuzweg an der Steinerstraße und diesen Kalvarienberg." Der Stiftungsbrief mit Servitutsbestellung, datiert vom 8. Mai 1888, ist erhalten. Von rechts führt ein Kreuzweg mit 14 Stationen auf die Bergkuppe, von links ein vierteiliger „Rosenkranzweg". Alle „Stationen" sind aus Gußeisen in Serie gefertigt, in neugotischem Stil, und mit kräftigen Farben bemalt. Die riesige offene Kalvarienbergkapelle ist in den Formen der Neu-Renaissance gehalten und birgt die in bemaltem Zinkguß geschaffene überlebensgroße Kreuzigungsgruppe. An den Kapellenwänden zeigen sich die Beweinungsgruppe vor dem Panorama der Stadt Jerusalem, daneben Soldaten, Henker und Spötter. In einer Ecke hat sich der Stifter portraitieren lassen. Den Hügel von Golgotha bildet eine Aufmauerung aus skurrilen Tuffsteingebilden. Vor der Kalvarienbergkapelle ist die düstere Gruftkapelle nach Art eines Felsenkellers in den Berghang hineingegraben worden; durch einen kleinen Lichtschacht fällt gedämpftes Sonnenlicht auf den hier zu Grabe gelegten Leichnam Jesu. Ein kleiner unterirdischer Andachtsraum, mit „Grottentuff" verkleidet, lädt zu stiller Andacht auf dieser einsamen Anhöhe ein.

Eine weltferne Idylle ist auch der Kreuzweg von *Feldafing* im Landkreis Starnberg. Er besteht aus 14 gußeisernen Stationssäulen, die in ihrer reichen Gestaltung an einen neugotischen Altaraufbau erinnern. Die Leidensszenen sind auf bemalten Tonreliefs dargestellt, die Kreuzigungsgruppe auf der flachen Gipfelkalotte ist aus Zinkguß.[29]

Der Kalvarienberg wurde in 25-jähriger Arbeit von Pfarrer und Dekan Dr. Clos bis 1888 angelegt und 1891 eingeweiht. Die Darstellung der Kreuzigungsgruppe folgt bis ins Detail den Visionen der Katharina Emmerich (aufgezeichnet von Clemens v. Brentano). Sogar die Erdspalte, die sich beim Tode Christi auftat, ist zwischen dem Kreuz Christi und dem des Schächers zur Linken angedeutet. Die gußeisernen Kreuzwegstationen (Entwürfe von Architekt Johann Marggraff, Reliefs von Bildhauer Prechel) wurden u.a. von Reichsrat Ritter von Maffei, Kommerzienrat Max Kustermann, Hotelier Strauch, Gabriel Sedlmayr (Spatenbräu), Dekan Clos, dem Fürsten Thurn und Taxis und von Kaiserin Elisabeth gestiftet. Die ehemals gerühmte Fernsicht ist heute durch die hohen Bäume verstellt.

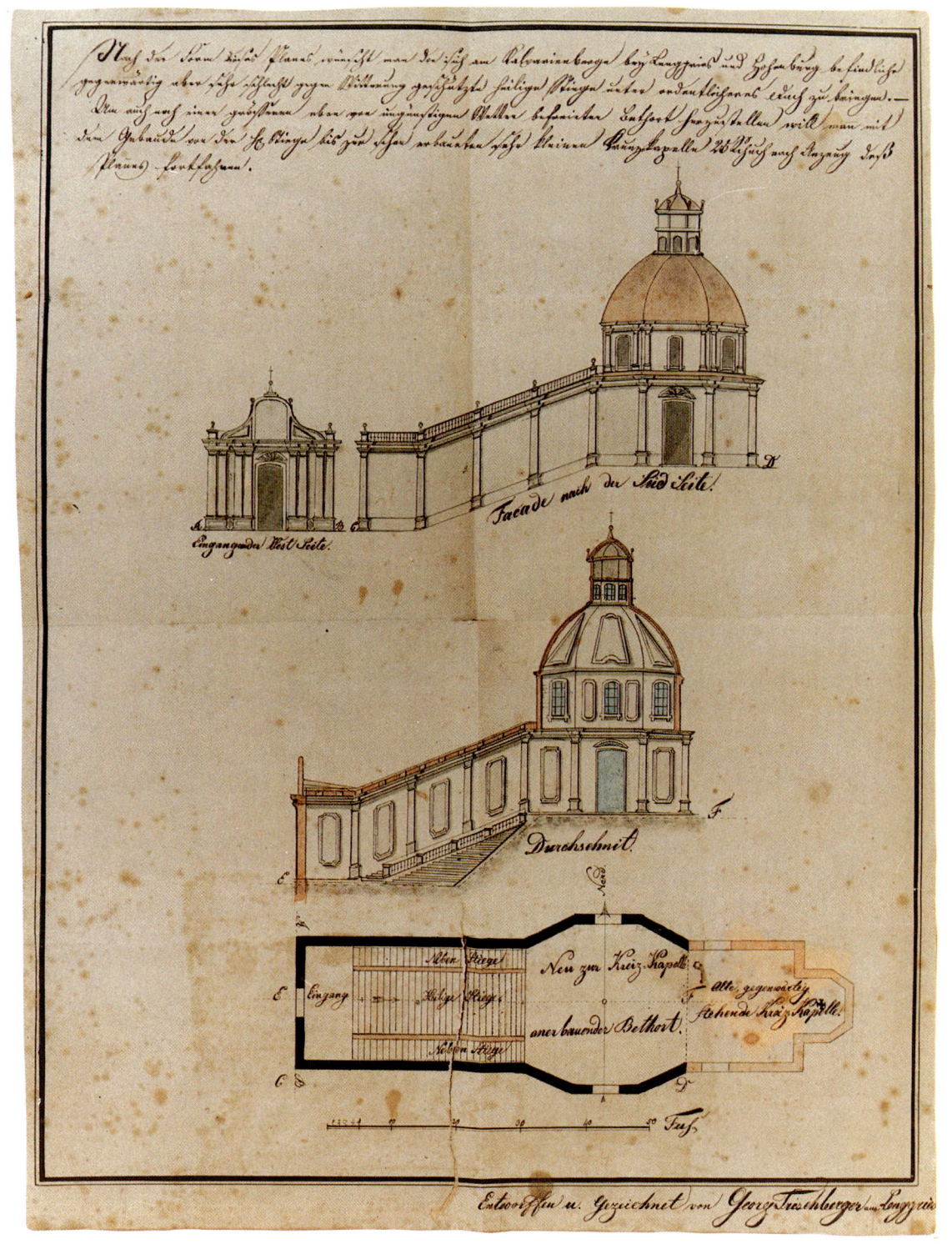

14.9T
Der originale Entwurf für die Stiegenkapelle des Hohenburger Kalvarienberges. Zeichnung von 1862.

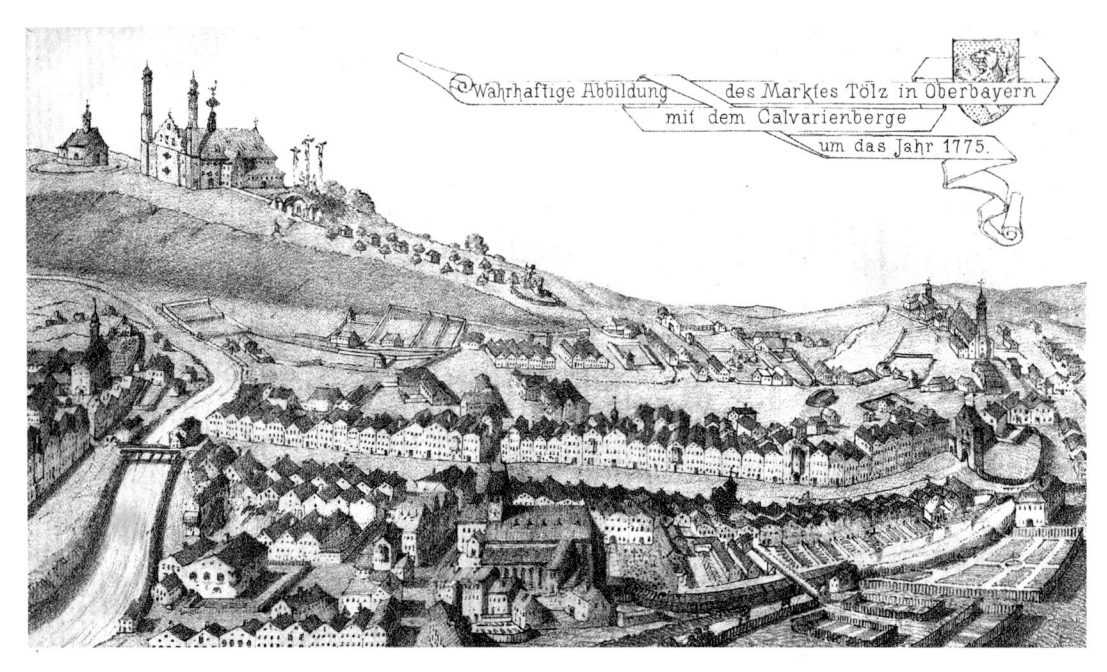

14.10T
„Wahrhaftige Abbildung des Marktes Tölz in Oberbayern mit dem Calvarienberge um das Jahr 1775."

14.11T
Der Kalvarienberg in der Ramsau bei Berchtesgaden, kolorierter Holzstich von 1879 nach einem Gemälde von H. v. Zwehl „Erntefest in der Ramsau".

Der Kreuzweg von *Altötting nach Heiligenstatt* existiert zwar erst seit 1842, der Weg selbst ist aber viele Jahrhunderte alt.[30] Der Werdegang der 14 Kreuzwegstationen läßt sich anhand von Originaldokumenten genau erschließen. Er ist ein sehr typisches Zeugnis des zwiespältigen Zeitgeistes – der Kreuzweg Christi wurde hier zu einem abermaligen irdischen Leidensweg, der sich über ein Jahrhundert dahinzog und tiefe Frömmigkeit neben sinnlosem brutalem Vandalismus aufzeigt: Am 15. März 1841 erschien vor dem königlichen Landrichter in Altötting die 38 Jahre alte Schiffmeistersgattin Katharina Riedl von Neuötting und gab an, sie hätte vor zwei Jahren ein Gelübde gemacht, einen Kreuzweg errichten zu lassen und habe dazu als Aufstellungsort den Schloßberg bei Kraiburg bestimmt. Da sie aber die „14 Gemälde und die steinernen Säulen dazu von Untersberger Marmor" bereits fertigen ließ, bevor sie die amtliche Genehmigung zur Aufstellung hatte und „weil diese Säulen nicht ganz nach der Zeichnung sind, welche dazu von München vorgeschrieben" war, bekam sie vom Landgericht Mühldorf solche Schwierigkeiten, daß sie sich entschloß, diesen schon fertigen Kreuzweg nicht mehr in Kraiburg, sondern irgendwo in Altötting aufzustellen. Sie schenkte ihn der Heiligen Kapelle „zur beliebigen Verwendung" und bemerkte dazu, daß „die königliche Kapelldirektion denselben dem Zwecke entsprechend verwenden werde" und glaubte, „dadurch ihr Gelübde erfüllt zu haben..." Die Kapelldirektion erklärte sich damit einverstanden, wünschte aber, die „Stations-Steine mit den dazugehörigen Gemälden" neben der „von Mühldorf nach Altötting führenden Hauptstraße aufgestellt zu sehen". Zur Übernahme der Kosten für die Versetzung der Stationen und der „unbeweglichen Betschemeln aus Duftstein" erklärte sich die Stifterin bereit, nicht aber auch noch für die ferneren Unterhaltungskosten. Sie meinte: „Solche dürften bey der ganz soliden Anfertigung der Stationen für nicht nothwendig erachtet werden." Außerdem habe die Gemälde der Stationssteine der „Maler Lorenz Hilleprandt zu Neuötting auf Sohlnhofer-Stein als Copien eines Kreuzweges gefertigt, den sie (Frau Riedl) im Jahre 1839 von dem Direktor Kurzinger in München auf Leinen malen ließ", so daß auch für die Gemälde auf lange Sicht keine Unterhaltungskosten anfallen dürften. Endlich im Frühjahr 1842 wurde dieser Kreuzweg – „weil ein sehr geeignetes Erweckungsmittel für Andacht und Erbauung" – aufgestellt. Die Aufstellung erfolgte aber letztlich nicht an der Landstraße, sondern mit Einverständnis der Stifterin am „frequenten Wallfahrerwege" von der Kirche zu Heiligenstatt über die Osterwiese nach Altötting, weil, wie es in der Akte heißt, „beinahe alle Wallfahrer, wie überhaupt jeder Fußgeher, von der Heiligenstätter Kirche nicht auf dem Fahrt-, sondern auf dem Fußwege nach Altötting gehen, weil dieser Weg näher und bequemer als jener Fahrweg sei" und deshalb auch dieser Fußweg südseitig mit einer Schatten spendenden „Baumreihe" besetzt ist. Da aber die einzelnen Kreuzwegstationen am nördlichen Wegrand, also auf der anderen Seite, gegenüber der damals an diesem Fußweg bestehenden Baumreihe in einem großen Abstand gesetzt wurden, ließ Frau Riedl bei jeder dieser Stationen noch extra zwei Bäume setzen. Gerade dieser Kreuzweg und auch die Bäume wurden bald das Ziel dauernder mutwilliger Zerstörungswut. So mußte bereits am 21. Juli 1855 der Pfarrmesner von Altötting Anzeige über die „aus Muthwilligkeit und Boshaftigkeit zernichteten ganze 7", also die Hälfte aller Kreuzwegstationen, machen. Sie waren zum Teil umgeworfen, ganz aus der Erde gehoben oder es waren Teile abgeschlagen und beschädigt worden.

Der Kreuzweg wurde schließlich von „Steinhauer" Johann Hanecker von Neuötting restauriert und am 15. Januar 1856 wieder aufgestellt. Die Kosten beliefen sich auf 97 Gulden. Weil aber die Stifterin nicht dafür aufzukommen hatte, mußte die Verwaltung der Heiligen Kapelle zahlen.

Im Jahr 1859 waren schon wieder einige Stationen mutwillig entweder ganz ausgerissen, umgeworfen oder versetzt worden. Wieder zahlte die Heilige Kapelle. Daß unter diesen Umständen damals die königliche Kapellstiftung bald „an dem Bestand dieses Kreuzweges kein wirkliches Interesse" mehr hatte, wie sie in einem Schreiben an die Königliche Regierung in München bekundete, als Anfang Mai 1880 schon wieder fünf dieser Stationen von unbekannten Personen umgeworfen und beschädigt wurden, ist verständlich. Die Kapellstiftungsadministration war der Ansicht, man solle entweder mit zusätzlicher anderweitiger Hilfe den Kreuzweg wiederaufstellen oder aber gleich ganz beseitigen. Daraufhin erklärte sich der „Schiffmeisterssohn und Privatier Joseph Riedl von Neuötting" (seine Mutter, die Stifterin des Kreuzwegs, war am 14. Juli 1878 verstorben) für den Fall, daß „die kgl. Administration sich nicht bewogen finden solle, dafür sowie allenfalls später vorkommende Reparaturen allein zu tragen, für sich und seine Nachkommen bereit, die jeweilig erwachsenen Kosten zur Hälfte mit zu tragen". Er tat dies, wie er zu Protokoll gab, in „der Pietät gegen die verstorbene Stifterin". Joseph Riedl trug dann nicht nur die Hälfte der Instandsetzungskosten von 40 Mark (die

14.12T
„Im Jahre 1841 wurde dieser hl. Kreuzweg in 14 Stationen zur hl. Kapelle in Altötting zum Geschenke gemacht. Ex voto."

andere Hälfte übernahm die Hl. Kapelle), sondern vermachte zudem mit amtlicher Bestätigung und Genehmigung vom 18. Juli 1880 zur Bestreitung von künftig anfallenden Reparaturkosten ein einmaliges Legat von 500 Mark. Dabei bestimmte er ausdrücklich, daß, „wenn sich der Kreuzweg nicht mehr erhalten läßt", er in seinem und in seiner Geschwister Namen darauf verzichte, daß dieser Kreuzweg neu hergestellt werde und „überlasse in diesem Falle der Hl. Kapelle das Kapital von 500 Mark ohne weitere Belastung zur freien Verfügung". Er bemerkte noch dazu, daß der „fragliche Kreuzweg, der aus sehr gutem Material hergestellt ist, noch mehr als 100 Jahre sich wird erhalten lassen, wenn nicht wie in letzter Zeit einigemale grober Muthwille an demselben eine zerstörende Thätigkeit fortsetzt." Diese „zerstörende Thätigkeit" aber nahm kein Ende. Bereits 1882 wurden wieder Stationen umgeworfen, „versehentlich umgefahren" oder zum Teil stark beschädigt, ebenso 1885, 1889, 1890 und 1891. Die Täter wurden nie erwischt.

Weil 1896 schon wieder Beschädigungen von Kreuzwegstationen gemeldet wurden, näherte sich die Geduld der Verantwortlichen für Altötting allmählich dem Ende. Der königliche Bezirkstechniker Karner machte darauf an die königl. Regierung in München den Vorschlag, „die Auflassung dieses Kreuzweges in Erwägung zu ziehen". Er gab unter anderem auch als Begründung an, daß der Weg, an dem der Kreuzweg steht, „auch stellenweise als Heuweg benützt wird und daher stark zusammengefahren (ist), und da der Untergrund nur Moorgrund ist und Reparaturen am Wege nie vorgenommen werden, so ist er nur bei trockener Witterung zu begehen." Des weiteren bemerkte Karner, daß dieser Wallfahrer- und Kreuzweg „Stellen mit förmlichen Sümpfen hat, die bei Regen fast gar nicht passierbar sind."

Doch Karners Vorschlag fand bei der höchsten Stelle kein Gehör. Die königliche Regierung von Oberbayern teilte mit Schreiben vom 12. November 1899 mit, es läge „keine Veranlassung vor, den Kreuzweg aufzulassen", vielmehr soll er durch „geeignetes Überstreichen der Marmoroberfläche mit Ölfarbe" (!) gegen Eindringen des Wassers wie des Frostes geschützt werden, „so daß dieser Kreuzweg noch viele Jahre erhalten werden kann". Er wurde daraufhin wirklich mit Ölfarbe im getönten Weißton angestrichen; aber gegen mutwillige Zerstörung half auch dieser Anstrich nichts. Immer wieder wurde gemeldet, daß diese oder jene der Stationen umgefallen, umgeworfen oder beschädigt worden sei und ebenso oft wurde er wieder instandgesetzt; auch noch 1929 und 1950, als die große Inflation von 1923 dem Joseph Riedl'schen Legat schon längst den Garaus gemacht hatte.

Die Kreuzwegstationen stehen zwar heute noch auf ihrem angestammten Platz, der Weg selbst war aber schließlich so verfallen, daß noch um 1980 eine abermalige Versetzung der Kreuzwegstationen erwogen wurde. Nur den beharrlichen Bemühungen von Kreisheimatpfleger Alois Stockner ist es zu verdanken, daß der Kreuzweg nach abermaliger Restaurierung am 16. Oktober 1989 am ursprünglichen Ort neu eingesegnet werden konnte.

Noch viele Kalvarienberge und Kreuzwege in Oberbayern würden eine Erwähnung und einen Besuch verdienen, und dies nicht nur „zur Förderung österlicher Andacht": Fast alle Kalvarienberge sind idyllische, stille Orte geblieben, fern vom Trubel und von der Hektik des Alltags. Der Besuch eines Kalvarienberges ist wie ein kurzer Blick in eine jenseitige Welt, in ein kleines vergeistigtes Abbild Jerusalems in heimischer Landschaft.

14.13T
Seltenes Beispiel einer Kalvarienbergdarstellung auf einem Votivbild. Votivtafel von 171? (Holztafelbild) nach der Restaurierung. Hohenburg bei Lenggries.

Anmerkungen

[1] Paul Ernst Rattelmüller: Bairisches Brauchtum im Jahreslauf. Von Nikolo bis Kathrein. München 1985, S. 122, 125, 129.
[2] Notker Eckmann: Kleine Geschichte des Kreuzweges. Die Motive und ihre künstlerische Darstellung. 1968, S. 7 f.
[3] Eckmann, wie Anm. 2, S. 8.
[4] Mergenthal, zitiert bei Röhricht-Meisner: Deutsche Pilgerreisen nach dem Heiligen Lande. Berlin 1880, S. 20.
[5] Deliciae Hierosolymitanae et totius Palaestinae. Das ist Bilgerfahrt in das Heilige Land... durch Johann Schwallarten, Cöllen 1606. In: Das Heilige Land XXXIII, Köln 1889, S. 101.
[6] Röhricht-Meisner, wie Anm. 4, S. 26 f.
[7] Felix Fabri: Evagatorium, ed C. D. Hassler I, Stuttgart 1843, S. 380.
[8] Karl Alois Kneller S. J.: Geschichte der Kreuzwegandacht von den Anfängen bis zur völligen Ausbildung. Freiburg im Breisgau 1908, S. 7., unter Hinweis auf Fabri, wie Anm. 7, S. 231, 238. Auch die Textstellen der Anm. 4 bis 7 sind Kneller entnommen.
[9] Kneller, wie Anm. 8, S. 8 f.
[10] G. Pepin: Sermones quadragesimales. Expos. epistolarum. Paris 1523, fol. 107, sol. 3 (zitiert bei Kneller, S. 8).
[11] Kneller, wie Anm. 8, S. 10 f.
[12] Vinzenz Ferrer: Festivale, sermo 67 de assumptione Beatae Mariae Virginis. Augsburg 1730, S. 222.
[13] Kneller, wie Anm. 8, S. 11, unter Hinweis auf „Speculum humanae salvationis", herausgegeben von J. Lutz und P. Perdrizet, Tom. I. Mühlhausen 1907, S. 72 f.
[14] Vgl. P. Keppler: Die XIV Stationen des heiligen Kreuzwegs. Freiburg 1892, S. 13.
[15] Vgl. Ernst Kramer: Kreuzweg und Kalvarienberg. Historische und baugeschichtliche Untersuchung. Kehl/Straßburg 1957, S. 115.
[16] Lenz und Ruth Kriss-Rettenbeck, Ivan Illich: Homo viator – Ideen und Wirklichkeiten. In: Wallfahrt kennt keine Grenzen – München/Zürich 1984, S. 10.
[17] Kriss-Rettenbeck/Illich, wie Anm. 16, S. 11 f.
[18] Kramer, wie Anm. 15, S. 15.
[19] Kramer, wie Anm. 15, S. 15.
[20] Vgl. auch H. Thurston: The stations of the cross. London 1906, S. 49, 57.
[21] Die Zahl 7 hat im Christentum eine große Bedeutung, enthält z.B. die Bibel die Sieben mehr als irgendeine andere Zahl. Die Kirche übernahm auch die Sieben als Zahl der Sakramente. Es gibt die sieben Worte am Kreuz, die sieben Gaben des Hl. Geistes, die sieben Bitten des Vaterunsers, die sieben Tugenden und die sieben Todsünden, die sieben Schmerzen Mariä, die sieben Blutvergießen und dann eben auch die „Sieben Fälle" und die „Sieben Stationen".
[22] Vgl. M. Zender: Spätmittelalterliche Frömmigkeit und Volksbrauch. Das Beten der Sieben Fußfälle im Rheinland: Gestalt und Wandel. Aufsätze zur rheinisch-westfälischen Volksbrauch- und Kulturraumforschung. Bonn 1977, S. 17. Vgl. auch Kneller, wie Anm. 8, S. 64.
[23] Vgl. L. A. Veit/L. Lenhart: Kirche und Volksfrömmigkeit im Zeitalter des Barock. Freiburg 1956, S. 152 f.
[24] Vgl. F. Loidl: Geschichte des Erzbistums Wien. Wien 1983, S. 226 ff.
[25] Kramer, wie Anm. 15, S. 74.
[26] Die gesamte nachstehende Beschreibung des Kalvarienberges bei Hohenburg ist weitgehend entlehnt. Erwin Wiegerling: Kalvarienberganlage Lenggries/Hohenburg. Dokumentation zur Restaurierung. Bad Tölz 1989 (unveröffent. Manuskript)
[27] Georg Westermayer: Chronik der Burg und des Marktes Tölz. Tölz 1871, S. 149.
[28] Wie Anm. 27, S. 153.
[29] Gerhard Schober: Landkreis Starnberg. Ensembles, Baudenkmäler, Archäologische Geländedenkmäler. München-Zürich 1989, S. 108.
[30] Nach Angaben von Kreisheimatpfleger Alois Stockner, Altötting („Wenig geachtet: Der Kreuzweg von Altötting nach Heiligenstatt. Ein Beitrag zur Heimatgeschichte.")

14.14T
Ölbergszene, Kreuztragung und Dornenkrönung, Terracottareliefs, 14 Jh. Pfarrkirche Pfaffenhofen an der Ilm.

14.15T
Ölbergszene, Kreuztragung und Dornenkrönung, Terracottareliefs, 14 Jh. Pfarrkirche Pfaffenhofen an der Ilm.

14.16T
Ölbergszene, Kreuztragung und Dornenkrönung, Terracottareliefs, 14 Jh. Pfarrkirche Pfaffenhofen an der Ilm.

14.1
Kalvarienberg in der Almregion über Fiss in Tirol, in 1430 m Höhe. Foto 1943.

14.2
Kalvarienberg aus dem Ende des 19. Jh., auf einem Hügel gegenüber der Wallfahrtskapelle in Birkenstein, Gde. Fischbachau, Lkr. Miesbach.

14.3
Der ehemalige Kalvarienberg neben der Eremitage (Aloysiusklause) von Stein an der Traun, auf einem Felsband in der senkrechten Nagelfluhwand. Foto 1929, Gde. Traunreut, Lkr. Traunstein.

14.4
Kalvarienberg, barockzeitlich oberhalb der Wallfahrtskirche Maria Einsiedel von 1623 mit Hl. Grabkapelle. Teisinger Berg in Teising, Gde. Neumarkt-St. Veit, Lkr. Mühldorf.

14.6 ▽   14.7 ▽   14.5 △

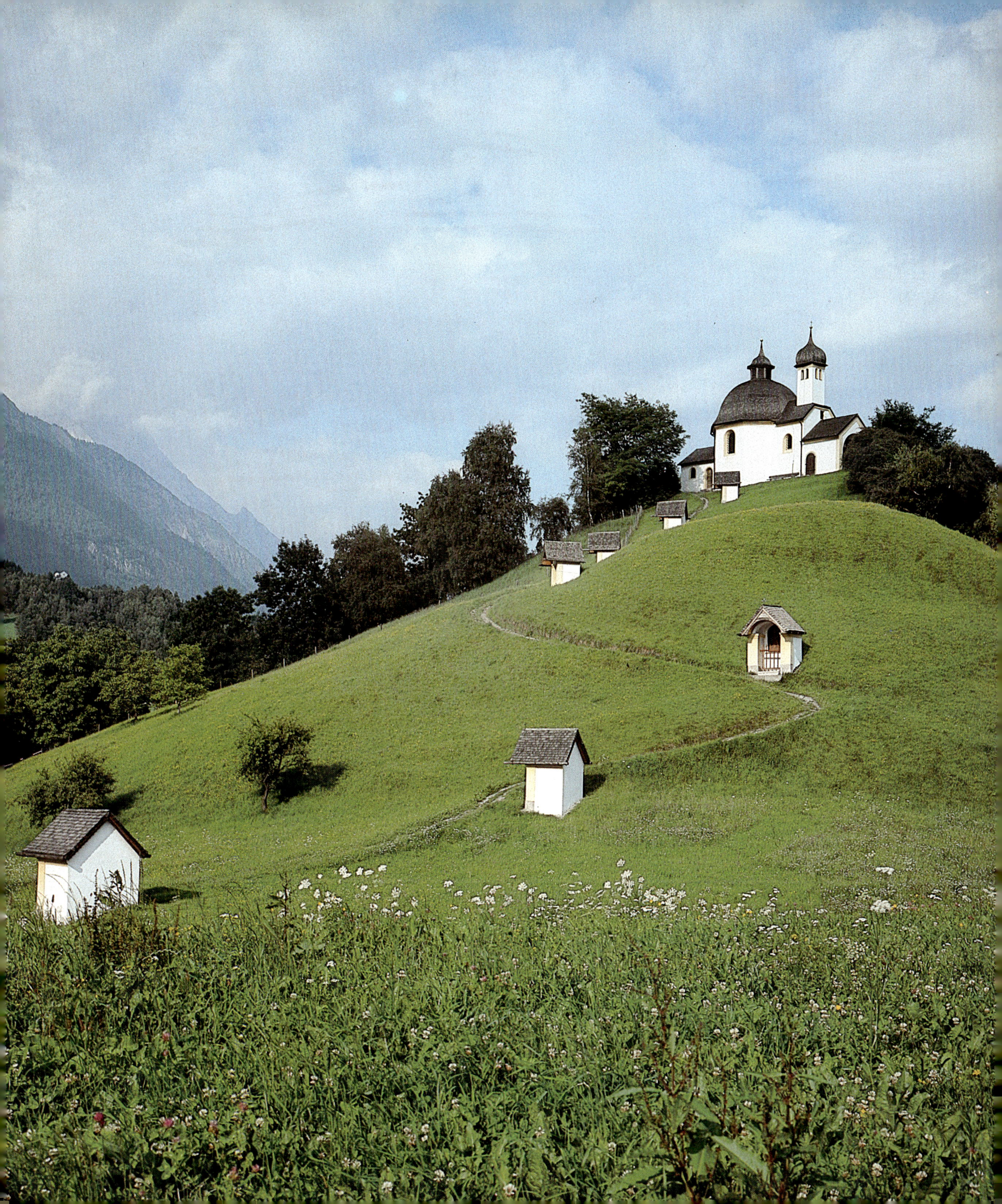

14.9 △

14.10 ▽

14.9 + 14.10
Gußeiserne Kreuzwegstationen in neugotischem Stil.
Kalvarienberg am Pfleimweg in Titting, Lkr. Eichstätt.

14.5 (Seite 348)
Monumentale Figurengruppe auf dem Kalvarienberg von Wenigmünchen, mit Kapelle, Kreuzwegstationen und Sandsteingruppe der drei Kreuze, Maria und Johannes, der Hauptmann zu Pferd. Auf Resten einer ehemaligen Burg, einem Burgstall, der sich heute noch als niedrige Erhebung im Terrain abzeichnet, wurde 1740 auf Veranlassung des Pfarrers Josef Wenig der Kalvarienberg errichtet. Die Figurengruppe aus Jurakalk stammt von einem Bildhauer aus Neuburg an der Donau. Zwölf Kreuzwegstationshäuschen am Rande der Erhebung rahmen zusammen mit einer kleinen Kapelle, die einen Grabchristus birgt, die Figurengruppe. Wenigmünchen, Gde. Egenhofen, Lkr. Fürstenfeldbruck.

14.6 (Seite 348)
Einfache gemauerte Kreuzwegbildstöcke zwischen Dorf und Kirche. Gungolding, Gde. Walting, Lkr. Eichstätt.

14.7 (Seite 348)
Einfache zweireihig symmetrisch angeordnete Sandstein-Kreuzwegbildstöcke am Aufgang zur Kalvarienbergkapelle. Ottomünster, Lkr. Dachau.

14.8 (Seite 349)
Der bekannte 7-teilige Kreuzweg mit Kalvarienbergkapelle in Arzl, östl. Innsbruck, Tirol.

14.11 (Seite 351) ▷
Einfachste hölzerne Kreuzwegstationen am Weg zur Wallfahrtskirche Maria Kunterweg (vgl. Bild 14.12).

14.12 (Seite 352) ▷▷
Reich gestaltete offene Kalvarienbergkapelle von 1774, am Beginn des Weges von der Ramsau zur berühmten Wallfahrtskirche Maria Kunterweg von 1731/33. Ramsau, Lkr. Berchtesgadener Land.

14.13 (Seite 353) ▷▷▷
Die Deckenfresken der Ramsauer Kalvarienbergkapelle zeigen in den 4 Gurtbögen der Kuppel eine Auswahl der Arma Christi (siehe auch Bild 14.12).

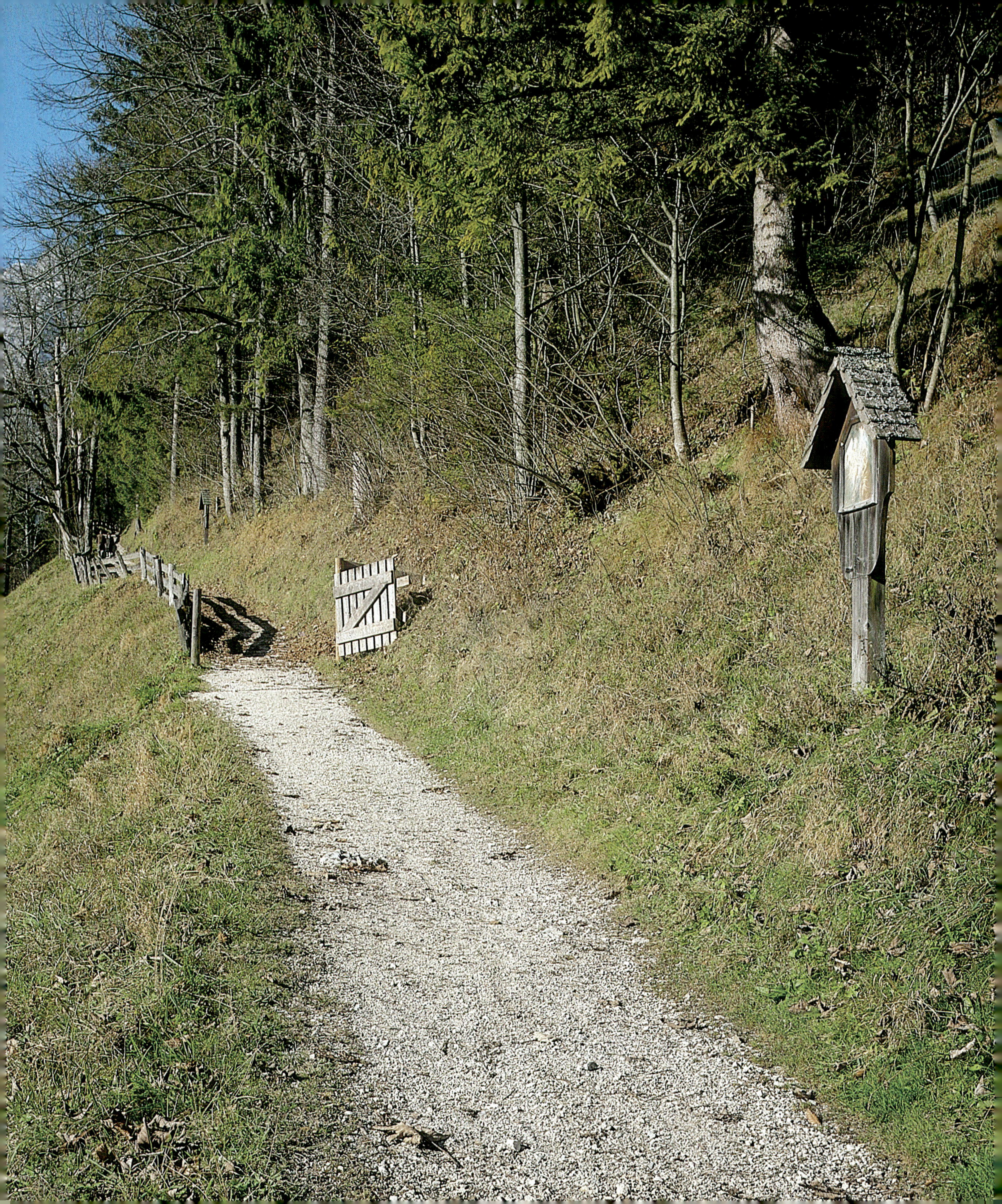

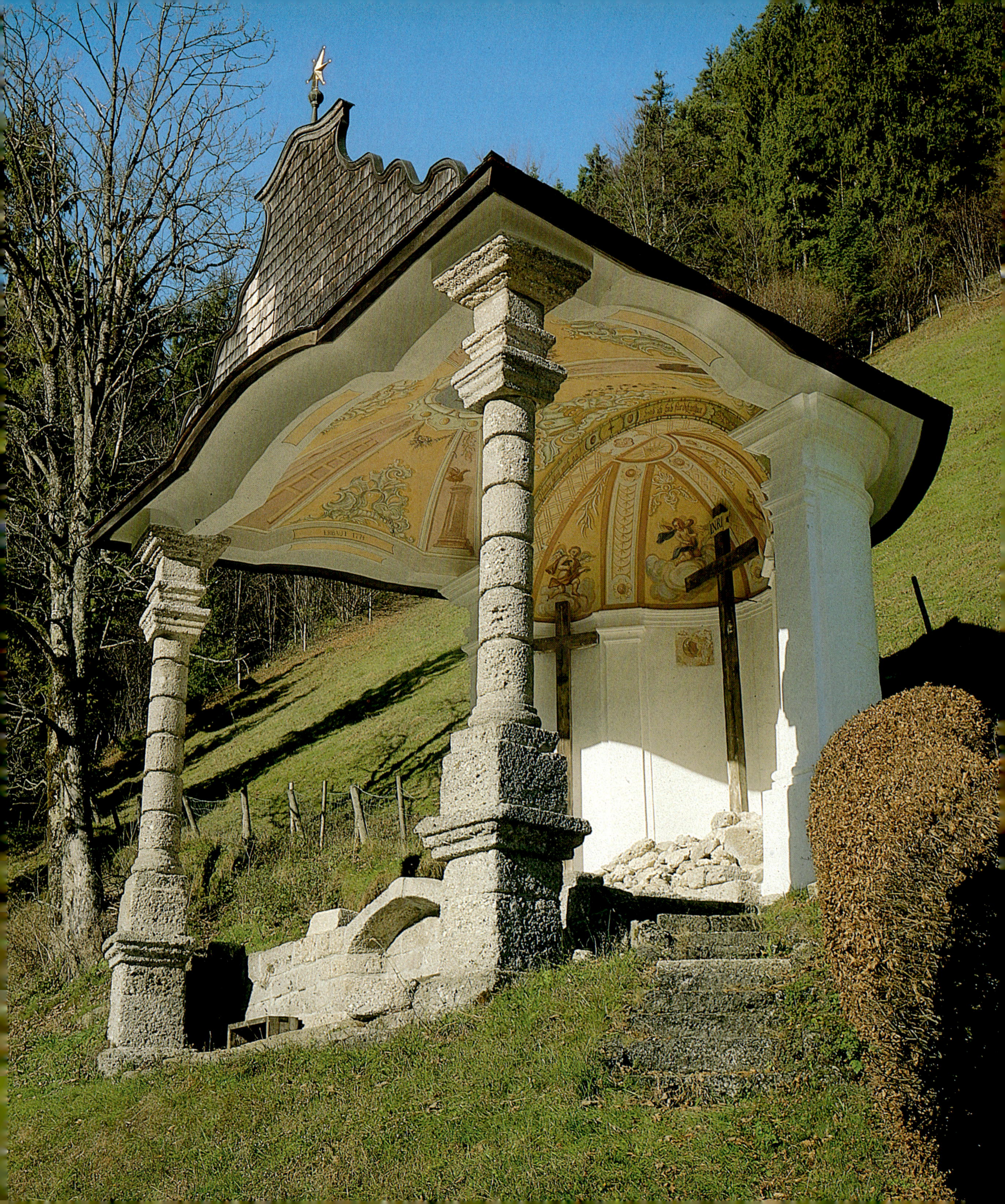

O Sünder schau mich an! was ich hab für dich gethan

INRI

14.14
Reich gestaltete offene Kalvarienbergkapelle mit drei Assistenzfiguren, das Fresko der Kapellenapsis zeigt die Stadt Jerusalem; einschließlich vier Stationskapellen, 1760 errichtet. Berchtesgaden, Fürstensteinweg.

14.15
Reich gestaltete offene Kalvarienbergkapelle mit drei Assistenzfiguren, das Fresko der Kapellenapsis zeigt die Stadt Jerusalem; einschließlich vier Stationskapellen, 1760 errichtet. Berchtesgaden, am Fürstensteinweg.

14.16
Monumentale offene Kalvarienberghalle in klassizistischen Formen, errichtet 1888. Gleichzeitig wurden zwei Fußwege mit 14 bzw. 4 gußeisernen Kreuzwegstationen errichtet.
Palling, auf einer Anhöhe über dem westlichen Ortsrand, Lkr. Traunstein.

14.17
Hl. Grab-Gruft am Kalvarienberg von Palling: „Zur größeren Ehre Gottes errichtete der Jüngling Franz Grafetstätter, Hehersbauerssohn von Palling mit großem Kostenaufwande den Kreuzweg an der Stainerstraße und diesen Kalvarienberg. Der Kreuzweg wurde am 28. Okt. 1885 von dem Kapuzinerpater Thomas Lang aus Laufen unter dem H.H. Pfarrer Andreas Schwaiger, der Kalvarienberg am 25. Juli 1888 von H.H. Jakob Präg, Expositus in Lindach eingeweiht unter d. jetzigen H.H. Pfarrer Johann Nepomuk Häringer. Die Vollendung und Einweihung der Grabkapelle fiel auf den 22. Sept. 1889. Neben mehreren anderen Wohltätern verdient noch besonders hervorgehoben zu werden Philipp Wurm, Hiendlmaierbauer von Gengham."

14.18

14.19

14.20

14.18
Maria Magdalena am Kreuz Christi, Ende 19. Jh. Aus der Kalvarienbergkapelle in Brodaich, Gde. Grabenstätt, Lkr. Traunstein.

14.19 + 14.20
Verfallende Ölberggruppe aus der 1. Hälfte des 17. Jh.: Der blutschwitzende Heiland und schlafende Apostel. Appercha, Kirche St. Sylvester, Gde. Fahrenzhausen, Lkr. Freising.

14.21
Die große Ölbergkapelle in Sachrang, Lkr. Rosenheim.

14.22 △

14.23 ▽

14.22–14.25
Kalvarienberg und Kreuzwegstationen an der Wallfahrtskirche St. Magdalena auf der Biber („Biberkirche"). Die Bilder zeigen den in einen Mauerring eingebauten Kranz von Stationskapellen, das Hl. Grab (14.22 + 14.24) und die Freikanzel (14.25).

14.24 △

14.25 ▽

14.26 (Seite 360) – 14.39
Der monumentale Kalvarienberg von Hohenburg bei Lenggries, Lkr. Bad Tölz-Wolfratshausen.
Alle Fotos nach der vorbildlichen Restaurierung durch Herrn Kirchenmaler Wiegerling, 1989.

14.26 + 14.27 (Seite 360/361)
Der geometrische Treppenaufgang an der Westseite des Hügels.

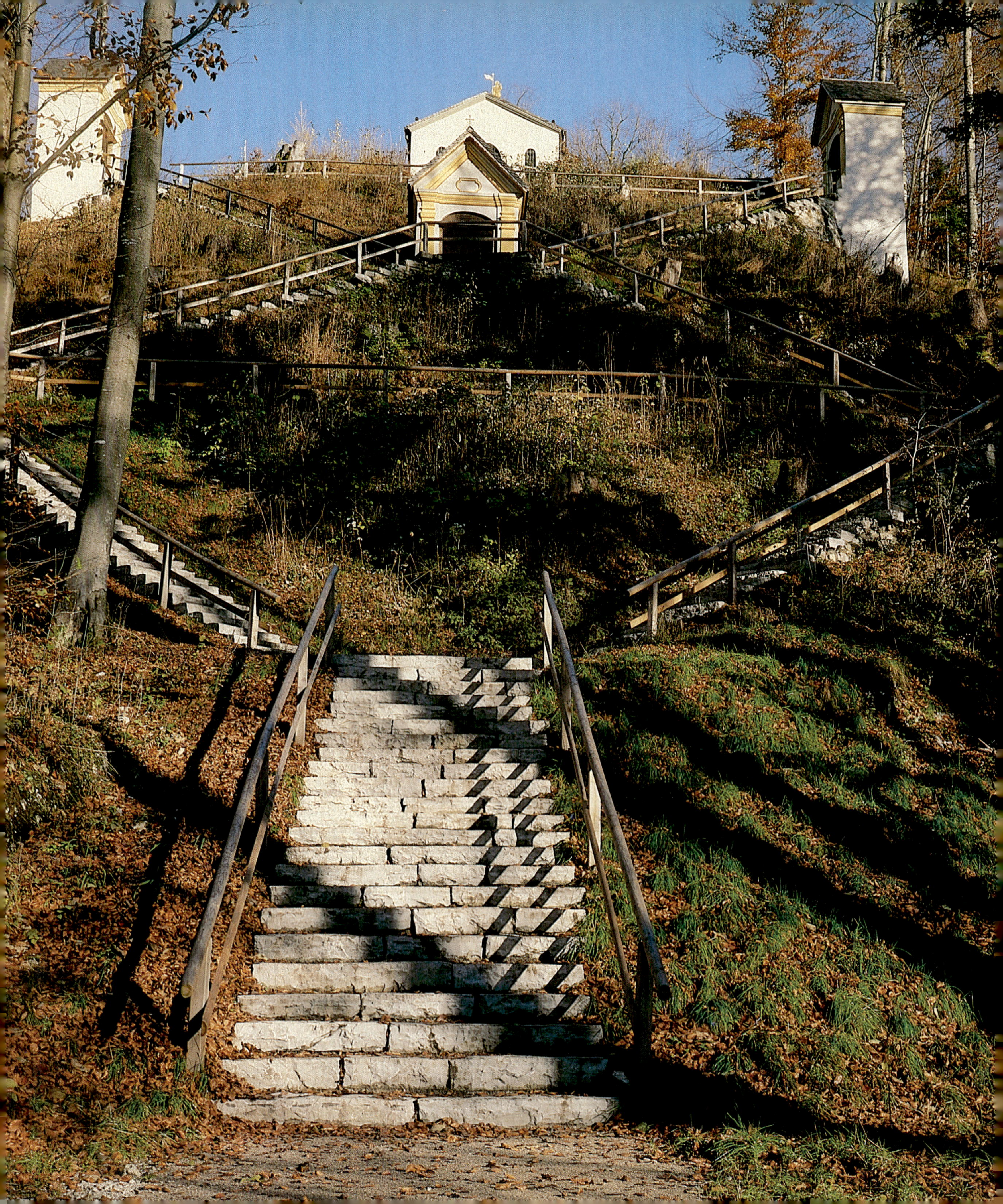

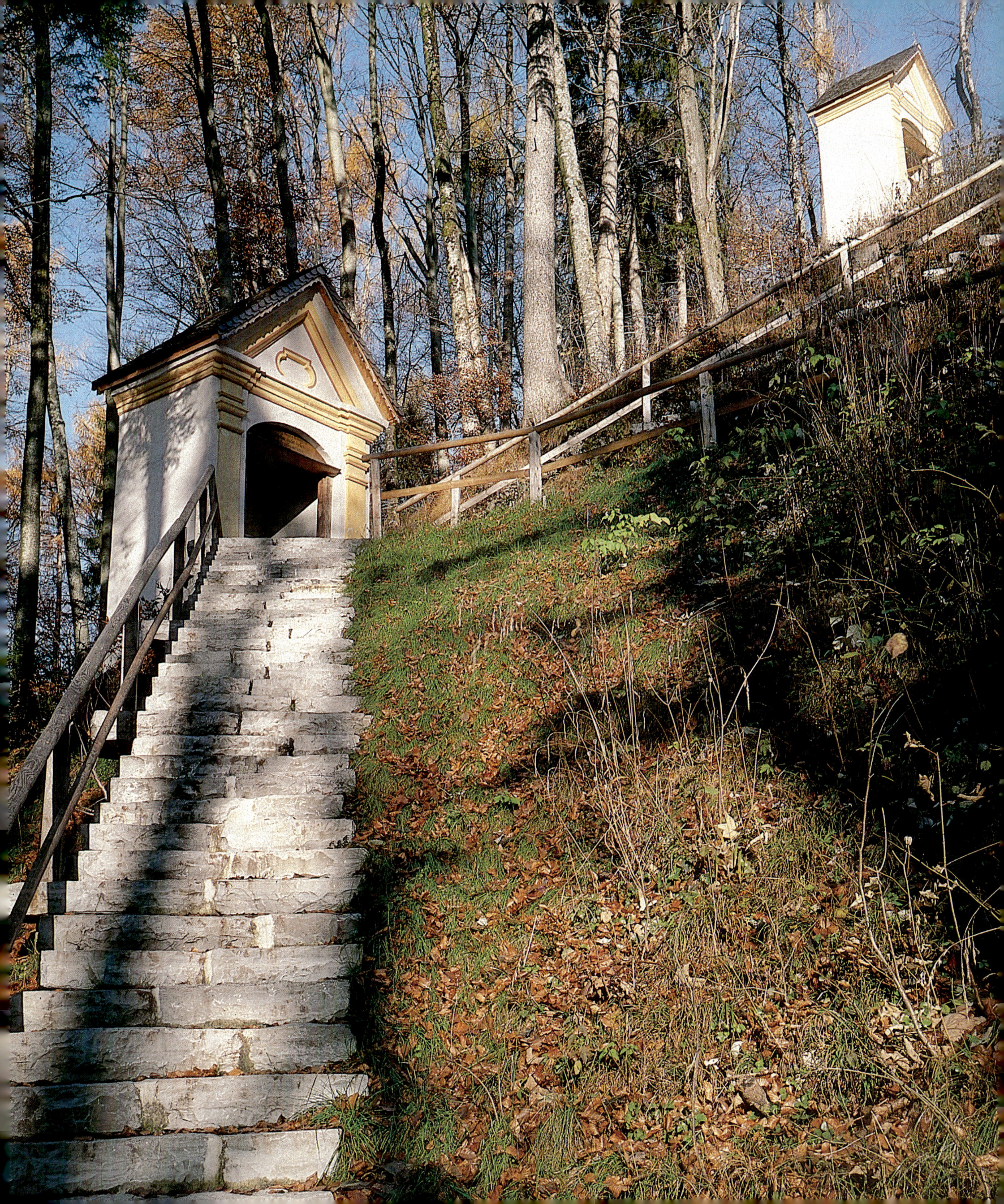

14.28
Stationskapelle I: Abschied Jesu von Maria:
„Deine Sünd o Mensch verursacht hat,
Daß die zwei Hertzen scheiden
Dann wegen deiner Sünd Missethat,
Gibt Jesu sich ins Leyden"

14.29
Stationskapelle II: Christus am Ölberg:
„Seht an die Angst und Traurigkeit
Die Christum machet sincken
Doch ist Er willig und bereit,
Den Kelch für uns zu trincken"

14.30
Stationskapelle III: Die Geißelung
„Laß nach, hör auf o Menschenkind,
Thu Jesu nicht mehr schlagen,
Genug ist Er verwundet, durch neue Sünd`,
Mach ihm nicht mehr plagen"

14.31
Stationskapelle IV: Die Dornenkrönung:
„Die bös Gedancken und Begierd
Noch täglich wie die Dornen
Wann sie der Mensch im Herzen führt,
Das Göttliche Haupt durchbohren"

14.32
Stationskapelle V: Die Kreuztragung:
„Ich sehe dich das Kreuz umfangen,
Aus Liebe trägst Du allen Schmach,
so bist Du selbst nur vorgegangen,
Ich folge Dir, mein Jesu nach"

14.33
Christus an der Geißelsäule, daneben Petrus und Magdalena; in der Predella die Annagelungsszene. Altar der Kreuzkapelle.

14.34
Christus an der Geißelsäule, Bildausschnitt von 14.33.

14.35
Christus in der Grabkapelle, über dem Altar Vesperbild.

14.36
Die Heilige Stiege mit Blick zur Kreuzkapelle.

14.37

14.38

14.37 (Seite 366)
Die Freifiguren des Kruzifixus mit Maria und Johannes, im Hintergrund die Grabkapelle.

14.38 (Seite 366)
Kreuzigungsgruppe, dahinter die Grabkapelle, rechts die Ostseite der Kreuzkapelle.

14.39
Ausschnitt aus einer Votivtafel von 1705: 4 Lenggrieser, die die „Sendlinger Mordweihnacht" überlebten und glücklich heimkehren konnten, haben diese Tafel gestiftet. Heiliggrabkapelle am Kalvarienberg in Hohenburg.

IV V VI
Station

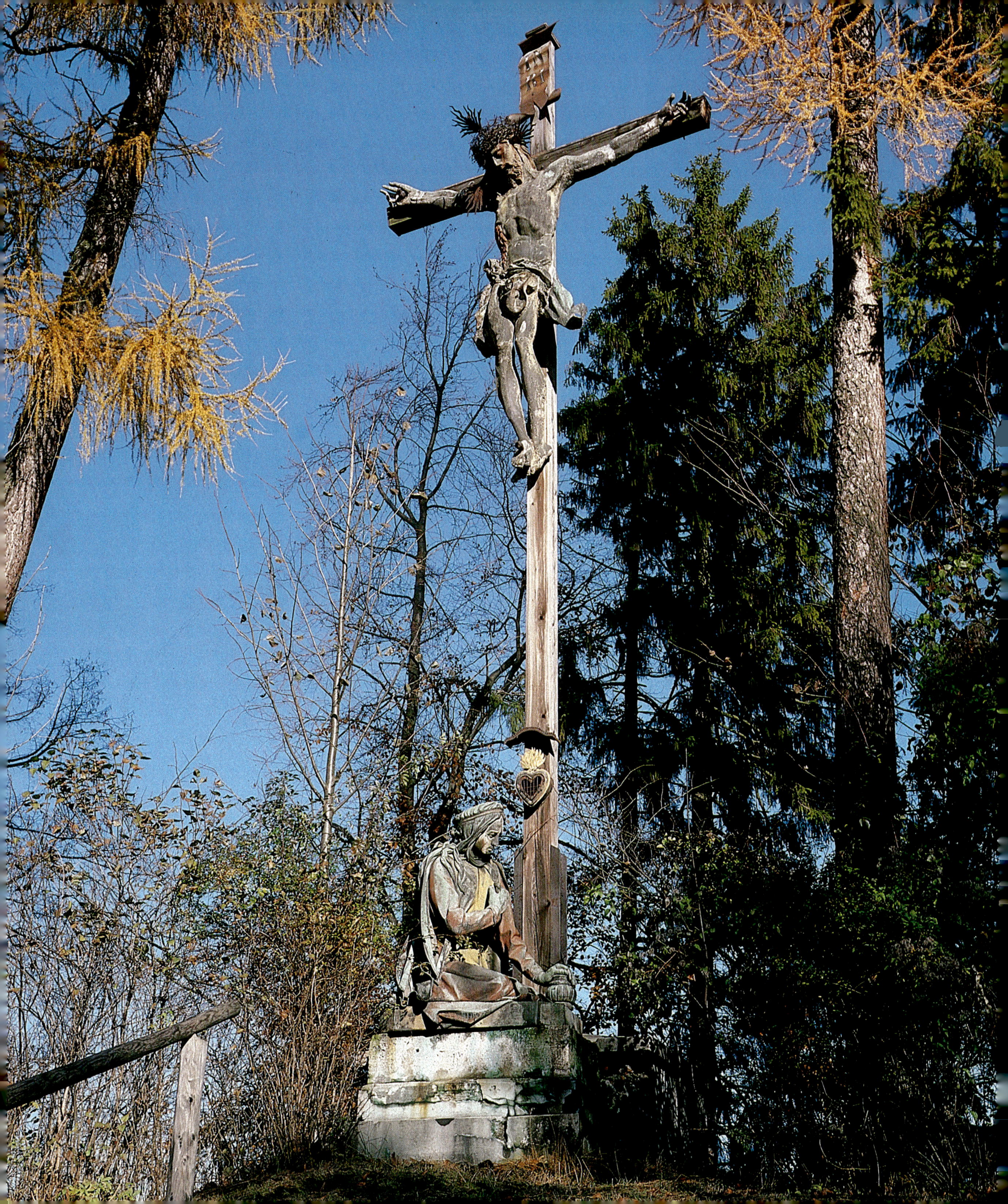

14.40-14.49 (Seite 368-371)
Das Kalvarienberg-Ensemble von Bad Tölz.

14.40 (Seite 368)
Stationskapellen am Aufgang zum Kalvarienberg.

14.41 (Seite 369)
Der Kruzifixus mit Maria Magdalena.

14.42
Figuren der Kalvarienbergszene: Johannes und der reulose Schächer.

14.43
Figuren der Kalvarienbergszene: Maria und der reuige Schächer.

14.44
Die mit Eisenketten umspannte Leonhardikapelle am Kalvarienberg.

14.45 + 14.46
Die Heilige Stiege am Kalvarienberg.

14.47
Die Hl. Grabkapelle unter dem Kalvarienberghügel.

14.48 + 14.49 (Seite 371)
Schlafende Apostel in künstlichen Grotten am Aufgang zum Kalvarienberg.

14.50 + 14.51 (Seite 372 + 373)
Kalvarienberggruppe und Grablegungsszene in der Felswand über der Eremitage am Palfen oberhalb Saalfelden, Land Salzburg.

Einsamkeit ist ihr Leben

Oberhalb des Schlosses Lichtenberg befindet sich in einer abgelegenen Steilwand des Steinernen Meeres seit altersher eine Höhle mit eingebauter Kapelle, die dem hl. Georg geweiht ist. Jahrhundertelang wurde sie von Einsiedlern betreut, die daneben im Felsen ihre Klause hatten. Die überaus schöne Sicht auf das Saalachtal und die Gipfel der Hohen Tauern erhebt sie nicht nur in bezug auf Schönheit der Lage über die anderen Einsiedeleien des Landes Salzburg, sie ist auch die am längsten – nämlich seit 1664 – bezogene.

Als der erste Einsiedler, Bruder Thomas Pichler, im Februar 1699 stirbt, erfahren wir, daß er schon 35 Jahre dort oben gelebt hatte. Er stammte aus Embach im Taxenbacher Gericht. 1675 wird die Höhle erweitert und eine Kapelle darin erbaut. 1677 wird für sie die Meßlizenz erteilt. Dieser erste Einsiedler am Palfen stirbt durch Selbstmord. Der Dechant von Saalfelden berichtet darüber an das Konsistorium (Auszug): „Thomas Pichler ist nach etlichen Wochen schwerer Betrübnis, welche über ihn gekommen, da er in Martin Cochem gelesen hat, wie im Fegefeuer auch die schon gebeichteten, aber doch nicht genug gebüßten Sünden noch erschröcklich gestraft werden. Ich nahm ihn zu mir in den Dechanthof, um ihn zu trösten. Da er ein paar Tage hier verbracht, ist er gleich nach der Kirchzeit über zwei Gang (Stockwerke) hoch durch ein Fenster abgesprungen. Darauf aber zu gutem Verstand gekommen und mit allen Sakramenten versehen worden. Er ist im 70. Jahr seines Lebens im Herrn verschieden."

Im Juni 1700 schickt der Bürgermeister im Namen der Saalfeldener eine lange Eingabe mit der Bitte, doch die leerstehende Einsiedelei wieder mit einem Klausner zu besetzen, da sie schon ganz in Verwüstung gekommen sei. Verschiedene Bösewichter hätten sie beraubt und die Opferstöcke bestohlen, weil kein Einsiedler auf die Kapelle obacht gebe, und damit nicht nochmals eingebrochen und die ganze Kapelle beraubt würde, „was uns sehr schmerzlich wäre, da alle Sonn- und Feiertage viele Leute oben ihre Andacht verrichten, alwo man wegen des Viehs viel hl. Messen lesen läßt. So bitten wir, den Hans Mausser, Badergsöll, der sich stets ehrlich und fromm verhalten habe, in Gnaden dorthin gelangen zu lassen." Im Januar 1701 wird es ihm bewilligt. Aber Johann Mausser (als Einsiedler nennt er sich „Bruder Hieronymus") stirbt schon mit 41 Jahren am 7. Januar 1702 an „Dörrsucht und hiesiger Krankheit."

Der einzige Einsiedler Österreichs, Bruder Karl Kurz, wurde von Erzbischof Andreas Rohracher in Salzburg in Privataudienz empfangen. Hugo Sock, geb. in Schwaz/Tirol, hat 1981 die Klause betreut. Bruder Hugo gehörte dem Franziskanerorden an. Er war ein Einsiedler des Volkes. Die Eremitage wird seit 1991 von Franz Wieneroiter betreut.

14.48

14.49

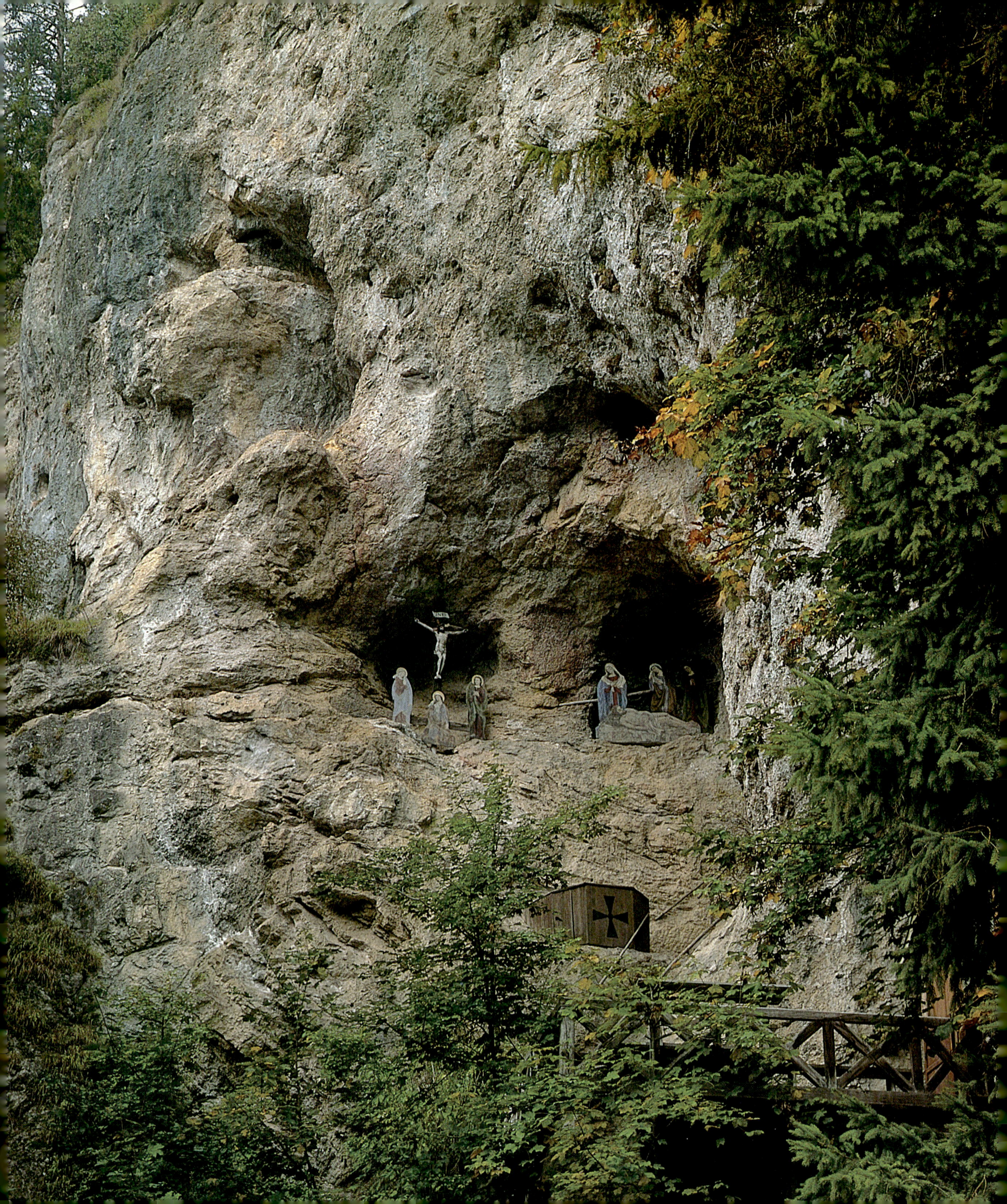

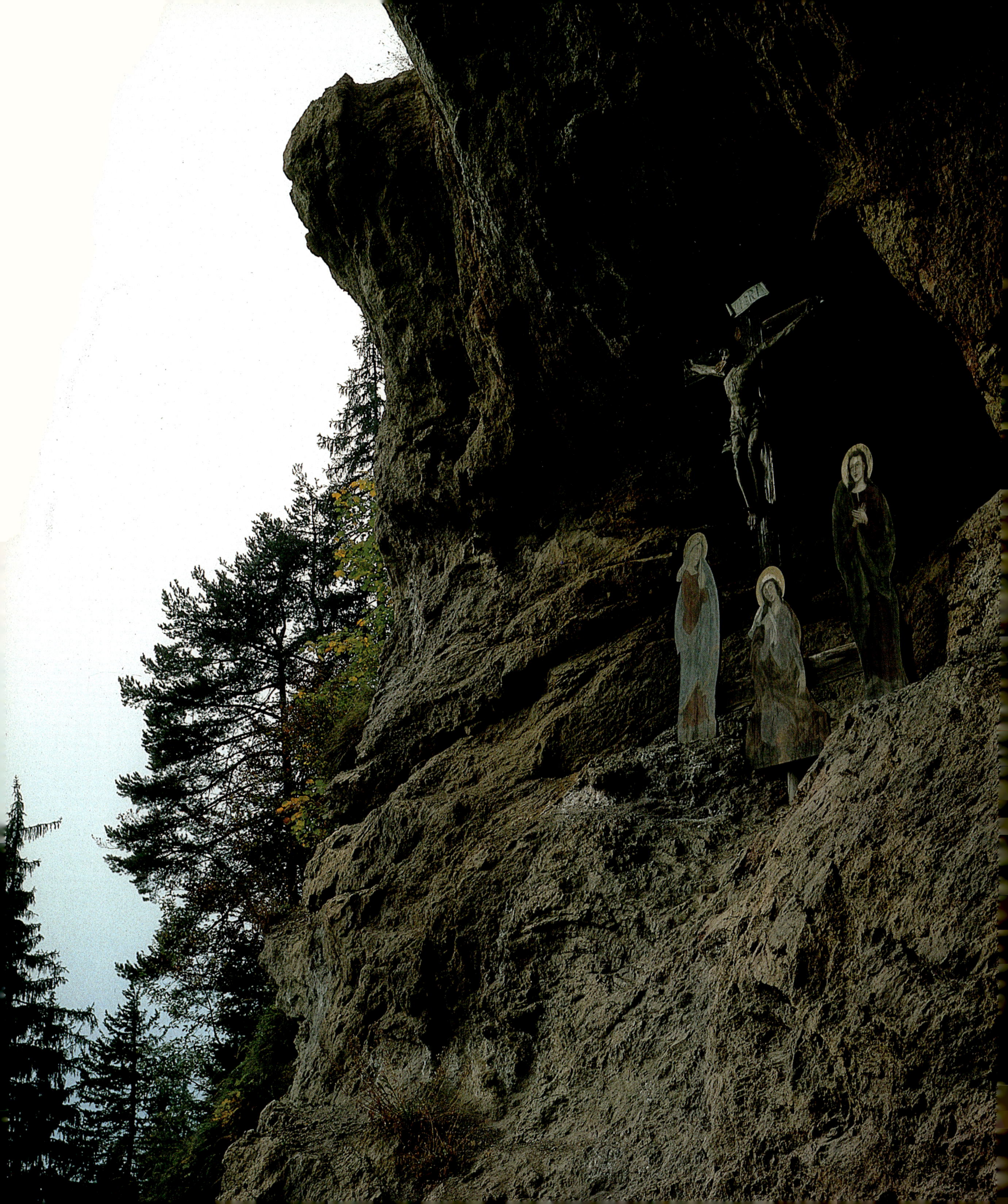

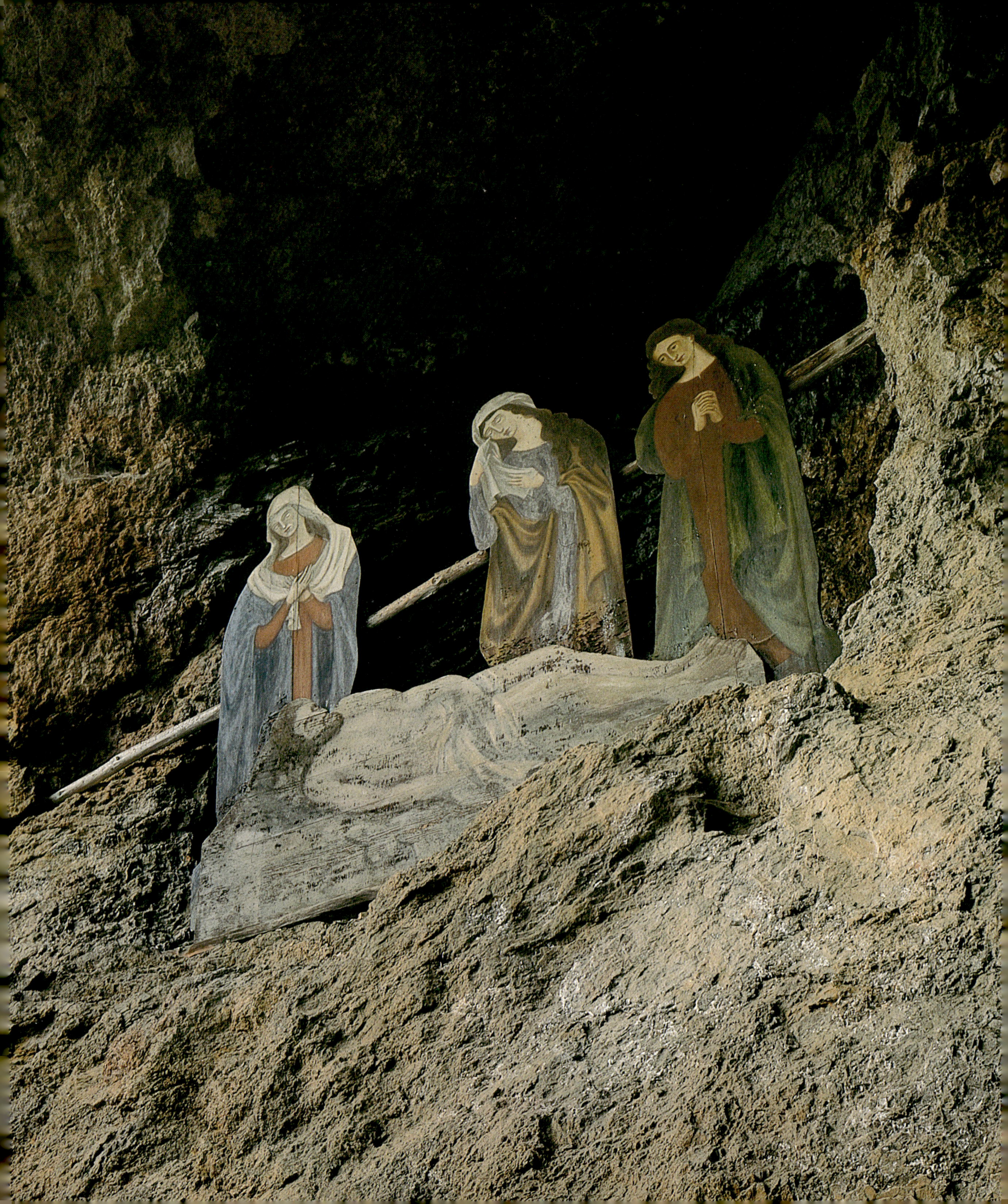

14.53

14.56 ▽

14.54

14.55

14.53-14.56
Kalvarienberg mit Kreuzigungsgruppe aus Zinkguß und eine von 14 gußeisernen Passionsstationen mit Tonreliefs, errichtet von 1864-1891.

Der Kalvarienberg wurde in 25-jähriger Arbeit von Pfarrer und Dekan Dr. Clos bis 1888 angelegt und 1891 geweiht. Die Darstellung der Kreuzigungsgruppe folgt bis ins Detail den Visionen der Katharina Emmerich (aufgezeichnet von Clemens v. Brentano). Sogar die Erdspalte, die sich beim Tode Christi auftat, ist zwischen dem Kreuz Christi und dem des Schächers zur Linken angedeutet. Die gußeisernen Kreuzwegstationen (Entwürfe von Architekt Marggraff, Reliefs von Bildhauer Prechel) wurden u.a. von Reichsrat Ritter von Maffei, Kommerzienrat Max Kustermann, Hotelier Strauch, Gabriel Sedlmayr (Spatenbräu), Dekan Clos, dem Fürsten Thurn und Taxis und von Kaiserin Elisabeth gestiftet. Die ehemals gerühmte Fernsicht ist heute durch die hohen Bäume verstellt.

Zu dem völlig einheitlichen Werk dieses Kalvarienbergs mit seinen überaus reich gestalteten Gußeisenstationen mit nazarenischen Passionsszenen gehören Knie- und Sitzbänke mit gußeisernen knorpelbesetzten Eisenteilen, ferner ein Wegweiser, ja sogar ein dekorativ gestalteter Elektroanschluß.
Feldafing, Kalvarienbergstraße, Lkr. Starnberg.

14.52 (Seite 374)
Kalvarienberggruppe und Grablegungsszene in der Felswand über der Eremitage am Palfen oberhalb Saalfelden, Land Salzburg.

14.57
Zu schuldigster Lob Ehr und Danckh der gecreizigsten unsers lieben Herrn bildnus und dero under dem Creiz stehenten schmerzhafften Junckfreulichen Muetter gottes Maria, hab ich Mich hanss stainhausser Paur in Missbach, sambt Weib und Kündtern, von wegen eines großen schmerzens so ich an linggen fuess erlitten hab, alher verlobt. Ist also durch hilfgottes und Maria widerumb Besser worden. A.O. 1699.
Votivtafel von 1699 (5 Jahre nach der Errichtung des Kalvarienberges gestiftet). Kreuzigungsgruppe noch in der Mitte, rechts die Grabkapelle mit Türmchen, links das Klausnergebäude.
Kalvarienberg Hohenburg bei Lenggries.

15

GRENZSTEINE

*Sooft die stille Stunde
der Mitternacht begann,
sah man im Wiesengrunde
am Steinwald einen Mann.*

*Auf einem Grenzstein saß er
und blickte in die Rund',
und mit den Augen maß er
zwei Teile vom Wiesengrund.*

*Saß dort beim Mondenscheine,
bei Regen auch und Sturm,
und wich nicht von dem Steine,
bis eins es schlug im Turm.*

*Sechs Monden hatte die Seele
nicht Ruhe um Mitternacht,
bis an die alte Stelle
der Grenzstein war gebracht.*

Grenzen in der Antike

Schon zur Zeit der Pharaonen waren in Ägypten Begrenzungen des privaten Grundeigentums im fruchtbaren Niltal unerläßlich. Nach den regelmäßigen Überschwemmungen mußten die Bauern ihre unkenntlichen Grundstücksanteile zur Bestellung wieder auffinden können. Die Kennzeichnung konnte nur durch das Setzen überschwemmungssicherer Grenzsteine erfolgen. „Die ordnungsgemäße Abgrenzung der Grundstücke wurde von Beamten des Reichs überwacht. Zunächst vermaß eine Kommission die bebaute Landfläche und stellte eine Liste der Besitzer oder Pächter auf, wobei der zu erwartende Steuerertrag veranschlagt wurde. Vor der Ernte des Getreides kam eine andere Kommission, um die Höhe der Abgaben festzusetzen. Anwesend waren ein Gerichtsschreiber, zwei Schreiber des Grundstücksamtes, ein Vertreter des Verwalters, ein ‚Strickhalter‘ und ein ‚Strickspanner‘ zum Vermessen. In aller Regel mußte der Landwirt einen Schwur über die Richtigkeit seiner Angaben machen."[1]

Die Geburtsstunde Roms tritt im Jahre 756 v. Chr. mit einem legendären, spektakulärdemonstrativen Ritual der Eingrenzung ins Licht der Vorgeschichte, dieses Ritual veranschaulicht beispielhaft die besitzergreifende Bedeutung des Grenzziehens:

„Sogleich gingen die Männer ans Werk. Nach altem Brauch mußte zuerst eine Grube ausgehoben werden, in die zur Verehrung der Verstorbenen Früchte oder wertvolle Gegenstände geworfen wurden. Dann schüttete man die Grube wieder zu und errichtete darüber einen Altar. Damit war der Mittelpunkt der neuen Stadt festgelegt. Jetzt mußten noch die Grenzen und die Mauerführung gekennzeichnet werden. Romulus spannte einen Stier und eine Kuh vor seinen Pflug und zog um den Mittelpunkt eine Furche, in die das Fundament der Stadtmauer eingelassen wurde. Remus sah gelangweilt der Arbeit zu. Aus purem Übermut und um das Werk seines Bruders zu verspotten, sprang er über die angefangene Mauer und den Graben. Das erzürnte Romulus so sehr, daß er zu seinem Dolch griff und seinen Bruder niederstach. Für alle Zeiten blieb der Fluch, den er seinem toten Bruder noch nachrief, eine Warnung: so wird es jedem ergehen, der nach dir über meine Mauer steigt!"[2] Der Brudermord zeigt besonders drastisch, daß Eingrenzung stets auch Ausgrenzung bedeutet: Schon symbolische Grenzverletzung wird zum Delikt des Friedensbruchs! Es ist erstaunlich, wie oft Gründungslegenden mit fabulösen Eingrenzungsritualen in Verbindung gebracht werden; symbolische Grenzziehungen bedürfen offenbar einer möglichst spektakulären visuellen Demonstration, um sie als Akte von historischer Bedeutung zu legitimieren. Aus der römischen Antike wird aber auch schon von privaten Grenzziehungen berichtet. Die ersten römischen Könige (756-510 v. Chr.) legten bereits fest, daß jeder Bauer seinen Acker „versteinen" muß. Für Grenzfrevler wurden Strafen angedroht. Die „Lex agraria" Cäsars (100-44 v. Chr.) traf ähnliche Anordnungen.[3] Auch private Grenzen haben seit der Antike vielfältige Aufgaben: Einerseits wird das private Recht auf Nutzung oder Eigentum gegen fremden Grund und Boden abgegrenzt, andererseits wird die abgegrenzte Fläche von Hoheitsträgern als Besteuerungsgrundlage herangezogen. Urkunden oder sichtbare Grenzmarkierungen sind im Laufe der Zeit jedoch öfters mangelhaft geworden oder abhanden gekommen, wonach allerlei Gewohnheitsrechte weitere Rechtsunsicherheiten brachten. Bis zum heutigen Tag sind Grenzfestsetzungen auch Anlaß zu Grenzstreitigkeiten geblieben.

Die ersten Grenzziehungen in Bayern

Etwa um das 3. und 4. Jahrhundert galt Grund und Boden zwar noch als gemeinsames Eigentum, hatte sich der gemeinsamen Bewirtschaftung aber schon entzogen. Damals begnügten sich die seßhaft gewordenen Altsiedler mit der in Zwischenräumen sich wiederholenden Verlosung von Ausbrüchen aus der kultivierten gemeinen Mark an die die Markgenossenschaft ausmachenden Familien: das zum Fruchtbarmachen geeignete Land wurde in Abteilungen von je gleicher Bodengüte zerlegt – in Fluren, Feldungen, Gewanne und jede Abteilung wurde in eine der Zahl der Berechtigten entsprechende Anzahl von gleichgroßen Losstücken geteilt. „Die Losstücke gingen nicht in das ständige Eigentum, sondern nur in den Nießbrauch der Familie über: sie wurden von Zeit zu Zeit zusammengelegt, um dann vor jeder neuen Verlosung neu gemessen zu werden. Die Zumessung der Lose geschah, soweit sie nicht durch einfache Abschreitung erfolgte, mittels eines Seiles oder einer Schnur. Das Seil, meist eine Hanf- oder Rebschnur, war somit wie dereinst im klassischen Lande der Geometrie, in Ägypten, so auch bei den Deutschen das erste Werkzeug der praktischen Vermessungskunst und es hat seinen geschichtlichen Platz weitgehend behalten, bis um das 16. Jahrhundert die Verfeinerung der Hilfsmittel auch der Kleinvermessung anfing, besseres an die Stelle des Seiles zu setzen. Denn die fortgeschritteneren Methoden, welche die Römer gekannt und auch in den eroberten deutschen Landen zur Anwendung gebracht hatten, waren mit dem Untergang des Römischen Reiches verloren gegangen.

Dem Seile folgend sind die Teilungslinien mit dem Pflug abgerainit worden. Es ist begreiflich, daß die mit dem Pfluge gezogenen Scheidelinien der einzelnen Losstücke – die einfachen Ackerfurchen – als Abgrenzungen eines vorübergehenden Besitzes nicht mit besonderer Sorgfalt behütet und erhalten zu werden brauchten, weil sie ja als wechselnde Bildungen in kürzerer oder längerer Frist – in der Regel nach drei Jahren, oft schon nach einem Jahre – wieder ausgedient hatten: In der Folgezeit ist der periodische Wechsel der Ackerlose verlassen worden. Das aus der Gemeinen Mark ausgeschiedene Kulturland wurde zunächst zur Sondernutzung auf unbegrenzte Zeit, später zu Sondereigentum überwiesen, und in dieser um das 6. Jahrhundert überall beendeten Periode ist die Wiege auch unserer heutigen Bodenverteilungsformen zu erblicken.

Sobald aber Grund und Boden angefangen hatten, aus dem gemeinsamen Besitze der Markgenossenschaft in das persönliche Eigentum der einzelnen Markgenossen (der Sippen) überzugehen, begannen auch die Grenzen des einzelnen Eigentumsstücks in der Achtung zu steigen: die Grenzen des Sondereigentumes nahmen teil an der Heiligkeit und Weihe, welche die Grenzen der Mark, der Landschaft, des Dorfbezirks von jeher genossen hatten, und mit der erhöhten Aufmerksamkeit, welche das Sondereigentum innerlich wie äußerlich fortan beanspruchte, ist auch die ehedem flüchtige Linie der Grundstücksgrenze in greifbare und dauernde Wesenhaftigkeit übergeführt worden, indem man ihr die Grenzmarke als körperliches Zeichen aufsetzte: die Grenzlinie wurde mit der Grenzmarke, dem Grenzmal, befestigt. Die ersten regelrechten Vermarkungen dieser Art betrafen die Absteinung der dem Pflug unterstellten urbaren Mark – des verteilten Ackerlandes – von dem im Gemeindebesitz verbliebenen Wald- und Weideland – der Almende."[4]

Kaum treten unsere bairischen Vorfahren in die Zeit, die mit schriftlichen Zeugnissen belegt ist, da stoßen wir sofort auf rechtliche Abmachungen, die sich mit dem Ziehen von Grenzen, deren Kennzeichnung und Verletzung befassen. Die Lex Baiuvariorum, deren Kern aus dem 6. Jahrhundert stammt, handelt in einem eigenen Kapitel „von zerstörten Grenzzeichen": „Wenn jemand Grenzen einebnet oder es unternimmt, die gesetzten Marksteine auszureißen: Ist es ein freier Mann, so büße er dem Nachbarn für jeden Markstein bzw. für jedes Grenzzeichen sechs Schillinge. Ist es ein Knecht, so soll er für jedes Zeichen 50 Rutenstreiche erleiden. Wenn einer, während er pflügt oder seinen Weinberg bearbeitet, ein Grenzzeichen aus Versehen und nicht mit Absicht herausreißt, der soll in Gegenwart der Nachbarn das Grenzzeichen wieder aufrichten, sonst aber keinen Schaden leiden. So oft ein Grenzstreit entstanden ist, soll man die seit alters errichteten Grenzzeichen befragen, so den Erdrain, der früher zur Abgrenzung der Grundstücke aufgeworfen wurde, oder auch die Steine, von denen man weiß, daß sie zur Unterscheidung der Grenzen gesetzt und mit sichtbaren Zeichen behauen wurden. Fehlen solche, so soll man auf die Marken achten, die an Bäumen angebracht wurden."[5] „Die Summe von 6 Schillingen hatte man übrigens auch zu zahlen, wenn man einem anderen ein Auge ausschlug. Wir ersehen daraus, daß man auf Eigentums- oder Herrschaftsgrenzen in jener Zeit bereits einen sehr großen Wert gelegt hat – in einer Zeit, in der scheinbar noch genügend Raum für jedermann zur Verfügung stand."[6] Schon aus dem Jahr 810 existieren Grenzbereitungsprotokolle. Verordnungen zur Abmarkung mit Steinen sind für die Pfalz aus dem Jahr 1273 bekannt, für Bayern vom Jahr 1306. Abzugrenzen galt es neben privatem Besitz einstens viel mehr als heute: die Landesherrschaft, den Verwaltungsbezirk, die hohe und niedere Gerichtsbarkeit, das Geleitgebiet, die Jagd und vieles andere mehr.[7]

Die „zwölf Geschlechter" der Grenzsteine

Josef Amann unterschied in seinem Werk „Das baierische Kataster" zwischen den öffentlichen Grenz- und Landsteinen (Landmarken), „welche die Länder, Fürstentümer, Herrschaften und Gebiete von einander sondern", und den privaten Güter-, Mark- oder Schiedsteinen, „dadurch die Gärten, Weingärten, Äcker, Wiesen, Felder und andere liegende Gründe von einander unterschieden werden."

Die Literatur des 17. Jahrhunderts schon will danach die „Gemerke, welche im Feld durch Menschenhand aufgerichtet werden" – die Grenz- und Marksteine – in „zwölf Geschlechtern" erkannt wissen, nämlich:

1. *Bann- oder Obrigkeitssteine*, auch Landsteine und Landmarken; sie waren gewöhnlich mit dem Wappen der Landesherrschaft oder des Gerichtsherrn (daher auch Wappensteine genannt) und der Jahreszahl ihrer Aufrichtung versehen;

2. *Gleitsteine*, welche das „Gleit" und die „gleitliche Obrigkeit" bemarken; auch sie trugen das (gleitsherrliche) Wappen und eine Jahreszahl, mitunter auch das Wort Gleit. (*Gleit* war die Gewalt oder Gerechtsame, derzufolge ein Fürst oder Herr auf freier Kaiserlicher Heer- oder Reichsstraße die Reisenden mit bewaffneter Hand durch sein Land oder auch durch das Gebiet einer fremden Landesobrigkeit zu geleiten und vor feindlichem Angriff – natürlich gegen Entgelt – sicher zu führen hatte.)

3. *Freiungssteine*, die besondere Freiheiten, deren man sich in einem gewissen Bezirke bedienen konnte, (z.B. das Asylrecht), bedeuteten. Auch diese Steine trugen die Jahreszahl ihrer Errichtung und waren gewöhnlich mit einem eingemeißelten Beil, abgehauener Hand, oder dem kaiserlichen Wappen versehen, bisweilen auch mit dem Worte Freiheit. Sie galten den Burgfriedenssteinen gleich;

4. *Forststeine* zur Bezeichnung der forstlichen Obrigkeit an Waldungen; sie trugen meist die Jahreszahl der Steinsetzung und oft auch das Wappen der Forstherrn und eine fortlaufende Numerierung. Von den Forststeinen unterschieden sich die

5. *Jagdsteine*, womit eine Jagdrecht ohne Anteil an der Forstobrigkeit und abweichend von der Forstgrenze abgemarkt zu werden pflegte, die Steine waren wappenlos;

6. *Flur- und Markierungssteine*, „so einer Stadt oder Dorfs Zwing und Bann, die man Markung nennt, unterscheiden." Sie waren in der Regel mit dem Zeichen oder Buchstaben der Stadt oder des Dorfes und mit einer Nummer bezeichnet (Burgfriedenssteine);

7. *Zehentsteine* zum Ausweis des Zehentrechts soweit dieses nicht mit der Markung zusammenfiel. Die Zehentsteine trugen in älterer Zeit an der Seitenfläche einen Kelch, später, als sich die Zehenten über den Bereich der geistlichen Ämter hinaus erweiterten, auch die Zeichen des weltlichen Zehentherrn;

8. *Hut- oder Weidesteine* zur Vermarkung des Viehtriebs und der Weidegangsgerechtsame. Auch diese Art von Gemerken waren meist mit der Jahreszahl ihrer Errichtung, oft auch mit fortlaufender Nummer und eingemeißeltem Schafskopf versehen;

9. *Scheidsteine* zur Aufrechterhaltung der herkömmlichen Breiten von 24 bezw. 16 bezw. 8 Fuß an Landstraßen, Vizinalstraßen und öffentlichen Wegen; sie waren meist nur an *einer* Straßenseite angebracht. Eine Spielart dieser Vermarkung fand sich öfters an privaten (sog. Adjazenten-) Wegen, wo die Steine zum Ausdruck der Gemeinsamkeit des Wegeigentums abwechselnd einmal auf der einen, dann auf der andern Seite dem Lauf des Weges folgend angebracht waren;

10. *Gütersteine*, die dem eigentlichen Kleinbesitz an Gärten, Äckern, Wiesen, Weinbergen, Wald usw. zugutkamen und in vielen Gegenden mit einem eingehauenen Kreuz auf dem Kopf bezeichnet waren; endlich

11. *Wassersteine*, welche Gewässer- und Fischrechtsgrenzen vermarkten und meist das Bild eines Fisches, mitunter auch des heiligen Petrus trugen und

12. *Loch- und Schnursteine* im Markscheidewesen der Bergwerksbetriebe.

Die Sage um die Grafschaft Haag

Die Sage von Königswart – die Gründung der Grafschaft Haag – ist ein bezeichnendes Beispiel für eine legendäre Grenzziehung in Altbaiern. Die genaue Datierung der Sage auf das Jahr 1058 als auch die überlieferten Einzelheiten weisen erstaunliche Übereinstimmungen mit historischen Fakten auf. „Dort, wo der Nasenbach in den Inn mündet, stand auf der steilen Bergkuppe der Landzunge die stolze Burg Königswart. Darinnen hauste ein ungetreuer Zollgraf des Kaisers, ein Raubritter, der die Bauern auf dem Felde beraubte und die auf dem Inn heranschwimmenden Schiffe mit einer Sperrkette aufhielt und ausplünderte. Darüber Empörung landauf landab und Klage bei der Kaiserin Agnes, der Witwe des Kaisers Heinrich III. (1039-1056) und deren Verspruch, dem Bezwinger des Königswarters so viel Land für sich und seine Nachkommen als freies Eigentum zuzuteilen, als er von Sonnenaufgang bis Sonnenuntergang mit dem besten Roß des kaiserlichen Marstalles umreiten könne. Es fand sich ein solch mutiger Mann. Er hieß Kuno Maier, ein kühner Mann von gemeiner Geburt, seine Hütte stand in Altdorf nahe Haag. Furchtlos führte er seinen riskanten Plan aus. Er ließ getarnte Kähne den Inn hinabtreiben, beladen mit wertlosem Gebinde und Reisig. Und als der Raubritter mit seinem Gefolge den Burghügel hinabschritt, um die Kette zu straffen und die Beute zu holen, überraschte ihn Kuno aus dem Hinterhalt, erlegte den Räuber und seine Spießgesellen, noch ehe diese sich's versahen. Der streitbare Kuno erhielt, was ihm versprochen. Aus dem kaiserlichen Marstall wählte er eine prächtige Schimmelstute. An einem frühen Morgen ritt der Altdorfer los; den Inn entlang und dann nach Norden. Er jagte seine Stute über Berge und Täler, durch dichte Wälder. Und hinterdrein die kaiserlichen Knechte, um den Hufschlag des Schimmels mit Stangen und Spießen zu markieren. Als der Reiter am Vierteil des Tages eine Flußniederung im Norden erblickte, ritt er den Hügelkamm entlang gen Westen und dann der hochstehenden Sonne entgegen. Sich selbst keine Pause gönnend, trieb er das Roß rastlos nach vorne und die kaiserlichen Mannen hatten Mühe, seiner Fährte zu folgen, gleichwohl sie sich abwechselten. So geschah es, daß das abgehetzte Tier auf einem Hügel, den man fortan den ‚Schimmelberg' nannte, nicht mehr weiterwollte. Kuno brachte es mit den Worten ‚Was hältst du schon, Gurre' wieder auf die Beine und setzte seinen Ritt fort. In seiner Eile durchritt er den Hausflez des Gadnerbauern am Holz. Als er gegen Abend, seinen Ritt vollendet, ermüdet aus dem Sattel stieg, gereichte die Kaiserin Agnes ihm einen Becher mit Wein. Kuno Maier erhielt, was ihm versprochen, baute sich einen festen Sitz bei Kirchdorf, setzte eine weiße Gurre in sein Wappen und nannte sich fortan ‚Gurre'."[8] Vielleicht steckt in dieser Sage ein historischer Kern. Denn tatsächlich taucht um 1050/1060 am Inn ein adeliger Bösewicht auf, mit Namen Friedrich Rocke aus dem Geschlecht der Andechser, der um 1055 das Kloster Attel beraubt und zerstört. Der Hinweis auf Raubritter und Sperrkette ist in einigen älteren Geschichtsbüchern enthalten. Die Burg Königswart ist ebenso historisch wie die Kaiserinwitwe Agnes, die 1058 regierte. Daß Kuno Maier die Grafschaft als Zeichen der Besitznahme und Eingrenzung umritten haben soll, klingt sagenhaft. Der Geschichtsverein Haag vollzog im Jahr 1980 den Ritt mit Roß und Reiter nach. Die etwa 90 km lange Strecke konnte nur sehr knapp an einem Tag geschafft werden.

Älteste herrschaftliche Begrenzungen und Grenzmale

Die Begrenzungen herrschaftlicher Bereiche waren zunächst natürliche Hindernisse wie Schluchten und Gräben, Bäche und Flüsse, Bergkämme und Geländekanten, Ödland, Sümpfe, dichte Wälder und undurchdringliches Gestrüpp. Erst das Fehlen natürlicher Begrenzungen machte künstlich gesetzte Zeichen notwendig, wie sie schon in der Lex Baiuvariorum genannt sind: Raine, Steine, Bäume. Das Abstecken der Grenzen – die Abmarkung – erfolgte später also durch das Setzen künstlicher Zeichen. Dies konnte schon durch das Kennzeichnen gewisser Bäume geschehen, in die man ein ring- oder kreuzförmiges Mal schlug (Lach-, Mal- oder Schiedbäume).

Im späten Mittelalter, etwa um 1500, wurde die Abmarkung jedoch bereits größtenteils durch in die Erde gesetzte behauene Grenzsteine besorgt (Mark-, March-, Malsteine). Im 16. Jahrhundert gingen die Landesherren allgemein dazu über, die Grenzen auf diese Weise genauer zu kennzeichnen. Dabei wurden gelegentlich auch schon vorhandene Steinkreuze als Grenzsteine bestimmt, ebenso Martersäulen aus Holz oder Stein. Die ältesten mit einer Jahreszahl versehenen Grenzsteine stammen aus dem 16. Jahrhundert; noch ältere, denen wir in der freien Natur und auch in den Grenzprotokollen begegnen, tragen keine Jahreszahl. Im Hochstift Eichstätt setzte man um das Jahr 1600 noch Eichenpfähle mit dem eingebrannten Bischofsstab und einer Nummer.

Erst im Laufe des 17. und 18. Jahrhunderts wurden die herrschaftlichen Grenzsteine kunstvoll mit den Wappen der Landesherren verziert, meist auf beiden Seiten mit dem jeweiligen Symbol.

„Hoheitsträger gaben ihren Herrschaftsbereichen besondere Grenzmarkierungen, die sich von denen der Dörfer und Städte, der genossenschaftlich verwalteten Gebiete und der Klöster unterschieden. So sind die Grenzsteine der Dörfer und Städte, die meist erst im 19. Jahrhundert und beginnenden 20. Jahrhundert gesetzt wurden, überwiegend ohne Initialen. Anfangsbuchstaben und Abkürzungen der Ortsnamen, die auch später auf vorhandene Hoheitssteine eingeschlagen wurden, sind festzustellen. An den Hoheitsgrenzen sind die Wappen oder Initialen der Hoheitsträger zu finden. Da schriftliche Aufzeichnungen über Besitz und Nutzung eines Grundstückes erst im beginnenden 17. Jahrhundert einsetzen, lassen sich Wechsel des Hoheitsträgers bisweilen auf den Grenzsteinen durch nachfolgend eingeschlagene Initialen erkennen. Alle Kennzeichnungen eines abgegrenzten Gebietes sind Rechtsdenkmäler. Sie sind seit der Antike einem besonderen Rechtsschutz unterworfen."[9]

Zur Herkunft und zum Bedeutungswandel alter Abgrenzungsbegriffe

Ehemalige Abgrenzungsbegriffe gehören zum ehrwürdigsten alten Sprachgut, auch wenn sich ihr Sinn teilweise geändert hat.

„Im frühen Mittelalter wurden die Ausmaße von Ländereien durch Marken festgelegt. Unter dieser Bezeichnung – gotisch und althochdeutsch marka – verstand man in der germanischen und fränkischen Zeit zunächst keine Linie, sondern einen mehr oder weniger breiten Saum unbebauten Landes, häufig einen Wald. Die Urbedeutung von Mark dürfte sogar ‚Wald‘ gewesen sein, wie die Verwandtschaft mit dem angelsächsischen mörk = Wald zeigt. Erst in späterer Zeit erhielt die Abmarkung die Bedeutung einer Scheidelinie, die sie bis ins Mittelalter hinein behielt."[10] „Mark" im Sinne von Grenzland ging aber in die Bezeichnung jener Gebiete ein, die einst als gesicherte Vorposten das Deutsche Reich schützten – die Marken Baden, Brandenburg, Mähren, Meißen, Österreich (im Dritten Reich „Ostmark") und Steiermark. Im 13. Jahrhundert verdrängte das westslawische Wort Grenze („graniz", „granica") den alten Begriff Mark, den wir in diesem Sinne heute nur noch im Wort Gemarkung finden. „Durch die Beziehungen mit den slawischen Völkern im frühen Mittelalter kam deren Bezeichnung für eine Scheidelinie zwischen zwei Ländereien auch bei uns in Gebrauch. Im Russischen wird heute noch dafür graniza, im Polnischen granica, im Tschechischen hranice oder hrana verwendet. Dieser Begriff bedeutet im Altslawischen zuerst eine Eiche, eine Kante, eine Ecke. Als Folge dieser Verwendung nahm das Wort dann die Bedeutung Grenzbaum und schließlich allgemein die Grenze an. Noch im Jahr 1619 wurde das Landgericht Erding innerhalb des Rentamtes Landshut beschrieben mit der Überschrift ‚Granitzbeschreibung'... Das tschechische hrana wurde ganz eingedeutscht als Rain (Waldrain, Wiesenrain, Straßenrain), das früher auch als Hrain geschrieben worden ist."[11]

Das althochdeutsche „mal" (=Zeichen), im „Malstein" im ältesten Sinne verwendet, hat bis heute seine Bedeutung behalten. Das Wort „Weichbild" – worunter man heute einen Stadtkern versteht – setzt sich zusammen aus „wich" (=Siedlung) und „bilede" (=Recht, ursprünglich Ortsrecht) und bedeutete einen abgegrenzten Rechtsbezirk. „Bannstein" und „Bannwald" kommt vom alten „ban" (=Gebot, Verbot). „Lachmal" oder „Lackmal" hat sich noch im forstrechtlichen „verlacken" erhalten, was soviel bedeutet, wie Almflächen durch Kerbzeichen an Bäumen auszumarkieren.

Grenzumgänge und Grenzumritte

Die Abmarkung oder Grenzziehung war einst nach den Rechtsquellen der fränkischen Zeit und des Mittelalters in förmlicher und feierlicher Weise erfolgt. Häufig wurde der Grenzverlauf im Rahmen besonderer wettkampfähnlicher Veranstaltungen festgelegt, wie z.B. durch Hammerwurf, Beilwurf oder Wettlauf. Die Landesherren und Grundherren waren sehr darauf bedacht, die Grenzen ihrer Territorien vor Übergriffen zu bewahren. Deshalb ließen sie nicht nur genaue „Gränizbeschreibungen" und Karten anfertigen, sondern auch in regelmäßigen Zeitabständen „Gränizbereittungen" durchführen. Im Verlauf der bayerisch-deutschen Geschichte erleben wir, wie das Einprägen der Grenzen geradezu theatralisch-zeremoniell ausgestaltet wird: „Die Amtleute werden in einer kurfürstlich-bayerischen Instruktion 1566 angewiesen, mindestens alle drei Jahre einmal die Grenzen ihres Herrschaftsbereiches abzugehen oder abzureiten. Dabei hatten sie eine Anzahl ihrer Untertanen mitzunehmen, alte und junge, und genaue Aufzeichnungen über die Grenzmale zu führen. Solche Grenzbegehungen gehörten das ganze Mittelalter und die frühe Neuzeit hindurch zu den mehr oder weniger regelmäßigen Staatsaktionen, die in jedem Amt, jedem Markt, jeder Stadt und jeder Hofmark durchgeführt wurden. Man zog los mit einer stattlichen Truppe, oft begleitet von Musikanten und der Schützenkompanie. An den markanten Punkten wurde Salve geschossen, oder es wurden an die jungen Burschen und Mädchen bunte Bänder, Münzen, Nüsse, Süßigkeiten oder Wecken ausgeworfen, um ihnen die betreffende Stelle besonders einzuprägen. Billiger war es, aber genausogut im Gedächtnis blieb es haften, wenn man an jenen Plätzen Ohrfeigen verteilte oder die Teilnehmer kräftig an den Ohren oder Haaren zupfte."[12] Überliefert ist auch der Brauch, den beteiligten Männern an der Grenzsäule den Bart abzuschneiden.

Bei den Grenzbegängen versammelten sich vielerorts der Pfarrer, der Gemeindevorsteher, die Feldgeschworenen, die Gemeindemitglieder, die Jugend und meist auch die Jäger, Feldhüter und Schäfer: „Der Pfarrer erteilte mit dem Allerheiligsten den Segen und alsbald setzte sich der Zug in Bewegung. Kam man während des Umganges an einen bedeutenden Grenzpunkt, wurden Nüsse und ein Geldstück unter die anwesenden Jugendlichen gestreut. Der Finder des Geldstückes erhielt sodann eine Ohrfeige vom Ältesten der Geschworenen mit dem Zuruf ‚Merk dir's!' Wettlaufen um eine Münze, die auf dem Grenzstein lag, war eine weitere Methode, das Einprägen des Grenzortes zu fördern."[13]

Die Förmlichkeiten und das feierliche Gepränge der alljährlichen Umgänge oder Umritte der Feldgeschworenen (Hubengänge, Schradgänge) hat die bayerische Regierung im Jahr 1803 abgeschafft.

Das „Geheimnis" der Steinsetzer

Alte römische Rituale zeigen erstaunliche Ähnlichkeit mit späteren deutschen Bräuchen bei der Grenzsteinsetzung. So berichtet Siculus Flaccus am Beginn des zweiten Jahrhunderts n. Chr.: „Einige sind der Meinung, unter allen Grenzen müsse ein Zeichen liegen... Da es aber in das Belieben gestellt ist, findet man unter einigen nichts, unter anderen Asche, Kohlen, eine tönerne oder gläserne Scherbe, Kupfermünzen, Kalk oder Gips. ...dafür gibt es einen ganz bestimmten Grund, der früher beobachtet, später aber vernachlässigt wurde, weshalb man dann andere oder gar keine Zeichen findet. Denn wenn man die Steine setzte, ...schmückte man sie mit Salben, Binden und Kränzen. Über den Gruben, in die sie hineinkommen sollten, wurde ein Opfer dargebracht; man schlachtete ein Tier und zündete es mit Fackeln an; dann ließ man das Blut in die Grube fließen und war Weihrauch und Früchte hinein. Auch Honigwaben und anderes ... wurde hinzugefügt. Wenn das ganze Opfer verbrannt war, setzte man in die noch warmen Überreste die Steine und grub sie ein. ...Soviele Besitzer an der Grenze teil hatten, setzten in Übereinkunft den Grenzstein und brachten Opfer, und die Übereinkunft der Besitzer bestätigte die Grenzsteine."

Die schon bei den alten Römern gebräuchlichen Institutionen der Grenzsteinsetzer hatten auch im Deutschen Reich Fuß gefaßt, wenn auch oft nur einer der jeweiligen Nachbarn die Grenzziehung so ernst nahm und wirklich Grenzsteine setzen ließ. Bereits im Jahr 1342 wird von Dorfschaften berichtet, die für die Vermarkung zuständig sein sollten. Über die Grenzsteinsetzung hat der Grenzsteinforscher Dr. Karl Röttel[14] folgenden hervorragenden Bericht gegeben:

Die Personen, denen die Ehre des Grenzüberwachens zuteil wurde, sind unter dem Namen Siebener, Steinsetzer, Feldschieder, Landesschieder, Umgänger, Untergänger, Feldgeschworene, Steiner, Flurer u.ä. in jeder Gemeinde (auch heute noch) bekannt, zuweilen galt ihre Aussage bei Strafprozessen so viel wie die von zehn anderen Personen. Welche Eigenschaften ein Feldgeschworener haben muß, wurde durch einschlägige Verlautbarungen genau formuliert. Beispielsweise forderte das staatliche Edikt über das Gemeinwesen vom 24. September 1808 in Bayern „untadelige Männer" als Siebener. Und wie man sich der Dienste des Abmarkungspersonals bediene, steht in der Gemeindeordnung von 1581 für Wernfels-Theilenberg: „Antragsteller haben die Absicht, abmarken zu lassen, mit Bescheidenheit, ohne Zanken, Fluchen,

15.1T
Der Grenzsteinforscher Dr. Karl Röttel aus Eichstätt mit einem jungen Helfer beim Wiederaufstellen eines Grenzsteins in Lippertshofen, Gde. Gaimersheim, Lkr. Eichstätt.

Poltern und Schreien anzuzeigen: Angriffe und Einreden gegen Steiner werden bestraft." Die Kindinger Ordnung von 1774 verpflichtete die Bürger gegen einen Gulden Strafe, den Steinern auch das Ausbessern von Zäunen zu melden. Die Aufgaben der „Steiner" haben sich im Verlaufe der Jahrhunderte kaum geändert. Die Siebener überwachen die Flur- und sonstigen Grenzen, sorgen für die Vermarkung und etwaige Ersetzung von Grenzzeichen und entscheiden bei Feldstreitigkeiten. Sie haben regelmäßig Grenzbegänge durchzuführen und sollen dabei die jeweiligen Nachbarn hinzuziehen. Sofern es um Land oder Rechte eines Siebeners geht, darf dieser nicht als Siebener wirken. In ein „Siebenerbuch", das im Hause des ältesten Siebeners aufzubewahren ist, werden alle Handlungen der Grenzverantwortlichen eingetragen. Das Buch muß paginiert, also mit Seitenzahlen versehen sein, damit nachträglich nichts ergänzt, abgeändert oder herausgenommen werden kann. In das Siebenerbuch dürfen die Polizei, die Betroffenen und der Gemeindevorstand jederzeit Einblick nehmen. Ab dem Handschlag vor dem Siebenergeschäft erlischt jedes Freund-Feind-Verhältnis.

Das Amt der Feldgeschworenen hatte sich in jedem Dorf auf eigene Weise etabliert. Ein Edikt des bayerischen Königs vom 1. Juli 1834 erlaubte den Fortbestand der Siebener, sofern diese vorhanden waren. Aufdrängen wollte man sie keiner Gemeinde. Die Zahl der Feldgeschworenen sollte über drei sein, am besten sieben („Siebener"). Um Unparteilichkeit zu garantieren, sollten die Geschworenen reich und nicht zu nah verwandt sein. Ein Beruf als Maurer oder Steinhauer war willkommen, weil so bei Grenzbegängen gleich die erforderlichen Nachbehauungen vorgenommen werden konnten. Die Wahl in das Gremium durfte nur dann abgelehnt werden, wenn zu hohes Alter (über 60) oder erwiesene körperliche bzw. geistige Unfähigkeit dagegen stand. In der Regel wurde man für die Dauer des Lebens gewählt, und der Gemeindevorsteher durfte untätige Siebener entlassen.

Die „Siebener" umgibt etwas Mystisches: Sie sind Eingeweihte in ein Geheimnis, das „Siebenergeheimnis". Es rührt noch aus der Zeit, als es keine genauen Karten gab. Da heute sämtliche Grenzpunkte genau in den Vermessungsämtern durch Koordinaten vorliegen, ist jenes Geheimnis ohne Bedeutung, von ihm wird (nach Auskunft von Siebenern) kaum mehr Gebrauch gemacht. Weil aber Grenzsteine einst leicht verrückt werden konnten, mußte man sich einen Weg ausdenken, um bei Streitfällen das wirkliche Bodenrecht zu ergründen, so daß ein Grenzfrevler keine Chance hatte. Zuweilen kam auch ohne böse Absicht ein Markstein abhanden, und auch hier sollte schnell eine Rekonstruktion möglich sein. Um solche Zweifelsfälle aufzuklären, pflegten die Feldgeschworenen die Grenzsteine unterirdisch auf geheime Weise mit Zeichen zu belegen („Siebenergeheimnis"). In Altbayern und Schwaben beachtete man diesen Brauch kaum, in Franken stand er in hohem Ansehen. Das heutige Feldgeschworenengeheimnis scheint gegen Ende des 15. Jahrhunderts entstanden zu sein. Wahrscheinlich rührt die Vermutung, die Vermarkung könnte mit einem Geheimnis verbunden

15.2T
Feldmessung und Setzen von Grenzsteinen vor 200 Jahren. Titelbild zu Johann Jodocus Becks vollständiges Recht der Gränzen und Marksteine. 4. Auflage. Nürnberg 1754.

15.3T
Feldvermessung am Meßtisch und Kegelkreuzscheibe in Württemberg in der ersten Hälfte des 19. Jahrhunderts. Ausschnitt aus einer Lithographie.

sein, aus der Tatsache, daß bei der zufälligen Untersuchung, Entfernung oder Erneuerung großer, altehrwürdiger Hauptmarken häufig Asche, angebrannte Kohlen, Scherben u.ä. zutage kamen, welche der Volksglaube als Geheimnis ansah. Dabei handelte es sich aber bloß um die Reste von Brandopfern, die von der spätrömischen Epoche bis ins 9. Jahrhundert bei der Setzung bedeutsamer Steine gebracht wurden. Über das Geopferte legte man lodernde Fackeln, ließ sie abbrennen und setzte den Markstein auf die noch schwelende Glut und befestigte ihn. Jene Steine wurden der Überlieferung nach vorher noch gesalbt und mit Kränzen verziert. Der allgemeine Aberglaube des ausgehenden Mittelalters mag ein übriges dazu beigetragen haben, Marksteine mit dem Schleier von Geheimnissen zu umhüllen. Insbesondere die Dreimärker, an denen sich also drei Grenzen treffen, verleiteten zu allerlei Gebräuchen: In ihrer Umgebung waren die wirksamsten Heilkräuter zu finden, auf ihnen zerquetschte man noch in unserem Jahrhundert Beeren („Beerenopfer"), um reiche Ernte zu pflücken usw. Sympathetische Heilverfahren waren erfolgreicher an Grenzen. Und wünschte man dem Nachbarn Unheil, brauchte man nur eine Speckschwarte mit dem Fett nach innen an der Grenze zu vergraben.

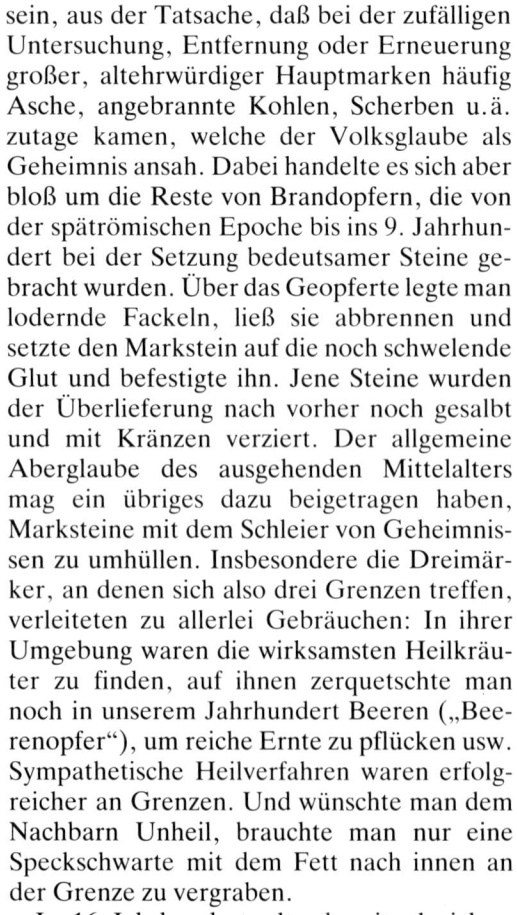

Im 16. Jahrhundert galt es bereits als sicherstes Vorgehen bei der Abmarkung von Grenzen, „daß die Steinsetzer ordentliche Steinlein und Zeugen legen". Im kurbayerischen Landrecht, dem Codex Maximilianeus Bavaricus Civilis aus dem Jahr 1756 werden die Zeichen der „Steinsetzer" dann bereits als Echtheitsbeweis für einen Stein angesehen. Das eigentliche Geheimnis liegt nun nicht darin, zu wissen, „daß" dem Grenzstein verschiedene Materialien unterirdisch beigegeben werden, dies ist den meisten bekannt. Vielmehr besteht bzw. bestand das Geheimnis im „Wie".

In früheren Zeiten hatten diese Zeichen den Namen „Gemerk", „Merkzeichen", „Loszeichen", „Beilagen", „Eier", „Jungen" und „Zeugen", sie waren, vorwiegend aus Asche, Kohlen, Eierschalen, Kalk, Gips, Porzellan, Ton, Glasscherben, Marmor, Stein, Kieselstein, Ziegelstücken o.ä., also aus schwer verwesbaren Dingen. Später kamen vereinzelt Tontäfelchen in verschiedener Gestalt — rautenförmig, rechteckig, mit Spitze u. dgl. — und meist glasiert hinzu. Das „Wie", das eigentliche Geheimnis bei der Legung von Zeugen, muß(te) jeder Feldgeschworene lebenslang hüten. Bei Versteinungsarbeiten hatten sich im Augenblick des eigentlichen Vermerkens alle Nichtsiebener umzudrehen. Auch hier kann natürlich jenes Geheimnis nicht gelüftet werden; außerdem gibt es „das" Geheimnis gar nicht, weil jeder Ort verschiedene Methoden anwandte. Mit etwas Phantasie lassen sich solche Geheimnisse aber leicht ausdenken: Man kann Tontafeln zerschlagen und nach einem festen Modus im Winkel oder in Richtung der Grenze verlegen, man kann zusätzlich Täfelchen mit Jahreszahlen oder ein zweites Material beifügen, man kann Dachziegel zerbrechen und mit den Bruchstellen auf den Grenzverlauf hinweisen, man kann zusätzlich „Nebenzeichen" in einer gewissen Anordnung und Entfernung setzen oder Eichenpfähle an eine bestimmte Stelle um den Stein in den Boden rammen usw. Durch die heute gebräuchlichste Setzung von Granitsteinen oder Einbringung von Kunststoff-Grenzpunkten u. dgl. hat sich das Geheimnis erübrigt. Doch schlichten Streit mit dem Grund- bzw. Waldstücknachbarn außer dem Vermessungsamt auch (und billiger) die Feldgeschworenen.

Zur Bestimmung der Entfernungen diente den „Siebenern" eine eiserne Meßkette von zehn Schuh Länge, an der die einzelnen Schuh markiert waren. An den Enden der Kette befanden sich Ringe, die man in Pflöcke einhängen konnte. Arme Gemeinden behalfen sich mit einer entsprechenden Meßlatte, die an beiden Enden nach unten längere Stifte besaß, um die man gleich einer Türangel die Meßlatte um 180 Grad drehen und damit weiterführen konnte. Entfernungen mit auseinanderzulegenden Meßstangen zu bestimmen war der Fehler wegen nur selten in Gebrauch. Verschiedene Reuthauen, Stechscheite und

Schaufeln, ein eiserner Hebel (drei Schuh Länge) zum Ausheben und eine Leine mit Steckpflöckchen gehörten weiterhin zur Ausrüstung. Ein mehrere Schuh langer Spieß mit Schaft und eiserner Spitze, ersatzweise auch ein starker Degen, wurden zum Suchen nach versunkenen Steinen benötigt. Mehrere Visierstangen und dünne Visierstäbe von wenigstens sechs Fuß Länge aus hartem Holz mit Eisenspitze halfen bei anspruchsvolleren Ausmarkungen. Ein Vorrat von Zeichen (sofern üblich) und ein Steinmeißel mit Klöpfel oder ein Spitzhammer erlaubten die eindeutige Versteinung und das Einhauen bzw. Nachmeißeln von Ziffern, Symbolen und Buchstaben auf dem Grenzstein. Bei der Versteinung werden an die Ecken „Hauptmarken" gesetzt und die Linien zwischen ihnen durch Zwischensteine, Untermarken, Läufer bzw. Schiedsteine kleinerer Größe kenntlich gemacht. Heute wird der Schutz der Grenzzeichen gegen Lageveränderungen zwar durch die Maßzahlen und Koordinaten der Vermessungsbehörden gewährleistet, das „Siebenergeheimnis" stellt aber ein zusätzliches Indiz für die unversehrte Lage der Grenzsteine dar. Vor Aufnahme ihrer Tätigkeiten werden die Feldgeschworenen durch den Bürgermeister oder durch den Landrat zur gewissenhaften Erfüllung ihrer Aufgaben und zur Bewahrung des Siebenergeheimnisses feierlich verpflichtet. Nach einer Amtszeit von 25, 40 oder gar 50 Jahren erhalten sie vom Staatsministerium der Finanzen eine Ehrenurkunde, die in der Regel vom Landrat bei Tagungen der Feldgeschworenenvereinigungen überreicht wird.

Für die neuere Zeit sind Einzelheiten zur Versteinung und zur Tätigkeit der Feldgeschworenen seit 1900 im Bayerischen Gesetz- und Verordnungsblatt aufgeführt. Gegenwärtig gelten, vom Bayerischen Staatsministerium für Finanzen erlassen, die Feldgeschworenenordnung (1981), die Feldgeschworenenbekanntmachung (1981, 1982), das Abmarkungsgesetz (1981) und für Staatswälder die Anweisung zur Abmarkung der Grundstücke der Bayerischen Staatsforstverwaltung (1954).

Die Parallelsteine zwischen Bayern und Salzburg[15]

Am 11. März 1719 wurde zu Tittmoning ein Vertrag zwischen dem Kurfürstentum Bayern und dem Erzstift Salzburg bezüglich des Innviertels geschlossen, in dem die Setzung von 22 Parallelsteinen längs der Salzach geregelt wurde. Im Jahr 1721 wurde dann unterhalb von Plattenberg der letzte Parallelstein mit

15.4T
Die Vierer von Ochsenfurt beim Steinsatz. Aus dem Protokollbuch von 1774.

der Nummer 22 gesetzt. Er diente sowohl als Parallelstein, um nach Osten hin die „nasse" Grenze (Flußmitte) zwischen Bayern und Salzburg festzulegen, als auch vor allem als Hauptgrenzstein, um die nördliche Grenze des Erzstiftes gegen das Kurfürstentum bei Plattenberg genau zu markieren. Nachstehend ein Auszug aus dem Protokoll, „welches bey Setzung der 22 Marchstaine an beederseitigen Ufer des Salzach-Stroms gehalten worden, vom 18.–26. Juni anno 1721": „Mit beiderseits gnädigster Herrschaften Wappen versehen, deren das Bayerische abwerts gegen Burghausen, das Salzburgische aber aufwerts gegen Tittmoning weist, ist gleich bey der Salzach zu mide des Schidtszauns des Veiten Nidermayer zu Wechselberg bayerisch und Sebastian Jäger, Würth zu Nunreith, salzburgisch Unterthans unter Wiederholung eingangs angemörkter Inseration gesetzt, mithin Salzburgischerseits gegen Churbayern als Haupt- und Landgräniz March worden."

Ein Pferdegespann des Wirtes zu Nunreit transportierte damals den mehrere Zentner schweren Stein an seinen Aufstellungsort. Aber bereits ein Jahr später, 1722, und dann ein zweites Mal im Jahr 1753 mußte er wegen Hochwassergefahr weiter zurückgesetzt werden.

Im Protokoll vom 2. Oktober 1753 ist hierzu vermerkt, daß der Hauptmarkstein wegen Hochwassergefahr „22 Schuh bergauf gebracht worden ist und nun insgesamt, inclusive der 1722 geschehenen Zurückstellung, 121 Schuh von der Parallellinie oder 310 1/2 Schuh von der Territorial-Scheidungslinie" zu stehen gekommen ist.

Nach Abtretung des Innviertels an Österreich 1779 und dem endgültigen Anschluß des Rupertiwinkels an Bayern 1816 wurde am 20. März 1820 ein Vertrag zwischen Bayern und Österreich über die Regulierung der Grenze längs der Saalach und Salzach geschlossen. Demzufolge wurden je 55 Parallelsteine beiderseits der Flüsse gesetzt, vom Ursprung der Saalach bis zur Einmündung der Salzach in den Inn. Bereits bestehende Steine wurden umnumeriert. So erhielt der Parallelstein Nr. 22 bei Plattenberg im Jahr 1820 die Nummer 44, die ihm im Volksmund den heutigen Namen „Vierundvierziger" gab. Der über 1,80 Meter hohe Markstein aus weißem Marmor zeigt auf der Nordseite das Wappen des Kurfürstentums Bayern und auf der Südseite das Wappen des Erzstifts Salzburg. Als „Wappenstein" ist er der einzige völlig erhaltene dieser Art im Landkreis Altötting und sicherlich auch einer der schönsten in ganz Bayern.

Die „Schimmelsteine" der einstigen Grafschaft Haag

Die Burg von Haag sank im Zuge der Säkularisation 1804 bis auf die heutigen Reste in Schutt und Staub. Dieses Schloß war das Symbol einer viele Jahrhunderte währenden Grafschaft, die Residenz eines etwa 20 km langen und 15 km breiten Ländchens, das sich links des Inns im westlichen Teil des heutigen Landkreises Mühldorf ausdehnte und neben dem Hauptort Haag die Gebiete der Pfarreien Kirchdorf, Schwindkirchen, St. Wolfgang, Albaching, Rechtmehring sowie das Augustiner-Chorherrenstift Ramsau umfaßte; ein Splitter in dem bunten politischen Kaleidoskop von Fürstentümern und Herzogtümern, Grafschaften, Bischofssitzen und selbständigen Reichsstädten, in das sich Deutschland im Mittelalter aufgespalten hatte. Eingeschlossen von den Pfleggerichten Schwaben, Erding, Neumarkt, Wasserburg und der fürstbischöflichen Herrschaft Burgrain bildete es eine Enklave innerhalb des bayerischen Hoheitsgebietes, mit allen Rechten einer von den Herzögen unabhängigen Reichsgrafschaft mit eigener Verwaltung und Gerichtsbarkeit. Heute zeugen nur noch einige der numerierten Marksteine von der einstigen Herrlichkeit. „Sie sind oft sehr nackeht, diese Gränzsteine, und werden manchmal mit Martersäulen verwechselt", schreibt ein hochfürstlicher Gerichtsschreiber. Drei mit dem Haager Schimmel und dem bayerischen Rautenwappen geschmückte Grenzsteine von 1686 stehen noch südlich der Bundesstraße 12 auf halbem Wege nach Schützen, in Schützen selbst und beim Sprinzenödhof, Gemeinde St. Christoph, mehrere andere nördlich der Straße bei Fahrnbach, Aich, zwischen Lichtenweg und Hub und bei Sollach, datiert 1725. Die Konturen des Schimmels sind noch deutlich zu erkennen. Diese Steine sind allerdings nicht die originalen Grenzmale der Grafschaft, sondern erst 120 bzw. 159 Jahre nach der Inbesitznahme durch die Wittelsbacher aufgerichtet worden. Ein „moderner" Schimmelstein steht unmittelbar an der Bundesstraße 12.[16]

Grenzsteine in der ehemaligen bischöflichen Herrschaft Isen – Burgrain[17]

Die Gegend um Isen war von 808-1803 im Besitz des Hochstiftes Freising, mit dem befestigten Burgrain und dem Markt Isen, dazu gehörten die früheren Gemeinden Mittbach und Westach, der westliche Teil der früheren Gemeinde Schnaupping und der westliche Teil des Sollacher Forstes, der nördliche Teil der heutigen Gemeinde Buch am Buchrain und die südwestliche Hälfte der Gemeinde Lengdorf. Dieses Ländchen mit der amtlichen Bezeichnung „Herrschaft Burgrain" hatte eine Ausdehnung von rund 50 Quadratkilometern, markiert durch etwa 50 Grenzsteine.

Am 22. Mai 1531 fand ein Treffen zwischen dem Freisinger Bischof und den Bayern-Herzögen in Erding statt, „um wegen nachbarlicher Irrung zu verhandeln". Dazu wurde am 25. Mai 1531 das Schriftstück verfaßt: „Vertrag des sich die Fürsten Bischof Philips von Freysing und Herzogen Wilhelm und Ludwigen von Obern und Nidern Bayern etc. von wegen der Herrschaft Burckhrain Grenitz mit einander verglichen und verainth haben." In diesem Vertrag wird der Grenzverlauf zwischen der bischöflichen Herrschaft Burgrain und dem Landgericht Erding beschrieben. Dabei taucht nur einmal eine „bildseyl" auf, sonst zieht sich die Grenze „vom Puechenstock zum stain graben und vom Aichstock auf ein grueb zu", d.h., daß für die markanten Punkte damals noch keine Steinsäulen gesetzt waren. Im gleichen Vertrag wird dann noch eine Verbesserung wegen der „bildseyl" vorgenommen, nachdem Wolfgangen Pusch, Pfleger zu Burckhrain, und Oswaldten Fraunberger, Pfleger zu Erding, nebst anderen diese Stelle noch einmal abgeritten haben. Der „Vertrag zwischen Bayern und Freysing der Gränitz halben zwischen der Grafschaft Haag und Herrschaft Burkhrain" vom 27. Oktober 1574 wurde notwendig durch das Ableben des Reichsgrafen Ladislaus von Haag, der im Jahr 1566 kinderlos verstorben war. In diesem Vertrag wird der Grenzverlauf zwar noch mit „Piern- und Kerschpämb" (Birn- und Kirschbäume) festgelegt, aber dazu werden schon 20 „Stainene Seiln" aufgeführt. Sehr ausführlich wird der älteste heute noch vorhandene Stein, die sog. Dreiländersäule, beschrieben. Dieser Stein steht heute noch an seinem alten Standort. Es ist eine Kalksteinsäule mit einer Höhe von 2,25 m. Auf einem schon eingewachsenen sechseckigen Fußsockel erhebt sich eine 1,3 m hohe Rundsäule, auf der ein 95 cm hohes dreiseitiges Kapitell aufgesetzt ist mit abgefasten Ecken und Kanten. In die drei etwa 55 cm breiten Flächen sind eingemeißelt: mit Blick nach Norden in Richtung Landgericht Erding das Wittelsbacher Rautenwappen, mit Blick nach Westen der Freisinger Mohr, darüber die Buchstaben BUR für Burgrain, in Richtung Nordosten der schon stark verwitterte springende Haager Schimmel, darunter als weiteres Wappen die bayerischen Rauten, in der Mitte der beiden Wappen links der Buchstabe G und rechts ein H für die Grafschaft Haag, darüber – schon sehr schlecht leserlich – die Jahreszahl 1574. Auf dieser Seite also haben sich zusätzlich zum Haager Schimmel die Wittelsbacher als neue Herren der Grafschaft Haag durch ihr Rautenwappen verewigt. Auffallend ist, daß alle Grenzbeschreibungen mit dieser Dreiländersäule beginnen, obwohl sie nicht der erste Grenzstein auf der Ostseite der ehemaligen bischöflichen Grenze ist. Ein Grund dafür könnte das Alter dieser Dreiländersäule sein mit der eingemeißelten Jahreszahl 1574. Hier stoßen heute in etwa auch die Gemeinden Lengdorf, Isen und St. Wolfgang zusammen. Alle anderen uns erhaltenen Grenzsteine sind jüngeren Datums. In der Grenzbeschreibung vom 23./26. August 1614 werden schon 46 Steine aufgezählt.

Die „Gränitz Marchung Visitation" von 1674 zeigt, daß diese Steine nicht besonders gepflegt worden sind. Schon „der I. Stein naigt sich zimblich, der 3. seint 3 Triemer", bei zahlreichen ist verzeichnet „nackhleth (-nackelt) stark". Doch hielt dieser immer wieder umstrittene Grenzverlauf der bischöflichen Herrschaft bis zum Jahr 1803, als die Herrschaft Burgrain nach tausendjährigem Bestand durch die Säkularisation im Kurfürstentum Bayern aufging...

Von den 18 Steinen ist der Dreiländerstein eine Rundsäule mit Kapitell, einer ein Dreikantstein, alle übrigen sind Vierkantsäulen. Außer den Jahreszahlen sind in die Breitseite die herzoglichen Rautenwappen eingemeißelt mit Blick in das Erdinger Gericht, der Freisinger Mohr mit den Buchstaben BUR für Burgrain mit Blick ins Isener Land und der Haager Schimmel mit den Buchstaben GH für die Grafschaft Haag. Noch nicht bekannt ist, wo der Granit für diese vielen Steine gebrochen wurde. Nach mündlicher Überlieferung soll in der Penzinger Kiesgrube und auch bei Burgrain Granit vorgekommen sein. Zu bedenken gibt auch das große Gewicht der Steine. Bei Durchschnittsmaßen von 150/30/30 wiegt ein Stein aus Granit 531 Kilogramm, ohne den nicht mehr meßbaren Sockel in der Erde, der etwa ein Drittel der Gesamtlänge ausmacht, so daß ein Stein im Durchschnitt weit mehr als zehn Zentner wiegt.

Grenzsteine des Kollegiatstiftes St. Wolfgang[18]

St. Wolfgang am Burgholz an der Goldach, in der früheren Reichsgrafschaft Haag gelegen, verdankt seinen Namen dem hl. Bischof Wolfgang, der auf seinem Zug von Regensburg nach dem Salzkammergut durch das Goldachtal gezogen und in St. Wolfgang eine Quelle erweckt haben soll. Die Reichsgrafen von Fraunberg zu Haag ließen das große Gotteshaus 1484 erbauen. Ihre Absicht, dort auch ein Kollegiatstift zu errichten, konnte damals noch nicht verwirklicht werden. 1722 gab Pfarrer Kaspar Fiechtner von Schwindau aus eigenen Mitteln 15.000 Gulden für die Errichtung eines Stiftes; im Jahr 1733 hat Kurfürst Karl Albrecht, der spätere Kaiser Karl VII. mit seiner Gemahlin Maria Amalia die Stiftung vollendet und St. Wolfgang mit Schwindau zur geschlossenen Hofmark erhoben. Dem Stift inkorporiert wurden die Pfarreien Kirchdorf bei Haag, Moosen an der Vils, Rechtmehring, Grüntegernbach, später noch Oberbergkirchen. Der heilige Wolfgang wird in der bildenden Kunst mit Bezug auf seinen Kirchenbau gerne dargestellt mit einem Beil und (oder) mit einem eintürmigen Kirchenmodell, in dessen Dach ein Beil steckt. Die Chorherren des Kollegiatstiftes trugen als Auszeichnung einen Stern mit sechs Spitzen, in dessen Mitte die Buchstaben SW sich befanden und an dessen unterster Spitze ein kleines Wolfgangsbeil angehängt war. Den vielen Wallfahrern nach St. Wolfgang wurde bis in unsere Zeit herein ein einige Zentimeter großes Zinnbeil als Weihegabe mitgegeben. St. Wolfgang hat in seinem Gemeindewappen das Wolfgangsbeil und den Kopf des Schimmels der Reichsgrafschaft Haag.

Das Kollegiatstift St. Wolfgang hat sein Gebiet mit Steinen abgesichert. Wie viele es einst waren, ist nicht mehr feststellbar. Die sog. Hacklsteine, benannt nach dem eingemeißelten St. Wolfgangsbeil, sind gegenüber den Grenzsteinen der bischöflichen Herrschaft

Isen-Burgrain etwas bescheidener in ihren Ausmaßen, aber auch von ehrwürdigem Alter. Alle bisher bekannten sind aus Granit, haben mit einer Ausnahme Rundbogenabschluß, tragen – soweit noch leserlich – die Jahreszahl 1734 unter dem in rundlicher Vertiefung eingemeißelten Wolfgangshackl, auch ist bei einigen darunter noch HW (Hofmark Wolfgang) erkennbar. Die andere Steinseite zeigt in das umliegende Gebiet der Reichsgrafschaft Haag mit den eingemeißelten Buchstaben GH. Von den Grenzsteinen der zum Kollegiatstift St. Wolfgang gehörenden ausmärkischen Besitzungen sind uns noch drei Steine erhalten. Sie liegen im Osten und Süden der heutigen Ortschaft Inning a. H., zeigen zum Ort hin in einer runden Vertiefung das Wolfgangshackl, darunter die Buchstaben HI (Hofmark Inning), darunter die Jahreszahl 1734. Auf der anderen Seite sind die Buchstaben GE (Gericht Erding) erkennbar. Zwei weitere „Hacklsteine" stehen in Schwindkirchen. Da die Pfarrei Schwindkirchen an die Pfarrei St. Wolfgang angrenzt, ist anzunehmen, daß diese Steine einmal an der Nordgrenze des ehemaligen Kollegiatstiftes St. Wolfgang standen und dann nach Schwindkirchen transportiert wurden. Sie zeigen die gleichen Einmeißelungen wie bei Inning. Unter dem Wolfgangshackl aber stehen die Buchstaben HW (Hofmark Wolfgang), darunter wieder die Jahreszahl der Gründung des Kollegiatstiftes 1734, auf der anderen Seite GH (Grafschaft Haag), weil ja St. Wolfgang als Kollegiatstift von der Grafschaft Haag umschlossen war.

Grenzsteine zwischen Bayern und Eichstätt

Zwei Grenzverträge zwischen dem Herzogtum Bayern und dem Hochstift Eichstätt aus den Jahren 1554 und 1615 enthalten auch die Grenzbeschreibung vom Hohenlohenstein bis zur Weißen Laaber vom Beginn dieser Versteinung im Jahr 1554: „Dann von obgemelltem Vierten Jagtstein (Dreiherrenstein) gestrackhs den berg hinauf auf den Hochenloe, an einem Rain, soll der erste Gränzstain, zwischen dem Stifft Eychstet und Fürstenthumb Bayern, gesetzt und gegen Bayern, mit dem Bayerischen, gegen dem Stifft aber, mit deß Stiffts Wappen, wie auch alle nachvolgenden Marckstain, biß zum endt dißer Granitz, gemerckht, und auf jede auen Seite die Zal beider Ortten, unnder die Wappen gehauen werden. Von iezgemeldten ersten stain, über die Felder hinüber, zue einem Pirnbaum, der ander Stain."[19]

„Die Grenze zwischen Bayern und Eichstätt war nicht nur durch kunstvoll gestaltete Grenzsteine bezeichnet, sondern auch zweimal mit einem Defensionswall, der am Hallerschlag westlich von Wettstetten noch erkennbar ist, gesichert worden. Die ältesten Landesgrenzsteine stammen von der Versteinung 1615 und sind in reicher Zahl erhalten. Die alten eichstättisch-bayerischen Steine sind nicht durch die Barbarei unseres Jahrhunderts verlorengegangen, sondern wurden 1818 für die Berandung des Leuchtenbergischen Fürstentums Eichstätt benutzt: Wo sie, etwa vom Hohenloheberg bis fast Lippertshofen, nicht mehr die Grenze kennzeichneten, wurden sie ausgehoben und andernorts mit der zusätzlichen Zahl der Fürstentums-Numerierung aufgestellt."[20]

Zum Begriff des Burgfriedens

Die lexikographische Bestimmung des Wortes „Burgfrieden" nennt vier Aspekte des Begriffs:

– eine Verabredung unter adeligen Stammesverwandten, durch die ein Bezirk um die Burg herum festgelegt wurde, der als zur Burg gehörig angesehen werden und wie diese selbst gemeinschaftlicher Besitz bleiben sollte;

– das durch eine solche Verabredung festgelegte Gebiet selbst;

– den besonderen rechtlichen Schutz, unter dem sich dieses Gebiet, ebenso wie die Burg selbst, befindet; und schließlich

– wohl auch die Sammlung von Verordnungen und Rechtsvorschriften, welche die Einhaltung von Ruhe und Ordnung in der Burg und deren Umgriff gewährleisten sollten.

Der Burgfried war im Mittelalter also jener Bezirk um eine feste Burg, innerhalb dessen die Unverletzlichkeit der darin weilenden Personen zugesichert war. Der Burgfrieden gewährleistete den besonderen rechtlichen Schutz eines Burgbezirkes, die Erhaltung von Ruhe und Sicherheit in der Burg und ihrer nächsten Umgebung. Im weiteren Sinne wurde später auch der Stadt- bzw. Gerichtsbereich als Burgfrieden bezeichnet. Die Grenzen dieser Bezirke wurden in bestimmten Abständen unter Einhaltung bestimmter Förmlichkeiten abgeschritten, meist zu Pferde im Rahmen eines Umrittes. Dieser Burgfrieden wurde durch Grenzpfähle und Marksteine, sog. Burgfriedenssäulen, markiert.

Der Burgfrieden von München[21]

Mit „Burgfrieden" wird in München noch heute die Stadtgrenze bezeichnet. Innerhalb des Münchner Stadtgebietes haben sich zwei spätgotische Säulen von 1460 und zwei barocke Säulen von 1724 erhalten. Die erste grundlegende Burgfriedensvermarkung erfolgte auf Grund einer Verordnung der Herzöge Sigismund und Johann vom 24. Oktober 1460. Kleine Erweiterungen erfolgten 1557, 1584 und 1654. Am 7. November 1724 wurde eine Revision des Burgfriedens beschlossen, und vom 4. bis 7. Juni 1728 wurden numerierte Säulen errichtet. Das Wachstum der Stadt in der ersten Hälfte des 19. Jahrhunderts erforderte eine Neuvermarkung des Burgfriedens, die 1835 beschlossen und 1846 durch 171 neue Grenzpfähle ausgeführt wurde. Die letzte umfassende Vermarkung mit der Ergänzung der bereits vorhandenen Marksteine auf insgesamt 323 Grenzpfähle geschah in den Jahren 1861/62. Die nach dieser Zeit erfolgte weitere rapide Ausdehnung des Stadtgebietes wurde in der heute üblichen Weise durch Setzung von unauffälligen Grenzsteinen markiert. Lediglich die Ortstafeln an den Straßen weisen noch auf den ehemaligen Burgfrieden hin. Von den beiden gotischen Burgfriedenssäulen steht eine südlich der Theresienwiese, die andere wurde 1923 von ihrem ursprünglichen Standort am ehemaligen Türkengraben (Kurfürstenplatz) auf den Elisabethplatz versetzt. Im Englischen Garten, westlich des Monopteros, steht die letzte barocke Säule unter freiem Himmel. Die Burgfriedenssäule 22, ehemals in der Thalkirchner Straße, steht im Foyer des Münchner Stadtmuseums. Während die barocken Säulen streng gestaltet sind, weisen die an Menhire erinnernden Säulen der Gotik in die Frühzeit der Grenzmarkierung.

Der Burgfrieden von Wasserburg[22]

Für Wasserburg muß es sogar zwei Burgfrieden gegeben haben: Einen für die landesherrliche Burg und ihren engeren Bereich selbst und einen für die Stadt. Ein Relikt dieses doppelten Burgfriedens mag die etwas seltsame Grenzziehung innerhalb des Altstadtbereiches sein, wie sie im Rahmen der Grenzbeschreibung vom Beginn des 19. Jahrhunderts noch aufscheint. Auch die Zugehörigkeit der Burgau zum landesherrlichen Territorium bis 1854 mag mit dem Burgfrieden der eigentlichen Burganlage zusammenhängen. Ein Grenzstein mit dem bayerischen

Rautenwappen und der Datierung 1678 im Bereich des heutigen Bezirkskrankenhauses Gabersee kann daher als Burgfriedenssäule dieses Bereiches angesprochen werden. Die „Beschreibung des Burgfriedens der Koeniglich Baierischen Stadt Wasserburg", die undatiert ist, aber vom Anfang des 19. Jahrhunderts stammen dürfte, ist eine der umfassendsten und präzisesten Grenzbeschreibungen. Joseph Heiserer gibt in seiner „Topographischen Geschichte der Stadt Wasserburg am Inn" vom Jahr 1858 an, die Stadt „umfaßt mit ihrem ausgedehnten Burgfrieden einen Flächenraum von 1626 Tagwerken, worunter 307 Tagwerk zu Aecker, Häuser- und Hofräumen, 592 Tagwerk zu Wiesen, 95 Tagwerk zu Hopfengärten und 532 Tagwerk zu Waldungen etc. benützt werden... Der Boden des Burgfriedens ist im Ganzen trocken und gut, trägt alle Gattungen von Getreide und Früchten, insbesonders Hopfen und wird vorzugsweise zur Hopfen- und Wiesencultur verwendet."

Die heutigen Burgfriedenstafeln aus Holz mit dem Stadtwappen und der Aufschrift, auf Pfosten in den Stadtfarben rot-weiß montiert, ersetzen die gußeisernen Säulen und Tafeln mit weißblauer Farbgebung aus der Mitte des vorigen Jahrhunderts. Ihre Vorläufer waren jedoch hohe, steinerne Mark- und Martersäulen, die an den Schnittpunkten der Burgfriedensgrenzen mit den Ausfallstraßen standen. Bei der amtlichen Vermarkung des Burgfriedens in den Jahren 1854-56 dürften diese alten Steine, sofern sie wegen ihrer religiösen Motive in den Nischen nicht schon den „Aufklärungs"- und Säuberungsaktionen von 1804 zum Opfer gefallen waren, für überflüssig erklärt und zerstört oder auf private Grundstücke versetzt worden sein. Übereinstimmung in Material, Form und Datierung (1593 bzw. 1594) lassen in den vier bzw. sechs noch vorhandenen Steinsäulen im engsten Umkreis der Stadt die ehemaligen Burgfriedenssäulen vermuten.

Der Burgfrieden von Mühldorf[23]

Ein besonders interessantes Beispiel eines Burgfriedens ist der von Mühldorf. In einer Urkunde vom Jahre 1190 verleiht König Heinrich VI. seinem Vetter, dem Erzbischof Adalbert III. von Salzburg, das Recht, in Mühldorf eine Salzniederlage zu errichten. Dabei wird Mühldorf schon als „burgus", städtische Ansiedlung, bezeichnet. Eine Urkunde von 1218 erwähnt auch eine „porta exterior", also wohl ein richtiges Stadttor. Mühldorf scheint aber schon seit Beginn seiner Geschichte, also gut 300 Jahre länger, zu Salzburg gehört zu haben. Die Salzburger Landesherren waren von Anfang an darauf bedacht, dem wichtigen Handelsstützpunkt auch eine landwirtschaftliche Existenzgrundlage zu sichern; dies erwies sich um so notwendiger, als die benachbarten bayerischen Pfleger keine Gelegenheit verstreichen ließen, den Mühldorfern den Brotkorb möglichst hoch zu hängen. Das Territorium der Exklave umfaßte daher bald weite Wiesen- und Ackerflächen; die Grenzen dieses Burgfriedens, schon 1410 erwähnt, sind 1442 beschrieben. Daß sich der Amtsbereich des Stadtrichters nicht auf den Stadtkern beschränkte, sondern auch ein bestimmtes Gebiet um die Stadt herum umfaßte, das zeigt ferner das etwa um 1350 niedergeschriebene Mühldorfer Stadtrecht. In diesem wird jedem ein Pfund Pfennig Strafe angedroht, der Straßen und Wege enger macht, sei es innerhalb der Stadt (z. B. durch Vorbauten), sei es außerhalb in dem „purchrecht" (z.B. durch Umackern). Das Burgrecht ist aber nichts anderes als das Stadtrecht, dessen Gültigkeit im Burgfrieden also hier ausdrücklich bezeugt ist. Es ist auch bis jetzt keine Urkunde oder eine sonstige Aufzeichnung gefunden worden, die dargetan hätte, daß der Stadtrichter von Mühldorf nicht seit jeher auch für den Burgfrieden zuständig gewesen wäre.

In dem Vertrag von 1442 ist festgelegt, daß Salzburg im Stadtkern von Mühldorf einschließlich der Innbrücke und des Brückleins, das über einen graben vor dem Burgtor führt, das oberste Halsgericht besitzen soll, das heißt das Recht, auch todeswürdige Verbrechen zu sühnen. Dafür trat Salzburg an Bayern ein Gebiet bei Tittmoning ab. Im Mühldorfer Burgfrieden dagegen behält Bayern das oberste Halsgericht, und zwar ist für den Teil nördlich des Inns das Landgericht Neumarkt und für den südlichen Teil das Landgericht Mörmosen zuständig.

Der Stadtbereich war, wie erwähnt, im Vertrag von 1442 bereits festgelegt, beim Burgfrieden begnügte man sich damals und auch 1527 noch mit einer Beschreibung nach Bächen, Gräben, Wegen und einzelnen Anwesen. Auf die Dauer konnte das aber nicht genügen, da es zu allgemein gehalten war. Darum setzte man 1577 „Marchsäulen", die auf der einen Seite das bayerische, auf der anderen Seite das Wappen der Stadt Mühldorf trugen. Südlich des Inns gab es jedoch Schwierigkeiten mit dem Landgericht Mörmoosen. Man legte daher hier die Grenze noch genauer fest. Trotzdem behinderte Mörmoosen die Steinsetzung. Die Grenze blieb zunächst strittig. Da es im Laufe der Zeit auch sonst zu Meinungsverschiedenheiten zwischen Bayern und Salzburg kam, hat man schließlich am 25. Juni 1661 durch eine Ortsbesichtigung, die von 3 Uhr früh bis zum Abend dauerte, die Grenzen nochmals genau festgelegt.

Durch einen in Neuötting am 13. Juli 1661 von einer Kommission ausgehandelten und geschlossenen Vertrag, der 41 Punkte umfaßte, wurde der Grenzverlauf neu festgelegt. Ein besonders wichtiger Punkt des Neuöttinger Vertrages aber war, daß an Stelle der alten Grenzsäulen, die, soweit sie überhaupt noch da waren, in mancher Hinsicht zu wünschen übrig ließen, neue Steine gesetzt werden sollten. Ihre Standorte wurden im einzelnen bestimmt. Nördlich des Inns waren es 23 Steine. Die Grenze zog sich vom Innufer in großem Bogen, das heutige Altmühldorf teilweise mit einschließend, um das Stadtgebiet, überschritt schließlich beim heutigen Ortsteil Eichfeld die Töginger Straße und verlief östlich der – später erbauten – Eichkapelle wieder bis an den Inn. Am rechten Innufer kennzeichneten 27 Säulen die Grenze, die über die Altöttinger Straße, an der Lohmühle vorbei, wiederum in weitem Bogen bis zum (nachmals so genannten) Hammer lief und von da über die Tegernau wieder an den Inn führte.

Vereinbarungsgemäß wurden die neuen Steine in Salzburg angefertigt. Den Auftrag zur Herstellung der 50 Steine bekam der Salzburger Steinmetz Johann Paul Waßner, der am 12. Februar 1664 beim Pflegamt in Mühldorf anfragte, wie die neuen Grenzsteine beschaffen sein sollen. Das Pflegamt schrieb am 20. Februar 1664 an Waßner: „Die Säulen gegen Mörmoosen sollen, weil da der Boden morastig ist, 4 Schuh tief in den Boden kommen, bei denen gegen Neumarkt genügen 3 Schuh. Über die Erde sollen sie 6 Schuh hoch sein. Auf der einen, dem Burgfrieden zugewendeten Seite, sollen sie das Wappen des Erzstiftes, auf der anderen Seite das bayerische Wappen tragen..."

Im September 1665 kamen die 50 Steine zu Schiff in Mühldorf an. Sie wurden im Oktober im Beisein einer salzburgisch-bayerischen Kommission aufgestellt. Alle Steine tragen eine Nummer, im Norden von 1 bis 23, im Süden von 1 bis 27.

Unter den 53 Grenzsteinen gab es zwei von besonderer Bedeutung. Wo der Stein 3 steht, war früher ein Viehgatter in Form eines Falltores; die Stelle hieß schon 1442 „Zuckenmantel" („zucke", d.h. „raube den Mantel" – also soviel wie Räubernest). Dieser Platz war jedoch kein Schlupfwinkel für lichtscheues Gesindel, sondern der Sammelplatz für die Auslieferung von Schwerverbrechern an die Schergen des Landgerichts Neumarkt. Auch für den südlichen Teil, an der Grenze zum Landgericht Mörmoosen, gab es einen solchen Platz – die Grenzsäule 11; sie steht hinter dem heutigen Anwesen Hammer Nr. 4. Beim Gasthaus Hammer stehen die Steine 10 und 9. Gehen wir dort den Bach aufwärts, finden wir den Stein 8. Hier war, natürlich schon auf bayerischem Gebiet, das Mörmooser Hochgericht, ein Galgen, an dem man die „malefizisch" Gewordenen baumeln ließ. Ein Hochgericht erhielt die fürstbischöfliche Exklave erst, nachdem ihr das oberste Halsgericht zugeteilt worden war und Bayern 1442 ausdrücklich zugestimmt hatte.

Der Burgfrieden von Ingolstadt, Neuburg und Eichstätt[24]

Die drei Städte Ingolstadt, Neuburg und Eichstätt, in deren Mitte das „Dreiländereck" liegt, besaßen eine Burgfriedensgrenze, die bis in neueste Zeit die Stadtgrenze bedeutete. Vom Neuburger Stadtbann steht noch ein Stein des Jahres 1623, von den vier größeren Steinen der Ingolstädter Grenze sind drei erhalten, die kleineren befinden sich zum Teil bei „Sammlern" und im Museum. Die Eichstätter Burgfriedenssteine sind im vorigen Jahrhundert an die von der Stadt wegführenden Wege neu ausgebracht worden. Sechs, also fast alle, sind erhalten, dazu kommt eine ältere Burgfriedenssäule aus der Zeit um 1720 in der Sollnau. Schließlich sei noch auf den „Steinernen Mann" hingewiesen, einen Menhir aus der Hügelgräberzeit, so die neuesten Vermutungen, der nicht als Grenzstein gesetzt wurde, jedoch in einer Beschreibung der Grenze genannt ist. Um ihn ranken sich einige Sagen, u.a. jene des geizigen Bauern, der mitsamt dem Brotlaib, von welchem er dem Knecht nichts abgeben wollte, zu Stein wurde.

Die Gestaltung historischer Grenzsteine[25]

Alte Grenzsteine zeigen über Gelände ihren sorgfältig behauenen, geometrisch gestalteten Teil, der im Boden befindliche Teil ist unbehauen und meist unförmig und am „Fuß" verbreitert. Dieser Fuß steht mit dem untersten Ende, dem „Gesäß", im Lager, das manchmal mit Steinen zu einem „Bett" ausgelegt und verkeilt ist. Bei der Wahl des Gesteins achtete man stets auf Witterungsbeständigkeit und Kompaktheit. Damit das Regenwasser besser abfließen kann, gestaltete man den „Kopf" meist rund oder pyramidenförmig spitz. Dieser Kopf trägt öfters eingekerbte meist abgewinke „Weisungen", die den Verlauf der Grenzlinie angeben, also zum jeweils nächsten Grenzstein hinweisen. Solche „Richtungsanzeiger" sind gelegentlich auch am Gesäß eingemeißelt. Gelegentlich finden sich auf dem Kopf sattelartige Ausschliffe, die den späteren „Gebrauch" solcher Grenzsteine als Schleifsteine für Äxte, Sensen, Sicheln und Messer erkennen lassen. Im behauenen Teil eines historischen Grenzsteins finden sich unter anderem ein oder mehrere Wappen, eventuell mit Helmzier, ferner Ortszeichen, Hausmarken sowie Initialen, von Hoheitsträgern, Kommunen und sonstigen Berechtigten. Die Darstellung kann in versenkter bzw. erhabener sowie in plastischer oder graphischer Form ausgeführt sein. Oft kommen auch Ligaturen (=Buchstabenverbindungen auf einem Typenkörper), Umklappungen, Buchstaben in Spiegelschrift oder sogar kopfstehend vor. Seltener wird das Monogramm auf einem historischen Grenzstein angetroffen. Zu beachten ist, daß Initialen auch gänzlich fehlen können. Zur Identifizierung der Grenzlinie sind hier Urkunden, Grenzbeschreibungen und historische Karten unentbehrlich.

Die Jahreszahl auf einem historischen Grenzstein zeigt grundsätzlich das Jahr der Grenzsteinsetzung an – eine zweite Jahreszahl oder ein weiterer Grenzstein in der selben Linie läßt eine Grenzlinienbestätigung erkennen.[26]

Steinkreuze als Grenzzeichen

Ein auffallend großer Teil von Steinkreuzen steht an Grenzen; einige solcher Kreuze weisen sich sogar durch eine eingemeißelte Marke als Grenzmal aus. Die Frage, ob das Steinkreuz ursprünglich ein Sühnekreuz war und erst später als Grenzmal herangezogen wurde oder von Anfang an als „Grenzkreuz" gesetzt wurde, hat viele Forscher beschäftigt („Steinkreuz-Grenzstein-Identifikation").

Es gibt jedoch eine Reihe von urkundlich nachweisbaren Beispielen, wonach Steinkreuze tatsächlich zum Zweck einer Abmarkung einer Grenze erstellt und an den so abzugrenzenden Platz gebracht wurden. Neben Kreuzen als lokalen Grenzzeichen, die im Spätmittelalter vermutlich häufiger waren, sind steinerne Kreuze auch auf territorialen Grenzziehungen in größerer Zahl festzustellen. „Die Territorien, deren Ausbildung eigentlich erst im 16. Jahrhundert durch punktuelle Markierung im Gelände vorgenommen wurde, wiesen an ihren Grenzen ebenfalls vereinzelt Kreuze auf, denen dann später Grenzfunktionen unterlegt wurden.

Zwar mögen in manchen Fällen echte Parallelen aufgetreten sein, doch schien höchstwahrscheinlich hier wie anderswo das Kreuz nicht primär als Grenzkreuz gesetzt worden zu sein."[27] Häufiger ist schon die Beobachtung, daß Steinkreuze bei Grenzfestlegungen schon bestanden haben oder als markante Landschaftspunkte zur Grenzziehung benutzt wurden. Es gibt aber auch einen anderen recht einleuchtenden Grund, warum Kreuze so häufig in Grenzverläufen anzutreffen sind: „Wenn in einer Gemarkung die Leiche eines Erschlagenen gefunden wurde, war man bestrebt, sie ein paar Schritt über die Grenze zum Nachbarn zu schleppen, um ihm die Arbeit und den Ärger aufzubürden. In der Nähe wurde dann später nach altem Brauch ein Kreuz aufgestellt. Solche Mord- oder Unfallkreuze und auch Sühnekreuze wurden dann zuweilen nachträglich als Marksteine benutzt. – Manches Kreuz auf der Grenze wird auch dem Volksbrauch seine Entstehung verdanken, daß Hingerichtete und andere Tote, deren Wiederkommen man fürchtete, auf der Gemeindegrenze bestattet wurden." Aus Gerichtsbüchern des 16. Jahrhunderts entnimmt man wiederum, daß man „Entleibte" vor das Dorf an die Flurgrenze zu einem Kreuzstein trug und auch dort beerdigte. So mag manches ursprüngliche Gedenkkreuz nachträglich zu einem Grenzkreuz umgedeutet worden sein. Ein gutes Beispiel dafür ist das verwitterte Steinkreuz im Steintal unterhalb Dorfen im Liebleitnerholz, Gemeinde Burgkirchen an der Alz.[28] Es wird bereits 1589 in der Beschreibung der Jagdbarkeitsbögen des Klosters Raitenhaslach, sowie der Grenzbeschreibung des Landgerichts Neuötting erwähnt. In der ersten Beschreibung steht, daß sich „das March von Grasset her den geraden Weg hinauf in das Steinthal schlägt, zu einem ordentlichen Marchstein, welcher die drei Gerichte Neuenötting, Wald und Tittmoning voneinander schaidt, alwo sich auch die Waldische Jagdbarkeit endet und die Salzburgische ihren Anfang nimmt." In der Grenzbeschreibung des Landgerichts vom gleichen Jahr ist vermerkt: „und letztlich von demselben in das Staintal, alda ist ain große stainerne Marterseiln, daselbs nimbt auf der gerechten Seiten neben dem Zaun hinab das Walder Ghricht ain Endt und hebt sich das Bistumb Salzburg an."

Hier stießen drei Landgerichte zusammen, nämlich die zwei bayerischen Gerichte Wald und Neuötting, sowie das salzburgische Gericht Tittmoning. Als Hauptmarkstein markierte es hier die Landesgrenze zwischen dem Herzogtum Bayern und dem Hochstift Salzburg. Zusätzlich diente es noch zur Markierung der Waldischen, Raitenhaslachischen und Salzburgischen Jagdbarkeit. Genauer beschrieben ist das Steinkreuz im Protokoll über die Grenzbereitung vom Jahr 1760: „... zum Marchstein in dem Stainhall, welcher 2 Schuech in der Höhe haltet und in der Höch in ein Creuz ausgehauen." Dem Volksmund zufolge soll hier während des Dreißigjährigen Krieges ein fahnenflüchtiger Soldat erschossen und begraben worden sein; das Grenzkreuz heißt heute vielfach auch „das steinerne Marterl".

Grenzfrevel und seine Bestrafung

Grenze und Grenzzeichen galten im Mittelalter schlechthin als unverletzlich, sie hatten nahezu sakralen Charakter. Grenzfrevel wurde als besonders verwerflich angesehen und mit Leibstrafe belegt. Auch der berühmte Gesetzescodex Kaiser Karls V., die „Constitutio Criminals Carolina" von 1532 nennt in Artikel 114 das Delikt und setzt die Todesstrafe dafür an. Über die Strafe beim Verändern der Waldgrenzmarken[29] lesen wir in der „Hochfürstlichen Aychstättischen Holtz- und Forst-Ordnung" von 1666: „39. Articulus. Von Straff deren, so Marck abhauen, oder verändern. Ein jeder, der dergleichen Marck-Baum abhauet, oder Marck-Stain und Marck-pfäl verändert, soll Zehen Gulden zur Straff verfallen seyn, es wäre dann, es einer fürsetzlicher Weiß thät, behalten Wir uns auf solchen Fall höchere Straff an Leib oder Geldt bevor." Im Rezeß von 1736 zwischen Brandenburg und Eichstätt ist die „Gefährliche Ausreiß- oder Verruckung der Jagd- und Land-Gränz- auch Fraisch-Steinen" unter die Fraischfälle aufgenommen. „Von grausamen Strafen wird u.a. aus österreichischen Weistümern berichtet: Grenzfrevler werden mit dem Kopf nach unten lebendigen Leibes in die Marksteingrube gesteckt, der Grenzstein zwischen die Beine gesetzt und dann zugefüllt. Oder man stellt den Steindieb bis zum Hals in die Grube, schüttet sie zu und läßt dann von einem mit vier Pferden bespannten Pflug den Kopf weggreißen."[30] Es ist allerdings unklar, ob diese drakonischen Strafen je verhängt oder vollstreckt wurden; im übrigen sind die Amtsbücher voll von einschlägigen Strafen. Ein gutes Beispiel für die Bestrafung von Burgfriedensbruch ist die Bestimmung über den Burgfrieden der Veste Marienberg bei Würzburg: „Wo sich einer mit dem anderen zu hove unwillet und sie bede durchaus nit uf ganzer haut schlafen wollen und sie mögen herab bis zum mittleren creuz auf der prücken gehen und einander rechtfertigen, alsdann gehet es den burckfrieden nit mehr an... Wo aber einer im schlos oder vorhove verwundt ist, so hat er die hand, damit er den verwundt hat, verwirkt, wie dan bischof Melchior zu handhabung des burckfriedens in willens gewest, ain hand und beyel an den mittleren thurn im schlos malen zu lassen."[31] Es war also bei Strafe des Handabhauens verboten, den Burgfrieden zu brechen. Hände, die in Malerei, Relief oder Eisen, manchmal mit realistisch gemalten Blutstropfen dargestellt sind, bezeichnen auf Kreuzsteinen, Steinsäulen und Bildstöcken zumeist eine Burgfriedens- oder sonstige Vorrechtsgrenze. „Trotzdem gehören Verstöße gegen die Grenzen zur Alltagsrealität; Marckstecken werden ausgerissen, Marksteine umgepflügt oder ausgegraben und neu gesetzt, Grenzbäume umgeschnitten." Aber offenbar wurde die strenge Achtung der Grenzzeichen tatsächlich vom breiten Volk aufgenommen; denn quer durch Deutschland hindurch erzählt man sich die Sage vom Grenzsteinverrücker: Ziellos und ruhelos wandelt der Übeltäter in tiefer Sturmesnacht umher, den schweren Grenzstein auf dem Rücken. „Wo soll ich ihn hintun?" frägt der Spuk den erschrockenen nächtlichen Wanderer. Nur wenn einer Mut faßt und zur Antwort gibt: „Wo du ihn hergenommen hast", ist der Frevler erlöst.[32] Zahlreiche Sagen und Gedichte über Grenzfrevler und Wiedergänger, die nach dem Tode keine Ruhe fanden, sind bis ins 20. Jahrhundert wach geblieben. „Allerdings sahen es einige Landesherren recht gern, wenn die von ihnen ausgestellten Kartenzeichner das Land des Auftraggebers etwas größer malten, als es die Grenzmarken in der Natur aufwiesen; dies läßt manche alte ‚Karte' an Wert verlieren. Doch sind mehr das phantasielose Nachzeichnen vorangegangener Karten und der Mangel an Realitätsbezug schuld, daß früher zuverlässige Karten eine Seltenheit sind."[33]

„Das Zeitalter der großen Landesvermessungen war das 18. Jahrhundert. Ausschlaggebend waren die Vereinheitlichung der Maße, die Steuergerechtigkeit und die Eigentums- und Nutzungsgarantie durch die Hoheitsträger. Die gehobene Rechtssicherheit schloß und schließt bis zum heutigen Tage Grenzstreitigkeiten dennoch nicht aus."[34]

Grenzverrückung wird im Bürgerlichen Gesetzbuch, im Abmarkungsgesetz und im Strafgesetzbuch behandelt. Heute sind die Strafen oder Bußen bei Grenzverrückung vergleichsweise recht human, aber trotzdem noch sehr empfindlich. Im gültigen Strafgesetzbuch wird Grenzverrückung unter § 274 neben Urkundenunterdrückung geahndet: „... mit Freiheitsstrafe bis zu fünf Jahren, neben welcher auf Geldstrafe erkannt werden kann, wird bestraft, wer ... einen Grenzstein oder ein anderes zur Bezeichnung einer Grenze oder eines Wasserstandes bestimmtes Merkmal in der Absicht, einem anderen Nachteil zuzufügen, wegnimmt, vernichtet, unkenntlich macht, verrückt oder fälschlich setzt."

Die erste bayerische Katastervermessung

In den letzten beiden Jahrhunderten erfolgte Entscheidendes, was Grenzen, vor allem Herrschaftsgrenzen und deren Kennzeichnung hierzulande anbelangt. „Die weit über 300 dereinst bestehenden Einzelstaaten sind, beginnend mit Säkularisation und Mediatisierung 1803 und 1805, sukzessive verschwunden und haben einheitlichen Staaten Platz gemacht. Nicht anders geschah es mit Tausenden von Hofmarken und exemten Gebieten. Damit sind viele einstige Grenzmale überflüssig geworden: unzählige steinerne Säulen, Tafeln und Kreuze mit Wappen, Initialen der betreffenden Territorien und Jahreszahlen, welche an das schwierige Geschäft der immer wieder neuen Grenzziehung hinweisen. Da viele dieser Denkmäler jedoch ein Kreuz als religiöses Symbol trugen, hat sich eine Sinnverschiebung in den ausschließlich religiösen Bereich ergeben. Lediglich der Standort mancher ‚Marterln' würde noch auf den rechtlichen Aspekt deuten, im Bewußtsein der Menschen ist jedoch nur die religiöse Komponente lebendig geblieben."[35]

In Bayern begann die erste systematische Katastervermessung des ganzen Landes im Jahre 1808. Damals wurde von König Max I. die Kgl. Unmittelbare Steuervermessungskommission gebildet, der u.a. Joseph von Utzschneider, Professor Ulrich Schiegg und Oberst Adrian von Riedl angehörten. Sie erhielt den Auftrag, durch eine genaue Vermessung aller Parzellen die Grundlage für eine gerechte Besteuerung des Grundes und Bodens zu schaffen, die damals die Haupteinnahmequelle des jungen Königreichs Bayern war. So nimmt es nicht wunder, daß auch in Bayern die erste systematische topographische Aufnahme, bei der die Erdoberfläche nach Lage und Höhenformen exakt erfaßt wird, durch die Wünsche und Bedürfnisse des Heeres in den napoleonischen Kriegen ausgelöst wurde. Als nämlich Napoleon während des zweiten Koalitionskrieges um die Wende zum 19. Jahrhundert seine bayerischen Bundesgenossen beauftragte, alle verfügbaren Karten Bayerns zusammenzutragen, hatten diese nicht viel vorzuweisen. Im wesentlichen gab es damals von Altbayern nur Karten, die in ihrem Inhalt auf die Arbeiten des Ingolstädter Mathematikers Philipp Apian zurückgehen. Apian hatte seit 1554 im Auftrag Herzog Albrechts V. „schier sieben Summerzeit" Bayern kreuz und quer bereist und auf Grund von einigen astronomischen Ortsbestimmungen (Berechnungen der geographischen Länge und Breite des Standorts aus Sternbeobachtungen) sowie von Richtungsmessungen und nach Wegstunden geschätzten Entfernungen eine 30 Quadratmeter große Karte gezeichnet, die von dem Züricher Holzschneider Amman in verkleinertem Maßstab in 24 Holztafeln geschnitten wurde. Die Namen der Orte wurden in Blei gesetzt und in die Tafeln eingekittet. Diese berühmt gewordenen „Bayerischen Landtafeln" waren die erste kartographische Darstellung eines ganzen Landes und Vorbild für andere Staaten.

„Aber auch im Bereich der Binnengliederung unseres Landes hat sich ein wesentlicher Wandel vollzogen. Seit den Zeiten der Montgelas-Verwaltung zu Beginn des 19. Jahrhunderts gibt es in Bayern die amtliche Landesvermessung mit einem Grundkataster und mit Grundbuchämtern, in denen auf den Zentimeter genau die verschiedenen Eigentumsgrenzen festgehalten werden. Jetzt braucht man keine Grenzumgänge, Grenzritte, Markstecken und andere sichtbare Grenzzeichen mehr, um Eigentumsrechte zu fixieren. Wir leben in einer ‚papierenen' Verwaltungsgesellschaft, in der nahezu jedes Rechtsgeschäft der Schriftform bedarf. Sie kann auf Anschaulichkeit und rechtssymbolische Handlung verzichten. Die analphabetische Gesellschaft vergangener Jahrhunderte aber hat notwendigerweise Objekte, die mit Händen und Augen faßbar waren, gebraucht, um sie durch gemeinschaftliche Begehung immer wieder in sich aufzunehmen und so im kollektiven Gedächtnis zu verankern. Rechtssicherheit hatte sich auch durch die früheren Formen der Kennzeichnung der Grenzen sowie durch Umritte und Begehungen gewährleisten lassen. Der Entwicklungssprung, der durchs 19. Jahrhundert geht, betrifft also nur den äußeren Rahmen des Rechtslebens, nicht dessen Inhalte. Trotzdem hatte er für die optische Gliederung unserer Fluren wesentliche Konsequenzen."[36] Das Land ist um viele anschauliche Zeugnisse seiner Geschichte ärmer geworden.

Anmerkungen

[1] Heinrich Riebling und Siegfried Rumbler: Kleindenkmale in Hessen. – Hessenpark. Schriftenreihe des Hessischen Freilichtmuseums. Neu-Anspach, Heft 5/1984, S. 21.

[2] Waldemar Tietz: Sagen der Römer. Leipzig 1980, S. 23 f.

[3] Karl Röttel: Das Hochstift Eichstätt. Grenzsteine, Karten und Geschichte. Ingolstadt 1987, S. 113.

[4] Josef Amann: Das baierische Kataster. Abhandlungen für den Geschäftsvollzug im Messungsdienst.

[5] Kurt Reindl: Bayern im Mittelalter. München 1970 (zitiert bei Hartinger, wie Anm. 6, S. 117).

[6] Walter Hartinger: Flurdenkmäler im Wandel der Zeit – Forschungen zur historischen Volkskultur. Festschrift für Torsten Gebhard zum 80. Geburtstag. München 1989, S. 216.

[7] Hartinger, wie Anm. 6, S. 217 f.

[8] Rudolf Münch: Das große Buch der Grafschaft Haag. Der Name „Gurre" bedeutet übrigens im Althochdeutschen: weibliches Pferd, vergleiche „Bißgurre", beißende Stute. Im Mundartlichen hat sich „Bißgurn", „Bißgurk'n" als Schimpfwort für ein bösartiges, zänkisches Weib erhalten.

[9] Riebling/Rumbler, wie Anm. 2, S. 21 ff.

[10] Wolfgang Schierl: Historische Grenzsteine in der ehemaligen bischöflichen Herrschaft Isen – Burgrain und im ehemaligen Kollegiatstift St. Wolfgang. – „Mühlrad", Band 27/1985, S. 59; unter Hinweis auf: A. Erler/E. Kaufmann, Handwörterbuch zur deutschen Rechtsgeschichte, 1964, Sp. 1802.

[11] Schierl, wie Anm. 10, S. 60; unter Hinweis auf: E. Bernecker, Slawische Etymologie, WB 1924.

[12] Max Josef Neudegger: Amts-Ordnungen der Kurfürsten Friedrich III. von der Pfalz aus den Jahren 1561 und 1566. Aus dem Manual des Kanzlers in Amberg. München 1888, S. 19; Karl-Sigismund Kramer, Grundriß einer rechtlichen Volkskunde. Göttingen 1974, S. 28 (zitiert bei Hartinger, wie Anm. 6, unter Fußnote 2 und 3, S. 216).

[13] Röttel, wie Anm. 3, S. 116.

[14] Röttel, wie Anm. 3, S. 116-119, dieser Abschnitt ist weitgehendst vollständig o.g. Quelle entnommen.

[15] Alois und Georg Remmelberger: Historische Marksteine zwischen den bayerischen Gerichten Neuötting, Wald und dem salzburgischen Tittmoning. – Oettinger Land, Band 5, Jahresfolge 1985, S. 111-121. Dieser Abschnitt ist weitgehendst vollständig o.g. Quelle entnommen.

[16] Paul Werner: Flurdenkmale. Freilassing 1982, S. 44.

[17] Schierl, wie Anm. 10, S. 65 ff. Dieser Abschnitt ist in gekürzter Form vollständig o.g. Quelle entnommen. Die bis jetzt gesicherten 18 Grenzsteine an der Ortsgrenze der ehemaligen Herrschaft Burgrain kann man nach ihren eingemeißelten Jahreszahlen unterteilen. Heraus ragt als ältester, der Dreiländerstein mit der Jahreszahl 1574. Auf die Grenzbeschreibung von 1674 hin wurden vermutlich fünf Steine gesetzt mit der Jahreszahl 1683, drei davon haben einheitlich einen pyramidenförmigen Abschluß, einer ein Satteldach, der Stein von 1695 dann schon einen Rundbogenabschluß. Diese Steine haben auch eine ziemlich einheitliche Wappenform. Die besonders bei diesen Steinen zusätzlich eingemeißelten Buchstaben KW sind noch nicht endgültig geklärt. Sie stehen einheitlich unter dem herzoglichen Rautenwappen und werden mit aller Vorsicht als Abkürzung für „Königlichen Wald" gedeutet. Von den verbleibenden zwölf Steinen hat der bei der Kirche von Schaupping keine Jahreszahl mehr, die elf restlichen tragen einheitlich die Jahreszahl 1725. Am 31. Mai 1718 wurde noch einmal ein „Hauptvertrag zwischen Churfürst Max Emanuel aus Baiern und Bischof Johann Franz von Freysing" geschlossen; auf diesen Vertrag weisen vermutlich die Steine von 1725 hin.

[18] Schierl, wie Anm. 10, S. 69 ff. Dieser Abschnitt ist in gekürzter Form o.g. Quelle entnommen.

[19] Zitiert bei Karl Röttel: Grenzmarken im mittelbayerischen Dreiländereck. Schönere Heimat Heft 2/1987, S. 91-96, (hier S. 92 f.), unter Hinweis auf Bayer. Hauptstaatsarchiv Kurbayern, Literalien 47 und 82/1.

[20] Röttel, wie Anm. 20, S. 94 f.

[21] Der Text über die Burgfriedenssteine ist weitgehendst übernommen aus: Paul Werner, Flurdenkmale. Verlag Pannonia, Freilassing 1982, S. 46 f.

[22] Ferdinand Steffan: „.... so weit die augenscheinlichen stainrn säulen und aufgeworffne gräben sich erstreckhen thun..." Ein Beitrag zum Burgfrieden und den Burgfriedenssäulen der Stadt Wasserburg. Wasserburg, o.J.; (auszugsweiser Abdruck)

[23] Der Text über den Burgfrieden von Mühldorf ist übernommen aus: Salzburger Grenzsteine. Denkmäler aus vergangener Zeit: Herausgeber: Heimatbund Mühldorf am Inn e.V. Mühldorf, 2. Auflage 1983, S. 8, 10, 12, 13-16.

[24] Die Beschreibung der Burgfriedensgrenze der 3 Städte Ingolstadt, Neuburg und Eichstätt ist entnommen: Röttel, wie Anm. 19, S. 95 f.

[25] Dieser Abschnitt ist z.T. entnommen: Riebling/Rumbler, wie Anm. 1, S. 26 ff.

[26] Rainer H. Schmeissner: Steinkreuze in der Oberpfalz. Ein volkskundlich-rechtskundlich-topographischer Beitrag zur Flurdenkmalforschung in Bayern. Regensburg 1977, S. 116.

[27] W. Brockpfähler: Steinkreuze in Westfalen; (K. Uhfahl, Die alten Steinkreuze in Sachsen, S. 203; U. Pollmann, Volkskundliches über Grenzen in Westfalen. – Rheinisch-westfälische Zeitschrift für Volkskunde, Heft 8/1961, S. 71-81. – Aus den Zentgerichtsbüchern des 16. Jahrhunderts wissen wir auch, „daß man Erschlagene vor das Dorf zur Zent- oder Flurgrenze trug und sie dort bei einem Kreuzstein beerdigte." (Zitiert bei Schmeissner, wie Anm. 26, S. 116).

[28] Die folgende Beschreibung ist entnommen aus: Alois Stockner: Das steinerne Marterl hat wieder seinen angestammten Platz. Alt-Neuöttinger Anzeiger.

[29] Der Abschnitt über die Strafe beim Verändern der Waldgrenzmarken ist entnommen aus: Röttel, wie Anm. 3, S. 121.

[30] Karl Sigismund Kramer: Grundriß einer rechtlichen Volkskunde. Göttingen 1974, S. 30. Zitiert aus Röttel, wie Anm. 3, S. 120. Zitiert auch bei Hartinger, wie Anm. 6, S. 217.

[31] Zitiert bei Margarethe Baur (-Heinold): Bildstöcke in Bayern. Unveröffentl. Habilitationsschrift München 1960, S. 13, Anm. 11.

[32] Hartinger, wie Anm. 6. S. 217.

[33] Röttel, wie Anm. 3, S. 120.

[34] Theodor Ziegler: Vom Grenzstein zur Landkarte. Die bayerische Landesvermessung in Geschichte und Gegenwart. Stuttgart 1989, S. 80.

[35] Hartinger, wie Anm. 6, S. 218; unter Hinweis auf: Rudolf Thiem: Die alte Grenze zwischen der Obern Pfalz und der Markgrafschaft Brandenburg-Bayreuth – Beiträge zur Flur- und Kleindenkmalforschung in der Oberpfalz, Heft 6/1983, S. 31-40. August Seidl: Das Hochstift Passau im 18. Jahrhundert. Die Entwicklung des reichsunmittelbaren Territoriums bis zur Auflösung des Fürstentums. – Ostbairische Grenzmarken, Heft 23/1981, S. 74-78.

[36] Hartinger, wie Anm. 6, S. 218.

15.5T
Grenzstein zwischen dem Leuchtenberger Fürstentum Eichstätt und dem Königreich Bayern, gesetzt 1818; im Bild das königlich-bayerische Rautenwappen. Dieser Grenzstein wurde von Straßenbauern „aus Schönheitsgründen" um 180° verkehrt hingestellt; das bayer. Wappen müßte nach Süden, das Leuchtenbergische nach Norden zeigen. Die drei Kreuze sind vermutlich ein Kalvarienberg, sie sind von mehreren Legenden umrankt. Eitensheim, Lkr. Eichstätt.

15.1 (Seite 391)
Pax intrantibus et inhabitantibus – 1517. Diesen Friedensgruß entbietet der Grenzstein zwischen der Fürstpropstei Berchtesgaden und dem Erzstift Salzburg noch heute dem nach Bayern Einreisenden unmittelbar an der Grenze. Gde. Marktschellenberg. Das salzburgische Gegenstück zeigt den hl. Leopold, dazu die Inschrift: Opes regum corda subditorum.

Vae inhabitantibus et inhabitantibus 1514

15.2 △   **15.3** ▽   **15.4** △   **15.5** ▽   **15.6** △   **15.7** ▽

15.2 + 15.3
Grenzstein Nr. 82 von 1851 zwischen dem Königreich Bayern und Salzburg, mit den jeweiligen Wappen. Zwischen Roßfeld und Hohem Göll, Lkr. Berchtesgadener Land.

15.4
Grenzstein Nr. 181, bez. 1557 und 1722, mit den Reliefs des bayer. Rautenwappens und des Tiroler Adlers. Am Reitstein auf der Landesgrenze, 1500m Höhe, Lkr. Miesbach.

15.5
Tuffsteinsäule aus dem 17. Jh., könnte der Überlieferung nach eine Grenzsäule zwischen den Grafschaften Hohenwaldeck und Valley gewesen sein. Kilian, westlich der Straße, Gde. Weyarn, Lkr. Miesbach.

15.6 (Seite 392)
Grenzstein Nr. 136. Pfeiler auf Sockel, mit dachartigem Aufsatz, wohl 1771, bez. 1557 (nachträglich), 1771, 1844, mit den Reliefs des bayer. Rautenwappens und des Tiroler Adlers; östlich der Rieselsbergalm, Lkr. Miesbach.

15.7 (Seite 392)
Einzigartiger Grenzstein, bez. 1557, 1676 und 1844; auf der Südseite der Tiroler Adler und die Bezeichnung 1557 (wohl 1676 eingeschlagen), auf der Nordseite das bayerische Rautenwappen. Die Inschrift der Westseite dokumentiert eine erneute Aufrichtung der Grenzmarkierung: „An das alte Ort Gesötzt AD 1676"; an der Ostseite belegt die Zahl 1844, daß der Stein durch die moderne Landesvermessung des 19. Jahrhunderts nicht nur erhalten, sondern erneut verwendet wurde. – Eine Serie von kleineren Grenzsteinen (1557 und 1844) schließt sich südwärts bis zum Reitstein an. An der Staatsstraße Tegernsee/Achensee bei Stuben (km 75), an der Landesgrenze Bayern/ Tirol, Lkr. Miesbach.

15.8+15.9 (Bild 15.9 auf Seite 394)
Die Burg von Haag sank im Zuge der Säkularisation 1804 bis auf die heutigen Reste in Schutt und Staub. Dieses Schloß war das Symbol einer viele Jahrhunderte währenden Grafschaft, die Residenz eines etwa 20 km langen und 15 km breiten Ländchens, das sich links des Inns im westlichen Teil des heutigen Landkreises Mühldorf ausdehnte und neben dem Hauptort Haag die Gebiete der Pfarreien Kirchdorf, Schwindkirchen, St. Wolfgang, Albaching, Rechtmehring, sowie das Augustiner-Chorherrenstift Ramsau umfaßte. Eingeschlossen von den Pfleggerichten Schwaben, Erding, Neumarkt, Wasserburg und der fürstbischöflichen Herrschaft Burgrain bildete es eine Enklave innerhalb des bayerischen Hoheitsgebietes, mit allen Rechten einer von den Herzögen unabhängigen Reichsgrafschaft mit eigener Verwaltung und Gerichtsbarkeit. Heute zeugen nur noch einige der numerierten Marksteine von der einstigen Herrlichkeit. „Sie sind oft sehr nacketh, diese Gränzsteine, und werden manchmal mit Martersäulen verwechselt", schreibt ein hochfürstlicher Gerichtsschreiber. Drei mit dem Haager Schimmel und dem bayerischen Rautenwappen geschmückte Grenzsteine von 1686 stehen noch südlich der B 12 auf halbem Wege nach Schützen, in Schützen selbst und beim Sprinzenödhof, Gde. St. Christoph, mehrere nördlich der Straße bei Fahrnbach, Aich, zwischen Lichtenweg und Hub bei Sollach, datiert 1725. Die Konturen des Schimmels sind noch deutlich zu erkennen. Diese Steine sind allerdings nicht die originalen Grenzmale der Grafschaft, sie sind erst 120 bzw. 159 Jahre nach der Inbesitznahme durch die Wittelsbacher aufgerichtet worden.

15.8 ▷
Granitsäule, Höhe = 2,85 m, bez. 1632, östl. Dichtlmühle, Gde. Steinhöring, Lkr. Ebersberg.

15.9
Grenzstein aus Granit, sog. Schimmelsäule, bez. 1686, in Sprinzenöd bei St. Christoph, Gde. Steinhöring. Noch um 1920 konnten beim eingemeißelten Wappen Farbüberreste festgestellt werden, aus denen hervorging, daß die Wappeneinfassung vergoldet und ein weißer Schimmel auf rotem Grund dargestellt war.

15.10–15.13
Burgfriedenssäulen der Stadt Wasserburg, Granitmonolithe, Lkr. Rosenheim.
15.10
Die fast völlig versunkene Säule in Langwied, am Straßer Hohlweg, Foto um 1920.
15.11
Die Säule vom Straßer Hohlweg, Foto 1990 im Hof des Heimatmuseums Wasserburg.
15.12
Die Säule Nr. 93 um 1920.

15.13
Säule mit der Bez. 1594, sekundär bez. 1851. Urfahrn, 20 m östlich des Inns bei Wasserburg.

15.14
Burgfriedenssäule in Form einer nachgotischen Martersäule, bez. 1614. Rosenheim, Ebersberger Straße.

15.15
Grenzstein, bez. 1734 HW; sog. „Hacklstein" (vom Hackl des hl. Wolfgang) vor dem Rathaus von St. Wolfgang, Lkr. Erding.

15.16
Grenzstein zwischen der ehem. Herrschaft Burgrain und der Grafschaft Haag (GH), hier die nach Haag weisende Seite mit dem Haager Schimmel und der Bez. 1725. Lkr. Erding.

15.17
Grenzstein zwischen der Herrschaft Burgrain (BUR) und dem Hochstift Freising, hier die Freising zugekehrte Seite mit dem Mohrenwappen und der Bez. 1725. Lkr. Erding.

15.18 + 15.19
Grenzstein zwischen der ehem. Herrschaft Burgrain und dem Hochstift Freising; Vierkantsäule aus Granit, nordwärts mit Rautenwappen und der Bez. 1695 und KW, südwärts mit Mohrenwappen und Bez. BUR. 300 m westl. Lacken an Waldschneise, Gde. Lengdorf, Lkr. Erding.

15.21

15.23

15.22

15.20 (Seite 396)
Dreiländerstein, Kalkstein mit Sechskantfuß, Rundsäule, dreiseitiges Kapitell (Gesamthöhe 2,25 m). Nordwärts Rautenwappen, westwärts Mohrenkopf (darüber: BUR), ostwärts Schimmelwappen, darunter Rautenwappen, zwischen beiden links ein G und rechts ein H, oben: 1574. 300 m nordöstlich Anwesen „Feichtschneider", in Bodensenke, Gde. Lengdorf, Lkr. Erding.

15.21
Grenzstein Nr. 1 zwischen dem Landgericht Erding und dem Hochstift Freising, dreiseitig; hier die Seite mit dem Mohrenwappen und der Bez. 17J18 (J=Ismaning), auf den beiden anderen Seiten Rautenwappen und weitere Mohrenwappen. Kanonenkugel von 1800. Zengermoos, Gde. Moosinning, Lkr. Erding.

15.22 + 15.23
Freisinger Auslieferungsmerkstein von 1702, mit Mohrenwappen und Rautenwappen. Nördlich von Ampertshausen im Wald, Gde. Kranzberg, Lkr. Freising.

15.24
Barocker Grenzstein mit Darstellung eines Bootes mit einem Ruderpaar: Das Kloster Schäftlarn, dessen Wappen der Grenzstein zeigt, besaß im 17./18. Jh. in der Umgebung von Türkenfeld keinen nennenswerten Grundbesitz. Es dürfte sich daher bei dem Grenzstein um ein Fundstück handeln, das in späterer Zeit an diesen Ort übertragen wurde. Türkenfeld, an der Friedhofsmauer, Lkr. Fürstenfeldbruck.

15.25–15.30

Am 11. März 1719 wurde zu Tittmoning ein Vertrag zwischen dem Kurfürstentum Bayern und dem Erzstift Salzburg rücksichtlich des Innviertels geschlossen, in dem die Setzung von 22 Parallelsteinen längs der Salzach geregelt wurde. 1721 wurde dann unterhalb von Plattenberg der letzte Parallelstein mit der Nummer 22 gesetzt. Er diente sowohl als Parallelstein, um nach Osten hin die „nasse" Grenze (Flußmitte) zwischen Bayern und Salzburg festzulegen, als auch vor allem als Hauptgrenzstein, um die nördliche Grenze des Erzstiftes gegen das Kurfürstentum bei Plattenberg genau zu markieren.

15.25 + 15.26

Der über 1,80 Meter hohe, aus weißem Marmor bestehende „Vierundvierziger" wurde im Jahr 1721 als Parallelstein Nr. 22 gesetzt. Als Wappenstein zählt er heute zu den schönsten von ganz Bayern.

15.27–15.28

Auf der Nordseite trägt der abgebildete Stein „Nro. 44" das kurfürstlich-bayerische Wappen.

15.29–15.30

Die Südseite ziert das Wappen des Fürsterzbischofs Franz Anton Fürst von Harrach (1709-1727); im Schild oben das Wappen des Erzstiftes, unten das persönliche Wappen mit den drei in einer Kugel steckenden Straußfedern.

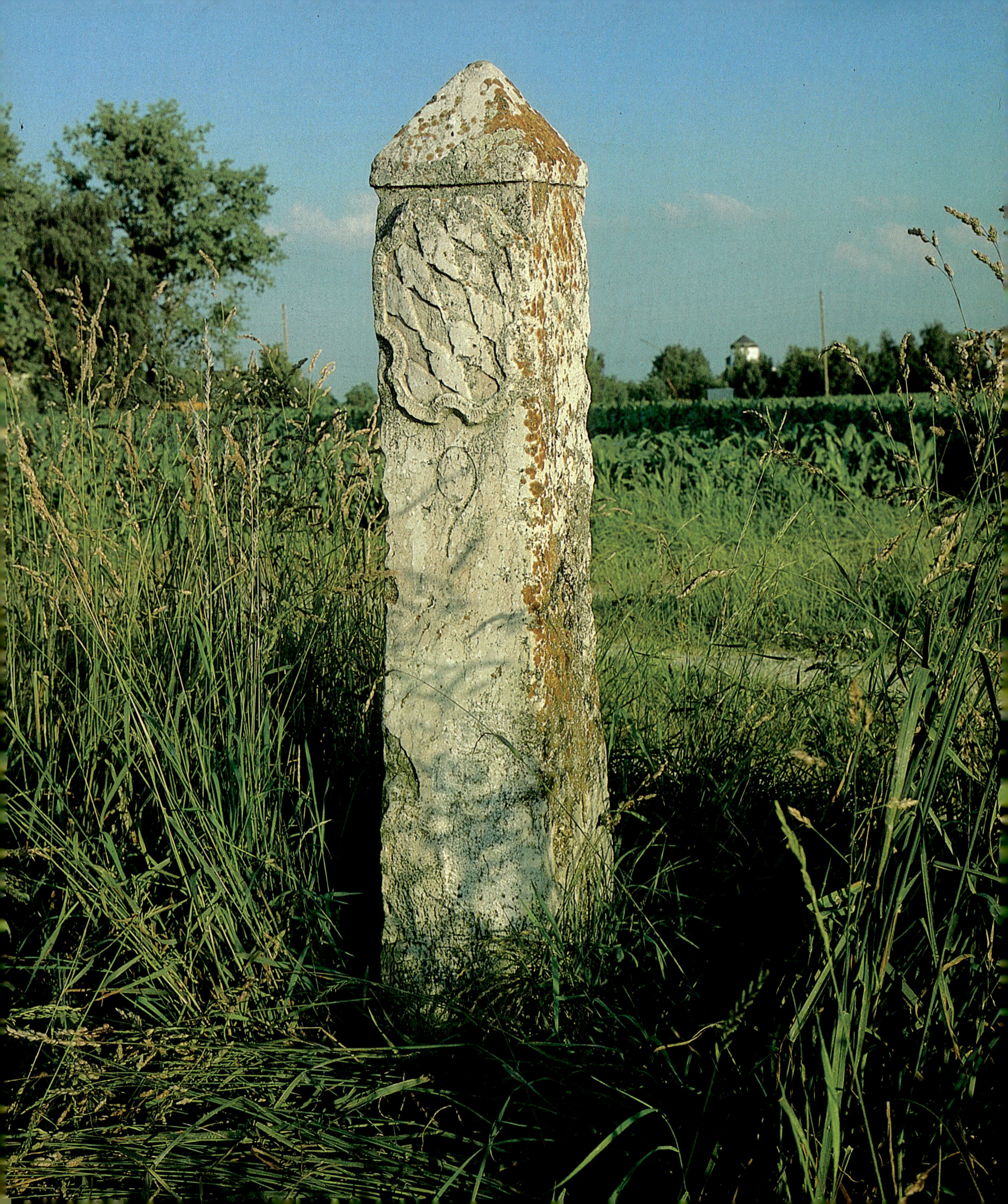

15.31 (Seite 400)
Grenzstein Nr. 9 der salzburgischen Enklave Mühldorf, weißer Marmor; hier die Seite mit dem bayer. Rautenwappen. Altmühldorf, Stadt-Gde. Mühldorf.

15.32
Grenzstein Nr. 3 der salzburgischen Enklave Mühldorf, weißer Marmor; hier die Seite mit dem Wappen des Erzstiftes Salzburg. Mettenheim, Lkr. Mühldorf.

15.33 △   15.34 ▽   15.35 △   15.36 ▽   15.37 △   15.38 ▽

15.33 + 15.34
Sog. Dreiherrenstein von 1692, Rotmarmor, dreiseitig, mit dem Wappen des Jesuitenklosters Landsberg am Lech (S.J. u. IHS) und dem Wappen des Benediktinerklosters Benediktbeuern (CBB und gekreuzte Bischofsstäbe). Türkenfeld, Lkr. Fürstenfeldbruck.

15.35−15.36
Grenzstein zwischen dem ehem. Fürstentum Eichstätt und dem damaligen Königreich Bayern. Im Jahr 1817 wurde innerhalb Bayerns ein „Fürstentum Eichstätt" für Eugen Beauharnais (Herzog von Leuchtenberg) installiert, das bis 1834 bestand. Beauharnais war nicht Landesherr, besaß jedoch viele andere Rechte, insbesondere das der Rechtssprechung, weshalb diese Steine auch „Jurisdiktionsgrenzsteine" bezeichnet wurden. Im Jahr 1818, als man die Grenze versteinte, verwendete man z.T. neu gehauene Steine, z.T. benutzte man alte aus der Hochstiftszeit. Der abgebildete ist ein alter, noch mit der Jahreszahl 1615 versehen, er bekam eine laufende Nummer seitlich. Dieser Stein ist 1818 zudem von einem anderen Ort hierher versetzt worden. Heute verläuft hier die Grenze zwischen Ingolstadt und der Gde. Nassenfels. 1 km südl. Wolkertshofen, Gde. Nassenfels, Lkr. Eichstätt.

15.37 (Seite 402)
Grenzstein Nr. 76 zwischen dem Hochstift Eichstätt und dem Herzogtum Bayern, hier mit dem Wappen des Hochstiftes Eichstätt (Bischofsstab) und der Jahreszahl der Setzung 1615. Zandt, Gde. Denkendorf, Lkr. Eichstätt.

15.38 (Seite 402)
„Neuer" Grenzstein (Nr. 72) zwischen dem Fürstentum Eichstätt (FE) und dem Königreich Bayern, hier die Seite mit dem bayer. Rautenwappen. Furtmühle, Gde. Titting, Lkr. Eichstätt.

15.39
Grenzstein, ursprünglich zwischen dem Fürstentum Pfalz-Neuburg und dem Hochstift Eichstätt. Ab 1818 als Jurisdiktionsgrenzstein verwendet und umgemeißelt. Mühlheim, Gde. Mörnsheim, Lkr. Eichstätt.

15.40
Fischereirechtswappen an einem Kalkfelsen, bez. 1751. Die Initialen NI könnten „Neuburg-Ingolstadt" oder „Neuburg-Joshofen" bedeuten. Nahe der Grenz-zuberquerung der Donau zwischen Neuburg und Joshofen, Stadt-Gde. Neuburg an der Donau, Lkr. Neuenburg-Schrobenhausen.

15.41
Sechs der sog. Bischofssteine. Diese Steine aus dem Jahr 1722 mit der Aufschrift IA (= Bischof Johann Anton I.) müßten ein paar Meter vor dem Haus (2–3 m) gestanden haben. Sie kennzeichneten den Besitz des Bischofs: Das Haus war Amtshaus des Pflegeverwesers. Wellheim, vor Hausfront Schutterstraße 4, Lkr. Eichstätt.

15.42
Burgfriedensstein von Ingolstadt, mit Panther-Wappen, bez. 155?, Friedrichshofen, Stadt-Gde. Ingolstadt.

15.43
Die spätgotische Burgfriedenssäule von 1460 in München, nahe der Kreuzung Theresienhöhe – Hans-Fischer-Straße, südl. der Theresienwiese.

15.44
Die barocke Burgfriedenssäule von 1724 in München im Englischen Garten.

15.45 △   15.46 ▽   15.47 △   15.48 ▽   15.49 △   15.50 ▽

15.45 + 15.46
Grenzstein an der ehemaligen Grenze zwischen dem Fürstbistum Bamberg und der Markgrafschaft Bayreuth, der im Jahr 1742 einen früheren Stein von 1576 ersetzte. Die Initialen „FCBZB" für „Friedrich Carl Bischof zu Bamberg" mit dem Wappen des Hochstifts Bamberg schmücken die eine Seite, das Wappen der Hohenzollern mit den Initialen für „Friedrich Markgraf zu Brandenburg-Culmbach" die andere. Oberfranken.

15.47 + 15.48
Grenzstein mit Wappenreliefs, Foto 1920/30. Neuburg an der Donau, an der Straße nach München, Lkr. Neuenburg-Schrobenhausen.

15.49
Kurfürstlicher Wappenstein, bez. 1669, eingebaut in Gogglgasse 26 in Landsberg am Lech.

15.50
Die Vermessungspyramide von 1801 in Oberföhring, Lkr. München.

16

GIPFELKREUZE

*„Geht, nun ist erhöht, erhoben
Auf dem Fels das heil'ge Zeichen!
Welches alle Berge loben,*

*Da sie alle wollen gleichen,
Jenem Hügel, der es trug,
Als man an das Kreuz ihn schlug."*

Die Alpen in der Antike

Die Kultur des Abendlandes, seine Kunst, seine Sprachen, seine Staatswesen, seine Rechtsgrundlagen und vieles andere atmen noch den Geist der Antike oder führen ihn zumindest in Resten mit sich. Die griechische und römische Kultur ist als Grundlage unserer Zivilisation nicht wegzudenken. In einem für uns wichtigen Punkt sind die Griechen und Römer des klassischen Altertums jedoch nahezu auf die Stufe von „vorwissenschaftlichen" Menschen zu stellen: Die Alpen waren für sie eine „terra incognita" – ein weißer Fleck auf der Landkarte, eine Barriere voll drohender Gefahren. Am Südrand der Alpen hörte jahrhundertelang ihr Weltbild auf. Bevor die Römer durch Krieg und Kolonisation zumindest die Pässe und Täler der Alpen zwangsläufig kennenlernten, hat keiner ihrer Gelehrten jemals ernsthaft versucht, das Hochgebirge am Rande dieses Weltreichs zu erforschen. Dafür gaben die römischen Dichter den Alpen nebelhaft dichterische Attribute wie „den Himmel berührend", „in die Wolken ragend", „in ewigem Eis erstarrend", „völlig ungangbar" und „von wilden, räuberischen Stämmen bevölkert". Livius schrieb eingehender über „die Scheußlichkeit der Alten". Cäsar, der öfters die Westalpen durchzog, ließ seinen Blick nirgends von den Wundern der Bergwelt fesseln, sondern suchte sich die Langeweile der Reise bekanntlich durch das Verfassen von Gedichten und einer Schrift über Grammatik zu verkürzen. Von Furius Bibaculus aus Cremona besitzen wir einen Vers, in dem er Jupiter die winterlichen Alpen „aus Zorn mit Schnee bespeien" läßt. Es ist für uns schier unglaublich, wie abfällig, ja mit Grauen und Abscheu viele bedeutende Gelehrte der Antike die Phänomene der Alpen kommentierten; stellt man sich aber vor, daß die ersten Römer auf den Alpenpässen über Nacht mit Sandalen im Schnee standen, wird so manches verständlich.[1]

Zur Bedeutung der Paßhöhe

In der Antike waren die Paßhöhen Gegenstand kaufmännischen und militärischen Interesses, sie waren vermutlich auch Orte, denen man sich gelegentlich mit Schaudern, aber auch mit religiösen Empfindungen näherte; vielleicht empfand man auf der mühsam erreichten Paßhöhe ein ähnliches Gefühl der Dankbarkeit, des Triumphes, des Stolzes oder auch nur der Erleichterung wie man dies heute von manchem Gipfelsieg gewohnt ist. Weihefunde auf Paßhöhen setzen schon in der jüngeren Steinzeit ein, auch wenn sie erst in der Bronzezeit häufig werden; ihre Bedeutung und ihr Anlaß blieb allerdings bis heute unbekannt.[2] „Gerade aus römischer Zeit sind Paßheiligtümer bekannt, an denen die Reisenden gerne opferten, wenn sie heil oben angekommen waren und auch für den Abstieg keine Probleme sahen, vielleicht aber auch Hilfe erflehten. Das bedeutendste in den Alpen befand sich auf dem Großen St. Bernhard, wo Weihefunde auf der Paßhöhe, 2469 Meter, schon in der frühen Eisenzeit einsetzen. Ein Säulenmonument und eine Menge geopferter Münzen, auch Goldstücke, bezeugen etwas ähnliches für den Julier. Da es von fast jedem alten Paß römische Münzfunde gibt, auch von solchen, die heute bestenfalls Bergsteigern geläufig sind, ist anzunehmen, daß auch auf dem Reschen und dem Brenner kleine Heiligtümer standen oder wenigstens regelmäßig Münzen an einer besonders auffälligen Stelle geopfert wurden. Vermutlich wurden diese Plätze im Zuge der schon im Mittelalter beginnenden großzügigen Baumaßnahmen im Paßbereich zerstört."[3]

Ob man aus alledem ableiten kann, die Paßhöhe sei der vor- und frühgeschichtliche Ort des „alpinen Flurdenkmals", sei allerdings dahingestellt. Bis weit über das Mittelalter hinaus hatten die Reisenden jedenfalls keinen Blick für die Schönheit der Bergwelt, prägten Furcht und Aberglaube die Einstellung zum Hochgebirge, das man sich von Dämonen und Kobolden, Drachen und Riesen bevölkert dachte.

Die Geschichte der Alpen bleibt so viele Jahrhunderte lang eine Geschichte der Pässe und ihrer Überschreitung durch Kriegerheere, Kaufmannszüge, Rottleute und Pilgerscharen, durch Kaiser, Könige und Päpste. Eine Erkundung hochalpiner Gipfelregionen lag jedenfalls weit außerhalb der geistigen Reichweite der Antike und des Mittelalters und keimte erst in geistigen Bewegungen viel späterer Zeit.

16.1T
Das „Kaiserkreuz" auf dem Gipfel des Großglockners in 3798 m Höhe.

16.2T
Das erste Gipfelzeichen am Dachstein, 2996 m.

Von der „Entdeckung der Alpen"

Hirten, Sennen und Bergbauern stiegen wohl in allen Bergregionen zwangsläufig auf manchen unschwierigen Gipfel, um auf der Suche nach verirrtem Vieh eine bessere Übersicht zu haben. Mit Alpinismus in unserem Sinne hat dies jedoch nichts zu tun — es war bergbäuerlicher Alltag. Erst mit dem Erwachen des naturwissenschaftlichen Interesses an der Bergwelt und ihren Phänomenen beginnt auch die eigentliche bergsteigerische Erkundung. Auf vereinzelte alpinistische Pioniertaten — Petrarca besteigt 1336 den Mont Ventoux, Leonardo da Vinci 1511 den „Monboso" — folgt erst im 18. Jahrhundert die Geburtsstunde des Alpinismus. Die Besteigung des 4807 m hohen Montblanc im Jahre 1786 und der dramatische „Kampf ums Matterhorn", das Edward Whymper 1865 bezwang, markieren ein Jahrhundert alpinistischer Großtaten. „Der geistige Durchbruch für diese Entwicklung wurde jedoch erst durch ein verändertes, romantisches Naturverständnis vorbereitet. Rousseau, der die europäische Kulturwelt für ein neues, enthusiastisches Naturempfinden sensibilisierte, lenkte die Aufmerksamkeit auch auf die wildromantische Schönheit der Alpen. Im Zeichen der Abkehr von der Zivilisation entdeckt man die große, reine unverdorbene Natur als Spiegel der Seele und menschlicher Erfahrung."[4] Die Alpen werden nun zum Inbegriff landschaftlicher Schönheit und zum Quell seelischer und geistiger Erbauung. Die eigentliche Idee des Alpinismus hat bekanntlich zunächst in sehr noblen Kreisen Wurzeln geschlagen. Die Sehnsucht nach dem tiefen Naturerlebnis, das Interesse an den naturkundlichen Erscheinungen des Hochgebirges, natürlich auch Abenteuerlust und sportlicher Ehrgeiz, der Aspekt der körperlichen Ertüchtigung — all diese Momente entstanden und reiften zumeist in großbürgerlichen und adeligen Kreisen, oft genug in großer Alpenferne. Der erste Alpenclub der Welt wurde 1857 im fernen London gegründet! Der Bergbauer kämpfte seinerzeit noch im Schweiße seines Angesichts um das karge tägliche Brot, und einem Bergbauern wäre es nie eingefallen, aus purer Lust — zusätzlich zu seinem täglichen harten Arbeitspensum — Berge zu besteigen. Die „Einheimischen" dienten — in des Wortes wahrstem Sinne! — zunächst nur als Träger und Führer für kärglichen Lohn, anfänglich wohl auch mit Skepsis für den schweißtreibenden „Alpencultus" der privilegierten Oberschicht. Aus dieser Situation heraus ist es erklärlich, daß die Idee des Gipfelkreuzes auf anderem geistigem Hintergrund entstanden ist als alle anderen Flurdenkmale, welche ebenfalls die Form des Kreuzes haben.

Die Idee der Gipfelbekrönung fußte anfänglich nicht in der Frömmigkeit der bäuerlichen Welt. Hirten und Sennen, Jäger, Mineraliensammler, Holzfäller und Waldarbeiter mögen aus verschiedenen Gründen mancherorts ein Gipfelzeichen errichtet haben — schriftlich überliefert haben sie uns solche ganz persönlichen Taten nicht.

Bezeichnenderweise sind wir jedoch über die Durchführung der vermutlich ältesten Gipfelkreuzaufstellung genauestens unterrichtet — gerade der erste alpinistische Akt dieser Art tritt mit dem deutlichen Anspruch auf Denkmalhaftigkeit ins Licht der Geschichte.

Das erste monumentale Gipfelkreuz in den Alpen

Kurz vor 1800 bereitete der Fürstbischof von Gurk, Franz Xaver von Salm-Reifferscheid, den Angriff auf den 3798 m hohen Großglockner vor. Die Anregung ging von Domdechant Sigismund von Hohenwart aus, der 1791 das Glocknergebiet botanisierend durchstreift hatte. Beratend traten die Naturforscher Franz Xaver von Wulfen, Michael Vierthaler und Freiherr Karl Ehrenbert von Moll zur Seite. Orientiert und angespornt von Saussures Erfolg am Montblanc im Jahr 1786 wollte er auch den 1583 urkundlich erstmals erwähnten „Glogger" besteigen, der damals als höchster Berg Österreichs galt.[5] In seinen vielgelesenen „Jahrbüchern für Berg- und Hüttenkunde" leitete Freiherr von Moll, der Salzburger Alpenkenner und Reisekamerad von Belsazar Hacquet, das „Tagebuch einer Reise auf den bis dahin unerstiegenen Großglockner" mit den Worten ein: „Unter den für die Physik der Erde wichtigeren Begebenheiten des zu Ende laufenden 18. Jahrhunderts verdient auch das Unternehmen, die Kuppe des wegen seiner ausnehmenden Höhe und seltenen Form weit umher berühmten Berges Großglockner zu ersteigen, seinen Platz." Im Jahr 1799 ließ Salm-Reifferscheid die nach ihm benannte Unterkunftshütte – die erste in den Ostalpen – unterm Glockner bauen. Im Juni und Juli 1799 führten die Brüder Klotz aus Heiligenblut Erkundungen über die Anstiegsmöglichkeiten zum Großglockner durch und errichteten bei der Erstersteigung des Kleinglockners am 23. Juli das erste „monumentale" Gipfelkreuz; es war aus Schmiedeeisen und etwa 1 m hoch: Es besaß einen verschließbaren Kasten für Thermometer und Barometer, der Schlüssel wurde beim Pfarrer von Heiligenblut verwahrt.[6] Aus dem Besteigungsbericht: „Der dem Gipfel vorgelagerte zwanzig Klafter hohe Absatz bereitete ihnen die meisten Schwierigkeiten. Die umsichtigen Brüder Klotz wußten Rat – sie fügten eine steile Stufenreihe in den Schnee. Mittels der mitgeführten Leiter, eines Baumstammes mit abstehenden Sprossen, wurde die letzte Bastion erstürmt – beseligt standen sie nach dem vielen fruchtlosen Mühen am Ziel ihrer Träume, auf dem Gipfel des Kleinglockners, 3783 m hoch. Sofort gingen die Zimmerleute an die Aufstellung des Kreuzes. Schnee und Eis, die den Fels überkleideten, spritzten in die Tiefe, mittels der eigens zu diesem Zweck mitgeführten Werkzeuge wurde ein Loch in das Gestein gebohrt. Als sie das Kreuz darin verankerten, klang aus Heiligenblut der Donner der Böller. Jubelnd beglückwünschten sich die Bezwinger des Berges zu dem Erfolg und brachten Trinksprüche auf jene aus, die den Gedanken der Besteigung gefaßt und dazu den Weg bereiteten..."[7] Der 3798 m hohe Großglockner wurde erst am 28. Juli 1800 erreicht, das am Kleinglockner stehende Kreuz wurde noch am selben Tag auf den Hauptgipfel übertragen und dort am nächsten Tag aufgestellt. Dieses einfache schmiedeeiserne Kreuz – „mit einem vergoldeten Wetterhahn und vier sich im Winde drehenden Metallplatten" – stand bis 1879 am Gipfel. Es war von Unwettern und Blitzschlag so stark beschädigt, daß man anläßlich des silbernen Ehejubiläums des österreichischen Herrscherpaares die Aufstellung eines neuen Kreuzes beschloß.

„Auf die Eingabe an das Herrscherhaus mit der Bitte um Genehmigung des Vorhabens wurde diese in einem Schreiben der niederösterreichischen Statthalterei erteilt, wobei dem Club für seine patriotische Kundgebung der ‚allerhöchste Dank' zum Ausdruck gebracht wurde.

Friedrich Schmidt, k.u.k. Oberbaurat, Dombaumeister von St. Stephan, erklärte sich bereit, einen Entwurf für dieses Kreuz anzufertigen. Schmidt, nachmalig auch Erbauer des Wiener Rathauses, hatte erst wenige Jahre zuvor den Hochturm des Wiener Stephansdoms mit einem gewaltigen Kreuz geschmückt. Hinsichtlich der technischen Herstellung hatten sich acht hiefür in Betracht kommende Werke zur kostenlosen Herstellung erbötig gemacht. Schließlich hatte sich die Hüttenberger Eisengewerks-Gesellschaft in Klagenfurt, als Kärntner Unternehmen, die Ehre der Ausführung vorbehalten und das Kreuz gefertigt. Das Kreuz ist etwa 3 m hoch, hat an den Kreuzpunkten auf Brust- und Rückseite vergoldete Kupferblechscheiben von 60 cm im Durchmesser. In 1,80 m Höhe geht der runde in einen quadratischen Querschnitt über, der sich rasch verbreitet und in eine 2 m im Quadrat messende Fundamentplatte ausläuft. Das mächtige, mehrere Zentner wiegende Kreuz war im Juli 1880 im Rahmen der Niederösterreichischen Gewerbeausstellung in der Rotunde in Wien zu besichtigen und wurde dort auch von Kaiser Franz Joseph betrachtet und gewürdigt. Das Kreuz wurde im Sommer 1880 von Wien nach Kals gebracht. Das ungemein schwierige und mühevolle Hinaufschaffen auf den Gipfel erfolgte durch die Kalser Bergführer unter Leitung des Thomas Groder in den Tagen zwischen dem 27. September und dem 2. Oktober des gleichen Jahres."[8] Die Beschriftung zur Erinnerung an die Silberhochzeit des Kaiserpaares befindet sich am Querbalken und lautet:

„Zum feierlichen Andenken an das von den dankbaren Völkern Österreichs am 24. April 1879 begangene Familienfest des Kaisers Franz Joseph I. und Kaiserin Elisabeth errichtet vom Alpen-Club Österreich." Auch die Umstände dieser Kreuzaufstellung sind genau überliefert: „Um elf Uhr stand das Kreuz auf der höchsten Kuppe des Glockners. Alles lief aus der Hütte zu den Fernrohren, um diese goldene Zierde des Glockners zu bewundern. Man salutierte von Heiligenblut durch Böllerschüsse. Die Bauern setzten überdies noch jenen langen Baum, den sie im vorigen Jahr statt einer Leiter zur Besteigung der zweyten Spitze brauchten, in einer Entfernung vom Kreuz in eine dazu gemachte eigene Höhlung. Dieses Jahr hatten sie diese Leiter nicht nötig, da die Zwischenkluft mit Schnee ganz ausgefüllt war. Wir sahen durch unsere Fernrohre Herrn Stanig an diesem Baum hinanklettern, und als wir ihn bei der Rückkehr fragten, warum er dies getan habe, sagte er, er habe es getan, um sagen zu können, daß er über dem Glockner und daß keiner so hoch gewesen wäre als er. Nach vollendeter Arbeit und geendigten Beobachtungen kehrte Herr Stanig mit den vier Zimmerleuten und seinem Magazin voll Glocknerluft glücklich zur Salmhöhe zurück."[9] Außerdem wurde ein von Professor Schiegg gefertigtes, besonders dauerhaft gearbeitetes Barometer in einem starken, eisenbeschlagenen Holzkasten, der mit einem kleinen Dach versehen war, neben dem Kreuz angebracht. Die Schlüssel hierzu sollten vom Pfarrer in Heiligenblut nur an jene Bergsteiger ausgehändigt werden, die den Gipfel zu Höhenmessungen bestiegen. Heute schmückt noch eine Inschrift das Kreuz, die der Präsident, Dr. Heinrich Pfannl, den im Ersten Weltkrieg gefallenen Mitgliedern des Österreichischen Alpenklubs widmete. Sie lautet:

„Die ihr auf
unsrer Heimat höchster Zinne steht,
Wie sie durch dunklen Fels zum Lichte geht,
Denkt derer, die aus Licht ins Dunkel gingen,
Dem Vaterlande helles Licht zu bringen.
Denkt ihrer treu, dann wird dem Mutterland
Ihr Tod der Auferstehung Unterpfand."

Der Fürstbischof selbst hat den Glocknergipfel nie betreten. Auch bei der dritten Bergfahrt im Jahr 1802 gelangte er nur bis unter den Kleinglocknergipfel, aber in Sichtweite des Kreuzes. Dabei aber betrat Hohenwart erstmalig den Hauptgipfel und vermerkte in seinem Tagebuch: „Meine Freude, als ich nun die sehnlichsten Wünsche meiner beschwerlichen Reise gekrönt und alle Gefahren so glücklich überstanden sah, war unbeschreiblich, mein Vergnügen grenzenlos; und diese Freude und dieses Vergnügen, den höchsten

Gipfel des Glockners erstiegen zu haben, würde ich mir um alles in der Welt nicht abkaufen lassen."¹⁰

Im Jahr 1912 schuf Otto Barth das Kolossalgemälde „Morgengebet der Bergführer am Glockner", es erinnert an einen Brauch, der bis zum Beginn des Ersten Weltkrieges gepflogen wurde: Wenn die Kalser Bergführer den Gletscher betraten und wenn sie schließlich das Gipfelkreuz erreichten, sprachen sie jedesmal mit den von ihnen geführten Herrschaften ein Gebet. Das alte Gipfelkreuz aber befindet sich heute im Glocknersaal des Landesmuseums in Klagenfurt.

Das Kreuz auf der Zugspitze

In Bayern sind wir über die Errichtung des Kreuzes auf der Zugspitze bestens unterrichtet. Wir verdanken die zahlreichen Details vor allem den gewissenhaften Nachforschungen des berühmten Bergsteigers Toni Hiebeler (1930-1984), der sich in seinem Standardwerk „Die Zugspitze"¹¹ auch als Geschichtskenner von Rang zeigt. Die folgenden Darstellungen basieren auf seinem großartigen Werk.

Kurfürst Maximilian IV. Joseph (1756-1825) wurde im Jahr 1806 als Maximilian I. König von Bayern. Der höchste Punkt der königlich-bayerischen Grenze gegen Österreich lag – wie noch heute – im Bereich der damals noch nicht bestiegenen Zugspitze. Das „Kgl. topographische Bureau" arbeitete 1820 an der Aufnahme des Blattes Werdenfels des topographischen Atlasses von Bayern im Maßstab 1:50.000. Im Rahmen dieses Vermessungsauftrages gelang dem damals 27-jährigen Leutnant Joseph Naus am 27. August 1820 die bekannte Erstbesteigung des Westgipfels der Zugspitze. Sein interessanter, sehr detaillierter Bericht beweist mit wenigen Worten, weshalb man in diesen Pionierzeiten ein Zeichen am Gipfel setzte: „Nach 1¾ Stund' erreichten wir, mein Bedienter und unser Führer Joh. Georg Tauschl aus Partenkirchen um ¾12 Uhr die höchste Spitze des noch von keinem Menschen bestiegenen, so verschrienen Zugspitzes. Mangel an Zeit und Material verhinderte uns, eine Pyramide zu errichten. Nur ein *kurtzer Bergstock mit einem rothen Sacktuch daran* befestigt, dient *zum Beweise, daß wir dagewesen...*"¹² Schon im Jahre 1823 folgte die zweite Besteigung, sie galt diesmal dem östlichen Gipfel. „Der Maurermeister Simon Resch von Partenkirchen mit dem damaligen Hirten im Hinterreintal, dem sog. Schaftoni von Telfs, erreichte den Gipfel und errichtete auf demselben eine *Steinpyramide...*"¹³ Als Resch 1834, diesmal u.a. mit seinem inzwischen 15-jährigen Sohn, den Gipfel abermals bestieg, stellte er neben allerlei Geländeveränderungen fest, daß von dem vor 11 Jahren errichteten Steinmandl nur noch Spuren vorhanden waren. „Nun gingen sie an die Aufstellung einer neuen Pyramide, die aber wieder umfiel, als sie eben den letzten Stein hinaufheben wollten, und beinahe den jungen Resch in das ‚Höllenthal' mit hinab gerissen hätte; eine andere aber, die sie bis zu sechs Fuß Höhe aufrichteten, hatte Bestand und konnte auch von unten mittels Perspektiv wahrgenommen werden. Sie entzündeten alsdann ein Feuer und warfen, um möglichst starken Rauch zu erzielen, alles Entbehrliche, mitgebrachtes Pech und schließlich selbst ihre Sacktücher in die Glut; wie Hibler constatiert, wurde der Rauch auch von zwei Hirten vom ‚Lutz' beim Eckenberge aus bemerkt."¹⁴ Es ist fast unglaublich, welcher Mühe sich nachfolgende Bergsteiger unterzogen, um auch *ihren* Sieg über den Gipfel zu beweisen: Am 27. September 1834 gelang die vierte Besteigung – die zweite des Ostgipfels: „Endlich konnte Oberst seine mitgebrachte Bayernfahne an die lange Stange befestigen und gegen das Tal

◁ **16.3T**
Josef Naus, der Erstbesteiger der Zugspitze, nach einer Zeichnung von H. v. Aggenstein 1842 (handgeschmiedete Steigeisen!).

16.4T
Steinpyramide, Stange und Fahne auf dem östlichen Zugspitzgipfel: Ersteigung vom 20. August 1835, Skizze des königl. Kreisphysikus Dr. Einsele. ▽

16.5T
„Errichtung eines vergoldeten Eisenzylinderkreuzes auf dem westlichen Zugspitzgipfel." Aus der von Christoph Ott 1851 herausgegebenen Schrift.

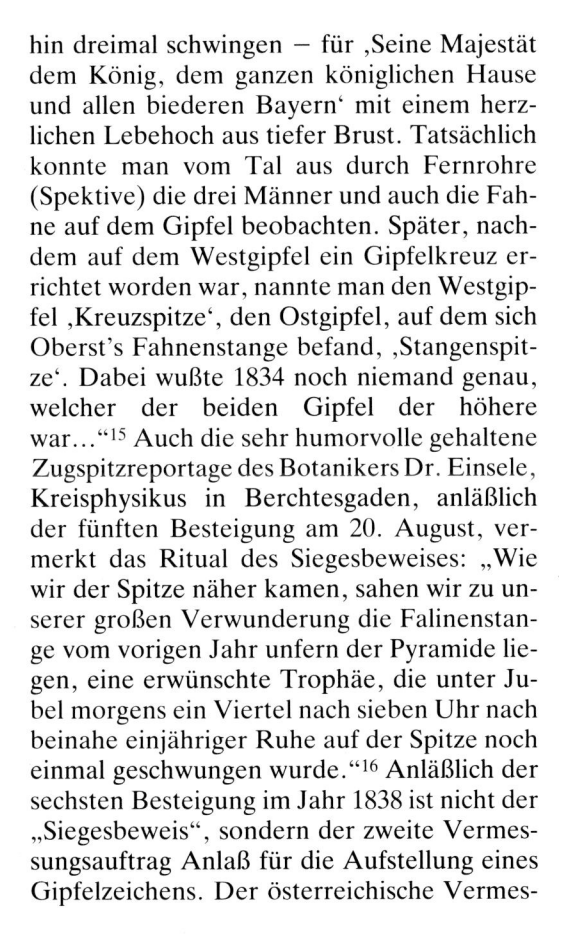

16.6T
Auf dem Gipfel der Zugspitze, nach der Natur gezeichnet von Zeno Diemer".

hin dreimal schwingen – für ‚Seine Majestät dem König, dem ganzen königlichen Hause und allen biederen Bayern' mit einem herzlichen Lebehoch aus tiefer Brust. Tatsächlich konnte man vom Tal aus durch Fernrohre (Spektive) die drei Männer und auch die Fahne auf dem Gipfel beobachten. Später, nachdem auf dem Westgipfel ein Gipfelkreuz errichtet worden war, nannte man den Westgipfel ‚Kreuzspitze', den Ostgipfel, auf dem sich Oberst's Fahnenstange befand, ‚Stangenspitze'. Dabei wußte 1834 noch niemand genau, welcher der beiden Gipfel der höhere war..."[15] Auch die sehr humorvoll gehaltene Zugspitzreportage des Botanikers Dr. Einsele, Kreisphysikus in Berchtesgaden, anläßlich der fünften Besteigung am 20. August, vermerkt das Ritual des Siegesbeweises: „Wie wir der Spitze näher kamen, sahen wir zu unserer großen Verwunderung die Falinenstange vom vorigen Jahr unfern der Pyramide liegen, eine erwünschte Trophäe, die unter Jubel morgens ein Viertel nach sieben Uhr nach beinahe einjähriger Ruhe auf der Spitze noch einmal geschwungen wurde."[16] Anläßlich der sechsten Besteigung im Jahr 1838 ist nicht der „Siegesbeweis", sondern der zweite Vermessungsauftrag Anlaß für die Aufstellung eines Gipfelzeichens. Der österreichische Vermessungsbeamte Joseph Feuerstein, der den Gipfel erstmals von der österreichischen Seite erreichte, hinterließ auf dem Westgipfel eine „Signalstange" mit folgenden eingebrannten Initialen:

K.K.Ö.
(= Kaiserlich-Königliches Österreich)
K.B. (= Königreich Bayern)
G.R.C.
(= Grenz-Regulierungs-Commission) 1838
I.F. (= Joseph Feuerstein)
I.R. (?)

„Feuersteins Signalstange stiftete übrigens noch viele Jahre später Verwirrung: Anfang der sechziger Jahre wurde die Stange von dem Führer Josef Reindl auf den Ostgipfel gebracht. Dadurch glaubte man lange Zeit, daß die Österreicher auf dem Ostgipfel waren."[17] Nach 1840 begann sich in München sogar die Kronprinzessin Marie, die spätere Königin Marie von Bayern – Gemahlin Königs Max II. und Mutter König Ludwigs II. – für „den Zugspitz" zu interessieren: „Zur sicheren Auskundschaftung des Weges in Folge höheren Auftrages" rüsteten sich 1843 königliche Forstleute zu einer regelrechten Expedition. Von der zwölfköpfigen Erkundungskommission erreichten am 12. September 1843 die acht Mutigsten den Gipfel: Von dieser – der achten – Besteigung wurde u.a. berichtet: „Um gar keinen Zweifel über die stattgehabte Besteigung aufkommen zu lassen", hinterlegte man eine Namensliste der acht wackeren Männer „in einem gut verschlossenen Kruge". Und schließlich wurden Datum und alle Namen mit Pinsel und Ölfarbe auch noch auf einer Felsplatte verewigt. Diese Form des „Siegesbeweises" fand „bekanntlich auf fast allen felsigen Gipfeln eifrige Nachahmer."[18] Die bergbegeisterte Kronprinzessin hat den Gipfel allerdings nie bestiegen, vielleicht war der Bericht des damit beauftragten königlichen Forstmeister Albert Schultze zu furchterregend oder nicht einladend genug. Jedenfalls waren sich alle Beteiligten darin einig, daß sie nur zum Vergnügen den beschwerlichen Weg ein zweites Mal nicht mehr machen würden.

Das erste richtige Gipfelkreuz auf der Zugspitze ist Pfarrer Christoph Ott zu verdanken. Er war zugleich meteorologischer Observator auf dem Hohenpeißenberg und hatte sich zum Ziel gesetzt, Bayerns höchsten Gipfel endlich angemessen zu krönen. Sein bis zum Exzeß bergbegeisterter, ja „zugspitznarrischer" Dienstknecht Sporer Jakob, der mehrmals vom Hohenpeißenberg zu Fuß auf die Zugspitze gerannt war und zweimal – 1849 und

16.7T
Die winzige Unterstandshütte am Westgipfel der Zugspitze, mit Gipfelzeichen (Wetterfahne) auf dem umfriedeten, künstlich geebneten winzigen Gipfelplateau. Nach einer Zeichnung von Baron M. v. Prielmayer aus dem Jahr 1883.

16.8T
Unterstandshütte und Gipfelzeichen auf dem Westgipfel der Zugspitze, Foto von 1890, im Detail identisch mit der Zeichnung von 1883.

1850 – oben sogar biwakierte, hat ihn sicherlich in seinem Vorsatz bestärkt. „Es ist überliefert, daß der Jakl 1849 wieder einmal auf die Zugspitze gerannt war und begeistert dem Pfarrer Ott von Hohenpeißenberg darüber Bericht erstattet hatte. Dieser aber blieb skeptisch, denn eine Zugspitzbesteigung war damals etwas ganz Außergewöhnliches. Zum Beweis aber, daß ein derartiges Unternehmen tatsächlich möglich war, wollte der Jakl beim nächsten Mal einen Daxboschen (Tannenbuschen) auf den Gipfel mitnehmen. Er tats. Beim ersten Versuch, den Buschen oben anzubringen, rollte dieser über den Gipfel hinunter und der Jakl brauchte fünf Stunden, um ihn wieder heraufzuholen. Als der Pfarrer von Peißenberg aus durch sein Fernrohr das Zeichen sah, soll er endgültig den Entschluß ge-

faßt haben, dort oben ein Kreuz aufzustellen."[19] Der Bericht des Pfarrers Christoph Ott, noch im Jahr 1851 in München gedruckt, ist wohl das Liebenswürdigste und Genaueste, was je über eine Gipfelkreuzaufrichtung niedergeschrieben wurde: „Der Scheitel gar vieler unserer vaterländischen Gebirgshöhen ist seit langer oder kurzer Zeit mit einem Signale – meistens einem Kreuze – geschmückt. Von den Riesenkuppeln des Watzmann bei Berchtesgaden herauf die ganze schöne Alpenkette der Tegernseer- und Isar-Berge, des großartigen Karwendel- und Wetterstein-Gebirges bis hin zum mächtigen Sailing bei Hohenschwangau, ja bis hin in das fernste Allgäu ziert vielfach das Kreuz die Gipfel dieser Gebirgshöhen. Mitten in diesem schönen Bergkranze aber hebt der Beherrscher derselben,

der erste Fürst der bayerischen Gebirgswelt, der 10115 bayer. Fuß hohe Zugspitz, sein Haupt kahl und schmucklos in die blauen Lüfte des Himmels empor, wartend, bis patriotisches Hochgefühl und mutvolle Entschlossenheit es über sich nehmen würden, auch sein Haupt würdevoll zu schmücken. Die Betrachtung dessen erweckte in dem Verfasser dieser Schrift von seinem schönen Sitze, dem Hohenpeißenberge aus, die Idee, im Vereine mit mehreren Gebirgsfreunden auf der höchsten westlichen Zinke des Zugspitzes ein der Zeit und den meteorischen Einflüssen trotzendes Signal – ein vergoldetes Metallkreuz – zu errichten und zur Ausführung desselben auf eine des erhabenen Zweckes würdige und entsprechende Weise eine Subscription zu eröffnen. Die Subscription hat allenthalben,

16.9T
Das beflaggte Münchner Haus auf dem Westgipfel der Zugspitze, „am Einweihungstage, 19. September 1897". Das ältere Unterstandshüttchen, das künstliche Gipfelplateau und das Gipfelzeichen sind noch unverändert, über den Grat führen bereits Stahlseilsicherungen. Nach einer Zeichnung von Zeno Diemer 1897.

16.10T
„Aufstieg durchs Höllental", Aquarell von Ernst Platz (1867-1940).
Die mit Stahlseilen, Trittbügeln und Eisenstiften gesicherte Kletterführe kurz vor der Irmerscharte.

selbst in den höchsten Kreisen, namentlich durch die Munificenz Ihrer Majestät der Königin Marie, einen derart erfreulichen Anklang gefunden, daß die Anfertigung des Kreuzes in größerem Maßstabe, als anfänglich beabsichtigt war, ausgeführt werden konnte... Nach vollendeter Anfertigung wurde das Kreuz am 1. August auf den Hohenpeißenberg transportiert, um daselbst dem Wunsche gar vieler Subscribenten der Umgegend zufolge zur Schau aufgestellt zu werden. Die Aufstellung geschah am 4. August 1 Uhr Nachmittags bei ganz heiterem Himmel auf der Terrasse des Pfarrhauses vor einer sehr zahlreichen Versammlung; der dortige Pfarrer nahm sodann die feierliche Benedizierung des Kreuzes vor und Böller-Salven trugen in langanhaltendem Echo den freundlichen Gruß das Gebirge ent-

lang. Am 6. August gelangte das Kreuz in Partenkirchen an, wurde tags darauf im Forstamtsgarten zur allgemeinen Schau bis Sonntags den 10. Mittags aufgestellt und fand auch da allenthalben die verdiente Anerkennung... Mit der Leitung der Expedition wurde sofort der k. Forstwart von Graseck, Karl Kiendl, einer der besten Gebirgssteiger, betraut, und durch diesen die Wahl der Träger getroffen. – Er erschien Sonntags mit zehn der geübtesten Gebirgssteiger der Umgegend, meist lediger Burschen, im Forstamtsgarten, zeigte ihnen das Kreuz und machte sie mit dessen Bestimmung bekannt. Die Befragten erklärten sich einstimmig bereit, diese Traglast auf den Zugspitz befördern zu wollen. Das Kreuz wurde sofort abgebrochen, in seine Stücke zerlegt, diese nebst Werkzeug und andern Requisiten

gehörig verpackt und unter die Träger vertheilt, deren Zahl sich, obgleich für den Mann mindestens 20 Pfund Traglast bestimmt waren, auf 19 Mann steigerte. Der 11. August sollte der Expeditionstag sein... Der Zug war imposant und grotesk zugleich. 29 Mann in einer langen Reihe. Einer nach dem Andern, dicht an einander gereiht, die Einen mit Kraxen, Andere mit Bergsäcken bepackt, Andere die Last der Eisenstangenteile nach und über sich tragend u.s.w. klommen die Sandreißen hinan. Alles opferte seine ganze Kraft. Mehrere gefährliche Stellen wurden glücklich überschritten; Keiner blieb zurück. Zusammenhelfen war ausgemacht worden, um Unglück und übles Gerede zu verhüten..."[20] Die hinreißende Schilderung der Aufstiegsetappen, der beengten „Bivakouierung" auf der

Angerhütte und der Aussicht vom Gipfel endet mit den protokollarisch genauen Details der Kreuzaufrichtung: „Nach kurzer Rast begann die Arbeit. Zuerst wurde das verwitterte Gestein, welches den Gipfel in 1 bis 1½ Fuß tiefer Schichte bedeckte, abgeräumt, um auf den festen Felsen zu gelangen. Die losen Trümmer wurden zum großen Ergötzen der Mannschaft in den fürchterlich heraufgähnenden Abgrund hinabgestürzt, wo sie in hundert und tausend Stücklein zerstäubten. Von dem Kruge, welcher das Namensverzeichnis der Zugspitzexpeditions-Gesellschaft vom Jahre 1843 unter dem damaligen k. Forstmeister in Partenkirchen, derzeitigen k. Regierungsrathe in Augsburg, Herrn Albert Schultze, enthielt und am Fuße der Feuersteinischen Signalstange unter Steinen hinterlegt war, fanden sich nur noch Trümmer mit anklebenden geschwärzten Papierstreifen vor. Nach beendigtem Abräumen des Gipfels ging es an das Bohren des großen Loches für das 29 Pfund schwere und über 2 Zoll Durchmesser haltende unterste Kreuzstangentheil. Die Mühe und Schwierigkeit des Bohrens war größer, als man erwartete. Der Stein zeigte sich sehr hart und spröde, so daß der Bohrer mit jedem Streiche mehrere Zoll in die Höhe hüpfte. Dreimännisch wurde gebohrt. Der Bohrer war für den Stangendurchmesser etwas zu klein, weshalb nicht bloß im Loche selbst nachgeholfen, sondern auch die geschröpften Kanten der Eisenstange etwas zugehämmert werden mußten... Gegen 15 Zoll tief hatte man bereits das Loch gebohrt – die Bohrer waren abgestumpft – und damit auch die Bohrarbeit für das Hauptloch um 12 Uhr Mittags vollendet. Unterdessen beschäftigten sich der Forstwart Kiendl und der Schlosserssohn Kiesel mit der Zusammenschraubung des Kreuzes. Auch das Verschlußgefäß des Namensverzeichnißes der Titl. Subscribenten mit kurzer Angabe des Verwendungszweckes, der Kreuzanfertigung u.a., wurde an einem Haken in der oberen Kugelhälfte befestigt; zuletzt alle Schrauben angezogen, die Bänder und Ringe angetrieben; Alles gut vernietet – und das Kreuz war fertig. Ungeheure Mühe kostete die Aufstellung, gegen 25 Mann waren damit beschäftigt. Man zog es mit Seilen in die Höhe, während rückwärts die Last mit der vom Kreuzcentrum auslaufenden Stützstange nachgeschoben werden mußte und der Schlosser den Kreuzstangenfuß in das Loch führte. Schauerlich war es anzusehen, wie drei Männer, auf der äußersten, kaum zwei Fuß breiten Zinne des schmalen Gipfels, der im Ganzen kaum von der Länge und Breite eines mäßigen Tisches und von drei Seiten von den tiefen Abgründen umgeben ist, an dem Seile mit der größten Trittsicherheit arbeiteten. Das Ausreißen des Seiles, ein einziger falscher Tritt oder die geringste Anwandlung von Schwindel hätte Alle unrettbar in die fürchterliche Tiefe gestürzt. Doch munter und unbesorgt verrichteten die rüstigen Bergler ihre schwere Arbeit; nach kurzer Mühe war das Schwierigste überwunden, das Kreuz kam zum Stehen. Um 3½ Uhr Abends war das ganze Werk vollendet…

Die Namen aller Anwesenden wurden mit Blei auf Papier verzeichnet, in einer Weinflasche unter dem am Fuße des Kreuzes aufgerichteten Gestein aufbewahrt, hierauf ein andächtiges ‚Vater unser' und ‚Ehre sei Gott' gebetet und alsdann der Rückzug angetreten. Am nächsten Tag erreichte die Expedition Partenkirchen, wo am 15. August dem großen Ereignis ein Hochamt gewidmet wurde. Natürlich waren alle bisherigen Zugspitz-Bezwinger der Umgebung anwesend. Zur Abrundung des Expeditionsberichts verfaßte Pfarrer L. Kirchmayr in Huglfing ‚Das Zugspitz-Kreuz'-Gedicht mit 18 Strophen, von denen wir hier die letzten zitieren:

‚O stehe, Kreuz, von Gott beschirmt
Im Sonnenglanze hold zu schauen,
Dort, wo sich Fels auf Felsen thürmt,
Stets fest, und heb' zu Gottvertrauen
Zu Heldenmuth im Widerstand
Für Gott und Thron und Vaterland
Der Männer Brust, das Herz der Frauen
In Bayerns nah'n und fernen Gauen.'

Am Schluß des Berichtes von Pfarrer Christoph Ott findet sich schließlich auch das ‚Namensverzeichnis aller an der Zugspitz-Expedition vom 11. August 1851 theilnehmenden Individuen in alphabetischer Ordnung' – einschließlich der vier namentlich genannten Hunde aus dem Reintale und aus Farchant."[21] Zu beweisen, „daß man dagewesen", blieb auch späteren Zugspitzbesteigern immer wieder ein Anliegen. Von der ersten „Damenbesteigung" am 22. September 1853 wird berichtet: „Die Besteigung war vom Wetter außerordentlich begünstigt, es war warm und windstill, die Luft so ruhig, daß sich das an das Kreuz befestigte Halstuch der Frau Forstmeisterin kaum bewegte…"[22] Das 1851 aufgestellte Gipfelkreuz hielt nur dreißig Jahre, dann war es in so bedenklichen Zustand geraten, daß 1881 eine Generalüberholung erforderlich wurde. Der bekannte Zugspitz-Chronist Max Krieger hatte sich diesmal persönlich der Sache angenommen: „Blitzschläge hatten das Gestein rings herum arg zertrümmert und auch die stützenden Querstangen abgeschlagen oder gelockert, so daß jeden Augenblick der Absturz zu befürchten war. Und da bei Erwägung dessen, was zur Erhaltung des schönen und werthvollen, von Hunderten von Touristen schon mit aufrichtiger Freude umfaßten Kreuzes zu thun sei, Niemand sonst über ‚akademische Erörterungen' sich hinauswagte, da glaubte ich, mich seiner erbarmen zu müssen. Im Spätherbste wurde es abgetragen und zur Reparatur nach München geschickt; es hatte so wenig Halt mehr, daß Dengg die Haupttragstange mit einer Hand leicht aus dem Boden ziehen konnte. Eingehendere Untersuchungen ergaben dann, daß von einer Wiederaufstellung auf dem alten Platze keine Rede mehr sein könne, es sei denn, daß man sich dazu entschließen wollte, das zerklüftete Gestein auf einige Meter Tiefe wegzusprengen, in welchem Falle man das Kreuz von unten gar nicht mehr hätte sehen können! So entschied man sich für den damals allerdings nicht recht gut erreichbaren östlichen Gipfel, den noch viel zu wenig gewürdigten Culminationspunkt der ganzen Gruppe, wo es ja nach der Intention des Stifters schon ursprünglich aufgestellt werden sollte. Nach Überwindung mannigfacher Schwierigkeiten ist das auch gelungen, und konnte die feierliche Aufstellung dort am Namens- und Geburtsfeste Seiner Majestät des Königs, am 25. August 1882, bethätigt werden."[23]

In der Kreuzkugel wurde neben der alten Urkunde auch noch die neue untergebracht; ihr Text: „Möge das Kreuz den ihm nun auf des Landes höchster Zinne angewiesenen Platz behaupten bis in ferne Zeiten! Und so lange es auch noch da oben steht auf der Grenzscheide zwischen den zwei mächtigen Reichen, möge es Deutschlands und Österreichs Herrscher und Völker immer einig sehen, wie in unseren Tagen, als ein Unterpfand des Friedens! Aber auch der Einzelne, der da heraufsteigt, Gottes herrliche Natur zu bewundern, er finde an dieser erhabenen Stätte den Frieden in seinem Herzen und die Gefühle des Dankes gegen den Schöpfer all des Wunderbaren! Vom Berge aber mögen Unglücksfälle immerdar ferne bleiben; das walte Gott!"[23]

Dieses 1882 restaurierte und endgültig am Ostgipfel aufgestellte Kreuz steht noch heute an der gleichen Stelle – durchlöchert von mehreren Gewehrkugeln: Von 1946 bis 1952 waren das Schneeferner- und das Münchner Haus von den amerikanischen Streitkräften beschlagnahmt, die Kreuzkugel diente offenbar einigen übermütigen gelangweilten Besatzungssoldaten als Zielscheibe. Aber das Kreuz steht trotzdem wiederum weit über ein Jahrhundert auf dem höchsten Felszacken dieses sturmgepeitschten Grates und behauptet sich gegen alle Naturgewalten.

16.11T
Aufrichtung des Gipfelkreuzes am Hochstaufen bei
Bad Reichenhall am 29. Juni 1853.
Original im Heimatmuseum Reichenhall.

Das Staufenkreuz bei Bad Reichenhall

Im Jahr 1852 kam der Gedanke auf, auch den Gipfel des Staufens mit einem großen eisernen Kreuz zu zieren. Durch freiwillige Spenden kam der Kauf des Materials schnell zustande. Am 29. Juni 1853 war ein herrlicher Morgen, kein Wölkchen trübte den blauen Himmel. Bereits um 3 Uhr früh donnerten einige Kanonenschüsse über das Tal, das Zeichen für die Staufenfreunde, aus den Betten zu steigen, denn das Werk sollte heute vollbracht werden. Um 4 Uhr morgens wurde ein Gottesdienst in der Stadtpfarrkirche gelesen und um 5 Uhr setzte man sich in Bewegung. Da gab es Leute, die bereits die ganze Nacht unterwegs gewesen waren. Von den damals anwesenden Badegästen waren es nur zwei, die sich dem fast 200 Personen zählenden Zug anschlossen. Das Kreuz war mit Blumen und grünem Laubwerk reich geschmückt, als es auf einen Wagen geladen wurde. Am Fuße des Berges angelangt, begann das Zerlegen des Kreuzes. Nicht weniger als 120 Männer rechneten es sich als Ehre an, sich an den Anstrengungen des Transportes zum Gipfel zu beteiligen. An die 20 Teile waren es, in die das Kreuz zerlegt worden war; zusammen war es 10 Zentner schwer, einzelne Teile wogen 80 Pfund, das Mittelstück sogar 86 Pfund. Diesen Teil trug ein Knecht des Hofwirtes zu St. Zeno allein insgesamt sieben Stunden bis zum Gipfel. Einige Stücke mußten wegen ihrer Länge von zwei Männern getragen werden. Da genügend Männer vorhanden waren, konnte man sich ständig ablösen. Um 11.45 Uhr erreichten die Träger den Gipfel. Dort erwarteten sie bereits an die 50 Personen. Freudenschüsse verkündeten denen im Tale die Ankunft der Kreuzträger. Mit Böllersalven erwiderten die Daheimgebliebenen. Nun traten die Maurer, Zimmerleute und Schlosser in Tätigkeit und bald waren die eisernen Mittelstangen, an denen die einzelnen Teile des Kreuzes wieder zusammengefügt wurden, fest in den Felsboden eingemauert. Mit den aus dem Tal heraufgebrachten Baumstämmen wurde in Pyramidenform ein Gerüst errichtet und die Kreuzteile konnten montiert werden. Um 16 Uhr war das Werk vollendet. Bürgermeister Mack hatte inzwischen die Namen all derer, die sich an der Kreuzerrichtung beteiligten, säuberlichst aufgeschrieben. Diese Niederschrift wurde in einen Behälter gesteckt und am Fuße des Kreuzes mit eingegraben.

Im Jahre 1903 waren bei der 50-Jahrfeier 450 Personen am Gipfel. Während dieser Jubiläumsfeier wütete in Sillersdorf bei Laufen ein Großfeuer, welches von den Teilnehmern deutlich beobachtet werden konnte. Im Jahr 1928 fand das 75-jährige Jubelfest statt und der Grenzbote brachte in den Heimatblättern einen ausführlichen Bericht über die Kreuzaufstellung von 1853. Im Jahr 1953, zum 100-jährigen Jubiläum, wurden von den Staufenfreunden große Feuerwerke und zahlreiche Bergfeuer abgebrannt. Zur Feier des 120-jährigen Jubiläums im Jahr 1973 haben die Staufenfreunde den Gipfel sogar bengalisch beleuchtet.

Das Gipfelkreuz auf dem Hochfelln

Der Wunsch, auf dem Hochfelln ein Kreuz zum Gedenken an König Ludwig I. zu errichten, keimte in einem Freundeskreis von Bergener Bürgern. Anfänglich war es wohl nur der Gedanke, ein Kreuz als Zeichen des im Chiemgau fest verwurzelten christlichen Glaubens zu setzen, schließlich kam die Idee auf, die Kreuzaufstellung mit der *Jahrhundertfeier des Geburtstags König Ludwigs I.* (1786-1886) zu verbinden – ein Zeichen dafür, daß in Bayern der christliche Glaube mit der Treue zum Herrscherhaus noch eng verbunden war. Ein „Aufruf zur Reichung freiwilliger Beiträge" fand lebhaften Anklang. Auch Konzerte und „Unterhaltungen" fanden zugunsten der Kreuzerrichtung statt. Form und Größe des Kreuzes wurden bestimmt. Es sollte ein 7 m hohes Eisenkreuz mit erhabenen, kupfernen, feuervergoldeten Kreuzbalken werden und die Widmung tragen: „Zur Centenarfeier Ludwig I. – Der Treue Chiemgau. 25. August 1886." Auch das Gedicht des Königs, das er über das Kreuz auf dem Kapuzinerberg in Salzburg geschrieben hatte, wurde auf dem Kreuz verewigt:
„Auch mir warst du des Trostes mächt'ges Zeichen,
Auf dich geheftet weilten meine Blicke,
Daß sich mein Herz
am Glauben fromm erquicke –
Und freudig fühlte ich mich selbst dein eigen."

Bei der Herstellung des Fundamentes zeigte sich, daß der Feuerstein innen „wie ein hohler Zahn" beschaffen war. Man mußte erst loses Gestein ausräumen und dann den Hohlraum mit 60 Zentnern Zement und grobem Gestein ausfüllen. Auf dem gewachsenen Fels wurde ein Eisenrost angebracht, auf dem das Kreuzfundament aufgesetzt wurde. Inzwischen war der rätselhafte Tod Ludwigs II. eingetreten und man war sich vor Bestürzung und Trauer eine Weile nicht einig, ob man diese Feier überhaupt vollziehen sollte oder nicht. Schließlich entschloß man sich doch dazu, da das Kreuz auch ein *„Zeichen des Trostes"* ist.

16.12T
Festgesellschaft bei der Einweihung des Gipfelkreuzes auf dem Hochfelln am 22. August 1886.

16.13T
Materialtransport beim Bau des Gipfelkreuzes auf dem Hochfelln, 1670 m, im Jahr 1886.

In der Formerei der Maxhütte in Bergen begann am 18. Juni 1886 der Guß, der 7 Tage dauerte. Für den Transport verpflichteten sich freiwillig alle Holzknechte des kgl. Forstamtes und die Arbeiter der Maxhütte. Auch die Bauern mit ihren Leuten waren bereit, jede Arbeit auf sich zu nehmen, um dem Werk zur Vollendung zu verhelfen. Alles Material und alle Teile wurden zunächst von den Bergener Bauern mit Gespannen und Almkarren bis zur Bründlingalm gebracht. Dort übernahmen die Forstarbeiter und freiwillige Helfer den Weitertransport des 35 Zentner schweren Kreuzes bis zum Gipfel. Ausführlich wird noch berichtet, daß der schwerste Kreuzteil, der zehn Zentner wog, von 38 Mann auf den Schultern bis zum Gipfel getragen wurde. Den leichteren, sechs Zentner schweren Teil trugen 31 Mann. Dazu muß auch bemerkt werden, daß die Helfer jeden Tag um 4 Uhr früh den Aufstieg und abends um 1/2 6 Uhr den Abstieg antraten, daß fast alle Hilfsarbeiten gratis geleistet wurden und nur wenige Tagschichten à 2,-- Mark bezahlt werden mußten. Auch ist vermerkt, daß Hüttenverwalter Schlederer, der Maler Max Fürst und besonders Pfarrer von Mayer mehrmals auf dem Gipfel zum Inspizieren erschienen sind. Schließlich konnte am 4. August 1886 das Kreuz errichtet, montiert und verankert werden. Im Fundament wurde die Errichtungsurkunde unter namentlicher Aufführung aller Helfer eingemauert. Aus dem Duplikat dieses Berichtes: „Die Montierung des Kreuzes und Niederlegung des Gerüstes war mittags 12 Uhr glücklich geschehen, sowie das ganze Werk ohne den kleinsten Unglücksfall und vom Allerhöchsten auch immer mit bestem Wetter begünstigt, vollendet." Nachdem alle Vorbereitungen beendet waren, konnte das Komitee am 15. August 1886 die Einladungen zur feierlichen Weihe des Gedenkkreuzes herausgeben. (Im Traunsteiner Wochenblatt und im Bayerischen Kurier von 1886 können wir begeisterte Berichte über den Verlauf der Feier nachlesen.) Die erste Strophe aus dem Festgedicht spielt auf das Kreuz von Golgotha an:

„Geht, nun ist erhöht, erhoben
Auf dem Fels das heil'ge Zeichen!
Welches alle Berge loben,
Da sie alle wollen gleichen,
Jenem Hügel, der es trug,
Als man an das Kreuz ihn schlug."

Aus einem Bericht über den Festtag: „Das war ein Tag, wie ihn der Hochfelln noch nie geschaut! Schon am Vorabend erglühte die Spitze des Berges in griechischem Lichte, während auf den Vorhöhen Feuer brannten.

16.14T
Reparaturarbeiten am Gipfelkreuz auf dem Hochfelln anläßlich der Hundertjahrfeier 1986.

Musikalischer Zapfenstreich und Böllerschüsse verkündeten den Eingang des Festes. Am Morgen des Festtages selbst kamen von allen Seiten Gäste nach Bergen, um dem Festgottesdienst beizuwohnen und dann am Festzug sich zu betheiligen. Um 1/2 7 Uhr wurde derselbe in Stocka aufgestellt, kurz nach 7 Uhr setzte er sich in Bewegung. An der Spitze ritten 2 Fanfarenbläser und ein Bannerträger, in altdeutscher Tracht, dann kam die Schuljugend mit blau-weißen Fähnchen, hierauf, auf drei gezierten niederen Wägen verladen, die Modelle der drei Hauptheile des Kreuzes, Querbalken, Langbalken und Sockel, jeder Wagen mit drei Pferden bespannt, welche auch bei dem wirklichen Transport gezogen hatten. Hinter diesen schritten die Jungfrauen, welche die Festzeichen an die von auswärts gekommenen Gäste abgegeben hatten. Diesen folgte das Musikchor. Hierauf schlossen sich sämtliche bei Transport und Aufstellung des Kreuzes betheiligte Arbeiter: Die Maurer, die Holzarbeiter, die Schreiner, die Firmengießer und Schlosser, der Goldarbeiter und Blitzableitersetzer mit ihren Werkzeugen und Attributen an. In ihrer Mitte befand sich das ganze Jagd- und Forstpersonal mit ihren Büchsen, die Hunde an der Leine führend. Hieran schlossen sich die Vertreter der Stadt Traunstein, mehrerer Landgemeinden, das Comité und die übrigen Festtheilnehmer, welche an ihren Bergstöcken blauweiße Wimpeln trugen. Alle Häuser an der Straße, auf welcher der Zug sich bewegte, waren mit Triumphbögen, blauweißer Flaggen, Kränzen und Inschriften auf's reichste geziert…"

An den Triumphbögen war übrigens zu lesen:
„Hebet der Väter leuchtende Schilde,
Lasset die Banner im Morgenwind weh'n,
Aus der Vergangenheit leuchtendem Bilde
Soll uns die Hoffnung der Zukunft ersteh'n!
Warum wir König Ludwig feiern?
Er war ein Vater seiner Bayern,
Großherzig hat vorausbedacht
Er Land und Volk emporgebracht."

Im Jahr 1986 wurde das restaurierte Kreuz im Rahmen einer ergreifenden Hundertjahrfeier wiederum der Öffentlichkeit präsentiert.[24]

Das Bergführerkreuz auf der Mittelspitze des Watzmanns

„Diesen noch von keinem menschlichen Fuß betretenen Spiz entschloß ich mich zu ersteigen. Beladen mit meinen Meßinstrumenten machte ich mich auf den Weg. Schon der Anfang war böse, denn ich mußte über eine steile Platte hinabglitschen, an deren Ende mich nur ein kleiner Vorsprung vom Sturz in die unermeßliche Tiefe bewahrte. Dann überstieg ich eine gefährliche Stelle, eine Kluft nach der andern, dachte auf besser werden und es kam nur Schlimmes nach. Bald mußte ich mich, auf einem schneidigen Rücken sitzend, weiter bewegen, bald in Lüften schwebend in steilen Wänden dahinklettern… Oft brauchte es beinahe übermenschlichen Muthes, um nicht ein Raub der Zagheit zu werden, denn meistens mußte ich auf dem scharfen Rücken auf allen Vieren dahinkriechen, wo links und rechts tausendfach verderbender Abgrund war. In dem einzigen Punkte nur, wo man ist, muß die ganze Seele konzentriert sein. Keiner, auch nicht der frömmste Gedanke, darf stattfinden, sondern jeder Tritt, jeder Finger muß streng dirigiert werden… Nachdem ich wieder auf festem Theil angekommen war, ward der Berg sehr steil und unter größter Anstrengung erreichte ich über loses Gestein den höchsten Punkt des Watzmann. Mit Erstaunen, Freude und Angst erblickten mich die Zurückgebliebenen auf diesem in die Wolken stechenden Spiz. Auf so vielen erstiegenen Bergen habe ich keinen diesem ähnlichen angetroffen, so klein ist der Platz auf diesem Spize…"

So lautet Valentin Stanigs „Notiz über die Erstbesteigung der Watzmann-Mittelspitze im Jahr 1799". Ausgerechnet auf diesem spitzen, 2713 m hohen Felskegel wollten die einheimischen Bergführer fast ein Jahrhundert

16.15T
Aufstellung des „Bergführerkreuzes" auf der Mittelspitze des Watzmanns, 2713 m, am 18. Juni 1893. Zeichnung von Wasenegger 1893.

16.16T
Das Bergführerkreuz auf der Mittelspitze des Watzmanns auf dem wohl ältesten erhaltenen Foto.

später ein Kreuz aufstellen. Der berühmteste unter ihnen, Franz Rasp, hat die Geschichte dieses Kreuzes erforscht und erzählt: Im Jahr 1885 hatte der Deutsche und Österreichische Alpenverein (DÖAV) den Watzmann der Sektion München als Arbeitsgebiet zugewiesen. Das mußte einen Lokalpatrioten doch treffen! So sollte wenigstens auf dem höchsten Punkt des Landls ein Berchtesgadener Kreuz stehen. Es sollte „in die Lüfte hinaufragen zur Ehre Gottes und zur Freude der fremden Touristen".

Mit vereinten Kräften brachten die 30 Mitglieder des Führervereins Berchtesgaden die Geldmittel auf. Schmiedemeister Bieler aus Berchtesgaden fertigte „ein vollständiges eisernes Kreuz, das auch als Schmiedearbeit seinem Gewerbe alle Ehre machte". Es war dreieinhalb Meter hoch, eineinhalb Meter breit und 125 kg schwer. Die königliche Regierung von Oberbayern erteilte die Erlaubnis am 8. Mai 1893 unter der Bedingung, „daß der Verein für allenfallsige durch den Transport des Kreuzes zum Aufstellungsplatze verursachte Beschädigungen an den Holzziehwegen zu haften und die Aufstellung und Enthüllung des Kreuzes in möglichst geräuschloser Weise vor sich zu gehen hat".

Das Königliche Forstamt Ramsau schrieb daraufhin am 29. Mai 1893 dem Bergführer Johann Grill, er möge „behufs Ausübung der Controle den Tag, an welchem die Transport- und Aufstellungsarbeiten geschehen und die Enthüllungsfeier stattfinden sollen, rechtzeitig vorher angeben". Dieser Tag war der 18. Juni 1893. In der Franziskanerkirche in Berchtesgaden wurde das Kreuz tags zuvor geweiht. In Einzelteile zerlegt trugen es die Führer dann zur Mittelspitze. Schon um vier Uhr früh begann der Aufstieg von Schapbach aus. Das Mittelteil des Kreuzes wog immerhin 85 Pfund und ließ manchen Schweißtropfen fließen.

Im Jahr 1989 wurde das angejahrte Bergführerkreuz wieder zu Tal getragen, tadellos restauriert und wieder am Gipfel aufgestellt. Es erhielt eine Gedenktafel für Franz Rasp, der am Neujahrstag 1988 in seiner geliebten Watzmann-Ostwand – bei seiner 296. Ostwand-Begehung – zusammen mit einem anderen erfahrenen Bergsteiger auf nie geklärte Weise den Tod gefunden hat. Für die Restaurierung dieses ehrwürdigen Gipfelkreuzes gewährte das Bayerische Landesamt für Denkmalpflege einen Zuschuß von 2000,– DM. Zum ersten Mal in der Geschichte der Denkmalpflege wurde hier eine Gipfelkreuzrestaurierung staatlich finanziell gefördert!

Gipfelkreuz und Gipfelmesse

Im Laufe des 20. Jahrhunderts entstanden ungezählte Gipfelkreuze und auch andere Gipfelmale auf den Bergen Bayerns und Österreichs; im Westalpenraum haben sie nie diese Verbreitung und Beliebtheit erfahren. Ganz im Gegensatz zu den langatmigen, pathetischen Berichten über hochoffizielle, feierliche und von langer Hand vorbereitete Gipfelkreuzaufstellungen gibt es auch kurze, stereotype Notizen. Manche von ihnen zeigen den allgemeinen Wandel der Sinngebung – das Motiv der stolzen „Beweisführung für die Erstbesteigung" tritt völlig zurück. Die Erstbesteigung eines Gipfels ist in den Alpen ja mittlerweile nicht mehr möglich, allenfalls die Durchsteigung einer extremen Route – aber dies wird anders nachgewiesen, unter anderem auch durch Haken in der Wand, die gelegentlich gekennzeichnet werden. Die „neuere", an Schöpfungsehrfurcht oder an Pietät orientierte Sinngebung klingt schon in vielen alten Berichten an, verdichtet sich aber erst im 20. Jahrhundert.

Von den Randgipfeln der Reiteralpe im Berchtesgadener Land erhielt z.B. 1933 der 1800 m hohe „Kleine Bruder" ein Gipfelkreuz. „Das Hinaufschaffen und Aufrichten dieses Holzkreuzes – der Mittelbalken wog allein 80 Kilo! – durch einen Salzburger Tischler namens Rieder, ganz allein, ohne jede Hilfe, auf diese von allen Seiten schwierige Felszinne war eine ganz hervorragende alpine Leistung."25 Die Motive, die manchen einfachen Mann zu solchen Leistungen und Opfern bewegen, bleiben meist ungenannt – in der Einsamkeit der Berge hat so mancher seinen ganz persönlichen Pakt mit seinem Herrgott geschlossen und auch unerbittlich erfüllt...

16.17T
Die feierliche Einweihung des neuen Gipfelkreuzes auf dem Wendelstein am 3. Juli 1887.
„Hoch oben auf dem Gipfel des Wendelsteins, des meist besuchtesten Aussichtspunktes der bairischen Alpen, hatte sich am 3. Juli eine stattliche Versammlung von Alpenfreunden eingefunden, um der feierlichen Einweihung des neuen Kreuzes, welches in München angefertigt und von den kräftigen Burschen von Bairischzell nach der Bergspitze geschafft worden war, beizuwohnen. Außer den Mitgliedern des deutsch-österreichischen Alpen-Vereins und vielen Münchener Bergsteigern waren auch zahlreiche Landleute aus Ober-Baiern und dem Innthal erschienen. Der bunte Zug setzte sich vom Logirhause aus über den Stangensteig in Bewegung und sang, auf der luftigen Höhe angelangt, einen Choral. Nach der hierauf folgenden Festrede, welche der Vorsteher des Vereins „Wendelstein-Haus" hielt, fiel unter den Klängen einer Musik-Kapelle die Hülle des hochragenden Kreuzes, das sodann von dem Pfarrer von Bairischzell eingeweiht und von den Festgenossen bekränzt wurde. Glockengeläute aus den um den Wendelstein liegenden Ortschaften, sowie weit schallende Böllerschüsse, durch das vielhundertfältige Echo der Berge verstärkt, begleiteten den feierlichen Akt."

Schon früh wurde das Gipfelkreuz mancherorts zum Ziel einer kleinen Wallfahrt oder einer traditionellen Gipfelmesse, die aus verschiedenen Anlässen an bestimmten Tagen gefeiert wird. Überraschend ist die frühe Verbindung von Gipfelkreuz und Gipfelmesse: „Alljährlich pilgern um die Zeit des Peter- und Paulstages, des Jahrestages der 1853 erfolgten Kreuzaufstellung Hunderte von Bergfreunden jeden Standes und Alters, aus Stadt- und Landbevölkerung von Reichenhall und Umgebung hinauf zum 8 Meter hohen eisernen Staufenkreuz mit seiner im Sonnenschein blinkenden vergoldeten Strahlenscheibe, der Ewiglichtlaterne, seinem Eisenkästchen für das Gipfelbuch und seiner Erinnerungstafel. Existiert doch sogar seit Jahrzehnten ein eigener Verein der Staufenfreunde, der diese traditionelle Staufenwallfahrt veranstaltet und für die Erhaltung des Kreuzes Sorge trägt."[26] Gipfelkreuz und Gipfelmesse begleiten oft auch die touristische Erschließung. „Oberhalb des Predigtstuhlhotels ragt in 1602 m Höhe das stimmungsvolle, hölzerne Predigtstuhlkreuz mit seiner schönen Christusfigur empor, unter dem im Sommer bei gutem Wetter allsonntäglich eine Bergmesse abgehalten wird."[27] Auch das Gedenken an einen Todesfall als Anlaß einer Gipfelkreuzerrichtung läßt sich schon früh belegen. Auf dem Gipfel des 1975 m hohen Berchtesgadener Hochthrons am Untersberg sind zwei eiserne Gipfelkreuze. Das eine davon ist eine Erinnerung an den Kooperator La Cense von St. Zeno, der an dieser Stelle am 4. Juni 1891 tödlich abgestürzt ist.

Nach dem Ersten Weltkrieg wurden vielerorts neue Gipfelkreuze zum Gedenken an die Gefallenen errichtet. Dieser Gedanke mag vielen Kriegsheimkehrern auf ihrer ersten Bergtour nach dem Krieg gekommen sein, wenn sie allein am Gipfel standen und ihrer gefallenen Kameraden gedachten, mit denen sie vielleicht vor Jahren zum letztenmal gemeinsam hier oben gewesen. Bald waren es die örtlichen Alpenvereinssektionen, die diese Idee verwirklichten und auch an den meistens schon bestehenden Gipfelkreuzen Gedenktafeln anbringen ließen. In den Dolomiten, wo 1915-1918 im härtesten Hochgebirgskrieg aller Zeiten Hunderttausende im gegnerischen Feuer, in Sturm und Kälte, unter Lawinen, Blitz und Steinschlag umkamen, erinnert so manches Gipfelkreuz an ein hier verloschenes junges Leben.

Am Paternkofel mahnt eine Tafel an den Tod des legendären Bergführers und Kriegshelden Sepp Innerkofler, der hier in einem sinnlosen Himmelfahrtskommando buchstäblich in den Tod getrieben wurde. Auch den Toten des Zweiten Weltkrieges haben die

16.18T
Der Transport des Gipfelkreuzes durch eine steile Felsrinne auf den Säuling, 2047m, im Jahr 1913, südlich Füssen.

Heimgekehrten Gedenktafeln und Mahnmale an Gipfelkreuzen errichtet, ja das Gipfelkreuz wurde zum alpinen Kriegerdenkmal schlechthin und zum Mahnmal wider den Wahnsinn des Krieges.

Auf der 2395 m hohen Mute südlich von Kühtai wurde 1970 ein Kreuz zum Gedenken an eine Schifahrergruppe errichtet, die nahebei in einer Lawine umkam. Gleichzeitig gelobten die Angehörigen eine alljährliche Gedenkmesse am Gipfel, die noch heute unter großer Anteilnahme aller Nachbarn und vieler zufällig anwesender Touristen gefeiert wird.

Der Tourismus in den Alpen brachte es mit sich, daß heute gelegentlich auch ein ökumenischer Gottesdienst unter manchem Gipfelkreuz in mehr als 3000 m Höhe gefeiert wird, die protestantischen „Sommerfrischler" mit ihrem Pastor singen und beten einträchtig mit dem katholischen Dorfpfarrer und die Berge widerhallen von den feierlichen Chorälen und der Blasmusik.

Der Gegenwartsbericht einer Gipfelkreuzerrichtung durch das Militärkommando Tirol auf der 2823 m hohen Kalkwand in den Tuxer Voralpen klingt zwar recht nüchtern, verrät aber die Pietät als Motiv und einen religiösen Schlußakt: „Die seit langem gehegte Idee, ein Gipfelkreuz zum Gedenken an die verstorbenen Kameraden zu errichten, hat das Landwehrstammregiment 62 aus Absam vor wenigen Tagen in die Tat umgesetzt. Unter der Leitung des Absamer Offizierstellvertreters Michael Posch, der vor allem die Schmiedearbeiten ausführte, wurde ein vier Meter hohes, mächtiges und handbehauenes Lärchenkreuz errichtet. Nachdem unter Mithilfe des in diesem Regiment zahlreich vorhandenen Alpinpersonals und Mitverwendung der Teile des bisherigen provisorischen Gipfelkreuzes ein festes Fundament hergestellt war, erfolgte nun der Transport. Mittels eines Hubschraubers der Type Augusta-Bell 212 aus Hörsching wurden die Arbeitsmannschaft und das 500 Kilogramm schwere Kreuz vom Hochlager des Truppenübungsplatzes Wattener Lizum in 2000 Meter Höhe zum Gipfel geflogen. Ideale Wetterbedingungen begünstigten das problemlose Setzen des Kreuzes, das mit Stahlseilen verankert und mit einem Blitzschutz ausgestattet wurde. Mitte September fand die offizielle Einweihung statt. Kaltenbrunner, Oberleutnant."[28]

Der Sinn des Gipfelkreuzes ist heute wohl wieder derselbe, der er einmal, zwischen den beiden großen Kriegen, schon gewesen ist und wie ihn Lossen 1935 beschrieb: „Die Gipfelkreuze bezeugen nicht nur den tiefreligiösen Sinn der Gebirgsbevölkerung, die sie unter Müh und Beschwerden, mit oft erheblichen

16.19T
Das Hocheck, 2657 m, Nordgipfel des Watzmanngrates: Die Zeichnung zeigt die vielzitierte „rote Capelle", ein Kruzifix mit einem „Opferstock mit einem Frauenbilde". Auf der höchsten Stelle eine spitze Steinpyramide.

Opfern an Geld und Zeit aufgerichtet, sie mahnen auch den Bergwanderer an den allmächtigen Schöpfer all der Naturschönheit, die zu schauen ihm von lichter Höhe aus vergönnt ist, die Gipfelkreuze sind ihm aber auch häufig in Sturm und Nebel Wegweiser und geben ihm die Gewißheit, daß er am Ziel seines Aufwärtsstrebens ist..."[29] In der Hektik und im Streß unserer Zeit aber ist das Gipfelkreuz mehr denn je zum Ort und zum Symbol stiller innerer Einkehr geworden.

Das Wallfahrer-Kreuz auf dem Watzmann

Kreuze, Gnadenbilder oder Kapellen auf Bergeshöhen sind seit alters her als Wallfahrtsstätten oder Ziele religiöser Andacht bekannt. Solche „Wallfahrerkreuze" oder „Andachtskreuze" stehen naturgemäß nur auf leicht erreichbaren Anhöhen und Gipfeln; die vorher skizzierte Entwicklung „vom Siegesmal zum Besinnungsmal" geht an diesen eher zeitlosen Andachtsstätten vorbei. Sofern es hier eine „Entwicklungslinie" gibt, führt diese zumeist zum Bau größerer Wallfahrtsstätten und ist ein interessantes Kapitel der Wallfahrtsgeschichte. Gelegentlich aber fallen auch alpine Wallfahrtsstätten der Vergessenheit anheim, die Gnadenbilder werden in die Kirchen im Tal gebracht, die Kreuze verschwinden oder werden zu „Gipfelkreuzen" in des Wortes heutigem Sinn umgedeutet.

Die Wallfahrt auf das Hocheck, den 2651 m hohen Nordgipfel des Watzmanngrates, ist das sicherlich älteste Beispiel für ein religiöses Gipfelkreuz in Bayern: Schon im 18. Jahrhundert stand auf dieser ausgesetzten Felsbastion ein Kreuz.[30]

Diese Wallfahrtsstätte wird immer wieder von gelehrten Alpinpionieren erwähnt, die gegen Ende des 18. und im Verlaufe des ganzen 19. Jahrhunderts in das vordem weltabgeschiedene Berchtesgaden kamen. Den amüsanten Reigen der schriftlichen Notizen eröffnet Valentin Stanig[31] im Jahr 1799: „... daß der Watzmann oberhalb der Falzalm ganz kahl wird und man den sich oft verlierenden Fußsteig der Wallfahrter verfolgt. Auf dieser Spitze (Hocheck) steht ein großes hölzernes Kreuz, welches von dem dahin wallfahrtenden Landvolke aufgestellt wurde. ... ein Kapellchen, das den Wallfahrtenden zum Altare ihres Gebethes dient und eigentlich nur ein Opferstock mit einem Frauenbilde ist... Er (Herr Rath Knechtl vom Stift Berchtesgaden) erzählte mir, daß die Bauern des Hochstiftes am Lorenzentage eine Wallfahrt zu einem Kreuze auf diesem Berge anstellen, um sich, ich weiß nicht welche Gnade nicht für sie, sondern für ihr Vieh zu erbitten."[32]

„Trotz seiner Höhe ist der große Watzmann doch gefahrlos zu besteigen. Mädchen aus Salzburg standen sogar auf seinem Scheitel, und die frommen Anwohner wallen ihn bey heiterem Himmel an Sonnabenden und Feyertagen hinan, und bethen Gott auf den Höhen an. In dieser Absicht ist auf der Höhe ein großes hölzernes Kreuz aufgerichtet, das von den frommen Wallfahrtern selbst hinaufgezogen wurde. Neben dem Kreuze steht die rothe Kapelle, die nicht vielmehr als ein Opferstock mit einem Frauenbilde ist. Andächtige Pilger schauen von ihr mit Ehrfurcht zur südlichen Spitze, welche sich noch 200 Fuß über die Kapelle erhebt."[33] „Es war eben ein Feiertag da wir im Dorfe Ramsau eintrafen. Von den Fenstern des Vikariatsgebäudes aus sahen wir die Wallfahrer an dem Scheitel des Watzmann auf- und niedersteigen."[34] „Auf der Spitze des Watzmann befindet sich eine 15 Fuß hohe Pyramide, aus unbehauenen Steinen errichtet; nebenher ein eisernes, im Felsen befestigtes Kreuz, an welchem ein Kästchen festgemacht ist, in welchem einige Heiligenbilder aufgerichtet stehen, und worin ein Schublädchen angebracht ist, welches ein Einschreibbuch mit Bleystift in blechernem Futteral, und ein Feuerzeug enthält."[35] „1811 am Watzmann: der Opferstock, Kapelle genannt, trägt die Jahreszahl 1782 und eine Metallplatte, darinnen den Namen Ernest Fürst zu Schwarzenberg den 1. August 1811. Ein Buch zeigt die Namen einer Menge Besucher."[36] „27.8.1845: Der Gipfel besteht aus Zacken auf und zwischen welchen ... mehrere Kreuze (das südlichste von Eisen von Pfarrer Damberger und seiner Gemeinde Inzell bei einer Wallfahrt auf den Watzmann gesetzt) gepflanzt sind... 7.9.1845: An der Treppe der Falzwand aufklimmend hörte ich Bergstöcke ober mir im Geröll klirren und herabstieg in kleinen Gruppen voneinander getrennt ein Dutzend Wanderer, die auf dem oberen Schüttalpel übernachtet und am frühesten Morgen zur Spitze gepilgert. Bei einem spärlichen Wasserlein an der Mitte des Rückens, lagerte eine zweyte aufwärts ziehende Caravane von betenden Landleuten, müde und durstig. Flach niedergelegt schlürften sie mit dem Munde das labende Naß aus den Vertiefungen der Felsen. Unter allen diesen Bauers-

16.20T
Königin Marie von Bayern – die Mutter König Ludwigs II. – auf dem Hocheck. Aquarell der Gräfin Rechberg von 1854.

leuten waren auch einige Weiber... 6.9.1846: Vom Falzspitz herabsteigend kamen mir drey Männer entgegen. Wallfahrer aus Reichenhall. Obwohl es auf der Spitze für den durch das Steigen Erhitzten empfindlich kalt wurde, weilte mein Vorgänger doch eine halbe Stunde in Hemdsärmeln vor dem Kapellchen auf dem Fels kniend und in inbrünstigem Gebet versunken aus."[37] „Die Spitze ist nur beschränkt und wird größtentheils von einer aus Steinen aufgebauten kleineren Pyramide, einem sog. Steinmannl, einem größeren und kleineren roth angestrichenen Kreuze, an deren letzterem sich ein Schrank mit einem Heiligenbild befindet, die Rothe Kapelle, eingenommen. In dem Schranke befindet sich ein Fremdenbuch, dessen Blätter so feucht sind, daß man nur mit Mühe darauf schreiben kann."[38] „Heute ist gerade eine Anzahl Bauern von einer Watzmann-Wallfahrt zurückgekommen. Man muß wissen, daß auf der obersten Spitze dieses Berges ein Marienbild sich in einem Schrein befindet, die rothe Kapelle genannt. Wer es irgendwie seinen Kräften zutraut, und das können und thun die Allermeisten, und einen müssigen Tag findet, der pilgert im Jahre einmal dahinauf. Mit Tagesanbruch wird angestiegen, Schnaps und Brod mitgenommen und lange vor Sonnenuntergang sind sie wieder zurück."[39] „Die Besteigung (des Hochecks durch die Älpler) galt ihnen als Wallfahrt zu dem Bildstöckl mit dem Marienbild, das seit alten Zeiten auf dem Gipfel aufgerichtet ist und besonders am ‚Almkirta', dem Jakobitag, oft zahlreiche Besucher um sich vereint sah."[40]

„... Eine langjährige Sennerin im Watzmanngebiet weiß noch ergänzend zu berichten, daß am Hocheck ein verschließbares Kästchen angebracht war, in dem sich eine Muttergottesstatue befand, und daß die Sennerinnen des Watzmanngebietes dort allabendlich gebetet haben..."[41] Der zeitliche Ablauf sei hier noch einmal kurz zusammengefaßt und erläutert: „Im Jahr 1782 stand am Hocheck ein Marienbild mit einem Opferstock. Es ist nachweislich das älteste christliche Gipfelmal in den Berchtesgadener Bergen. Ein Holzkreuz ist 1799 erwähnt. Hier handelt es sich um das älteste Gipfelkreuz auf Berchtesgadener Boden. Ob dieses Kreuz oder das Marienbild zuerst errichtet worden sind, ist nicht mehr feststellbar.

Größere Wallfahrten gab es am Lorenzentag (5. September) und später auch am Jakobitag (25. Juli). Um 1880 dürften sie aufgehört haben. Am 1. August 1811 bestieg Ernst Fürst zu Schwarzenberg (1773-1821) das Hocheck. Bereits am 30. Juli reiste er an und nächtigte im Gasthof Neuhaus in Berchtesgaden. Die folgende Nacht wird er, wie damals üblich, auf einer der Hochalmen Falz, Gugel oder obere Schütt verbracht haben. Am 3. Tag erreichte er endlich den Gipfel. Dieser Kirchenfürst war 1795-1806 Domherr in Salzburg, empfing 1807 die Priesterweihe in Wien und wurde 1818 Bischof von Raab. Seit 1804 bewohnte er Schloß Aigen bei Salzburg, in dessen Park er einen Watzmannplatz anlegen ließ. 1805 erschloß er den Gollinger Wasserfall und machte ihn für jedermann zugänglich.

Pfarrer Josef Ferdinand Damberger (1795-1859), Jesuit, war von 1833-1837 in Inzell tätig. Das zwischen 1833 und 1836 errichtete Eisenkreuz, welches sich noch heute am Hocheck befindet, ist wiederum das älteste Metallkreuz auf einem Berchtesgadener Gipfel. Die sogenannte Rote Kapelle hing bereits 1837 an diesem Kreuz. Die aus losen Steinen aufgerichtete, 15 Fuß (etwa 5 m) hohe Pyramide ist auf dem Aquarell von 1854 nicht mehr zu sehen. Schon 1846 ist nur noch von einem ‚Steinmannl' die Rede. Das Katasterblatt von 1853 zeigt am Hocheck einen Haupt-Dreiecks-Netz-Punkt der Landesvermessung und das Marienbild. Etwas unterhalb des Gipfels sind zwei weitere Kreuze eingezeichnet; eines davon ist heute noch erhalten. Es heißt, Wallfahrer aus Großgmain hätten sie aufgestellt. Auf einem um 1880 überarbeiteten Katasterblatt ist das Marienbild am Hocheck verschwunden, dafür finden wir eines oberhalb der Gugelalm. Auch auf der Waltenbergerkarte von 1885 ist lediglich das Marienbild oberhalb der Gugel eingezeichnet. Die zitierte Sennerin kann nur eine Andacht bei diesem Marienbild gemeint haben; eine tägliche Be-

16.21T
Gipfelbücher der Watzmann-Südspitze, 2713 m, aus den Jahren 1920/30. In Privatbesitz.

steigung des Hochecks, nach getaner Arbeit, ist nicht vorstellbar. Der Vollständigkeit halber sei hier noch angeführt, daß der deutsche Kronprinz Friedrich Wilhelm am 30. Juli 1872 das Hocheck mit dem Bergführer Johann Ilsanker (Stanzerer) bestiegen hat. Eine Erinnerungstafel befindet sich noch heute auf dem Gipfel."[42]

Von der Weinflasche mit Visitenkarte zum Gipfelbuch in Zinkblechbüchse

Der Gedanke eines alpinen „Gästebuchs" begegnet uns im 19. Jahrhundert vielerorts; hier waren es nicht die Mühen und Entbehrungen einsamer Hirten, die sich in kargen Namenszeichen an irgendeiner Hüttentür oder Felswand finden, es waren auch keine alpinen Taten. In biedermeierlichen Kostümen, in Korsett und mit Fächer die Damen, in korrektem Anzug, mit weißen Handschuhen, Stock und Hut die Herren, so pilgerten das gehobene Bürgertum und der Adel bei gepflegter Konversation zu den wenigen erschlossenen, bequem erreichbaren „Sehenswürdigkeiten" der Alpen. Severin Wallner berichtet uns 1812 in seiner „Anweisung für Reisende durch Berchtesgaden" beispielhaft von einem besonders romantischen Ort mit so einem Gästebuch, einer ehemaligen Eremitage nahe dem Kesselfall am Ostufer des Königssees: „Hier nahe ist die Felsenschlucht, wo der Kesselbach mit einem andern Giesbache von steiler Höhe zusammenstürzt, und sich der ganz eigentümliche Wasserfall bildet, den die Reisenden bewundern, und den Dillis zuerst gezeichnet hat. Ein sicher gebahnter Pfad leitet dahin und in Stein gehauene Stufen mit einem Steg führen in die tiefe Schlucht, wo das Wasser stürzt. Die Empfindungen, die den Wanderer ergreifen, drückt seine Sprache nicht aus. Ein einfacher Laut davon sind die Worte im Felsen: ‚Ewiger! Dich spricht das Gestein / Dich das Brausen des Gewässers / Wann wird meine Seele Dich schauen?' Auf dem Rückwege besucht man das Denkmal, das eine dankbar pflegende Hand hier errichtet hat. Ein kleines, im Dunkel des Gebüsches abgesondertes Plätzchen an einer Bergwand... Noch lehnt sich an die Felsenwand ein schützendes Obdach, *wo ein Buch die Andenken früherer Besucher den künftigen mittheilt.*"[43]

Es scheinen alpine „Expeditionen" gewesen zu sein, bei denen man sich bei uns erstmalig nach heutigem bergsteigerischem Verständnis in Gipfelbuchmanier verewigte – siehe Christoph Otts Bericht über die „Zugspitz-Expedition!" Um 1860 bürgerte sich unter den englischen Pionieren des Alpinismus ganz allgemein der Brauch ein, auf dem Gipfel eine leere Weinflasche mit Visitenkarte kopfüber in den Schnee zu stellen. Diese Visitenkarte wurde dann vom nächsten Gipfelsieger wiederum gegen die eigene umgetauscht; damit ergab sich eine Möglichkeit zu einer elitären Korrespondenz oder zum Aufwärmen von gemeinsamen Erinnerungen – gepflegte Alpinkonversation mit Tee am offenen Kamin! „Plötzlich aber erinnerte Jemand daran, daß wir es ja verabsäumt hätten, unsere Namen in einer Flasche, die am Gipfel deponiert werden mußte, niederzulegen. Sie baten mich, dies zu tun, und begannen den Abstieg, während ich noch mit dem Schreiben beschäftigt war..." So beschreibt der Alpenpionier Edward Whymper in seinem historischen Matterhorn-Erstbesteigungsbericht vom 14. Juli 1865 die letzten glücklichen Minuten des Gipfelsieges – wenig später stürzten vier seiner Begleiter tödlich ab.

Gipfelbücher kamen wohl erst um die Jahrhundertwende auf. In den Mitteilungen des DÖAV von 1911 findet sich folgende Notiz: „Neue Gipfelbücher der Sektion Gmünd in Kärnten sind in Zinkblechbüchsen im Sommer 1910 auf folgenden Gipfeln hinterlegt worden..." Im Jahre 1924 findet sich unter „Allerlei" folgende Anmerkung: „Wir bauten einen Steinmann und hinterlegten in einer Glasflasche unsere Karten – so konnte man in Berichten über Erstersteigungen vor zwanzig und mehr Jahren lesen... Diese Bücher (die neuen Gipfelbücher) enthalten einen Teil der Ersteigungsgeschichte unserer Alpen und der suchende Forscher entdeckt darin gar manches, was auf andere Weise heute nicht mehr festzustellen wäre. Darum sammelt die vollgeschriebenen Gipfelbücher! Laßt sie aber dann nicht auf einem Speicher oder in der Ecke eines Schrankes verstauben und vermodern, sondern bringt sie dahin, wo sie jedem zugänglich sind, der ihrer bedarf, in die Alpenvereinsbücherei in München. Dort sind die Bücher nicht nur verwahrt, sondern sie ermöglichen nach Jahren und Jahrzehnten erfolgreiche Forschungen!"[44] In diesen Notizen spiegelt sich ein halbes Jahrhundert Gipfelbuchentwicklung, bis hin zum Aufruf nach Archivierung. Manche sehr alten Gipfelbücher waren noch genau so wie die meisten heutigen Hüttenbücher konzipiert. Sie wirken wie amtliche Anmeldeformulare, die gewünschten Angaben sind in vorgedruckte Spalten einzutragen: Name, Vorname, Wohnort, Beruf, Alpenvereinssektion, Ziel des nächsten Tages usw. Für Emotionen ist keine Spalte vorgesehen. Mittlerweile sind die Gipfelbücher weniger ein „Kapitel der Erstei-

16.22T
Das Gipfelkreuz als Schicksal: Diesen Grabstein aus einem Felsblock ziert das verkleinerte Abbild des Bergführerkreuzes auf der Mittelspitze des Watzmanns: „Wilhelm Kapferer geb. am 15.9.1923, am 27.8.1949 Watzmann-Ostwand abgestürzt" Friedhof von Teisendorf, Lkr. Berchtesgadener Land.

gungsgeschichte", dafür aber ein volkskundliches Psychogramm und ein Spiegel der Zeitgeschichte.

Stolz, Selbstvertrauen, Mut bis zur Todesverachtung – Worte aus einer Männerwelt, in der Ängstlichkeit und Verzagtheit keinen Platz hatten, dies klingt in manchen Eintragungen besonders aus der Zeit vor dem Ersten Weltkrieg an. Bezeichnend ist, daß die Texte auf den Marterln und auf den Gräbern der Bergfriedhöfe sehr ähnlich klingen:

„Nicht zaudern, nicht zagen,
nicht Furchtsame fragen,
im Zweifel immer das Äußerste wagen,
den Ängsten
und Zweifeln den Platz versagen.
Den Felsen besiegen, das Eis bezwingen –
gibt es auf Erden ein edleres Ringen?
Ereilt mich aber am Berg mein Geschick,
dann geb ich mein Leben, ich wills nicht zurück:
Kurz ist der Schmerz, groß war das Glück".

Er ist nicht alt geworden, der diese Zeilen nach einem waghalsigen Felsgang am Aggenstein 1923 in ein Gipfelbuch schrieb, aber glücklich mag er gewesen sein, als er mit 28 Jahren zu Tode stürzte:

„Sein Geist beflügelt uns auf jeder Fahrt, er geleitet uns auf jeder ziehenden Wolke..." schrieben seine Bergkameraden auf eine weiße Marmortafel nahe dem Aggenstein.

Alt geworden ist hingegen Richard von Meerheimb, der 1883 die erste Hütte am 2575 m hohen Nuvolao im Herzen der Dolomiten erbauen ließ:
„Von Nuvolaos hohen Wolkenstufen
Lass mich Natur, durch Deine Himmel rufen.
An Deiner Brust gesunde, wer da krank
so wird zum Völkerdank mein Sachsendank."

Der Gipfelbucheintrag der alpinen Pionierzeit ist oft dokumentarisch. Texte aus dieser Zeit vor dem Ersten Weltkrieg zeigen, daß die Verfasser ihren Unternehmungen, besonders den Erstbesteigungen, vielfach alpinhistorischen Charakter zugeschrieben haben. Die Einträge sind oft von pedantischer Genauigkeit und enthalten vielfach so exakte Beschreibungen der Aufstiegsrouten, daß sie in ein Führerwerk übernommen werden könnten. Manchem perfekten Tourenbeschrieb im Gipfelbuch kann man sich noch heute anvertrauen! Über die Besteigungsfrequenz der Marmolata hat der Hüttenwirt des Bamberger Hauses vor dem Ersten Weltkrieg alljährlich nach Buchhalterart eine genaue Statistik erstellt – genau aufgegliedert nach Führertouristen – Führerlose – Militär und Marschrichtung.

Schon wenige Jahre nach dem friedlichen Wettstreit der verwegenen „Führerlosen" gegen die begüterten „Geführten" („... Freiherr und Freifrau von ... mit Führer und Träger...!") kämpfte man auf der Marmolata ums nackte Leben – die Punta Penia, 3344 m, bewachten „Landesschützen der 2. Feldkompanie". Hier wie auch anderswo wurden den Gipfelbüchern gelegentlich militärische Beobachtungen und Patrouillenberichte anvertraut. Das Gipfelbuch der Marmolata erweist sich als exaktes Kriegstagebuch, doch mit erstaunlich persönlichen Akzenten: Rekognoszierung neuer, beschußsicherer Aufstiegsrouten, Wetterbeobachtungen, Gipfelmessen, Feiern zu Kaisers Geburtstag, und immer wieder Artilleriefeuer und andere feindliche Aktivitäten. Nach dem großen Sterben an der Dolomitenfront wird es wieder recht still in den Gipfelbüchern, allenthalben widmen die Überlebenden ihre erste Bergtour in Zivil dem Andenken gefallener Kameraden. Bezeichnend für die Zeit zwischen den beiden Weltkriegen ist eine Eintragung, wie sie ein stolzer Autobesitzer im Jahr 1934 auf dem Watzmann hinterlassen hat: „Mit eigenem Automobil pannenfrei in 11 Stunden von Leipzig nach Berchtesgaden..." Die Nazizeit spiegelt sich ab 1934 auch in den Gipfelbüchern in zahlreichen Hakenkreuzen, „Heil

Hitler!", „Es lebe unser Führer", sowie in markigen Sprüchen wider. Unter dem Eintrag „Nürnberg" findet sich öfters der Zusatz „Stadt der Reichsparteitage", viele Berliner kommen aus der „Reichshauptstadt" und einige Münchner aus der „Hauptstadt der Bewegung", manche Österreicher setzen schon 1935 hinzu: „Deutsch-Österreich". Für die geistige Freiheit der breiteren Bergsteigerkreise spricht jedoch die Tatsache, daß nur etwa jeder 100. Eintrag mit dem zeitgenössischen „deutschen Gruß" versehen wurde, und hinter manchem forschen „Heil Hitler" finden sich mißmutige bis grimmige Kommentare: „Du mi a..." (bayerische Antwort auf das bekannte Götz von Berlichingen-Zitat).

Es ist schon denkwürdig, wie sich nach 1945 die Namenszusätze wandeln: Aus forschen Hitlerjungen und SA-Männern sind brave Pfadfinder und fromme Mitglieder der Christlichen Arbeiter-Jugend, der Katholischen Arbeiterbewegung, und vieler anderer tugendsamer Vereinigungen und Verbände geworden.

Auffällig ist die Abkehr vom traditionellen Bleistift – die Erfindung des Kugelschreibers schlägt sich seit 1956/57 immer deutlicher in den Gipfelbüchern nieder. Ein Stück neuerer Zeitgeschichte sind Einträge amerikanischer Besatzungssoldaten. Das Neueste in unseren Gipfelbüchern aber sind Notizen in japanischen Schriftzeichen, gelegentlich mit englischer Übersetzung! Fernab von Zeitgeschichte und Zeitgeist blieb stets das persönliche Erlebnis dominierend – aber auch dieses in zeitgenössischer Verfärbung. Durst, Hitze, Kälte, Regen, Schnee, Nebel, sonstiges Sauwetter und vieles andere Ungemach hat es schon immer gegeben, aber nie zuvor wurde darüber so auffällig oft geklagt wie seit der „Wirtschaftswunderzeit". Hat die Sattheit, die Freßwelle, das Anspruchsdenken des „Konsumbergsteigers" alle Empfindungen überlagert? Eine psychoanalytische Stichprobe quer durch das längst unübersehbare Schriftgut läßt eine erstaunliche Bandbreite und Variabilität von Empfindungen und Gefühlen erkennen. Ganz allgemein ist festzustellen, daß große alpine Unternehmungen wortkarg berichtet werden. Die Begeher extremster Führen nennen ggf. die Seillängen in den verschiedenen Schwierigkeitsgraden, verbrauchtes Material, Kletterzeiten und andere technische Details. Die großen Gefühlsausbrüche liest man meist auf den harmlosen Aussichts-Gipfeln der Vorberge, und hier sind es meist weither gereiste Flachländer, die sich spontan und ungeniert und oft auch voller Pathos ihren Empfindungen hingeben. Gipfelbucheinträge sind mittlerweile ein weites, noch unbearbeitetes Feld für Psychologen und Volkskundler – als Beichtspiegel der Volksseele, als offenes Antwortschreiben für Meinungsforscher. Gipfelbücher sind aber auch das geduldige, anonyme, aber öffentliche Tagebuch für ganz persönliche Gefühle geblieben – sie sind Teil eines Flurdenkmals, das jeder einzelne durch seinen traditionellen Eintrag um einen Hauch von Schicksal und Geschichte anreichert.[45]

Anmerkungen

[1] Eine vollständige Zusammenfassung aller Zitate antiker Autoren die Alpen betreffend enthält folgende Arbeit: F. Ramsauer: Die Alpen in der griechischen und römischen Literatur. Programm des Königlich humanistischen Gymnasiums Burghausen für das Schuljahr 1900/1901. Burghausen 1901.

[2] „Das Vorhandensein von Deponaten, vor allen Dingen auf Pässen und Höhen, ist längst bemerkt, ihre Interpretation als Votive ist weitgehend unumstritten, an entsprechenden katalogischen Aufarbeitungen besteht jedoch ein ebenfalls bemerkenswerter Mangel." (Stefan Winghart: Vorgeschichtliche Deponate im ostbayerischen Grenzgebirge und im Schwarzwald – Zu Horten und Einzelfunden in Mittelgebirgslandschaften. Sonderdruck aus Bericht der Römisch-Germanischen Kommission 67, Mainz 1986, S. 94.)

[3] Uta Lindgren: Alpenübergänge von Bayern nach Italien 1500-1850. München 1986, S. 17.

[4] Gabriele Seitz: Wo Europa den Himmel berührt. München 1987, Klappentext.

[5] Der höchste Berg Österreichs war damals der in Südtirol gelegene Ortler, 3902 m.

[6] Persönliche Notizen von Professor Dipl. Ing. Ernst Bernt, Direktor des Alpinmuseums Innsbruck, datiert vom 5.12.1982.

[7] Dieses Zitat und alle weiteren Angaben zur Geschichte der Besteigung des Großglockners sind entnommen: Oskar Kühlken: Das Glocknerbuch. Der Großglockner im Spiegel des Alpinismus. Salzburg 1951 (hier S. 83 f.).

[8] Mitteilungen des Österreichischen Alpenclubs vom August 1980, also zum 100. Jahrestag der Aufstellung des Kreuzes.

[9] Wie Anm. 7, S. 97.

[10] Wie Anm. 6.

[11] Toni Hiebeler: Zugspitze. Von der Erstbesteigung bis heute. Lizenzausgabe, Herrsching 1985.

[12] Tagebucheintrag vom 27.8.1820 von Leutnant Joseph Naus, abgedruckt bei Hiebeler, wie Anm. 11, S. 23.

[13] „Die Erschließung der Ostalpen", Band I, 1893; zitiert aus Hiebeler, wie Anm. 11, S. 35.

[14] Hiblers Bericht, publiziert von Dr. Dietrich aus München in „Bayerische Annalen", Nr. 120 vom 7.10.1834, abgedruckt bei Hiebeler, wie Anm. 11, S. 38.

[15] Authentischer Besteigungsbericht von Franz Oberst in „Bayerische Annalen", Nr. 4 vom 27.1.1835, abgedruckt bei Hiebeler, wie Anm. 11, S. 41.

[16] Bericht des Dr. Einsele in „Deutsches Hausbuch", IV. Heft, 1846, herausgegeben von Guido Görres; abgedruckt bei Hiebeler, wie Anm. 11, S. 50.

[17] Hiebeler, wie Anm. 11, S. 54.

[18] Max Krieger: Geschichte der Zugspitzbesteigung. O.O., abgedruckt bei Hiebeler, wie Anm. 11, S. 56.

[19] Heinrich Schott: Die Zugspitze. Gipfel der Technik, Triumphe und Tragödien. München 1987, S. 44.

[20] Christoph Ott: „Die Zugspitz-Expedition zur Errichtung eines vergoldeten Eisen-Cylinder-Kreuzes auf dem höchsten westlichen Zugspitzgiebel am 11., 12. und 13. August 1851." Verlag Christian Kaiser in München, 1851. Zitiert aus Hiebeler, wie Anm. 11, S. 59 ff.

[21] wie Anm. 20, S. 81 ff.

[22] Krieger, wie Anm. 18, abgedruckt bei Hiebeler, wie Anm. 11, S. 91 f.

[23] Krieger, wie Anm. 18, abgedruckt bei Hiebeler, wie Anm. 11, S. 102 f. Die Version von Schott lautet etwas anders: „Später wurde dieses Kreuz nach einer größeren Reparatur in München auf den um einen Meter niedrigeren Ostgipfel verpflanzt. Dort steht es noch heute mit seinem Strahlenkreuz und einer Kugelbauchung in der Mitte des Stammes... Diese Kugel enthält ein Pergament, auf dem steht: „Möge dieses Kreuz den ihm nun auf des Landes höchster Zinne angewiesenen Platz behaupten bis in die fernsten Zeiten; möge es – wie schon sein Errichter wünschte – als ein Friedensstern noch den späteren Geschlechtern leuchten durch die Stürme der Zeiten und sie zu jener brüderlichen Liebe, Eintracht und Treue ermuntern, die allein die Völker stark und glücklich macht." (Schott, wie Anm. 19, S. 40 f.)

[24] Franz W. Siegl (Herausgeber): Hochfellnkreuz 1886-1986. Bergen 1986. (Broschüre, Auflage 1500 Stück). Die umfangreichen Zitate sind nicht eigens apostrophiert.

[25] W. Lossen: Gipfelkreuze und Bildstöckl auf Berchtesgadener und Reichenhaller Bergen. Berchtesgadener Anzeiger von 1935 (?), S. 27. Auch die folgenden Angaben zu Gipfelkreuzen im Berchtesgadener Land sind der selben Quelle entnommen.

[26] Lossen, wie Anm. 25.

[27] Lossen, wie Anm. 25.

[28] Österreichischer Alpenverein, Mitteilungen, Jg. 43, Heft 6/88, S. 37 f.

[29] Lossen, wie Anm. 25.

[30] Franz Rasp: Am Watzmann sieht keiner vorbei. Von Bergsteigern, Bergführern und Skifahrern. „Nationalpark Berchtesgaden", Rundschau 2, 1981, S. 97.

[31] Valentin Stanig: Notiz über die Erstbesteigung der Watzmann-Mittelspitze. Stanig (1774-1847) war Theologe, kam während seiner Studienzeit (1799-1801) in Salzburg und als Aushilfspriester in Nonnberg (1802) regelmäßig zum Bergsteigen nach Berchtesgaden. Er sammelte während dieser Zeit ein vollständiges Herbarium der Flora Salzburgs und richtete am Nonnberg einen Alpengarten ein. Er führte meteorologische Messungen durch, bestieg wiederholt den Untersberg und als Erster die Watzmann-Mittelspitze.

[32] J. A. Schultes: Reise auf den Glockner, Wien 1804.

[33] Dr. Franz Sartori: Neueste Reise durch Österreich ob und unter der Ens, Salzburg, Berchtesgaden, Kärnthen und Steyermark. Wien 1811.

[34] Franz Michael Vierthaler: Meine Wanderungen durch Salzburg, Berchtesgaden und Österreich. 2. Theil. Wien 1816.

[35] A. E. Eisenberger: Der uneigennützige und sichere Wegweiser für Reisende in Berchtesgaden. Berchtesgaden 1837.

[36] Friedrich Pirngruber: Handschriftliche Aufzeichnungen im Archiv des Heimatkundevereins. 19. Jahrhundert.

[37] Dr. M. A. Einsele aus Landshut. Tagebuchaufzeichnungen.

[38] Adolph Schaubach: Die Deutschen Alpen. Jena 1846.

[39] Heinrich Noé: Bayerisches Seebuch, München 1865.

[40] F. Bohlig: Alpine Gipfelführer IX. Der Watzmann. Stuttgart und Leipzig 1906.

[41] Pater K. Wildenauer: Die Mutter Gottes vom Watzmann. Berchtesgadener Anzeiger vom 5. August 1955.

[42] Alfred Spiegel-Schmidt: Die Wallfahrt auf den Watzmann. „Berchtesgadener Bauernkalender 1990", S. 127 ff.

[43] Severin Wallner: Anweisungen für Reisende durch Berchtesgaden. Salzburg 1808, S. 12 f. Weitere Auflagen erschienen 1812, 1825 und 1842. Wallner war Pfarrer, Dekan und geistlicher Rat in Berchtesgaden; er erbaute 1794 zusammen mit seinem Bruder, dem Verleger Johann Wallner (Schloß Adelsheim) die Eremitage bei Kessel am Königssee.

[44] Mitteilungen des Deutschen und Österreichischen Alpenvereins 1924, S. 281.

[45] Zum Thema Gipfelbuch erschienen folgende Aufsätze, auf denen dieses Kapitel basiert:
Paul Werner: Gipfelbuch und Gipfelspruch. „Der Bergsteiger", Heft 2/1988, S. 36 ff. –
Paul Werner: Von der Weinflasche mit Visitenkarte zum Gipfelbuch in Zinkblechbüchse. „Volkskunst", Heft 4/1988, S. 17 ff. –
Eine Sammlung von Gipfelbüchern von der Watzmann-Südspitze aus den Jahren 1930 bis 1950 befindet sich im Besitz von Herrn Bitterling aus Berchtesgaden, dem hier herzlichst gedankt sei.

16.23T (Seite 425)
„Morgengebet der Bergführer am Großglockner", ein imposantes Gemälde des berühmten Bergmalers Otto Barth, Wien, im Jahre 1911 entstanden.

16.1
Einfachste, anonyme Form eines christlichen Gipfelzeichens – ein Gipfelkreuz aus dürren Ästen. Foto vor 1900. Geigelsteingipfel, 1808 m, bei Schleching, Lkr. Traunstein (unter dem Gipfel ein winziges Unterstandshüttchen). Im Hintergrund der Wilde Kaiser.

16.2
Der Geigelsteingipfel mit monumentalem Gipfelkreuz, Foto nach 1900. Das Unterstandshüttchen steht um diese Zeit noch.

16.3
Steinpyramide mit flachem zylindrischem Gipfelbuchbehälter aus Blech. Weitschartenkopf, 1980 m, in der Reiteralpe im Lkr. Berchtesgadener Land.

16.4 △

16.6 △

16.8 △

16.5 ▽

16.7 ▽

16.9 ▽

428

Kap. 16

16.10 △

16.11 ▽

16.12 △

16.13 ▽

16.4–16.9 (Seite 428)
Montage eines Gipfelkreuzes.
Lkr. Berchtesgadener Land.

16.10–16.13
Gipfelkreuzweihe am Dötzenkopf am 26. Mai 1949.
Südlich Bad Reichenhall, Lkr. Berchtesgadener Land.

16.14

16.15

16.16

16.14–16.16
Gipfelkreuzszenen aus einem anonymen Bergsteigeralbum.
Lkr. Berchtesgadener Land.

16.17
16.17 △

16.18 ▽

16.19 ▽

16.17
Gipfelkreuz in verglastem Wettermantel. Am Baumgartenköpfl, 1570 m, im Wilden Kaiser, Tirol.

16.18
Gipfelkreuz mit Scharschindeldach und verschindeltem hölzernem Gipfelbuchkästchen. Blick vom Grünstein auf das Hagengebirge. Lkr. Berchtesgadener Land.

16.19
Das historische Gipfelkreuz auf der Zugspitze in 2963 m Höhe.

16.20
Altes Gipfelkreuz am Hochschlegel mit Tiefblick auf Bad Reichenhall.
Foto um 1910. Südlich Bad Reichenhall, Lkr. Berchtesgadener Land.

16.21
Neueres Gipfelkreuz am Hochschlegel im Winter, mit Datierung 1949 (?).

16.22 (Seite 433)
Das Gipfelkreuz auf der Bodenschneid, im Spitzing-Gebiet, mit Gedenktafel vom 15. August 1909. Lkr. Miesbach.

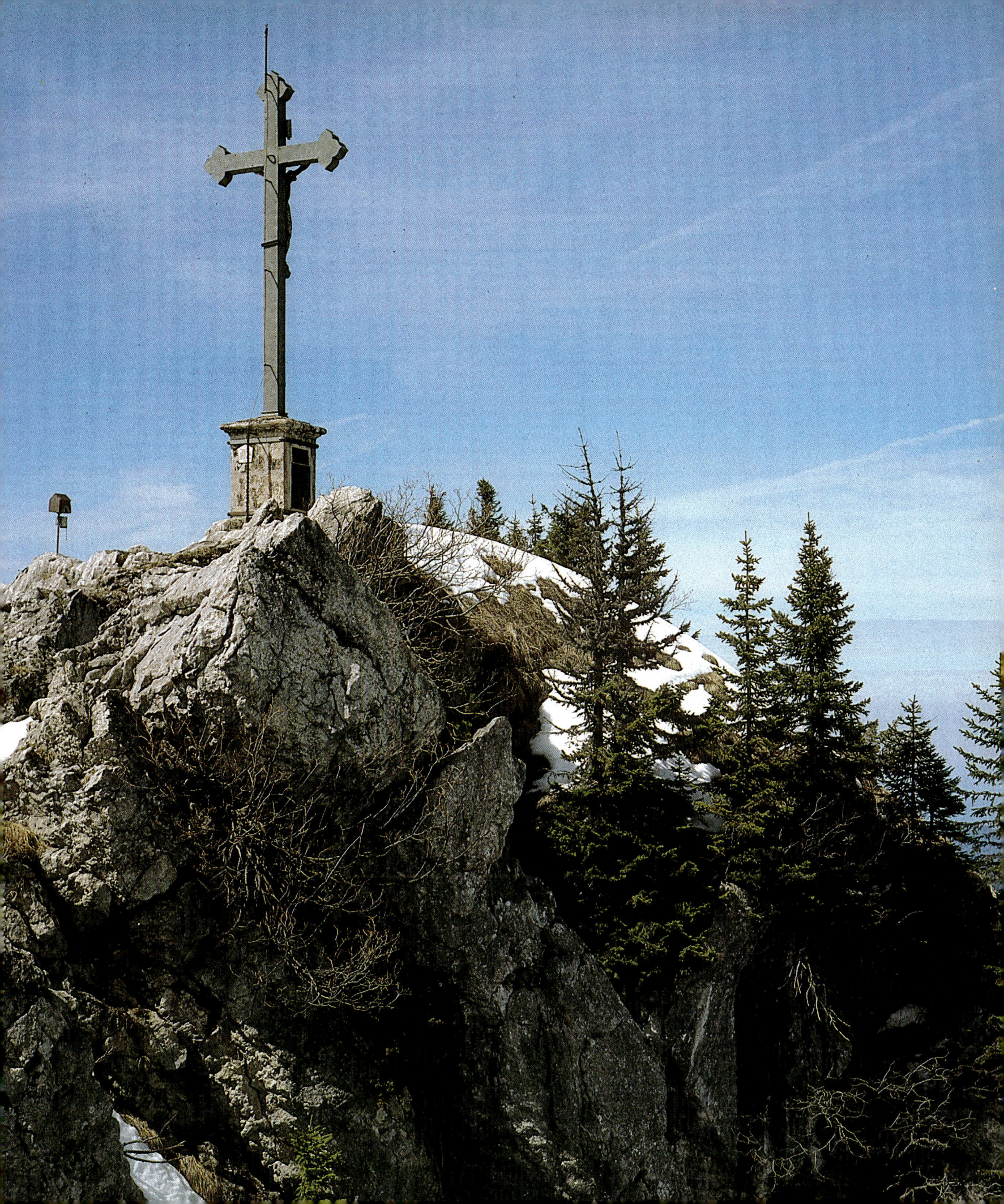

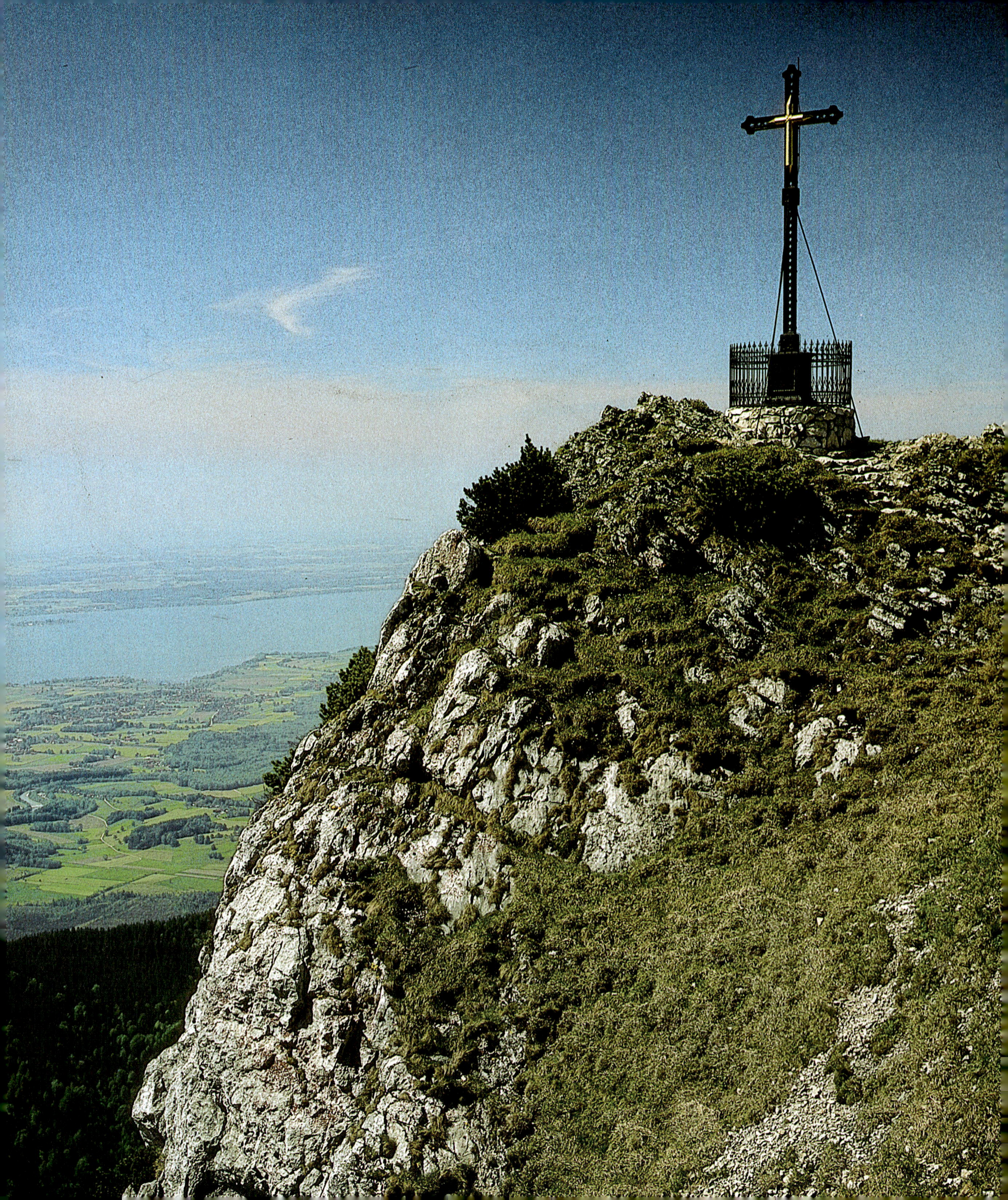

16.24
„Gipfelbesteigung im Chiemgau", Foto um 1900.

16.23 (Seite 434)
Das Gipfelkreuz am Hochfelln, aufgestellt und feierlich eingeweiht am 22. August 1886, restauriert im Jahr 1986 und feierlich wiedereingeweiht am 24. August 1986. Im Hintergrund der Chiemsee, Lkr. Traunstein.

16.25
Prächtiges altes Gipfelkreuz mit Einfriedung auf der Wankspitze, 1780 m, mit Tiefblick auf Garmisch-Partenkirchen. Im Hintergrund das Wettersteingebirge von der Dreitorspitze über Alpspitze bis zur Zugspitze. Foto um 1930.

16.26
Gipfelkreuz am Untersberg, mit Blick auf Hochkönig (links), Funtenseetauern, Schönfeldspitze, Watzmann und Hundstod. Foto um 1950. Lkr. Berchtesgadener Land.

16.27
Gipfelkreuz auf der Zwieselspitze, 1782 m, mit Blick auf Hochkönig, Watzmann und Hochkalter. Foto um 1960. Lkr. Berchtesgadener Land.

16.28
Gipfelkreuz am Hochgerngipfel, 1745 m, in den Chiemgauer Alpen. Foto um 1920.
Lkr. Traunstein.

16.29
Gipfelkreuz auf der Kampenwand, 1663 m, in den Chiemgauer Bergen. Lkr. Traunstein.

16.30
Gipfelkreuz auf der Demelspitze bei Lenggries, 1923 m.
Lkr. Bad Tölz-Wolfratshausen.

16.31
Gipfelkreuz auf der Ackerlspitze, 2331 m, im Wilden Kaiser, Tirol.

16.32
Kleines Gipfelkreuz auf einem wilden Felszacken an der Nordseite des Grates zwischen Herzogstand und Heimgarten, Lkr. Bad Tölz-Wolfratshausen.

16.33
Gipfelkreuz auf einer wilden Felsnadel in den Ammergauer Bergen, südwestl. des Pürschlinghauses. Lkr. Garmisch-Partenkirchen.

16.34
Schmiedeeisenkreuz auf dem Sonnenberg in den Ammergauer Bergen, 1622m, Lkr. Garmisch-Partenkirchen.

16.35
Neueres schmiedeeisernes Gipfelkreuz auf der Auerspitze, 1607 m, zwischen Lenggries und Tegernsee, Lkr. Miesbach.

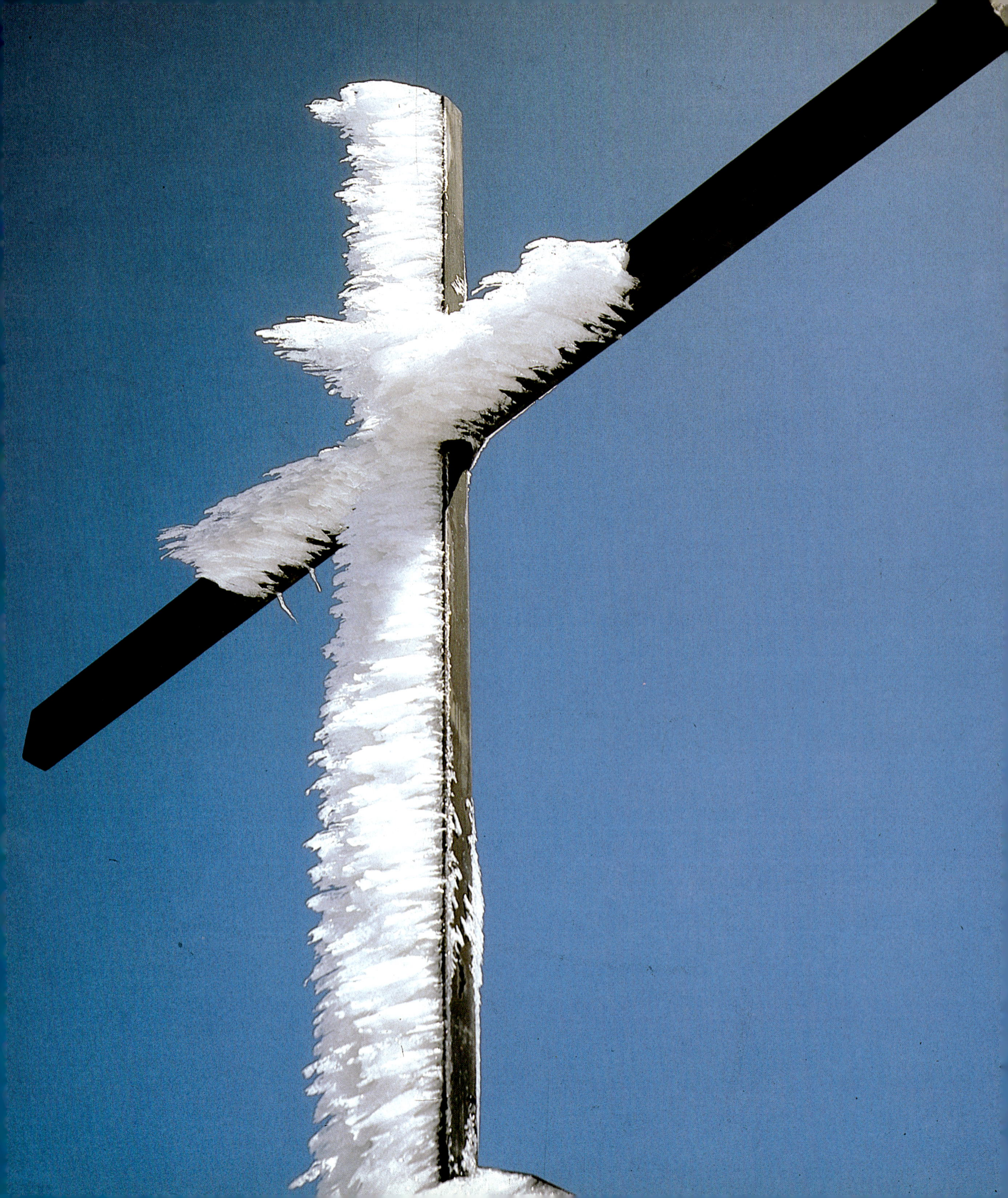

16.36 (Seite 442)
Windzerzauste Schneegebilde am Gipfelkreuz der Hohen Riffl, 3338m, in den Hohen Tauern, Glocknergruppe, Land Salzburg.

16.37
Erschütternd ausdrucksvoller Kruzifixus am Joch östl. unterm Pürschlinghaus, 1564m, Ammergauer Berge. Das Kreuz wurde von einem Oberammergauer Kriegsheimkehrer geschnitzt, er hatte in Rußland das Gelübde gemacht, genau an dieser Stelle ein Kreuz zu setzen, wenn er jemals die Heimat wiedersieht. Lkr. Garmisch-Partenkirchen.

16.38
Einweihung des Gipfelkreuzes auf dem Daniel am 12. Oktober 1919.
Nördlich Ehrwald/Lermoos, Tirol.

16.39
Das Gipfelkreuz auf dem Daniel zu Ostern 1990. Nördlich Ehrwald/Lermoos, Tirol.

16.40 (Seite 446) ▷
Das Gipfelkreuz am Dachstein im tiefen Winter, 2996 m Höhe, Oberösterreich/Steiermark.

Kap. 16

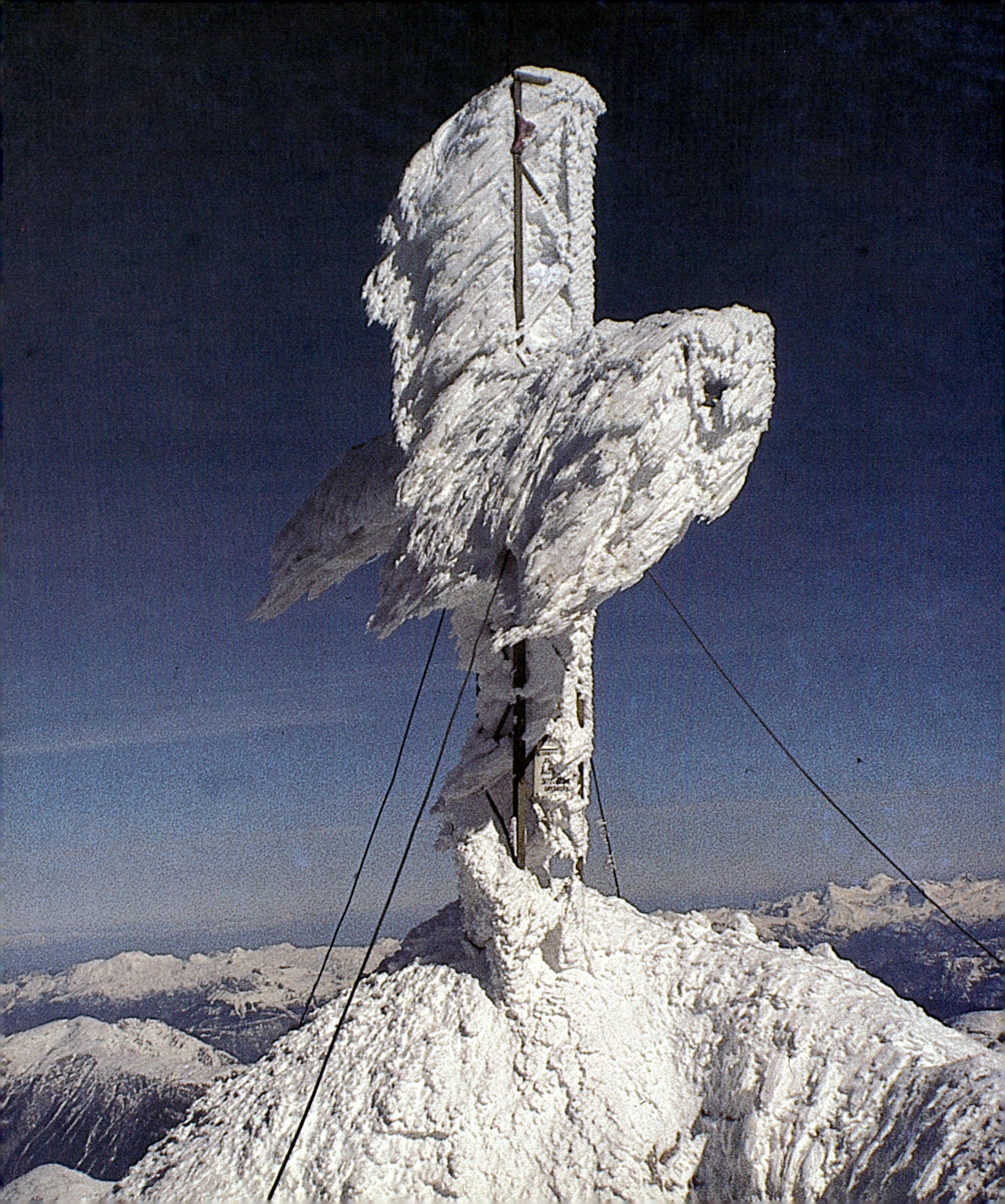

17
DER BAUM IN UNSERER SAKRALLANDSCHAFT

*„Aber ihr, ihr Herrlichen! steht, wie ein Volk von Titanen,
in der zahmeren Welt und gehört nur euch und dem Himmel...
Keiner von euch ist noch in die Schule der Menschen gegangen,
und ihr drängt euch fröhlich und frei aus der kräftigen Wurzel
untereinander herauf und ergreift, wie der Adler die Beute,
mit gewaltigem Arme den Raum, und gegen die Wolken
ist euch heiter und groß die sonnige Krone gerichtet.
Eine Welt ist jeder von euch, wie die Sterne des Himmels
lebt ihr, jeder ein Gott, in freiem Bunde zusammen."*

(Friedrich Hölderlin)

Vom heiligen Baum der Antike zum Baum im christlichen Volksglauben

„Heilige Bäume gibt es in allen Religionen, Überlieferungen, Metaphysiken, Mystiken und in der Volkskunst aller Völker. Die archaischen Menschen sahen im Baum eine Macht oder Kraft, die sowohl dem Baum als solchem wie seinen Beziehungen zum Kosmos zukam. Der Baum wurde zum Erscheinungsbild eines Gottes, zu seiner Epiphanie. Insofern kann man nicht von einem ‚Baumkult' sprechen, da ja nicht der Baum als solcher, um seiner selbst willen angebetet wurde, sondern immer um dessentwillen, was durch ihn hindurch sich ‚offenbarte', was er mit inbegriff und bedeutete. Immer verbirgt sich unter einem sog. Baumkult eine geistige Wesenheit. Durch die Macht und Kraft dessen, was der Baum manifestiert, wurde er zu einem religiösen Gegenstand. Er offenbare eine außermenschliche Realität..."[1]

„Für mehr als viertausend Jahre läßt sich nachweisen, daß der Baum als Idee und Erlebnisgestalt ein religiöses Symbol ist, und mindestens seit der zweiten Hälfte des 2. Jahrtausends vor Christus gibt es Zeugnisse dafür, daß – nicht nur in mediterranen Religionen – einzelne konkrete Bäume Symbole oder Naturdinge waren und sind, in denen sich Gottheiten manifestieren oder die selbst göttliche Verehrung genießen."[2] „Der Baumkult der alten Welt war ursprünglich bildlos, er verband sich erst allmählich mit dem Götterglauben, nachdem sich dieser voll entwickelt hatte. Zunächst verschmelzen die Göttersagen mit dem Baumkult; vielfältig sind die Berichte von der Geburt, Erziehung und Epiphanie der Götter unter heiligen Bäumen. Eine ähnliche Entwicklung können wir auch bei uns beobachten; dem Charakter des christlichen Glaubens gemäß fehlen natürlich die Motive von Geburt und Erziehung. Wunderbare Erscheinungen und Wirksamkeit heiliger Personen unter Bäumen sind jedoch auch bei uns häufig. Aus der weiteren Ausbildung der antiken Kultformen ergibt sich, daß die Entwicklungslinie der unsrigen größtenteils parallel läuft, wenngleich natürlich die unterscheidenden Merkmale zwischen altgriechischem und christlichem Kult stärker in Erscheinung traten; das ist ja hier, wo es sich um ausgebildete Einzelheiten kultischen Lebens handelt, nicht weiter verwunderlich. Genau wie wir mit unseren Kultbildern verfahren, haben auch die Griechen zur Zeit der entwickelten Bildverehrung ihre Götterfiguren in, unter oder neben Bäumen aufgestellt und verehrt. Bei so weitgehender Ähnlichkeit sind wir daher auch nicht sonderlich erstaunt, daß auch schon die alten Völker Götterbilder aus dem Holze heiliger Bäume verfertigten. Unsere Kenntnisse entsprechender germanischer Sitten müssen wir mangels volkseigener literarischer Quellen aus den Berichten der römischen Schriftsteller und in späterer Zeit aus den Verordnungen und Anweisungen christlicher Missionäre und aus der übrigen kirchenamtlichen Literatur der Bekehrungszeit schöpfen. Im übrigen sind wir darauf angewiesen, aus den Resten des Brauchtums und aus prähistorischen Funden Schlüsse zu ziehen."[3] Schon Tacitus berichtet, daß heilige Haine bei den Germanen ein große kultische Rolle spielten.[4] Häufiger als solche Berichte über die Existenz von Baumkulten sind Verbote, die uns in der kirchlichen Bekehrungsliteratur begegnen, und worin wiederholt eindringlich gemahnt wird, man dürfe an Bäumen weder Opfergaben niederlegen noch sonstige kultische Handlungen vor ihnen vollziehen. Gegen solche heidnischen Praktiken richten sich zahlreiche Verordnungen, päpstliche und bischöfliche Entscheidungen, Predigten, Schriften und Formulare, Bußbücher und Dekrete des 8. Jahrhunderts. Besonders beweiskräftig ist das Sachsengesetz Karls des Großen, der Brief Gregors I. an Königin Brunhilde und der Indiculus „de sacris silvarum, quas nemora vocant".[5] Der im Jahr 743 in Liptinae, dem heutigen Estinnes im belgischen Hennegau enstandene „Indiculus superstitionum et paganiarum", ein Verzeichnis heidnischer und abergläubischer Gebräuche und Meinungen, aus zumeist gleichzeitigen Schriften erläutert, gibt uns ein besonders bezeichnendes Bild altgermanischer Naturreligiosität. Das Kapitel „Von den heiligen Orten in Wäldern" subsumiert nicht nur die „heiligen Haine", sondern auch die unzähligen Glaubensvorstellungen, die sich an Baum, Strauch, ja Pflanze überhaupt knüpfen.[6]

„Die griechische Götterkunde ordnet fast einem jeden Gott einen besonderen heiligen Baum zu. Im Rauschen der Eichen von Dodona offenbarte sich Zeus, der Oberste der Götter. Auf dem kapitolinischen Hügel stand die Eiche Jupiters. Im germanisch-skandinavischen Raum war sie dem Odin geweiht, einer der Gestalten aus der germanischen Götterdreiheit Odin (Wotan), Donar (Thor) und Tyr. – Der Granatapfel, dessen blutrotes Fleisch mit den darin eingebetteten Samenkernen als Symbol ehelicher Liebe und Fruchtbarkeit galt, gehörte der Hera, der Gattin des Zeus. – Athens Stadtgöttin brachte den Menschen den Ölbaum, jenen für die Bewohner des Mittelmeergebietes so wichtigen Baum. Dem Lichtgott Apollo schrieb man wechselweise die Eiche, den Lorbeer, den Apfelbaum zu. Der Göttin der Wälder, Artemis, Apollons Schwester, ordnete man besonders den Nußbaum, aber auch die Weide, die Myrte und die Zeder zu. Dionysos galt als Gott des Efeus und des Weinstockes. Sein Gefolge bestand aus Baumgeistern, Satyrn, Silenen und dem großen Pan. Nymphen und mit Eichenblättern bekränzte Dryaden schützten mit Äxten die ihnen zugehörigen Bäume gegen Angriffe jeglicher Art... Wem die Götter etwas besonders Gutes antun wollten, verliehen sie die Gestalt eines Baumes. So wurde die Nymphe Daphne zum Lorbeerbaum, der leidgequälte Kyparissos in eine Zypresse und Pitys in eine Kiefer verwandelt. Philemon und Baucis aber dauerten als Eiche und Linde über ihr irdisches Leben hinaus als Dank dafür, daß sie Zeus und Hermes Gastfreundschaft geschenkt hatten..."[7] „Da steht in Bildwerken eine nackte Göttin in der Zwiesel eines Feigenbaumes, die Hände an den beiden Gipfelästen – nicht anders wie der hl. Leonhard in einer Wachsplastik des 17. bis 18. Jahrhunderts aus Murnau. Die Tradition dieses ikonographischen Typus läßt sich – selbstverständlich mit Lücken – von Mohenjo-Daro über die späteren afroasiatischen Darstellungen einer Göttin im Baum, dem spätantiken und mittelalterlichen „Daphne"-Motiv, bis an die Schwelle der Neuzeit verfolgen. Ob nun der angeführte nackte Leonhard in der Zwiesel in diese Traditionsreihe wirklich gehört oder ob es eine örtlich neu entstandene Darstellung des „Heiligen im Baum" ist, ist vorläufig nicht zu entscheiden. Für das erstere spricht, daß der hl. Leonhard nackt dargestellt ist, wofür es im ganzen ungemein reichhaltigen Legendenschatz des Heiligen nicht den geringsten Anhaltspunkt gibt. Die afroasiatischen und auch die mediterranen Vorstellungen des Altertums von der Epiphanie der Gottheit im Baum wurden dadurch veranschaulicht, daß die Gottheit in der Baumkrone dargestellt wird. In der orientalischen christlichen Ikonographie wird diese Bildgestalt übernommen – und die damit verbundene Glaubensvorstellung: nach koptischen und äthiopischen Traditionen wohnt in jeder Sykomore Maria. Als Träger dieser Bildtradition erweist sich für das Abendland wie für den Orient die typologische Darstellung Mariens in dem Dornbusch als Sinnbild ihrer jungfräulichen Mutterschaft."[8] So wird der Baum zum Gleichnis des menschlichen Lebens schlechthin, er wandelt sich im christlichen Volksglauben aber vom Bild des organischen Lebens zum Sinnbild und Symbol des Lebens als Heil. In diesem Sinne gelangte der „Lebensbaum" durch das Alte Testament und dann durch die symbolisierende Übertragung auf das Kreuz Christi in die religiöse Bilderwelt des Abendlandes. Die Christianisierung unserer Regionen ist allerdings dadurch gekennzeichnet, daß die ersten Glaubensboten mitunter heilige Bäume, die die vorchristlichen Stätten des Götterdienstes überschatteten, fällten. Damit sollte die Überlegenheit des Christengottes über die alten Götter anschaulich vor Augen geführt werden. Weithin bekannt ist die Geschichte von der Donareiche, die der hl. Bonifatius (675-754) demonstrativ gefällt hat und aus deren Stamm er eine Kapelle zu Ehren der Apostelfürsten Petrus und Paulus erbaute.

Älteste Formen christlichen Baumkultes

Neben den bereits stark verchristlichten und verinnerlichten Gestaltungen des Baumkultes begegnen uns zuweilen noch archaische Formen, in denen die reinere, ursprünglich bildlose Art des Baumkultes mehr oder weniger deutlich durchschimmert. „Hierher gehören die Legenden von Kronberg und Weihenlinden, in dem es zunächst nur die Bäume sind, an die sich der Kult heftet. Erst später treten die Bilder in den Vordergrund. Auch mit der Tannenquelle von Annabrunn verhält es sich so. In diesem Zusammenhang mögen auch die Gründungslegenden von Maria Birnbaum bei Kirchmatting, wo lediglich von wunderbarem Gesang unter dem Birnbaum die Rede ist, und von Rastbuch (Christi Rast unter einer Buche) genannt werden, wo gleichfalls, wenn auch im christlichen Kleide, ein stärkeres Hervortreten des Baumes zu spüren ist. Als wichtiges Zeugnis für eine in der Gegenwart noch vorhandene Altform erwähne ich die so schöne Eiche bei Großaign. Wenn hier auch ein Altärchen im hohlen Stamm errichtet ist, so weisen doch Name und Kult auf die große Rolle des Baumes hin..."[9] Neben der einstigen traditionellen Verehrung der Eiche ist auch noch eine gewisse religiöse Sicht anderer Bäume und Sträucher zu vermuten, so der Buchen und Linden, des Wacholders und Holunders und mancher Nadelbäume. Die „archaische" Form dieses bildlosen Baumkultes ist heute wohl weitgehendst erloschen und kaum noch greifbar.

Der Bildbaum im katholischen Volksglauben

Der katholische Legendenschatz kennt vielfältige Verbindungen von Naturelementen, namentlich auch von Bäumen, zur Lebensgeschichte und zur Erscheinungsform volkstümlicher Heiliger. Der Volksglaube läßt es jedenfalls nicht genug sein mit Berichten von der Aufstellung heiliger Bilder bei Bäumen und Quellen; es treten uns viele Legenden entgegen, die, dem Wunsch nach einer besonderen Weihe des Kultplatzes und Kultbildes entsprechend, von einer wunderbaren Auffindung heiliger Bilder berichten.

Besonders oft wurde ein Bildwerk Mariä auf wunderbare Weise in einem Baum aufgefunden, was vielerlei „natürliche" Erklärungen zuläßt. Sicherlich wurde mancherorts von frommen Stiftern ein Marienbild in einer passenden Baumhöhlung zur eigenen Andacht aufgestellt, wie dies noch heute gelegentlich der Fall ist. Dabei scheinen seit jeher bestimmte Bäume und Sträucher bevorzugt worden zu sein: „In den meisten Fällen sind es Eichen, in deren Höhlungen man heilige Bilder aufstellt. Seltener werden Buchen, Linden und Nadelbäume genannt. Jüngeren Datums scheint der Birnbaum zu sein, der wohl von christlichen Priestern anstelle alter Kultbäume gesetzt wurde. Unter den Sträuchern ist der Wacholder weitaus der beliebteste..."[10] Nach vielen Jahren geriet so ein Bild in Vergessenheit, es wurde von anderen Gewächsen überwuchert oder wuchs gar vollends in den Stamm ein: „Da so häufig aus den verschiedensten Gründen Marienbilder an Bäumen, in Wäldern und Gebüschen ... Platz fanden, mußten manche der Vergessenheit anheimfallen, wenn die Wege seltener betreten wurden oder eingingen, ... die Bäume wuchsen oder vermoderten. Statuen, für die man in der Höhlung eines großen Baumes oder am Anfange der Äste eine Stelle gewählt hatte, mußten nach Jahren oft durch das Wachstum in jenen Vertiefungen mit Rinde überzogen oder verdeckt werden, weil die Äste sich fortentwickelten. Wurde der Baum morsch, verlor er einen Teil seiner Rinde, wurde er umgehauen oder zersägt, dann kam das Bild wiederum zum Vorschein und sah recht alt aus. In den verschiedensten Gegenden vernimmt man darum, hie und da sei von Kindern oder Reisenden, von Jägern, Schäfern oder Ackersleuten ein Bild im Gestrüpp, unter Dornen, an oder in einem alten Baume entdeckt worden. Ereignete sich der Fund unter etwas auffallenden Umständen, so konnte die lebhafte Phantasie einfacher armer Leute leicht dazu kommen, etwas Wunderbares hinzuzudichten."[11] Wunderbare Fundumstände werden in mehreren Fällen ausdrücklich berichtet, meist mit der namentlich angeführten Baum- oder Strauchart: Binabiburg (Wacholder), Dautersdorf (Buche), Haid (Wacholder), Hart (Buche), Kösslarn (Wacholder), Kreuzberg (Wacholder), Maria Ort (Wacholder), Maria Talheim (Hollunder), Neukirchen-Hl. Blut und Stock (jeweils Baumstrunk). Von den beiden letztgenannten Orten wird berichtet, daß die hl. Hostie auf Baumstrünken liegend gefunden worden sei. In Mühlberg wurde das Gnadenbild nachträglich aus dem Holz des ehemaligen Kultbaumes geschnitzt und in St. Hermann wurde ein solches beim Zersägen eines Blockes in dessen Innerem entdeckt. Unerklärliche Bildfunde dieser Art, gar noch mit überliefert wundersamen Fundumständen, galten verständlicherweise als wunderhaft, als „nicht von Menschhand gemacht" (= Acheiropoieten). Manchen solcher Bilder wurden auch wundersame Gebetserhörungen zugeschrieben. Aber auch durch andere Umstände können Bäume zu wundersamen Bildträgern werden, so durch Traumweisungen, denen zufolge etwa die Muttergottes kundtut, daß sie ihr Bild an einem bestimmten Baum verehrt wissen will. Kultisch verehrte Bäume sind heute wohl Vergangenheit, Bäume als Träger von Kultfiguren, Marterln oder Gedenktafeln aller Art aber gehören heute nach wie vor zum oberbayerischen Alltag.

Vom Bildbaum zur Wallfahrtsstätte

„In Großaign im Bayerischen Wald stand ... die ‚schöne Eiche', ein uralter hohler Baum, in dessen Innerem man einen kleinen Altar errichtet hatte. Der gesamte Hohlraum war mit Devotionalien jeder Art bedeckt. Eine neben der Eiche stehende Kapelle enthielt das Gnadenbild... In Maria Buchen ist ein Marienbild in einen Baum (Buche) eingewachsen, es macht sich auf magische Weise den Vorbeigehenden bemerkbar..."[12]

Diese beiden Beispiele veranschaulichen besonders deutlich, wie sich aus einstigen Bildbäumen eine Wallfahrtsstätte entwickelt hat. Zahlreiche Ursprungslegenden bringen die Bäume in Zusammenhang mit der Entstehung noch heute besuchter Wallfahrtsorte, öfters sogar unter Benennung der jeweiligen Baumgattungen.

Solche Legenden sind u.a. von folgenden Orten überliefert: Ettenberg (Linde), Gartlberg (Föhre), Grünsink (?), Handlab (Eiche), St. Johann am Büchelberg (Föhre), Maria Eich bei Planegg und Maria Eich in Oberösterreich (jeweils Eiche), Maria Birnbaum bei Kirchmating, Maria Birnbaum bei Sielenbach, Maria Hilf bei Vilshofen und Mühlberg (jeweils Birnbaum), Puch (Linde), Schmolln (Fichte), Weißenberg(?), Weißenregen (Eiche), Wies bei Freising (?), Zellhof (Buche).[13] Von den angeführten Beispielen zeigt wohl am besten *Maria Eich bei Planegg*, daß es die Marienverehrung ist, die am verbreitetsten Vegetationskultelemente aufweist:[14] „Zweifelsohne gehen die Verehrung der mütterlichen und gleichzeitig jungfräulichen (Gottes-) Gebärerin und der primitive Kult des zyklischen Wachsens und Vergehens der Vegetation eine vielerorts untrennbare Verbindung ein."[15] Auch hier in Maria Eich steht am Anfang der Wallfahrtsgeschichte die Aufstellung eines Marienbildes in einer hohlen Eiche im Jahr 1712. Noch heute wird der Baum „selbständig verehrt, in einem abgeschlossenen Raum..., wo auch eine moderne Marienstatue diese Gleichsetzung von Baumkult und Marienverehrung ausdrückt: eine in einen Baumstamm geschnitzte Marienfigur... Früher waren an diesem Stamm zahlreiche Votive und handgeschriebene Notrufe befestigt, heute sind die Wände von unten bis oben mit Zetteln, Andachtsbildchen, ‚Maria-hat-geholfen'-Drucken, gekauften und selbstgeschriebenen, gebastelten oder gestickten Devotionalien gepflastert."[16]

Das erste Gnadenbild von *Maria Thalheim* wurde wohl zu Beginn des 15. Jahrhunderts in einem Holunderbaum gefunden. „Als man für das Marienbild eine etwas entfernt gelegene Kapelle baut und das Gnadenbild dorthin überträgt, kehrt es wieder zu seinem Holunderbaum zurück. Man überträgt es wieder zur Kapelle, die Rückkehr wiederholt sich. Nach mehrmaligem Hin und Her entschließt man sich, das Gnadenbild beim Holunderbaum zu lassen und baut ihm dort eine Kapelle, wo es dann auch bleibt... Der Holunderbaum ist ein typischer chthonischer Standort, das Marienbild kann als zum Holunderbaum gehörige Ortsgottheit aufgefaßt werden."[17]

Das Gnadenbild des Marienkultortes *Feichten an der Alz* wude nach der zeitlich unbestimmbaren Legende in einer Fichte gefunden. In *Maria Rain bei Nesselwang* im Allgäu soll ein Ritter die kleine Statue einer sitzenden Madonna mit Kind in eine Ulme gestellt haben. Für *Maria Birnbaum* berichtet die Legende, ein Hirte habe zur Zeit des Dreißigjährigen Krieges auf Grund eines Traumgesichtes ein kleines Vesperbild gefunden und in einen hohlen Baum gestellt. Nach einer Traumweisung wallfahrtete eine kranke Frau aus Meran zu diesem Birnbaum und wurde dort gesund. Von dem Gnadenbild der *Gastelbergkirche oberhalb Pfarrkirchen* wird berichtet, daß ein Pfarrkirchner Bürger dieses Bild der trauernden Maria vor dem Kreuz von einer protestantischen Familie für einen Laib Käse erworben und daheim zunächst in einer Kiefer aufgestellt hätte. Vom Gnadenbild der Marienwallfahrtskirche „*auf dem Holderstock*" in Schneeberg (Unterfranken) wird überliefert, daß es sich einst auf dem Altar einer Kirche befunden habe, sich aber nachts immer wieder zu einem Holunderstock begeben habe. Weil das Muttergottesbild unbedingt zu dem Holunderstock wollte, baute man ihm dort eine Kapelle und später eine Kirche.

17.1T
Darstellung des Gnadenbildes und der Wunderbäume von Maria Dreieichen, Niederösterreich. 2. Hälfte 18. Jh.

17.2T
Nachbildung des Gnadenbildes von Maria Birnbaum bei Sielenbach in der Nische eines Baumstammes. Rückwärts Pergamentzettel mit der Aufschrift „Lignum de Pyro B. v. Mariae Miraculosae in Sielenbach". Um 1670.

17.3T
Wachsplastik des hl. Leonhard in der Zwiesel nach der Legende von Tamsweg. Murau, Wachszieherei Vasold, 17./18. Jh. Als Votivgaben oder als Weihegaben in St. Leonhard, Tamsweg und St. Leonhard ob. Murau dargebracht.

17.4T
Votivtafel zum sel. Hermann in Bischofsmais, 1788. Hermann ist als Einsiedler im Baum charakterisiert.

17.5T
Wallfahrtskirche aus der Edignawallfahrt von Puch. Edigna ist mit dem Baum dargestellt, in dem sie nach der Legende hauste. Stich von Klauber, Augsburg.

17.6T
Pergamentminiatur mit der Darstellung des Jesuskindes im Baum von Christkindl bei Steyr, Oberösterreich. 2. Hälfte 18. Jh.

17.7T
Legendendarstellung von St. Corona bei Kirchberg am Wechsel. Leinwand, Öl. 17. Jh. Wohl Kopie eines Bildes aus der Mitte des 16. Jh.

wurde zum Andachtszeichen, vor dem die Pilger beteten und von dem Laub und Rinde als geistliche Heilmittel und Heiligungsmittel mit nach Hause genommen wurden, bis ein Maschendrahtgitter dies verhinderte."[19]

Der Votivbaum

Sehr häufig war einst die vielerorts bezeugte Anhänglichkeit des Volkes an einzelne Bäume in sakralen Bereichen, namentlich neben Wallfahrtskirchen. Früher wurden ja Votivbilder und Identifikationsopfer auch an den Bäumen vor den Wallfahrtskirchen angebracht, da man die große Zahl dieser Opfergaben an den ursprünglich sehr kleinen Heiligtümern vielfach gar nicht mehr anbringen konnte. Da gab es Bäume, deren Stamm mit Bildern und Votivgaben gepflastert und deren Äste mit Krücken und Prothesen behangen waren!

„So erhob sich auf dem Höhenberge zu Tölz hinter der Leonhardskapelle der heilige Baum. Er hieß zugleich der ‚schöne Baum' und prangte angesichts des Isarwinkels weithin sichtbar als Ausläufer des Pann- oder Pfannholzes auf seinem Standpunkte, über und über mit Figürchen und Heiligenbildchen bestickt. Nachdem ihn ein Blitzstrahl zu Ende des vorigen Jahrhunderts niedergeworfen, werden wir ihn nächstens wieder anpflanzen..."[20]

Ein gutes Beispiel für das Schicksal eines Votivbaumes an einem bedeutenden Wallfahrtsort bietet vor allem *Altötting*. Der frühere gotische Gnadenaltar mit der „Vera effigies statuae Beatae Mariae Virginis" zeigt u.a. in einer länglichen Kartusche ein Bild des Kapellenplatzes mit dichtem Baumbestand an einer Seite des Heiligtums. Nach einem Stich von Matthäus Merian um 1657 ist von diesem Baumbestand nur noch eine einzige, uralte Linde erhalten, die mit Votivtafeln und Identifikationsopfern behangen und von einem aus mehreren Stützenreihen bestehenden Holzgerüst abgestützt war. Merian bezeichnet diesen Baum in der Bildlegende mit „Große Linden". Kurfürst Ferdinand Maria, angeeifert von seiner gleichgesinnten Gemahlin Adelheid von Savoyen, verfolgte bekanntlich den von seinem Hofbaumeister Enrico Zuccali entworfenen Plan der Erbauung einer großen Wallfahrtskirche.

Völlig unbekannt ist *Maria Thann* an der Gemeindegrenze Teisendorf-Wonneberg, heute zugleich Landkreisgrenze. Die Kapelle befindet sich mitten im Wald neben der ehemaligen Gemarkungstanne (Grenzbaum), der ursprüngliche Name „Moari-Tann" (verballhornt Maria Tann) verweist auf die alte topographische Lage an einer Gemarkungsgrenze. Die Kapelle ist der Überlieferung nach ein Ersatzbau für einen ehemaligen Bildbaum, der seine Grenzzeichenbedeutung auch mit frömmigkeitlichen Gehalten verknüpfte. „Es ist interessant festzustellen, daß immer wieder erst die Aufstellung in einem Baum die Wallfahrten auslöste, wogegen eventuelle frühere Aufstellungen des späteren Gnadenbildes keinerlei besondere Verehrung mit sich brachte. Es ist also ganz eindeutig der Baumkult, der in allen genannten Fällen die Wallfahrt auslöste, nicht primär die Marienverehrung."[18]

„Aber immer hat der Baum teil am Erlebnis der Heiligkeit: er wird in den Hauptaltar eingeschlossen, über Bild und Baum wird eine Kirche errichtet, Rinde, Laub, Äste und Abschnitzel werden als ‚sacra' und Heilmittel verwendet, aus seinem Stamm wird ein Andachtsbild geschnitzt, das als besonders ‚heilig' gilt. Wie sehr das Epiphanieerlebnis mit der Gestalt ‚Baum' verbunden sein kann, zeigte sich in jüngster Zeit in der von der Kirche abgelehnten ‚Wallfahrt' Heroldsbach. Da erschien den Seherkindern um und unter einem Apfelbaum das Jesuskind. Der Baum

Kap. 17

17.8T
Epiphanie der Muttergottes im Baum: Darstellung der Ursprungslegende einer Baumwallfahrt. Radierung. Maria Waldrast, Tirol. 2. Viertel 18. Jh.

17.9T
Der Baum als Träger von Identifikationsopfern. Wallfahrtsbild von Notre Dame de Bannelle. Verbreiteter volkstümlicher Holzschnitt, 19. Jh.

Das einzige Hindernis bildete dabei die damals vor der Kapelle noch stehende uralte Linde,... die vom Volke abergläubisch verehrt wurde, wie auch der Jesuit Jakob Balde in einer vor Jahrzehnten auf sie gedichteten Ode hervorhebt. Im Jahr 1674 wurde sie ‚nicht ohne Murren des Volkes' gefällt. Noch im gleichen Jahr wurden die Grundmauern zur neuen Kirche gelegt, die heute noch im Boden ruhen, ungefähr in dem Ausmaß des Platzes rings um die Kapelle, der heute mit Bäumen bepflanzt und mit eisernen Stangen eingefriedet ist."[21]

Von der „*Kagerlinde*" in *Kager bei Winhöring* wird berichtet: „Der Baum bestand aus drei riesigen Stämmen, welche mit zahlreichen Votivtafeln versehen waren und auf den Wanderer einen erhabenen Eindruck machten. An dieser Stelle war auch ein schöner Ausblick auf das Inntal."[22] Gerade solche Votivbäume wurden zu ehrwürdigen Zeugen menschlicher Qualen, Sorgen und Nöte. Was haben diese Bäume an verzweifelten, verbissenen Gebeten und bittern Tränen gesehen, aber wieviel Jubel und höchstes Glück haben sie auch miterlebt, wenn ein Krüppel seine Krücken an einen Ast hängen konnte, weil er ihrer nicht mehr bedurfte!

Der Lebensbaum

Einer völlig anderen Sphäre entspringt der auch in Oberbayern mancherorts bezeugte Brauch, anläßlich elementarer Ereignisse im menschlichen Leben einen Baum zu pflanzen, vor allem zur Geburt, gelegentlich auch zur Hochzeit und zu Hochzeitsjubiläen.

„Zwei überall bekannte Geburtsriten dienten dem Zweck, dem Kind eine glückliche Zukunft zu sichern, nämlich das Pflanzen eines Baums und das Schenken eines Geldstücks. Die Sitte, einen Baum zum Gedächtnis der Fortsetzung des Stammbaums zu pflanzen, ist sehr alt und hat sich regional bis in das 20. Jahrhundert erhalten. Im Elsaß kam dem Vater oder Großvater die Ehre zu, den Baum

17.10T
Gnadenkapelle und Stiftskirche in Altötting. Kupferstich aus der Topographia Bavariae von Matthäus Merian, 1644. Der Bildausschnitt zeigt die von einem Holzgerüst gestützte, mit Identifikationsopfern behangene Linde, die 1674 „nicht ohne Murren des Volkes" gefällt wurde.

17.11T
„Unter dem Schutzbaum". Zeichnung von Fritz Quidenus (F.J. Bronner: Von deutscher Sitt' und Art. Volkssitten und Volksbräuche in Bayern und den angrenzenden Gebieten. München 1908).

in die Erde zu senken; meist war es ein Obstbaum, manchmal eine Tanne, eine Eiche oder eine Kastanie. Im Krummen Elsaß wurde der Baum für eine Tochter auf einem der Familie gehörenden Grundstück im Gemeindebereich gepflanzt, während der Baum für einen Sohn im Obstgarten hinter dem Haus, das er später erben sollte, eingepflanzt wurde. Dieser ‚Geburtsbaum' sollte das Kind und später den Erwachsenen sein ganzes Leben lang begleiten: Es war ein ‚Lebensbaum'. Es bestand auch eine seltsame ‚Sympathie', eine geheimnisvolle Entsprechung zwischen dem Menschen und seinem Baum-Doppelgänger. Der Baum war das sichtbare Symbol der Geburt, des Wachstums, des Erwachsenseins und des Lebensendes. Wenn der Betreffende in die Fremde ging, dann war der Baum an seinem Geburtsort der Spiegel seines Schicksals. Wenn ihn fern von zu Hause der Tod ereilte, dann verdorrte sein Rosenstrauch; es fielen die Rosen ab, oder sie verwelkten. Jedes Land kennt Märchen und Sagen von einem Menschen, der umgebracht oder Opfer des Schicksals wurde, und dessen Unglück an seinem Geburtsbaum abzulesen war."[23]

Wohl einzigartig war ein Brauch in Ebersberg aus der Zeit nach dem Ersten Weltkrieg: Man hat dort eine ganze Allee angelegt, für jeden Gefallenen einen Baum gepflanzt und daran eine Art Totenschild angebracht: „Musketir/Kürzeder Jak./Masch.Inf.Rgt. 146/†7. 3.1915/in Rußland/22 Jhr. alt"

Ähnlichen Traditionen stehen wohl auch Begriffe wie Dorfbaum und Schutzbaum nahe.

„Apostel-Linden"

„Zu den populärsten Bäumen in Deutschland gehört die Linde. Sie steht den Menschen besonders nahe – geistig wie räumlich. Kaum ein anderer Baum ist so viel besungen worden seit dem Nibelungenlied über Walter von der Vogelweide bis heute. Unter ihrer schattigen Krone sammelten sich seit jeher alt und jung, Liebende und Rechtsuchende. Um die Linde, ja sogar in ihrer Krone, tanzte das Volk, hielten die Alten ihren Abendtrunk, schlossen sie ihre Verträge. Und an manchem dieser alten Recken führte der Zug zum Friedhof vorbei; der Sarg hielt ein letztes Mal unter der schattigen Krone, gleichsam um den Toten Abschied nehmen zu lassen von seinem Dorfbaum. Geweihten Stätten, Gottesäckern, Bildstöcken, Kapellen schenkt die Linde Schatten und Würde, ebenso wie dem sprudelnden Brunnen vor dem Tore."[24] Herausragend schönen, uralten Bäumen wurde wohl seit jeher Denkmalcharakter zugeschrieben, ja man hat sie sogar nach bedeutenden Persönlichkeiten der Geschichte benannt. Ein besonders bekanntes Beispiel ist die sog. *Hindenburglinde* in der *Ramsau*, an der Deutschen Alpenstraße in Richtung Inzell. Sie steht auf einer staatlichen Viehtrift, einer Freie oder Trade, die nicht aufgeforstet, aber auch nicht abgeholzt werden durfte. Der Baum besitzt einen Stamm-umfang von 15 Metern und bedeckt eine Fläche von 900 Quadratmetern. Sein Alter wird auf bestimmt 1000 Jahre geschätzt. Der berühmten *Bavaria-Buche bei Pondorf* wurde jüngst sogar eine eigene Monographie gewidmet.[25]

Ein eigener Denkmaltypus von Baum sind die sog. *Apostel-Linden*. „Sie haben ihre Bezeichnung von den zwölf Stämmen der Hauptäste her erhalten. Der Volksmund erklärt ihre Entstehung aus der dichten, kreisförmigen Pflanzung von zwölf jungen Stämmen bei einem Pflanzvorgang. Wahrscheinlich sind die zwölf Stämmlinge aber aus einer Kappung eines Baumes hervorgegangen, die allerdings bereits vor Jahrhunderten erfolgt sein muß. Die im Winkel der Stämmlinge entstandene Mulde reizte dazu, dort eine Plattform aus Holz anzubringen, die mittels einer Wendeltreppe um den Stamm erreichbar war. Natürlich hat es dann die Besucher des Baumes gefreut, mitten im lauschigen Geäst des Baumes sitzen zu träumen oder dem Gesang der Vögel zu lauschen… Von der Zwölf-Apostel-Linde in Gehrden, wohl um 1190 gleichzeitig mit der Einweihung der Kirche gepflanzt, wird erzählt: „Vor ca. 30 Jahren nun brach aus der Linde der ‚Judas' aus. Jeder der zwölf starken Äste symbolisierte nämlich einen Apostel. Nach der örtlichen Überlieferung

17.12T
Gedenktafel zur Pflanzung einer Linde anläßlich der Goldenen Hochzeit am 4. Juli 1924. Lkr. Erding.

löste sich an einem Karfreitag um die gleiche Stunde, da die Einwohner in der Kirche des Todes des Welterlösers gedachten, der eine starke Ast, eben der Judas, ab; dabei verblieb an der Abrißstelle ein großes Loch im Stamm."[26] Diese 800 Jahre alte Linde mit einem Stammumfang von über 10 m gehört heute zu den stärksten erhaltenen Linden Deutschlands.

Der Baumgürtel um den Sakralbau

Der kultische Bezug vieler Wallfahrtskirchen zu einzelnen Mirakelbäumen, die mit Bäumen und Sträuchern verknüpften Ursprungslegenden vieler Wallfahrtsstätten und die vielfältigen, stets mit Bäumen verbundenen lokalen Mythen von Acheiropoieten sind in der Fachliteratur weit verstreut behandelt. Diese frömmigkeitsgeschichtlichen Phänomene erklären jedoch noch nicht die vielerorts um Sakralbauten verschiedenster Art bestehenden alten Baumgürtel, die ganz offenkundig auf eine ältere Umfriedung gleichen Umfangs zurückgehen. Es gab in alter Zeit in der Hauptsache zwei triftige Gründe zur Einfriedung eines Sakralbaues, nämlich dessen Funktion als Sepulturkirche und der Schutz vor Weidevieh. Die frühere Einfriedung von Sakralbauten durch Weidezäune scheint einer der wichtigsten Gründe für die Entstehung späterer Baumgürtel zu sein. Bei der in Bayern z.T. bis über die Mitte des 19. Jahrhunderts allgemein üblichen Dreifelderwirtschaft war das Brachfeld für das Vieh der ganzen Dorf-Gmein zur Beweidung freigegeben. Notwendigerweise mußte das dem Anbau vorbehaltene 2/3-Feld gegen Abweidung eingezäunt werden; der alljährliche Wechsel der Zäune war eine herkömmliche und sehr mühsame Arbeit. Befand sich im Bereich des Weidelandes ein Sakralbau, der nicht schon durch eine massive Einfriedung vor dem Viehtrieb geschützt war, so wurde er in aller Regel durch einen hölzernen Weidezaun, meist einen Plankenzaun, eingefriedet. Periodisch wiederkehrende Erneuerungen von Plankenzäunen um Sakralbauten finden sich vielerorts in zahlreichen Kirchenrechnungen des 17. bis 19. Jahrhunderts.

Das Einfrieden von Sakralbauten fußt auf alten Glaubensvorstellungen, die das nähere Umfeld eines jeden Sakralbaus vor „entehrenden" Unreinheiten aller Art bewahrt wissen wollten, ähnlich wie bei einem Friedhof. Der früher selbstverständliche sommerliche Weidegang des Viehs war somit sicherlich einer der wichtigsten Gründe für die einstige Einfriedung fast aller Sakralbauten. Es liegt in der Natur, daß sich im Bereich dieser einstigen Weidezäune Gesträuch ansetzte und daß auch eine bestimmte Reihe von Baumarten besonders gut hochkam, so beispielsweise die Hagbuche: Im Windstau und im Windsog der Zäune ging der Flugsamen reichlicher nieder als auf freiem Feld, und dieselben, den

17.13T (Seite 455)
„Einladung zur Feier des 1000-jährigen Jubiläum in der Filial-Kirche Ettendorf zunächst Traunstein, welche vom 5. bis 12. September (einschlüssig) heurigen Jahres 1841 stattfinden wird." Die Abbildung zeigt u.a. sehr deutlich einen hölzernen Plankenzaun um die Kirche, dazu 3 noch junge Bäume.

17.14T (Seite 455)
Gedenkmünze zur 1000-Jahrfeier von Ettendorf im Jahr 1841. Die Münze zeigt – genau wie die Einladungskarte – den hölzernen Plankenzaun und die 3 jungen Bäume.

17.15T (Seite 455)
Die Kirche von Ettendorf auf einem Foto von 1901: Der Baumbestand ist deutlich gewachsen.

17.16T (Seite 455)
Das winterliche Foto vom Jahr 1908 zeigt – westseitig – einen weiteren geringen Zuwachs des Baumbestandes.

17.17T (Seite 455)
Das Foto vom Jahr 1925 zeigt kräftigen Baumgürtel und deutliche Reste einer zusammengesunkenen, strauchüberwucherten Einfriedung.

17.18T (Seite 455)
Das Foto vom Jahr 1978, diesmal von der Nordseite, zeigt sehr dichten Baum- und Strauchgürtel.

17.19T (Seite 455)
Der nach illegaler Holzfällung gelichtete Baumbestand im Jahr 1986, beim Georgi-Ritt.

17.13T

17.14T

17.15T

17.16T △

17.17T △

17.18T ▽

17.19T ▽

Kap. 17

455

Flugsamen zu Boden lenkenden Zäune schützten das herumwachsende Gesträuch wirkungsvoll vor Sichel und Sense mit ihren empfindlichen Schneiden, die man vor jeder Beschädigung schützen wollte. Im Laufe des 19. Jahrhunderts wurde die Beweidung der landwirtschaftlichen Flächen ganz allgemein stark eingeschränkt, teils im Zuge der utilitaristischen Maßnahmen der Aufklärung, teils im Zuge der Änderung der Bewirtschaftungsform. Damals wurden vielerorts Weidezäune und Hecken dem natürlichen Verfall überlassen, mancherorts aber auch restlos abgeholzt; die dabei hochgekommenen Baumstämme wurden dabei vielfach geschont und erhielten sich bis in die heutige Zeit als inzwischen mächtige Baumgürtel. Außerordentlich interessant ist der beispielhafte, fast lückenlose bildliche Nachweis, daß sich in Ettendorf aus einem dem Verfall preisgegebenen Weidezaun im Laufe der Jahrhunderte ein Baumgürtel entwickelt hat. Die wohl ältesten Darstellungen der 1474 erbauten *Filialkirche St. Veit und Anna in Ettendorf bei Traunstein* stammen aus dem Jahr 1841 – es sind eine Wallfahrtsgedenktafel, eine Einladungskarte und eine Gedenkmünze zur Tausendjahrfeier. Tafel, Karte und Münze zeigen übereinstimmend einen hölzernen Weidezaun rund um die Kirche, ferner drei kleine Bäumchen. Ein Foto von 1901 läßt ebenfalls noch den Zaun erkennen; die Bäumchen sind deutlich gewachsen. Ein Winterfoto von 1908 belegt ebenfalls den heranwachsenden Baumgürtel. Sehr interessant ist ein Foto von 1925: Neben dem schon mächtigen Baumgürtel erkennt man – letztmalig fotografiert – die von Gesträuch überwucherten, wohl schon zusammengesunkenen Reste einer Umfriedung an der Südostseite. Nach Auskunft noch lebender Einheimischer war in Ettendorf die herbstliche Beweidung noch bis 1930 üblich. Ein Weidezaun existierte damals allerdings nur noch an der Nordseite, der südliche Teil des Geländes war schon seit längerem in Kirchenbesitz und unbeweidet. Heute zieht sich um die Wallfahrtskirche ein Kranz aus prächtigen alten Bäumen, vom ehemaligen Weidezaun fehlt jegliche Spur.[27]

Der traditionelle Brauch des Einfriedens von Sakralbauten als Ausdruck der religiösen Weihe hat sich auch auf die Welt der frommen Flurdenkmale übertragen. Besonders deutlich wird dies in der Almregion, wo dem Vieh noch heute während der Sommerzeit freier Weidegang vergönnt ist. Auf bestoßenen Almen sind fast alle Almkreuze umfriedet, teils mit sorgfältigen Umzäunungen, notfalls mit Stacheldraht. Aber auch im Flachland finden wir allerorten teils alte, teils neue Einfriedungen aller Art, gelegentlich in geradezu

17.20T
Beispiele einer hölzernen Einfriedung, um Kirche und Feldkreuz: Wallfahrtskirche Mariä Heimsuchung bei Kirchwald, Gde. Nußdorf, Lkr. Rosenheim. Nach einr Zeichnung von Friedrich Wilhelm Doppelmayr, gezeichnet zwischen 1810-1816.

rührenden Ausformungen und sehr oft in Form von Hecken. Eine große Zahl von religiösen Malen hat von Anfang an einen „gärtnerisch" oder „landschaftsgestalterisch" geformten Umgriff erhalten. Analogien zur Grabgestaltung mit ihren verschiedenen Formen von „Einfriedungen" sind nicht zu übersehen.

Der Baum als gestalterisches Element in der Sakrallandschaft

In vielen Fällen wurden nach vollständiger Abtragung der unnütz gewordenen Zäune oder nach Ausholzung der Hecken ersatzweise Baumgürtel gepflanzt, wobei insbesondere die Linde bevorzugt wurde. Diese Ersatzpflanzungen sind aus traditionell-ästhetischen Gründen erfolgt und stehen sicherlich in geistesgeschichtlichem Zusammenhang mit der bereits um 1780 aufkommenden Landschaftssentimentalität und den teilweise darauf fußenden Strömungen der Romantik. Vor diesem geistesgeschichtlichen Hintergrund sind eine Reihe archivalisch bezeugter Baumpflanzungen um Sakralbauten zu sehen.

17.21T
Beispiel eines hölzernen Weidezauns um die Kirche St. Johann in Haselbach, Lkr. Erding, Zeichnung um 1900.

So wurde z.B. die berühmte Wieskirche bei Freising 1840 mit einer Lindenpflanzung umsäumt. In Parkstein in der Oberpfalz ist die anstelle der ehemaligen Bergveste errichtete Altkapelle 1835 abgebrannt. Die in byzantinischem Stil neu errichtete Kirche wurde 1851 geweiht. „Im Frühjahr 1852 wurde eine Baumpflanzung von nahe 500 Stämmchen um den Berg herum und denselben hinan angelegt..."[28] Die aus Weidehecken hochgekommenen Baumgürtel, sowie die an Stelle von gerodeten Weidehecken erfolgten Ersatzpflanzungen, aber auch die im Sinne der „Landschaftsromantik" erfolgten Neupflanzungen um Sakralbauten sind ein vertrautes Bild unserer Kulturlandschaft geworden und gehören mit zum kulturellen Erbe der Vergangenheit. Mancherorts steigert, betont und markiert die Baumkulisse die topographische Situation eines Sakralbaues, gibt ihm einen optischen Halt in einer vielleicht belanglosen Situation. Im 19. Jahrhundert beginnt sich also die Rolle der Bäume und Sträucher im sakralen Ambiente zugunsten einer romantischen und illusionistischen Rezeption zu wandeln: Zypressen und Thujen werden zu traditionellen Trauerpflanzen der Dorffriedhöfe. Pinien flankieren Feldkreuze und Wegkapellen. Die „Translozierung" dieser ursprünglich mediterranen Pflanzen in unser rauhes Klima

17.22T
Beispiel eines dichten Baumgürtels um eine Friedhofskirche, Foto um 1925. Kreuzbichl, Markt-Gde. Endorf, Lkr. Rosenheim.

hängt sicherlich mit den Pilgerreisen unserer Vorfahren zu südlichen Wallfahrtsorten zusammen: Man erbaute zur Erinnerung an das einmalige Wallfahrtserlebnis nicht nur Kalvarienberge und Heilige Stiegen, Loretokirchen und Lourdesgrotten, man umpflanzte sie auch mit den „zugehörigen" mediterranen Gewächsen – die Illusion der transferierten Weihestätten sollte möglichst vollkommen sein. Der Baum wird zum illusionistischen Erinnerungs- und Stimmungsträger. In der sakralen Architektur des 20. Jahrhunderts hat der Baum vollends einen neuen Stellenwert als gestaltendes Element erhalten, die Aspekte der religiösen Weihe sind ihm jedoch verlorengegangen. Der Baum als begleitendes Beiwerk unserer religiösen Flurdenkmale hat jedoch in unserer Kulturlandschaft eine nicht zu übersehende Rolle gewonnen. Von zahllosen Feld- und Wegkapellen, Bildstöcken und Feldkreuzen ist das altgewohnte flankierende Baumpaar nicht mehr wegzudenken. Baum und Strauchwerk sind in vielen Kulturlandschaften ein selbstverständlicher und ein wesentlicher Teil der Gesamterscheinung sakraler Flurdenkmale geworden. Eingehende Untersuchungen zu diesem Thema fehlen. Es ist selten genau feststellbar, weshalb nun eigentlich ein Baum hinter einem Feldkreuz oder ein Baumpaar neben einer Feldkapelle gepflanzt wurde; ob man ein Kreuz neben einem schon vorhandenen Baum aufstellte, oder ob man neben ein bestehendes Kreuz später einen Baum hinzupflanzte. Auffallend ist jedoch die häufige Auskunft, daß Baum *und* Kreuz, besonders aber Baum *und* Kapelle gleichzeitig gesetzt, bzw. gebaut und gepflanzt wurden. Baum *und* religiöses Mal wurden vielfach seit alters her in einem bewußten Akt gleichzeitig, „mit-einander", als „zusammengehörig" geschaffen. Vielerorts kann man so das Baujahr einer Kapelle nach den Jahresringen eines gefällten Baumes ermitteln oder das Alter eines Baumes nach der Datierung einer Weiheinschrift feststellen.

Schwierig wird es allemal, wenn man alte Bauern nach den Hintergründen dieses traditionellen Zueinanders von Baum und Mal befragt: Weil's so Brauch ist, weil's immer schon so war, weil's schön ist, weil da immer schon ein Baum war – das sind magere Auskünfte, die uns bestenfalls auf das schon Unbewußte dieser bäuerlichen Traditionen hinweisen. Rudolf Kriß resümierte in seiner umfassenden religionsgeschichtlichen Würdigung des umfangreichen Materials, der „primitive Gemeinschaftsglaube der Deutschen" werde lebendig bleiben, solange das „primitiv-urtümliche Empfinden in der Überzivilisation noch nicht erstorben ist".[29] Ob die zahllosen Bäume neben unseren frommen Malen letztlich noch auf solch (unbewußtes) „primitiv-urtümliches Empfinden" einfacher Menschen zurückzuführen sind oder auf bewußt gestalterische Absichten, wenn auch mit traditionellen Vorstellungen untermischt, dies mögen zukünftige Forschergenerationen entscheiden. Die heute viel geübten und viel publizierten Baumpflanzungen durch Dorf- und Spitzenpolitiker, durch Schulklassen, Verbände und Vereine zu allen nur möglichen Anlässen haben mit der alten Baumsetzung des frommen Landvolkes sicherlich nur noch wenig gemeinsam.

Die alten Bäume neben den frommen Malen aber kümmern sich nur wenig um solche Spitzfindigkeiten. Beharrlich hüten sie den Standort der ihnen anvertrauten Male. Sie markieren und kennzeichnen diesen landschaftlich oft belanglosen Platz, sie machen ihn zu einem Fixpunkt, zu einem weithin sichtbaren Weg- und Orientierungsmal in der uferlosen Weite der flachen Landschaft oder vor der bizarren Felsenszenerie auf einem hohen Bergjoch. Sie geben manchem dieser Standorte eine ganz besondere Stimmung, Würde und Weihe. Solche Orte vermitteln uns heute noch die „Sympathie" (im Sinne von Leidens- und Schicksalsgemeinschaft) zwischen echter Religiosität und Naturverbundenheit im Sinne von Schöpfungsehrfurcht und Ehrfurcht vor dem Leben. An solchen Orten fühlen wir auch heute noch Geborgenheit und Besinnlichkeit, wir fühlen uns hingezogen unter das weite Laubdach einer riesigen alten Linde, in deren Schatten wir ein ehrwürdiges naives Bildwerk betrachten oder eine schicksalhafte Inschrift entziffern dürfen. Unser „primitiv-urtümliches Empfinden" scheint in solchen Augenblicken auch in der Überzivilisation noch nicht erloschen. Die wenigen alten Bildbäume und die zahllosen namenlosen Bäume neben den frommen Malen in unserer Kulturlandschaft sind mitunter durch Gesetze geschützt. Brutale Profitgier, mehr aber noch die gedankenlos-pedantischen Ordentlichkeits-, Sicherheits- und Bequemlichkeitsprinzipien unseres Zeitgeistes trachten diesen ehrwürdigen Baumgestalten täglich nach dem Leben. Wir sollten nicht nur nach Gesetzbüchern greifen müssen, um in einigen Fällen das Leben dieser Bäume schützen zu können. Das geistige Rüstzeug sollte hier im Ansatz vermittelt werden. Die spirituelle Grundlage aber sollten wir im Herzen tragen:

Pflanz' einen Baum,
und kannst du auch nicht ahnen,
wer einst in seinem Schatten tanzt!
Bedenk' mein Sohn, es haben deine Ahnen,
eh' sie dich kannten, auch für dich gepflanzt!

(Friedrich Hebbel zugeschrieben)

Anmerkungen

[1] A. Bernatzky: Baum und Mensch. Frankfurt/Main 1973, S. 135.
[2] Lenz Kriss-Rettenbeck: Bilder und Zeichen religiösen Volksglaubens. München 1963, 2. Auflage 1971, S. 91.
[3] Rudolf Kriss: Die Volkskunde der altbayerischen Gnadenstätten: Band III. Theorie des Wallfahrtswesens. München-Pasing 1956, S. 51.
[4] Tacitus: Germania, Kapitel 9, 39 und 40. – Grimm, Deutsche Mythologie, Kap. 4 u. 21 und Anhang. – Wilhelm Boudriot: Die altgermanische Religion in der amtlichen kirchlichen Literatur des Abendlandes, Teil A, Kap. IV; Teil B, Kap. II. 3.
[5] Wilhelm Boudriot, wie Anm. 4, S. 34, 38 und 69, zitiert bei Kriss, wie Anm. 3, S. 52.
[6] Franz C. Lipp: Bajuwarisches Oberösterreich. Das Weiterleben frühbairischer Gesittungs- und Kulturformen im Raum des heutigen Bundeslandes Oberösterreich. In: Baiernzeit in Oberösterreich. Das Land zwischen Inn und Enns vom Ausgang der Antike bis zum Ende des 18. Jahrhunderts. Oberösterreichisches Landesmuseum. Katalog Nr. 96. Linz 1977. Kapitel 3: Weiterleben von Bräuchen, die in kirchlichen Synoden und Vorschriften des 8. Jahrhunderts getadelt wurden (S. 258 f.).
[7] Bernatzky, wie Anm. 1, S. 137. In Indien gilt der ficus religiosa als besonders heiliger Baum. Unter einem von ihnen wurde Buddha geboren (560-480 v. Chr.) und unter einem anderen empfing er die Erleuchtung, nachdem er Weib und Kind verlassen hatte und dem Sinn der Welt und des Lebens nachgrübelte. Ein König Bimbisara schenkte ihm und seinen Jüngern einen Park mit Bäumen als Aufenthalt, „bei Tage nicht zu belebt, bei Nacht still, vom Lärm und Menschenschwarm entfernt, ein Ort der Zurückgezogenheit und einsamer Betrachtung".
[8] Kriss-Rettenbeck, wie Anm. 2, S. 91.
[9] Kriss, wie Anm. 3, S. 45 u. 55.
[10] Kriss, wie Anm. 3, S. 43.
[11] Kriss, wie Anm. 3, S. 47, unter Hinweis auf St. Beissel: Wallfahrten zu Unserer Lieben Frau in Legende und Geschichte. O.O., 1913, S. 17.
[12] Dietrich Höllhuber und Wolfgang Kaul: Wallfahrt und Volksfrömmigkeit in Bayern. Nürnberg 1987, S. 240 f.
[13] Kriss, wie Anm. 3, S. 44.
[14] Hans Aurenhammer: Die Marienbilder Wiens und Niederösterreichs in der Barockzeit = Band III der Veröffentlichungen der Österreichischen Museen für Volkskunde. Wien 1956, S. 28 ff. – Kriss, wie Anm. 3, S. 43 ff.
Albert Walzer: Wallfahrtskirchen mit eingebautem Baum. Württembergisches Jahrbuch für Volkskunde 1955, s. 90-116.
[15] Höllhuber/Kaul, wie Anm. 12, S. 240.
[16] Höllhuber/Kaul, wie Anm. 12, S. 241.
[17] Höllhuber/Kaul, wie Anm. 12, S. 203 f.
[18] Höllhuber/Kaul, wie Anm. 12, S. 244.
[19] Kriss-Rettenbeck, wie Anm. 2, S. 92.
[20] J. Sepp: Der Baumkult in Altbayern und die mehrfachen Schicksalsbäume. Monatsschrift des Historischen Vereins von Oberbayern, München, 3. Jahrgang 1894.
[21] Friedrich Leeb: Altötting. Orts- und Wallfahrtsgeschichte. Altötting 1954, S. 53. Die Wiedergabe des gotischen Gnadenaltars ebenfalls in diesem Werk auf S. 50. – Abbildung des Stichs von Merian bei Josef Pfennigmann: Altötting, Pfalz-Stiftsdorf-Wallfahrtsstadt, in: Der Landkreis Altötting. Das Öttinger und Burghauser Land. Altötting 1978, S. 56.

„Denn die zu Beginn des 16. Jahrhunderts fertiggestellte dritte Stiftskirche war schon von Anfang an zu klein, und die inzwischen erstandenen beiden Klosterkirchen der Jesuiten und Franziskaner konnten den Bedürfnissen erst recht nicht genügen. Deshalb hegte man den Plan, von der Hl. Kapelle den späteren gotischen Anbau wieder zu beseitigen, über das uralte Oktogon dagegen eine mächtige Barockkirche mit zwei Türmen und einem Umgang erstehen zu lassen." (Leeb)
[22] Aus dem „Burghauser Anzeiger" Nr. 67 vom 21.6.1910.
[23] Jacques Gélis: Die Geburt. Volksglaube, Rituale und Praktiken von 1500-1900. Paris 1984. Deutsche Ausgabe beim Eugen Diederichs Verlag in München, 1989, S. 309.
[24] Bernatzky, wie Anm. 1, S. 20.
„In den Ländern deutscher Zunge und weit darüber hinaus... kann man in der Nähe des häuslichen Herdes, der Stallung und Scheune häufig einen sogen. Schutzbaum angepflanzt sehen. Gewöhnlich ist es eine Esche, eine Linde, ein Hollunderbaum, eine Fichte oder Tanne, seltener ein Nußbaum, eine Buche oder Birke, welche sich neben dem Gebäude erhebt und ihre Äste wie schützend über das Dach breitet. Der Brauch ist uralt und reicht mit seinen Wurzeln bis in die Zeit grauen Heidentums zurück, als unsere Vorfahren noch Wald und Baum als etwas Heiliges verehrten und unter geweihten Bäumen im Walde ihre Opfer darbrachten...

Unsere Altvordern glaubten, daß, in gewissen Bäumen die Geister Abgeschiedener ihren Wohnsitz nähmen. So wähnten sie auch, daß in dem beim häuslichen Herde angepflanzten Baume sich der Schirmgeist eines Ahnen niedergelassen habe, der – wenn ihm die nötige Verehrung zu teil würde – dem Heim besonderen Schutz angedeihen ließe. Das Schicksal des Hauses, der Familie, ja das ganzen Geschlechtes erachtete man mit dem Schicksal eines solchen Ahnen- oder Schutzbaumes verknüpft. Sein Gedeihen war also eine Hauptfrage, eine Hauptsorge.
Nach der hohen Verehrung, welche Baum und Wald in heidnischer Zeit genossen, ist es erklärlich, daß sie auch in christlicher Zeit im Volksleben noch eine wichtige Rolle spielten. In alter Gewohnheit pflanzte man die Schutzbäume weiter, sich kaum mehr oder oft gar nicht mehr der ursprünglichen Bedeutung dieser Sitte bewußt. Wohl erhielt sich in der Sage mancher charakteristische Zug aus grauer Vorzeit, z.B. daß ein heiliger Baum blute, wenn man ihn mit der Axt berühre, daß die dem Baume innewohnende Seele Krankheiten aufnehme. (Daher das Einpflöcken von Krankheiten und das Durchziehen oder Durchschließen kranker Kinder durch gespaltene Bäume, das Einpropfen von Eiter und Blut in die Rinde von Bäumen). Die Esche, der heidnische Weltbaum, galt als vom Himmel besonders geweiht und gesegnet. Man glaubte, zwischen der Esche und der von den Menschen gehaßten Schlange bestände eine solch' unaustilgbare Feindschaft, „daß eine Viper eher in ein Feuer springen, als in den Schatten einer Esche kriechen würde." Einem Eichenstabe getraute man die Kraft zu, bei bloßer Berührung eine Schlange bannen zu können, daß sie wie tot liegen bliebe. Ein Haus mit Eschen als Schutzbäumen galt vor Schlangen u.a. Gezücht gesichert. u. s. f. Auf die Baumverehrung wurden bald christliche Züge übertragen; doch mag es mannigfach vorgekommen sein, daß auch Christliches und Heidnisches ineinander flossen. Der Volksmund erzählt, daß die Gottesmutter auf ihrem Gange zu Elisabeth unter einer Birke – dem wegen seiner weißen Rinde der Göttin Freia heiligen Baume – rastete, und auf der Flucht nach Ägypten unter einem Hollunderbaume Schutz vor einem Gewitter fand. – Bedenken wir ferner die große Verehrung der hochheiligen Hasel(nußstaude)! Mit alter Treue und Vorliebe wanderten auch die späteren Geschlechter so weit es ihnen die christliche Lehre erlaubte, zur Andacht in den Wald, der auch auf sie eine erhebende, stimmungsvolle Wirkung nicht verfehlte. Freilich, die ehemaligen heiligen Ahnenbäume wurden zu christlichen Taferlbäumen, an denen man eine Bildtafel der Gottesmutter oder des Gekreuzigten oder der drei armen Seelen, oder auch ein Marterl und Opfergaben aufhing..."
(F.J. Bronner: Von deutscher Sitt' und Art. Volkssitten und Volkbräuche in Bayern und den angrenzenden Gebieten. München 1908, S. 346 f.)
[25] Herbert Liedel und Helmut Dollhopf: Die Bavaria-Buche. Der Traum vom Baum. Würzburg 1988.
[26] Bernatzky, wie Anm. 1, S. 138.
[27] Paul Werner: Zur kulturgeschichtlichen Rolle des Baumes im sakralen Ambiente. „Ars Bavarica", München 1989, Band 55/56, S. 115 ff.
[28] Kalender für katholische Christen auf das Jahr 1854, sog. Sulzbacher Kalender, S. 115.
[29] Kriss, wie Anm. 3, S. 48.

17.23T
Nicht nur das Stadtrecht wurde 908 an Eichstätt verliehen. Bischof Erchanbald, der siebte Nachfolger Willibalds, erhielt zu bisherigen Jagdrechten noch jenes im Bereich seiner Eigenmark. Der Gedenkstein steht, umgeben von drei Eichen, 350m südöstlich der Willibaldsburg.

17.1
Der Baum als Bildträger: Kruzifix, Andachtsbild und rührende Dankesworte an Maria an einem Baum an einem Waldweg. Lichteneck bei Haag, Lkr. Mühldorf.

17.2
Gewaltiger Baumveteran als Bildträger. Anonymes Erinnerungsfoto um 1910. Linde neben dem Kammerloher Hof, Gde. Eiselfing, Lkr. Rosenheim.

17.3
Neuere Madonnenfigur in einer Baumhöhlung in der Ramsau, Lkr. Berchtesgadener Land.

17.4 (Seite 461) ▷
Am mächtigen Stamm der sog. Ederlinde ist seit altersher eine auf Blech gemalte und in einem hölzernen Rahmen gefaßte Bildtafel angebracht. Sie zeigt die Muttergottes mit dem Jesuskind im Wolkenkranz. Darunter Christus am Kreuz; dabei stehen Maria und Johannes sowie Maria Magdalena, den Kreuzesstamm umrahmend. Zu beiden Seiten dieser Kreuzigungsgruppe ist je eine Arme Seele im Fegfeuer dargestellt. „Es gehen hier viele fromme Christen vorbei / Steht uns doch mit einem Vater unser bei / Wenn wir kommen aus der Pein / Soll der Vater unser Euch gedenket sein." Restaurierung 1984. Ed, Gde. Haiming, Lkr. Altötting.

17.5 (Seite 462) ▷▷
„Am 1. des Monats Oktober 1826 abends stürzte im Beisein seines Weibes und seiner 2 Kinder auf der Rückfahrt vom Fischerjahrtag in Starnberg aus dem Schiff u. ertrank zwischen Tutzing u. Garatshausen: Peter Rieger, Söldner u. Hoffischer zu Tutzing. Beerdigt am 10. Oktober 1826." Blechmarterl an der westl. Uferpromenade des Starnberger Sees zwischen Tutzing und Garatshausen, Lkr. Starnberg.

17.6 (Seite 463) ▷▷▷
Flurdenkmalgruppe unter gewaltigem Baumpaar. Lkr. Bad Tölz-Wolfratshausen.

Es gehen hier viele fromme Christen vorbei
Steht uns doch mit einem Vater unser bei
Wenn wir kommen aus der pein
Soll der Vater unser euch gedenket sein

Am 1. des Monats Oktober 1826 abends
stürzte im Beisein seines Weibes u. seiner
2 Kinder auf der Rückfahrt vom Fischerjahrtag in Starnberg aus dem Schiff u. ertrank
zwischen Tutzing u. Garatshausen:
Peter Rieger
Söldner u. Hoffischer zu Tutzing
Beerdigt am 10. Okt. 1826

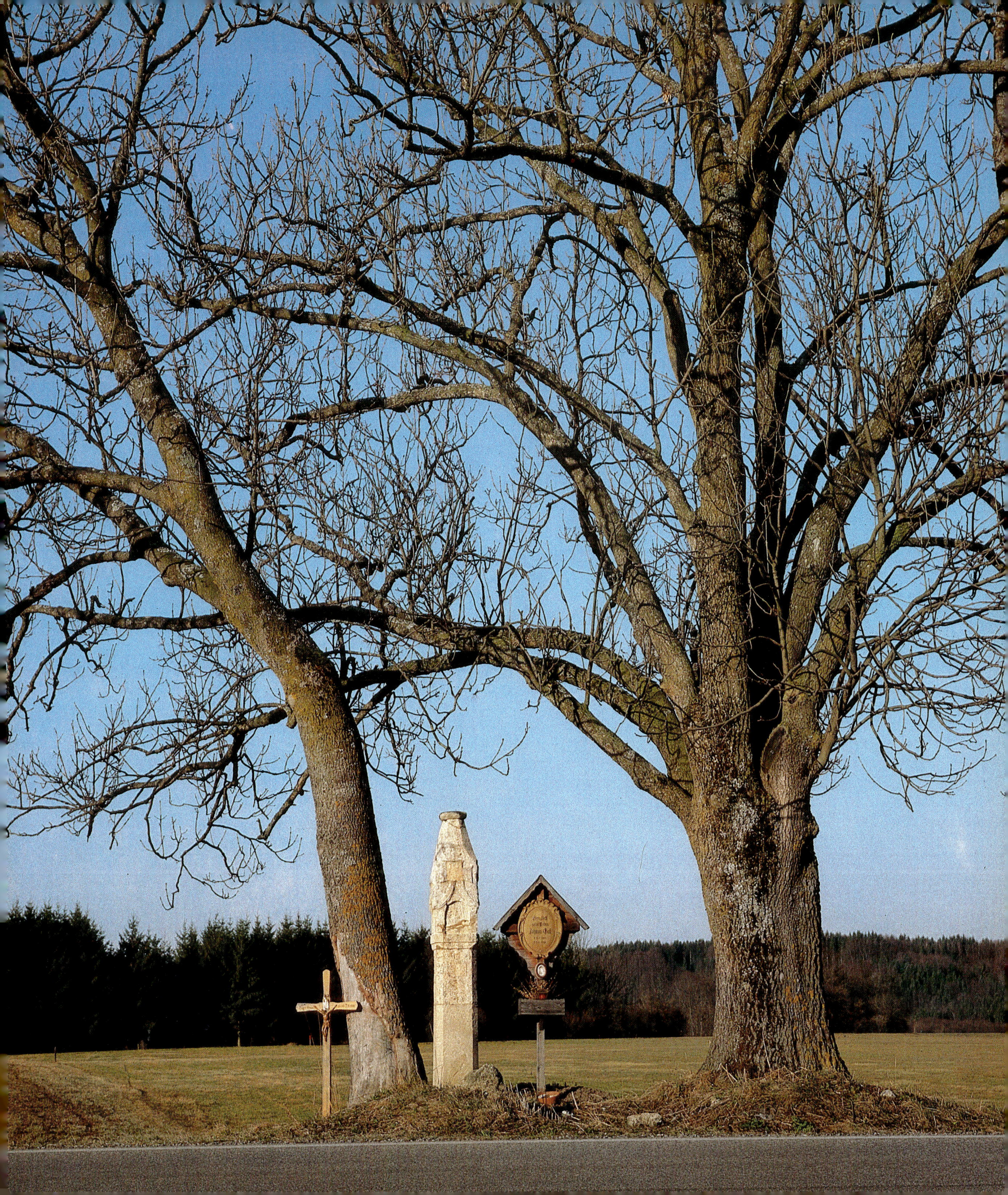

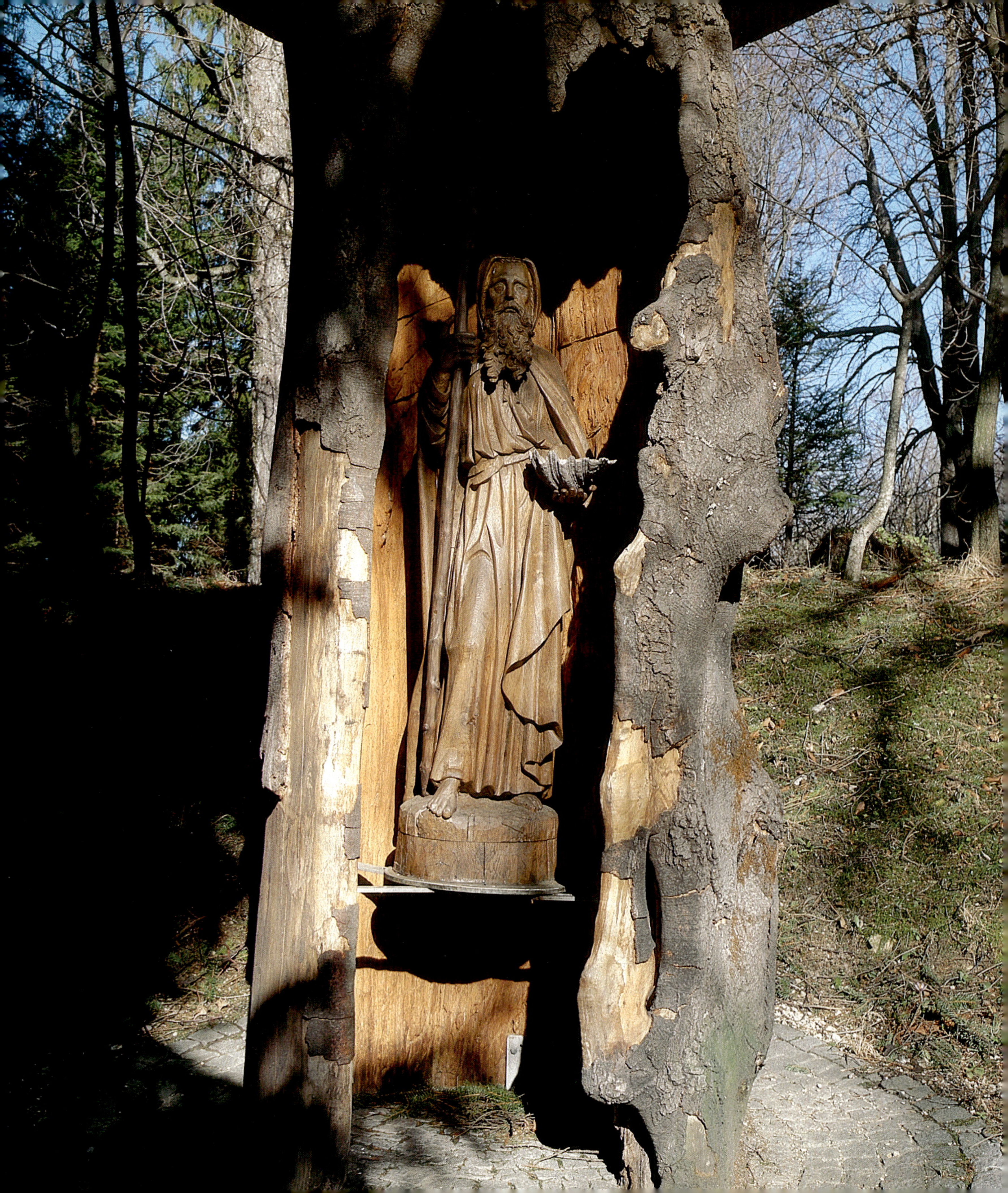

17.8
Offene Feldkapelle unter flankierendem Baumpaar.
Bei Thörl in der Steiermark.

17.9
Einfacher Kapellenbildstock unter gewaltiger Laubkrone. Kesselberg, an der Abzweigung nach Kaldorf, Gde. Titting, Lkr. Eichstätt.

◁ **17.7 (Seite 464)**
Neuere Heiligenfigur in einem alten hohlen Baumstamm. Bad Adelholzen, Gde. Siegsdorf, Lkr. Traunstein.

17.10
Große Feldkapelle mit Zwiebelturm unter den Baumkronen eines gewaltigen Baumpaares. Marienkapelle am Mehringer Berg in Großmehring, Lkr. Eichstätt.

17.11
Feldkapelle auf weiter Anhöhe, durch einen mächtigen Baum markiert, Ziel der Fronleichnamsprozessionen.
Törwang, Gde. Samerberg, Lkr. Rosenheim.

17.12
Feldkapelle auf weiter Anhöhe, durch einen mächtigen Baum markiert, Ziel der Fronleichnamsprozessionen.
Törwang, Gde. Samerberg, Lkr. Rosenheim.

17.13
Feldkapelle auf weiter Anhöhe, durch einen mächtigen Baum markiert, Ziel der Fronleichnamsprozessionen.
Törwang, Gde. Samerberg, Lkr. Rosenheim.

17.14
Dorfkapelle, bez. 1861, von gleichzeitig gepflanzter Baumgruppe umrankt. Nunbichl, Gde. Trostberg, Lkr. Traunstein.

17.15
Einfache Feldkapelle, durch einen Baum signifikant im weiten konturenlosen Flachland verwurzelt.
Öd, Gde. Garching a.d. Alz, Lkr. Altötting.

17.16 (Seite 469) ▷
Kruzifixus vor gewaltiger Baumkulisse. Nördlich Niederneuching, Gde. Neuching, Lkr. Erding.

17.17 (Seite 470) ▷▷
Wegkreuz zwischen flankierendem Baumpaar. Bei Tulling, Gde. Steinhöring, Lkr. Ebersberg.

17.18 + 17.19 (Seite 471) ▷▷▷
In der „grünen Senke" von Grünsink stand seit alters her eine Madonna mit Jesuskind in einer Baumhöhlung (auf **Bild 17.19** hinter der Madonna gut zu sehen). Zweimal im Jahr, im August, feiert man hier einen Wallfahrergottesdienst, bei dem diese Madonna aus dem Baum genommen und auf dem Altar aufgestellt wird. Früher hauste hier auch ein Einsiedler. Heute wird die Madonna in der Kirche verwahrt. Grünsink, Gde. Weßling, Lkr. Starnberg.

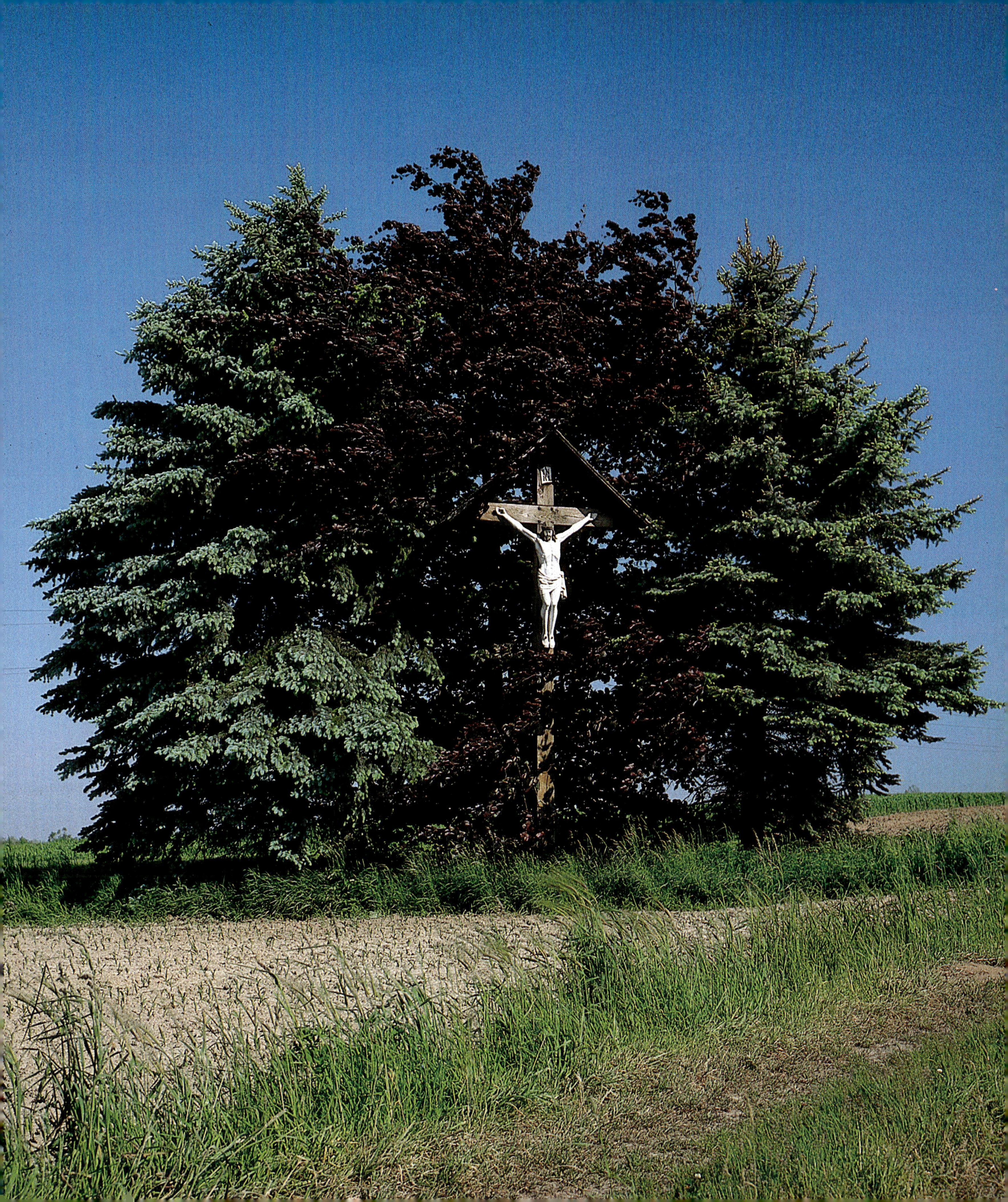

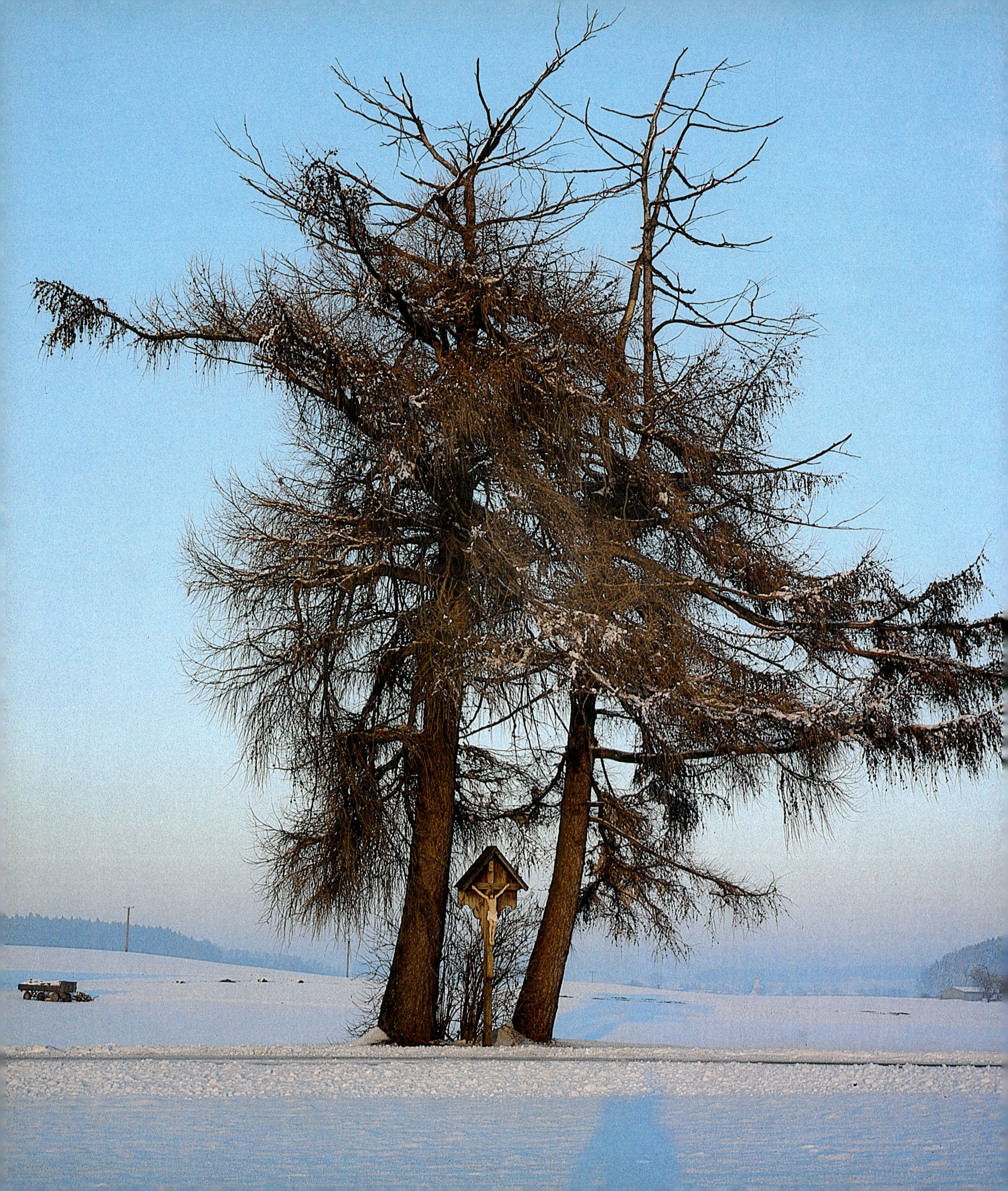

17.18

17.19

◁ **17.20**
Bildstock in einem
Geviert von vier Bäumen.
Beuern, Gde. Hohen-
wart, Lkr. Pfaffenhofen
a.d. Ilm.

17.21

„Die Effeltricher Dorf-, Rats-, Gerichts- und Tanzlinde im Lkr. Forchheim wurde der Sage nach 1007 gepflanzt und ist als sog. Tausendjährige Linde mindestens 800 Jahre alt. Angeregt von der weitausladenden Gestalt führt die Altersbestimmung noch mehr in das Reich der Sage. So erzählt die Dorfchronik auch die Sage von den Effeltrichern, die sich gegen zu hohe Abgaben empörten, worauf der unbarmherzige Ritter, der in der ehemaligen Burg Breitenstein auf dem Hetzelsberg hauste, die neugepflanzte Dorflinde ausgerissen und mit der Krone wieder in die Erde gepflanzt haben soll: ‚Wie ich diese Linde zwinge mit der Krone in der Erde zu wurzeln, genauso müßt ihr mir lehenspflichtig bleiben'. Damit wird sagenhaft die Gestalt des ca. 7,5 Meter hohen Baumes erklärt, der eine Laubkrone mit einem Durchmesser von ca. 21 Meter hat, dessen Wurzelausdehnung aber sogar bis 50 Meter reicht, so weit entfernt wurden in den Kellern von Dorfhäusern schon Wurzeln der Linde gefunden.

Die Linde erfuhr als Nutzbaum insofern eine regelmäßige Pflege, als ihre Äste gestutzt wurden, um den nötigen Bast zum Veredeln von Obstbäumen dieser Gegend herstellen zu können. Das ist eine weitere Begründung, weshalb die Linde so sehr in die Breite gewachsen ist, daß eine Stützkonstruktion notwendig wurde, wo man unter der Linde wie unter den Linden promenieren kann.

So gehört zu dieser Linde und ihren ca. 13 Meter langen Ästen die Architektur des Stützkranzes, die als zweifaches Eichenholzgerüst von 24 Säulen 1905 errichtet worden war (der innere Kranz von 8 Säulen wurde laut Bezeichnung 1947 neu unterbaut und der äußere auf 17 Säulen erweiterte im März 1971 erneuert; außerdem sind Stahlstützen dazugekommen). Die Linde ist also auch eine bauliche Anlage geworden, zu der auch der umgebende, achteckige Steinkranz gehört, der baulich als Fundament des äußeren Stützkranzes dient und dessen Auswaschungen die Positionen der Stützsäulen überliefert und geschichtlich den Lindenplatz als Gerichtsort zu definieren.

Nachdem auch Vergangenheit ist, daß die Linde den Wirtsgarten vom Wirtshaus ‚Zur Linde' beschirmte, bis 1950, ist sie Denkmalbaum, an dem sich geschichtliche, architektonische, volkskundliche ja auch städtebauliche Bedeutungen kristallisieren. Dieses Stück Natur ist auch Geschichts- und Kulturdenkmal."

(Wolfram Lübbeke)

18
RANDGEBIETE DER FLURDENKMALFORSCHUNG

„So komm denn, und laßt uns ein Bündnis machen, daß ein Zeugnis sei zwischen dir und mir. Da nahm Jakob einen Stein und richtete ihn zum Denkmal auf und sprach zu seinen Brüdern:

Bringet Steine her! Und sie sammelten Steine und machten einen Haufen und aßen darauf..."

(Genesis 31, 44f.)

Flurdenkmale – ein weitläufiges Thema mit offenen Fragen

Das Erste Buch Moses spricht an dieser Stelle wörtlich von einem „Denkmal", das „Zeugnis sei zwischen dir und mir..." Die Denkmalhaftigkeit eines Steinhaufens im Heiligen Land könnte also aus dem Alten Testament abgeleitet sein; einem rätselhaften Steinhaufen könnte dort diese Herkunft oder Bedeutung zugeschrieben werden oder irgendwann zugeschrieben worden sein.

Damit sei angedeutet: Die Gebiete und erst recht die Randgebiete der Flurdenkmalforschung sind ein weites, kaum abgrenzbares Forschungsfeld – sie reichen in die Ungewißheit der Vor- und Frühgeschichte, in die dunklen Tiefen unserer Mythen und Sagen und in die seichten Gewässer der Gerüchte.

Abschließend zu erfassen und endgültig abzuschließen ist das Wissen um unsere Flurdenkmale wohl nie, es werden sich mancherorts immer wieder einzelne regionale Phänomene und hin und wieder auch ein Unikat finden.

In unseren Kulturlandschaften finden sich neben den hier ausführlich behandelten, am meisten verbreiteten Flurdenkmalen noch weitere, zumeist nur vereinzelt auffindbare Formen von historischen Malen, die eigenen Wissens- und Forschungsgebieten angehören. Ein kurzer, zwangsläufig oberflächlicher Überblick soll eine Vorstellung von deren Vielfalt geben.

Denkmale des Straßenbaus und des Geschehens auf Straßen, Wegen und Pfaden

Als Meister des Straßenbaus legten die Römer auch in den von ihnen besetzten Gebieten nördlich der Alpen ein Netz von möglichst geradlinigen Fernstraßen an. Ursprünglich diente es vor allem der Sicherung und dem Ausbau der römischen Machtposition – es waren Straßen für die marschierenden Legionen und die reitenden Kuriere. Erst nach und nach wurden sie auch für den Reise- und Handelsverkehr freigegeben. Die meisten Römerstraßen blieben bis ins hohe Mittelalter in Gebrauch, manche von ihnen geben sogar heute noch Feld- und Waldwegen den festen Unterbau. Die in Bayern erhaltenen Streckenteile bestehen aus bis zu 12m breiten und bis zu 1m hohen Dämmen, die nach dem natürlichen Baustoffangebot aus Bruchsteinen gefügt oder aus Kies aufgeschüttet sind; in moorigen Gegenden wurde auch Holz verwendet. Steinbrüche und Materialgraben bezeichnen oft noch den einstigen Trassenverlauf. Längs dieser Straßen standen säulenartige Meilensteine, auf denen neben verschiedenen Angaben über die Erbauung die Entfernung zwischen den großen Städten in römischen Meilen (1,48 km) angegeben war. Einen typischen Meilenstein fand man bei Valley. Er stand an der römischen Fernstraße Augsburg-Salzburg, stammt aus dem Jahr 201 n. Chr. und wurde anläßlich größerer Straßenreparaturen unter Septimius Severus (192–211) hier aufgestellt.

Der lateinische Text ist sehr ausführlich:

„Der Feldherr und Kaiser Septimius Severus Pertinax der Erhabene, großer Sieger über Araber, Afrikaner und Parther, großer Priester, im 8. Jahr Träger der tribunizischen Gewalt, zum 12. Mal Feldherr, zum 2. Mal Konsul, Vater des Vaterlandes, gewesener Konsul, sowie der Feldherr und Kaiser Marcus Aurelius Antoninus Pius, der Erhabene, im 4. Jahr Träger der tribunizischen Gewalt, gewesener Konsul, und der Feldherr Publius Septimius Geta Antoninus haben Straßen und Brücken wiederhergestellt. Von Augsburg 60 Meilen."

Im Heimathaus Traunstein hat ein römischer Meilenstein einen besonders guten Platz bekommen. Sein Text:

„Dem Kaiser Lucius Septimius Severus, Pius, Pertinax, Augustus, Arabicus, Adiabenus, Particus, Britannicus, Oberpriester, Oberfeldherr zum siebten Mal, Konsul zum zweiten Mal, Vater des Vaterlandes. Dem Kaiser Marcus Aurelius Antoninus, Particus, Britannicus, Maximus, Germanicus, Volkstribun zum zweiten Mal, Oberfeldherr zum vierten Mal, Konsul zum vierten Mal, Prokonsul, dem Tapfersten, dem gnädigsten Herrn 36 (Meilen von Salzburg). Unserem gemeinsamen Herrn und Kaiser Flavius Claudius Julianus, dem Sieger und Triumphator allzeit Mehrer des Reiches."

**18.1T
Die Römerstraße bei Klais**

Die römischen Verkehrseinrichtungen, zu denen befestige Straßen, Meilensteine, Rasthäuser und Polizeiwachen sowie Wechselstationen für Reit- und Zugtiere gehörten, waren für die damalige Zeit das, was für uns die Autobahnen sind. Von leistungsfähigen Straßen hing nicht nur die Mobilität und Schlagkraft des Heeres, sondern auch das reibungslose Funtionieren des staatlichen Transport- und Kuriersystems, die Wirksamkeit der Verwaltung und nicht zuletzt das Florieren von Handel und Wirtschaft ab. Wie dauerhaft die römischen Fernverkehrslinien gebaut wurden, geht daraus hervor, daß man sie vielfach bis ins Mittelalter und noch länger weiterbenutzte. In Südbayern bestanden sie in der Regel aus Schotter und Kies, wobei zu beiden Seiten der drei bis fünf Meter breiten Fahrbahnen Wasserabzugsgräben und Gruben verliefen, die das Material für die Dammschüttungen lieferten. Überquerten sie Moorflächen, wurden Bohlentrassen angelegt, auf denen der Straßenkörper „schwamm", und galt es, Anstiege in felsigem Gelände zu überwinden, schlug man Spurrillen in den Untergrund, um ein seitliches Ausbrechen der Wagen zu verhindern. Zu den eindrucksvollsten Geleisestraßen in Bayern gehört ein kurzer Streckenabschnitt der Verbindung Augsburg-Brenner-Verona in der Nähe von Klais.

Erwin Keller

Gde. Krün, Lkr. Garmisch-Partenkirchen.

18.2T
Römischer Meilenstein aus der Gegend von Valley, um 200 n. Chr. Lkr. Miesbach.

18.3T
Römischer Meilenstein bei Erlstätt, im späten 19. Jh. oder frühen 20. Jh. zu einem Bildstock mit Lourdesgrotte umgestaltet, bis etwa 1980 mit Gedenkbrettern. Gde. Grabenstätt, Lkr. Traunstein.

18.4T
Römischer Meilenstein im Heimathaus Traunstein.

Der Stein wurde auf dem Rückmarsch des Julian Apostata von Gallien, wo er 358 die Alemannen im Elsaß besiegt hatte, zum dritten Male beschriftet. Die erste Beschriftung weist auf die Zeit etwa 195 n. Chr., die zweite etwa 213 n. Chr. Weitere Inschriftspuren weisen auf Konstantin (313–335). Julian zog damals nach Konstantinopel gegen seinen Onkel Konstantinus. Durch die Inschrift ist uns die einzige Kunde geblieben, daß im Jahre 361 der Chiemgau noch unter römischer Herrschaft stand. Ursprünglich mag der Stein bei Seebruck gestanden haben. Später kam er auf eine Chiemseeinsel und von dort 1803, zur Zeit der Säkularisation, auf das westliche Ufer, wo er 1912 bei einem Bauern als Dengelstein wieder zum Vorschein kam.

Aus späteren Zeiten sind viele monumentale Gedenksteine aus Marmor oder Erz erhalten, die meist an den Ausbau einer wichtigen Paßstraße erinnern. Ehrwürdig ist die Gedenktafel von 1492, die an den Bau der alten Kesselbergstraße zwischen Kochelsee und Urfeld erinnert. Der in gotischer Schrift gefaßte feierliche Text auf Marmor lautet:

„Nachdem Maria Jesum gebar
anno domini MCCCCLXXXXII jar
Albrecht der durchlauchtige, erkoren
Pfalzgraf bey Rhein, Herzog geboren
in Ober- und Niederbayern-Land
durch den Kesselberg also genannt
hat er den Weg und auch die Straßen
von seiner Kostung machen lassen.
Von München Heinrich Part erdacht
den Sinn, dadurch er ward gemacht."

Über 400 Jahre zogen Verkehr und Handel, Prozession und Krieg über diese Straße, ebenso Goethe und König Ludwig II... Auch über die neue, bis heute in ihrer Trassenführung unveränderte, wenn auch verbreiterte Straße unterrichtet ein prächtiger Gedenkstein aus Marmor:

UNTER DER REGENTSCHAFT
SEINER KÖNIGLICHEN HOHEIT
DES PRINZREGENTEN
LUITPOLD VON BAYERN
WURDE DIESE NEUE STRASSE
ERBAUT IN DEN JAHREN
1893 BIS 1897
LÄNGE DER NEUEN STRASSE 5,820km.
GRÖSSTE STEIGUNG 5%
LÄNGE DER ALTEN STRASSE 2,860km.
GRÖSSTE STEIGUNG 25%

Völlig anonyme Zeichen einstiger Mühsal am Wege sind die sog. *Ruhesteine* oder *Ruhebänke*. Diese einfachen Vorrichtungen sollten gepäckbeladenen Trägern aus verschiedenen Erwerbs- und Berufszweigen ein Ausruhen ermöglichen, ohne daß sie die schwere Last vom Rücken abnehmen mußten. Solche Ruhebänke bestehen also zumeist aus zwei Teilen, einer niedrigeren Sitzbank in üblicher Sitzhöhe und einer dahinter angeordneten

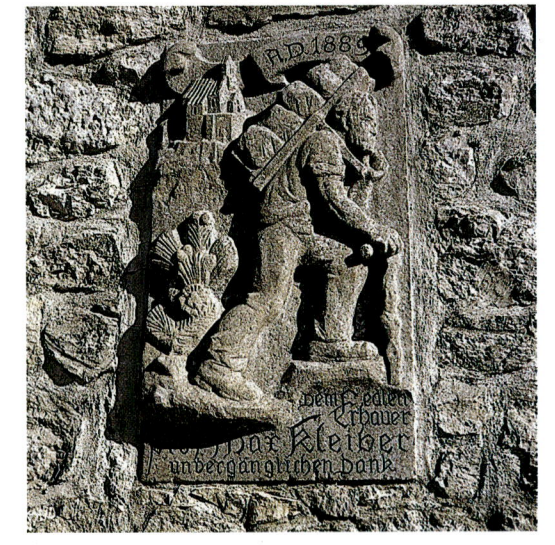

18.5T
Gedenktafel an der Kesselbergstraße zur Erinnerung an deren Erbauung in den Jahren 1893-1897.
Lkr. Bad Tölz-Wolfratshausen.

18.6T
Denkmal für die anonymen Stein-Träger beim Bau des Wendelsteinkirchleins im Jahr 1889.
Gde. Bayrischzell, Lkr. Miesbach.

18.7T
Skulptur eines anonymen Kraxentragers aus dem Ammergau mit Erzeugnissen der heimischen Holzschnitzkunst, errichtet 1970.
Südl. Oberammergau, Lkr. Garmisch-Partenkirchen.

18.8T + 18.9T
Die Kernbank in Hallstatt: „Hier rasteten die Kerntragweiber, die täglich zweimal schwere Lasten von Kern (Steinsalz) bis zum Jahre 1890 vom Salzberge zum Kernmagazinplatz hinabtrugen." Oberösterreich

höheren Auflagerfläche für die Traglasten; die Höhenlage dieser Auflagerfläche („hoher Stand") richtete sich oft nach der Art des Transportgutes auf einer bestimmten Transportstrecke.

Straßenbau gab es vor Beginn des 19. Jahrhunderts auch in Oberbayern nur in erstaunlich geringem Umfang. Reiter und Fußgänger blieben neben einfachen Lastenkarren bis zu dieser Zeit die häufigsten „Verkehrsteilnehmer". Ruhevorrichtungen für die vielen Lastenträger waren bis dahin allenthalben gebräuchlich: „Es waren Fußgänger mit Traglasten auf dem Rücken oder auf dem Kopf oder mit Schubkarren... Auf den Wegen zu den Städten waren die Frauen mit Butter und Eiern anzutreffen. Anstelle der heutigen Fabrikarbeit wurden vor allem viel Textilien auf dem Lande erzeugt. Solche Erzeugnisse wurden von den Männern in stundenlangem Wege zum nächsten Markt auf dem Rücken getragen. Nachtmärsche waren keine Seltenheit. So mußten die Eschbacher Strumpfwirker (Stricker) einen etwa 7-stündigen Weg zum Markt nach Wiesbaden zurücklegen (rund 50 km). Das Verkehrsmittel ‚Postkutsche' wäre bei den damaligen niedrigen Preisen für die Waren zu teuer gewesen, abgesehen davon, daß keine tägliche Postverbindung bestand, vielfach nur 1- oder 2mal in der Woche. Neben dem Postfahrzeug ist in den Postplänen des 19. Jahrhunderts auch der ‚Bote' mit festen Verkehrszeiten angegeben. Ihm kam also eine wichtige Rolle neben den Postfahrzeugen zu. Die meist erheblichen Entfernungen bei Fußmärschen mit Belastungen – aber auch die vielen Zollstellen – veranlaßten dazu, in geeigneten Entfernungen Ruhebänke an den Wegen oder Straßen aufzustellen. Da auch der Transport von Erzeugnissen des Feldes und des Waldes fast überwiegend von der Landbevölkerung zu Fuß ausgeführt wurde, so ergab sich die gleiche Notwendigkeit auch für die zum Dorfe führenden Feldwege."[2] Manche solcher Ruhebänke hatten entsprechende Namen wie „Butterbank" oder „Zollbank".

Ein ebenso rührendes wie erschütterndes Beispiel einer solchen Ruhebank ist die hölzerne „Kernbank" in Hallstatt: Hier rasteten einst die armen „Kernweiber", die das schwere Kernsalz in Körben vom Salzbergwerk zu Tal trugen. Wer aufmerksam durchs Hochgebirge wandert, entdeckt gelegentlich an alten Almwegen, Hüttenwegen und Paßübergängen noch solche Rastplätze. Viel häufiger als diese stummen Zeugen größter Mühsal von Generationen namenloser Menschen sind jedoch Gedenktafeln an Straßen, Rastplätzen und Aussichtspunkten, die an den – oft nur kurzen! – Aufenthalt bedeutender Persönlichkeiten aus Geschichte und Politik, Wissenschaft und Kunst erinnern.

18.10T
„Thingstuhl", vielleicht von 1442, im Perfallschen Schloßgut in der Gemeinde Greifenberg am Ammersee, Lkr. Landsberg am Lech.

18.11T
„Thingstuhl" bei Mondsee, Oberösterreich.

18.12T
„Thingstuhl," in Hellbrunn bei Salzburg.

Von „Thing" und „Freistuhl"

„Dem im Gesetz verankerten Recht voran ging allerwärts das ‚Recht', das der einzelne durch Gewalttat sich selbst verschaffte, das Faustrecht, die Eigenhilfe, die aber auch schon frühzeitig an die Anerkennung der Volksgenossen gebunden war und allmählich sich brauchmäßig entwickelte. Der persönlichen Rechtschaffung, welche doch die Volksgemeinschaft störte, folgte das Volksgericht, der Rechtsspruch durch Volksbeauftragte. Sie begaben sich mit ihrer Suche nach dem Rechte in den Schutz der Gottheit und hielten Gericht an Orten, die der Hauch überirdischer Gewalt umwitterte. Verschiedene solcher Gerichtsstätten sind festgestellt, zum Teil erhalten. Sie zeigen als einheitliches Gepräge meist aus Stein den Richtersitz (Freistuhl), Sitze für die Schöffen (Freibänke) und einen Tisch (Freistein) zur öffentlichen Auslegung von Beweisstücken. Dieser eigentliche Gerichtsraum war gegen das umstehende Volk umfriedet (gefreit) durch Schranken, Zaun, Graben oder Schnur und galt als gesichert gegen jede Eigenmächtigkeit."[3]

Dr. Karl Frölich, ordentlicher Professor der Rechte in Gießen, hatte in den dreißiger Jahren eine Abhandlung über die „Stätten mittelalterlicher Rechtspflege auf südwestdeutschem Boden" verfaßt, die uns im Rahmen einer neueren Arbeit wieder vorliegt. (Heinrich Riebeling: Historische Rechtsmale in Hessen, Heidelberg 1988).

Frölichs „Überblick über den Stand der neueren rechtsgeschichtlichen Forschung" aus der Sicht des Jahres 1937 verdient auch heute noch unser Interesse:

„Es ist davon auszugehen, daß ursprünglich der Opferplatz, der Ort der Abhaltung des Gerichts und die der Vollstreckung der gefällten Urteile dienende Richtstätte zusammenfielen.

Als Mittelpunkt des dafür vorgesehenen, wohl meist durch einen Steinkranz abgegrenzten kreisförmigen Raumes ist zu Anfang ein lebender Baum zu denken, an dem die als Gerichtswahrzeichen verwendeten Gegenstände — Schwert, Dingfahne oder Dingschild — angebracht wurden. Später ist an die Stelle des lebenden Baumes ein Holzpfahl in einer Steinaufschüttung getreten, die vielleicht entstanden ist aus den Steinen, die zur Bannung des als Wiedergänger gefürchteten Toten auf dessen Grabstätte geworfen wurden. Der Pfahl trug die Dingsymbole und war zu diesem Behuf mit einem Querholz versehen. Er wurde in der beschriebenen Form auch als Kreuzgalgen zum Aufhängen der Opfer benutzt.

Der Holzpfahl ist dann im Laufe der Zeit durch eine Steinsäule ersetzt, ohne daß sich jedoch in den zu Grunde liegenden Vorstellungen etwas geändert hätte.

Die anfängliche Stätte dieses Gerichts ist wahrscheinlich das Ahnengrab gewesen. Der Grabhügel auf dem Herrenhofe war Kult- und Gerichtsplatz zugleich. An dem Gerichtspfahl, der als Ersatz des lebenden Baumes am Ahnengrab in dem Steinhaufen errichtet war, wurden — gewissermaßen in Gegenwart des toten, durch den Pfahl dargestellten Ahnen — Urteile gefällt und vollzogen, wurde die Ehe geschlossen, wurden die Urkunden durch Berühren des Pfahles bekräftigt und rechtswirksam gemacht. Die Gerichtsstätte am Ahnengrabe diente zwar zunächst der Sippengerichtsbarkeit, an ihr wurde aber auch das öffentliche Gericht für die Dorfschaft oder noch ausgedehntere Bezirke abgehalten.

An derartige, in ihrem letzten Grund mit dem Totenkult zusammenhängende und in zauberischen Vorstellungen mannigfacher Art verwurzelte Einrichtungen knüpft die weitere Entwicklung an. Aus ihnen erklärt sich einmal die enge Verbindung, die später vielfach zwischen Gerichtsstätten und Begräbnisplätzen obwaltet, erklärt sich die häufig bezeugte besondere Lage der Gerichtsstätten auf Erdhügeln oder auf beherrschenden Höhen, in der Nähe einer Grenze oder eines heiligen Gewässers, Eigentümlichkeiten, die an die Wahl der Orte für die Totenbestattung erinnern. Sie erklären ferner die Einfassung der Gerichtsstätten durch einen Kreis, der aus lebenden Bäumen oder aus Steinen gebildet ist und das Grab umgibt. Und endlich erklären sie den Asylschutz, der öfters für die Gerichtsstätte bezeugt ist und der auf den Frieden des Grabes und die daraus entspringenden Tabuvorstellungen zurückgeht.

Die hier gemachten Beobachtungen aber werfen zugleich Licht auf eine Reihe anderer Vorgänge, die in der Folgezeit begegnen.

Der den Fuß des Kult-, Opfer- und Gerichtspfahls umgebende Steinhaufen wird umgestaltet zu einem erhobenen, mit Stufen ausgestatteten Unterbau, den die flandrischen und französischen Quellen als „perron" kennen. Auf ihm hatte der Richter seinen Standort und an ihm wurden die Hinrichtungen vollzogen, soweit nicht der Gerichtspfahl selbst als Kreuzgalgen hierzu verwandt wurde. An den Steinbau mit Stufensockel hat man auch zu denken, wenn in den mittelalterlichen Quellen von Dingstuhl, Richterstuhl oder Königsstuhl die Rede ist. Es handelt sich dabei nicht oder doch nicht in erster Linie um einen Stuhl zum Sitzen, sondern um eine Gerichtsstätte.

Mit dem Eindringen und der Verbreitung des Christentums erfolgt häufig eine Verlegung der alten Gerichtsstätten an die Eingänge der Kirchen, in deren Vorhallen oder auf den Platz vor der Kirchentür, wobei nicht selten mit einer Verchristlichung des Ahnengrabs und der Errichtung eines dem neuen Glauben gewidmeten gottesdienstlichen Gebäudes über dem Ahnengrab zu rechnen ist. Dagegen gehört die Abhaltung der Gerichtssitzungen in einem überdachten Raum erst einer verhältnismäßig späten Zeit an. Ein Kapitular Karls des Großen aus dem Jahr 809 sieht sie vor, ohne daß sich jedoch zunächst diese Anordnung durchzusetzen vermocht hätte...

Aus dem Kreuzgalgen in dem Steinhaufen am Ahnengrab, dem alten Kult-, Opfer- und Gerichtspfahl hat sich im Laufe der Zeit die jüngere Form des Galgens entwickelt, zunächst wohl in der Gestalt des den Baumast nachahmenden Knie- oder Schnabelgalgens, der als solcher nach wie vor Mittelpunkt des Gerichtsrings blieb. An dem Gerichtspfahl, der ursprünglich aus Holz bestand, dem „Stock", der später durch eine steinerne Säule ersetzt wurde, werden die Verbrecher auch angebunden zum Vollzug von Körperstrafen, insbesondere der Prügelstrafe, des Staupenschlags, oder werden sie ausgestellt und der Schaulust der Menge und der Verhöhnung durch sie preisgegeben. Damit wird der Gerichtspfahl gleichzeitig zum Pranger, zur Schandsäule, zum Kak, wie die norddeutschen, oder zum Schreiat, wie die süddeutschen Quellen sagen.

Öfters kommt neben dem als Galgen benutzten Opfer- und Gerichtspfahl ein besonderer Stein vor, auf dem die Blutopfer und Todesstrafen oder auch verstümmelnde Leibesstrafen, wie das Abhauen der Hand, vollstreckt wurden. So tritt neben dem Gerichtspfahl, den Stock, der Stein als ein zweites Merkmal der Gerichtsstätte; die noch heute gebrauchte formelhafte Wendung „Stock und Stein" geht darauf zurück. Stock und Stein, oder Galgen und Pranger sind im Hochmittelalter die Symbole der Blutgerichtsbarkeit, sie begegnen vielfach als Zubehör der sogen. Dinghöfe oder Richterhöfe, bei denen sie als Wahrzeichen des Gerichtsbanns dienen. Erst in neuerer Zeit ist der Stock zu einer aus Balken gezimmerten Vorrichtung zur Verwahrung der Verbrecher geworden, schließlich bedeutet er „Gefängnis" schlechthin.

Bei dem Schweigen der Quellen läßt sich für das Gesagte nicht immer ein zwingender Beweis erbringen, und wir werden zuweilen über Vermutungen nicht hinauskommen. Es ist auch nicht zu verwundern, daß manches von dem, was vorstehend ausgeführt wurde, auf Widerspruch gestoßen ist. Aber es dürfte doch nicht zu bezweifeln sein, daß es letzten Endes im Totenkult verwurzelte, mit zauberischen Vorstellungen verschiedenster Art durchsetzte Einrichtungen gewesen sind, an die die weitere Entwicklung anknüpft, und daß nähere, durch den Glauben an die in dem Dingpfahl verkörperten Mächte getragene Beziehung zwischen Grabstätte, Opferplatz, Dingort, Richtplatz und Pranger, sowie ihren späteren Ausgestaltungen obwalten. Trifft dies aber zu, so haben wir eine Handhabe gewonnen, die hier zu behandelnden Erscheinungen aus ihrer Vereinzelung zu lösen, sie unter demselben Blickwinkel zu würdigen und sie für einen gemeinsamen Sinngehalt zu unterstellen."

Die germanische Gau- und Landesversammlung, die unter freiem Himmel Gericht hielt, Gesetze gab und zugleich Opfergemeinschaft war, hieß das „Thing". Ein gebotenes Thing trat nur bei besonderem Anlaß zusammen, das ungebotene Thing fand hingegen regelmäßig im Frühling bei Vollmond und Neumond statt. Unser Wort „dingen" bedeutete im Mittelhochdeutschen noch soviel wie Gericht halten oder einen Vertrag schließen. „Manche dieser Volksgerichte genossen großes Ansehen, und ihre Gewalt reichte oft weit. So wurde im Jahre 1441 die Stadt Wasserburg am Inn vor den westfälischen Freistuhl zu Waltorpe geladen, auf Klage des Eichstätter Bürgers Schrag, wegen angeblicher Wegnahme einer Schiffsladung Tuch auf dem Inn. Ein Reinigungseid befreite die Stadt von der Anschuldigung. Weltliche und geistliche Grundherren aller Art, auch die Städte, entwanden dem Volke allmählich jede Rechtsprechung, bis Landesherr und Staat auch ihnen die Rechtspflege abnahmen."[4]

Überlieferte Thingplätze oder Reste davon sind, soweit überhaupt bekannt, heftig umstritten. Die Kirche St. Georg – ehemals St. Martin – in Nonn bei Reichenhall steht auf ältestem Kulturboden. Westlich vor dem Friedhof dieser Kirche befindet sich noch eine gesicherte alte Gerichtsstätte, die „Schranne", die uns einen guten Eindruck von einem ehemaligen Thingplatz vermittelt: Um einen immer wieder neu angepflanzten Nußbaum sind auf steinernen Sockeln vier Balken von je zehn Fuß Länge und etwa ein Fuß Dicke miteinander verbunden, die als Sitze dienten; die Anlage gilt als eines der ältesten Denkmale der Rechtsgeschichte Bayerns.

Ungeklärter Herkunft ist hingegen der „Thingstuhl" im Park des Perfallschen Schloßgutes zu Greifenberg am Ammersee. Wahrscheinlich stand er ursprünglich an einem anderen Ort, und auch die – dem Schriftduktus nach spätere – Datierung 1442 dürfte nicht richtig sein, doch er könnte der Stuhl eines Landrichters gewesen sein. Die Landrichter pflegten noch im 13. Jahrhundert unter freiem Himmel, meist unter einem uralten Baum, Gericht zu halten.

Sinn und Gestalt des altgermanischen Things sehen wir noch in einigen Schweizer Landgemeinden, so zum Beispiel in Uri bis 1928, in Glarus bis 1934. In der Epoche des Nationalsozialismus suchte man nach 1933 mit der Gestaltung von Thingplätzen auf dem Anger oder Dorfplatz oder bei der Tanzlaube an alte Überlieferungen anzuknüpfen.

18.13T
Die alte Gerichtsstätte („Schranne") in Nonn, westlich vor dem Kirchhof. Um einen Nußbaum sind auf steinernen Sockeln vier Balken verlegt, die als Sitze dienten.
Nonn, Stadt-Gde. Bad Reichenhall, Lkr. Berchtesgadener Land.

18.14T
Das Titelbild der 1533 von Johannes Schöffer in Mainz gedruckten Hals oder Peinlich Gerichtsordnung — „des allerdurchleuchtigsten großmächtigsten und überwindlichsten Kaiser Karls des fünften und des heiligen Römischen Reichs peinliche Gerichtsordnung auf den Reichstagen zu Augsburg und Regensburg in den Jahren 15(30) und 32 gehalten, aufgerichtet und beschlossen" — zeigt die Geräte und Werkzeuge der in den Abschnitten CXCII (192) bis CXCVIII (198) formulierten Urteilsbeschlüsse über Todes- und Leibesstrafen; es zeigt auch die Richtstätte.

18.15T
Strafen des späten Mittelalters auf einer Richtstätte. Darstellungen im Vordergrund: Stäupen (Mit Ruten aushauen), Enthaupten (Zum Schwert), Rädern (Zum Rade), Handabschlagen (Abhauen der Finger); im Hintergrund: Ohr abschneiden, Ertränken, Vierteilen, Verbrennen (Zum Feuer), Hängen (Zum Galgen); Blenden.
Holzschnitt aus dem „Laienspiegel", der 1508/1509 von Johannes Schöffer in Mainz gedruckt wurde.

18.16T
Der Gang vor das Halsgericht (Holzschnitt von Burgkmair — um 15.20). Im Hintergrund: Rädern, Hängen, Pfählen, (Ertränken), Enthaupten, Verbrennen.

18.15T

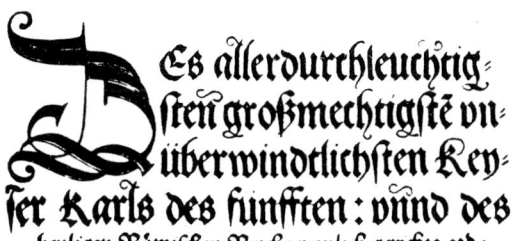

18.16T

18.14T

Kap. 18

18.17T
Bild einer ehemaligen Exekutionsstätte. Titelzeichnung des Eichstätter Halsgerichtsbuches, das Todesurteile seit etwa 1420, geordnet nach bischöflichen Ämtern, registriert. Rad, Galgen und Richtschwert mit Kreuzigungsgruppe umrahmen das Schafott, das man über Treppen bestieg. Im Vordergrund wird einer lebendig zu Begrabenden christlicher Trost gespendet.

18.18T
Der Plan des Amtes Graisbach von 1599 zeigt u.a. auch den „Mittberg" (mit eingezeichnetem Galgen), die damalige Wellheimer Richtstätte. Der Hügel heißt heute Galgenberg.

18.17T ▷
18.18T ▷▷

Aus bildlichen Überlieferungen können ehemalige *Richtstätten* festgestellt und näher beschrieben werden. Beispielsweise ist die Richtstätte von Nürnberg in Schedels Weltchronik, Blatt C-Nürnberg, abgebildet. Sie lag außerhalb der Stadt und bestand aus einem Gerüstgalgen (der äußere Galgen für Juden), einem Radstock, der Beichtenmarter, den drei Golgathakreuzen und der Richtstätte (in Schedels Chronik nur die drei letzteren abgebildet). Die Hinrichtungsstätte war gemauert und zu dem Block, vor dem sich nochmals ein Kreuzigungsrelief befand, führten Stufen hinauf, sodaß Hinrichtungen von allen Versammelten gesehen werden konnten. Weitere Abbildungen solcher Exekutionsstätten finden sich in der Bamberger Halsgerichtsordnung von 1508 und in der Constitutio Criminalis Carolina von 1532.

Daß auch einmal ein Prozessionsaltar auf dem Marktplatz als Richtstätte diente, wie dies bei dem Bürgeraufstand in Schweinfurt 1513 der Fall war, dürfte kaum öfters vorgekommen sein. Die vier Anführer des Aufruhres wurden hier auf dem Stein, der zum Abstellen der Monstranz diente, kurzerhand geköpft. Ein zeitgenössisches Gedicht sagt, man „habe got dem hern sein stul geschant, haben in zu einem rabenstein gewant", und daraus kann auch wieder geschlossen werden, daß die Bezeichnung *Rabenstein* für einen Bildstock im Zusammenhang mit einer Richtstätte steht. Vielleicht dienten gelegentlich auch Bildstöcke als Viertelgalgen, da sie die Ortsgrenzen bezeichneten und die Exekution an den Grenzen des Ortes in den vier Himmelsrichtungen zu erfolgen hatte. Aus §192 der „Carolina" geht hervor, daß die Viertelsgalgen auch an Gerichtsgrenzen errichtet wurden und damit wurden sie wieder gleichzeitig zu einer Art Grenzmal.

Auch die Bezeichnung „Malefizstein" könnte auf eine solche Funktion hinweisen. Man nimmt an, daß manche Bildstöcke auch *Asylsteine* waren, doch war dies wohl nur selten der Fall; hier wäre der Verfolgte weder vor Wetter noch sonstiger Unbill geschützt gewesen. Asylstätten waren stets Kirchen und vor allem Freithöfe.

Totenleuchten

Die sehr selten gewordenen Totenleuchten auf alten Friedhöfen entstammen frommen Stiftungen und sollen zum Gebet für die Verstorbenen mahnen; sie sind das zu Stein gewordene Fürbittgebet: „Das ewige Licht leuchte ihnen." Die Vorstellung vom Dunkel des Totenreiches, die ja fast in allen Religionen wiederkehrt, mag bei dem Gedanken, den Toten ein Licht mitzugeben ins Reich der Finsternis, mitgespielt haben.

Meist werden nur solche Andachtsmale als Totenleuchte bezeichnet, die noch innerhalb eines Friedhofs stehen. „Der Grund mag darin liegen, daß die meisten kleinen, außerhalb des Friedhofes errichteten Totenleuchten in späterer Zeit, als ihre ursprüngliche Bestimmung in Vergessenheit geriet, durch Anbringung eines Bildes einfach zu Bildstöcken umgeformt wurden. Dies trifft vor allem auf die sog. ‚Pestkreuze' zu... Die freistehende ‚Totenleuchte' bestand aus einem mehr oder weniger hohen Pfeiler aus Stein, der an seinem oberen Ende ein zur Aufnahme des sogenannten ‚Arme-Seelenlichtes' bestimmtes Gehäuse trug. Die größeren Totenleuchten, fast immer auf Friedhöfen errichtet, waren oft so hoch gebaut, daß es nicht möglich war, auf normale Art zum Lichthäuschen zu gelangen. Die Lampe wurde daher durch eine zylindrische Öffnung, die den Schacht senkrecht durchlief, mittels einer über ein Rädchen laufenden Schnur hochgezogen. Zu diesem Zwecke befand sich im unteren Teil des Schaftes eine Öffnung, durch die man das Licht in die Höhlung einschieben konnte. Von diesen hohen Lichtsäulen hat sich nur eine geringe Anzahl erhalten – die meisten hievon in Frankreich – dagegen finden wir noch, vor allem in Österreich, verhältnismäßig viele kleinere Totenleuchten, einige von ihnen auf Friedhöfen, die meisten jedoch am Ortsrande oder im freien Felde. Sie sind derart gebaut, daß sich das Lichtgehäuse in normaler Reichweite befindet, also die Lampe einfach vom Boden aus hinein gestellt wurde, vielleicht bediente man sich in einigen Fällen auch eines Auftrittes oder einer Leiter; zu einer Aushöhlung des Schaftes war daher keine Veranlassung. Ist das Lichtgehäuse unmittelbar an der Kirchenmauer angebracht, sodaß sich der Stützpfeiler erübrigt, spricht man von einem Lichthäuschen oder Lichterker...

In manchen Fällen – sie sind wohl schon selten – stellt man heute noch zu gewissen Zeiten ein Licht in das Tabernakelgehäuse. Auch die hohen Friedhofsleuchten werden mancherorts noch am Allerseelentag entzündet, wie in Lorch, O.Ö., oder in Keutschach, Kärnten, wo an diesem Tage brennende Kerzen in die untere Einschuböffnung der Totenleuchte gestellt werden, was ihr den Namen ‚Kerzenturm' eingetragen hat, doch kann dies alles nur mehr als ein schwacher Ausklang des eigentlichen Brauches angesehen werden. In früheren Zeiten standen die Friedhofsleuchten in täglicher Verwendung... Neben den Pestkreuzen finden wir Lichtsäulen außerhalb des Kirchhofbereiches noch als sog. Armsünder-, Galgen- oder Urtelkreuze an ehema-

18.19T
Totenleuchte auf dem ehemaligen Friedhof an der Stiftskirche in Laufen, später zu einem Passionsdenkmal umgestaltet, Foto um 1920. Lkr. Berchtesgadener Land.

18.20T
Totenleuchte auf dem ehemaligen Friedhof an der Stiftskirche in Laufen, später zu einem Passionsdenkmal umgestaltet, Foto im Jahre 1985. Lkr. Berchtesgadener Land.

ligen Richtstätten; auch vor Siechenhäusern und Leproserien wurden sie gerne aufgestellt...

Der Ausdruck Totenleuchte, der verhältnismäßig jung ist, hat sich vor allem in den kunsttopographischen und heimatkundlichen Werken eingebürgert und wird dort als Sammelbegriff sowohl für die freistehenden Säulen mit Lichtgehäuse als auch für die an Kirchen oder Karnern angebrachten Lichthäuschen und Lichtnischen verwendet. Daneben findet man noch Bezeichnungen wie Friedhofsleuchte, Kirchhofslaterne, Steinleuchte etc. Früher nannte man sie Armseelenleuchte, Seelenlicht, in alten Urkunden finden wir die Ausdrücke: ewig liecht, ewig nachtlicht, steynen luchtin, lucern etc.; die lateinischen termini waren: lumen, luminaria, luminare, lampadas etc..."[5]

Ein wesentliches Merkmal der Totenleuchte ist im Kollektivcharakter dieses Kultmales zu sehen: „Wenn auch oft von Einzelpersonen gestiftet, soll es für alle auf dem Friedhof Ruhenden oder unter dem Male Begrabenen – dies kommt vor allem bei den Pestsäulen zum Ausdruck – leuchten. Dort, wo es sich um das Licht für das Grab einer Einzelperson handelt, wollen wir lieber beim Ausdruck Grablicht oder Grableuchte bleiben; solche treten uns schon sehr früh entgegen, wie z. B. in der Lichtstiftung Karls des Dicken von 884, also zu einer Zeit, als die Kollektivleuchte noch unbekannt war. Lichtsäulen für Einzelpersonen außerhalb des Friedhofes wurden im Mittelalter verhältnismäßig selten errichtet: als Gedächtnissäulen an Orten, wo ein Unglück geschehen war, oder es wird in ihnen der Gedanke der mittelalterlichen Sühnekreuze weitergeführt. Charakteristisch für sie

18.21T
Spätgotische Totenleuchte auf dem Friedhof in Marzoll, später für Gefallene der napoleonischen Kriege 1805/1809/1813 umgestaltet. Stadt-Gde. Bad Reichenhall, Lkr. Berchtesgadener Land.

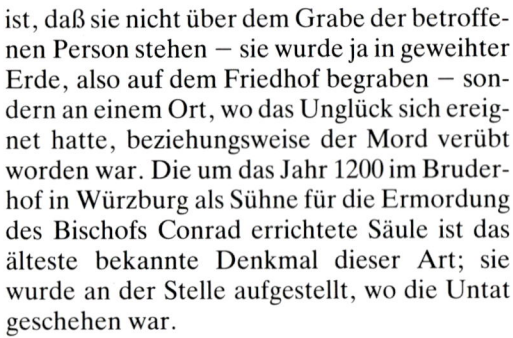

18.22T
Totenleuchte auf dem Friedhof von Frauenchiemsee.

18.23T
Totenleuchte auf dem Friedhof von Schwaz, Tirol.

ist, daß sie nicht über dem Grabe der betroffenen Person stehen – sie wurde ja in geweihter Erde, also auf dem Friedhof begraben – sondern an einem Ort, wo das Unglück sich ereignet hatte, beziehungsweise der Mord verübt worden war. Die um das Jahr 1200 im Bruderhof in Würzburg als Sühne für die Ermordung des Bischofs Conrad errichtete Säule ist das älteste bekannte Denkmal dieser Art; sie wurde an der Stelle aufgestellt, wo die Untat geschehen war.

Abzugrenzen ist die Totenleuchte auch gegen das Ewige Licht in der Kirche, dem eine andere Bestimmung zukommt; die zahlreichen Stiftungen, die im Mittelalter für die Unterhaltung solcher Lichter getätigt wurden, unterscheiden sich textlich von den Stiftungen zu Gunsten von Totenleuchten dadurch, daß sie fast immer den Beisatz tragen: ad altarem oder ante altarem (z.B. Sanctae Annae), also für die Ewige Lampe eines bestimmten Altares der betreffenden Kirche gewidmet waren."[6]

Eine bemerkenswerte, aber vielfach umgestaltete Totenleuchte befindet sich auf dem alten Friedhof westlich der Stiftskirche zu Laufen. Die aus Tuff gehauene Säule, wohl erst im 16. oder frühen 17. Jahrhundert entstanden, ist die letzte sichtbare Erinnerung an den Friedhof im Herzen der Altstadt, der 1828 neben das Kapuzinerkloster, vor den Toren der Stadt, verlegt wurde. Vor dieser Leuchte steht heute eine große marmorne Altarmensa, deren Schmuckformen auf die Zeit um 1730–1740 hinweisen; ihre Herkunft ist rätselhaft, doch muß sie früher in einer sehr großen Kirche gestanden haben. Auf diesem Altar steht ein ebenfalls marmornes Vesperbild aus der Zeit um 1680. In die Seitenwunde Christi ist ein Brunnenrohr eingesetzt, aus dem früher Wasser in das Muschelbecken eines kleinen Brunnens sprudelte. Die Ecken der tumbenförmig gekurvten Vorderansicht des Altares sind mit großen Volutenstücken geschmückt. Zwei große Volutenkonsolen befinden sich auch zu Seiten der Totenleuchte; auf ihnen standen bis vor einigen Jahren zwei romanische Säulen mit Würfelkapitellen, die ihrerseits mit den aus Blech ausgeschnittenen und bemalten Figuren Mariä und Johannes bekrönt waren. Die reich profilierte, ähnlich wie der Altar gekurvte große Marmorplatte unter dem Vesperbild war wohl ein Untersatz für einen Tabernakelaufbau. Die Gesamtkomposition, durch die das Totenlicht zusammen mit der Kreuzigungsgruppe und dem Vesperbild zu einem Passionsdenkmal umgeformt und ein charakteristisches Andachtsmal geschaffen worden ist, wird auf Dekan Braun zurückgeführt, der auch Maler war und um 1860 in Laufen wirkte. Die beiden romanischen Säulen wurden erst 1978 im Bruderschaftsgewölbe vor der Stiftskirche eingebaut.

Felsbilder

Wie die Uranfänge der abstrakten Kunst ragen zeitlos urtümliche Felsgravuren „aus grauer Vorzeit" in unsere entzauberte Welt hinein. Ein Großteil des einfachen, meist unbeachteten Symbolinventars auf den Ritzzeichenblöcken und Wänden der Almregion stammt vielfach erst aus nachmittelalterlicher Zeit und ist der sog. „Hirtenkunst" zuzuordnen, es entspringt also dem Gedankengut jener einfachen bergbäuerlichen Menschen, die als Hirten und Sennen – vielleicht auch als Jäger – viele Wochen und Monate in der Einsamkeit der Almregion hausten.

Die Frage, ob in den bayerischen Bergen Felsbilder vorhanden seien, wurde bis etwa 1960 verneint. Eine genauere Untersuchung durch Dr. Edith Ebers (†) und Franz Wollenik unter Mithilfe bayerischer Forstämter und

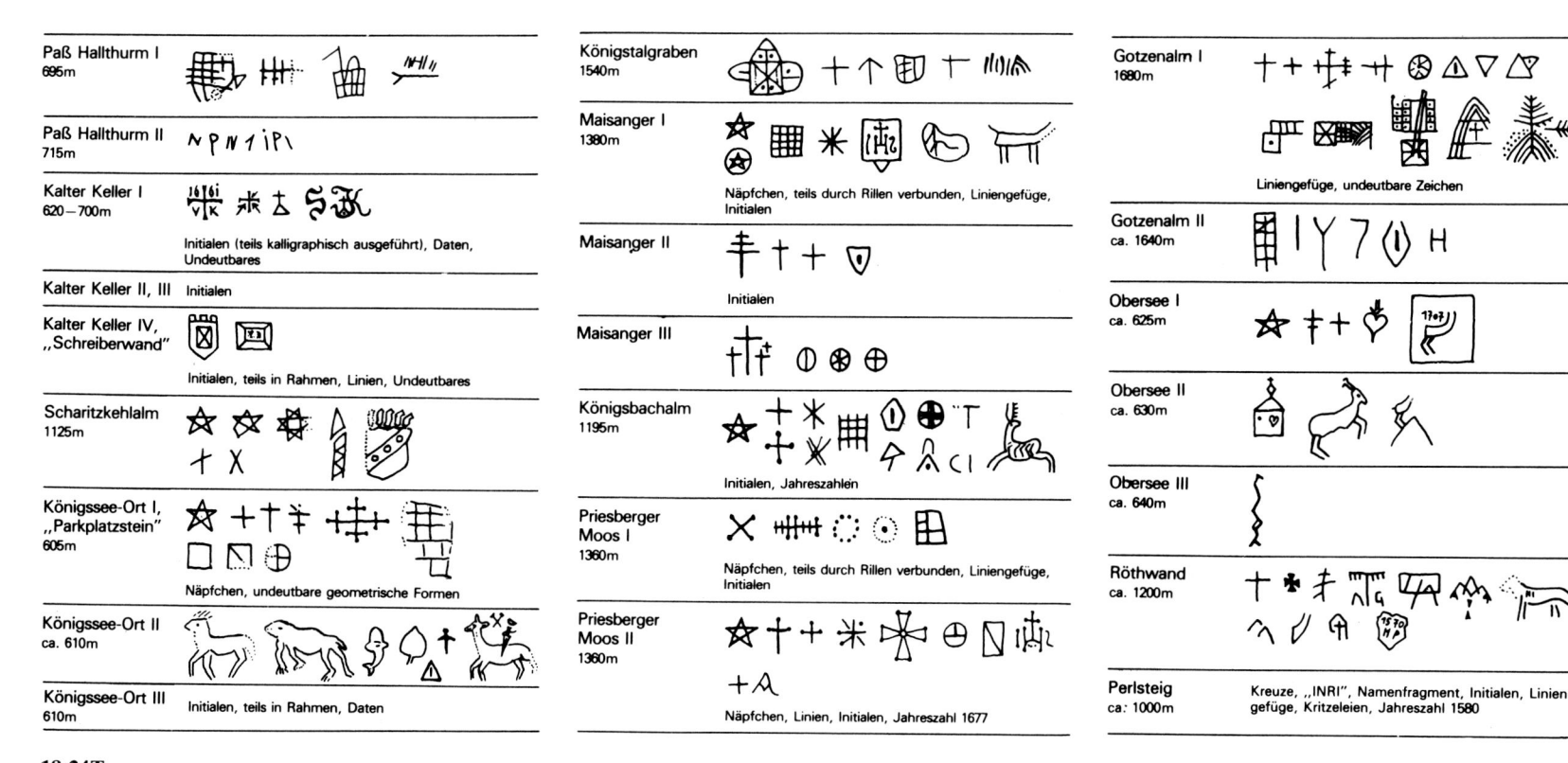

Fundstelle	Symbole / Beschreibung
Paß Hallthurm I, 695 m	(Felszeichen)
Paß Hallthurm II, 715 m	(Felszeichen)
Kalter Keller I, 620–700 m	Initialen (teils kalligraphisch ausgeführt), Daten, Undeutbares
Kalter Keller II, III	Initialen
Kalter Keller IV, „Schreiberwand"	Initialen, teils in Rahmen, Linien, Undeutbares
Scharitzkehlalm, 1125 m	(Felszeichen)
Königssee-Ort I, „Parkplatzstein", 605 m	Näpfchen, undeutbare geometrische Formen
Königssee-Ort II, ca. 610 m	(Tierdarstellungen)
Königssee-Ort III, 610 m	Initialen, teils in Rahmen, Daten
Königstalgraben, 1540 m	(Felszeichen)
Maisanger I, 1380 m	Näpfchen, teils durch Rillen verbunden, Liniengefüge, Initialen
Maisanger II	Initialen
Maisanger III	(Felszeichen)
Königsbachalm, 1195 m	Initialen, Jahreszahlen
Priesberger Moos I, 1360 m	Näpfchen, teils durch Rillen verbunden, Liniengefüge, Initialen
Priesberger Moos II, 1360 m	Näpfchen, Linien, Initialen, Jahreszahl 1677
Gotzenalm I, 1680 m	Liniengefüge, undeutbare Zeichen
Gotzenalm II, ca. 1640 m	(Felszeichen)
Obersee I, ca. 625 m	(Felszeichen)
Obersee II, ca. 630 m	(Felszeichen)
Obersee III, ca. 640 m	(Felszeichen)
Röthwand, ca. 1200 m	(Felszeichen)
Perlsteig, ca. 1000 m	Kreuze, „INRI", Namenfragment, Initialen, Liniengefüge, Kritzeleien, Jahreszahl 1580

18.24T
Symbolinventar der Felsbildfundstellen des Berchtesgadener Landes.

verschiedener Persönlichkeiten mit besonderen Ortskenntnissen hat andere Ergebnisse gebracht. Besonders im Ausstrahlungsbereich des österreichischen Felsbilder-Vorkommens, im Gebiet des Dachstein- und des Wettersteinkalkes, ist eine Reihe überraschender Felsgravuren bekannt geworden. Die bisherigen Fundorte konzentrieren sich auf den Untersberg, das Lattengebirge und um den Königssee. Man gewinnt dadurch mehr und mehr den Eindruck einer geschlossenen fossilen Teilkultur im bayerisch-österreichischen Raum, die nach Westen hin ausklingt.

An der Bahnstrecke von Reichenhall nach Berchtesgaden liegt die Station Paß Hallthurm, 695 m, einst stark befestigtes Grenzbollwerk der ehemaligen Fürstpropstei Berchtesgaden. Nur etwa 200 m vom Bahnhof entfernt wurde auf der von der Straße abgewandten Seite eines mächtigen Blocks das erste „bayerische" Felszeichen gefunden. Der Bergsturz von Riesenblöcken, der hier liegt, muß vom Felsmassiv des Untersbergs herabgestürzt sein. Es handelt sich hier um ein „offenes" Netz oder Gitter, von viereckigen Feldern zusammengefügt.

Am Paß Hallthurm erscheint uns das erste bayerische Fels-Signum ein uralter Wegweiser zu sein, worauf schon seine Lage an jenem alten einstigen Saumpfad hinweist.

Eine ziemlich abgelegene und versteckte Felsbild-Fundstelle liegt im Lattengebirge, nahe der Dalsenalm, im Umkreis bayerischer Dachsteinkalk-Berge. Etwas tiefer, näher an der Dalsenalm, befindet sich die mysteriöse „Schneidwand am alten Sackweg", 1140 m, die einst eine besondere Bedeutung gehabt haben muß. Völlig unerwartet erscheinen hier unter vielem rezentem Gekritzel echte Felsritzungen vorgeschichtlicher Art. Die Leidenschaft des Felsritzens, ihre Kontinuität vom fernsten bis zum heutigen Tage, ist an dieser kleinen Felswand besonders auffällig. Vor der Ritzzeichenwand liegt ein von Felsen umschlossener, kleiner ebener Talgrund, früher wohl mit einem kleinen Bergsee. Den „Altarstein" könnte hier das Wändchen selbst abgegeben haben. Vor der Schneidwand könnte man sich sehr gut vorstellen, daß sich hier ehemals Menschen zusammenfinden konnten; zu Aussprachen, zu Riten und Kulthandlungen.

Die Schneidwand zeigt unter anderem bekannte Felsbildsymbole wie Kreuze mit vielen Näpfchen an ihren Enden, Leitern und Winkel, neben manchem noch Undeutbaren.

Unter den zahlreichen Stammbecken-Seen ehemaliger Gletscher in Oberbayern ist der Königssee der größte und eindrucksvollste. Mitten auf dem „Parkplatz Königssee" machte man die ersten Funde. Im wesentlichen sind es Pentagramme und Kreuze. Den Königssee entlang, bis zum Wasserfall am Obersee etwa, finden sich weitere Felsbilderstellen. Am ergiebigsten ist das Gelände der östlichen Trogflanke in Richtung Königstal und Gotzenalm. Nach Erreichen der Königstal-Alm führt der Weg hinaus in das kleine, vielleicht erst von einer nacheiszeitlichen Gletscherzunge ausgehobelte, von Ost nach West fallende Königstal, das im Norden von der Bärenwand begrenzt wird. Alte Bergstürze liegen im Talgrund, dem „Maisanger". Die bildverdächtigen „Betsteine" zeigen sich sofort als Ritzblöcke. Altsymbole wie Mühle, Leiter und Gitter fehlen. Dagegen treten Kreuze und Pentagramme in großer Zahl auf, auch Christogramme sind häufig. Am Ostrand des Priesberger Mooses, südlich des Königstales, das von besonders großen Blöcken verschüttet ist, liegen zwei Zeichensteine mit Kreuzen und Näpfen an den Enden, offene und geschlossene Pentagramme und anderes mehr. Es ist erkennbar, daß die Felsritzungen hier einen anderen Charakter annehmen als die klassischen an den Fundstellen des heutigen Österreich; sie erscheinen merklich jünger. Die Landschaft der klassischen geheimnisvollen Felsbilderkultur Österreichs mit ihrer reichen Symbolik hat eine Grenze. Ist es Zufall, daß an dieser Grenze einstmals auch diejenige zwischen den römischen Provinzen Rätien und Norikum lag und diese Grenzziehung

18.25T
Ritzzeichenblock am Parkplatz Königssee, auffallend: Hexagramm mit Punktringen, Schoßdreiecke (?). Gde. Schönau am Königssee, Lkr. Berchtesgadener Land.

18.26T
Unendlichzeichen mit Raute in der Nähe des Funtensees.

18.27T
Die Datierung „1604" inmitten von Ritzzeichen. Auf dem Weg vom Königssee zum Funtensee.

18.28T
Felsritzblock mit großem Bilderreichtum auf der Gotzenalm.

wahrscheinlich auch auf einer noch viel älteren Tradition basiert? Weiter bergan in südlicher Richtung, auf der Gotzenalm, 1685m, wurde auf der von Verkarstung zerfressenen Hochfläche eine interessante Entdeckung gemacht. Die Zeichen, auf einer kleinen abgekehrten Wand, scheinen sehr verschiedenen Alters zu sein. Es sind Dreiecke mit tropfenförmigen Vertiefungen, wohl Schoßdreiecke, also Fruchtbarkeitssymbole, fragmentarische Räder und Gitter, meist mit Näpfchen in den Feldern, sowie Linien in merkwürdiger Spitzbogenform. Eine Komposition trägt auf einem schematisch angedeuteten „Bergzacken" zwei Reihen Näpfchen, denen ein Nadelbaum entsprießt.

In den Ruhpoldinger Vorbergen, von den Einheimischen mit mittelalterlichen Traditionen umkleidet, liegt der sogenannte „Speckstein", ein großer, gespaltener Block vor einer Felswand: Eine Situation, wie wir sie schon von anderen Orten kennen. Man muß sich in den engen Spalt hineinzwängen, um die auf den glatteren Felsflecken auf der Innenseite der Spalte angebrachten Ritzzeichnungen zu sehen. Um den Block herum blieb wieder ein ebener, versumpfter Raum, der an die altertümlichen Kulträume der Schneidwand erinnert. In diesem Fall aber scheint es ein echter „Hexentanzplatz" gewesen zu sein. Die nähere Umgebung verdiente eine eingehende geologisch-archäologische Bearbeitung. Die ganze Situation, weit abgelegen in düsterem Wald, ist unbedingt eindrucksvoll. Sie kann in dem schlimmsten Hexental der Alpen nicht beängstigender gewesen sein. Schon der Name „Speckstein" muß eine folkloristische Erklärung nahelegen. Eine Menge doppelt umränderter Jahreszahlen aus dem 18. Jahrhundert ist auf der glatten Wand im Innern des Spalts verzeichnet, aber darunter auch wieder eine Anzahl von Drudenfüßen, einer davon betont offen, mit sehr ungleich großen Zacken, einem Näpfchen in der Mitte und von zwei Hörnern gekrönt. Weiters gibt es hier eine Anzahl von bis zu achtzackigen Sternen und Kreuzen, auch doppel- und dreiachsig und an den Enden durch Näpfchen betont.

Eine so hartnäckige Überlieferung wie die, daß am „Speckstein" schwarze Magie getrieben worden sei, ist mindestens auffällig. Hier bietet sich ein gutes Beispiel für die Weiterverwendung eines der „Uralt-Symbole", des Pentagramms, bis in die Neuzeit hinein. Gerade in der Almregion des Berchtesgadener Landes ist die Ähnlichkeit vieler Symbole und Zeichen aus der Felsbilderwelt und an den Almkasern so auffallend, daß wir, auch über Jahrhunderte hinweg, einen gemeinsamen geistigen Hintergrund, eine gemeinsame „Handschrift" erkennen können. Eine im ge-

18.29T + 18.30T
Apotropaion in Form einer „Abwehrhand", vielleicht mit 1604 zu datieren (**18.29T**). Hexagramm und Kartusche mit Jahreszahl 1774 (**18.30T**).
Felsblöcke
auf dem Weg vom Königssee zum Funtensee.

samten Alpenraum außerordentlich seltene Erscheinung sind die sog. „Abwehrhände" – Apotropaia, die sich an den Kasstöckltüren der Rundumkaser auffällig häufen. Diese Abwehrhände gehören zu den faszinierendsten anthropomorphen Zeichen überhaupt – die geöffnete, abweisend nach vorn gekehrte Hand zählt zu den ältesten, noch heute allgemein verständlichen Gesten. In vielen Darstellungen der Versuchung – in allen Stilepochen – weist Christus mit dieser Handbewegung den aufdringlichen Satan zurück. An den Wänden urtümlicher Behausungen in Südeuropa und Afrika wehrt diese Hand noch heute drohenden Unheil. Mit den Bildern von Händen, auf denen die Finger gereckt und gespreizt dargestellt sind, scheint vielfach Beschwörung, Verwünschung, imaginative und zauberische Abwehr verbunden zu sein. Darstellungen dieser Art lassen sich bis in die Altsteinzeit zurückverfolgen. Eine Deutung des Ursprungs und Urgehalts dieser Geste ist schwierig. Keine Deutung der sehr unterschiedlichen rezenten Brauchübungen kann in überzeugender Weise auf diese frühen, wie auch auf die verhältnismäßig jungen Darstellungen der nordischen Bronzezeit übertragen werden, in der der erhobene Arm mit der gespreizten Hand zumindest als kultische Gebets- und Beschwörungsgebärde, oder als Heilszeichen gedeutet werden kann. Andererseits scheinen Hände mit den gespreizten Fingern weniger Bild- und Sinnbildcharakter zu haben als die Hand mit den geschlossenen Fingern; vielmehr sind sie die ziemlich unmittelbare Umsetzung einer Gebärde in eine figurale Darstellung.

Das Vorstrecken und Hochrecken der Hand mit weit gespreizten Fingern ist eine natürliche Schutz- und Abwehrbewegung, die rein mechanisch einen möglichst großen Schutzschild gegen körperliche Angriffe bilden soll. Diese instinktive Zweckbewegung ist nun wohl zu einer imaginativen Gebärde erstarrt und ihr Abwehr- und Schutzeffekt in den Bereich des Magischen transponiert worden.

In erstaunlicher Fülle findet sich dieses Apotropaion noch heute an Kasstöckltüren der Berchtesgadener Rundumkaser, die durchwegs aus dem 17., 18. und frühen 19. Jahrhundert stammen. Nur ein einziges Mal konnte eine solche Abwehrhand bisher im Berchtesgadener Land auch als Felsritzung entdeckt werden – an einem riesigen, überhängenden Felsblock nahe dem Funtensee. Eine Datierung „1604" befindet sich, neben allerlei Ritzungen, etwa 50 cm neben dieser Abwehrhand. Der Vergleich der Symbolinventare im Fels und auf den Baulichkeiten der Almregion zeigt gerade im Berchtesgadener Land eine auffallende Übereinstimmung; er zeigt, wie wichtig eine zusammenfassende und vergleichende Betrachtung dieser Phänomene ist und wie verfänglich Datierungsversuche ohne Orientierung an äquivalentem Ideengut sein könnten. Das Berchtesgadener Alm- und Felsrevier zeigt aber auch, welche Eigenheiten eine so kleine kulturelle Enklave entwickeln und überliefern kann; daß sich dieses Symbolinventar aus vorwissenschaftlicher Zeit fast ausschließlich auf die alpine Region konzentriert, ist ein Hinweis auf die Spiritualität und den Zauber dieser Bergwelt.[7]

18.31T
Hag aus Klaubsteinen, gegenüber der übrigen Weidefläche deutlich von Steinen gesäubert. Rechts im Bild das fast quadratische Klaubsteinfundament eines ehemaligen Kasers.
Südlich des Wendelsteins, aufgenommen vom Wendelsteinkirchlein. Lkr. Miesbach.

18.32T
Klaubsteinmauer auf der Regenalm; links der Mauer zeigt ein nitrophiles Biotop den ehemals intensiv genutzten Teil der Almlichte an. Lkr. Berchtesgadener Land.

Klaubsteine in der oberbayerischen Bergregion[8]

Der wirtschaftende Mensch hat seit seiner Seßhaftwerdung durch Eingriffe vielfältigster Art die ursprüngliche Naturlandschaft nach und nach in eine für seine Zwecke und Ziele nutzbare, landwirtschaftlich geprägte Kulturlandschaft umzuwandeln gewußt. Die Physiognomie dieser Kulturlandschaft ist weitgehend von der Art und dem Ausmaß der Bewirtschaftung geprägt, die wiederum von den jeweiligen geschichtlichen und sozialen Rahmenbedingungen abhängig ist und sich mit diesen im Laufe der Zeit und regional wandeln kann.

Zu einer letzten großen Phase von Urbarmachungen kam es in Deutschland vor allem noch einmal im 18. und 19. Jahrhundert im Zuge der Allmendeteilungen.

Aber schon seit dem 18. Jahrhundert bewirkte die Industrialisierung mit ihren gewaltigen wirtschaftlichen und sozialen Umschichtungen und den sprunghaft zunehmenden technischen Möglichkeiten auch tiefgreifende Veränderungen der seit dem frühen Mittelalter nahezu unverändert überkommenen traditionellen Kulturlandschaft. Die wohl größten Veränderungen dieser ehemals reich gegliederten, kleinteiligen Kulturlandschaft bewirkten die planmäßig durchgeführten Meliorationen (Bodenverbesserungen) und Flurbereinigungen, die zur Zeit in weiten Teilen Deutschlands bereits als Dritt- und Viertbereinigungen durchgeführt werden. Damit wird das agrare Kleinrelief, wie es zu Beginn der Industrialisierung bestand, nahezu ausgelöscht. Historisches Kulturland ist allenfalls noch in entlegenen und peripheren ländlichen Gebieten in Relikten erhalten.

Bei der Urbarmachung zum Zwecke des Ackerbaus mußten zuerst der Aufwuchs und die der Oberfläche aufliegenden und diese durchragenden Blöcke und Steine entfernt werden. Zum Zwecke des archaischen Hackbaus, der Feldbestellung mittels der Hacke, genügten diese Vorarbeiten durchaus. Anschaulich schildert Wopfner die Rodung eines Waldschlages im Tiroler Ahrntal: „Zuerst wurden die Bäume umgehauen, die Rinde um die Stöcke herum abgeschält und austrocknen gelassen. Die kleineren Steine wurden weggeschafft, die größeren mit Erde überdeckt. Dann wurde zwischen den Stöcken der Grund mit einer Haue gehackt und Hafer eingesät... Nach drei Jahren wurden alle Stöcke mit einer Winde herausgetrieben."[9]

Um im Ackerland den Pflug einsetzen zu können, genügten Rodung und oberflächliche Säuberung der Parzelle jedoch nicht. Vielmehr mußte zusätzlich der Oberboden bis zur Unterkante der Eindringtiefe der Pflugschar, also der gesamte Pflughorizont, von Wurzeln, Blöcken und Steinen befreit werden, um ein ungehindertes Gleiten der Pflugschar in der Furche zu ermöglichen. Eindrucksvoll schilderte Staffler 1839 diese Kultivierungsarbeiten des Bergbauern: „Er wird nicht müde, Wurzeln und wildes Gestrüpp und Steine auszugraben, diese auch zu sprengen, oder auf den nackten Felsen fruchtbare Erde aufzutragen, und diese Arbeit so oft zu wiederholen, als Winde oder Platzregen seinen neuen Anbau zerstört."[10]

Auch beim Herrichten von Mähwiesen mußten neben dem störenden Strauch- und Baumwuchs Blöcke und Steine von den Parzellen entfernt werden. Dies erfordert aber eine viel größere Sorgfalt als die Entsteinung von Weideland, da beim Mähen, sei es mit Sichel, Sense oder dem Motor-Balkenmäher, jede Berührung der geschärften Schneiden mit Steinen diese schartig macht und dadurch ein zu häufiges Nachschärfen und Dengeln erzwingt. In Mähwiesen muß also mit großer Sorgfalt jeder noch so kleine Stein, der bis in die sehr niedrige Schnitthöhe hervorragt, entfernt werden. In Gebirgsgegenden ist dies auch bei Mähwiesen kein einmaliger Vorgang zu Beginn der Inkulturnahme. Der Schutteintrag durch winterliche Lawinenabgänge, Steinschlag und Murgänge erfordert ein ständiges, sorgfältiges Entsteinen während der gesamten Nutzungsdauer. Größere Blöcke in den Mähwiesen müssen vor dem Abtransport erst in handliche Größen zerschlagen werden.

Große, flache Blöcke oder solche, die nur mit ihrem oberen Teil die Grasdecke durchragen, dienten oft als Ablageplatz für Lesesteine oder sie wurden im Boden belassen, etwaige zu steile Flanken mit Lesesteinen abgeböscht, schließlich ganz mit Erde abgedeckt und mit Gras eingesät. Die aus den Äckern und Wiesen ausgelesenen Steine wurden vor allem auf den Ackerrainen abgelagert, die nicht immer Besitzgrenzen zu sein brauchen, sondern oft lediglich die Grenzen von Nutzungs- bzw. Arbeitsparzellen darstellen. Man unterscheidet terminologisch zwischen Klaubsteinrainen, Rainen, die sich allmählich durch Ablage von Klaubsteinen bei der Bewirtschaftung mit dem Wendepflug bilden, Steinwällen, die aus regellos aufgeworfenen Klaubsteinen entstehen, ferner zum Zwecke der Abgrenzung künstlich aufgeschütteten Flurgrenzwällen und schließlich Feldmauern, die als Trockenmauern aus Steinen aufgeschichtet sind.
Den geringsten Aufwand bei der Inkulturnahme erforderte das Herrichten von Weideland.

Neben der Rodung von Baum- und Strauchbewuchs sind zur Förderung des Graswuchses nur die an der Oberfläche liegenden oder diese durchragenden Blöcke und größeren Steine zu entfernen. In den Hochgebirgen entfiel bei der Nutzung der natürlichen Mattenstufe der alpinen Rasen oberhalb der Waldgrenze als almwirtschaftliches Weideland sogar die Rodungsarbeit. Die landwirtschaftliche Nutzfläche ist hier nur oberflächlich entsteinte Naturlandschaft. Erst die Ausdehnung der Almflächen vom Hochmittelalter bis ins 19. Jahrhundert erfolgte durch Rodungen auf Kosten des Bergwaldes. Allerdings ist gerade in den Bergen die Säuberung der Almen von Blockwerk und Steinen kein einmaliger Vorgang. Alljährlich müssen Steinschlag-, Lawinen- und Murschutt entfernt werden. Die Beseitigung dieser Schäden erfolgt im Zuge des „Frühjahrsputzes", „Räumens", das entweder vom berufsmäßigen „Auswehrer" oder „Putzer" durchgeführt wird, der vom Almbesitzer oder bei Gemeinschaftsalmen von den Nutzungsberechtigten bezahlt wird. Die ausgelesenen Steine werden entweder an unproduktiven Stellen wie an durchragenden Felsblöcken und auf größeren, frostbedingten Kuppen als Klaubsteinhaufen oder zur Melioration in feuchten Senken, Mulden und an Prallhängen von Bächen abgelagert; ferner dienen sie zur Ausbesserung der Wege oder zum Bau von Steinwällen und -mauern verschiedenster Funktion.

Die vielfachen späteren Eingriffe in das alte Kulturland haben im Flachland und auch in unseren alpinen Tallagen diese denkmalhaften Spuren der einstigen Urbarmachung weitgehendst ausgelöscht. In den Almregionen hingegen finden sich noch allenthalben recht eindrucksvolle Bestände von Klaubsteinhaufen und Klaubsteinwällen, die uns heute noch ein anschauliches Bild von der einstigen Mühsal der ersten Almbauern geben. Diese oft schon überwucherten ehrwürdigen Klaubsteinhaufen sind in weitestem Sinne Denkmale härtester Pionierarbeit an der Obergrenze der bewirtschafteten Flur. Einige beispielhafte Klaubsteinwälle sind sogar in der bayerischen Denkmalliste verzeichnet.

In den Bergen weit verbreitet sind sog. *Steindauben* oder *Steinmannd'ln,* aus zusammengelesenen Steinen aufgebaute Wegweiser, die an wichtigen Stellen wie etwa an Paßübergängen oder bei Richtungsänderungen der Route der Orientierung dienen sollen, vor allem bei Nebel und Dunkelheit. Auf den weiten, unübersichtlichen Karsthochflächen der Alpen, wie etwa im Steinernen Meer, im Hagengebirge und Toten Gebirge, erfolgte die Markierung ganzer Steige mit solchen Steindauben. Mitunter sind sie zu schlanken Pyramiden- oder Kegelstümpfen aufgeschichtet, die im dichten Nebel oder Schneetreiben lebensrettend sein konnten. Besonders eindrucksvoll sind die kilometerweit mit Steindauben markierten Steige auf der Hochfläche des Steinernen Meeres in den Berchtesgadener Alpen. Sie dienten schon im Mittelalter zur Markierung von Pilgerwegen und von Almsteigen. Erst der Handel mit preiswerten und haltbaren Farben brachte eine durchgreifende Wende in der Markierungstechnik.

Wie stumme Zeugen aus vergangener Zeit trotzen noch viele alte Steindauben Wind und Wetter, menschlichem Unverstand und Übermut – als Denkmale einstiger Wegsuche und Wegfindung.

Aber auch zur kultischen Bedeutung von Klaubsteinhaufen führen mehrere Forscher vielfältige Beispiele an.

Bekannt sind Klaubsteinhaufen, die durch zahllose symbolische Opferungen entstanden sind. Durch diesen archaischen Brauch des „Steintragens" sind in der Umgebung mehrerer Pilgerstätten große Steinhaufen zustande gekommen – ehrwürdige Zeugnisse einstiger Bußübung.[11]

18.33T
Die Gerichtsstätte mit Galgen, aufgepflanzten Rädern und prächtiger Totenleuchte.

Entstehungsgeschichtlich wohl noch älter sind die Steinhaufen an jenen Stellen, wo nach der meist nur mündlichen Überlieferung jemand zu Tode gekommen ist. Vielleicht sind diese Steinhaufen Zeugnisse einer alten Bestattungsform im Hochgebirge, wo man einen tödlich Verunglückten zwar nicht ordentlich beerdigen, aber durch „Eistoana" (Einsteinen) vor Tierfraß bewahren konnte.

Mancherorts entwickelte sich der Brauch, daß jeder Vorübergehende einen weiteren Stein auf einen solchen überlieferten Grabtumulus dazulegte.[12]

Der bekannte Volkskundler Prof. Dr. Richard Andree sah in solchen kultisch bedeutsamen Klaubsteinhaufen die „älteste und ursprünglichste Form aller Monumente": „Genau derselbe Brauch, den wir hier durch Beispiele aus der Mitte des civilisierten Erdtheils belegten, findet sich allenthalben auf der Welt wieder und läßt sich überall gleichmäßig nachweisen, so daß er als einer der universellsten überhaupt angesehen werden muss. Es ist einer der Züge, welche durch das ganze menschliche Geschlecht gehen, die, in ihren Grundbedigungen sich gleichbleibend, nur hie und da leicht modificiert sind."[13]

Anmerkungen

[1] *Weiterführende Literatur*
Allgemein:
P. Reinecke: *Das römische Kunststraßennetz in Südbayern.* Deutsche Gaue 20, 1919, 127 ff.
P. Reinecke: *Das römische Kunststraßennetz in Südbayern, vor- und frühgeschichtliche Topographie Bayern* (1951; ²1962).
F. Hertlein: *Art, Naturgeschichte und Kennzeichen unserer Römerstraßen.* Fundbericht Schwaben N.F. 2, 1924, 53 ff. – H. Bulle: *Geleisestraßen des Altertums.* Sitzungsber. Akad. Wiss., Phil.-Hist. Kl 2, 1947 (1948). – H.E. Herzig: *Probleme des römischen Straßenwesens: Untersuchungen zu Geschichte und Recht.* In: ANRW II 1 (1974) 593 ff.

Via Claudia Augusta:
A. Alpago-Novello: *Da Altino a Maia sulla Via Claudia Augusta* (1972).
W. Cartellieri: *Die römischen Alpenstraßen über den Brenner, Reschen-Scheideck und Plöckenpaß.* Philologus Suppl. 18, H. 1 (1926).
Wolfgang Csysz und Günther Krahe: *Via Claudia Augusta.*
Bayer. Landesamt für Denkmalpflege München: Denkmalpflege-Information Ausgabe A Nr. 58/7. Sept. 1986.
W. Csysz: *Der antike Straßenbau in Westrätien. Die Römer in Schwaben.* Arbeitsheft des Bayerischen Landesamts für Denkmalpflege 27, 1985 (²1985), 135 ff. – B. Eberl: *Die Römerstraße Augsburg-Füssen, Via Claudia Augusta.* Schwäb. Mus. 1931, 1 ff. – Ders.: *Die römische Lechstraße Via Claudia Augusta von Lechbruck bei Füssen.* Alt-Füssen 8, 1932, 11 ff. – E. Forlati-Tamaro u.a.: *La Via Claudia Augusta Altinate* (1938). – R. Nierhaus: *Die Westgrenze von Noricum und die Routenführung der Via Claudia Augusta.* Ur- und Frühgesch. als hist. Wiss., Festschr. E. Wahle (1950) 177 ff. – L. Pauli in: U. Lindgren, *Alpenübergänge von Bayern nach Italien 1500–1850* (1986) 11 ff. – G. Radke: *Viae Publicae Romanae.* RE, Suppl. XIII (1971). – G. Walser: *Die Straßenbau-Tätigkeit von Kaiser Claudius.* Historia 29, 1980, 438 ff.

Straßenstationen:
H. Bender: *Römische Straßen und Straßenstationen:* Kl. Schr. Kenntnis röm. Besetzungsgesch. Südwestdeutschland 13 (1975).
H. Bender: *Römischer Reiseverkehr.*
Kl. Schr. Kenntnis röm. Besetzungsgesch. Südwestdeutschland 20 (1978).

Meilensteine:
H. U. Instinsky: *Septimius Severus und der Ausbau des raetischen Straßennetzes:* Klio 31, 1938, 33 ff. – G. Walser: *Die römischen Straßen und Meilensteine in Rätien.* Kl. Schr. Kenntnis röm. Besetzungsgesch. Südwestdeutschland 29 (1983).

Straßenkarten:
E. Karnemann: RE XXII (1953) 988 ff. s.v. Postwesen. – W. Kubitschek: REX (1919) sp. 2022 ff. s.v. Karten. – J. Schnetz: *Itineraria Romana,* Bd. 1 *Itineraria Antonini Augusti et Burdigalense* (1929). K. Miller: *Itineraria Romana, römische Reisewege an der Hand der Tabula Peutingeriana dargestellt* (1916). – A. u. M. Levi: *Itineraria Picta. Contributo allo Studio della Tabula Peutingeriana.* Studi del Museo dell' Impero Romano 7 (1967). – E. Weber: *Tabula Peutingeriana. Codex Vindonensis* 324 (1976).

[2] Fritz Ihle: *Der Ruhestein...* In: Steinkreuz, Mitteilungsblätter der Deutschen Steinkreuzforschung. Jahrg. 34, Heft 1/1978, S. 1 ff.
[3] Anton Dempf: *Von Freistuhl und Freistatt.* In: Die Heimat am Inn. Sammelblätter zur Heimatgeschichte und Volkskunde. Mitteilungsblatt des Historischen Vereins Wasserburg am Inn und Umgebung. 11. Jahrg. 1937, Nr. 5, S. 1.
[4] Dempf, wie Anm. 3, S. 2.
[5] Franz Hula: *Mittelalterliche Kultmale. Die Totenleuchten Europas. Karner, Schalenstein und Friedhofsoculus.* Wien 1970, S. 6, 7, 8.

Weitere grundlegende Literatur:
Franz Hula: *Die Totenleuchten und Bildstöcke Österreichs.* Wien 1948.
Ders.: *Die Totenleuchten und Bildstöcke Österreichs. (Ein Nachtrag.)* In: Wiener Jahrbuch für Kunstgeschichte, Band XX (XXIV), 1964.
Ders.: *Die Totenleuchten und Bildstöcke Österreichs. Ein Einblick in ihren Ursprung, ihr Wesen und ihre stilistische Entwicklung.* Wien, o. J.
Marie Appel: *Totenleuchten und Lichtsäulen Österreichs.* Unveröffentlichte Dissertation an der Universität Wien, 1932.

[6] Wie Anm. 5, S. 8, 9.
[7] Dieser Beitrag ist eine Kurzfassung des Aufsatzes von Paul Werner: *Drudenfuß und Abwehrhand. Felsbilder in den Berchtesgadener Alpen und ihre Beziehung zum Symbolinventar der Alpenregion.* In: Charivari, Heft 9/1987, S. 25 ff.

Grundlegende Literatur:
F. Wollenik: *Ritzzeichenfunde in den Bayer. Alpen.* Alpenvereinsjahrbuch 1978.
F. Wollenik: *Abwehrhand und Drudenfuß.* Hallein 1982.

[8] Horst Strunk: *Lesesteine in der europäischen Kulturlandschaft.* In: Regensburger Geographische Schriften. Heft 19/20: Festschrift für Ingo Schäfer. Regensburg 1985, S. 477–508. (Mit ausführlichen Literaturangaben.)
Der Abschnitt über Klaubsteine ist weitgehendst dieser Quelle entnommen.
[9] Hermann Wopfner: *Bergbauernbuch. Von Arbeit und Leben der Tiroler Bergbauern in Vergangenheit und Gegenwart.* 1. Band, Innsbruck–Wien–München 1951, S. 74.
[10] J.J. Staffler: *Tirol und Vorarlberg statistisch und topographisch mit geschichtlichen Bemerkungen in zwei Theilen. I. Theil.* Innsbruck 1839, S. 184.
[11] Marie Andree-Eysn: *Volkskundliches aus dem bayrisch-österreichischen Alpengebiet.* Braunschweig 1910, S. 13 ff.
[12] F. Krüger: *Die Hochpyrenäen. B. Hirtenkultur.* In: Volkstum und Kultur der Romanen 8/1935, S. 18.
Paul Werner: *Montblancgruppe. Auswahlführer für Wanderer und Bergsteiger.* 3. Auflage. München 1987, S. 114.
[13] Richard Andree: *Ethnographische Parallelen und Vergleiche.* Stuttgart 1878, S. 47 f.

18.34T
Armen-Seelen-Bild mit einer – heute äußerst selten gewordenen – Gebetszählvorrichtung: 11 schmiedeeiserne Ringe an einem Eisenbügel.
Auf Marteln konnte man früher, besonders vor der Einführung der allgemeinen Schulpflicht, ein schlichtes Zählgerät an Stelle einer schriftlichen Gebetsaufforderung finden: Hölzerne oder eiserne Kügelchen waren an einem Draht verschiebbar aufgereiht. Damit konnten auch Analphabeten die Zahl der gebeteten Vaterunser oder Avemaria abzählen. Solche Geräte sind heute äußerst selten und fast nur noch in volkskundlichen Museen anzutreffen (vgl. Lenz-Kriss-Rettenbeck: Ex Voto, Zürich 1972, S. 210 f.)
An der Straße von Ettal nach Graswang,
Gde. Oberammergau, Lkr. Garmisch-Partenkirchen.

LITERATUR

Allgemeine Literaturangaben

Bichler, Albert:
Wallfahrten in Bayern. München 1990.
Braun, Joseph: Tracht und Attribute der Heiligen in der deutschen Kunst. Stuttgart 1943.
Brandstätter, Christian und Schaumberger, Hans: Bildstöcke, Wegkreuze, Kapellen. Wien 1988.
Bretschneider, Maria: Bildstöcke, Wegkapellen, Wegkreuze, Heilige Quellen (bzw. Brunnen), Schrotholzkirchen usw. im Kreise Oppeln O/S. und ihre sagengeschichtliche Umrahmung. Dissertation, Königsberg. Oppeln 1939.

Ehalt, Hubert Ch.: Volksfrömmigkeit. Wien-Köln 1989.

Fähr, Friedrich und Ramisch, Hans und Steiner, B. Peter: Vera Icon. 1200 Jahre Christusbilder zwischen Alpen und Donau. München-Zürich 1987.
Freundl, Joachim: Die religiöse Bilderwelt der Dörfer Mechenhard und Streit (in Unterfranken). Zulassungsarbeit, Würzburg 1977.

Gebhard, Torsten: Wie können und sollen die Gemeinden zur Denkmalpflege beitragen? In: Der bayerische Bürgermeister 11/41, 1958, S. 270-272.
Ders.: Deutsche Steinkreuzforschung. In: Schönere Heimat 50/1961, S. 301 f.

Haid, Hans: Mythos und Kult in den Alpen. Kultstätten und Bergheiligtümer in den Alpen. Rosenheim 1990.
Hartinger, Walter: Flurdenkmäler im Wandel der Zeit. In: Forschungen zur historischen Volkskultur. Festschrift für Torsten Gebhard zum 80. Geburtstag. München 1989, S. 215 ff.
Hoppe, Werner F.: Flurdenkmäler im Landkreis Haßfurt am Main. Inventarisation nach dem Stande vom Juni 1959 und späteren Ergänzungen. Haßfurt am Main 1986.
Hubensteiner, Benno: Vom Geist des Barock. Kultur und Frömmigkeit im alten Bayern. München 1967.

Kapfhammer, Günther: Geistliche Landschaft. In: Forschungen zur historischen Volkskultur. Festschrift für Torsten Gebhard zum 80. Geburtstag. München 1989, S. 231 ff.
Keller, Hiltgard L.: Reclams Lexikon der Heiligen und der biblischen Gestalten. Legende und Darstellung in der bildenden Kunst. 5. Auflage. Stuttgart 1968.
Kriss-Rettenbeck, Lenz: Bilder und Zeichen religiösen Volksglaubens. München 1971.

Lutz, Fritz: Auch so kann man ein Flurdenkmal retten. In: Schönere Heimat, 71. Jahrg. Heft 3/1982.

Mages, Wilhelm: Flurdenkmäler – ein Stück Heimatgeschichte im Stadtsteinacher Land. In: Schönere Heimat, 72. Jahrg. Heft 2/1983.

Reindl, Kurt: Bayern im Mittelalter. München 1970.

Scharfe, Martin und Schenda, R. und Schwedt, H.: Volksfrömmigkeit, Bildzeugnisse. Stuttgart 1957.

Schneeweis, Emil: Zur Ikonographie der Flurdenkmale in Niederösterreich.
In: Volkskunst, Heft 2/1979.
Ders.: Bildstöcke in Niederösterreich. Wien 1981.

Schmeissner, Rainer H.: Was sind Flurdenkmäler? Manuskript eines Referates anläßlich der Arbeitstagung der Oberpfälzer Heimatpfleger am 4. Oktober 1979 in Waldthurn. Regensburg 1979.
Ders.: Oberpfälzer Flurdenkmale. Regensburg 1986 (Selbstverlag).
Schweiger, Maria: Steinkreuze und Steinsäulen. Zulassungsarbeit zur 1. Prüfung für das Lehramt an Volksschulen 1978/II Fachbereich Erziehungswissenschaften der Universität München.
Simon, I.: Flurdenkmale, Kommunikation und Kultur. Nürnberg 1975.

Wihr, Rolf: Zur Erhaltung von Flurdenkmalen. In: Volkskunst, Heft 2/1979.

Periodica: Arbeitskreis für Flur- und Kleindenkmalforschung in der Oberpfalz: Beiträge zur Flur- und Kleindenkmalforschung in der Oberpfalz. Kallmünz über Regensburg.
Das Steinkreuz. Mitteilungsblätter der Deutschen Steinkreuzforschung. Nürnberg. Gegründet und geleitet von L. Wittmann seit 1932.

Sühnekreuze

Azzola, F.K. und J.: Mittelalterliche Scheibenkreuzsteine und Grabsteine in Hessen. In: Hessische Forschungen zur geschichtlichen Landes- und Volkskunde, Heft 10/1972, Neumeister-Kassel.

Bormuth und Schäfer: Dolch, Schwert und Spieß als Steinkreuzzeichen im hinteren Odenwald. In: Zur Kultur und Geschichte des Odenwaldes, 1976.
Bormuth, Heinz: Die alten Steinkreuze im Landkreis Bergstraße. In: Geschichtsblätter für den Kreis Bergstraße, Heft 7/1974, S. 49-91 (reiche Literaturangaben).
Brockpähler, W.: Steinkreuze in Westfalen. Münster 1963.
Buehl, J.: Eine Verhandlung über Todschläge vom Jahre 1473 zur unmittelbaren Anschauung damaligen Lebens und Rechts aus den Akten bewährt. In: Oberbayerisches Archiv, Bd. 17, Heft 2, München 1857.

Eysn, Marie: Über alte Steinkreuze und Kreuzsteine in der Umgebung Salzburgs. In: Zeitschrift für österreichische Volkskunde, 1897.

Frank, C.: Steinkreuze. In: Deutsche Gaue, Bd. 9, Kaufbeuren 1908.
Frauenstädt, Paul: Blutrache und Todtschlagsühne im Deutschen Mittelalter. Studien zur Deutschen Kultur- und Rechtsgeschichte, Leipzig 1881.

Ders.: Die Todtschlagsühne des deutschen Mittelalters. In: Sammlungen gemeinverständlicher wissenschaftlicher Vorträge, NF 1 (10), Berlin 1886, S. 373-404.
Frölich, K.: Das Rätsel der Steinkreuze. In: Nachrichten der Giessener Hochschulgesellschaft 19 (1950), S. 59-70.

Hauptmann, A.: Sie künden von Mord und Totschlag, Pest und Überfällen. In: Blätter des Schwäbischen Albvereins, Nr. 6/1974, S. 171 f.

Jännichen, Hans: Schwäbische Totschlagsühnen im 15. und 16. Jahrhundert. In: Zeitschrift für württembergische Landesgeschichte, Jahrg. 1960, S. 128-140.

Kraft, W.: Sühneabkommen und Steinkreuzsetzungen in alter Zeit. In: Das Steinkreuz, 14 (1958), Heft 1, S. 1.
Kraus, J.: Sühnekreuze. In: Die Oberpfalz, 13 (1919), S. 147-148.
Kraus, S.: Herkunft und Alter der Steinkreuzsitte. In: Beilage des Neumarkter Tagesblattes. Nr. 11/1962.
Kuhfahl, G.: Die alten Steinkreuze in Sachsen. Dresden 1928.

Losch, Bernhard:
Steinkreuze in Südwestdeutschland. In: Volksleben, 19. Band, Tübingen 1968, S. 88 ff.

Mogk, Eugen: Der Ursprung der mittelalterlichen Sühnekreuze. In: Berichte über die Verhandlungen der Sächsischen Akademie der Wissenschaften zu Leipzig. 81. Band, Leipzig 1929.

Paul, Ada: Steinkreuze und Kreuzsteine in Österreich. Eine Bestandsaufnahme. Horn/NÖ. 1975.

Rieder, Otto: Totschlagsühnen im Hochstift Eichstätt. In: Sammelblatt des Histor. Vereins Eichstätt, Heft 6 (1891), S. 1-58, Heft 7 (1893), S.1-37 und Heft 8 (1934), S. 1-30 (Nachwort).
Rieger, S.: Steinkreuz und Sühnedenkmal.
In: Meggle-Rundbrief, 10. Jahrg., Reitmehring 1984.
Roth, Hans: Zeugnisse des Totengedenkens in der Landschaft. In: Die letzte Reise – Sterben, Tod und Trauersitten in Oberbayern. München 1984, S. 258 ff.

Saller, Barbara: Steinkreuze im Landkreis Straubing-Bogen.
In: Deutsche Steinkreuzforschung, Heft 2/1985.
Schmeissner, Rainer H.: Steinkreuze in der Oberpfalz. Regensburg 1977.
Ders.: Steinkreuzneufunde in der Oberpfalz. In: Beiträge zur Flur- und Kleindenkmalforschung in der Oberpfalz 1 (1978), Heft 1, S. 28; 2 (1979), S. 51 f; 4 (1981), S. 78.
Ders.: Steinkreuze in Schweden. Regensburg 1984 (Steinkreuzforschung, Reihe A Nr. 3 mit sehr ausführlichen Literaturangaben).

Schneeweis, Emil: Steinkreuze (Sühnekreuze) in Salzburg, Niederösterreich und im Burgenland (Manuskript von 1971, Archiv der AGD).
Seidenstücker, Gustav: Am alten Kreuzstein. In: Das Steinkreuz. Mitteilungsblätter der Deutschen Steinkreuzforschung. Nürnberg, Heft 8/1940.
Steffan, Ferdinand: Sühnekreuze. Ein Beitrag zur Steinkreuzforschung im Landkreis Rosenheim. In: Heimat am Inn. Band 6 (1978).
Stremel, F.: Alte Kreuze an Wegesrand und Grenzen. In: Wie's daheim ist. Beilage des Neumarkter Tagblattes. 3 (1952).

Wagner, J.: Sühne für Mordtaten (Steinkreuze). In: Die Oberpfalz 36 (1942), S. 80 f.
Ders.: Bestrafung eines Totschlägers 1477. In: Die Oberpfalz 9 (1915), S. 176.
Wiedemann, Eugen: Sühnekreuze im Kreis Göppingen. In: Das Steinkreuz. Jahrg. 37, Heft 2, S. 13 ff.
Wittmann, Leonhard: Die Blutrache im Nibelungenlied. In: Das Steinkreuz 24 (1968), Heft 1/2, S. 1-4.
Ders.: Nürnberger Totschlagsühnen. In: Das Steinkreuz 1 (1933), S. 4-11.

Bildstöcke

Bauer, Hans: Möglichkeiten der Bildstockforschung. In: Schönere Heimat, 70. Jahrg., Heft 4/1981.
Baur-Heinold, Margarete: Bildstöcke in Unterfranken. In: Zwiebelturm 5 (1950), S. 150-154.
Dies.: Bildstöcke in Bayern. In: Rheinisches Jahrbuch für Volkskunde 5 (1954), S. 53-92
Dies.: Bildstöcke in Bayern. Unveröffentl. Habilitationsschrift, München 1960.

Dünninger, Josef: Bildstöcke in Franken. Forschungsprobleme. In: Bayerisches Jahrbuch für Volkskunde 1952, S. 45-49.
Ders.: Wanderungen zu fränkischen Bildstöcken. In: Der Frankenbund. Bundesbriefe. Neue Folge 5/1953, Nr. 2, S. 2-10; Nr. 3, S. 6-12.
Ders.: Bildstöcke in Franken. In: Unbekanntes Bayern 1; Entdeckungen und Wanderungen. München 1955/63[4], S. 87-97.
Dünninger, Josef und Schemmel, Bernhard: Bildstöcke und Martern in Franken. Würzburg 1970.
Dünninger, Josef und Treutwein, Karl: Bildstöcke in Franken. Konstanz 1960.

Freckmann, Karl: Bildstöcke im Fuldaer Land. In: Fuldaer Geschichtsblätter 17/1923, S. 65-78.

Hula, Franz: Die Totenleuchten und Bildstöcke Österreichs. Wien 1948.
Ders.: Die Totenleuchten und Bildstöcke Österreichs: Wiener Jahrbuch für Kunstgeschichte 20 (24), Wien-München 1965, S. 159-174.
Ders.: Mittelalterliche Kultmale. Wien 1970.
Ders.: Die Totenleuchten und Bildstöcke Österreichs. Ein Nachtrag. In: Wiener Jahrbuch für Kunstgeschichte, Band XX (XIV), Wien-München.
Hopf, Herbert: Studien zu den Bildstöcken in Franken, insbesondere im Stadtbereich und Landkreis Würzburg. Dissertation Würzburg 1969 (in der Reihe der Mainfränkischen Hefte).

Kolb, Karl: Bildstöcke im Taubertal. Tauberbischofsheim 1952.

Mehl, Heinrich: Bildstöcke im nördlichen Unterfranken. Dissertation Würzburg 1969.
Ders.: Fränkische Bildstöcke in Rhön und Grabfeld. Würzburg 1978.

Mößinger, Friedrich: Bildstöcke im Odenwald. Heppenheim an der Bergstraße 1962 (Schriften für Heimatkunde und Heimatpflege im Starkenburger Raum 28/29. Erweiterter Sonderabdruck aus: Die Starkenburgkunde und Heimatpflege. Heimatbeilage).

Schemmel, Bernhard: Der fränkische Bildstock – Geschichtliche Aspekte.
In: Volkskultur und Geschichte. Festgabe für Josef Dünninger zum 65. Geburtstag. Herausgegeben von Dieter Harmening, Gerhard Lutz, Bernhard Schemmel, Erich Wimmer. Berlin 1970, S. 309-329.
Ders.: „Das heilich stöcklein gegen Franckenbron betreffentt."
Zum Verhältnis von Bildstock und Kapelle. In: Würzburger Diözesangeschichtsblätter 32/1970, S. 171-180.

Schneeweis, Emil: Bildstöcke in Niederösterreich als Objekte religiös-volkskundlicher Gedankengänge. Dissertation Universität Wien 1969.
Skudnigg, Eduard: Bildstöcke und Totenleuchten in Kärnten. Klagenfurt 1972.
Steinlein, Gustav: Bildstöcke und Wegkreuze. In: Volkskunst und Volkskunde. III. Jahrg. Nr. 11, November 1905.

Treutwein, Karl: Die Geschichte des fränkischen Bildstocks. In: Heimatpflege in Unterfranken, hg. von Andreas Pampuch. Bd. 6, Volkach vor Würzburg 1964, S. 89-94 (Wiederabdruck aus: Schweinfurter Heimatblätter 1954).

Walter, Max: Vom Steinkreuz zum Bildstock. In: Vom Bodensee zum Main, Heft 25, Karlsruhe 1923.
Ders.: Bildstöcke im bayerischen Odenwald. In: Bayer. Heimatschutz, 26. Jahrg./1930, S. 101-107.
Ders.: Bildstöcke im badischen Frankenland. In: Welt am Oberrhein. Volkskunst zwischen Neckar und Tauber, Heft 1/1963.
Weingartner, Josef: Südtiroler Bildstöcke. In: Zeitschrift des Deutschen und Österreichischen Alpen-Vereins 67/1936, S. 124-135.
Ders.: Tiroler Bildstöcke. Wien 1948.
Weinmann, Fred: Steinkreuze und Bildstöcke in der Pfalz. In: Mitteilungsblätter der Deutschen Steinkreuzforschung, Jahrg. 29, 1973, Heft 1.
Weiss, Bernhard: Kruzifixe und Bildstöcke in der Karlsruher Landschaft: Soweit der Turmberg grüßt (10). Durlach 1958, S. 113-124.
Worschech, Reinhard: Bildstöcke – Wahrzeichen der Landschaft. Rosenheim 1981.

Zoepfl, Friedrich: Bildstock: Reallexikon zur deutschen Kunstgeschichte 2/1948, Sp. 695-707.

Martersäulen

Bär, L.: Über Steinkreuze und Martersäulen. In: Die Oberpfalz 23 (1929), 34-37.
Bahlmann, Heinrich: Martersäulen und ähnliche Steindenkmäler in Oberbayern. Einhundert ausgewählte Beispiele mit Zeichnungen des Verfassers. Versuch einer vergleichenden Würdigung. Maschinenskriptum, München 1976 (Archiv des Museums Wasserburg).
Baur-Heinhold, Margarete: Bildstöcke in Bayern. Unveröffentl. Habilitationsschrift München 1960.
Büchert, H.: Alte Martersäulen aus der Umgebung von Eichstätt. In: Volkskunst und Volkskunde, Monatsschrift des Bayerischen Vereins für Volkskunst und Volkskunde in München, 1907.

Dünninger, Josef und Schemmel Bernhard: Bildstöcke und Martern in Franken. Würzburg 1970.
Dünninger, Josef und Treutwein, Karl: Bildstöcke in Franken. Konstanz 1960.

Gold, F.: Jahrhunderte alte Steinkreuze, Martersäulen. In: Die Oberpfalz 34 (1940), S. 36.
Graf, Roland und Schreiber, Willi: Martern, Kreuzstein, Steinkreuz. Kronach 74.

Hula, Franz: Die Totenleuchten und Bildstöcke Österreichs. Wien 1947.

Jungmann, Josef A.: Zum Wort „Marterle". In: Volkskundliches aus Österreich und Südtirol. Festschrift für Hermann Wopfner. Wien 1947, S. 107 ff.

Kießling, A.: Steinzeit... Steinkreuze und Martersäulen am Wege. In: Nachrichtenblatt der Verwaltungsgemeinschaft Weidenberg. Weidenberg 1980.

Loy, Karl: Martern im Frankenwald. Frankenwald 4 (1928), S. 76-80.

Mähringer, Heinrich: Wie oft der Zweck einer Marter erforscht wird. In: Erlanger Heimatblätter 12 (1929), S. 183 f.
Mehl, Heinrich: Fränkische Bildstöcke. Würzburg.

Plechl, Pia Maria: Gott zu Ehrn ein Vatterunser pett. Wien-München 1971.

Rühl, Eduard: Steinkreuze und Martersäulen, ihre Bedeutung und ihre Entwicklung.
In: Erlanger Heimatblätter 5 (1922), Nr. 32, 33, 34, 35 (S. 157, 161, 165 f., 169 f.).

Schnetzer, Hans: Alte Martersäulen aus der Umgebung von Eichstätt. In: Volkskunst und Volkskunde. Monatsschrift des Bayerischen Vereins für Volkskunst und Volkskunde e.V. in München 5. Jg. 1907, S. 139-145.
Schrott, Konrad: Die Marter auf dem Centanger zu Wattendorf. In: Fränkische Blätter 11 (1959), S. 86-88.
Schuster, Anton: Martern und Bildstöcke in Bamberg und der Umgebung der Stadt. Ein Versuch zu ihrer Erklärung. In: Alt-Bamberg 2 (1898/99), S. 2-23; 3 (1900), S. 376-379.

Marterln

Dresselly, Anton: Grabschriften, Marterl-, Bildstöckl- und Todtenbrett-Verse. Salzburg 1898.

Greinz, Rudolf: Hin ist Hin! Lustige Marterl. Leipzig 1912.
Gruber, K.: Marterl und Taferl. In: Zeitschrift des deutschen und österreichischen Alpenvereins, Band 19/1888.

Haller, Reinhard: Armenseelentaferl. Hinterglasbilder aus Bayern, Österreich und Böhmen. Grafenau 1980.
Hartinger, Walter: „... denen Gott genad!" Regensburg 1979, S. 106 ff.

Harvolk, Edgar: Votivtafeln. München 1979, S. 58.
Hörmann, Ludwig von: Grabschriften und Marterln. Leipzig 1893, 1894, 1896; 7. Aufl. 1905. – Auswahl, herausgegeben von Walter Schmidkunz, Heidelberg 1958.

Ders.: Volkshumor in den Alpen. Leipzig 1908.

Jungmann, Josef A.: Zum Wort „Marterle". In: Volkskundliches aus Österreich und Südtirol. Festschrift für Hermann Wopfner zum 70. Geburtstag. Wien 1947, S. 19 ff.

Kriss-Rettenbeck, Lenz: Ex voto. Zeichen, Bild und Abbild im christlichen Votivbrauchtum. Zürich-Freiburg im Breisgau 1972, S. 208 ff.

Losch, Bernhard:
Steinkreuze in Südwestdeutschland. In: Volksleben, 19. Band. Tübinger Vereinigung für Volkskunde 1968, S. 92 f.

Motyka, G.: Marterln und Kreuze in Wald und Flur. In: Heimaterzähler 13/1962, Nr. 15, und: Unser Heimatland Nr. 5/1962.

Mündel, J.: Gedenksteine in der Mauerberger Flur. In: Heimatland, 7. Jahrg. 1956, S. 83 f.

Pedit, Heinrich Anton: Marterln und Gedenksprüche. In: Mitteilungen des Deutschen und Österreichischen Alpenvereins 1937, S. 263 f.

Plechl, Pia Maria: „Gott zu Ehrn ein Vatterunser pett." Bildstöcke, Lichtsäulen und andere Denkmale der Volksfrömmigkeit in Niederösterreich. Wien-München 1971.

Roth, Hans: Zeugnisse des Totengedenkens in der Landschaft. Sühnekreuz – Bildstock und Marterl – Totenbrett. In: Die letzte Reise – Sterben, Tod und Trauersitten in Oberbayern. Herausgegeben von Sigrid Metken. Ausstellungskatalog des Münchner Stadtmuseums 1984, S. 257 ff.

Ders.: Marterlsprüch. München 1973.

Schmeissner, Rainer H.: Steinkreuze in der Oberpfalz. Regensburg 1977.

Schneeweis, Emil: Bildstöcke in Niederösterreich. Wien 1981.

Schnetzer, Hans: Vom Steinkreuz zum Marterl. In: Bayerische Hefte für Volkskunde, Jahrg. 1/1914, S. 26 ff., S. 124 ff.

Ders.: Marterln aus alter und neuer Zeit in Eichstätts Umgebung. In: Das Bayerland 12/1901, S. 226 f, S. 239 f, S. 250-252.

Schönherr, Karl: Tiroler Marterln für abg'stürzte Bergkraxler. Leipzig 1895.

Söckler: Geschichte um ein Marterl. In: Heimat am Inn, 7. Jahrg. 1933, Nr. 3.

Walter, Max: Vom Steinkreuz zum Bildstock. In: Heimatblätter „Vom Bodensee zum Main", Nr. 25/1923.

Ders.: Bildstöcke im badischen Frankenland. In: Welt am Oberrhein. Volkskunst zwischen Neckar und Tauber. Heft 1/1963.

Wegkreuz und Wetterkreuz

Arntz, L.: Wegkreuz und Wegebild. In: Zeitschrift für christliche Kunst. 25 (1912), S. 70 ff., 103 ff., 138 ff.

Bitsch, Marianne: „Blitze breche ich, Donner stoße ich zurück". Über Bannglocken, Schauerkreuze und Wetterkerzen. Sendung des Bayerischen Rundfunks am 28. Juni 1987 (Bayern 2). Unveröffent. Manuskript.

Brandstätter, Christian und Schaumberger, Hans: Bildstöcke, Wegkreuze, Kapellen. Wien 1988.

Buck, H.: Das Kreuz am Wege. In: Heimatkalender für Fichtelgebirge und Frankenwald 1973, S. 78-82.

Graf, R.: Wegkreuze, Bildbäume, Gedächtnissteine. Kronach 1979.

Haller, Reinhard: Wetterglaube und Wetterbrauch im mittleren Bayerischen Wald. In: Bayerwald 66 (1974), S. 153-159.

Hartinger, Walter: Flurdenkmäler im Wandel der Zeit. In: Forschungen zur historischen Volkskultur. Festschrift für Torsten Gebhard zum 80. Geburtstag. München 1989, S. 215 ff.

Jobst, Franz: Flurdenkmäler der Pfarrei Fischbach: „Willst Du Gottes Liebe sehn, bleib bei einem Wegkreuz stehn!" Fischbachau (Selbstverlag) 1988.

Kofler, Oswald: Wegkreuze. Bronze 1989.

Laun, Rainer: Bemerkungen zu gußeisernen Kruzifixen an Wegkreuzungen der Jahrhundertwende. Jahrbuch der Bayerischen Denkmalpflege, Band 35/1981, München-Berlin 1983, S. 170 ff.

Meyer, Georg Jakob: Wegkreuze und Bildstöcke im Trierer Land. In: Rheinisches Jahrbuch für Volkskunde, 8. Jahrg., Bonn 1960.

Ders.: Wegkreuze und Bildstöcke in und um Maring. In: Heimatkalender für den Kreis Bernkastel 10 (1965), S. 125 f.

Meyer, Georg Jakob und Freckmann, Klaus: Wegkreuze und Bildstöcke in der Eifel, an der Mosel und im Hunsrück. In: Rheinisch-Westfälische Zeitschrift für Volkskunde, Band 23, Bonn und Münster 1977.

Molzer, E.: Kreuze am Weg. In: Monatsblätter des Vereins für Landeskunde von Niederösterreich und Umgebung 19 (1948).

Motyka, G.: Marterl und Kreuze in Feld und Flur. In: Heimaterzähler 13 (1962), Nr. 15, S. 60, ebenso in: Unser Heimatland 1962, Nr. 5.

Ders.: Die Entwicklung der Kreuze. In: Heimaterzähler 18 (1967), Nr. 4, S. 14 f. und Nr. 5, S. 19 f.

Rührl, Helmut: Begleitheft zur Ausstellung „Herrgottszeichen" in der Gemeinde Breitenberg vom 18. März – 4. April 1988.

Münsterer, Hans Otto: Amulettkreuze und Kreuzamulette. Studien zur religiösen Volkskunde. Regensburg 1983.

Schmitt, B.: Bildstöcke und Kreuze unserer Heimat. Seckach 1974/75.

Schreyer, H.: Wegkreuze, Feldkreuze, Schauer- oder Wetterkreuze.
In: Die Oberpfalz 42 (1954), S. 144-145.

Steinlein, Gustav: Bildstöcke und Wegkreuze. In: Volkskunst und Volkskunde. 3. Jahrg. Nr. 11 (1905), München, S. 1 ff.

Strassner, W.: Ein Feldkreuz bei Grafenkirchen (Cham). In: Mitteilungsblätter des Arbeitskreises „Internationale Steinkreuzforschung" 1/1984, S. 4 f.

Stremel, F.: Alte Kreuze steh'n am Rain. In: Altbayerische Heimat 2 (1949), Nr. 10.

Stroh, A.: Ein Kreuz am Wege. In: Mitteilungsblätter des Arbeitskreises für Flur- und Kleindenkmalforschung in der Oberpfalz 2/1980, S. 3 f.

Werner, Paul und Werner, Richilde: „Sie sollen schützen vor Schauer und Gfrier". Von Wetteramuletten, Wetterläuten und Wetterkreuzen.
In: Charivari 1/2/1990, S. 14 ff.

Arma-Kreuze

Apold, Andrea-Maria: Das Arma-Christi-Motiv. In: Volkskunst, Zeitschrift für volkstümliche Sachkultur. 1. Jahrg. 1978, Heft 3, S. 201 ff.

Bergmann, A.: Von Schauerkreuzen und Passionskreuzen (Armakreuzen) unserer Heimat. In: Die Oberpfalz 54 (1966), S. 210-212.

Bergmann, A.: ‚Waffen Christi' geschnitzt und gemalt. In: Die Oberpfalz 62 (1974), S. 109-111.

Berliner, Rudolf: Arma-Christi. Münchner Jahrbuch der bildenden Kunst. München 1955/56.

Kretzenbacher, Leopold: Der Nagel am Kreuz. Das Kultzeichen einer Steirischen Sakrallandschaft. In: Österr. Zeitschrift für Volkskunde, NS 9/1955, S. 25-26.

Rührl, Helmut: Begleitheft zur Ausstellung „Herrgottszeichen" in der Gemeinde Breitenberg. Breitenberg 1988, S. 19.

Ders.: (Hg.): Unsere Heimat, die neue Welt. Grafenau 1977; darin: Maria Alfred Fuchs: Der Herrgottsschnitzer Joseph Weidinger, S. 63-66 (Der Landkreis Freyung-Grafenau, Grafenau 1982, ebendort Beitrag von Alfred Fuchs, S. 292-297).

Sandner, Gislind: Oberpfälzer Arma-Kreuze. In: Beiträge zur Flur- und Kleindenkmalforschung in der Oberpfalz 4 (1981), S. 11-19.

Stettner, Gertrud: Altbayerisches Leben in Wening-Stichen. Rosenheim 1977, S. 124 ff.

Suckale, Robert: Arma-Christi. In: Städel-Jahrbuch NF 6, 1977, S. 177-208.

Thierer, Manfred und Zimmer, Georg: Arma-Christi-Feldkreuze im Westallgäu und in Oberschwaben. Broschüre. Sentkirch 1984.

Werner, Paul: „Hier siehst du Anfang und auch End, Dess Ganzen Leydens Instrument." Das Motiv der Arma-Christi in der Volkskunst.
In: Charivari, Nr. 2/1986. S. 48 ff.

Zur Geschichte der Pest

Andree-Eysn, Marie: Volkskundliches aus dem bayrisch-österreichischen Alpengebiet. Braunschweig 1910, Reprint Hildesheim 1978, S. 19-35.

Angermeier, Rudolf: Düsteres 17. Jahrhundert (Pest-Brand-Krieg). In: Mühldorf-Stadt am Inn. Herausgeber: Heimatbund Mühldorf. (eV.) Mühldorf 1989, S. 80 ff.

Baumgartner, Konrad: Seelsorge in der Pestzeit. In: Ostbairische Grenzmarken 19 (1977), S. 45-55.

Block, Werner: Der Arzt und der Tod in Bildern aus sechs Jahrhunderten. Stuttgart 1966.

Böhm, Leonore: „In Pest und Todtsgefahr, o heiliger Sebastian, nimm dich unser aller an." Vohenstrauß 1989.

Bühler, Alfred: Schutzzettel gegen die Pest. In: Festschrift für Jaques Brodbeck-Sandreuter. Basel 1942, S. 365-370.

Bulst, Neithard: Der schwarze Tod. Demographische, wirtschafts- und kulturgeschichtliche Aspekte der Pestkatastrophe 1347-1352. Bilanz der neueren Forschung. In: Säculum 30 (1979), S. 45-67.

Chmielewski-Hagius, Anita: Das Besenopfer – Geheimnisvolle Therapie und heimlicher Brauch in Oberschwaben: In: Volkslkunst, Heft 4/1990, S. 36 ff.

Corbin, Alain: Pesthauch und Blütenduft. Eine Geschichte des Geruchs. Berlin 1984.

Grünberg, Alexander: Pestsäulen in Österreich. Bergland-Verlag, Wien 1960.

Hartinger, Walter und Helm, Winfried: Die laidige Sucht der Pestilenz. Kleine Kulturgeschichte der Pest in Europa. Begleitheft zu den Ausstellungen in Dingolfing und Passau. Passau 1986.
Haertl, Friedl: „Vor Pest, Hunger und Krieg verschone uns, o Herr!" In: Genealogie 8 (1985), S. 651-653.
Hecht, Hans: Tüßling vor 300 Jahren. In: Heimatland – Beilage zum Oettinger und Burghauser Anzeiger. 2. Anzeiger 1951.
Hoffmann, Hermann: Die Würzburger Judenverfolgung von 1349. In: Mainfränkisches Jahrbuch für Geschichte und Kunst 5 (1953), S. 91-114.
Hornung, Hans: Beiträge zur neueren Geschichte Bayerns im 16.-18. Jahrhundert aus den Umrittsprotokollen der Rentmeister des Rentamtes Burghausen. Dissertation an der Universität München 1915, S. 123 ff.
Hübner, Arthur: Die deutschen Geißlerlieder. Berlin-Leipzig 1931.

Jungandreas, Wolfgang: Die Herstellung von Pestkugeln. In: Mitteilungen der Schlesischen Gesellschaft für Volkskunde 23 (1922), S. 49-51.

Kapfhammer, Günther: Der Münchner Schäfflertanz. In: Schönere Heimat, 73. Jahrg. 1984, Heft 1.
Kapfhammer, Günther und Lachner, Corbinian und Moroda, Friderica O.: Der Münchner Schäfflertanz. München 1976.
Keyser, Erich: Die Ausbreitung der Pest in den deutschen Städten. In: Ergebnisse und Probleme moderner geographischer Forschung. Hans Mortensen zu seinem 60. Geburtstag. O.O., 1954, S. 207-215.
Krammer, Markus: Volkskunde und Brauchtum. In: Der Landkreis Ebersberg. Raum und Geschichte. Ebersberg 1982, S. 308-357.
Ders.: Die Wallfahrt zum heiligen Sebastian nach Ebersberg. Ebersberg 1981.
Kraus, Sepp: Pestsäulen um Hirschau. In: Oberpfälzer Heimat 15 (1971), S. 127-132.
Krause, Adalbert: Die Pestkapelle in Wang bei Admont als älteste Sebastiani-Kultstätte Österreichs. In: Österr. Zeitschrift für Volkskunde 59 (1956), S. 18-29.

Lechner, Willibald und Roth, Hans: Die Pest in Anger im Jahre 1714. Festschrift 500 Jahre Angerer Kirchweihmarkt. In: Das Salzfaß, Neue Folge, 19. Jahrg., Heft 2/1985, S. 91 ff.

Mayer, Anton: Der Schäfflertanz und der Metzgersprung. Versuch einer historischen Beleuchtung dieser Münchener Wahrzeichen. München 1865. Reprint in: Altmünchner Raritäten, herausgegeben von Ludwig Hollweck, Heft 5, München 1981.
Moser, Hans: Quellenkritisches zur Entstehungslegende der Oberammergauer Passionsspiele. In: Jahrbuch für Volkskunde 1 (1978), S. 119-130.
Münsterer, Hanns Otto: Das Pest-Tau, ein Trinitätssymbol. In: Deutsche Gaue 46 (1954), S. 86-94.

Raab, V: Der Pestfriedhof von Obing. In: Heimat am Inn. 2. Jahrg. 1928.
Rath, Gernot: Moderne Diagnosen historischer Seuchen. In: Deutsche medizinische Wochenschrift 81 (1956), S. 2065-2069.
Richter, Erwin: Riechschnecke als Pestamulett. In: Deutsche Gaue 44 (1952), S. 82-87.

Rosenfeld, Hellmut: Der mittelalterliche Totentanz. Entstehung – Entwicklung – Bedeutung. 2. Auflage Köln und Graz 1968.
Ruffié, Jacques und Sournia, Jean Charles: Die Seuchen in der Geschichte der Menschheit. Stuttgart 1987.

Schaller, Stephan: Das Passionsspiel von Oberammergau 1634-1950. Ettal 1950.
Ders.: Die ersten hundert Jahre des Oberammergauer Passionsspiels. In: Jahrbuch für Volkskunde. Würzburg-München 1982, S. 78-126.
Ders.: Nie wieder: Verfluchte Synagoge! In Schönere Heimat 69. Jahrg. 1980, S. 288 ff.
Schmidt, Leopold: Die burgenländischen Sebastianispiele im Rahmen der barocken Sebastiansverehrung und der Volksschauspiele vom hl. Sebastian. Eisenstadt 1951.
Ders.: Ein Pestgebet des 16. Jahrhunderts. In: Österreichische Zeitschrift für Volkskunde 54 (1951), S. 59 f.
Schneeweis, Emil: St. Didacus (Diego) von Alcalá in Langenlois. Zur Ikonographie eines weniger bekannten Patrons gegen die Pest. In: Österr. Zeitschrift für Volkskunde, Band XXIX/78, Wien 1975.
Schretter, Bernhard: Die Pest in Tirol. Ein Beitrag zur Medizin-, Kultur- und Wirtschaftsgeschichte der Stadt Innsbruck und der übrigen Gerichte Tirols. Innsbruck 1982.
Stois, Max: Ein alter Pestfriedhof. In: Das Bayerland XXIX. Jahrg., Juni 1918, S. 316 f.
Stockner, Alois: Sonstige Kultur- und Heimatdenkmäler. Der Pestfriedhof Perach. Geschichte meiner Heimat, Band 1.
Stockner, Alois und Utschick, Hans: Von Pest, Hunger, Krieg und anderen schlimmen Ereignissen. In: Erlbach – Ein Heimatbuch. Herausg. von der Gemeinde Erlbach 1986.

Tuchmann, Barbara: Der ferne Spiegel. Das dramatische 14. Jahrhundert. Düsseldorf 1980.

Weismantel, Leo: Die Pestnot anno 1633. Das Spiel vom Oberammergauer Passionsgelübde. Verlag Gemeinde Oberammergau, o.J.
Werner, Paul und Werner Richilde: „Vor Pest, Hunger und Krieg verschone uns, o Herr." Die Geißel Gottes in bayerischen Landen. Charivari 3/1990, S. 41 ff.
Wittgräfe, Rita: Das Pestjahr 1634 in Burghausen. In: Oettinger Land, Band 4, Jahresfolge 1984, S. 74 ff.

Totenbretter und Gedenkbretter

Baumgarten, A.: Aus der volksmäßigen Überlieferung der Heimat. In: Jahrbuch des Oberösterreichischen Musealvereins, Linz 1862-1869.
Bergmann, A.: Zur Typologie der Totenbretter in der Oberpfalz. In: Die Oberpfalz, 57. Jahrg., Heft 11/1969, S. 241 ff.
Bergmaier, Peter: Die Totenbretter in Miesbach bei Traunstein. In: Das Bayerland XXVII, 33/34, Mai 1916, S. 241 ff.
Brunner, Johann: Die Totenbretter im Bezirke Cham. In: Bayerische Hefte für Volkskunde, Jahrg. 1, Heft 2/1914, S. 5 ff.

Chlingensperg, Max von und Berg, M.: Das Gräberfeld von Reichenhall in Oberbayern. Reichenhall 1890.

Fähnrich, Harald: Totenbretter in der nördlichen Oberpfalz, ein Brauch im Wandel. Tirschenreuth 1988.
Felbinger, Matthäus: Leichenbretter. 8. Jahresbericht der Geographischen Gesellschaft. Bern, 1885.
Forst, Ulf: Totenbretter um und bei Martinsneukirchen. In: Die Oberpfalz, 60. Jahrg. 1972, S. 247 ff.
Friedl, Hans: Was auf Totenbrettern zu lesen ist. In: Die ostbairischen Grenzmarken, 18. Jahrg., 1929, S. 28 ff.

Haller, Reinhard: Drei Kreuze für den Schmalzelbauer-Knecht – Totenbretter im Bayerischen Wald. Ein Fundbericht. In: Der Bayerwald, 70. Jahrg., Heft 1/1978.
Ders.: Totenbretter. Brauchdenkmäler in Niederbayern und der Oberpfalz. Grafenau 1990.
Handwörterbuch zur deutschen Volkskunde, Abteilung I, Aberglaube, 1936/37, S. 1056 ff.
Hartinger, Walter: Das Totenbrett. Überlegungen zu Nomenklatur und Genese eines Brauchs. Referat in der Sektion Volkskunde auf der Generalversammlung der Görres-Gesellschaft in Passau am 6. Oktober 1981. In: Jahrbuch für Volkskunde, hrsg. im Auftrag der Görres-Gesellschaft von Wolfgang Brückner. Würzburg-Innsbruck-Fribourg 1982, S. 126-148.
Ders.: ... denen Gott genad! Totenbrauchtum und Armen-Seelen-Glaube in der Oberpfalz. Regensburg 1979.
Heerwagen, Heinrich: Totenbretter im oberfränkischen Amte Forchheim. In: Zeitschrift des Vereins für Volkskunde, 8. Jahrg., 1898, S. 34 ff.
Hein, Wilhelm: Die geographische Verbreitung der Totenbretter, mit umfangreichem Quellennachweis.
Ders.: Die Totenbretter im Böhmerwalde. In: Mitteilungen der Anthropologischen Gesellschaft, Bd. XX, Wien 1891.
Herrmann, Josef: Vom Brauchtum der Totenbretter. In: Die Oberpfalz, 61. Jahrg., 1973, S. 334.
Hörmann, Ludwig von: Tiroler Volksleben. O.O., o.J., S. 24 ff.
Huber, Josef: Das Brauchtum der Totenbretter, mit Angabe weiterer 139 Quellen und 7 Karten. München 1956.
Ders.: Wo steht die Totenbrettforschung? In: Heimat und Volkstum, 16. Jahrg., 1938, S. 21 ff.

Kloiber, Ä.: Gräberfeld-Archäologie in Oberösterreich 1948-1967, Kataloge des Oberösterreichischen Landesmuseums Nr. 54.
K., Ph.: Totenbretter im Bayerischen Wald. In: Das Bayerland, 37. Jahrg., 1926, Heft 4, S. 127 ff.
Krause, Hans: Totenbretter und Verse im Bayerischen Walde. In: Der Bayerwald, 23/1925, S. 162 ff.
Kriss-Rettenbeck, Lenz: Bilder und Zeichen religiösen Volksglaubens. München, 2. Aufl. 1971, S. 53/54.

Lipp, Franz C.: Konrad Bosinlother, der Heilige mit dem Totenbrett. In: Dona Ethnologica, Heft 71, 1973, S. 185 ff.
Ders.: Bajuwarisches Oberösterreich, Das Weiterleben frühbairischer Gesittungs- und Kulturformen im Raum des heutigen Bundeslandes Oberösterreich. In: Baiernzeit in Oberösterreich (Ausstellung im Schloßmuseum in Linz), Linz 1977, S.243 ff.
Lochbrunner: Die Kauferinger Totenbretter. In: Landsberger Geschichtsblätter, 23. Jahrg., 1926.
Lüers, Friedrich: Über die Totenbretter in Bayern. In: Heimat und Volkstum, 11. Jahrg., 1933.
Ders.: Die Totenbretter. In: Bayerischer Heimatschutz, 29. Jahrg., 1933, S. 80.

Pertlwieser, M.: Bestattungsformen in oberösterreichischen Reihengräbern des 7. und 8. Jahrhunderts. In: Baiernzeit in Oberösterreich (Ausstellung im Schloßmuseum in Linz), Linz 1977, S. 89 ff.

Rieder, Otto: Totenbretter. In: Bayerische Hefte für Volkskunde, IV. Jahrg., 1917, S. 151 ff.
Ringk, Günther: Die Totenbretter in Altbayern. In: Die Oberpfalz, 58. Jahrg., Heft 11, 1970, S. 241.
Romstorfer, K.A.: Leichenbretter. In: Zeitschrift für österreichische Volkskunde, XI. Jahrg., 1905, S. 194 ff.
Rosegger, Peter: Leichenbretter. In: Heimgarten, 3. Jahrg., 1897.
Roth, Hans: Zeugnisse des Totengedenkens in der Landschaft: Sühnekreuz – Bildstock und Marterl – Totenbrett. In: Die letzte Reise – Sterben, Tod und Trauersitten in Oberbayern. Herausg. von Sigrid Metken. Ausstellungskatalog des Münchner Stadtmuseums 1984, S. 257 ff.

Schamberger, Siegfried: Die „geistliche Landschaft" – Kapellen, Bildstöcke, Totenbretter und ähnliches im Gemeindebezirk Freilassing, Landkreis Laufen. In: Das Salzfaß, Neue Folge, 1. Jahrg., Heft 1, S. 18 ff.
Scheichenzuber, Ruth: Totenbräuche – Totenbretter. In: Der Bayerwald, 6. Jahrg., 1964, Heft 1, S. 76 ff.
Schnetzer, Hans: Totenbretter als Marterln. In: Volkskunst und Volkskunde, 5. Jahrg., 1907, S. 21 ff.
Ders.: Das Totenbrett. In: Deutsche Gaue, Band X, 1909, S. 243 ff. und Band XI, 1910.
Schoster, Fritz: Die Totenbretter. In: Der Bayerwald 1935.
Staffler, Richard: Totenbräuche in Südtirol. In: Der Schlern, 30. Jahrg., 1956, S. 414 ff.
Stolz, Fr.: Über die Leichenbretter im Mittelpinzgau. In: Zeitschrift für österreichische Volkskunde, IX. Jahrg., 1903, S. 1 ff.

Tremmel: Totenbretter. In: Tiroler Heimatblätter, Heft 4, 1926.
Turba, F.: Leichenbretter. In: Böhmerwald. VI. Band. Strachalitz 1904.

Waltinger, M.: Wegkreuze, Bildstöckl, Marterl und Totenbretter. In: Der Bayerwald, 26. Jahrg., 1928, S. 35 ff.
Weber, Franz: Sarg, Grabmal und Totenbrett. In: Bayerischer Heimatschutz, 11. Jahrg., Heft Nr. 10/1913, S. 153 ff.
Ders.: Zur Frage über den Ursprung der Totenbretter. In: Volkskunst und Volkskunde, 8. Jahrg., 1910, S. 107 ff.
Werner, Paul: Religiöse Kultmale im Alpenraum. In: Bergwelt, Heft 2/1979, S. 68 ff.
Ders.: Das Brett im Haus bannt den Geist des Toten. In: Der Bergsteiger, Heft 11/1980, S. 38 ff.
Ders.: Flurdenkmale, Freilassing 1982, S. 32 ff.
Werner, Richilde: Wenn das Totenbrett fault, wird der Sünder erlöst – Brauchtum an Gräbern zwischen christlicher Sitte und heidnischem Ritus. In: Charivari, Heft 6/1979, S. 80 ff.
Wieser, Max: Schloß Staufeneck. Piding 1978.
Wirth, Friederike: Die „Leichenbretter". Ein absterbendes Brauchtum im Pinzgau. In: Österreichische Zeitschrift für Volkskunde, Neue Serie Bd. XXII, Gesamtserie Bd. 71, Wien 1968, S. 85 ff.

Zaborsky, Oskar von: Totenbretter. In: Der Zwiebelturm, Jahrg. 1949, Heft 1, S. 250 ff.

Kapellen

Baudokumentation, Fachhochschule München, Fachbereich Architektur, Bd. 15: Kapellen und Kirchen im Lkr. Bad Tölz-Wolfratshausen 1987.

Graf, Roland: Wegkapellen im Landkreis Kronach. Kronach (Landratsamt) 1984.

Juraschek, Alois und Frank, Peter: Die Kapellen oder kleine Sakralbauten im Landkreis Rosenheim. Rosenheim (Landratsamt) 1988.

Schamberger, Siegfried: Kapellen, Bildstöcke, Totenbretter und ähnliches im Gemeindebezirk Freilassing, Landkreis Laufen. In: Das Salzfaß, Neue Folge, 1. Jahrg., Heft 1, S. 1 ff.
Stur, Martin: Zeichen am Weg: Bildstöcke, Feldkreuze, Feldkapellen. Herausgegeben vom Katholischen Bildungsheim Großrußbach (hektogr.)

Johannes von Nepomuk

Andree-Eysn, Marie: Volkskundliches aus dem bayrisch-österreichischen Alpengebiet. Braunschweig 1910, S. 128.
Ausstellungskatalog „250 Jahre hl. Johannes von Nepomuk", Salzburg 1979. Mit Beiträgen von Eder Alois, Hahnl Adolf, von Herzogenberg Johanna, von Jenstein Johannes, Kovacs Elisabeth, Kultzen Rolf, Lorenz Willy, Mezler-Andelberg Helmut, Pinsker Anton, Plechl Pia Maria, Polc Jaroslav, Seibt Ferdinand, Seifert Siegfried, Vlcek Emanuel (jeweils mit umfassenden Literaturangaben).
Ausstellungskatalog „Johannes von Nepomuk". Ausstellung des Adalbert-Stifter-Vereins in Zusammenarbeit mit dem Münchner Stadtmuseum, dem Oberhausmuseum Passau, dem Österreichischen Museum für angewandte Kunst in Wien und dem Bayerischen Rundfunk. Passau 1971. Mit Beiträgen von Bachmann Erich, von Herzogenberg Johanna, Klingenberg-Helfert Jitka, Lasfargues Yves, Matsche Franz, Schmidt Leopold, Seibt Ferdinand (jeweils mit umfassenden Literaturangaben).

Brauneis, W.: Johann von Nepomuk. Ikonographie und Verbreitung. In: Wiener Geschichtsblätter, Jahrg. 25-27, 1970-1972.

Dill, Karl: Die Johannes-Nepomuk-Figur von Tressau. In: Beiträge zur Flur- und Kleindenkmalforschung in der Oberpfalz, 4. Jahrg., 1981, S. 81 f.
Dünninger, Eberhard: Johann Nepomuk von Ringseis in seiner Zeit. In: Beiträge zur Geschichte und Landeskunde der Oberpfalz 26, Regensburg 1987.

Epple, Alois und Neunzert, Alois: Johann Luidl (1686-1765). Nepomukfiguren. Landsberg am Lech (Stadtmuseum) 1986.

Foltin, Eduard: 250 Jahre hl. Johannes von Nepomuk. In: Schönere Heimat, 68. Jahrg., Heft 2/1979.
Ders.: Der dreifach verklärte Johannes von Nepomuk. In: Das Münster, Heft 3, XXXII. Jahrg., München-Zürich 1979.

Guggenmoos, Teresa: Der „Doppelte Johannes" von Schönsee. In: Beiträge zur Flur- und Kleindenkmalforschung in der Oberpfalz, 4. Jahrg., 1981, S. 78 f.

Kretzenbacher, Leopold: Heimat im Volksbarock. Kulturhistorische Wanderungen in den Südostalpenländern. Klagenfurt 1961.

Neweklowsky, Ernst: Die Schiffahrt und Flößerei im Raume der oberen Donau (3 Bände). Linz 1952-1962.

Posch, Fritz: Die Anfänge der Johann Nepomuk-Verehrung in den Ostalpen. In: Zeitschrift des Historischen Vereins für die Steiermark, Sonderband 21, 1966.

Schmidt, Leopold: Volksschauspiele vom hl. Johann von Nepomuk. Jahrbuch für Volkskunde.
Ders.: Johannesandachten und Nepomuklieder in Niederösterreich und Burgenland. In: Jahrbuch des Österreichischen Volksliedwerkes, Band IX, Wien 1960, S. 20 ff.

Unterstöger, Alfons: Der hl. Johann von Nepomuk. In: Beiträge zur Flur- und Kleindenkmalforschung in der Oberpfalz, 4. Jahrg., 1981, S. 54 f.

Weißenberger, A.: Johann von Nepomuk und seine Verehrung auf dem Härtsfeld im 18. Jahrhundert. In: Jahrbuch des Vereins für Augsburger Bistumsgeschichte e.V. 17. Jahrg., Augsburg 1983.

Weißkopf, J.: Der hl. Johannes von Nepomuk. Wien 1931.
Ders.: Johannes von Pomuk, München 1948.

Lourdesgrotten

Andree, Richard: Votive und Weihegaben des Katholischen Volks in Süddeutschland. Braunschweig 1904, S. 18 ff.

Beissel, Stephan: Wallfahrten unserer Lieben Frau in Legende und Geschichte. Freiburg 1913.
Brückner, Wolfgang: Lourdes und Literatur – Oder die Faszination des Massenkultes. In: Wallfahrt kennt keine Grenzen. Themen zu einer Ausstellung des Bayerischen Nationalmuseums und des Adalbert Stifter-Vereins, München. Herausgegeben von Lenz Kriss-Rettenbeck und Gerda Möhler. München-Zürich 1984, S. 429 ff. (mit umfassenden Literaturangaben).

Cranston, Ruth: Das Wunder von Lourdes. München 1955.

Dünninger, Josef: Die Marianischen Wallfahrten der Diözese Würzburg. Würzburg 1960.

Fink, Humbert: Auf Pilgerstraßen durch Europa. Ein Engel fliegt über den Kontinent. München 1980.

Gangolf, Diemer OFM: Lourdespilger. Gebet- und Gesangsbüchlein. Bamberg 1974.
Görres, Ida Friederike: Dreimal Lourdes. In: Hochland 42, 1949/50, S. 28 ff.

Höllhuber, Dietrich und Kaul, Wolfgang: Wallfahrt und Volksfrömmigkeit in Bayern. Nürnberg 1987, S. 248 ff.

Kapfhammer, Günther: Lourdesprozession in Obergünzburg. In: Brauchtum in den Alpenländern. München 1977, S. 168 ff.

Korn, Karl: Emile Zola in seiner Zeit. Frankfurt a.M. 1980.
Ders.: Ein anderer Zola? Zur Entstehungsgeschichte des Romans „Lourdes". In: Frankfurter Allgemeine Zeitung, Beilage „Bilder und Zeiten" zu Nr. 227, vom 29.9.1979.

Läpple, Alfred: Lourdes. Augsburg 1988.
Lassevrés, Henri: „Unsere Liebe Frau von Lourdes", übersetzt von Maria Hoffmann. Freiburg i. Br. 1874.

Schamoni, Wilhelm: Das wahre Gesicht des Heiligen. Leipzig 1938.

Tucholsky, Kurt: Ein Pyrenäenbuch, (1929) Reinbek 1957.

Werfel, Franz: Das Lied der Bernadette. Frankfurt a.M. 1975.

Kreuzweg und Kalvarienberg

Bauckner, A.: Die Biber. In: Volkskunst und Volkskunde 8/1910, S. 142-145.
Belting, H.: Das Bild und sein Publikum im Mittelalter. Berlin 1981.
Böhm, Angelika und Reinhold: Der Füssener Kalvarienberg 1837-1985. Füssen 1988.
Buchner, F. X.: Volk und Kult. Studien zur deutschen Volkskultur, Düsseldorf 1936 (= Forschungen zur Volkskunde Heft 27).

Guardini, Romano: Der Kreuzweg unseres Herrn. Mainz 1982.

Gugitz, G.: Die Wallfahrten Oberösterreichs. Linz 1954 (= Schriftenreihe des Institutes für Landeskunde von Oberösterreich Bd. 7).
Ders.: Österreichs Gnadenstätten in Kult und Brauch. Ein topographisches Handbuch zur religiösen Volkskunde in fünf Bänden. Wien 1955-58.

Hartig: M.: Der Kreuzweg als Kircheneinrichtungsstück, jetzt und in Zukunft. Die christliche Kunst 32/1935/36, S. 161-184.

Jungmann, J. A.: Die Andacht der vierzig Stunden und das Heilige Grab. Liturgisches Jahrbuch 2/1952, S. 184-198.
Ders.: Christliches Beten im Wandel und Bestand. München 1969.
Ders.: Glaubensverkündigung im Lichte der Frohbotschaft. Innsbruck 1963.
Ders.: Liturgisches Erbe und pastorale Gegenwart. Innsbruck 1960.
Ders.: Mittelalterliche Frömmigkeit. Ihr Werden unter der Nachwirkung der christologischen Kämpfe. Geist und Leben 41/1968, S. 429-443.

Keppler, P.: Die XIV Stationen des heiligen Kreuzwegs. Freiburg 1892.
Kneller, K. A.: Geschichte der Kreuzwegandacht von den Anfängen bis zur völligen Ausbildung. Freiburg 1908 (= Stimmen aus Maria Laach, Ergänzungsheft 98).
Kötting, B.: Peregrinatio Religiosa. Wallfahrten in der Antike und das Pilgerwesen in der alten Kirche. Münster 1950.
Kramer, E.: Kreuzweg und Kalvarienberg. Historische und baugeschichtliche Untersuchung. Kehl-Straßburg 1957 (= Studien zur deutschen Kunstgeschichte Band 313).

Kretzenbacher, Leopold: Die Bühne des steinernen Spiels. Von Kreuzwegbild, Weltenberg und Kirchentanz. In: Heimat im Volksbarock. Klagenfurt 1961, S. 37-45.
Ders.: Passionsbrauch und Christi-Leiden-Spiel in den Südostalpenländern. Salzburg 1952.
Ders.: Lebendiges Volksschauspiel in der Steiermark. Wien 1951 (= Österreichische Volkskultur. Forschungen zur Volkskunde Bd. 6).
Kriss-Rettenbeck, Lenz: Bilder und Zeichen religiösen Volksglaubens. München 1971. S. 58 f.
Küppers, K.: Das Himmlisch Palmgärtlein des Wilhelm Nakatenus SJ (1617-1682). Regensburg 1980.
Ders.: Ein Förderer des Volksstundengebetes. Zum Todestag des Wilhelm Nakatenus vor 300 Jahren. In: Gottesdienst 16/1982.
Kund, Adrian K. und Schmidt, L.: Geistliches Volksschauspiel im Lande Salzburg. Salzburg-Leipzig 1936.

Mayer, H. E.: Geschichte der Kreuzzüge. Stuttgart 1980.

Paulus, N.: Zur Geschichte der Kreuzwegandacht. In: Der Katholik 75/1895, S. 326-335.

Stadlhuber, J.: Das Laienstundengebet vom Leiden Christi in seinem mittelalterlichen Fortleben. In: Zeitschrift für katholische Theologie 72/1950, S. 282-325.
Stefenelli, N.: Die Zeichen am Leib des Franz von Assisi: 800 Jahre Franz von Assisi (Ausstellungskatalog), Wien 1982.

Thurston, H.: The stations of the cross. London 1906.

Ulbert-Schede, U.: Das Andachtsbild des kreuztragenden Christus in der deutschen Kunst. Dissertation München 1961.

Veit, L. A.: Volksfrommes Brauchtum und Kirche im deutschen Mittelalter. Freiburg 1936.
Veit, L. A. und Lenhart L.: Kirche und Volksfrömmigkeit im Zeitalter des Barock. Freiburg 1956.

Werner, Richilde und Paul: Jerusalem im Abendland. Kalvarienberge und Kreuzwege in Oberbayern. In: Charivari, Heft 4/1989, S. 8 ff.

Zender, M.: Spätmittelalterliche Frömmigkeit und Volksbrauch. Das Beten der Sieben Fußfälle im Rheinland. Gestalt und Wandel. Aufsätze zur rheinisch-westfälischen Volksbrauch- und Kulturraumforschung. Bonn 1977, S. 247-257.
Zerfaß, R.: Die Idee der römischen Stationsfeier und ihr Fortleben. In: Liturgisches Jahrbuch 8/1958, S. 218-229.
Zink, J.: Die Wiederentdeckung des Kreuzwegs. In: Gottesdienst 6/1972, S. 25-28.

Grenzsteine

Amann, Josef: Das baierische Kataster. Abhandlungen für den Geschäftsvollzug im Messungsdienst. Stuttgart 1920.

Dussler, Hildebrand: Eine Vermessung des Donautales zwischen Ulm und Ingolstadt um 1760/62. In: Jahrbuch des Historischen Vereins Dillingen 69 (1967), S. 70-80.

Gasser, Max: Zur Technik der Apianischen Karte von Bayern. In: Verhandlungen des 16. Deutschen Geographentages 1907. Berlin 1908.

Hartinger, Walter: Flurdenkmäler im Wandel der Zeit – Forschungen zur historischen Volkskultur. In: Festschrift für Torsten Gebhard zum 80. Geburtstag. München 1989, S. 216.
Heimatbund Mühldorf am Inn e.V. (Herausgeber): Salzburger Grenzsteine. Denkmäler aus vergangener Zeit. Mühldorf, 2. Auflage 1983.
Herrmann, E.: Grenze – Rechtsmal – Gericht. Bayreuth 1983.

Kramer, Karl-Sigismund: Grundriß einer rechtlichen Volkskunde. Göttingen 1974.
Kroiß, Herbert: Von Grenzstein zu Grenzstein. In: Mühldorf, – Stadt am Inn. (Herausgeber Heimatbund Mühldorf e.V.) Mühldorf 1989, S. 305 ff.

Leidl, August: Das Hochstift Passau im 18. Jahrhundert. Die Entwicklung des reichsunmittelbaren Territorium bis zur Auflösung des Fürstentums. In: Ostbairische Grenzmarken, Heft 23/1981, S. 74-84.

Möhler, Gerda: Der Baumgartner Wasservogelumritt in Niederbayern. Ein Aktenbeleg aus dem 18. Jahrhundert zu Rechtsbrauch und Pfingstbegehung. In: Dona ethnologica monacensia. Hg. v. Helge Gerndt, Klaus Roth und Georg R. Schroubek. München 1983, S. 19-31.
Münch, Rudolf: Das große Buch der Grafschaft Haag.

Neudegger, Max Josef: Amts-Ordnungen des Kurfürsten Friedrich III. von der Pfalz aus den Jahren 1561 und 1566. Aus dem Manual des Kanzlers in Amberg. München 1888.

Pollmann, O: Volkskundliches über Grenzen in Westfalen. In: Rheinisch-westfälische Zeitschrift für Volkskunde, Heft 8/1961, S. 71-81.

Remmelberger, Alois und Georg: Historische Marksteine zwischen den bayerischen Gerichten Neuötting, Wald und dem salzburgischen Tittmoning. In: Oettinger Land, Band 5, Jahresfolge 1985, S. 111-121.
Röttel, Karl: Das Hochstift Eichstätt. Grenzsteine, Karten und Geschichte. Ingolstadt 1987.
Ders.: Grenzmarken im mittelbayerischen Dreiländereck. In: Schönere Heimat, Heft 2/1987, S. 91-96.
Ders.: Flurdenkmäler erinnern an die Gründungsjahre. In: St. Willibald. Weihnachtsschrift 1987 der Vereinigung der Freunde des Willibald-Gymnasiums Eichstätt, S. 51 ff.

Schieck, Siegwalt: Historische Grenzsteine. In: Denkmalpflege in Baden-Württemberg. Nachrichten des Landesdenkmalrates. 8. Jahrg., Band 4/1979, S. 136 ff.
Schierl, Wolfgang: Historische Grenzsteine in der ehemaligen bischöflichen Herrschaft Isen-Burgrain und im ehemaligen Kollegiatstift St. Wolfgang. In: Mühlrad, Band 27/1985, S. 59 ff.
Simmerding, Franz X.: Die geschworenen Grenzsteinsetzer. In: Schönere Heimat, Heft 1/1987, S. 7 ff.
Ders.: Zum Rechtsschutz historisch und künstlerisch wertvoller Grenzsteine. In: Schönere Heimat, Heft 1/1987, S. 45 ff.
Steffan, Ferdinand: „… so weit die augenscheinlichen stainrn säulen und aufgeworffne gräben sich erstrecken thun …" Ein Beitrag zum Burgfrieden und den Burgfriedenssäulen der Stadt Wasserburg. Wasserburg.

Thiem, Rudolf: Die alte Grenze zwischen der Obern Pfalz und der Markgrafschaft Brandenburg-Bayreuth. In: Beiträge zur Flur- und Kleindenkmalforschung in der Oberpfalz, Heft 6/1983, S. 31-40.

Veit, Hanns und Schiegg, P.: Ulrich von Ottobeuren (1752-1810) und die bayerische Landesvermessung. In: Studien und Mitteilungen zur Geschichte des Benediktinerordens 73 (1962).

Ziegler, Theodor: Vom Grenzstein zur Landkarte. Die bayerische Landesvermessung in Geschichte und Gegenwart. Stuttgart 1989.

Gipfelkreuze

Hiebeler, Toni: Zugspitze. Von der Erstbesteigung bis heute. Lizenzausgabe, Herrsching 1985.

Kühlken, Oskar: Das Glocknerbuch. Der Großglockner im Spiegel des Alpinismus. Salzburg 1951.

Lehr, Rudolf: Der Kampf um den Dachstein. Die Geschichte seiner Eroberung. Linz 1971.
Lindgren, Uta: Alpenübergänge von Bayern nach Italien, 1500-1850. München 1986.
Lossen, W: Gipfelkreuze und Bildstöckl auf Berchtesgadener und Reichenhaller Bergen. Berchtesgadener Anzeiger von 1935 (?), S. 27.

Ott, Christoph: „Die Zugspitz-Expedition zur Errichtung eines vergoldeten Eisen-Cylinder-Kreuzes auf dem höchsten westlichen Zugspitzgipfel am 11., 12. und 13. August 1851." Verlag Christian Kaiser in München 1851.

Richter, H.: Anno 1867 setzte man das erste Gipfelkreuz auf den Kaitersberg. In: Der Bayerwald 2/1985, S. 56-60.

Schott, Heinrich: Die Zugspitze. Gipfel der Technik, Triumphe und Tragödien. München 1987, S. 44 ff.
Seitz, Gabriele: Wo Europa den Himmel berührt. München 1987.
Siegl, Franz W. (Herausgeber): Hochfellnkreuz 1886-1986. Bergen 1986.
Spiegel-Schmidt, Alfred: Die Wallfahrt auf den Watzmann. In: Berchtesgadener Heimatkalender 1990, S. 127 ff.

Werner, Paul: Gipfelbuch und Gipfelspruch. In: Der Bergsteiger, Heft 2/1988, S. 36 ff.
Ders.: Von der Weinflasche mit Visitenkarte zum Gipfelbuch in Zinkblechbüchse. In: Volkskunst, Heft 4/1988, S. 17 ff.
Ders.: „... Zum Beweise, daß wir hiergewesen (...)" Zur Kulturgeschichte der Gipfelkreuze.
Ars Bavarica, Band 63/64, München 1990.

Der Baum in unserer Sakrallandschaft

Auerhammer, Hans: Die Marienbilder Wiens und Niederösterreichs in der Barockzeit – Band III der Veröffentlichungen der Österreichischen Museen für Volkskunde. Wien 1956, S. 28 ff.

Bernatzky, A.: Baum und Mensch. Frankfurt/Main 1973.
Bock, Achim: Baumdenkmäler im Landkreis Altötting. Zur Geschichte, Ökologie und Perspektive. In: Öttinger Land 1989, Band 9.

Gélis, Jacques: Die Geburt. Volksglaube, Rituale und Praktiken von 1500-1900. Paris 1984. Deutsche Ausgabe beim Eugen Diederichs Verlag in München, 1989, S. 309 f.

Gercke, Hans (Hrsg.): Der Baum in Mythologie, Kunstgeschichte und Gegenwartskunst. Heidelberg 1985.

Höfler, Max: Wald und Baumkult. München 1882.

Höllhuber, Dietrich und Kaul, Wolfgang: Wallfahrt und Volksfrömmigkeit in Bayern. Nürnberg 1987, S. 240 f.

Kalender für Kath. Christen auf das Jahr 1854. Sulzbach i.d. Obpf.

Kriss, Rudolf: Die Volkskunde der Altbayerischen Gnadenstätten. Band III. Theorie des Wallfahrtswesens. München-Pasing 1956, S. 51.

Kriss-Rettenbeck, Lenz: Bilder und Zeichen religiösen Volksglaubens. München 1963., 2. Auflage 1971, S. 91 f.
Ders.: Lebensbaum und Ährenkleid. In: Bayer. Jahrbuch für Volkskunde 1956, S. 42-56.
Ders.: Amulett und Talisman. München 1966, S. 57 ff.

Leeb, Friedrich: Altötting. Orts- und Wallfahrtsgeschichte. Altötting 1954, S. 50.

Lipp, Franz C.: Bajuwarisches Oberösterreich. Das Weiterleben frühbairischer Gesittungs- und Kulturformen im Raum des heutigen Bundeslandes Oberösterreich. In: Baiernzeit in Oberösterreich. Das Land zwischen Inn und Enns vom Ausgang der Antike bis zum Ende des 18. Jahrhunderts. Oberösterreichisches Landesmuseum, Katalog Nr. 96, Linz 1977, Kapitel 3: Weiterleben von Bräuchen, die in kirchlichen Synoden und Vorschriften des 8. Jahrhunderts getadelt wurde. S. 258 f.

Lurker, Manfred: Der Baum im Glauben und Kunst unter besonderer Berücksichtigung der Werke des Hieronymus Bosch. Baden-Baden 1976.

Roth, H.: Baumfällaktion für den Georgiritt. In: Schönere Heimat 1/1986.

Sepp, J.: Der Baumkult in Altbayern und die mehrfachen Schicksalsbäume. In: Monatsschrift des Historischen Vereins von Oberbayern, München, 3. Jahrg. 1894.

Walzer, Albert: Wallfahrtskirchen mit eingebautem Baum. Württembergisches Jahrbuch für Volkskunde 1955.

Werner, Paul: Zur kulturgeschichtlichen Rolle des Baumes im sakralen Ambiente. In: Volkskunst, Heft 1/1988, S. 18 ff.
Ders.: Zur kulturgeschichtlichen Rolle des Baumes im sakralen Ambiente. In: Ars Bavarica, Band 55/56, München 1989, S. 115 ff.

Werner, Paul und Richilde: Baumzeichen in der Kulturlandschaft. Bäume im sakralen Ambiente. In: Unser Bayern. Heimatbeilage der Bayer. Staatszeitung. Heft 2/1990, S. 9 ff.

Bildstock im Gegenwartsbrauchtum.
Der Hl. Josef als Beschützer und Fürbitter in allen Lebensfragen. 1984 aus Familienersparnissen gestiftet, benediziert von Abt Odilo Lechner, Andechs. Gilching, Lkr. Starnberg.

Register

Ortsregister

Hinweise:
Die gerade gedruckten Zahlen sind die (thematisch geordneten) Bildnummern, der Buchstabe T hinter der Bildnummer bedeutet Textabbildung; dieses Bild ist also innerhalb des Textes des jeweiligen Kapitels angeordnet. Die **schräg gedruckten** Zahlen sind die Seitenzahlen der Textseiten.

Die Bildnummern von Objekten in den einzelnen Orten sind auch unter dem Namen der jeweiligen Gemeinde angegeben.

Die Bildnummern von Objekten in den einzelnen Ortsteilen, Gemeinden, Märkten und Städten sind auch unter den zugehörigen Landkreisbezeichnungen zusammengefaßt, die meisten Bildnummern scheinen somit dreimal auf.

Das Ortsregister ermöglicht es, alle Bilder von Objekten innerhalb einer oberbayerischen Gemeinde (Marktgemeinde, Stadtgemeinde) und innerhalb eines oberbayerischen Landkreises sofort gezielt aufzufinden.

Aachen	*16, 310*
Ach	87
Achthal	*132, 313*
Ackerlspitze (Gipfel)	16.31
Adelschlag (Gde.)	5.28, 12.18
Adnet	*37, 211*
Ägypten	*200, 377, 378*
Aich	*384*
Äthiopien	*201*
Aggenstein (Berg)	*91, 424*
Ahornboden, Großer	8.3
Ahrntal (Tirol)	*486*
Aich	10.2T, 10.35
Aiterbach	14.3T
Ajaccio (Korsika)	*201*
Albaching	*383*
Alexandrien (Ägypten)	*201*
Allerdorf bei Abensberg (Niederbayern)	*312*
Allershausen (Gde.)	14.3T
Allgäu	6.4, 11.55, *184*
Altbunzlau	*294*
Altdorf	*379*
Altenmarkt an der Alz (Gde.)	4.32, 4.33, 5.1T, 7.6T
Altham	*207*
Altmannstein	4.14
Altmannstein (Gde.)	8.6
Altmühl	*63*
Altmühldorf	15.31, *386*
Altötting (Stadt)	7.8T, 14.12T, 17.10T, *255, 258, 343, 451*
Altötting (Stadt-Gde.)	11.17T, *342*
Altötting (Lkr.)	2.34, 5.5T, 5.11, 5.20, 5.54, 6.42, 7.4T, 7.5T, 7.10, 8.12, 8.13, 8.21, 8.25, 9.4T, 9.10, 9.17, 11.9T-11.12T 11.18, 11.70, 11.71, 13.18-13.22, 14.12T, 17.4, 17.15, *37, 170, 204, 208, 248, 249, 252, 254, 255, 312, 313, 342, 383*
Altomünster	8.5
Alxing	6.3
Ampertshausen	15.22, 15.23
Amras (bei Innsbruck)	*89*
Ambach	8.14, 13.8
Amberg	*205*
Amerang (Gde.)	3.1, 3.2
Ammergauer Berge	16.33, 16.34, 16.37
Andechs	14.4T
Anger (Gde.)	6.35, 9.11T, 10.32, 10.33, 11.13T, 12.1, *204, 205, 223, 224*
Aning	7.10
Annabrunn	*448*
Antenbichl	3.21, 10.17, 10.18
Anthering	10.13
Anzing	3.33
Anzing (Gde.)	3.33, 13.13
Apercha	14.19, 14.20
Appenzell	*229*
Aquapendente	*207*
Arget	6.51
Arles (Frankreich)	*201*
Arnhofen	7.4
Arzbach	*210*
Arzl (Tirol)	14.8
Aschbach (Österreich)	*212*
Aßling (Gde.)	3.26, 6.24
Assisi	*181*
Ast	6.24
Astrachan	*199*
Attel	*379*
Au in Salzburg	11.57
Au bei Anger	9.11T, *204*
Audorf	*87*
Auerburg	*87*
Auerspitze (Gipfel)	16.35
Aufham	11.13T, *204*
Augsburg	*206, 255*
Aumühle	*63*
Außenried (Bayer. Wald)	*229*
Auzingerlehen (Gde. Ramsau)	*247*
Aying (Gde.)	2.9
Bach	6.55
Bad Adelholzen	17.6
Bad Aibling (Gde.)	1.2T, 7.5, 7.6, 11.15, *88*
Baden	*380*
Bad Reichenhall	11.15T, 16.11T, *255, 256, 295*
Bad Reichenhall (Gde.)	8.18, 11.15T, 16.10-16.13, *255, 415, 420*
Bad Tölz	13.9, 14.40-14.49, *256, 295, 339, 340, 451*
Bad Tölz (Stadt-Gde.)	14.10T, *89, 208, 210*
Bad Tölz-Wolfratshausen (Lkr.)	3.37, 5.24, 6.11, 6.12, 6.25, 6.32, 11.56, 13.9 14.7T-14.10T, 14.26-14.49, 16.30, 16.32, 17.6
Bad Wiessee (Gde.)	9.15
Baierbach	2.2, 6.40, 6.41
Baiern (Gde.)	11.40, 11.42, 12.11
Balghub	5.20
Bamberg	15.45, 15.46, *178*
Banneux (Frankreich)	*312*
Basel (Schweiz)	*35*
Bayerischer Wald	10.3T, 10.28-10.31, *85, 228, 229*
Bayerisch Gmain	11.75, 11.76, *37*
Bayreuth	15.45, 15.46
Bayrischzell (Gde.)	5.5, 6.61, 11.4T-11.8T, 11.78, 16.17T, *248*
Baumgartköpfl (Gipfel)	16.17
Beilngries	3.46, 12.12
Benediktbeuern	6.32, 15.33, 15.34, *295*
Bennoberg	*255*
Berchtesgaden (Markt)	3.1T, 3.2T, 4.40, 9.9T, 9.10T, 14.14, 14.15, *295, 340*
Berchtesgaden (Markt-Gde.)	11.7, 13.27, *37*
Berchtesgaden (Lkr.)	1.5T, 3.1T, 3.2T, 3.6T, 3.12, 3.13, 3.19-3.21, 3.36, 4.29-4.31, 4.40, 5.3T, 5.1, 5.3, 5.4, 5.55, 6.1, 6.19, 6.27, 6.34-6.36, 6.46, 6.48, 6.49, 6.54, 6.55, 6.62, 6.64, 8.17-8.19, 8.26, 9.9T-9.11T, 9.13, 9.16, 10.8, 10.12, 10.15, 10.17, 10.18, 10.20, 10.22, 10.23, 10.26, 10.27, 10.32, 10.33, 10.40, 11.1T-11.3T, 11.13T-11.15T, 11.2, 11.5, 11.7, 11.17, 11.18, 11.22-11.25, 11.30, 11.32, 11.44, 11.47, 11.75-11.77, 12.1, 12.4, 12.16, 12.21, 13.27, 14.11T, 14.11-14.15, 15.1-15.3, 16.11T, 16.16T, 16.17T-16.22T, 16.3, 16.10-16.13, 16.18, 16.20, 16.21, 16.26, 16.27, 17.3, *37, 84, 166, 184, 247, 252, 254, 257, 340, 415, 417-425, 485*
Berchtesgadener Hochthron (Gipfel)	*420*
Berg	5.11
Berganger	11.42, *255*
Bergen (Gde.)	3.17, 3.24, *416, 417*
Bergham	11.79, 11.80
Bergheim (Gde.)	2.29, 4.15
Berlin	*334*
Bernau	4.39
Bernhaiming	9.3
Bethlehem	*169*
Bettelwurf (Berg in Tirol)	*86*
Beylechen bei Anger	*205*
Biber	14.22-14.25
Biburg	*18*
Binabiburg	*449*
Bindalm	6.46
Birkenstein	12.6, 14.2
Bischofsmais	17.4T
Bischofswiesen	3.12, 3.20, 8.17, 11.25, *184*
Bischofswiesen (Gde.)	6.27, 8.19, 11.2, 11.5, 11.44, *37*
Boden im Lechtal	5.47-5.50
Bodenschneid im Spitzinggebiet	5.8, 16.22
Böhmen	*34*
Böhmerwald	*228*
Böhmfeld	4.1
Bologna	*332*
Bourguillon	*334*
Bozen	*228, 312*
Brand	10.21
Brandenberger Ache	*91*
Brandenburg	*380, 388*
Brandstatt	11.66
Brannenburg	*88*
Braunau (Nordböhmen)	*223*
Braunau (Oberösterreich)	*204*

Bregenz **295**	Ebersberger Forst 4.7, 9.5	Falkensteinerwand	Genua **199**
Breitenberg (Gde.) **184**	Ecking **253**, **254**	am Königssee 5.3, 5.4	Georgenberg,
Brenner **407**	Ed 6.42, 17.4 (= vord. Umschlagbild)	Fatima **311**, **312**	Kloster in Tirol 13.6
Brixen (Südtirol) **89**, **312**	Effeltrich (Lkr. Forchheim) 17.21	Fehling 3.14	Georgenfeld 5.23
Brodaich 14.18	Egehofen (Gde.) 14.5	Feichten an der Alz **449**	Georgifelsen, Georgistein
Bruck 3.24, 6.3	Eger (Böhmen) **34**	Feldafing **341**	(in der Isar) 5.13-5.15
Buch am Buchrain **384**	Egern 2.6	Feldkirchen 2.31	Gerblinghausen 11.69
Buchenhüll 13.16, 13.25, **61**	Eggenfelden **313**	Feldkirchen-	Germerswang 6.57
Buchfeld 2.12	Egmating 6.18	Westerham (Gde.) 3.8, 3.9	Gerstenbrand 11.63
Burgau **385**	Ehrwald (Tirol) 11.62, **211**	Feldschuster 2.19	Gerstruben 6.4
Burghausen (Stadt-Gde.)	Eiberg (Österreich) **212**	Festenbach 7.10	Gilching **496**
2.34, 5.12, 13.20-13.22, **204**, **383**	Eibwang 6.53	Fiecht (Tirol) 5.23	Gilgöd **249**
Burgheim (Gde.) 8.9	Eichfeld **386**	Finsterwald 13.11	Glarus (Schweizer Kanton) **478**
Burgkirchen	Eichstätt (Stadt,	Fischbachau 3.6, 12.6	Glatzenberg 5.41
an der Alz (Gde.) 8.13, **387**	Hochstift) **379**, **385**, **387**, **388**	Fischbachau (Gde.) 6.31, 11.63, 14.2	Glatzer Bergland **228**
Burgrain 15.16-15.19, **383-385**	Eichstätt (Stadt-Gde.)	Fiss (Tirol) 14.1	Glött 4.32, 4.33, 5.1T
Buxheim (Gde.) 15.5T	3.43, 3.44, 5.28, 13.16, 13.27, **88**	Flirsch (Tirol) **253**	Glonn (Gde.)
	Eichstätt (Lkr.) 2.7T, 2.18, 2.22,	Florenz **336**	4.3, 4.4, 4.6, 11.39, 11.52, **255**
Caffa (am Schwarzen Meer) **199**	2.24, 2.26, 2.27, 3.38, 3.42-3.46, 4.1,	Forchheim (Lkr.) 17.21	Gmünd in Kärnten **424**
Caravaca (Spanien) **168-170**	4.8-4.11, 4.13, 4.14, 4.21, 6.28-6.30,	Forstern (Gde.) 4.16-4.19	Gmund am Tegernsee 5.6
Cedron (Bach in Palästina) **335**	6.33, 6.53, 6.56, 8.6, 8.10, 11.6, 11.9,	Franken (Reg. Bezirk) **294**, **381**	Gmund am Tegernsee (Gde.)
Chieming (Gde.) 3.14	11.67, 11.79, 11.80, 12.12, 12.18,	Frankenstein 2.33	3.34, 5.6, 7.11, 13.11
Chiemsee **89**	12.20, 13.16, 13.25, 14.6, 14.9, 14.10,	Frankfurt **206**	Göggenhofen 2.9
Christkindl (Oberösterreich) 17.6T	15.1T, 15.2T, 15.5T, 15.35-15.39,	Frauenneuharting 11.37	Götzendorf an der Leitha **208**
Christlieger (Insel im Königssee) **295**	15.41, 17.9, 17.10, **62**	Freiburg in der Schweiz **334**	Golgotha (Jerusalem) **169**
Cordoba (Spanien) **335**	Eifel **222**	Freidling 10.20	Göstling (Schloß) **36**
Crea (Italien) **337**, **339**	Einsiedl 5.56	Freising (Stadt) **36**, **294**	Gotzenalm 6.48, **483**, **485**
	Eiselfing (Gde.) 17.2	Freising (Lkr. Hochstift) 11.46,	Gotteszell 14.5T
Dachau (Stadt-Gde.) 11.35	Eisenhausen (Schloß) **36**	11.48. 11.74, 14.3T, 14.19, 14.20,	Grabenstätt 13.12, **295**
Dachau (Lkr.) 1.6T, 6.52, 8.5, 8.11,	Eismerszell 2.3	15.17-15.19, 15.21-15.23, **205**, **384**	Grabenstätt (Gde.) 13.12, 14.18
8.14, 11.35, 11.41, 13.8, 13.17, 14.7	Eitensheim 4.11, 15.1T	Fridolfing (Gde.) 3.55, 5.41, 6.45	Grafing 3.23, 6.22
Dachstein,	Elbigenalp (Lechtal) **336**	Friedberg bei Augsburg 11.43	Grafrath 11.14, **210**
Dachsteingebiet (Oberösterreich-	Elendskirchen 3.7	Friedrichshofen 15.42	Graglia (Piemont, Italien) **339**
Steiermark) 5.51, 16.2T, 16.40	Elixhausen 10.7	Froschham 10.12, 10.15	Granzer 6.31
Dalsenalm im Lattengebirge **483**	Elsaß 8.1T, **86**, **452**, **453**, **475**	Fürstenberg (Urkundenbuch) **35**	Grassau 5.21, 5.22
Daniel (Gipfel) 16.38, 16.39	Emmerich **334**	Fürstenfeldbruck	Graswang 18.34T
Dautersdorf **449**	Endorf (Gde.) 17.22T	(Stadt-Gde.) 10.T, 10.35	Graz (Steiermark) **132**, **335**
Delft (Niederlande) **335**	Engelsberg (Gde.) 3.16	Fürstenfeldbruck (Lkr.) 1.3T, 2.3,	Greding (Gde.) 3.4, 13.7
Demelspitze (Gipfel) 16.30	Enghub 6.45	3.49, 6.57, 7.8, 8.7, 10.2T, 10.35,	Greifenberg am Ammersee **478**
Dichtlmühle 15.8	Enkering 6.28-6.30, 11.9	11.14, 14.5, 15.24, 15.33, 15.34	Gries am Brenner **312**
Dietramszell (Gde.) 3.37	Ensdorf **37**	Füssen 13.1, 14.12T, 16.18T	Grünstein (Gipfel) 16.18
Dingolfing **205**	Erding (Stadt) **384**	Fuchsreut 6.58	Grins im Stanzertal (Tirol) **253**
Dodona (Griechenland) **448**	Erding (Lkr. Pfleggericht) 4.16-4.19,	Funtensee **485**	Gröden **184**
Dohlbach 10.34	8.7T, 9.11, 11.10, 11.11, 11.45, 11.77,	Furthmühle 15.38	Großaign **448**, **449**
Dötzenkopf (Gipfel) 16.10-16.13	15.15-15.21, 17.12T, 17.21T, 17.16,		Großgmain (Salzburg) **422**
Dolomiten **420**, **421**	**380**, **383**, **385**	**G**aimersheim (Gde.) 15.1T	Großdingharting 6.8
Don (Fluß in Rußland) **199**	Erdweg (Gde.) 11.41	Garatshausen 17.5	Großeibstadt **84**
Donau **294**, **295**	Erharting **255**	Garching	Großglockner (Salzburg-
Donnersdorf 2.33	Ering (Gde.) 10.14	an der Alz (Gde.) 5.5T, 17.15	Kärnten) 16.1T, 16.23T, **409**, **410**
Dorfen (Stadt-Gde.) 11.45	Erlangen **34**	Garkofen 13.13	Großhartpenning 9.4
Dornauberg (Tirol) **88**	Erlbach (Gde.) 13.18, 13.19, **312**, **313**	Garmisch-Partenkirchen (Stadt) **413**	Großhöhenrain 3.8, 3.9
Dreieichen (Niederösterreich) 17.1T	Erlingshofen 2.24, 6.56, 13.25, 13.26	Garmisch-	Großmehring 17.10
Duftalm	Eschbach **255**	Partenkirchen (Stadt-Gde.) 6.5, 6.6	Grünsink **449**
(bei Ehrwald in Tirol) 6.59, 11.62	Eschlbach 7.2	Garmisch-Partenkirchen (Lkr.) 6.5,	Grüntegernbach **384**
	Eschling 8.9	6.6, 13.3-13.5, 13.26, 16.3T-16.10T,	Grünwald 5.13-5.15
Ebersberg (Stadt) **255**	Etschtal **228**	16.19, 16.26, 16.33, 16.34, 16.37,	Grunertshofen 7.8
Ebersberg (Stadt-Gde.) 2.7, 2.23,	Ettal 18.34T, **37**, **295**	18.34T	Gründerer 2.4
4.22, 4.23, 9.6T, 11.28, 13.14, 13.15,	Ettendorf 17.13T-17.19T, **456**	Gars am Inn **295**	Gunersdorf (Österreich) **212**
206, **207**, **453**	Etzenhausen 11.35	Gartlberg **449**	Gungolding 4.21, 14.6
Ebersberg (Lkr.) 2.7, 2.23,	Euskirchen **169**	Gave (Fluß bei Lourdes) **305**, **311**	Gunzenheim **84**
3.23, 3.24, 3.26, 3.27, 3.33, 4.3, 4.4,	Evenhausen 3.1, 3.2	Gegenbach **184**	Gurk (Kärnten) **409**
4.6, 4.7, 4.22, 4.23, 6.3, 6.18, 6.21,		Gehrden **454**	
6.22, 6.24, 8.1, 8.2, 8.16, 9.6T, 9.5,	**F**ahrenzhausen (Gde.) 14.19, 14.20	Geigelstein (Gipfel) 16.1, 16.2	**H**aag (Lkr. Mühldorf, Gde.)
11.28, 11.31, 11.37, 11.39, 11.40,	Fahrnbach **384**	Geiging 11.50	15.8-15.10, 15.16, 17.1
11.42, 11.49, 11.51, 11.52, 12.11,	Falkenstein (Ruine) 13.1, 13.2, **312**	Gelting 6.21	Haag (Grafschaft) **379**, **380**, **383-385**
13.13-13.15, 15.8, 15.9, 17.17, **255**			

Haag an der Amper (Gde.) 11.48	Ingolstadt (Stadt-Gde.)	Kirchwald 17.20T	Leonberg (Gde.) 7.1
Hafelsberg 4.3	15.42, **205, 206, 255, 387**	Kitzbühel (Tirol) **228**	Lermoos (Tirol) 12.3, 16.38, 16.39
Hagengebirge **487**	Inn, Inntal	Klagenfurt **409, 410**	Lesachtal (Kärnten) 14.1T
Haging 11.37	37, 89, 294, 295, 379, 383, 386	Kleiner Bruder (Gipfel) **419**	Leutaschtal (Tirol) 6.14, 6.37, **211**
Haid **449**	Inning am Holz **385**	Kleinthal 13.10	Lichtenau (Lkr. Ansbach) **35**
Haiming (Gde.)	Innsbruck 5.36, 5.37, 5.39, **294**	Kling (Gericht) **204**	Lichteneck 17.1
6.42, 7.4T, 7.5T, 9.17, 17.4, **208, 210**	Innviertel	Knetzgau bei Haßfurt **208**	Lichtenweg **384**
Hainburg (Niederösterreich) **38**	(Oberösterreich) 15.25-15.30, **383**	Kochel am See 11.56	Lippertshofen 15.1T
Hainham bei Anger **205**	Inzell 3.15, **422**	Kochelsee **90**	Liptinae (= Estinnes, Belgien) **448**
Halbing 11.28	Inzell (Gde.) **256**	Köln **178, 335**	Locarno
Hall (Tirol) 5.42-5.44, **86, 294**	Irgertsheim (bei Ingolstadt) **83**	Königssee **295, 423, 483**	(Tessin, Schweiz) **337, 339**
Hallein (Salzburg) **37, 211**	Irschenberg (Gde.) 2.8, 2.12, 2.15	Königstalalm **483**	Loipl **166**
Hallstatt (Oberösterreich) **476**	Isar 5.13-5.15, **294, 295**	Königswart **379**	Loisach **88, 89**
Halsbach **248**	Ischgl (Paznauntal, Tirol) **336**	Kösching (Gde.) 12.8	London **408**
Hammer **386, 387**	Isel, Berg bei Innsbruck **89**	Kösslarn **449**	Lorch (Oberösterreich) **480**
Handlab **449**	Isen **384, 385**	Kohlgrub **211**	Lourdes 13.3T-13.9T, **305-312**
Hanoi (China) **201**	Isenbrunn 4.9	Kollnigwald 10.11	Lübeck **334**
Harbacher Alm 8.26	Ismaning 8.20	Kolmstein **85**	Lüften 2.25, **63**
Hart **449**	Istanbul (= Konstantinopel)	Konstantinopel (= Istanbul)	Lunz am See (Österreich) **38**
Haselbach 17.21T	**170, 178, 179, 201**	**170, 178, 179, 201, 311, 475**	
Haslach 11.52		Konstanz **207**	
Haunstetten 8.10	**J**affa (Palästina) **201**	Kottgeisering 3.49	**M**ähren **380**
Hausham 11.65	Jensewang bei Grafrath **210**	Kraiburg 2.28, 5.25, **295, 342**	Mailand **210, 337**
Hausmoning bei Anger **205**	Jerusalem	Kramsach (Tirol) 7.9, **90**	Maisach (Gde.) 6.57
Heiligenstatt **342, 343**	16, 17, 168, 177, 178, 329-336	Kranzberg (Gde.) 15.22, 15.23	Maisenberg 3.16, **37**
Heiliggeist (Ahrntal) **130**	Jerusalem	Krems (Österreich) **293**	Mandschurei **201**
Helfenbrunn 11.46	(Via dolorosa) 14.2T, **331-334**	Krenzbichl 17.22T	Maria Birnbaum 17.2T, **448, 449**
Helletsgaden 8.1, 8.2	Jettenbach (Gde.) 6.10	Kreta **331**	Mariabrunn 13.17
Heiligenblut (Kärnten) **409**	Jettenhausen 11.35	Kreuzberg **449**	Maria Buchen **449**
Heimgarten (Gipfel) 16.32	Jetzendorf (Gde.) 6.23	Kriebach (bei Burghausen) **204**	Maria Eich bei Planegg **449**
Hernals bei Wien **335**	Julier (Schweizer Paß) **407**	Krispl bei Hallein **211**	Maria Eich (Oberösterreich) **449**
Heroldsbach **451**	Jungfernberg **254**	Kronberg **448**	Maria Einsiedeln (Schweiz) **16**
Herrenberg **334**		Kühtai (Tirol) **421**	Maria-Gwiggen, Kloster 8.4T
Herzogstand (Gipfel) 5.24, 16.32	**K**ärnten 14.1T, **37, 335**	Kufstein (Tirol) **88, 89, 295**	Maria Hilf bei Vilshofen **449**
Hintersee 11.1T-11.3T, 11.30	Kager **452**	Kunterweg,	Maria Hilf bei Mühlberg **449**
Hintertux (Tirol) **88**	Kagreit 11.16	Wallfahrtskirche in der Ramsau 340	Maria Ort **449**
Hirschenberg **184**	Kairo **200**		Maria Rain bei Nesselwang **449**
Hirschstätt 3.28	Kaldorf 6.33	**L**aber (Berg bei Oberammergau) **91**	Maria Taferl 4.1T
Hitzenberg 11.18T	Kalkwand (Berg in Titol) **421**	Lacken 15.18, 15.19	Maria Thalheim **449**
Hitzhofen (Gde.) 2.18, 3.45	Kammer 5.40	Landershofen 2.22	Maria Thann **451**
Hochfelln (Gipfel)	Kammerloher Hof 17.2	Landeck (Tirol) **253**	Maria Waldrast (Tirol) 17.8T
16.12T-16.14T, 16.23, **416, 417**	Kampenwand (Gipfel) 16.29	Landsberg	Marienberg 2.34
Hochgern (Gipfel) 11.58, 16.28	Kappl	am Lech 15.33, 15.34, 15.49	Marienklause im Isartal **88**
Hochreit 12.11	im Paznauntal (Tirol) 8.23, **184, 253**	Landsham 8.16, **184**	Marksteiner 2.15
Hochschlegel (Gipfel) 16.20, 16.21	Kaps 13.14, 13.15	Landshut **205, 255, 380**	Marktschellenberg 1.5T, 3.13, 12.16
Hochstaufen (Gipfel) 16.11T	Karlskron (Gde.) 11.29	Langenaualm 2.16	Marktschellenberg (Gde.) 6.19, 15.1
Höglwörth **204, 205**	Karlstein **37**	Langengern 11.41	Marmolata
Höhenrain (Gde.) 3.7	Kasing 12.8	Langschwert 5.5T	(Berg in den Dolomiten) **424**
Hohenbergham 3.35	Kastl **252**	Langwied 15.10	Marseille **199**
Hohenburg bei Lenggries **339**	Kelheim **17**	Lattengebirge 6.49, **483**	Massabielle,
Hohendilching 3.31	Kesselberg 17.9	Laubau 5.27	Grotte von Lourdes **305-307, 311**
Hohe Riffl	Kesselbergstraße	Laubau, Holzknechtmuseum	Massing (Niederbayern) 8.4
(Gipfel, Land Salzburg) 16.36	(zwischen Kochelsee und Urfeld) **475**	5.2, 5.34, 5.35, 5.45	Mathon (Tirol) 5.6T, 6.60
Hohe Tauern **89**	Keutschach (Kärnten) **480**	Laufen (Stadt) 18.19T, 18.20T, **482**	Matterhorn **424**
Hofstetten 2.18	Kiefersfelden 1.7T	Laufen (Stadt-Gde.)	Mauerkirchen **204**
Hohenburg 5.4T, 14.7T-14.9T,	Kilian 15.5	10.12, 10.15, 10.40, 11.32, **18, 84**	Mauthausen 11.22
14.13T, 14.26-14.39, 14.57	Kinding (Gde.) 2.24, 6.28-6.30,	Lavanttal **89**	Mechenhard **312**
Hohenpeißenberg **411, 412**	6.53, 6.56, 8.10, 11.9, 12.20	Lechtal 5.47-5.50, 12.13, **88, 228, 336**	Meidling bei Wien **38**
Hohenweiler in Vorarlberg 8.4T	Kipfenberg 4.10, **63**	Lengdorf (Gde.)	Meißen **380**
Holz 9.15	Kirchanschöring (Gde.) 7.2, 11.68	9.11, 15.18-15.20, **384**	Meran **228, 449**
Holzen 8.21	Kirchberg 7.6T 11.72	Lenggries (Gde.)	Messina **199**
Holzhausen 6.35, 10.32	Kirchbuch 11.6	5.4T, 6.25, 14.7T-14.9T, 14.13T,	Meßkirch **294**
Holzkirchen (Gde.) 9.4	Kirchdorf (Gde.) 11.46, **379, 383, 384**	14.26-14.39, 14.57, **339**	Mettenheim 15.32
Hub **384**	Kirchmatting **448**	Leobendorf 10.40, **18**	Metz **37**
Hunsrück **222**	Kirchseeon 9.5	Leogang (Land Salzburg) 10.10	Miesbach (Stadt-Gde.) 11.64, 13.10

Miesbach (Lkr.) 2.4, 2.5, 2.6, 2.8, 2.9, 2.12, 2.14, 2.15, 2.16, 2.17, 2.19, 3.6, 3.11, 3.25, 3.28, 3.31, 3.32, 3.34, 3.39, 3.40, 4.2, 5.4T, 5.5, 5.6, 5.8, 6.31, 6.61, 7.4, 7.7, 9.4, 9.15, 11.4T-11.8T, 11.59-11.61, 11.63-11.66, 11.78, 12.2, 12.6, 13.10, 13.11, 14.2, 14.7T-14.9T, 14.13T, 14.26-14.39, 14.57, 15.4-15.7, 16.17T, 16.22, 16.35, **85, 248**
Mittbach **384**
Mittelberg
(auf dem Ritten bei Bozen) 11.13
Mittelfranken
(Reg. Bezirk) 3.4, 13.7, **228**
Mittenwald 88
Mitterdarching 2.17
Mohenjo-Daro (Indien) **448**
Moldau (Prag, CSFR) **291, 294, 295**
Mondsee **223, 228**
Mörmoosen **225, 386, 387**
Mörnsheim (Gde.) 15.39
Möslberg **184**
Mongolei **199**
Montblanc **406, 409**
Montpellier (Frankreich) **207**
Moorenweis (Gde.) 2.3, 7.8
Moosen an der Vils **384**
Moosach (Gde.) 11.31
Moosenalm 6.49
Moosinning (Gde.) 15.21
Mühlberg **449**
Mühldorf (Stadt) 12.17, **295, 342**
Mühldorf
(Stadt-Gde.) **15.31, 255, 386**
Mühldorf
(Salzburgische Enklave) **386, 387**
Mühldorf (Lkr.) 2.28, 3.18, 4.34, 4.36-4.38, 5.7, 5.25, 5.54, 6.10, 6.44, 8.22, 11.1, 14.3, 15.8-15.10, 15.31, 15.32, 17.1, **255, 383**
Mühlheim 15.39
Mühlthal 3.45
München (Stadt)
8.8T, 8.9T, 12.22, 15.43, 15.44, **37, 38, 91, 205, 206, 223, 255, 293, 295, 334, 385, 412, 414, 425**
München,
Alpenvereinsbücherei **424**
München, Bayer. Nationalmuseum
5.29, 5.31, 5.32, 10.1-10.6, **37, 81, 88**
München, Staatsbibliothek **129**
München, Stadtmuseum **385**
München (Lkr.) 1.1T, 3.22, 4.5, 5.13-5.15, 6.8, 6.9, 6.51, 8.20, 9.2T, 11.33, 11.36, 11.53, 11.69, 15.49
Murau (Land Salzburg) 17.3T
Murnau **448**
Musbach 8.8

Namlos (Tirol) 5.52, 5.53
Nancy (Frankreich) **310**
Nassenfels (Gde.) 4.8, 15.35, 15.36
Nepomuk (Böhmen) **291**
Neubeuern **295**

Neuburg an der Donau
(Stadt Gde.) 2.31, 12.14, 15.40, 15.47, 15.48, **205, 387**
Neuburg-Schrobenhausen (Lkr.)
2.29, 2.31, 4.15, 8.9, 11.19-11.21, 11.29, 11.54, 15.40, 15.47, 15.48
Neuching (Gde.) 17.16
Neuhausen 2.7
Neukirchen – Hl. Blut **446**
Neukirchen bei Heiligenblut **222**
Neulend 5.3T, 10.23
Neumarkt-St. Veit (Stadt Gde.)
5.7, 14.3, **295, 383, 386**
Neuötting **295, 312, 342, 343, 386, 387**
Neu Ruppin **334**
Neustift im Stubai (Tirol) 3.48
Nevers (Frankreich) **306, 307**
Niederach 13.18, 13.19, **312**
Niederaich **253**
Niederbayern
(Reg. Bezirk) 8.4, 14.5T, **85**
Niederbergkirchen (Gde.) 8.22
Niederbrunnsulzenkopf (Gipfel) 5.1
Niedergottsau 7.4T, 7.5T
Niederheining **18**
Niederneuching 17.16
Niederösterreich 17.1T, **222**
Niederperach 8.12
Niedersachsen 8.2T
Niederschweibern 8.22
Niederseeon 11.31
Niefang 13.25, 13.26
Nonn bei Reichenhall **476**
Notre Dame de Banelle 17.9T
Noyon (Frankreich) **169**
Nünzhausen (Gde.) 12.3T
Nürnberg **222, 334-336, 425, 480**
Nunbichl 17.1
Nunreit **383**
Nußdorf (Gde.) 17.20T
Nuvolao
(Berg in den Dolomiten) **424**

Oberammergau
6.9T, 13.5, 13.26, 18.34T, **184, 211**
Oberau 11.7, 13.3, 13.4
Oberaudorf **87**
Oberbergkirchen **384**
Obere Klareralm 5.5
Oberföhring 15.50
Oberfranken
(Reg. Bezirk) 15.45, 15.46, **222**
Oberhaching 11.33, 11.69
Oberinntal (Tirol) **252**
Oberjettenberg 11.23
Oberleutasch (Tirol) 6.14
Obermässing 3.4
Oberndorf
(Land Salzburg) 3.51, 12.21
Oberösterreich
11.3, 11.26, 17.6T, **228**
Oberpfalz
(Reg. Bezirk) 7.1, **222, 223, 225**
Oberschwaben **184**
Oberthal **249**

Oberwössen 88
Obing (Gde.) 9.2, 9.3
Obsteig (Tirol) 6.16
Oed (Gde. Dietramszell) 3.37
Oed (Gde. Surberg) 10.25
Oed (Gde. Bergen) 3.17
Öd (Gde. Garching/Alz) 17.15
Ötztal (Tirol) 7.12, 7.13, **171**
Oropa (Piemont, Italien) **339**
Orta (Piemont, Italien) **337, 339**
Ostallgäu (Lkr.) 13.1, 13.2, 14.12T
Osterhofen 6.61
Osterwarngau 4.2
Ostin 3.34
Ottobrunn 1.1T
Ottomünster 14.7

Padua **291**
Palästina **168, 329-333**
Palermo 9.1T
Palling 3.5, 14.16-14.18, **341**
Palling (Gde.) 5.56, 9.6, 9.7, 11.16
Paris **201, 309**
Parkstein (Oberpfalz) **456**
Partnachklamm
(bei Garmisch-Partenkirchen) **81**
Partschin (Südtirol) 6.2
Paternkofel
(Gipfel in den Dolomiten) **420**
Paznauntal
(Tirol) 5.6T, 6.60, 8.23, **184**
Pelusium (Griechenland) **201**
Perach (Gde.) 8.12, **208**
Percha 5.9
Perleberg an der Priegnitz **334**
Pertisau (Tirol) 6.26, 11.8
Petersbuch 2.26
Petting (Gde.) 8.8, 11.73
Pettneu (Tirol) **253**
Pfaffenham 2.20
Pfaffenhofen an der Ilm
(Stadt) 14.13T-14.15T
Pfaffenhofen an der Ilm
(Stadt Gde.) 14.13T-14.15T
Pfaffenhofen (Lkr.)
6.23, 12.3T, 12.5, 14.13T-14.15T
Pfaffenreuth 7.1
Pfaffing (Gde.) 9.1
Pfalz **378**
Pfarrkirchen **449**
Piacenza (Italien) **207**
Piding 12.4
Piding (Gde.) 9.16, 10.8, 11.22
Piemont **337**
Piesing **248**
Pietenfeld 5.28, 12.18
Pilgerschrofen (Berg bei Füssen) **90**
Pinzgau **228**
Pirach **252**
Pitztal (Tirol) 7.11, 7.12
Plattenberg 15.25-15.30, **383**
Pleiskirchen (Gde.) 11.18T
Pletzachalm (Tirol) 6.26
Pliening (Gde.) 6.21, 8.16
Plose (Gipfel, Südtirol) 7.14, 7.15

Pobenhausen 11.29
Pollenfeld (Gde.) 2.7T, 3.42
Pomuk **291**
Portugal **86, 294, 336**
Postalmgebiet 3.47
Prag **206, 291-294**
Predigtstuhl (Berg) **420**
Preith 2.7T
Prenzing 10.14
Prien 3.10, 4.20, 12.7
Prinzing bei Cham 10.4, 10.6
Puch 1.3T, 17.5T, **449**
Pürschlinghaus 16.33, 16.37
Pürstling 11.10
Punschern 10.22
Pyhra (Niederösterreich) **38**

Raitenhaslach
13.20-13.22, **313, 387, 388**
Ramsau
11.14T, 11.24, 17.3, **222, 340, 418, 422**
Ramsau (Gde.)
3.21, 6.46, 6.62, 10.17, 10.18, 11.1T-11.3T, 11.30, 14.11T, 14.11-14.13, **166, 252, 383, 454**
Rastbuch **448**
Rattenberg (Tirol) **295**
Rechau bei Söll (Österreich) **212**
Rechtmehring
4.34, 4.36-4.38, **383, 384**
Regensburg **86, 228**
Regensburg (Reichstag) **17, 210**
Reichertsheim (Gde.) 11.1
Reichertshofen 12.5
Reischach
9.4T, 11.70, 11.71, **249, 253**
Reischbach bei Anger **205**
Reisenthal 4.6
Reit im Winkl (Gde.) 5.55, 5.58
Reitberg bei Anger **205**
Reiter Alpe 16.3, **419**
Reithofen 4.16, 4.17
Reitmehring 2.21
Reitstein 15.4
Rennertshofen (Gde.) 11.21, 11.54
Reutte (Tirol) **228**
Rheinland **37, 228**
Rhodos **334**
Ried im Innkreis
(Oberösterreich) **204**
Riedern 7.7
Rieselsbergalm 15.6
Rinchnachmündt **226**
Ritten bei Bozen
(Südtirol) 6.47, 11.13
Röthelmoosalm 6.50
Röhrmoos (Gde.) 13.17
Rohrdorf 11.50
Roibach 13.23
Rohrenfels 11.20
Rom **16, 169, 184, 207, 307, 332, 334, 336, 377**
Rosenheim
(Stadt) 12.15, 12.10, 15.14
Rosenheim (Stadt-Gde.) 6.7, 6.20

Rosenheim (Lkr.) 1.2T, 1.7T, 2.2, 2.11, 2.21, 3.1, 3.2, 3.7-3.10, 3.41, 4.20, 4.27, 4.28, 4.39, 6.7, 6.20, 6.40, 6.41, 7.2T, 7.3T, 7.5, 7.6, 9.5T, 9.7T, 9.8T, 9.1, 9.8, 9.9, 9.12, 11.15, 11.50, 12.1T, 12.2T, 12.7, 14.21, 15.10-15.14, 17.20T, 17.22T, 17.2, 17.11-17.13, **37**	Schnaupping **384** Schneeberg (Unterfranken) **449** Schneizlreuth (Gde.) 3.36, 8.26, 11.23 Schönau am Königssee (Gde.) 6.1, 11.77 Schönfleck 9.8, 9.9, **210** Schottmalhorn (Gipfel) 5.1 Schützen 15.8, **383** Schwaben (Reg. Bezirk) 13.1, 13.2, **381, 383** Schwabhausen 1.6T, 6.52 Schwabhausen (Gde.) 8.14, 13.8 Schwaig bei Anger **205** Schwarzwald **228** Schwaz (Tirol) 5.23 Schweighof bei Regensburg **210** Schweinfurt **480** Schweiz 14.6T, **222, 223, 228** Schwindau **384** Schwindkirchen **383, 385** Seebruck 11.4, **47** Seeon 4.12 Seeon-Seebruck (Gde.) 4.12, 11.4 Siegsdorf 11.16T Siegsdorf (Gde.) 17.7 Sielenbach 17.1T Siezenheim (Salzburg) **84** Sigrün **253** Sindlhausen 3.41 Söll (Österreich) **212** Sollach **384** Sonderdilching 3.25 Sonnenberg (Gipfel) 16.34 Sornhüll-Rapperszell 3.42 Spanien **168-170, 294, 336** Speyer **223** Spitzinggebiet 5.7, 11.59-11.61, 16.22 Sprinzenödhof **384** St. Bartholomä am Königssee 5.3, 5.4, 11.77 St. Christoph 15.8, 15.9, **384** St. Corona bei Kirchberg 17.7T St. Bernhard, Großer (Schweiz) **407** St. Hermann **449** St. Johann am Büchelberg **449** St. Pölten (bei Weilheim) **208** St. Trond **336** St. Wolfgang (Oberösterreich) 11.10, 11.11, 11.77, 15.16, **253, 254, 384** St. Wolfgang (Lkr. Erding) **383-385** Staffelsee 5.10 Stanggaß 3.19, 8.19, 11.5, 11.44 Starnberg (Lkr.) 5.9, 5.11, 14.4T, 17.5, **341, 496** Starnberger See 5.11, 17.5 Staudham **255** Staufen (Berg) **415, 416, 420** Staufeneck **204, 205, 223** Steiermark 17.8, **335, 380** Stein an der Traun 12.19, 14.4 Steinernes Meer 5.1, 5.3, 5.4, **487** Steinhöring 4.22, 4.23 Steinhöring (Gde.) 8.1, 8.2, 15.8, 15.9, 17.17	Steinkirchen 3.26 Seinkirchen (Gde.) 2.2, 6.40, 6.41 Sterzing (Südtirol) 7.14, 7.15 Stock **449** Stockham 11.11 Stoib 11.64 Straß am Seeoner See 4.12 Straßgang bei Graz **335** Straußdorf 6.22 Streit **312** Strengen (Tirol) **253** Stubaital (Tirol) **91** Stürzlham 3.39 Südtirol 6.2, 6.39, 6.47, 7.14, 7.15, 11.13, **86** Surberg (Gde.) 6.15, 6.58, 10.24, 10.25, 10.38, 10.39, 17.13T-17.19T Surtal 10.24 Syon (Berg in Palästina) **168** Tacherting (Gde.) 5.26 Tading 4.16-4.19 Tamsweg (Land Salzburg) 17.3T Tandlmair 6.15 Tarent (Süditalien) **201** Tegernau **386** Tegernsee 2.5 Tegernsee (Gde.) **37** Teisendorf 9.13, 10.22, 10.23, 10.26, 16.22T, **295** Teisendorf (Gde.) 5.3T, 6.54, 6.55, 10.20, **132, 313, 451** Teising 14.3, **255** Telfs (Tirol) 11.34 Tettlham **87** Thalgau bei Mondsee 11.3 Thalham 3.11, 3.32 Thörl (Steiermark) 17.8 Tiefenstätt 11.1 Tirol 3.48, 3.53, 3.54, 5.6T, 5.23, 5.36, 5.37-5.39, 5.42-5.44, 5.46, 5.47-5.50, 5.52, 5.53, 6.13, 6.14, 6.16, 6.26, 6.37, 6.38, 6.59, 6.60, 7.9, 7.12, 7.13, 8.3, 8.23, 9.18, 11.8, 11.12, 11.34, 11.62, 12.3, 12.13, 13.6, 14.1, 14.8, 16.31, 16.38, 16.39, 17.8T, **86, 222, 228, 253, 293, 312, 335, 421** Tirschenreuth (Lkr.) 7.1 Titting 4.13, 14.9, 14.10 Titting (Gde.) 2.26, 6.33, 13.23, 15.38, 17.9 Tittmoning 2.13, **383, 386, 387** Tittmoning (Gde.) 7.3, 13.23 Törwang 17.11-17.13 Totes Gebirge (Oberösterreich) **487** „Totes Weib" 5.1 Tournai (Frankreich) **169** Traun (Fluß) **294** Traunreut (Stadt-Gde.) 2.30, 3.3, 5.30, 5.33, 12.19, 14.4 Traunstein (Stadt) 1.4T, 9.14, **473** Traunstein (Lkr.) 1.4T, 2.13, 2.20, 2.30, 2.32, 3.3, 3.5, 3.14-3.17, 3.29, 3.30, 3.35, 3.50, 3.55, 4.12, 4.24-4.26, 4.32, 4.33, 4.35, 5.1T,	5.2T, 5.2, 5.16-5.19, 5.21, 5.22, 5.26, 5.27, 5.30, 5.33-5.35, 5.40, 5.41, 5.45, 5.55-5.72, 6.10T, 6.15, 6.17, 6.43, 6.45, 6.50, 6.58, 7.6T, 7.2, 7.3, 8.5T, 8.7T, 8.8, 9.2, 9.3, 9.6, 9.7, 9.14, 10.16, 10.19, 10.21, 10.24, 10.25, 10.34, 10.36-10.39, 11.16T, 11.4, 11.16, 11.27, 11.38, 11.58, 11.68, 11.73, 12.19, 13.12, 13.23, 13.24, 14.4, 14.16-14.18, 16.12T-16.14T, 16.1, 16.2, 16.23, 16.28, 16.29, 17.13T-17.19T, 17.7, 17.14, **228, 295, 341, 416, 417** Traunwalchen 2.30, 5.30, 5.33 Trient **312** Trier **179** Trostberg (Stadt) 4.35 Trostberg (Gde.) 17.14, **204** Trugenhofen 11.21 Türk 8.18 Türkenfeld 15.24, 15.33, 15.34 Tüßling **255** Tulling 17.17 Tuntenhausen (Gde.) 3.41, **61** Tutzing 17.5 Übersee 6.10T Ukraine **199** Ulmerfelden (Schloß) **36** Ulrichshögl **37** Ungarn **335** Unterfranken (Reg. Bezirk) 2.33, **38** Unterhaching 4.5 Unterhausen **88** Unterlaus 3.T Unterneukirchen (Gde.) 5.20, 7.11, **170** Unterplörnbach 11.48 Untersalzberg 4.29-4.31, 11.47 Untersberg (Gipfel) 16.26 Untersberg (Marmor) **37, 420** Unterschilding 9.6, 9.7 Unterstall 2.29, 4.15 Unterübermoos 9.1 Unterwössen (Gde.) 5.16-5.19 Urfahrn 15.13 Uri (Schweizer Kanton) **478** Ursprung 4.4 Utrecht (Psalter) **183** Uttendorf **204** Vachendorf 4.24-4.26 Vachenlueg **223** Valley (Gde.) 2.17, 3.31, **473** Varallo (Piemont, Italien) **337, 339** Varese (Piemont, Italien) **337, 339** Varmissen bei Hannover **17** Vermand (Frankreich) **169** Viechtau **184** Vierkirchen 8.11 Viersen (Rheinland) **228** Villaron à Bessans (Frankreich) 8.24
Roth (Lkr.) 3.4, 13.7			
Rottach-Egern (Gde.) 2.6, 11.66			
Rottal 8.4			
Rottal-Inn (Lkr.) 10.14			
Rottau 5.21, 5.22			
Rottenbuch 2.10, 8.15			
Ruhpolding 3.35, 6.17			
Ruhpolding (Gde.) 2.32, 5.2, 5.27, 5.34, 5.35, 5.45, 6.50, 10.21, 10.36, 10.37, 11.27, **37, 485**			
Rupertiwinkel **228, 383**			
Saalach **383**			
Saalfelden (Land Salzburg) 5.1, 5.3, 5.4, 10.9, 14.50-14.52			
Sachrang 14.21			
Säuling (Gipfel) 16.18T			
Salthaus (Passeier, Südtirol) **89**			
Salzach 5.12, 15.25-15.30, **37, 295, 383**			
Salzburg **37, 166, 205, 256**			
Salzburg (Land, Erzstift) 3.51, 3.52, 5.1, 5.3, 5.4, 10.7, 10.9-10.11, 10.13, 11.57, 14.50-14.52, 15.25-15.30, 15.32, 16.36, **206, 228, 295, 383, 386-388, 416**			
Salzburger Flachgau **228**			
Salzkammergut **384**			
Samerberg (Gde.) 17.13-17.15			
Sand im Taufers (Südtirol) **89**			
Santiago de Compostela (Spanien) **16**			
Schanz bei Griesen 6.63			
Scharlachhaus 4.27, 4.28			
Schäftlarn (Gde.) 3.22, 11.36, 15.24			
Schärding (Oberösterreich) **204**			
Scharnitz (Tirol) 5.38			
Scheffau **37**			
Scheibbrand (Pitztal, Tirol) **89**			
Schellenberg 13.24			
Schernberg 6.23			
Scheyern (Kloster) **166**			
Schießhüttenberg **62**			
Schievelbein (Pommern) **334**			
Schlachtham 2.8			
Schlegeldorf bei Arzbach **210**			
Schlehdorf **37**			
Schlesien **17**			
Schliersee 12.2, **130**			
Schliersee (Gde.) 11.59-11.61, **258**			
Schlipfhaus 6.20			
Schmerbach 7.3			
Schmiedmühlen bei Vilshofen **224**			
Schmidhausen 12.3T			
Schmolln **449**			
Schnaitsee (Gde.) 2.20			
Schnann (Tirol) **253**			

Villers (Brabant, Frankreich) **180**	Wasserburg (Stadt-Gde.) Pfleggericht 2.21, 4.27, 4.28, **383**	Westerham 7.5, 7.6	Wolga **199**
Vils (Fluß) **312**	Watzmann (Gipfel)	Westerndorf 6.7	Wolkershofen 4.8, 15.35, 15.36
Vilsalpsee 9.18	3.1T, 3.2T, 11.77, 16.15T, 16.16T,	Wetterkreuzkogel	Wonneberg 10.16, **451**
Vilshofen **224**	16.19T-16.22T, **417, 418, 421-425**	(Gipfel, Tirol) 7.12, 7.13, **171**	Worms **14**
Voitswinkl 10.16	Wechselberg **383**	Wetterstein (Bergmassiv) **171**	Würzburg **388, 482**
Vorchdorf bei Gmunden (Oberösterreich) **225**	Weichering 11.19	Wettstetten **385**	
Vordergern 13.27	Weiglham **34**	Weyarn (Gde.) 2.4, 3.25, 3.39, 3.40, 7.4, 15.5	**Z**ams (Tirol) **253**
	Weihenlinden **448**	Wien **132, 178, 206, 294, 335, 336, 409**	Zeil am Main **311**
Waakirchen (Gde.) 3.28, 7.7, **89**	Weilheim-Schongau (Lkr.) 2.1, 2.10, 5.10, 8.15	Wies bei Freising **449, 456**	Zeinisjoch (Tirol) **253**
Wackersberg **210**	Weißbach an der Alpenstraße 3.36	Wiesbaden **476**	Zell 2.32, 11.27
Waging (Gde.) 10.19, 10.34	Weißenberg **449**	Wiesenhofen 11.67	Zellhof **449**
Waidring (Tirol) 11.12	Weißenburg/Elsaß 8.2T	Wildenroth 11.14	Zengermoos 15.21
Walch 2.14	Weißenregen **449**	Wilder Kaiser (Tirol) 16.17, 16.31	Zillertal (Tirol) **88**
Walchensee **90**	Weiterskirchen 11.40	Willnberg bei Anger **205**	Zinneberg 11.39
Wald an der Alz **223, 253, 387, 388**	Weitschartenkopf (Gipfel) 16.3	Wimmern 6.54	Zirl **89**
Walting (Gde.) 4.9, 4.21, 14.6	Weilheim 15.41	Winden 8.6	Zorneding 11.49, 11.51
Waltorpe (Westfalen) **478**	Wendelstein (Gipfel) 11.4T-11.8T, 11.78, 16.17T, **248**	Winhöring (Gde.) 8.21, 9.10, **452**	Zugspitze 16.3T-16.10T, 16.19, **410-414**
Wankspitze (Gipfel) 16.26	Weng bei Anger **205**	Wintermoning 10.19	Zwergern 11.56
Warngau (Gde.) 2.19, 3.11, 3.32, 4.2, 7.10	Wenigmünchen 14.5	Wintershof 2.27, 3.43, 3.44, **63**	Zwieselspitze (Gipfel) 16.27
Wartberg (Oberösterreich) **225**	Wertiner 3.40	Wissersdorf 11.70-11.73	
Wasserburg (Stadt) 7.2T, 7.3T, 9.5T, 9.7T, 9.8T, 9.8, 9.9, 12.1T, 12.2T, **210, 385, 386, 478**	Wessobrunn 2.1	Wörgetal (Tirol) 7.11, 7.12, **171**	
	Westach **384**	Wolfgangsee 3.52	
		Wolfratshausen **166**	

Personenregister

Adalbert III., Erzbischof von Salzburg **386**	Asam, Cosmas Damian und Egid Quirin, Gebrüder **291**	Bosinlother, Konrad, Abt **223**	Doppelmayr, Friedrich Wilhelm 17.20T
Adelheid von Savoyen, Gemahlin von Kurfürst Ferdinand Maria **451**	Aschauer Vital, Bürger aus Laufen **18**	Brentano, Clemens von **341**	Dressely, Anton **89**
Adrichomius (= Christian Adrian Cruys) **335-337**		Breu, Jörg, Maler 3.5T	Dürer, Albrecht 3.5T, **35**
Afra, hl. **169**	**B**aader, Aloys **248**	Brueghel, Peter, Maler 3.5T	
Aggenstein, H. von 16.3T	Baader, Johann **295**	Brunhilde, Königin **448**	**E**bers, Edith, Dr., Felsbildforscherin **482**
Agnes, hl. **169**	Balde, Jakob, Jesuit **452**	Brynjolfsson, Sigurd, Gesetzmann auf Hesthammer (Norwegen) **86**	Eching, Franz Anton Freiherr von **295**
Albertus Magnus, hl. **180**	Balduin III., König von Jerusalem **168**		Eder, Heinrich, Zimmermeister, (Gedenkbretthersteller) 10.38, 10.39
Albrecht, Herzog **37**	Balthasar, Michael, Fürstpropst von Berchtesgaden **340**	**C**äsar, Julius **377, 407**	Edigna, hl. 17.5T
Albrecht III., Herzog von Sachsen **330**	Barth, Otto, Maler 16.23T, **410**	Caimi, Bernardino, Franziskaner **337**	Einsele, Dr., kgl. Kreisphysikus 16.4T, **411**
Albrecht V., Herzog von Bayern **389**	Beauharnais, Eugen, Herzog von Leuchtenberg 15.35, 15.36	Carell, Alexis. Dr, Krebsforscher, Nobelpreisträger **309**	Eleutherius, hl. **169**
Albrecht, Pfalzgraf bei Rhein **37**	Beer, Eduard, Marterlspruchdichter **88**	Carl, Friedrich, Bischof zu Bamberg 15.45, 15.46	Elisabeth, hl. **61**
Aloysius, hl. **252**	Beham, Martin, Maler **35**	Cense, La, Cooperator **420**	Elisabeth, Kaiserin von Österreich **341, 409**
Altdorfer, Albrecht, Maler **35**	Benedikt, Hl. **84, 169**	Clemens VI., Papst **199, 200, 203**	Emmerich, Katharina **341**
Alvarus, Dominikaner **335**	Benedikt XIII., Papst **293, 336**	Christina, hl. 3.45	Engelin, Jacob, Arzt aus Ulm **204**
Amann, Josef **376**	Benedikt XIV., Papst **336**	Christophorus, hl. **207**	Englisberg, Peter von **334**
Amman, Holzschneider **389**	Berchem, Sigmund Graf von **248**	Clos, Dr., Pfarrer und Dekan **341**	
Andree, Richard, Prof. Dr., Volkskundler **312, 488**	Bernadette von Soubirous (Lourdes) **305-307, 312, 313**	Constein, Heinrich, Lübecker Bürger **334**	**F**abish, Prof. Bildhauer aus Lyon **305, 311**
Andree-Eysn, Marie, Volkskundlerin 7.1T	Bernhard, hl. **331**	Corona, hl. **253**	Fabri, Felix, Dominikaner **330**
Anna, hl. **208**	Bertha, Gemahlin Kaiser Heinrichs IV. **223**	Cranach, Lukas, Maler **35, 210**	Ferdinand II., Kaiser **335**
Anna, hl., Mutter Mariä 14.5T	Bethlem **335, 336**	Cruys, Christian Adrian, gen. Adrichomius **335-337**	Ferdinand III., Kaiser **335**
Anton, Johann, Bischof 15.41	Birgitta, hl. **333**		Ferdinand Maria, Kurfürst **451**
Anton, hl. **208, 248**	Bonaventura, hl. **331**	**D**amberger, Josef Ferdinand, Pfarrer, Jesuit **422**	Ferrerius, Vinzenz, hl. **331**
Apian, Philipp, Mathematiker und Kartograph **389**	Bonifatius, hl. **448**	Daphne **448**	Feuerstein, Joseph, Vermessungsbeamter **411**
Apollo **448**	Bonifaz IX., Papst **291**	Diemer, Zeno 6.8T, 16.6T, 16.9T	Fiechtner, Kaspar, Pfarrer **384**
Artemis **448**	Borromäus, Karl, hl., Bischof von Mailand **207, 210, 337**	Diokletian, röm. Kaiser **206**	Flaccus, Siculus **381**
		Dionysos **448**	Florian, hl. 7.2
		Djam Bekh, Khan der Tataren **199**	Franz I., Kaiser von Österreich **294**
		Donar **448**	Franz Joseph I., Kaiser von Österreich **409**
		Donatus von Münstereifel, Wetterheiliger 7.6T, **169, 170**	

Fraunberger, Oswald,
Pfleger zu Erding **384**
Friedrich Barbarossa, Kaiser **331**
Friedrich, Caspar David, Maler 2.2T
Friedrich, Markgraf zu
Brandenburg-Culmbach 15.45-15.46
Friedrich der Schöne, Herzog **255**
Friedrich von der Pfalz, Kurfürst **292**
Friedrich Wilhelm,
deutscher Kronprinz **423**
Frölich, Karl, Prof. Dr. **477**
Fürst, Max, Maler **417**
Füssl, Johann Michael,
markgräflicher Hofmeister **34**
Fulcherius,
Patriarch von Jerusalem **166, 168**
Furius Bibaculus, röm. Dichter **407**

Galler, Josef, Vorbeter **254**
Gappnig, Valentin, Maler **36**
Gernot (Nibelungenlied) **14**
Giotto **333**
Giselher (Nibelungenlied) **14**
Görres, Guido **305**
Goethe, Johann Wolfgang von **475**
Graf, Urs, (Basler
Goldschmied und Söldner) 3.3T, **37**
Gregor, I. der Große, Papst **127, 448**
Groder Thomas, Bergführer **409**
Grien, Hans Baldung, Maler **35**
Grill, Johann,
gen. Kederbacher, Bergführer **418**
Gros, Antoine, franz.. Hofmaler **201**
Gunther (Nibelungenlied) **14**

Hacquet, Belsazar **409**
Haffkine, Mediziner **201**
Hagen von Tronje
(Nibelungenlied) **14**
Hallthurm, Paß **483**
Hanecker, Johann, Steinmetz **343**
Hansjakob, Heinrich,
Schriftsteller und Pfarrer **33**
Hardter, Benno, Augustiner-
Chorherr,
Pfarrer zu Anger 9.11T, **204, 205**
Harrach, Erzbischof
Franz Anton Fürst von 15.29-15.30
Hasel, Landrichter **166**
Heinrich III., Kaiser **379**
Heinrich VI., Kaiser **386**
Heiserer, Joseph, Topograph **386**
Heisterbach, Cäsarius von **331**
Hermann, Sel. 17.4T
Hermes **448**
Hermes von Fürstenhof,
Pfleger zu Staufeneck **223**
Herodes **179**
Herwarth, Joseph,
Graf zu Hohenburg **339**
Hiebeler, Toni,
Bergsteiger und Schriftsteller **410**
Hieronymus, hl. **331**
Hilleprandt, Lorenz, Maler **342**
Hitler, Adolf **425**

Hörmann,
Ludwig von Volkskundler **89**
Hofer, Andreas,
Tiroler Freiheitskämpfer **85**
Hohenwart, Sigismund von,
Domdechant **409**
Holbein, Hans d.J. 3.5T, **35, 38**
Huber, Wolf 3.5T, **35**

Ilsanker, Johann, Bergführer **423**
Innerkofler, Sepp,
Bergführer, Kriegsheld **420**
Innozenz VIII., Papst **337**
Innozenz IX., Papst **336**
Innozenz XIII., Papst **292**
Isidor, hl. **252**

Johannes, Evangelist
177, 178, 333, 340
Johannes von Jenzenstein,
Erzbischof von Prag **291**
Johannes von Nepomuk, hl. **291-295**
Johannes der Täufer **291**
Johannes Paul II., Papst **310**
Johannes und Paulus, Wetterheilige
7.4T, 7.5T, 7.7T, 7.11, **169, 171**
Joseph von Arimathia **179**
Joseph II., Kaiser von Österreich **336**
Judas Iskariot, Apostel
177, 179, 182, 184
Julian Apostata, röm. Kaiser **169, 475**
Jupiter **448**
Justinian, weström. Kaiser **201**

Kampf, Arthur 2.4T, 2.5T, 2.6T
Karl der Dicke, Kaiser **481**
Karl der Große,
Kaiser **15, 166, 448, 478**
Karl V., Kaiser **17, 388**
Karl VII., Kaiser **384**
Karl Albrecht, Kurfürst **256, 293, 384**
Karner, kgl. Bezirkstechniker **343**
Kastulus, hl. **252**
Kaulbach, Wilhelm 2.1T
Kessler, Johannes,
Schweizer Gelehrter **9**
Kiendl, Karl, Forstwart **413, 414**
Kirchmayr, L., Pfarrer **414**
Klarer, Georg,
Sixtnbauer in Bayrischzell **248**
Klotz, Brüder, Bergführer **409**
Konrad, Josef,
Fürstpropst von Berchtesgaden **166**
Konrad, Chorherr **166**
Konrad, Bischof zu Ravensburg **62**
Konrad II., Graf von Dachau **166**
Konrad, Kanonikus **168**
Konstantia,
Tochter Kaiser Konstantins **169**
Konstantin, der Große,
römischer Kaiser **169**
Krafft, Adam **334**
Kreitmeyer, David, Präfekt **255**
Krieger, Max, Chronist **414**

Kriss, Rudolf, Prof. Dr.,
Volkskundler **166, 253, 295, 457**
Kromer, A., Maler **36**
Kustermann, F.S., Eisengießerei **132**
Kustermann, Max **341**
Kyparissos **448**

Ladislaus von Haag, Reichsgraf **384**
Landsberg, Johannes,
Karthäuser aus Köln **329**
Laurence, Monsignore,
Bischof von Tarbes **305**
Lechner, Odilo,
Abt von Andechs **496**
Leinberger, Hans, Bildhauer **37**
Leo III., Papst **127**
Leonardo da Vinci **408**
Leonhard,
3.48, 11.5T, 11.10T, 17.3T, **33, 448**
Leonhard von Porto Maurizio, hl. **336**
Lerchs, Martin,
Münzmeister aus Regensburg **86**
Livius, röm. Schriftsteller **407**
Löns, Hermann, Dichter **13**
Ludolf von Chartreux **331**
Ludwig, Herzog **384**
Ludwig I.,
König von Bayern **340, 416**
Ludwig II., König von Bayern
5.11, **312, 416, 475**
Luitpold,
Prinzregent von Bayern **475**
Lukas, Evangelist **177, 333**

Maffei, Reichsrat Ritter von **341**
Magdalena, hl.
(siehe Maria Magdalena)
Maier, Kuno **379**
Malchus **179, 184**
Maria Amalia,
Gemahlin Kaiser Karls VII **384**
Maria, Mutter des Jakobus **178**
Maria Magdalena **169, 178, 333, 340**
Marie, Prinzessin von Preußen,
Königin von Bayern, Gemahlin König
Maximilians II. (Mutter von König
Ludwig II.) 16.21T, **411, 413**
Maria von Steiermark,
Erzherzogin **335**
Marggraf, Johann., Architekt **341**
Markus, Evangelist **177, 178, 333**
Martin, hl. **249**
Massabielle, Grotte von 13.3T
Matthäus, Evangelist **177, 178, 333**
Mayer, Anton,
Dombenefiziat in München **206**
Mayer-Westermayer **36**
Maximilian, IV. Joseph,
Kurfürst von Bayern **206, 410**
Maximilian I., Josef,
König von Bayern **388, 410**
Maximilian II.,
König von Bayern **248**
Medardus, hl.,
Wetterheiliger 7.7T, 7.11, **169, 171**

Meerheimb, Richard von **424**
Merian, Matthäus 17.10T, **36, 451**
Merici, Angela, hl. **331**
Michael, Erzengel **63, 169**
Milde, Fürsterzbischof **336**
Moll, Freiherr Karl Ehrenbert von,
Naturforscher **409**
Montgelas, Maximilian Joseph
Freiherr von, Minister **85, 130, 389**
Moses **473**
Musart, Karl, Jesuit **335**

Nakatenus, Wilhelm, Jesuit **336**
Napoleon, Bonaparte, Kaiser
der Franzosen **131, 200, 201, 388**
Napoleon III. **307**
Naus, Josef,
Erstbesteiger der Zugspitze **410**
Nepomuk, Johannes von, hl.
12.1T, 12.2T, 12.1-12.22
Neri, Philipp, hl. **334**
Nicolai, Friedrich, Aufklärer **293**
Niedermayer, Roman,
Benefiziat auf dem Kalvarienberg
Hohenburg bei Lenggries **340**
Nikolaus, hl. **294, 295**
Nockher, Friedrich, kurfürstlicher
Salz- und Zollbeamter **339, 340**
Noé, Heinrich,
Reiseschriftsteller **130, 258**
Notburga, hl. **252**

Obernberg, Joseph von,
Kreisdirektor **248**
Odin **448**
Ott, Christoph, Pfarrer
16.5T, **411, 412, 414, 423**

Pammachius **169**
Pan **448**
Pascha, Jan **334, 336**
Pasteur (Mediziner) **201**
Paulus **448**
Paulus, hl., in Verbindung
mit Johannes (Wetterheiliger)
7.4T, 7.5T, 7.7T, 7.11, **169, 171**
Pepin, Wilhelm, Dominikaner **331**
Petrarca **408**
Petrarca-Meister **61**
Petrus, Apostel **177, 179, 448**
Pfannl, Heinrich, Dr.,
Präsident des ÖAC **409**
Philemon und Baucis **448**
Philipp von Freising, Fürstbischof **384**
Pilatus **177. 178**
Platz, Ernst 16.10T
Pilatus **179**
Pius IX. Papst **305, 336**
Pius X. Papst **305**
Pollack, Jan 9.2T
Polling
(Meister der Pollinger Tafeln) **61**
Posch, Michael, Offizier **421**
Prechel, Bildhauer **341**
Prielmayer, Baron M. von 16.7T

503

Puchholzner, Carl Johann 14.5T	Saussure 409	Staffler 486	Wathner, Joseph, Eisenwarenkatalog 132
Pusch, Wolfgang, Pfleger von Burgrain 384	Savonarola, hl. 337	Stanig, Valentin 409, 417, 421	Weidinger Joseph, Schnitzer 184
	Schedel, Hartmann (Weltchronik) 61	Stephan, Papst 206	Wendelin, hl. 208, 248
	Scheyb, Franz Anton, Aufklärer 294	Stephanus, hl., Erzmärtyrer 169	Wening 36
Quaglio, Domenico 13.1, 312	Schieg, Ulrich, Prof. 409	Stockner, Alois, Kreisheimatpfleger von Altötting 7.11, 171, 343	Wentzel, Friedrich 8.1T
Quaglio, Simon 14.12T	Schisler, Caspar, Taglöhner, der die Pest in Oberammergau einschleppte 211	Strauch, Hotelier 341	Wenzel IV., König von Böhmen 291
Quidenus, Fritz 17.11T			Westenrieder, Lorenz 248
	Schlederer, Eisenhüttenverwalter 417	Tacitus, röm. Geschichtsschreiber 448	Wey, William, engl. Pilger 334
Rasp Franz, Bergführer 417, 418	Schlicht, Joseph, Benefiziat 166	Theodosius, röm. Kaiser 127	Whymper, Edward 408, 424
Rechberg, Gräfin 16.21T	Schmidt, Friedrich, Oberbaurat, Wiener Dombaumeister 409	Therese, Gemahlin König Ludwigs I. von Bayern 340	Wilgefortis, hl. (= hl. Kümmernis) 249
Reindl, Joseph, Bergführer 411			Wilhelm, Herzog 384
Remus (Bruder von Romulus) 377	Schönborn, Domian Hugo Philipp, Graf, Bischof von Speyer 292	Thomas von Aquin, hl. 180	Willibald, Hl. 3.42
Resch, Simon, Maurermeister und Bergsteiger 410		Thor 448	Winthir, Hl. 38
	Schrank, Franz von Paula von 248	Thurn und Taxis, Fürst von 341	Wolfgang, Hl. 3.47, 384
Ricoldus a Monte Crucis, Dominikaner 331	Schultze, Albert, Forstmeister und Regierungsrat 411, 414	Trenk, Franz Freiherr von der (Panduren-Trenk) 256	Wolkenstein, Oswald von 312
Riedl, Adrian von, Oberst 388		Tyr 448	Wollenik, Franz, Felsbildforscher 482
Riedl, Katharina, Stifterin eines Kalvarienbergs 342, 343	Schwarzenberg, Ernest Fürst zu, Domherr, Bischof 422		Wopfner, Karl, Prof. Dr. Volkskundler 486
	Sebastian hl. 3.46, 9.9T, 9.10T, 206, 207, 210, 212	Ulrich, hl. 169, 170	Wotan 448
Riedl, Joseph, Sohn von Katharina Riedl 343		Urbanus, hl. 7.7T	Wulfen, Franz Xaver von, Naturforscher 409
Rochus, Hl. 9.9T, 9.10T, 207, 210	Sedlmayr, Gabriel 341	Utzschneider, Joseph von 388	
Rocke, Friedrich 379	Seeauer, Paul, Wildschütz 38		Wunschwitz, Gottfried Matthias von 294
Röttel, Karl, Dr., Grenzsteinforscher 381	Septimius Severus, röm. Kaiser 473	Veronika, hl. 7.7T, 179, 333	
	Seuse, Heinrich 329	Vierthaler, Michael, Naturforscher 409	Yersin, Alexandre John Emile, Arzt, Entdecker des Pestbazillus 201
Romulus, sagenhafter Gründer Roms 377	Siegfried (Nibelungenlied) 13	Vitalis, Salvator, Franziskaner 336	
Rousseau 408	Sigmund (Nibelungenlied) 13		
Rückert, Friedrich, Dichter 90	Simon von Cyrene 335, 336	Wacher, Michael, Posthalter, Wirt, Landwirt, Schuster, Lourdespilger 310	Zacharias 7.7T
	Simond, Dr. Mediziner 201		Zeus 448
Salm-Reifferscheid, Franz Xaver von, Fürstbischof 409	Sixtus IV, Papst 337	Walburga, Hl. 3.43, 3.44	Zuccali, Enrico, Baumeister 451
	Soubirous, Bernadette, (Lourdes) 13.1T, 305-307	Wallner, Severin, Reiseschriftsteller 423	Zwehl, H. von 14.11T
Sang, Eucharius, Weihbischof von Würzburg 33	Sporer, Jakob, Dienstknecht 411, 412	Waßner, Johann Paul, Steinmetz 386	Zwink, Tobias, Herrgottschnitzer 6.9T

Bildnachweis

Alle im Bildnachweis nicht verzeichneten Fotos stammen von den Verfassern.

Allenweisel, Mondsee 11.26
Alpinmuseum Innsbruck 16.23T
Ammon, L., Berchtesgaden 6.1, 6.46, 16.18
Archiv Landratsamt B'gadener Land 3.51, 7.3, 10.15, 10.16, 10.19, 11.16-11.18, 11.22, 11.32, 12.29, 18.19T
Archiv Sorg, Karl, Berchtesgaden 6.1T-6.8T, 6.5, 6.6, 6.25, 6.38, 10.29, 11.4T, 11.20T, 11.21T, 11.56, 14.14T
Archiv Werner, Paul, München 1.7T, 2.28-2.31, 6.4, 8.24, 9.1T, 9.12, 11.9T, 11.10T, 11.18T, 11.19T, 11.2, 11.27, 11.45, 11.55, 11.58, 13.2T, 13.10T, 14.3, 16.18T, 16.22T, 16.1-16.3, 16.14-16.17, 16.24, 16.25-16.30, 17.13T-17.18T
Baumann, Ernst, Bad Reichenhall 11.23
Bayer. Landesamt für Denkmalpflege, München 2.33, 3.7, 3.8, 4.2T, 4.15, 6.18, 7.1, 7.5, 7.6, 8.9, 10.28, 11.19, 11.20, 11.21, 11.29, 11.41, 11.43, 11.48, 11.54, 12.3T, 12.14, 14.14T-14.16T, 14.5, 14.19, 14.20, 15.45, 15.46, 17.21, 18.1T
Bayer. Landesverein für Heimatpflege, München 17.19T
Bayer. Nationalmuseum, München 5.29, 5.31, 5.32, 10.1-10.6
Beuker, Dr. Sigmund, Freising 11.46, 15.22, 15.23
Chambon, P. Lourdes 13.5T, 13.6T, 13.8T
Château d'Este, Av., Lourdes 13.7T
Cosy-Verlag, Salzburg 11.57
Deguisne, G., Lourdes 13.4T
Doucet, P.. Lourdes 13.3T, 13.9T
Enzinger, Stefan, Weilham bei Tittmoning 9.11T, 11.22T
Ghedina, Cortina – Riva 6.2
Gier, Brigitte, München Hintere Umschlagseite
Groth-Schmachtenberger, Erika, Würzburg 2.1, 6.32, 7.1T, 10.31, 12.15, 14.1T, 14.39, 18.10T, 18.23T
Hartmann, Ulrich, München 6.23
Heck, Theodor (†), Wasserburg 3.1, 3.2
Hein, W., Wien 10.7-10.14
Helm, A., Berchtesgaden 5.1
Höfler, Horst, Egtharting 16.36
Hofmann, Fritz, Bad Reichenhall 16.4-16.13, 16.20, 16.21
Holzknechtmuseum Laubau bei Ruhpolding 5.57, 5.59-5.75, 14.1
Kester & Co., München 10.30
Klein, Herbert, Traunstein 10.38, 10.39
Komma, Dieter, München 18.34T
Krammer, Markus, Ebersberg 4.22, 9.1, 11.40, 15.8, 15.9
Kratzsch, Dr., Klaus, München 2.5, 2.6, 2.8, 3.40, 3.41, 5.5, 5.6, 6.31, 7.4, 8.1, 14.23-14.25
Kriss-Rettenbeck, Prof. Dr. Lenz, Berchtesgaden 17.1-T-17.9T
Leon, Jerusalem 14.2T
Meder, Heike, Festenbach bei Gmund 7.10
Nationalparkverwaltung Berchtesgaden 18.26T-18.29T
Pfister, Prof. Dr. Rudolf (†), Eisenärzt 3.52, 3.53, 11.3-11.4, 11.12-11.13, 11.15, 11.34, 17.22T, 17.8, 18.11T-18.12T
Plessen, Maria Louise, München 5.13, 5.14
Remmelberger, Georg, Marktl am Inn 15.25-15.30
Röttel, Dr. Karl, Buxheim 2.7T, 2.22, 2.27, 3.4, 3.38, 3.42-3.46, 4.1, 4.8, 4.21, 5.28, 8.6, 13.7, 13.25, 15.1T, 15.33-15.40, 15.42, 15.47-15.49, 17.23T
Rübensaal, Siegfried, Lengdorf 15.18-15.20
Schierl, Wolfgang, Altenerding 4.16-4.19
Schimmrich, Richard, Leipzig 6.9T
Schneider, Dieter, Bayerisch Gmain 18.13T
Schöllhorn & Co, Innsbruck 16.1T
Schultheiß, Emil, Bayrischzell 11.78
Soika, Dr. Christian, Trostberg 3.55, 5.40, 5.41, 5.55-5.58, 5.76, 5.77, 10.40
Sowieja, Joachim 1.1T-1.3T, 2.3, 2.4, 2.7-2.9, 2.11, 2.12, 2.14-2.19, 2.24-2.26, 3.6, 3.9-3.11, 3.22-3.28, 3.31-3.34, 3.42, 3.49, 3.2, 4.3-4.7, 4.9-4.11, 4.13, 4.14, 4.20, 4.23, 6.3, 6.7-6.9, 6.20-6.22, 6.24, 6.28-6.30, 6.40, 6.41, 6.47, 6.51-6.53, 6.56, 6.57, 7.2T, 7.3T, 7.7, 7.8, 8.8T, 8.9T, 8.2, 8.5, 8.10, 8.11, 8.14, 9.5T, 9.7T, 9.8T, 9.4, 9.9, 9.15, 10.2T, 10.35, 11.23T, 11.24T, 11.6, 11.9, 11.14, 11.28, 11.31, 11.35-11.37, 11.39, 11.42, 11.49-11.52, 11.63-11.67, 11.69, 12.1T, 12.2T, 12.5-12.12, 12.18, 12.20, 13.8, 13.10, 13.13-13.16, 14.6, 14.7, 14.9, 14.10, 14.21, 15.5T, 15.4-15.7, 15.24, 15.41, 15.50, 17.9-17.13, 17.18-17.20, 18.14T
Stadtmuseum, München 15.43, 15.44, 18.2T
Starke, Dr.. Innsbruck 3.47
Steinbichler, Hans, Bernau 3.54
Steffan, Ferdinand, Wasserburg 2.2, 2.11, 2.20, 2.21, 3.17, 4.27, 4.28, 9.2, 11.10, 11.11, 15.10-15.17, 17.1, 17.2, 18.22T
Stiglitz, München 16.19
Tränkl, Dr., Mathilde, Mallorca 6.19
Vicari, V., Lugano 14.6T
Viron, Lourdes 13.1T
Vojta, V., Callalbo – Klobenstein 6.47
Weidl, Reinhard M.A., Berchtesgaden 9.9T, 9.10.T
Westmüller, Linz 5.51
Wiegerling, Erwin, Bad Tölz 5.4T, 14.8T, 14.9T, 14.13T, 14.28-14.38, 14.57
Zembsch, Heinz, Strub bei Berchtesgaden 16.40